MECCANO

DAS GROSSE

HAUS- UND GARTENBUCH

PLANEN • GESTALTEN • MODERNISIEREN

Unter Mitarbeit von
John McGowan
& Roger DuBern

Projektfotografie von
Hugh Johnson
& Nadia MacKenzie

monte von DUMONT

Entstanden aus den beiden Titeln »Do it yourself: Einbau, Umbau, Ausbau«, erschienen 1993 bei Georg D. W. Callwey GmbH & Co., München (Originalausgabe erschienen 1991 unter dem Titel »Terence Conran's DIY by Design« bei Conran Octopus Limited, London), und »Terence Conran: Der Garten als Wohnraum«, erschienen 1992 im DuMont Buchverlag, Köln (Originalausgabe erschienen 1991 unter dem Titel »Terence Conran's Garden DIY« bei Conran Octopus Limited, London).

Die Deutsche Bibliothek - CIP-Einheitsaufnahme

Das große Haus- und Gartenbuch : planen, gestalten und modernisieren /
Terence Conran. Unter Mitarb. von John McGowan und Roger DuBern.
Projektfotogr. von Hugh Johnson & Nadia MacKenzie. - Köln : DuMont-Monte-Verl., 2002
(Monte von DuMont)
ISBN 3-8320-8790-7

Unter Mitarbeit von John McGowan und Roger DuBern
Projektfotografie von Hugh Johnson und Nadia MacKenzie
Aus dem Englischen von Sabine Kunz, Staehle/Internationale Kommunikation Stuttgart, Barbara Müller und Peter Gillhofer

Titel der englischen Originalausgabe: Terence Conran's Complete House & Garden Design Projects

Printed in China

ISBN 3-8320-8790-7

Besonderer Hinweis
Bevor Sie an die Verwirklichung der Projekte des Buches gehen, prüfen Sie bitte die Bauvorschriften. Fachmännischer Rat ist wichtig bei Arbeiten, die Installation und Elektrizität betreffen. Obwohl die Anleitungen in diesem Buch nach bestem Wissen und mit Sorgfalt gemacht wurden, kann der Verlag keine Verantwortung übernehmen für Nachteile, Schäden oder Verletzungen, die bei Befolgen der Arbeitsanleitungen entstehen.

Alle in diesem Buch enthaltenen Angaben, Daten, Ergebnisse etc. wurden vom Autor nach bestem Wissen erstellt und von ihm und dem Verlag mit größtmöglicher Sorgfalt überprüft. Gleichwohl sind inhaltliche Fehler nicht vollständig auszuschließen. Daher erfolgen die Angaben etc. ohne jegliche Verpflichtung oder Garantie des Verlags oder des Autors. Beide übernehmen deshalb keinerlei Verantwortung und Haftung für etwaige inhaltliche Unrichtigkeiten und deren sämtliche Folgewirkungen.

Inhalt

Inhalt

Inhalt

Einführung: Hausprojekte

Immer mehr Menschen finden Gefallen daran, ihre Häuser und Wohnungen selbst zu verschönen. Allenthalben wird repariert, umgebaut und gemalt, um den Wohnraum nach individuellen Wünschen stilvoll zu gestalten.

Dieses Buch möchte Sie ermutigen, die Ideen von Designern umzusetzen, aber auch traditionelles „Do-it-yourself" (DIY) wie Schreinern, Dekorieren, Fliesen usw. Sie sollen dabei nicht nur handwerklich, sondern auch gestalterisch angeregt werden.

Im Grunde sind es ganz einfache, alltägliche Gegenstände, die ich Ihnen in diesem Buch vorstelle, wie Regale für die sich stapelnden Bücher oder eine hübsche Badezimmereinrichtung. Eine ansprechende Ästhetik gerade solcher Details verleiht einer Wohnung Atmosphäre. Zu jedem Wohnraum lege ich Ihnen Entwürfe für eine komplette Neugestaltung vor, die Sie in den für Sie passenden Dimensionen nachbauen können. Sie können aber auch einige Grundideen übernehmen, mit deren Hilfe Sie *Ihre* vorhandene Einrichtung optimieren. Nehmen Sie beispielsweise die vorgestellten Küchenentwürfe. Sie zeigen, wie Sie eine vollkommen neue Küche entwerfen können, wie Sie diese Küche an die unterschiedlichsten Raumverhältnisse anpassen oder mit Ihrer bestehenden Küche kombinieren. So können die Grundideen aller Entwürfe Ihren Wünschen und Bedürfnissen angepaßt werden. Selbst wenn Sie sich für den exakten Nachbau eines Entwurfs entscheiden, wird durch die Wahl der Fliesen, des Holzes, der Farben und nicht zuletzt durch Ihre Einrichtungsgegenstände doch eine individuelle, eigenwillige Raumwirkung entstehen. Jeden der Entwürfe habe ich durch Ideen und Anregungen angereichert, um Ihnen bei Ihrem DIY zu helfen. Die Arbeit von Architekten und Designern, aber auch von begeisterten DIY-Anhängern zeigen die Möglichkeiten, die sich ergeben, wenn Stil und Design angewendet werden.

Ganz zu Anfang beschreibe ich die Herstellung einer Werkbank und eines Werkzeugschrankes. Wenn Sie diese Grundausstattung nachgebaut haben und daran Freude fanden, sind Sie gerüstet für Ihre weiteren Vorhaben.

Teil 1

Werkzeuge, Materialien und Techniken

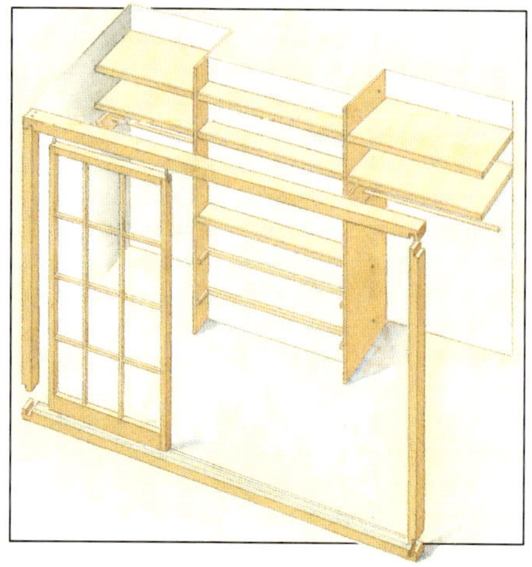

Teil 1 des Buches beschreibt alle notwendigen technischen Informationen zum Nachbau der Entwürfe. Werkzeuge, Materialien und Techniken sind detailliert beschrieben und werden zum Teil durch Zeichnungen verdeutlicht. Zu jedem einzelnen Entwurf werden die benötigten Techniken aufgelistet (links oben auf jeder rechten Seite mit dem Seitenverweis), im Text erleichtern Ihnen Querverweise die Suche.

Teil 2, 3 und 4 befassen sich mit Küche und Eßzimmer, Wohnzimmer, Arbeitsraum und Diele und Bad und Schlafzimmer. Einer anregenden Einleitung folgen konkrete DIY-Projekte. Eine Liste der zu verwendenden Werkzeuge und Materialien, eine Fotografie des fertigen Werkstücks, eine farbige Grafik, die den Zusammenbau skizziert, und Illustrationen, die Schritt für Schritt die Anleitung im Text verdeutlichen, erleichtern Ihnen die Arbeit.

Bevor Sie tatsächlich mit einem Projekt beginnen, studieren Sie den Entwurf sorgsam. Damit Ihr Werk nicht nur nach Maß, sondern auch mit Muße vonstatten geht, sollten Sie zuerst einen Fachmann mit den eventuell nötig werdenden Veränderungen im Installations- und Elektrobereich betrauen.

Werkzeuge

Werkzeuge zur Arbeitsvorbereitung

Zahnspachtel. Ein etwa handgroßes Werkzeug aus biegsamem Kunststoff oder Metall mit gezahnten oder gekerbten Kanten, mit Hilfe dessen Leime und Kleber gleichmäßig und mit der erforderlichen Geschwindigkeit auf großen Flächen verteilt werden. Da das Arbeitstempo von der Größe der Zähne oder Kerben abhängt, legen die Hersteller von Leimen und Klebern in der Regel ihren Produkten einen passenden Spachtel bei; dies gilt vor allem für Kontakt-, Fliesen- und Bodenkleber.

Schraubstock und Anschlag (Bankhaken). Ein Schraubstock wird so an der Unterseite der Werkbank befestigt, daß die Backen mit der Oberfläche der Werkbank eine plane Fläche bilden. Die Backen sind verkleidet und haben eine Hartholzoberfläche, um Werkstück und Werkzeug vor Beschädigungen zu schützen. Manche Schraubstöcke sind außerdem mit einem kleinen, höhenverstellbaren Stahlstift versehen, der über die normale Backenhöhe herausgezogen werden kann. Mit Hilfe dieses Stahlstifts und eines am gegenüberliegenden Ende der Werkbank angebrachten Anschlags können lange oder unförmige Holzstücke fest eingespannt werden.

Schmiege. (1) Mit diesem besonderen Winkel wird Holz in jedem beliebigen Winkel angerissen. Die verstellbare Schiene ist dabei in jedem beliebigen Winkel durch einen Arretierstift gegen den Schaft festzuklemmen.

Streichmaß. (2) Beim Einrichten von Holzverbindungen können mit dem Streichmaß sowohl die Breite als auch die Stärke leicht angerissen werden. Bei diesem Werkzeug wird ein Anschlag mit einem Anreißstift aus Stahl auf einem Stab in jede beliebige Position verschoben und mit einer Flügelschraube arretiert. Dies ermöglicht eine präzise Positionierung des Stahlstifts.

Zapfenstreichmaß. (3) Dieses Werkzeug ist dem konventionellen Streichmaß ähnlich; zur Markierung dienen ein fester und ein verschiebbarer Stahlstift. Manche Zapfensteichmaße sind mit einem zusätzlichen Stift an der Unterseite des Stabes versehen, so daß das Werkzeug auch als herkömmliches Streichmaß verwendet werden kann.

Profillehre. Die Profillehre besteht aus mehreren Stahl- oder Plastikstiften, die in einer Reihe auf einem Block angeordnet sind. Wird die Profillehre gegen ein Werkstück (z. B. eine Fußleiste) gedrückt, so folgen die Stifte dem Profil des Werkstücks.

Anreißnadel. Wird zum Anzeichnen des Schnitts für eine Säge oder ein Stemmeisen verwendet. Die Anreißnadel wird direkt an der Schiene eines Winkels oder eines Richtscheits entlanggezogen und garantiert so eine hohe Genauigkeit.

Gehrungsschneidlade. Eine einfache, nach oben offene Holzlade, die zur Führung der Säge bei Sägewinkeln von 45° oder 90° dient und so einen exakten Schnitt gewährleistet.

Lot und Kreide. Mit dem Lot wird die senkrechte Ausrichtung überprüft, um eine senkrechte Linie mit Kreide auf Wänden zu markieren. Dabei handelt es sich um ein spitz zulaufendes Gewicht an einer Schnur. Diese Schnur kann mit Kreide eingerieben werden. Sodann wird sie an der korrekten Stelle unterhalb der Decke an die Wand gehalten; sobald sich das Senkblei in Ruheposition befindet, wird die Schnur knapp oberhalb des Senkbleis vorsichtig an die Wand gedrückt und in der Mitte etwas weggezogen, damit sie an die Wand zurückschnellt und eine Linie hinterläßt. Etwas aufwendigere Modelle sind zusätzlich mit einer Aufwickelautomatik und einem Kreidebehälter ausgestattet, so daß die Schnur beim Ausziehen automatisch mit Kreide eingerieben wird.

Tragbare Werkbank. Eine zusammenklappbare, tragbare Werkbank ist beim Arbeiten mit Holz von großer Bedeutung. Natürlich hat auch eine große, fest aufgestellte Werkbank ihre Vorteile, der entscheidende Vorteil der tragbaren Werkbank jedoch ist ihr geringes Gewicht; sie kann mühelos zum jeweiligen Arbeitsplatz transportiert werden und bietet dort bei den letzten Änderungen und Anpassungen festen Halt für das Werkstück.

Eine tragbare Werkbank ist mit einem großen Schraubstock vergleichbar – die Arbeitsfläche besteht aus zwei Blöcken, die je nach Abmessung des Werkstücks und Art der Arbeit auf einen beliebigen Abstand eingestellt werden können; somit ist auch die Aufnahme von großen und unförmigen Gegenständen möglich.

Parallelreißer. Um einen Gegenstand sauber an einer Wand anliegend anzubringen (die meistens nicht 100 %ig eben ist), muß der Gegenstand mit Hilfe eines kleinen Holzklotzes und eines Bleistiftes an die Wand angepaßt werden (Techniken, S. 31). Ein Parallelreißer ist ein einfaches Stück Holz von zirka 25 x 25 x 25 mm. Dieser Klotz wird neben dem zu befestigenden Gegenstand an der Wand entlanggezogen; dabei zeichnet ein gegen die Gegenseite des Klotzes gedrückter Bleistift die Unebenheiten der Wand auf dem Gegenstand auf. Wird der Gegenstand entlang dieser Linie geschnitten, so liegt er ohne Spalt an der Wand an.

Wasserwaage. (9) Wird verwendet, um die waagrechte oder senkrechte Ausrichtung von Flächen zu prüfen. Eine Wasserwaage mit einer Länge von 100 cm eignet sich am besten. Aluminium- oder Stahlwasserwaagen sind sehr schlagfest und als Doppel-T-Träger- oder Rechtecksprofil ausgeführt. Daneben eignet sich vor allem beim Arbeiten auf engem Raum, wie z. B. in Nischen oder Schränken, eine kleine Wasserwaage (250 mm Länge). Bei großen Oberflächen kann diese kleine Waage zusammen mit einem Richtscheit eingesetzt werden.

Rollbandmaß. Am besten eignet sich ein feststellbares Band aus Metall oder Plastik mit einer Länge von 3 m oder 5 m. Ein Sichtfenster im Gehäuse erleichtert das Ablesen des genauen Maßes.

Stahllineal. Bei Stahllinealen sind die Längenunterteilungen sehr genau und beständig. Sehr nützlich ist ein Lineal mit metrischer Einteilung auf der einen Seite und dem englischen Maßsystem auf der anderen. Außerdem kann das Lineal als Richtscheit zum Aufzeichnen von Schnitt- und Sägekanten verwendet werden.

Richtscheit. Kann aus einem Stück Holz von 50 x 25 mm gefertigt werden. Mit dem Richtscheit und einer Wasserwaage läßt sich feststellen, ob eine Fläche eben ist oder ob zwei bestimmte Punkte auf einer Linie liegen.

Schneidemesser. Ein scharfes Messer, mit dem Schnittlinien sehr genau vorgezeichnet und eine Vielzahl von Schneidarbeiten ausgeführt werden können. Am sichersten ist ein Schneidemesser, dessen Klinge in das Gehäuse zurückgeschoben werden kann.

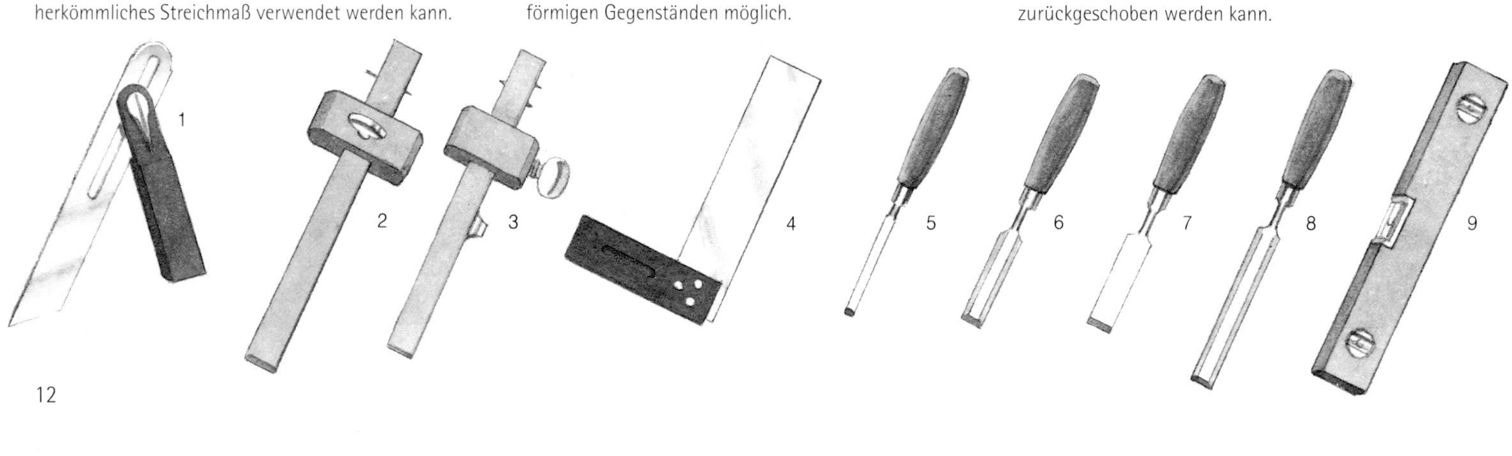

Anschlagwinkel. Ein L-förmiges Präzisonswerkzeug aus einer Stahlschiene und einem Anschlag (oder Griff), die sowohl an der Außen- als auch an der Innenkante einen exakten rechten Winkel bilden. Wird für rechtwinklige Markierungen und zum Prüfen von rechten Winkeln verwendet.

Zusatzwerkzeuge

Bohrständer. Gewährleistet beim Einsatz der Bohrmaschine eine sehr hohe Genauigkeit, z. B. bei Dübelverbindungen (**Techniken, S. 30**). Das Loch wird absolut senkrecht und mit kontrollierter Tiefe gebohrt. Der Bohrer wird über einen federgelagerten Hebel abgesenkt, was gute Kontrolle und hohe Genauigkeit sicherstellt.

Metalldetektor. Entdeckt Metallgegenstände wie elektrische Kabel sowie Wasser- und Gasleitungen, die in Wänden, Decken und Böden verlaufen. Elektrisches Gerät, das eine Summton erzeugt oder aufblinkt, sobald ein Metallgegenstand entdeckt wird.

Werkzeuge zum Schärfen und Schneiden

Stemmeisen. Werden zum Ausstemmen von Nuten und Kerben oder zum Abtragen dünner Späne verwendet. Beim Ausheben von Einkerbungen wird mitunter außerdem ein Holzhammer verwendet. Bei neuen Stemmeisen muß die noch stumpfe Schneidfase vor Gebrauch mit einem Ölabziehstein geschärft werden.

Lochbeitel. (5) Wird zusammen mit einem Holzhammer zum Ausstemmen tiefer Schlitze verwendet.

Stechbeitel. (7) Für den allgemeinen Heimwerkerbedarf geeignet.

Stemmeisen mit Fase. (6) Für den Gebrauch bei schwierigen Holzverbindungen, z. B. zum Ausstemmen von Schwalbenschwänzen.

Balleisen. (8) Die lange Klinge erleichtert das Ausstechen tiefer Verbindungen oder Einschnitte.

Bohrführung. Eine einfache, auf einem Holzstück festgeklammerte Bohrführung stellt sicher, daß der Bohrer genau in der Mitte des zu bohrenden Loches ansetzt und das Loch genau senkrecht gebohrt wird.

Bohrmaschinen

Handbohrer. (10) Zum Bohren von Schraubenlöchern oder tiefen Löchern, vor allem in Holz, aber auch in Metall. Vor allem nützlich, wenn keine Spannungsquelle vorhanden ist. Der Bohrer wird über einen Kurbelgriff und einen Zahnradantrieb im Bohrfutter gedreht.

Elektrische Bohrmaschine. Verschiedene Ausführungen verfügbar, von der Eingangbohrmaschine für weiche Materialien bis zur Mehrgangbohrmaschine mit elektronischer Steuerung. Für die meisten Arbeiten eignet sich ein Gerät der mittleren Klasse, z. B. eine Zweigangmaschine mit Schlagbohrfunktion. Die beiden Gänge reichen für die meisten harten Materialien, und mit der Schlagbohrfunktion wird selbst in die härtesten Wände gebohrt.

Bohrerarten

Als Zubehör zur Bohrmaschine ist eine Reihe von Bohrern unterschiedlicher Größe und Art erforderlich.

Schlangenbohrer. (17) Hat einen spitz zulaufenden, vierkantigen Schaft, der in eine Bohrwinde paßt. Mit diesem Bohrer werden bis zu 250 mm tiefe Löcher in Holz gebohrt. Der Durchmesser beträgt zwischen 6 mm und 38 mm. Durch die mit einem Schraubengewinde versehene Spitze wird der Bohrer in das Holz hineingezogen.

Spitzbohrer. (16) Wird mit der elektrischen Bohrmaschine verwendet. Am Ende des Schafts befindet sich eine Spitze. Durchmesser: 19 mm bis 38 mm. Der optimale Effekt wird bei einer hohen Drehzahl von 1000 bis 2000 U/min. erzielt. Mit diesem Bohrer kann auch gegen die Faser, in die Stirnfläche von Holz sowie in Preßplatten gebohrt werden.

Senkbohrer. (15) Anschließend an das Bohren von Schraubenlöchern in Holz wird mit dem Senkbohrer eine Versenkung für den Schraubenkopf gebohrt, damit dieser in der Oberfläche des Werkstücks versenkt liegt. Für Bohrwinden und Elektrobohrer sind verschiedene Arten mit Kopfdurchmessern von 9 mm, 12 mm und 15 mm erhältlich. Gewöhnliche Bohrer sind nur bei Holz verwendbar, während Schnellarbeits-Stahlbohrer bei Holz, Kunststoff oder Metall einsetzbar sind.

Wendelbohrer. (13) Werden mit elektrischen Bohrmaschinen zum Bohren von kleinen Löchern in Holz und Metall verwendet. Gewöhnliche Bohrer sind nur bei Holz verwendbar, während für das Bohren in Metall ein Schnellarbeits-Stahlbohrer benötigt wird.

Holzzentrierbohrer. (12) Zum Bohren von Dübellöchern in Holz. Die Zentrierspitze sowie die beiden seitlichen Führungskanten der Spitze halten den Bohrer in der Mitte des Bohrlochs. Durchmesser: von 3 mm bis 12 mm.

Steinbohrer. (14) Ein mit Hartmetallspitze ausgestatteter Bohrer zum Bohren in Stein und Beton z. B. zum Setzen einer Steckdose. Für das Bohren in Beton gibt es auch speziell gehärtete Bohrer.

Lochbohrer (Forstnerbohrer). (18) Wird vor allem verwendet, um flache Lochvertiefungen mit 25 mm oder 35 mm Durchmesser in Schränke und Schranktüren zu bohren, in denen Topfenscharniere versenkt werden. Forstnerbohrer werden auf elektrischen Bohrmaschinen verwendet, am besten mit einem Bohrständer; die Bohrtiefe sollte maximal 12 mm betragen.

Schleifstein und Schärflehre. Während des Schärfens von Stecheisen und Hobelklingen am Schleifstein hält die Schärflehre das Werkzeug im richtigen Winkel. Ein Schleifstein ist ein rechteckiger, beidseitig mit Sand beschichteter Steinblock. Da während des Schleifens Öl als Schmiermittel verwendet wird, sollte ein Ölkännchen bereitstehen.

Die Schärflehre ist ein relativ einfaches Werkzeug für leichtes und effektives Schärfen. Die Klinge des zu schärfenden Werkzeugs wird in einem bestimmten Winkel in die Schärflehre eingespannt, die sodann mehrmals am Schleifstein entlanggerollt wird.

Oberfräse. (19) Dieses tragbare Elektrowerkzeug wird zum Schneiden von Aussparungen, Vertiefungen und verschiedensten Verzapfungen in Holz verwendet; außerdem er-

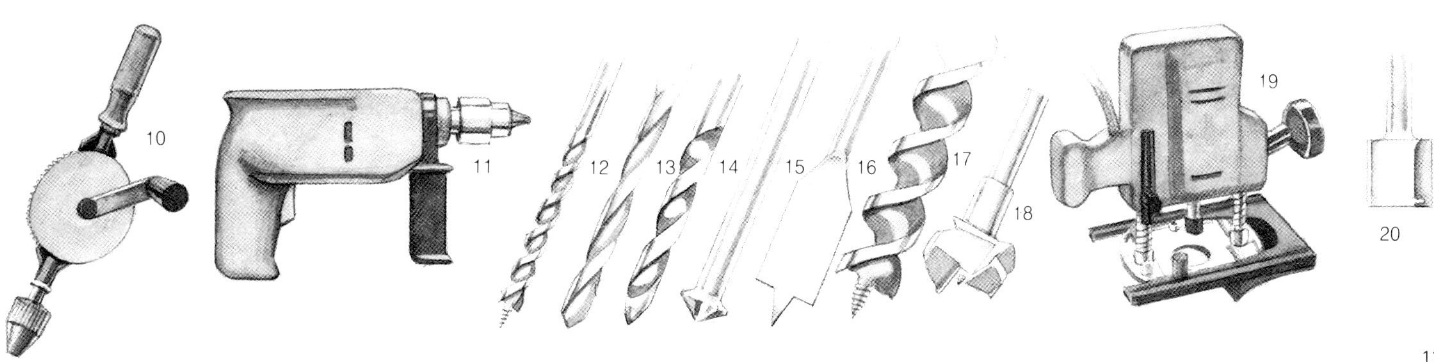

Werkzeuge

halten Brettkanten durch Oberfräsen ein dekoratives Profil. Für diese Arbeit stehen eine ganze Reihe von Bohrern in unterschiedlicher Größe und Form zur Verfügung. Die Drehgeschwindigkeit der Fräsköpfe (20) ist sehr hoch (etwa 25.000 U/min), so daß das Holz sauber und gleichmäßig geschnitten wird. Obwohl es auch Handfräsen gibt, die kleinen Hobeln ähneln, sind in diesem Buch mit Fräsen immer Elektrowerkzeuge gemeint.

Sägen

Handkreissäge. (1) Zum Schneiden von großen Hölzern bzw. Platten. Auch Rundungen und Winkel können gesägt werden. Das Standardmodell hat einen Druchmesser von 187 mm. Da Handkreissägen durchaus gefährlich sein können, ist bei ihrer Handhabung Vorsicht geboten. Bringen Sie Ihre Finger nicht in die Nähe des Sägeblatts und stellen Sie die Schnittiefe genau ein, damit keine, unter dem Werkstück liegenden Gegenstände beschädigt werden. Die Handkreissäge sollte mit einer oberen und einer unteren Schutzhaube ausgestattet sein. Um Beschädigungen an Werkbank bzw. Boden zu vermeiden, empfiehlt es sich, das Werkstück auf Resten von Verschnittholz abzulegen.

Laubsäge. (2) Zum Aussägen von Rundungen und Bögen jeder Art. Das sehr schmale Sägeblatt kann beim Sägen gedreht werden, so daß der Bügel über die Kante des Werkstücks hinausgeführt wird. Es wird nahe der Kante des auszusägenden Stücks ein Loch gebohrt, durch das das lose Sageblatt hindurchgeführt und wieder eingespannt wird.

Zapfensäge. (3) Diese kleinere Form der Rückensäge mit feinerer Zahnung eignet sich bestens zum Sägen präziser Schnitte, z. B. für Schwalbenschwanzverbindungen.

Fuchsschwanz. (4) Handsäge für grobere Schnitte in Holz und Spanplatten. Das flexible Blatt hat eine Länge von 510 mm bis 660 mm.

Stichsäge. (7) Für eine Vielzahl von Materialien verwendbar, und deshalb vielseitiger als die Kreissäge, allerdings nicht so schnell und leistungsstark. Mit einer Stichsäge werden auch Rundungen, Aussparungen, Winkel und Löcher in Platten gesägt. Bei den guten Modellen ist die Geschwindigkeit verstellbar – langsam für harte und schnell für weichere Materialien. Bei den neueren Modellen führt das Blatt eine Pendelbewegung aus, bewegt sich also nach vorne und zurück sowie nach oben und unten. Dadurch werden vor allem gerade Schnitte schneller ausgeführt.

Stichsäge auf Stoß. (5) Zum Aussägen von Löchern und anderen Aussparungen in Holz, wenn keine elektrische Stichsäge verfügbar ist. Mit der schmalen, kegelförmigen Klinge werden z. B. Schlüssellöcher gebohrt. Zunächst wird ein Loch gebohrt und dann mit der Säge der Schnitt ausgeführt. Handstichsägen eignen sich auch zum Aussägen von Löchern und Aussparungen für Spültische.

Rückensäge. (6) Zum Aussägen des Zapfens einer Zapfenverbindung. (**Techniken, S. 28**). Außerdem geeignet für andere feine und präzise Schnitte. Verstärkter Rücken, Länge des Blatts 250 mm bis 300 mm.

Hobelraspel. Erhältlich in Längen zwischen 150 mm und 250 mm und vor allem für die erste Grobbearbeitung von Holz. Um eine glatte Oberfläche herzustellen, ist jedoch anschließend eine Feinbearbeitung von Hand erforderlich. Zwischen den Zähnen der Stahlblätter befinden sich kleine Löcher, durch die die Holzspäne abgeführt werden. Stumpfe Blätter werden einfach ausgewechselt.

Zusatzwerkzeuge

Metallsäge. Die herkömmlichen Metallsägen haben einen Holzgriff und einen robusten Rahmen aus Metall. Das Blatt wird mit einer Flügelmutter gespannt. Modernere Modelle haben einen U-förmigen Rahmen, der entsprechend der Länge des Sägeblatts verstellbar ist. Eine kleine Metallsäge eignet sich vor allem zum Sägen kleiner Gegenstände und zum Arbeiten auf engem Raum.

Handwerkzeuge

Schleifpapier siehe Schleifblock. (S. 15)

Werkzeuge zum Spannen. Zum festen Einspannen von zu leimenden Holzstücken. Es gibt viele Arten von Schnellschraubzwingen, wobei typisch immer ein beweglicher Arm mit Stahlspindel mit Holzgriff und Kugeldruckplatte ist. Beim Festspannen eines Werkstücks während des Leimens sind Holzkeile mitunter sehr nützlich. Durch diagonales Auseinandersägen eines Holzblocks erhält man zwei Schiebekeile. Auf Seite 21 wird die Einrichtung und Verwendung dieser Befestigungshilfe beschrieben.

Schraubknecht. Ist aufgrund seiner großen Spannweite zum Verspannen großer Werkstücke unerläßlich.

Bandspanner. Ein Gurtband aus Nylon preßt den Rahmen schon beim Zusammenbau fest zusammen. Das Material ist dem Sicherheitsgurt im PKW ähnlich. Das Gurtband wird um den Rahmen gelegt, von Hand so fest wie möglich angezogen und schließlich über einen Schraubmechanismus oder eine Knarre festgezurrt. Gurtbänder stellen eine billigere Alternative zu Schraubknechten dar.

Schraubzwinge. (8) Die G- oder C-förmige Schraubzwinge mit einer Spannweite von mindestens 200 mm ist für die hier behandelten Projekte am besten geeignet. Das festzuspannende Werkstück wird zwischen die Spannarme gelegt, die dann über eine Flügelschraube, einen Drehgriff oder einen ähnlichen Griff angezogen werden. Bei manchen Modellen ist einer der Spannarme auf dem Steg verschiebbar, und das Werkstück wird nach dem Verschieben des Spannarms durch Drehen des Griffs festgespannt. In jedem Fall ist das Werkstück durch Hölzer zwischen den Spannarmen und seiner Oberfläche vor Beschädigungen zu schützen.

Hämmer und Zangen

Kreuzschlaghammer. (10) Der kleine, kegelförmige Kopf dieses Hammers wird zum Anheften verwendet.

Kleiner Hammer. Eine kleinere Version des Kreuzschlaghammers; wird für leichtere Arbeiten verwendet.

Zimmermannshammer. (9) Das geschwungene Ende des Hammerkopfes wird zum schnellen und sauberen Ziehen von Nägeln verwendet.

Holzhammer. Wird vor allem bei der Arbeit mit dem Lochbeitel verwendet. Bei Stecheisen mit schlagfestem Schaft kann auch ein Fäustel verwendet werden. Der flache Holz-

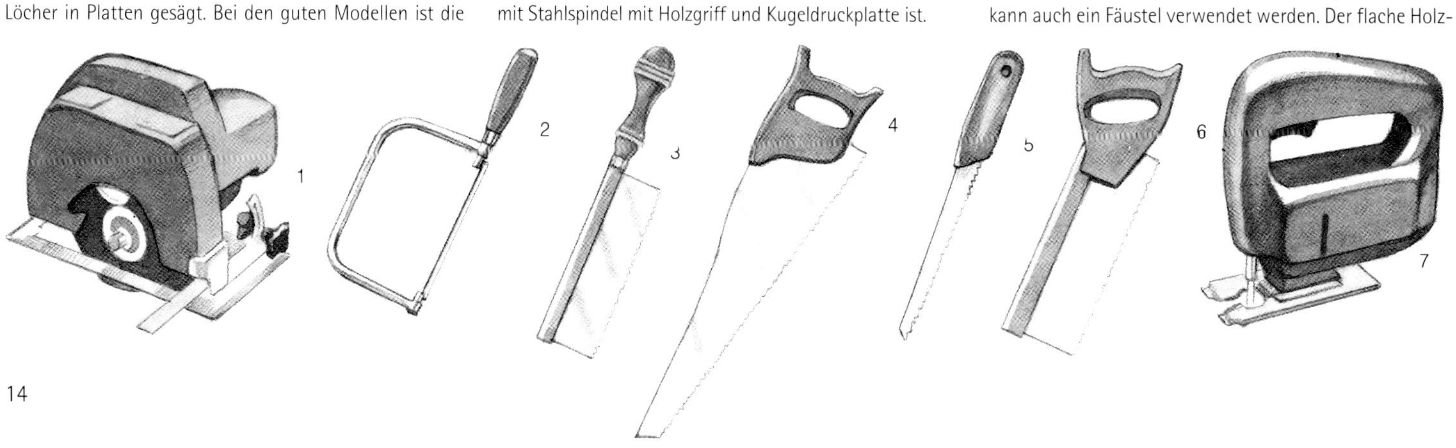

kopf bietet eine große Kontaktfläche mit dem zu bearbeitenden Werkstück.

Versenker. Wird zusammen mit einem Hammer eingesetzt, um Nägel und Stifte unter die Oberfläche zu treiben. Die Löcher können anschließend verkittet werden. Das spitze Ende ist leicht abgestumpft und paßt somit genau auf den Nagelkopf.

Beißzange. Zum Entfernen von Nägeln und Klammern aus Holzteilen. Die gerundeten Backen werden bündig zur Oberfläche am Nagel angesetzt und zum Entfernen des Nagels in einer Wiegebewegung hin- und herbewegt.

Oberflächenwerkzeuge

Schwingschleifer. Gibt Holzoberflächen ein feines, glattes Finish. Ein sandbeschichtetes Schleifblatt wird auf die Grundplatte des Schwingschleifers, den Schleifschuh, gespannt. Dabei sind Körnungen von fein bis grob erhältlich, die entsprechend der Rauheit der zu bearbeitenden Oberfläche auszuwählen sind. Aufgrund der starken Staubentwicklung sollte beim Einsatz von Schwingschleifern grundsätzlich eine Maske getragen werden.

Putzhobel. (11) Ein vielseitig verwendbarer Handhobel zum Glätten und Begradigen von Oberflächen und Kanten. Der Hobel ist etwa 250 mm lang, das Hobeleisen hat eine Breite von 50 mm bis 60 mm. Je breiter das Hobeleisen, um so besser das Oberflächenfinish bei großen Holzflächen. Schnittiefe und seitliche Ausrichtung sind verstellbar.

Bandschleifer. (14) Für ein präzises Finish von Holzoberflächen. Das Modell für den Einhandbetrieb ist leicht und überall einsetzbar, während die schwerere Zweihandversion für die Arbeit an der Werkbank gedacht ist. Auch zum „Brechen" von Schrägen und Kerben.

Langhobel. (13) Länger als ein Putzhobel. Vielseitig verwendbar. Besonders geeignet bei langen Kanten.

Rauhbank. (12) Zweihandhobel, geeignet für gröbere Arbeiten, zum Abschrägen von Kanten und zum Glätten von Stirnflächen.

Raspel. Eine Art rauhe Feile für Holz. Erhältlich mit flachem oder halbrundem Blatt. Wird z. B. verwendet, um Holzkanten an eine Wand anzupassen.

Schleifblock und Schleifpapier. Der Schleifblock wird mit Schleifpapier bezogen und zum Glätten ebener Oberflächen verwendet. Das Schleifpapier wird um den Block aus Kork, Gummi oder Weichholz gelegt. Es darf dabei keine Falten werfen. Ohne Schleifblock ist mit dem Schleifpapier kaum eine ebene Oberfläche zu erzielen. Schleifpapier ist in Körnungen von grob bis fein erhältlich und wird entsprechend der Rauheit der zu bearbeitenden Fläche ausgewählt: grob für rauhe Oberflächen, fein für das Finishing.

Schraubendreher(-zieher). Jeder Schraubendrehertyp hat seine Vorteile, so daß letztlich die persönliche Präferenz ausschlaggebend ist. Es gibt verschiedene Formen und Größen, wobei die Hauptunterschiede in der Art der Spitze (für Schlitz- oder Kreuzschlitzschrauben) sowie in der Länge und Form des Griffs liegen, der glatt, gerippt oder kugelförmig sein kann. Für Kreuzschlitzschrauben eignet sich ein Kreuzschlitzdreher.

Im Idealfall legen Sie sich eine Reihe von Schraubendrehern für die verschiedenen Schraubengrößen zu. Sehr praktisch sind Knarrenschraubendreher, bei denen der Griff in die Ausgangsposition zurückgedreht werden kann, ohne die Hand umzusetzen. Der Drillschraubendreher ist ebenfalls sehr praktisch (aber auch teurer); er wird eher wie eine Fahrradpumpe betätigt.

Elektrischer Schraubendreher. Ein relativ neues und teures, aber zeit- und kraftsparendes Werkzeug. Wird vor allem für Kreuzschlitzschrauben verwendet.

Schneckenbohrer mit Ringgriff. Zum Vorbohren von Holz für das leichtere Eindrehen einer Schraube. Der Schneckenbohrer wird durch eine fortlaufende Drehbewegung in das Holz gedreht.

Zusatzwerkzeuge

Metallfeile. Zum Runden und Endbearbeiten von Metallkanten. Bei den meisten Feilen kann das Feilenblatt aus dem Schaft herausgezogen und ausgewechselt werden. Flach- oder Halbrundfeilen. (eine Seite flach, die andere gewölbt) sind am vielseitigsten einsetzbar.

Tacker. (Heftapparat) Dieses Werkzeug schießt auf Knopfdruck Klammern in Oberflächen aus Stoff bzw. dünnem Holz oder Spanplatten. Der Vorteil gegenüber dem herkömmlichen Nageln mit dem Hammer liegt in der einhändigen Bedienung, wodurch das Werkstück mit der anderen Hand festgehalten werden kann.

Elektrotacker. (Heftapparat) Einfache Betätigung. Schießt stärkere Klammern in dickere Oberflächen, z. B. Decken. Es empfiehlt sich, Hefter und Klammern vom selben Hersteller zu kaufen, um Störungen und Probleme zu vermeiden.

Pinsel. Zum Streichen und Lackieren legt man sich am besten drei Pinsel unterschiedlicher Größe zu – 25 mm, 50 mm und 75 mm. Pinsel entsprechend der Größe der zu streichenden Fläche auswählen – kleine Pinsel für kleine, große Pinsel für große Flächen.

Farbspritzgerät. Erzielt bei fachgerechtem Umgang eine sehr glatte Oberfläche. Da Farbspritzgeräte (mit Spritzpistole und Kompressor) relativ teuer sind, ist es sicher am Anfang empfehlenswert, ein Gerät zu mieten statt zu kaufen. Immer parallel zur Oberfläche arbeiten und dabei eher zwei dünne Farbschichten anstatt einer dickeren auftragen.

Schraubenschlüssel. Zum Anziehen von Schrauben und Bolzen werden Maul- oder Ringschlüssel verwendet. Wenn kein passender Schlüssel verfügbar ist, kann auch ein verstellbarer Schraubenschlüssel verwendet werden.

Spritzpistole. Zum Abdichten von Ritzen und Fugen in Naßbereichen. (z. B. Duschwannen) mit einem Dichtungsmittel aus Kunststoff (farbig oder farblos). Die Kartusche wird in eine Halterung eingelegt, wobei das Dichtungsmittel mittels eines Kolbens durch die Düse am Ende der Kartusche ausgepreßt wird.

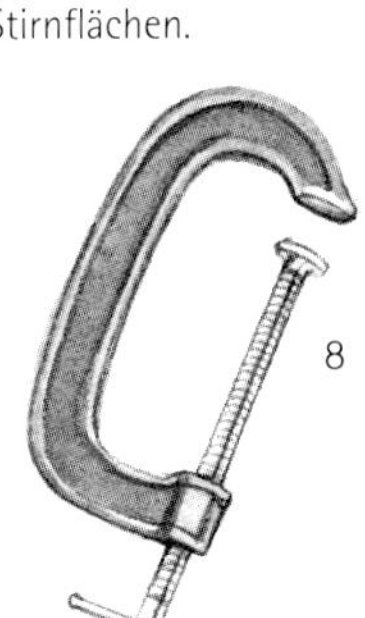
8

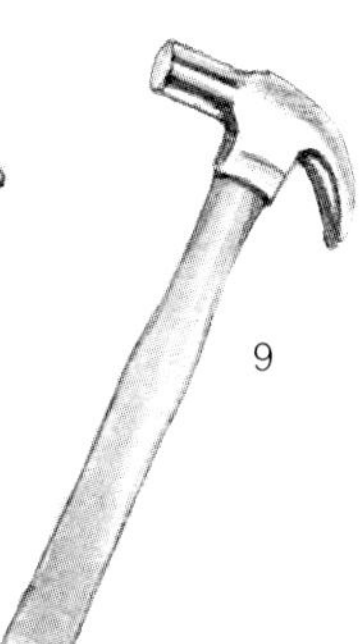
9

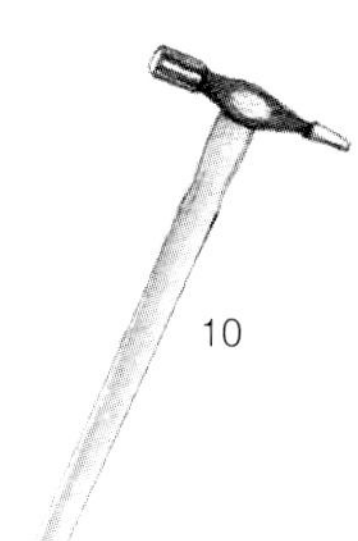
10

11

12

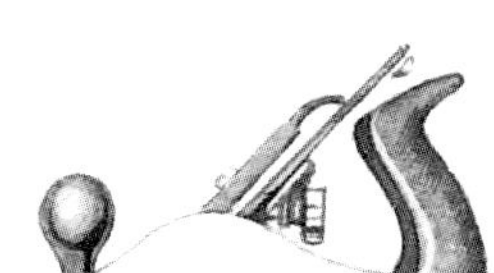
13

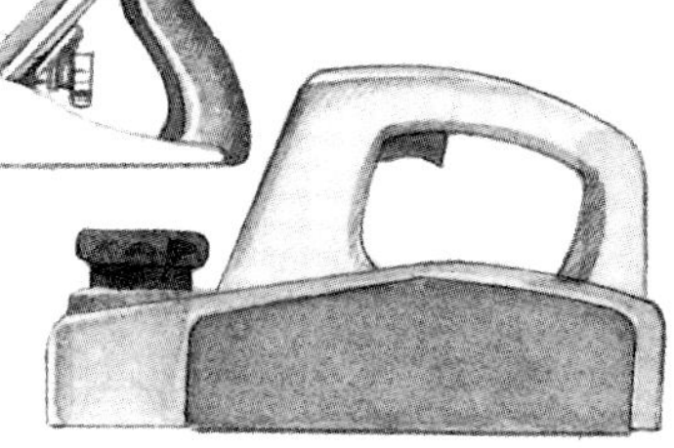
14

Materialien

Holz

Holz wird mit Weichholz und Hartholz in zwei allgemeine Kategorien eingeteilt. Unter Weichholz versteht man das Holz von Nadelbäumen, unter Hartholz dasjenige von Laubbäumen. Holz ist grundsätzlich vor dem Kauf auf Schäden zu prüfen. Vom Kauf von Holz mit zu großen Rissen ist abzuraten; kleinere Risse an der Oberfläche hingegen können mit Hobel, Schleifpapier oder Holzkitt beseitigt werden. Verzogenes Holz ist zur Bearbeitung völlig ungeeignet; ob eine Brett verzogen ist, läßt sich feststellen, indem man an den Kanten entlangschaut.

Neu gekauftes Holz sollte etwa 10 Tage gelagert werden, da es aufgrund der Lagerung im Freien „feucht" ist. Während der Trocknung zieht sich feuchtes Holz leicht zusammen („Schwinden"); wenn es dabei nicht flach auf dem Boden gelagert wird, verzieht es sich. Nach sofortiger Verarbeitung von soeben gekauftem Holz stellen sich mitunter Schwierigkeiten erst an der fertigen Arbiet ein, wenn das Holz trocknet. Um dem Verziehen entgegenzuwirken und den Trocknungsprozeß zu begünstigen, werden Holzplatten so gestapelt, daß kleine Holzklötze zwischen den einzelnen Platten für eine gute Belüftung sorgen. Dadurch wird der Feuchtigkeitsgehalt auf etwa 10 Prozent gesenkt und das Holz für die Verarbeitung vorbereitet.

Weichholz. Obwohl Weichholz oft als Kiefern- oder Tannenholz bezeichnet wird, wird es aus vielen verschiedenen Baumarten hergestellt. Es ist im Vergleich zu Hartholz billiger und wird für allgemeine Holzarbeiten verwendet. Standardlänge: zwischen 1,8 m und 6,3 m (mit Zwischenschritten von 30 cm); Standardstärke: zwischen 12 mm und 75 mm; Standardbreite: zwischen 25 mm und 225 mm.

Dabei ist zu beachten, daß der Begriff Standardgröße sich auf das gesägte Maß ab Sägemühle bezieht. Dieses Weichholz im unbearbeiteten Zustand eignet sich jedoch nur für Holzarbeiten wie Bodendielen und Grundrahmen, die keine hundertprozentig plane Oberfläche erfordern. Für die in diesem Buch beschriebenen Projekte jedoch, bei denen das Aussehen sowie die Genauigkeit eine große Rolle spielen, ist gehobeltes Holz erforderlich. Da beim Hobeln von jeder Fläche eine dünne Schicht abgetragen wird, liegt dieses vorgehobelte Holz in seinen Abmessungen ca. 5 mm unter den Nennmaßen. Deshalb sind die Standardmaße eher als grobe Orientierung und nicht als exakte Maßangaben anzusehen; allerdings geht der Heimwerkerhandel immer mehr dazu über, vorgehobeltes Weichholz nach den tatsächlichen Maßen und nicht nach Nennmaßen zu verkaufen.

Hartholz. Das teurere und schwerer erhältliche Hartholz ist oft bei einem Holzfachhändler zu bestellen bzw. zu beziehen. Viele Schreinereien und Sägemühlen schneiden das Hartholz genau auf die erforderlichen Abmessungen zu. Der Heimwerker verwendet Hartholz in der Regel nur für Profil- und Kantenleisten zur Aufwertung von gesägten Holzkanten. Die meisten Hartholzleisten werden heutzutage aus dem blaßgelben Ramin oder aus Rotholz hergestellt.

Plattenwerkstoffe

Faserplatten. Faserplatten werden maschinell aus Holz und anderen Fasern gefertigt. Sie sind vielseitig verwendbar, relativ billig und von einheitlicher Qualität. Im Unterschied zu Naturholz sind sie großflächig erhältlich. Dabei hat jeder Faserplattentyp seine besonderen Vorteile. Alle Faserplatten haben eine Standardgröße von 2440 mm x 1220 mm und werden von den meisten Holzhändlern maßgerecht zugeschnitten.

Hartfaserplatten. Diese bekanntesten Faserplatten sind in Stärken von 3 mm, 5 mm und 6 mm erhältlich. Da Hartfaserplatten über eine relativ geringe Festigkeit verfügen und z. B. in Rahmenkonstruktionen einer Unterkonstruktion bedürfen, werden sie vor allem für Verkleidungen verwendet. Hartfaserplatten von hoher Dichte kommen bei der Verkleidung von Trennwänden zum Einsatz, während leicht gepreßte Platten z. B. für Pinwände verwendet werden.

Halbharte Faserplatten. Weicher und schwächer als Hartfaserplatten. Werden deshalb oft in größerer Stärke, normalerweise 12 mm, verwendet.

Mitteldichte Faserplatten (MDF). Diese guten, allgemein verwendbaren Platten werden unter hohem Druck gepreßt. Dieses Holz splittert nicht beim Schneiden, sondern ergibt eine saubere, präzise geschnittene Kante, die im Gegensatz zu anderen Faserplatten nicht verdeckt werden muß. Außerdem nehmen diese Platten selbst an den Kanten Farbe gut an. Stärke: zwischen 6 mm und 35 mm.

Spanplatten. Bestehen aus unter Druck zusammengepreßten Holzspänen und sind starr, dicht gepreßt und relativ schwer. Zusammen mit entsprechenden Stützkonstruktionen sind Spanplatten recht stabil und tragfähig. Die Sägeschnittkanten sind in manchen Fällen nicht sehr sauber und die Sägen werden gerne stumpf. Da herkömmliche Schrauben in Spanplatten nicht sehr gut halten, empfiehlt es sich, Schrauben mit durchgängigem Gewinde zu verwenden (**Materialien, S. 18**). Spanplatten mit der Kennung V 100 sind feuchtigkeitsbeständig und begrenzt wetterbeständig. Stärken: zwischen 6 mm und 40 mm, wobei Stärken von 12 mm, 19 mm und 25 mm am geläufigsten sind.

Spanplatten sind in großer Vielfalt mit Rundumfurnier aus Naturholz, PVC, Melamin oder Kunststoff erhältlich. Kunststoffbeschichtete Platten werden oft in verschiedenen Farben und mit Holzimitationseffekt angeboten. Bei Regalen sind Spanplatten in kleinen Abständen auf Bodenhaltern oder Trägern abzustützen. Aus Gesundheitsgründen sollten nur Platten gekauft werden mit der Kennung V 20, E 1; nur diese sind nahezu formaldehydfrei.

Furnierplatten. Furnierplatten werden durch kreuzweises Übereinanderleimen dünner Furnierschichten hergestellt. Dies verleiht der Platte eine hohe Festigkeit und verhindert Verwerfungen. In der Regel bestehen Furnierplatten aus drei, fünf oder sieben Schichten. Sogenanntes Innensperrholz ist für die Verwendung in trockenen Räumen, während wetterfestes Sperrholz (AW 100) sich für Einbauten in Naßbereichen eignet, wo eine hohe Luftfeuchtigkeit herrscht, wie z. B. in Badezimmern. Furnierplatten sind z. B. mit Teak-, Eiche- oder Mahagoni-Furnier oder dekorativen Kunststoff-Beschichtungen erhältlich. Die Standardstärken betragen 3 mm, 6 mm, 12 mm und 19 mm.

Tischlerplatten. Tischlerplatten sind Sandwichplatten aus einer Mittellage aus Naturholzstreifen zwischen darübergeleimten Holzfurnieren, die in der Regel aus fernöstlichem Rotholz oder aus dem etwas teureren, aber qualitativ höherwertigen, einfachen Birkenholz hergestellt wer-

Leisten (s. Seite 18)

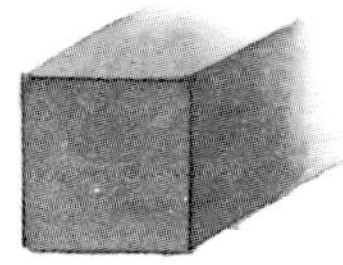

Quadratische Leiste

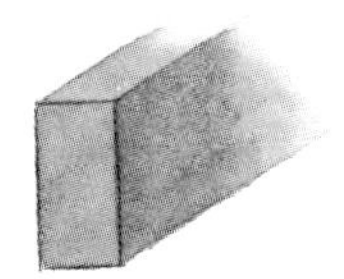

Rechteckige Leiste

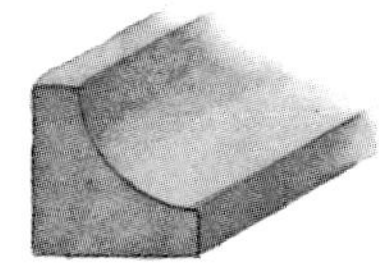

Hohlkehlleiste

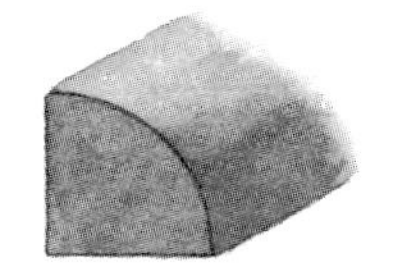

Viertelstab

Winkelleiste

den. Andere, aufwendigere Varianten haben ein doppeltes Deckfurnier aus Sperrholz und einem Tropenholz. Beim Sägen der sehr festen Tischlerplatten entstehen oftmals unschöne Schnittkanten, indem sich z. B. zwischen den Kernlagen Hohlräume zeigen; hierdurch sind Kantenverbindungen mitunter schwer herzustellen. Für Tischlerplatten gelten dieselben Qualitätsgrade wie für Sperrholz; die Standardstärken betragen 12 mm, 19 mm und 25 mm. Aufgrund ihrer nicht so hohen Steifigkeit eignen sich Tischlerplatten nicht besonders für lange Regalbretter.

Stäbchenverleimte Platten. Eine qualitativ höherwertige Variante von Tischlerplatten ohne Hohlräume zwischen den Kernstreifen. Diese kostspielige Ausführung sollte nur verwendet werden, wenn die besonderen Qualitätsanforderungen den Preis rechtfertigen.

Nut- und Federbretter. Werden vor allem für die Verkleidung von Rahmenkonstruktionen und Wänden verwendet. Jedes Brett ist mit einer Feder auf der einen Seite und einer Nut auf der anderen gearbeitet. Die Feder fügt sich genau in die Nut des nächsten Bretts; diese Verbindung kann sich je nach Temperatur und Luftfeuchtigkeit ausdehnen bzw. zusammenziehen, ohne daß dabei Spalten zwischen den Brettern entstehen.

Normale Paneele werden wie Fußbodendielen zusammengeschoben, während für Verkleidungsarbeiten verwendete Bretter ein Dekor aufweisen; dabei handelt es sich um einen Wulst oder häufiger um eine abgeschrägte Kante, durch die sich ein sehr dekoratives V-Profil ergibt.

Klebstoffe und Glättungsmittel

Klebstoffe. Moderne Klebstoffe (Kleber und Leime) sind von hoher Klebkraft und Belastbarkeit. Wenn Probleme auftreten, so liegt dies meistens an der Verwendung des falschen Klebstoffes bzw. Nichtbeachtung der Gebrauchsanweisung des Herstellers. Im allgemeinen wird für Arbeiten in geschlossenen Räumen ein Klebstoff auf PVA-Basis (Polyvinylacetat) verwendet – dabei hat jeder Klebstoffhersteller seine eigene Marke. In Naßbereichen empfiehlt sich die Verwendung eines wasserfesten Holzleims.

Für Keramikfliesen ist ein spezieller Kleber von dicker, butterähnlicher Konsistenz erforderlich, der bereits fertig zubereitet in Eimern erhältlich ist. Kommen Fliesen regelmäßig mit Wasser in Berührung, wie z. B. an Spültischen, ist ein hydraulischer Dünnbettmörtel zu verwenden.

Glättungsmittel. Wenn das Holz einen Anstrich erhält, wird die konventionelle Dispersionsspachtel verwendet, mit der auch Risse in Wänden gekittet werden. Diese Spachtel trocknet weiß aus und bleibt unter jeder anderen Oberflächenbehandlung sichtbar. Bei durchsichtiger Oberflächenbehandlung sind daher Risse und Löcher mit einem besonderen Holzkitt zu verschließen. Diese dickflüssigen, pastenartigen Massen sind in verschiedenen Holzfarben erhältlich. Die gewünschte Farbe läßt sich gegebenenfalls auch durch Vermischen verschiedener Kitte oder durch Zugabe von farbiger Holzbeize erzielen. Die Farbe des Kittes sollte etwas blaßer sein als die des Holzes, da Kitte in der Regel bei Auftragen der Endbehandlung nachdunkeln. Es empfiehlt sich, zunächst mit einem Verschnittstück des entsprechenden Holzes einige Farbtests durchzuführen.

Bei besonders anspruchsvollen Oberflächen verhindert ein Einlaßgrund (Schnellschliffgrund), daß die Deckfarbe in das Holz eindringt. Die farblos erhältliche Grundierung kann mit Terpentinersatz verdünnt werden; Auftrag mit Pinsel oder Roller.

Oberflächenbehandlung / Finish

Die Art der Oberflächenbehandlung hängt davon ab, ob das Holz bzw. das Brett verdeckt bleibt oder ob es angestrichen, lackiert oder im Gegenteil durch eine klare Schutzschicht hervorgehoben werden soll.

Lacke

Schnelltrocknende Zelluloselacke stellen die beste Art der Oberflächenbehandlung für Holzmöbel dar. Sie sind gegen Hitze, Kratzer und Lösungsmittel unempfindlich und ergeben bei Auftrag mit Farbspritzgeräten ausgezeichnete Oberflächen.

Mattierungen

Schellack. Bezeichnung für eine bestimmte Mattierung und gleichzeitig Sammelbezeichnung für alle mit Schellack und Alkohol hergestellten Mattierungen. Ideal für einen hellen bis mittleren Braunton. Nur spezifische Schutzwirkung für das Holz.

Ballenmattierung. Erzielt gegenüber dem normalen Schellack einen eher goldenen bzw. orangefarbenen Ton.

Farblose Zellulose-Schellack-Mattierung. Bei dieser Mattierung scheint die natürliche Farbe des Holzes hindurch. Das saubere Auftragen von Schellack erfordert viel Geduld, weshalb viele Heimwerker einen klaren Polyurethan-Lack mit einer anschließenden herkömmlichen Wachspolitur bevorzugen.

Farben

Farbanstrich. Für Holz eignen sich flüssige Lacke auf Ölbasis, die auf eine entsprechende Grundierung aufgetragen werden. Im allgemeinen empfehlen sich eher zwei dünne Aufträge als ein dicker. Als Alternative bieten sich nichttropfende Farben von gelartiger Konsistenz an, bei denen keine Grundierung erforderlich ist. Zur Erzielung qualitativ hochwertiger Oberflächen ist unter Umständen dennoch ein zweiter Anstrich erforderlich. Zum Aufsprühen ist auf jeden Fall normale Flüssigfarbe zu verwenden.

Firnis. Wird in der Regel mit dem Pinsel aufgetragen, kann aber auch aufgesprüht werden. In den Varianten hochglanz, seidenmatt und matt erhältlich. Firnisse gibt es in verschiedenen Farben, so daß das Holz in einem Gang umgefärbt und geschützt werden kann. Firnis dringt nicht in das Holz ein, so daß bei Kratzern die ursprüngliche Farbe wieder zum Vorschein kommt. Aus diesem Grunde wird in manchen Fällen mit (pigmenthaltigen) Holzbeizen gearbeitet, die in das Holz eindringen. Da sie jedoch keinen Oberflächenschutz bieten, ist zusätzlich eine Mattierung aufzutragen.

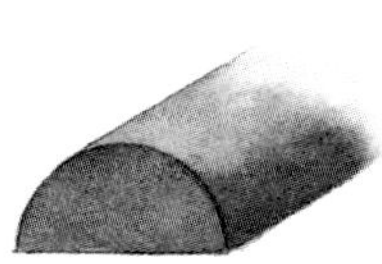
Halbrundstab

Zweifach gerundeter Stab

Falzleiste

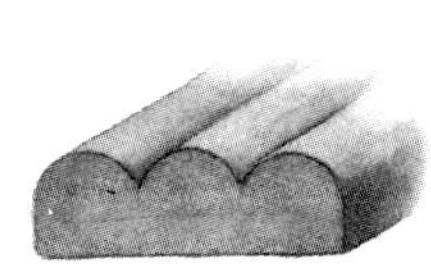
Wellenstab

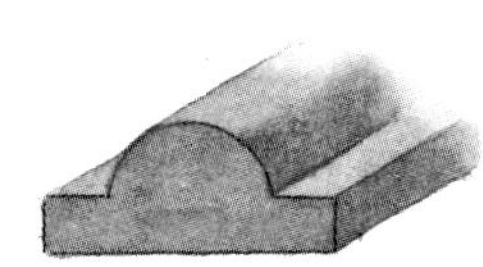
Rundstab mit Plättungen

Leisten, Dübel, Schrauben und Beschläge

Leisten. Leisten werden zur Verzierung und als Abdeckung von Hohlräumen oder Befestigungen in einer Holzkonstruktion verwendet. Der Begriff „Leiste" umfaßt die verschiedensten Arten von einfachen, dünnen Rundstäben bis hin zu Kranzprofilen und Sockelleisten. Mit einer Vielzahl von Fräsköpfen werden die verschiedensten Formen und Größen hergestellt. Sollte das gewunschte Profil einmal tatsächlich nicht im Handel erhältlich sein, so stellen Sie es mit der Oberfräse selbst her.

Leisten werden aus Hartholz geschnitten – in der Regel aus dem dichten und harten Rotholz oder aus dem blaßgelben Ramin. Bei Holzfachhändlern sind auch Leisten aus Tropenhölzern wie Mahagoni erhältlich, die allerdings relativ teuer sind. Aus diesem Grund bietet es sich unter Umständen an, eine billigere Leiste anzustreichen oder zu lackieren, um die gewünschte Farbe zu erzielen.

Zierleisten (s. Abbildungen S. 16, 17) sind in Standardlängen von 2 m oder 3 m erhältlich. Die folgenden Formen gibt es in den verschiedensten Größen und sie eignen sich besonders als Kantenabschluß für Holzplatten: Halbrundstäbe, zweifach gerundete Stäbe, Falzleisten, Wellen- und Rundstäbe mit Plättungen. Quadratische und rechteckige Leisten sind in Größen zwischen 6 x 6 mm bis 12 x 38 mm erhältlich.

Viertelstäbe und Hohlkehlstäbe werden verwendet, um beispielsweise einen Luftspalt zwischen den stoßenden Teilen einer Konstruktion zu kaschieren. Winkelleisten sind eine einfache Variante der Hohlkehlstäbe und werden an der Innen- oder Außenseite von Verbindungen angebracht.

Beim Kauf von Leisten ist darauf zu achten, daß sie über die gesamte Länge gerade und frei von Ästen sind, die unter Umständen herausfallen und ein Loch hinterlassen könnten. Außerdem sind Leisten auf Flecken durch Pilzbefall zu prüfen, besonders wenn Klarlack aufgetragen werden soll. Werden für denselben Zweck mehrere Leisten benötigt, so ist darauf zu achten, daß die Leisten hinsichtlich Farbe sowie Kanten- und Faserverlauf genau zueinander passen, da sonst die Gefahr von unebenen Oberflächen oder ungeraden Kanten besteht.

Latten. Mit dem Begriff „Latte" wird allgemein eine bestimmte Art der Schnitthölzer bezeichnet. Die Standardgröße beträgt 30 x 50 mm oder 40 x 60 mm.

Holzlatten erfüllen vor allem zwei Aufgaben: Sie werden als Regalleisten an die Wand geschraubt oder in Rahmenkonstruktionen so befestigt, daß sie im Verbund mit Täfelungen, Platten bzw. Verkleidungen eine neue „Wand" bilden.

Holzdübel. Für Verbindungen bei Rahmenkonstruktionen oder zum Zusammenfügen von Platten in stumpf gestoßenen oder Eckverbindungen.

Hartholzdübel haben einen Durchmesser zwischen 6 und 10 mm. Holzdübel können Sie selbst auf die erforderliche Länge schneiden oder in Längen von 25 mm oder 38 mm im Handel kaufen. In der Regel beträgt die Länge des Dübels das 1 1/2-Fache der Stärke der zusammenzufügenden Bretter.

Holzdübel werden zusammen mit Leim eingesetzt. Nach der Herstellung der Verbindung muß überschüssiger Leim austreten können. Dies wird durch längsgerippte Dübel mit abgeschrägten Enden möglich. Bei geraden Dübeln werden die Seiten mit einer Säge fein gerippt und die Enden abgeschrägt.

Nägel

Nägel werden für einfache Rahmenkonstruktionen verwendet.

Drahtstifte. Diese Nägel mit großen, flachen Rundköpfen werden für stabile Verbindungen verwendet, wo die weniger dekorativen Nagelköpfe abschließend verkleidet werden.

Schlagschrauben. Für besonders stabile Befestigungen bestens geeignet.

Drahtstifte mit Senkkopf. Diese Nägel werden dort eingesetzt, wo das Aussehen eine Rolle spielt. Der Nagelkopf wird bündig mit der Oberfläche eingeschlagen und ist sehr unauffällig. Diese Nägel werden zum Nageln von dünnen an dickere Hölzer verwendet; dabei besteht vor allem nahe den Bretterenden oder bei zu langen Nägeln die Gefahr des Splitterns oder Reißens.

Paneelstifte. Zum Befestigen dünner Holzpaneele. Die kleinen, unauffälligen Köpfe werden bündig mit der Oberfläche eingeschlagen oder in dieser versenkt.

Hartfaserstifte. Verkupferte Stifte mit quadratischem Querschnitt. Der rautenförmige Kopf wird in der Oberfläche versenkt – ideal zur Befestigung von Hartfaser- und anderen Platten in Feuchtbereichen, wo Stahlstifte schwarze Flecken verursachen könnten.

Stahlnägel. Zur Befestigung von Holzlatten an Wänden als Alternative zum Dübeln und Verschrauben. Für belastbare Befestigungen eignen sich gehärtete Stahlnägel.

Schrauben

Alle Schraubentypen sind als herkömmliche Schlitzschrauben oder als Kreuzschlitzschrauben erhältlich. Letztere eignen sich vor allem bei Verwendung eines elektrischen Schraubendrehers.

In den meisten Fällen werden Schrauben mit Senkköpfen verwendet, die bündig mit der Oberfläche eingedreht werden. Halbrundkopf-Schrauben dienen vor allem zur Befestigung von Metallteilen wie z. B. Regalträgern oder Türbolzen, deren Schraubenlöcher ausgestanzt und nicht gesenkt sind. Linsensenkkopf-Schrauben werden oft in Verbindung mit Unterlegscheiben verwendet, wenn ein sauberes Aussehen wichtig ist.

Holzschrauben. Diese Schrauben haben direkt unterhalb des Kopfes einen glatten Schaft, durch den beim Zusammenfügen von Holzstücken ein besonders guter Zusammenhalt erzielt wird. Allerdings besteht auch die Gefahr, daß das Holz aufgrund dieses glatten Schafts splittert.

Schrauben mit durchgängigem Gewinde. Schneller einzudrehen als herkömmliche Holzschrauben, bei geringerer Splittergefahr. Außer bei besonders langen Ausführungen ist bei diesen Schrauben der gesamte Schaft mit einem Gewinde versehen und bietet dadurch einen hervorragenden Halt in Holz sowie in Faser-, Span-, Tischler- und Furnierholzplatten. Die besseren Ausführungen sind verzinkt und gehärtet und weisen somit sowohl eine bessere Korrosionsbeständigkeit als auch einen durch schlecht passende Schraubendreher nur schwer verformbaren Schraubkopf auf.

Nägel und Schrauben

1. Unterlegscheibe; 2. Schwerlastdübel; 3. + 4. Rahmenbefestigung (Nylondübel und Schraube); 5. Furnierstift; 6. Hartfaserstift 7. Paneelstift; 8. Drahtstift; 9. Drahtstift mit Senkkopf; 10. Schlagschraube; 11. Stahlnagel; 12. Senkkopf-Schraube mit Schlitz; 13. Senkkopf-Schraube mit Kreuzschlitz; 14. Halbrund-Holzschraube mit Schlitz; 15. Linsensenkkopf-Schraube mit Schlitz; 16. Zierkopfschraube; 17. Spax-Schraube

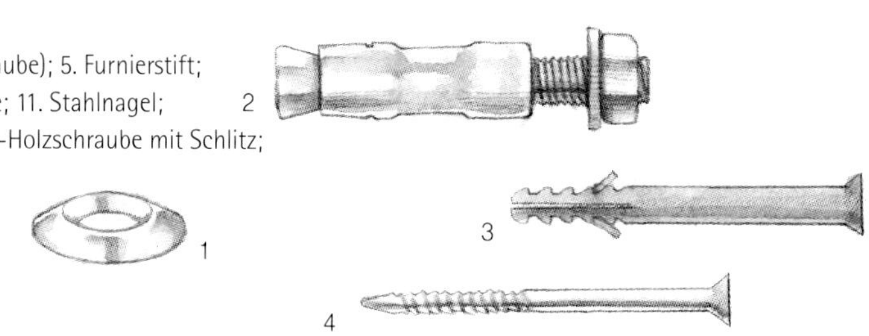

Wandbefestigungen

Die Art der Wandbefestigung hängt vom Wandtyp sowie von der Größe und dem Gewicht des zu befestigenden Gegenstands ab.

Dübel. Mit der Bohrmaschine und dem passenden Bohrer wird ein Loch von der Größe der zu verwendenden Schraube gebohrt. Den Dübel in das Bohrloch stecken und die Schraube durch den zu befestigenden Gegenstand in den Dübel eindrehen und festziehen.

Befestigung an massiven Wänden. Bei massiven Wänden werden zur Befestigung von Gegenständen Dübel verwendet. Dabei werden heutzutage fast ausschließlich Plastikdübel für die verschiedensten Schraubengrößen (von Nr. 8 bis Nr. 12) eingesetzt.

Befestigung an Fachwerkwänden. Zur sicheren Befestigung von Gegenständen an diesen Wänden werden Schrauben in die Ständer (senkrechte Rahmen) der Konstruktion gedreht. Befinden sich die Ständer nicht an den gewünschten Stellen, so sind waagrechte Holzlatten an den Ständern anzubringen.

Befestigung an Hohlwänden. In alten wie auch in moderneren Häusern sind gelegentlich Hohlwände anzutreffen, die in der Regel aus Gipskartonplatten bestehen. Für diese Wände gibt es die verschiedensten Arten der Befestigung, z. B. Federspreizdübel, Klappdübel und Nylonkippdübel, die fast alle nach demselben Prinzip funktionieren: spreizbare Arme stützen sich an der Rückseite der Gipsplatten oder der Latten ab und garantieren so einen guten Halt.

Schwerlastdübel. Für schwere Gegenstände wie z. B. Oberschränke in Küchen empfiehlt sich die Befestigung mit einem Schwerlastdübel. Dieser Dübel, für den ein Bohrloch von etwa 10 mm Durchmesser erforderlich ist, ist mit einer eigenen, relativ schweren Maschinenschraube versehen. Beim Eindrehen der Schraube breitet sich der Dübel im Bohrloch aus und sorgt für eine feste Verankerung in der Wand.

Schließvorrichtungen

Magnetische Schnäpper. Magnetische Schnäpper eignen sich besonders für kleinere Türen, bei denen die Gefahr des Verziehens kaum besteht. Zwischen auf dem Rahmen des Schranks sitzenden Magneten und der Schließplatte an der Tür ist auf eine einwandfreie Kontaktfläche zu achten. Ein weiterer wichtiger Punkt ist die Magnetkraft; bei kleineren Schranktüren ist eine „Zugkraft" des Magneten von 2–3 kg ausreichend, während sie bei größeren Kleiderschranktüren 5–6 kg betragen sollte.

Magnetische Druckschnäpper sind ebenfalls sehr praktisch. Beim Drücken gegen die geschlossene Türe springt diese einen kleinen Spalt weit auf und wird dann mit der Hand vollends geöffnet.

Mechanische Schnäpper. Die gängigste Ausführung sind Kugelfederschnäpper und Rollenschnäpper. Da die saubere Ausrichtung auch hier von grundlegender Bedeutung ist, sind verstellbare Ausführungen zu empfehlen. Mechanische Druckschnäpper werden durch Drücken gegen die Türe betätigt, so daß auf Türgriffe verzichtet werden kann.

Schieberiegel. Schieberiegel sind besonders geeignet für Schränke in Küchen oder Badezimmern, wo sich die Türen mitunter aufgrund der Luftfeuchtigkeit verziehen.

Scharniere

Am einfachsten ist die Anbringung von Scharnieren, die nicht in die Tür oder den Türrahmen eingelassen werden müssen: Aufsatzscharniere, Deko-Aufsatzscharniere (für leichte Türen) und gekröpfte Scharniere. (für Küchenschränke). Klavierbänder eignen sich besonders zur Befestigung von Klapptüren. Sie sind in einer Länge von 1,8 m erhältlich und werden mit einer Metallsäge auf das erforderliche Maß zugeschnitten. Zur Befestigung schwerer Türen oder zur Erzielung einer ansehnlichen Oberfläche sind Fitschen bzw. Angelbänder zu empfehlen, die in die Türen oder Rahmen eingelassen werden.

Verstellbare, verdeckte Topfscharniere werden vor allem für Türen aus Spanplatten und mitteldichten Faserplatten verwendet. Zum Bohren der zylindrischen, flachen Löcher ist ein Forstnerbohrer erforderlich, und die Scharniere sind auch nach dem Einpassen verstellbar.

Gleitschienen für Schiebetüren

Schiebetüren können entweder hängend (an oben liegenden Schienen) oder stehend (in am Boden verlaufenden Schienen) bewegt werden. Die Türen gleiten dabei einfach in Führungsnuten in den Schienen. Schienen für Glastüren oder Türen aus leichten Faserplatten sind in der Regel aus PVC gefertigt und in verschiedenen Farben erhältlich.

Schienen für hängende Schiebetüren. Bei diesen Schiebetüren laufen kleine, an der Oberkante der Tür befestigte Gleiter oder verstellbare Rollen in der am oberen Rand der Türöffnung befestigten Führungsschiene. Eine Bodenführung sorgt dafür, daß die Tür gerade läuft.

Bodenschienen. Die Tür läuft auf kleinen Rollen in der am Boden befestigten Schiene. Eine Führung an der Oberkante der Tür gewährleistet einen geraden Lauf.

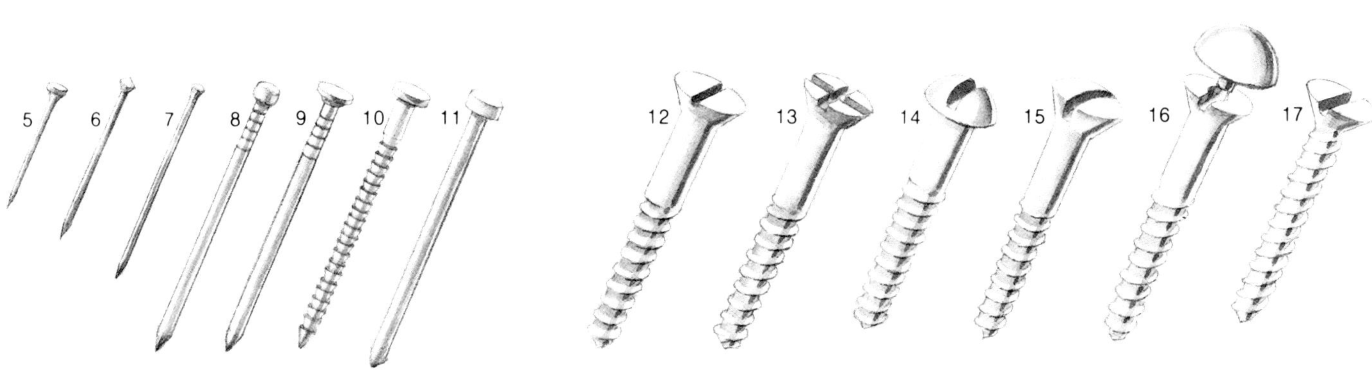

Techniken: Sägen und Schneiden

Holz

Holz wird entweder gesägt oder gehobelt geliefert. Gesägtes Holz ist von rauher Oberfläche, hat allerdings den Vorteil einer genaueren Einhaltung der bestellten Abmessungen. Gehobeltes Holz dagegen ist auf allen Seiten glatt, jedoch werden durch das Hobeln ca. 5 mm von der Nennbreite und -stärke abgetragen. Gesägtes Holz eignet sich ideal für die Errichtung von Rahmenkonstruktionen, während für Arbeiten, bei denen eine glatte Oberfläche wichtig ist, auf gehobeltes Holz zurückgegriffen werden sollte. Es sollte auf gerades und weitgehend astfreies Holz ebenso geachtet werden wie auf eine unbeschädigte Oberfläche. Zur Errichtung von Rahmenkonstruktionen mit genau vorgegebener Stärke (wie z. B. bei den Küchenmöbeln, S.86) ist mitunter das genaue Maß schwierig zu finden. Hier bietet sich gegebenenfalls das Abhobeln auf die gewünschte Stärke an.

Die gewünschte glatte Oberfläche wird nach der Montage durch Schleifen hergestellt; dies geschieht entweder von Hand mit Hilfe von **Schleifpapier**, das um einen **Schleifblock** herumgelegt wird, oder mit Hilfe eines **elektrischen Schwingschleifers**. In beiden Fällen ist mit mittelfeinem Papier zu beginnen und mit feinkörnigem Papier abzuschließen. Das Schleifen erfolgt grundsätzlich mit der Faser, da ein Arbeiten gegen die Faser zu verkratzten Oberflächen führt.

Holzoberflächen. Soll die Oberfläche lackiert, mattiert oder angestrichen werden, so ist mit einem Pinsel bzw. einem Lumpen zu arbeiten. Alternativ hierzu arbeitet der professionelle Möbelhersteller oftmals mit einem schnelltrocknenden Zelluloselack (**Materialien, S. 17**), der mit der **Spritzpistole** aufgetragen werden kann. Vor dem Spritzen sind sämtliche Löcher mit einem färbbaren Holzkitt zu verschließen, und die Oberfläche ist gegebenenfalls vor dem Glattschleifen zu beizen. Die erste Lackschicht wird als Porenverschluß aufgetragen. Nach 30 bis 60 Minuten Trockungszeit wird sie mit feinem Schleifpapier abgeschliffen. Sodann wird die zweite Lackschicht als Deckschicht aufgetragen.

Messen und Markieren

Schnittlinien sind zunächst mit einem harten Bleistift zu markieren, bevor sie mit Hilfe eines **Schneidemessers**, eines **Richtscheits** oder eines **Anschlagwinkels** entlang eines **Lineals** nachgezogen werden; hierdurch entsteht eine scharfe und splitterfreie Linie.

Zur Markierung von Kantholz wird mit dem Anschlagwinkel gearbeitet; der Anschlag bzw. Griff wird dabei im rechten Winkel an die Seitenkante angelegt. Sodann wird mit einem Messer (besser als mit dem Bleistift) eine Linie über das Kantholz gezogen und mit Hilfe des Winkels über die seitlichen Kanten nach unten durchgezogen; von diesen seitlichen Linien ausgehend wird sodann die Unterkante markiert.

Die Genauigkeit der Markierung wird mit dem Anschlagwinkel geprüft, der so anzulegen ist, daß die Entsprechung von Ober- und Unterseite zu erkennen ist.

Zur Vermessung und Kennzeichnung mehrerer, gleich langer Teile werden diese am besten gebündelt und sodann gleichzeitig markiert.

Abstandhalter

Hierbei handelt es sich um 19 oder 25 mm starke Kantenabschnitte, mit Hilfe derer sichergestellt wird, daß Leisten oder Latten immer im gleichen Abstand an Rahmen befestigt werden. Zur Bestimmung der Länge dieser Abstandhalter sind sämtliche Latten am einen Ende des Rahmens aneinander zu legen; sodann ist die Restlänge des Rahmens zu bestimmen und durch die Anzahl von Abständen zu teilen, die sich aus der Anzahl von Latten ergibt. Das sich dabei ergebende Maß gibt die Schnittlänge der Abstandhalter, so daß jede Latte in genau dem richtigen Abstand befestigt wird.

Verstrebungen

Zur Herstellung einer Tür oder einer ähnlichen Rahmenkonstruktion ist absolute Rechtwinkeligkeit von entscheidender Bedeutung. Dies ist mit Hilfe von zwei Verstrebungstechniken zu erreichen.

Das 3-4-5-Prinzip. Entlang zweier rechtwinklig zueinander stehender Hölzer sind einmal 3 und einmal 4 Einheiten abzumessen, bevor eine Verstrebungslatte genau auf die eine der zwei Markierungen genagelt wird. Sodann rechtwinkelig ausrichten, wobei die Latte bis zur anderen Markierung 5 Einheiten mißt und die Basis eines Dreiecks bildet. Die überstehenden Lattenenden bündig mit dem Rahmen absägen, die Latte jedoch bis zur Montage des Rahmens befestigt lassen. Bei größeren Turen sind an den gegenüberliegenden Ecken zwei Latten zu nageln.

1 Markieren von Kanthölzern (Länge und Umfang)
Mit dem Schneidemesser entlang des Anschlagwinkels die Oberseite markieren, über die Kanten weiterfahren und die Seiten markieren; schließlich die Unterseite ausgehend von den Seitenlinien durchziehen.

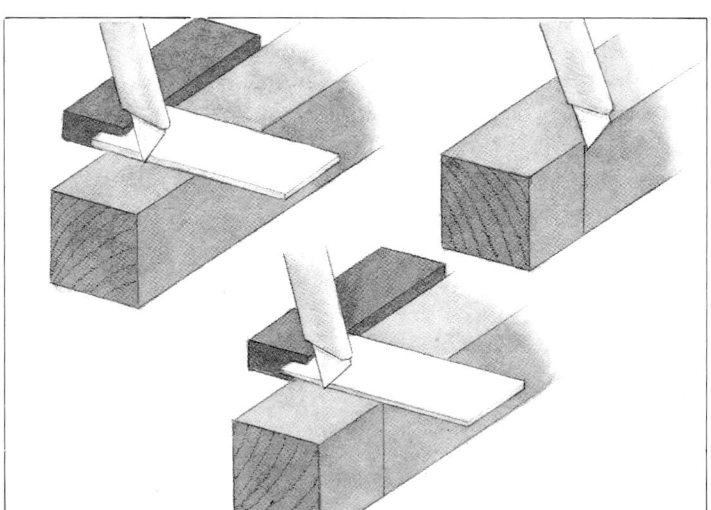

2 Gleichmäßiges Anbringen von Latten mit Hilfe von Abstandhaltern
Die Latten von einem Ende des Rahmens aus zusammenlegen und die restliche Rahmenlänge vermessen. Dieses Maß durch die Anzahl der erforderlichen Zwischenräume dividieren. Das Ergebnis entspricht der Länge der Abstandhalter.

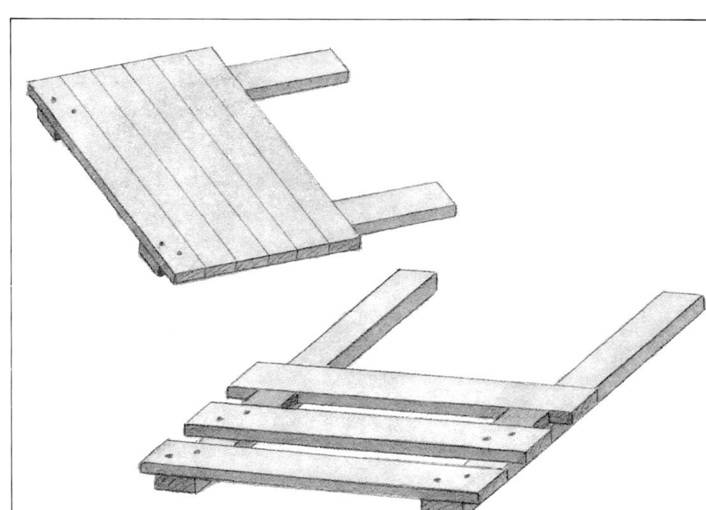

Arbeiten mit dem Anschlagwinkel. Eine Latte wird zunächst auf den einen Rahmen und sodann nach rechtwinkliger Ausrichtung mittels Anschlagwinkel auf den anderen Rahmen aufgenagelt.

Herstellen von Schiebekeilen

Schiebekeile eignen sich bestens zur Befestigung großer Rahmen auf der Werkbank. Die Keile werden durchweg zu zweit verwendet, bei größeren Rahmen sind jedoch mitunter mehrere Paare erforderlich.

Ein Paar Keile wird jeweils aus einem Kantholz hergestellt; Hartholz eignet sich dazu am besten. Abmessung der Keile: 38 x 38 x 330 mm. Zur Herstellung der Keile wird das Kantholz diagonal in zwei Stücke zersägt.

Benutzung der Keile: Zunächst eine Holzlatte mit Nägeln an der Werkbank befestigen. Das zu befestigende Werkstück gegen die Latte legen. Sodann eine weitere Latte parallel zur ersten und in einem Abstand von ca. 45 mm vom Werkstück entfernt aufnageln. Die Keile kommen nun zwischen das Werkstück und die zweite Latte und werden mit zwei Hämmern gegeneinander bewegt, wodurch das Werkstück arretiert wird.

Sägen und Schneiden

Quersägen von Hand. Das Holz wird mit einer Hand so festgehalten, daß die Schnittlinie (siehe: **Meß- und Markierwinkel, S. 20**) bei Rechtshändern rechts über das Ende der Werkbank hinaussteht. Der erste Schnitt wird bei senkrechtem Sägeblatt gezogen, wobei die Zähne der Säge auf der Verschnittseite greifen. Damit die Säge nicht springt, wird das Sägeblatt mit dem Daumen der anderen Hand abgestützt.

Längssägen von Hand. Das Kantholz oder Brett wird ungefähr in Kniehöhe gehalten, während der erste Schnitt wie oben beschrieben ausgeführt wird; sodann die Linie auf der Verschnittseite entlang sägen und nur beim Schieben der Säge Druck ausüben. Entfernt das Blatt sich von der Linie, so kann dieses Problem mit Hilfe einer Holzlatte gelöst werden, die genau entlang der Linie auf der „guten" Seite befestigt wird, um den Schnitt zu führen.

Arbeiten mit einer Handkreissäge. Befindet sich die Schnittlinie in der Nähe einer Kante, so ist die Führung der Säge so einzustellen, daß das Blatt auf der Verschnittseite der Linie schneidet. Bei breiten Hölzern oder ungeraden Kanten wird mit einer von oben befestigten Latte erreicht, daß das Blatt auf der Verschnittseite schneidet, während es die Latte entlanggeführt wird.

Gerade Schnittlinien. Beim Sägen von Platten oder Brettern mit einer Handkreissäge oder einer Stichsäge wird am besten eine Führungslatte parallel zur Schnittlinie von oben aufgebracht, so daß die Grundplatte der Säge mit ihrer Kante die Latte entlanggeführt wird. Die Latte ist sehr sorgfältig anzulegen, damit immer auf der Verschnittseite gearbeitet wird. Bei Verwendung einer Kreissäge kann es je nach der Seite der Schnittlinie, an der die Latte befestigt wird, zu Berührungen des Motorgehäuses mit der Latte oder den Schraubzwingen kommen. In diesem Falle hilft anstelle der Latte ein breiter Streifen glattkantiges Sperrholz, das in ausreichender Entfernung angebracht wird, damit die Säge nicht in Berührung mit den Schraubzwingen kommt.

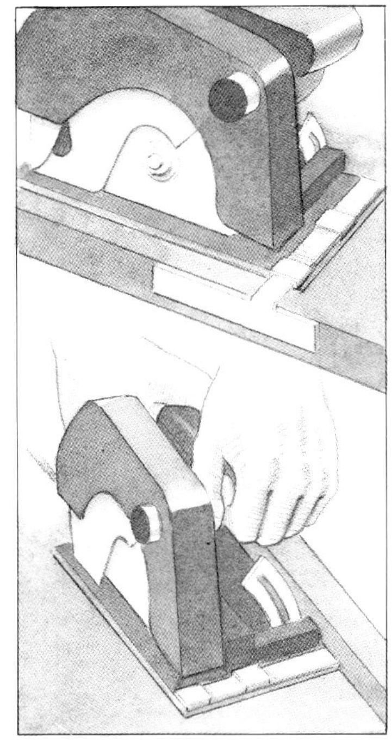

6 Sägen mit der Handkreissäge
Ganz oben: Sägen im Randbereich mit der Führung der Säge. Oben: Das Sägen entlang einer Führungslatte.

3 Verstreben von Rahmen
Eine Latte so über die Ecke eines Rahmens nageln, daß ein rechtwinkeliges Dreieck in den Proportionen 3 – 4 – 5 entsteht; Überstände bündig ablängen.

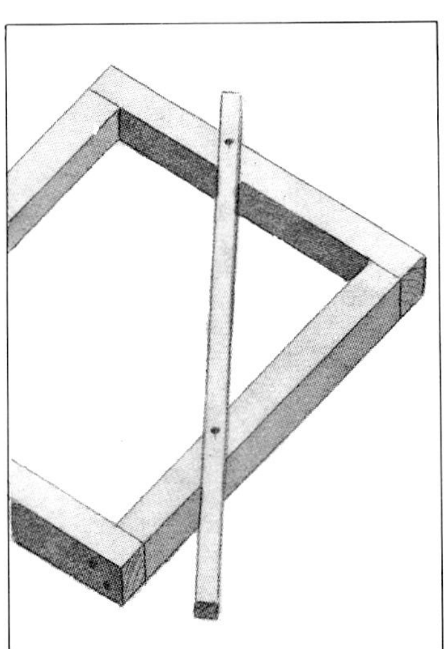

4 Herstellen von Schiebekeilen
Den Abschnitt eines Kantholzes diagonal durchsägen. Parallel zur ersten Latte eine zweite aufnageln und so die Keile dazwischen verspannen.

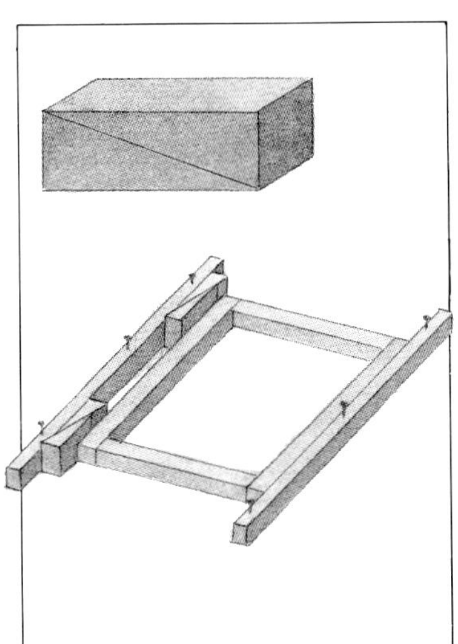

5 Querschneiden von Hand
Zu Beginn des Sägens das Sägeblatt mit dem Daumen der anderen Hand abstützen. Fast durchschnittenes Teil festhalten, da sonst die Schnittkante reißen könnte.

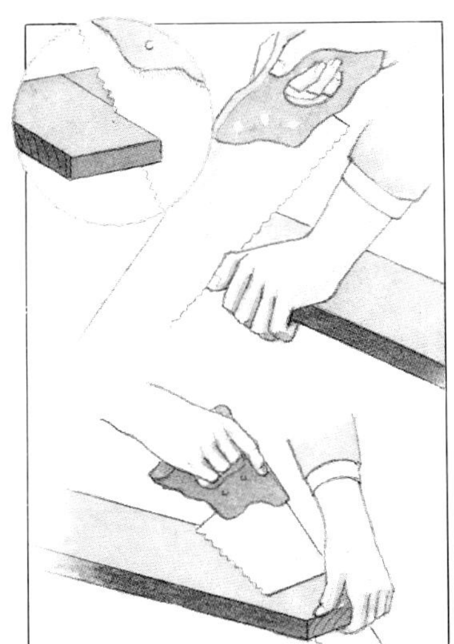

7 Sägen mit der Rückensäge
Das Sägen wie gewohnt senkrecht beginnen. Bei zunehmend tieferem Einschnitt das Sägeblatt waagerecht halten.

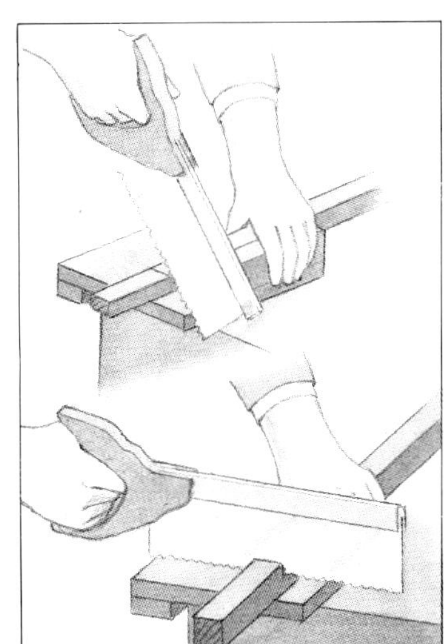

Techniken: Sägen und Hobeln

Sägen von Kreisbögen

Mit der Stichsäge. Der Kreisbogen wird auf der Platte aufgezeichnet. Falls kein Zirkel zur Verfügung steht, besteht ein guter Behelf darin, eine Fadenschlinge an einem Zeichenstift in der Mitte des Kreises zu befestigen, einen Bleistift senkrecht in der Schleife zu führen und im richtigen Abstand den Kreis zu ziehen.

Um sauber und splitterfrei zu sägen, ist die Schneidelinie sorgfältig mit einem Spitzenzirkel anzureißen. Vor Beginn des Sägens ist im Kreis und dicht bei der Linie ein Loch von 10 mm Durchmesser zu bohren. Durch dieses Loch wird das Sägeblatt eingeführt; beim anschließenden Sägen sorgfältig darauf achten, daß das Sägeblatt auf der Verschnittseite schneidet. Durch die Vorbehandlung der Schnittlinie mit dem Spitzenzirkel wird die Linie sauberer eingehalten und ein glatter Schnittrand erreicht.

Mit der Laubsäge. Wie oben beschrieben, den Kreis markieren, die Schnittlinie mit dem Spitzenzirkel vorbereiten und ein Loch innerhalb des Kreises bohren. Das Sägeblatt an einem Ende aus dem Bogen nehmen, durch das Loch führen und wieder einspannen. Während des Aussägens wird das Werkstück am besten senkrecht verspannt. Das Sägeblatt kann im Bogen so gedreht werden, daß dieser um das Werkstück kommt; jedoch ist die Bewegungsfreiheit bei der Laubsäge eingeschränkt. Befindet sich der Kreisausschnitt zu weit von einem Rand entfernt, so ist es besser, mit einer Stichsäge oder mit einer Hand-Stichsäge zu arbeiten.

Mit einer Hand-Stichsäge. Die Hand-Stichsäge besteht lediglich aus einem steifen, dreieckig zugespitzten Sägeblatt und einem einfachen Griff. Sehr praktische Stichsägeblätter gibt es auch zum Einspannen in das Heft eines normalen Messers.

Da diese Säge keinen Bügel oder Bogen besitzt, eignet sie sich ideal für das Sägen von Kreisbögen und anderen Öffnungen wie z. B. Schlüssellöcher an jeder beliebigen Stelle einer Platte.

Die Vorbereitung des Kreisausschnitts erfolgt genauso wie bei Arbeiten mit den anderen Sägentypen. Beim Sägen mit der Hand-Stichsäge kommt es darauf an, das Sägeblatt genau senkrecht zu halten und ohne allzu großen Druck schnelle und kurze Schnitte zu führen.

Sägen von Rundungen

Diese Technik unterscheidet sich grundsätzlich kaum vom Sägen von Kreisbögen, wobei allerdings vor Beginn des Sägens kein Loch gebohrt werden muß. Es eignen sich gleichermaßen die Stichsäge, die Laubsäge oder die Hand-Stichsäge. Eine Laubsäge ist für diese Schnitte ideal, da der Verschnitt zum größten Teil mit einer gewöhnlichen Handsäge entfernt werden kann und da in der Regel im Randbereich gesägt wird, wo der Rahmen der Säge nicht stört.

Herstellen von Nuten und Einschnitten

Die leichteste Technik, Nuten oder Einschnitte herzustellen, ist natürlich die Benutzung der Oberfräse mit einem Fräskopf, der genau auf die erforderliche Tiefe eingestellt wird. Hier ist mit einem Fräskopf mit geraden Flanken zu arbeiten. Im Idealfall weist er genau die Breite der Nut oder des Einschnitts auf und ermöglicht das Arbeiten in nur einem Gang. Ist dies nicht möglich, so ist zunächst mit einem schmäleren Fräskopf zu arbeiten und die Nut in zwei oder mehr Gängen zu erstellen. Der erste Schnitt erfolgt auf der Verschnittseite der Linie, wobei entlang des Einschnitts eine Latte befestigt wird, um das Gehäuse der Oberfräse entsprechend zu führen. Ist eine tiefe Nut erforderlich, so ist mitunter zunächst ein flacherer Schnitt erforderlich, bevor tiefer abgetragen wird.

Werden Einschnitte von Hand ausgeführt, so wird die Nut zunächst mit dem Schneidemesser markiert, was eine saubere Oberfläche garantiert. Das Werkstück wird auf der Werkbank gehalten, und mit einer Rückensäge werden innerhalb der markierten Linien senkrechte Schnitte in der Tiefe der Nut ausgeführt. Bei breiten Nuten werden auch in das Verschnittholz mehrere senkrechte Schnitte gelegt. Nun das Verschnittholz mit dem Beitel entfernen und dabei von jeder Seite in Richtung Mitte arbeiten. Schließlich wird mit der flachen Seite des Beitels nach unten der Boden des Einschnitts so lange abgetragen, bis er regelmäßig und eben ist.

Sägen von Falzen

Ein Falz ist eine L-förmige Stufe in einer Seite eines Kantholzes.

Um einen Falz von Hand zu sägen, wird seine Breite mit Hilfe des Streichmaßes über die gesamte Oberseite des Werkstücks sowie an beiden Seiten markiert. Die Tiefe des Falzes ist an allen drei Seiten zu kennzeichnen. Das Werkstück niederhalten und auf der Verschnittseite der Markierungslinie die erforderliche Tiefe einsägen.

1 Längssägen von Hand
Eine gerade Führungslatte entlang der Schnittlinie befestigen und direkt neben ihr sägen. Der Schnitt wird durch einen Keil offengehalten.

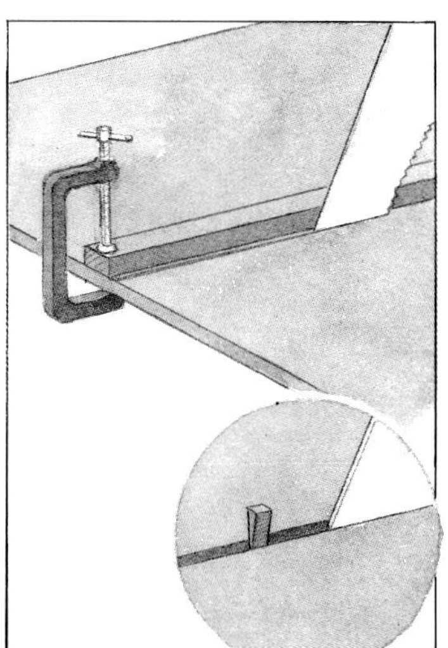

2 Arbeiten mit der Stichsäge
Eine entlang der Schnittlinie befestigte Latte sichert einen geraden Schnitt. Der Kreis wird entlang der Linie ausgesägt.

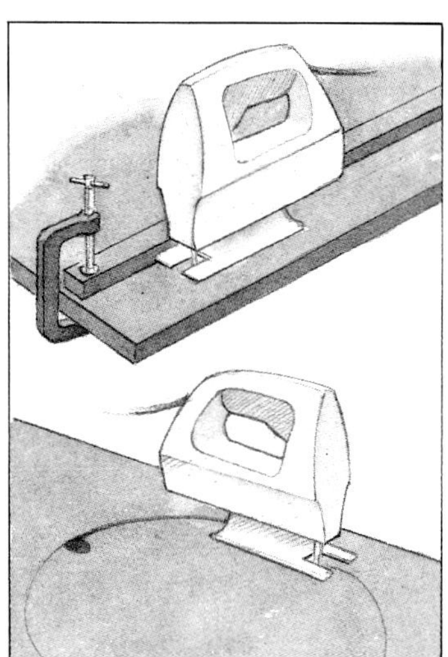

3 Sägen von Kreisbögen per Hand
1 – Ein kleines Loch bohren und mit Hilfe der Hand-Stichsäge einen Kreis aussägen.
2 – Sägen mit der Laubsäge.

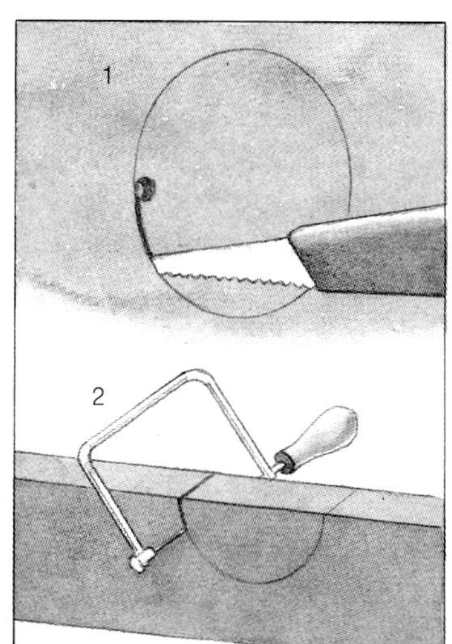

4 Ausstemmen von Nuten
Nach dem Einsägen der beiden Seiten wird das Verschnittholz von jeder Seite ausgestemmt. Anschließend den Grund sauber begradigen.

Sodann mit dem Beitel in Faserrichtung Stück für Stück abtragen.

Besonders leicht sind Falze mit Hilfe der Oberfräse anzubringen; in diesem Falle ist eine Markierung allenfalls zur leichteren Führung erforderlich. Diese Arbeit sollte jedoch an Verschnittholz geübt werden, damit die Oberfräse sicher die richtige Tiefe und Breite schneidet .

Bei der Arbeit mit einem geraden Fräskopf ist die Führungsbacke der Fräse so einzurichten, daß zunächst die richtige Breite geschnitten wird; sodann einstechen und die richtige Frästiefe einstellen. Ist die Fräse einmal richtig angesetzt, so wird sie flach gehalten und gegen die Drehrichtung des Fräswerkzeugs bewegt.

Wird eine Fräse mit Führungsbolzen verwendet, so reicht es, die Frästiefe einzustellen und zur Herstellung des Einschnitts die Fräse an der Seite des Werkstücks entlangzubewegen. Da die Fräse alle Unregelmäßigkeiten im Holz aufnimmt, ist auf einwandfreies, gerades Holz zu achten.

Herstellen eines V-Blocks

Mit Hilfe eines V-Blocks werden runde Werkstücke während der Bearbeitung praktisch und einfach fixiert. Der Block wird aus einem Abschnitt von Kantholz (75 x 50 mm) und in etwas größerer Länge als das zu fixierende Werkstück hergestellt. Der V-Ausschnitt wird auf der 75 mm starken Seite des Kantholzes in einer Tiefe von 25 mm erstellt. Dazu wird die Kreissäge auf 45° eingestellt. Das Kantholz fest einspannen und die Säge zur Sicherung eines geraden Schnitts mit der Führung einsetzen. Ein Schnitt erfolgt nach oben, der andere nach unten. Auch hier sollte die präzise Einstellung von Tiefe und Breite des Schnitts an Verschnittholz geübt werden. Alternativ bietet sich auch die Oberfräse mit V-Fräskopf an. Mitunter sind zwei oder drei Frásgänge erforderlich, um die V-Kerbe in der erforderlichen Tiefe und Breite zu erhalten.

Hobeln

Hobeln von Hand. Ausreichende Schärfe und richtige Einstellung der Hobelklinge sind von entscheidender Bedeutung. Man steht auf der einen Seite des zu hobelnden Werkstücks. Auf lockeren und bequemen Stand achten und die Füße etwas auseinandernehmen. Gehobelt wird von einem Ende des Werkstücks zum anderen, wobei mit einem festen Druck auf die Führungshand begonnen wird, der sodann auf beide Hände und schließlich gegen Ende des Hobelgangs auf die andere Hand übertragen wird. Wird der Hobel in einem leichten Winkel zur Faser versetzt, so erleichtert dies mitunter das Hobeln.

Arbeiten mit dem Bandschleifer. Krawatte und lose Bekleidungsstücke ablegen. Mit Augenschutz und Staubmaske arbeiten. Man beginnt mit geringem Druck und erhöht ihn soweit erforderlich. Wichtig ist das feste Verspannen des Werkstücks. Man steht bequem auf der einen Seite des Werkstücks und hält den Bandschleifer mit beiden Händen; auch hier beginnt die Arbeit an dem einen Ende, und das Gerät wird regelmäßig bis zum anderen Ende über die Oberfläche bewegt. Um eine wellige Oberfläche zu vermeiden, ist der Bandschleifer stetig und nicht zu schnell zu bewegen.

Bohren

Mit Hilfe des **Senkbohrers** wird sichergestellt, daß Schraubenköpfe eben in der Oberfläche von Sperrholz, Spanplatten und Hartholz zu liegen kommen.

Damit das Holz so wenig wie möglich splittert oder reißt, ist vor dem weiteren Aufbohren zunächst mit geringerem Querschnitt vorzubohren. Bei kleineren Schrauben reicht hierzu ein gewöhnlicher **Schneckenbohrer**.

Das **Schraubenloch** sollte von etwas geringerem Durchmesser sein als der Schaft der Schraube.

Das vorgebohrte Loch hat in etwa den halben Durchmesser des eigentlichen Schraubenlochs. Seine Tiefe erreicht nicht ganz die Länge der Schraube.

Präzises Bohren von senkrechten Löchern. Hierzu ist der Bohrer am besten auf einen Bohrständer zu montieren. Ist dies nicht möglich, so wird ein Anschlagwinkel so neben den Bohrer gestellt, daß der Griff neben dem Bohrloch auf der Oberfläche des Werkstücks ruht, während die Klinge parallel zum Bohrer nach oben ragt. Dank dieser Plazierungshilfe wird ein senkrechtes Halten der Bohrmaschine vereinfacht, wodurch präzise senkrecht gebohrt wird. Steht ein Helfer bereit, so kann dieser die Ausrichtung von Bohrer und Anschlagwinkel von beiden Seiten beurteilen und gegebenenfalls korrigieren.

5 Herstellen eines V-Blocks
In ein Kantholz. (75 x 50 mm) wird unter 45° mit der Handkreissäge eine V-Kerbe geschnitten.

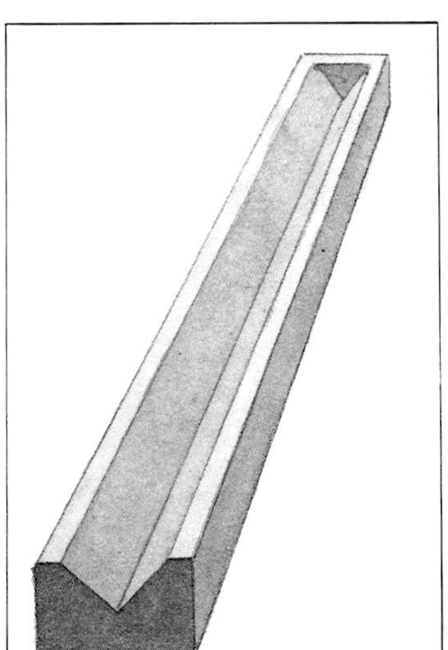

6 Bohren von senkrechten Löchern
Bohren mit einem Bohrständer sorgt für exakt gerade Löcher von kontrollierter Tiefe.

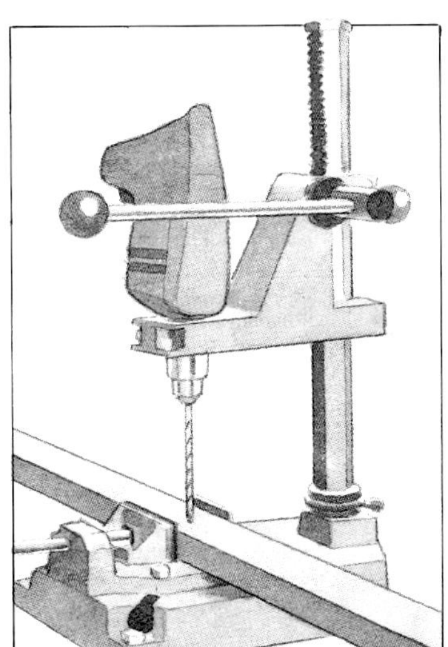

7 Führung für freihändiges Bohren
Mitunter hilft beim freihändigen Bohren ein neben dem Bohrer aufgestellter Anschlagwinkel und ermöglicht so größere Präzision.

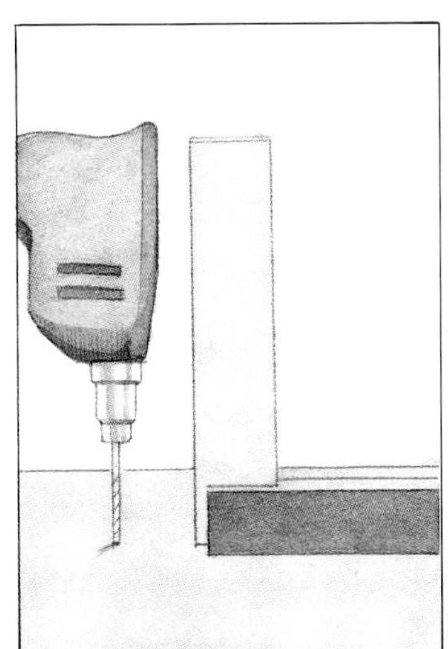

8 Bohrtiefenmarkierung
Zur exakten Kontrolle der Bohrtiefe gibt es verschiedene Führungen in Ringform mit Feststellschraube oder einfach ein Klebeband.

Techniken: Wandbefestigungen

Schrauben

Beim Verschrauben von zwei Holzteilen ist darauf zu achten, daß die Schraube zur Hälfte in das untere Teil eindringt. Die Stärke der Schraube sollte höchstens ein Zehntel der Holzbreite ausmachen. Der Abstand der Schraube zu Seitenkante des Werkstücks entspricht dem fünffachen Schraubendurchmesser, derjenige zum Ende dem zehnfachen Durchmesser.

Nageln

Die richtige Nagellänge beträgt zweieinhalb bis dreimal die Stärke des zu nagelnden Holzes. Auf keinen Fall darf der Nagel durch beide Holzteile hindurchtreten. Wann immer dies möglich ist, sollte durch das dünnere Holz in das dickere Holz hineingenagelt werden. Nägel greifen am besten, wenn sie leicht schräg eingeschlagen werden. In Reihe stehende Nägel sollten abwechselnd von links und von rechts oder von vorne und von hinten schräg genagelt werden. Verbindungen von Rahmenkonstruktionen werden gewöhnlich in dieser Schrägnagelung ausgeführt. Dabei sind senkrecht stehende Rahmen durch einen Hilfsklotz zu fixieren, um beim Nageln des ersten Nagels seitliche Bewegungen zu vermeiden.

Damit Holz besonders im Kantenbereich nicht reißt, sind die Nägel mit einem Hammer vor dem Nageln an der Spitze abzustumpfen. Stumpfe Nägel durchdringen die Holzfasern mühelos, während spitze Nägel sie eher keilförmig auseinandertreiben, was zum Reißen führt.

Wandbefestigungen

Massive Wände. Befestigungen an massiven Wänden erfolgen gewöhnlich mit Hilfe von Holzschrauben in Dübeln aus Kunststoff oder Fasermaterial. Vor dem Bohren ist mit dem Metalldetektor sicherzustellen, daß keine Rohrleitungen oder Kabel in der Wand verlaufen. Das Dübelloch wird mit der Bohrmaschine **und einem Steinbohrer** gebohrt. Auf der Dübelpackung steht die richtige Bohrergröße. Bei harten Wänden ist die Schlagbohrerfunktion vorzuziehen. Die Schraube muß lang genug gewählt werden, um bei freiliegendem Mauerwerk ca. 25 mm und bei verputzten Wänden ca. 35 mm durch den Dübel in die Wand zu gehen.

Bei bröckeligen Wänden ist eine in Heimwerkerläden erhältliche Dübelmasse auf Zementbasis anzurühren. Vor ihrer Erstarrung ist die Schraube um eine halbe Umdrehung zurückzudrehen (innerhalb von ca. 5 Minuten). Nach Erstarrung (ca. 1 Stunde) wird die Schraube herausgedreht.

Geht der Bohrer nach Durchtreten der Putzschicht zu leicht in die Wand und tritt aus dem Loch ein hellgrauer Staub aus, so besteht die Wand aus Leichtbausteinen. In diesem Falle ist mit besonderen Klapp- oder Spreizdübeln zu arbeiten.

Schnelle Befestigungen für leichte bis mittlere Belastung sind an Massivwänden auch mit Stahlnägeln möglich. Die Länge ist so zu wählen, daß der Nagel über den zu befestigenden Gegenstand hinaus bei Sichtmauerwerk um 15 mm und bei Putzwänden um ca. 25 mm eintritt. Wegen der Gefahr von splitternden Nägeln ist dabei ein Augenschutz zu tragen; weder durch den zu befestigenden Gegenstand noch in die Wand mit zu großem Kraftaufwand nageln.

Verputzte Lattenwände. Das direkte Einschrauben in die senkrechten Rahmenhölzer der Wand bietet die belastbarste Befestigung. Bei der Ortung dieser Rahmen hilft ebenfalls der **Metalldetektor**.

Leichtere Befestigungen erfolgen durch Aufschrauben auf die Holzlatten. Diese werden mit einem spitzen Gegenstand (Ahle, Handbohrer) geortet. Hierbei mit Doppelgewindeschrauben arbeiten. Mittlere Befestigungen an verputzten Lattenwänden erfolgen durch Bohren zwischen den Latten und Anbringen einer Hohlwandbefestigung wie Federspreizdübel, Klappdübel oder Nylon-Kippdübel.

Fachwerkwände. Hochbelastbare Befestigungen an verputzten Riegelwänden erfolgen ebenfalls durch Verschraubung an den senkrecht verlaufenden Rahmen. Diese finden sich leicht durch Abklopfen der Wand: An dichter klingenden Stellen wird mit einem spitzen Gegenstand der feste Untergrund bestätigt. Manche Heimwerker führen durch ein kleines Loch einen festen Draht waagerecht ein, bis dieser auf einen Rahmen stößt.

Sollen Löcher in der Oberfläche vermieden werden, so wird mit dem **Metalldetektor** gearbeitet. Wird dieser regelmäßig über die Wand bewegt, so zeigt er ein Nagelmuster, das mit einem Stift auf der Wand markiert wird. Senkrecht verlaufende Nagelreihen sind ein Hinweis auf Rahmen. Auch die neueren, elektronischen Streben- und Balkendetektoren bieten sich hier an. Sie zeigen Änderungen in der Dichte verschiedener Baumaterialien, anhand derer senkrechte Rahmen oder Pfosten geortet werden.

1 Ausführungen von Bohrungen für Holzschrauben

Ein Schaftloch bohren. Mit dem Senkbohrer nachbohren, sodann Kernloch bohren (etwas weniger als Schraubenlänge). Zum Versenken der Schraube, Schaftbohrung im Durchmesser des Schraubenkopfes ausführen, restliche Tiefe wie Kreis gezeigt bohren.

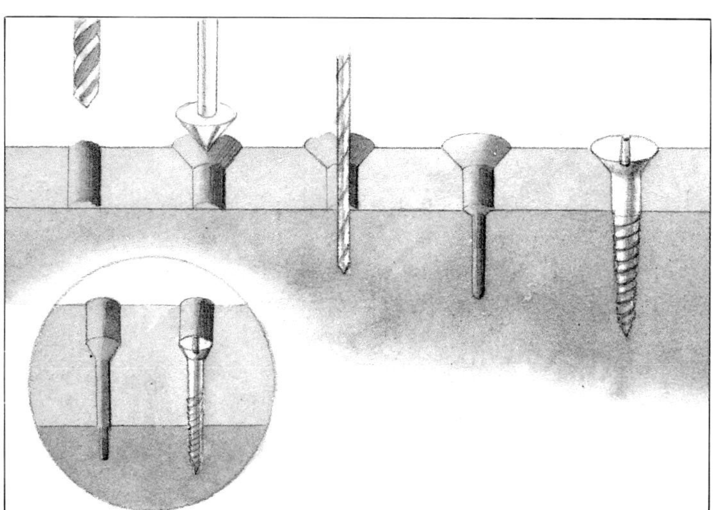

2 Holzverbindungen durch Nageln

Der Nagel ist 2 1/2- bis 3-mal so stark wie das zu befestigende Holz. Die Montage von Rahmen auf dem Arbeitstisch erfolgt durch Nageln gegen eine Latte.
Kreis: Damit das Holz nicht reißt, sind die Nägel abzustumpfen.

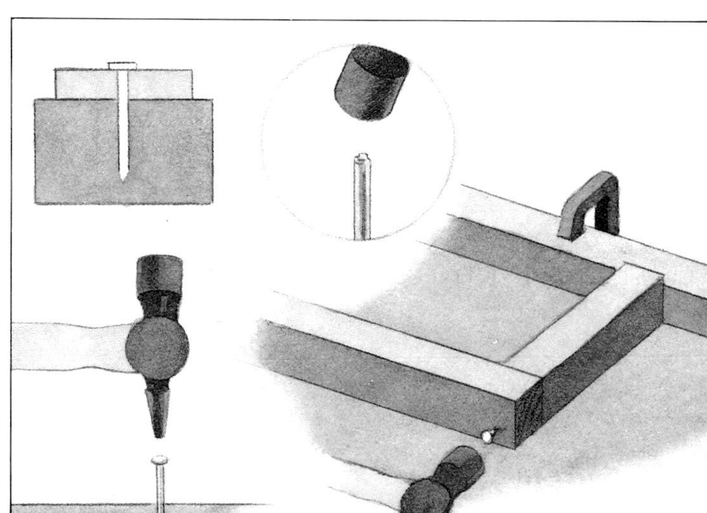

Ist eine Befestigung an Rahmen nicht möglich, so sind leichtere Befestigungen mit Hilfe eines entsprechenden Dübels auch an Gipskartonplatten möglich. Die Größe des erforderlichen Lochs steht in der Regel auf der Packung, und zum Bohren in Gipskartonplatten reicht ein gewöhnlicher Spiralbohrer.

Hohlwände. Hohlwände bestehen aus einer verputzten, massiven Innenmauer aus Ziegeln oder anderen Bausteinen, vor der eine weitere, identische Wand im Abstand von ca. 50 mm aufgemauert ist.

Beim Beklopfen klingen Hohlwände massiv. Zu Befestigungszwecken sind sie auch wie massive Wände zu behandeln (siehe S. 24).

Abgeschrägte Befestigungslatten

Derartige Latten bieten eine sehr sichere Methode zur Wandbefestigung schwerer Gegenstände. Die Latten werden durch diagonales Durchsägen von Brettern unter 45° hergestellt. Es ergeben sich zwei ineinandergreifende Halblatten, von denen eine mit dem längeren Ende der Schrägkante nach vorn auf die Wand aufgeschraubt wird. Die andere Latte wird mit der längeren Seite der Abschrägung nach unten an den zu befestigenden Gegenstand geschraubt. Beim Einhängen greifen die beiden Latten fest ineinander und bieten eine hochbelastbare Befestigung.

Die Latten sind in Längsrichtung aus einem Brett zu sägen (100 x 25 mm), die Schrauben an beiden Latten werden im Abstand von 200 mm gesetzt. Mit Holzschrauben Nr. 10 arbeiten – Länge 38 mm für den aufzuhängenden Gegenstand und 65 mm in die Wand. In die Wand werden die Schrauben gedübelt.

Winkelverbinder

Hierbei handelt es sich um vorgebohrte, rechtwinklige Stahlbleche, mit Hilfe derer Holzrahmen mit Schrauben an Decken und Wänden (allerdings unsichtbar) befestigt werden (siehe S. 92).

Legen Sie fest, an welchen Stellen Winkel angebracht werden sollen; halten Sie den Winkel an und markieren Sie durch eines der Schraublöcher im Winkel die Stelle mit dem Bleistift. Sodann vorbohren und den Winkel mit einer Schraube befestigen. Das gleiche nun mit den anderen Winkeln wiederholen. Den Rahmen in Position bringen und auf genau senkrechte Stellung achten. Sodann markiert man an Wand oder Decke genau den Mittelpunkt der Löcher im Winkel, nimmt den Rahmen zur Seite und bohrt an den markierten Stellen die Löcher für die Dübel. Dübel einsetzen und vor Ansetzen des Rahmens und Anschrauben der Winkel nochmals den genauen Sitz der Winkel am Rahmen prüfen. Nun für die übrigen Schrauben vorbohren und Schrauben eindrehen.

3 Festigkeit durch Schrägnageln
Das Zusammenfügen von Rahmen erfolgt durch Schrägnageln. (Nägel im Winkel eingeschlagen). Dies hält die Verbindung fester zusammen.

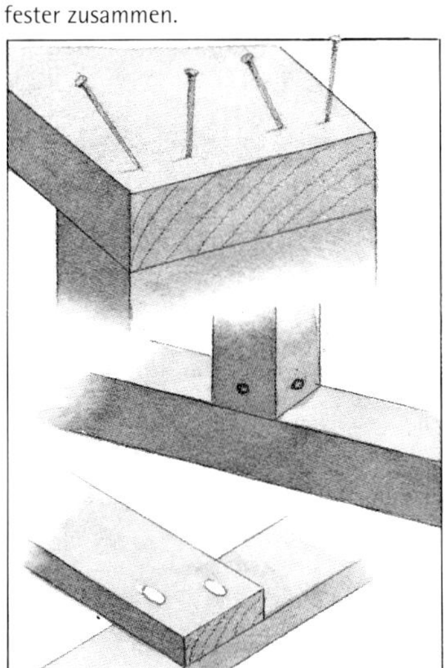

4 Nagelversenker
Nagelköpfe mit Hilfe des Nagel versenkers unter die Oberfläche abgesenkten werden; sodann bündig mit der Oberfläche verspachteln.

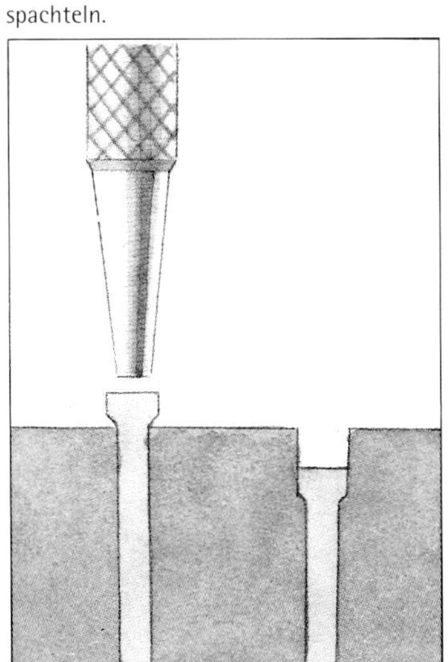

5 Einsatz abgeschrägter Latten
Befestigungen an Wänden mit abgeschrägten Latten; dazu werden Bretter in der Länge unter 45° geschnitten.

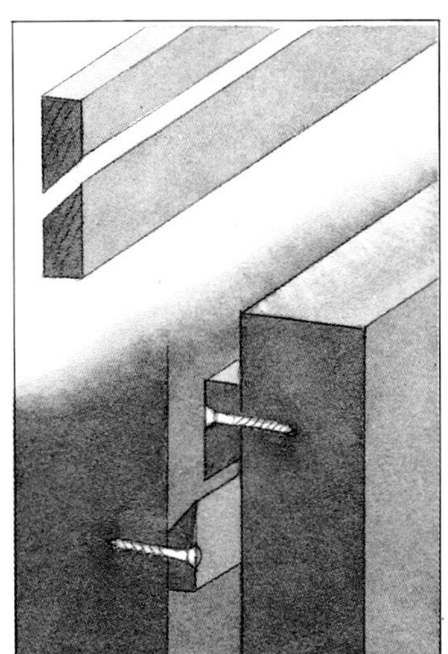

Arten der Wandbefestigung

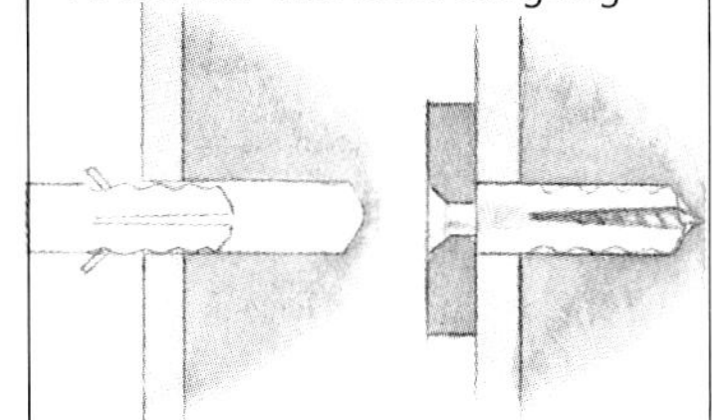

Dübel für massive Wände

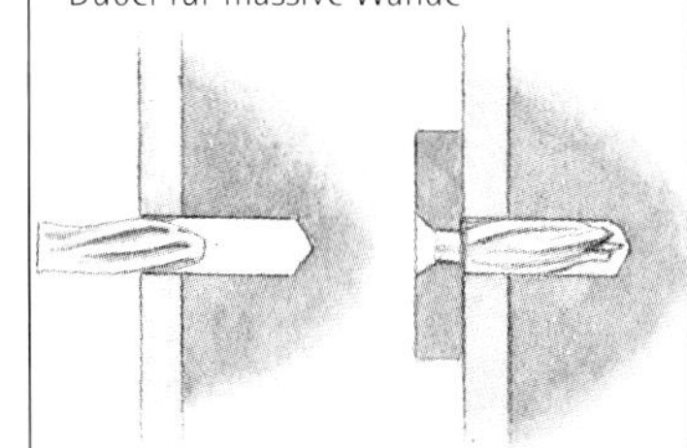

Dübel für Hohlwände

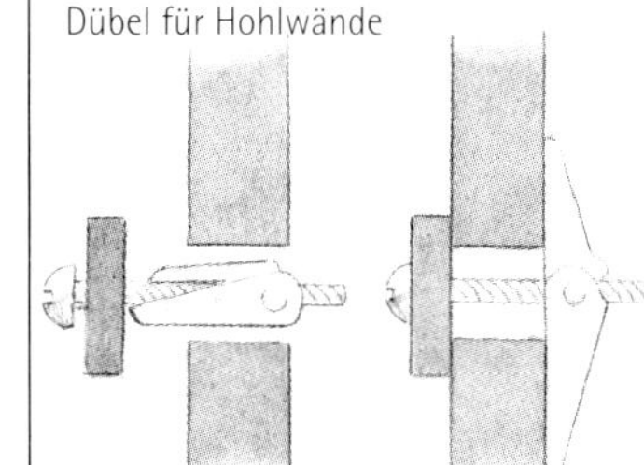

Federspreizdübel für Hohlwände und Decken

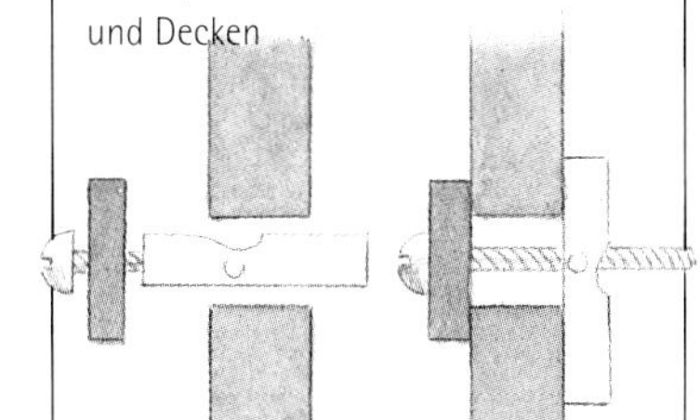

Klappdübel für Hohlwände

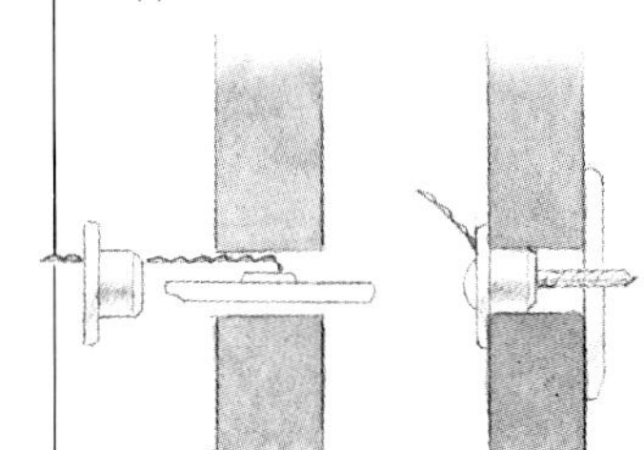

Nylonkippdübel (oben)
Dübel für Gipskartonplatten (unten)

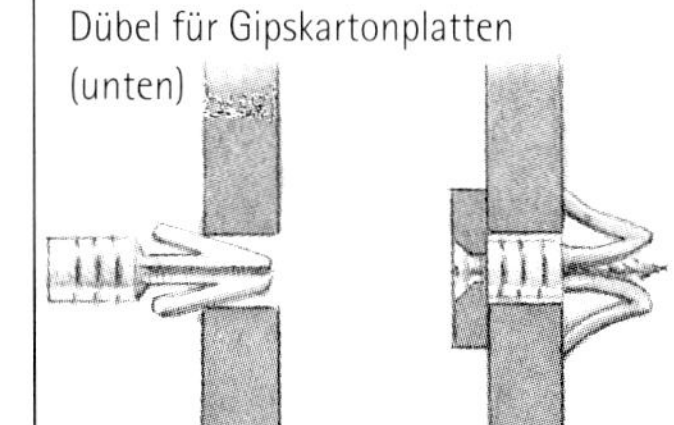

Techniken: Holzverbindungen

Holzverbindungen

Stumpfe Verbindungen. Dies sind die einfachsten Rahmenverbindungen überhaupt. Die Enden der zu verbindenden Hölzer müssen exakt und gerade geschnitten sein, um eine saubere Stoßverbindung zu ergeben. Es gibt Eck- und T-Verbindungen, die zur Erhöhung der Festigkeit sowohl geleimt als auch genagelt werden. Für derartige Verbindungen eignen sich auch Wellenbänder bzw. Wellennägel, besonders an nicht einsehbaren Stellen.

Eckverbindungen. Dies sind einfache, zerlegbare Verbindungsteile, die angeschraubt werden, um Bretter im rechten Winkel miteinander zu verbinden. Mitunter werden sie zur leichteren Montage gleich in zwei Teilen geliefert, und auch die einteilige Ausführung ist leicht anzuschrauben. Diese Verbindungsstücke sehen nicht gerade attraktiv aus, sind aber wiederum im nicht einsehbaren Bereich äußerst praktisch.

Gehrungsverbindungen. Diese beliebten Verbindungen kennen wir von Bilderrahmen her; sie eignen sich aber auch für andere rechtwinklige Verbindungen. Mit Hilfe einer Gehrungsschneidlade werden Hölzer unter 45° gesägt. Eine einfache Gehrungsverbindung wird geleimt und mit Drahtstiften genagelt. Stärkere Verbindungen ergeben sich durch die Verwendung von Dübeln bzw. durch das Einsetzen von Gehrungsblättchen in schräg eingesägte Schlitze.

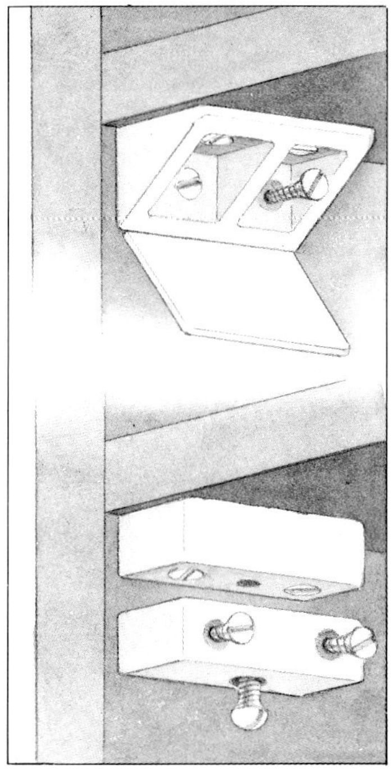

2 Eckverbindungen
Ideal für die rechtwinklige Verbindung von Brettern und Rahmen. Oben: Einteilige, unten: Zweiteilige Verbindung. Beide sind mittels Schrauben leicht zu montieren.

Überblattung. Auch als einfache Überblattung bezeichnete Verbindung von Hölzern ähnlicher Stärke zur Bildung einer Eck- oder T-Verbindung oder einer sogenannten Kreuzüberblattung. Jedes Holz wird im Verbindungsbereich auf halbe Stärke eingesägt. Mit Hilfe eines Anschlagwinkels wird die Breite des Ausschnitts markiert und mit dem Streichmaß die Tiefe bei der halben Stärke angerissen. Das Verschnittholz ist mit dem Bleistift zu schraffieren, um die richtige Seite abzutragen. Zur Erstellung einer Ecküberblattung wird wie bei Zapfverbindungen (siehe S. 28) gesägt. Bei einer T-Verbindung oder Kreuzüberblattung werden die beiden Flanken des T-förmigen Ausschnitts bis zur markierten Mittellinie eingesägt und das Verschnittholz mit dem Stemmeisen ausgestemmt.

Genutete Verbindungen. Diese vorwiegend für Regale gewählte Verbindung besteht im wesentlichen aus einer Nut, in die

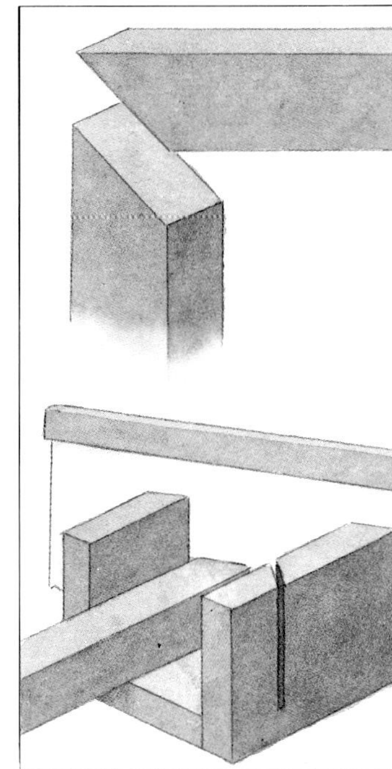

5 Das Schneiden von Gehrungen
Mit Gehrverbindungen werden rechtwinklige Verbindungen hergestellt. Der Winkel von 45° wird mit der Gehrungsschneidlade und der Rückensäge gesägt.

1 Einfache stumpfe Verbindungen
Eck- (oben) sowie T-Verbindungen. (unten) werden durch Schrägnageln oder mit Hilfe von Wellennägeln befestigt.

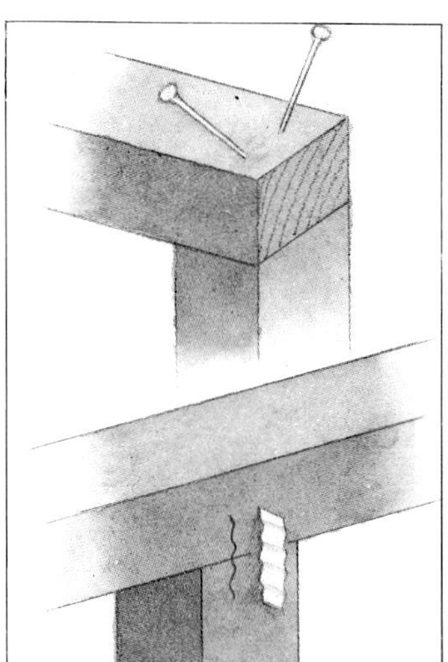

3 Verschiedene Überblattungen
Oben: Überblattung als Eckverbindung.
Unten links: T-Überblattung.
Unten rechts: Kreuzüberblattung.

4 Ausführen einer Überblattung von Holzlatten
Die Breite des Einschnitts markieren. Die halbe Holzstärke mit dem Streichmaß markieren. Die Verschnittfläche schraffieren, auf beiden Seiten mit der Rückensäge einsägen und das Verschnittholz mit dem Stemmeisen ausstemmen.

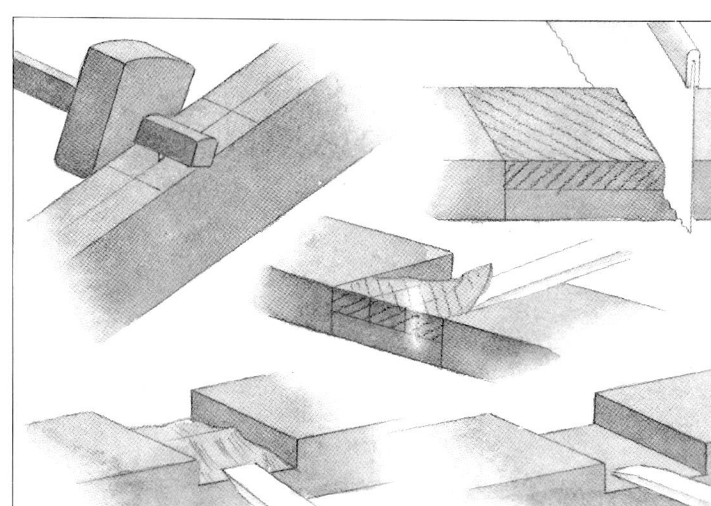

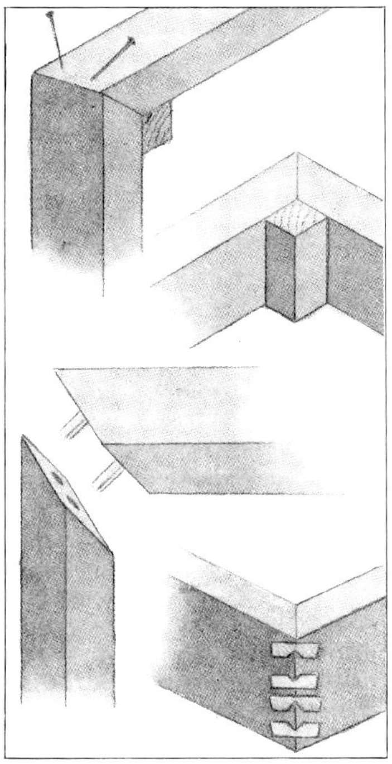

ein Regalboden eingelegt wird. Die durchgehende oder offene Nut verläuft über die gesamte Breite, während die abgesetzte oder verdeckte Nut nur in einen Teil der Wange gesägt wird. Das Verschnittholz wird von beiden Seiten ausgestemmt, im Falle der abgesetzten Nut jedoch immer von der Mitte nach außen. Erleichtert wird diese Arbeit mit der Fräse, wobei das Brett oder der Rahmen durch eine parallel angebrachte Hilfslatte gehalten wird.

Auf ähnliche Weise werden Falzverbindungen gesägt, die im Prinzip wie Nutverbindungen, jedoch an den Enden von Brettern und Rahmen, gesägt werden.

Nut- und Feder-Verbindung

Dies ist eine genutete Verbindung, die an den Ecken von Rahmenkonstruktionen eingesetzt wird; sie ist wesentlich stabiler als die einfache Überblattung, da die gesägte Feder in einer Nut im Gegenstück ruht. Zusätzliche Festigkeit erhält die Verbindung durch Leim und Nagelung bzw. Verschraubung. Da über die Nut hinaus jedoch nur noch wenig Holz zur Verfügung steht, wird dieses Teil während der Erstellung der Verbindung in Überlänge belassen, und das überstehende Stück wird erst nachher bündig mit der Verbindung sauber abgesägt. Die Stärke der Feder beträgt maximal die Hälfte des einzupassenden Verbindungsstücks.

Die Verbindung wird zunächst mit Hilfe von Schneidemesser, Anschlagwinkel und Streichmaß markiert. Die Tiefe der Nut liegt zwischen einem Drittel und der Hälfte der Rahmenstärke. Die Seitenflanken der Nut werden mit Hilfe der Rückensäge oder der besonders sorgfältig geführten Kreissäge eingesägt. Eine Latte entlang der Nut erhöht die Präzision des geraden Schnitts. Das Verschnittholz wird sodann mit dem Stemmeisen ausgestemmt, wobei jeweils von den Rändern zur Mitte hin gearbeitet und das Stemmeisen mit der flachen Seite nach unten gehalten wird. Auch das Abtragen mit der Fräse ist möglich (siehe: **Herstellen von Nuten und Einschnitten, S. 22**).

Nun wird das senkrechte Teil des Rahmens so markiert, daß die zu sägende Feder genau in die Nut paßt. Dies geschieht mit dem Streichmaß. Zur Ausbildung der Feder wird die Einkerbung mit der Fräse oder mit der Rückensäge ausgeführt (siehe: **Herstellen von Nuten und Einschnitten, S. 22**).

Nach Fertigstellung des Rahmens Überstände bündig ablängen.

6 Verbinden von Gehrungen
Oben: Leimen und Nageln einer einfachen Gehrverbindung. Unten: Verstärkung mit Eckklotz, Dübeln oder Gehrungsblättchen.

8 Genutete Verbindungen
Oben: Durchgehende/offene Nutverbindung
Mitte: Durchgehende Nutverbindung auf beiden Seiten eines Mittelpfostens
Unten: Genutete Verbindung im Eckbereich

7 Schritt-für-Schritt zu einer durchgehenden Nutverbindung
Die Breite der Nut gemäß der Stärke des einzufügenden Holzes mit anreißen. Die Tiefe mit dem Streichmaß anreißen. Die beiden Flanken der Nut mit Rückensäge einsägen. Das Verschnittholz mit dem Stemmeisen von beiden Seiten ausstemmen.

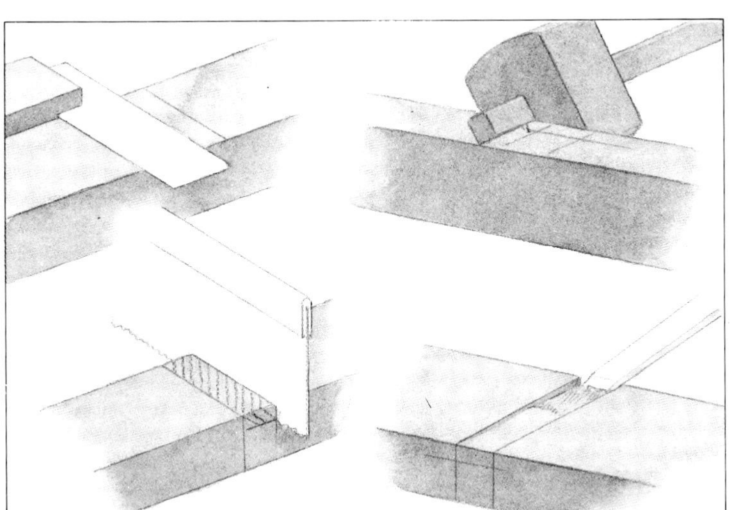

9 Schritt-für-Schritt zu einer Nut- und Feder-Verbindung
Das Holz wird in Überlänge belassen, um ein Abbrechen des Teils auf der kurzen Seite der Nut zu verhindern. Die Breite des zu fügenden Teils markieren. Die Nut wie bereits beschrieben markieren und schneiden. Den Überstand absägen.

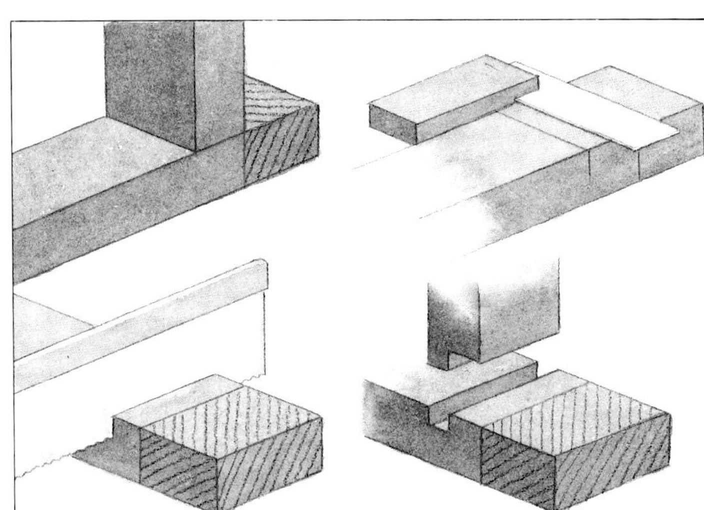

Techniken: Holzverbindungen

Schlitz und Zapfen. Eine Schlitz- und Zapfenverbindung wird mit dem Zapfenstreichmaß angerissen. Der Zapfen wird auf ein Drittel der Holzstärke angerissen. In derselben Stärke wird am anderen Verbindungsteil der Schlitz markiert. Seine Länge entspricht genau der Breite des Zapfens. Das Verschnittholz wird zum größten Teil mit dem Holzbohrer entfernt, der etwas schmaler als der Schlitz gewählt wird. Sodann ist von der Mitte nach außen der Schlitz mit dem Stemmeisen in der erforderlichen Tiefe auszuarbeiten. Bei Ausführung eines durchgehenden Schlitzes (bei dem auf der anderen Seite der Zapfen sichtbar wird) das Holz nach der Hälfte drehen und den Schlitz von der anderen Seite fertigstellen.

Das mit dem Zapfen zu versehende Holz wird senkrecht und etwas vom Körper wegstehend im Schraubstock eingespannt, um mit Hilfe der Rückensäge sorgfältig bis zur Markierungslinie schräg einzusägen. Danach den Anstellwinkel des Holzes so verändern, daß über die andere Ecke ebenfalls bis zur Markierungslinie herabgesägt werden kann. Die letzten, geraden Schnitte erfolgen bei senkrecht stehendem Holz bis hinunter zur Markierungslinie. Schließlich wird das Holz plan fixiert und recht-

2 Markieren und Schneiden einer Schlitz- und Zapfenverbindung
Die Länge des Zapfenschlitzes nach der Größe des zu bearbeitenden Holzes markieren. Das Zapfenstreichmaß auf die Breite des verwendeten Stemmeisens einstellen, mit dem der Schlitz gearbeitet wird (das Stemmeisen ist im Idealfall etwa ein Drittel so breit wie das zu bearbeitende Holz). Den Schlitz ebenso wie den Zapfen mit dem Zapfenstreichmaß markieren. Den Schlitz ausbohren und mit dem Stemmeisen ausstemmen. Der Zapfen wird mit der Rückensäge gesägt.

1 Schlitz- und Zapfenverbindung
Oben: Gewöhnliche Schlitz- und Zapfenverbindung. Unten: Durchgehende Schlitz- und Zapfenverbindung.

3 Ausführen einer Verbindung mit abgestuftem Zapfen
Das Querholz in Überlänge lassen. Wie oben geschildert markieren, jedoch eine weitere Auflagefläche oben vorsehen. Den Schlitz ausarbeiten und sodann die Seiten bis zu den Markierungslinien heruntersägen; mit dem Stemmeisen endbearbeiten. Den Zapfen wie gezeigt absägen.

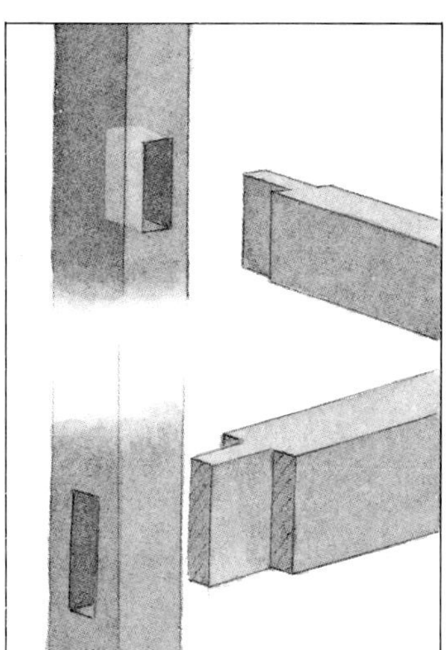

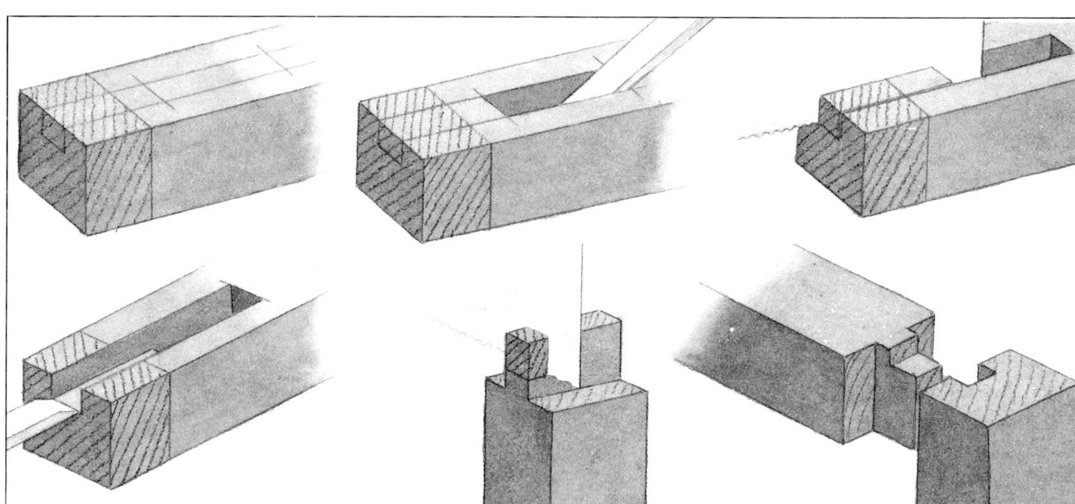

winklig zu dem in der Mitte gebildeten Zapfen eingesägt, um das abfallende Teil auszusägen. Ebenso wird auf der anderen Seite des Zapfens verfahren. Vor dem Verleimen der Verbindung sorgfältig auf genaue Passung der zwei Teile achten. Zusätzliche Festigkeit und ein besseres Aussehen ergeben sich, wenn an jedem Ende des Zapfens eine kleine, zusätzliche Auflagefläche ausgeführt wird; entsprechend muß der Schlitz schmäler ausgeführt werden. Derartige Verbindungen kommen bei dem ausgeführten Kleiderschrank mit Scharnierentüren zum Einsatz. (Anleitungen siehe S. 218).

Abgestufter Zapfen. Für Verbindungen an den Ecken größerer Rahmen (siehe die Türen des japanischen Kleiderschranks auf S. 238) wird in den Zapfen mitunter ein sogenannter Beizapfen oder eine zusätzliche Auflagefläche gesägt, wodurch sich die effektive Breite des Zapfens erhöht und die Verbindung erheblich an Festigkeit gewinnt.

Die Verbindung wird wie bei normalen Schlitzen und Zapfen mit Anschlagwinkel, Schneidemesser und Streichmaß angerissen, wobei jedoch im oberen Bereich des Zapfens wie in der Abbildung gezeigt eine zusätzliche Auflagefläche auszuführen ist. Auch dieses Holz wird während der Bearbeitung in Überlänge belassen, um ein Ausbrechen im Schlitzbereich zu verhindern. Der Überstand wird erst nach Zusammenfügen der Verbindung sauber abgesägt.

Versetzter Zapfen. Wird der Zapfen der geschilderten Verbindung an eine Außenseite des Holzes versetzt, so entsteht die in der Abbildung unten gezeigte, einseitige Zapfverbindung. Auf diese Weise entstehen sehr solide Verbindungen dort, wo schmale Teile wie die Gitterstäbe in den Türen des japanischen Kleiderschrankes (siehe Seite 238) mit den stärkeren Rahmen verbunden werden. Die Schlitze in den Rahmen kommen, um eine höhere Festigkeit zu erzielen, dabei weiter nach hinten in den Rahmen, und dank der einseitigen Zapfen an den Gitterstäben liegt deren Vorderseite bündig mit der Vorderseite der Tür. Eine einseitige Zapfenverbindung wird genauso ausgeführt wie die bereits beschriebene Überblattung (siehe S. 26).

Schwalbenschwanzverbindung. Diese Verbindungen werden so ausgeführt, daß die fingerähnlich hervorstehenden Zinken auf beiden Seiten der Verbindung ineinandergreifen; dies verleiht der Verbindung eine besonders hohe Festigkeit und sie kann nur so getrennt werden, wie sie zusammengesetzt wurde.

Mit der Schmiege wird der Schwalbenschwanzzinken an einem Brett markiert und mit Hilfe einer Schwalbenschwanzsäge oder einer besonders feinen Rückensäge so herausgesägt, daß in der Mitte ein Zinken stehenbleibt.

Stärke und Form des Zinkens werden nun auf dem Gegenstück markiert; die Markierung ist mit Hilfe des Anschlagwinkels ringsum durchzuziehen. Sodann wird das Verschnittholz zwischen den zwei äußeren Schwalbenschwänzen mit der Schwalbenschwanzsäge entfernt. Der Grund dieses Einschnitts wird mit der Bogensäge gesägt und anschließend mit dem Stemmeisen sauber ausgestemmt.

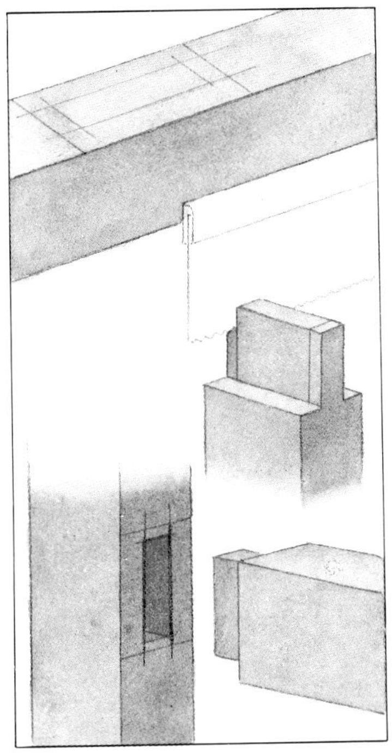

5 Zapfen mit zusätzlicher Auflage
Festigkeit und Aussehen werden verbessert, wenn an jedem Ende des Zapfens eine zusätzliche Auflagefläche gesägt wird. Exakt senkrecht sägen.

4 Versetzter Zapfen
Der Zapfen ist zu einer Seite versetzt. Wie unten gezeigt markieren und sägen.

6 Markieren und Sägen einer Schwalbenschwanzverbindung
Die Stärke des gegenüberliegenden Teils am Holz mit einer Linie markieren. Mit dem Zapfenstreichmaß wird die Oberseite des Zinkens markiert. Die Seiten des Zinkens werden mit der auf 1/6 eingestellten Schmiege markiert. Den Zinken mit der Rückensäge aussägen und an das andere Teil halten. Den Schwalbenschwanz anreißen und das Verschnittholz mit der Bogensäge aussägen. Zur Verbesserung der Passung den Grund sorgfältig mit dem Stemmeisen ausstemmen.

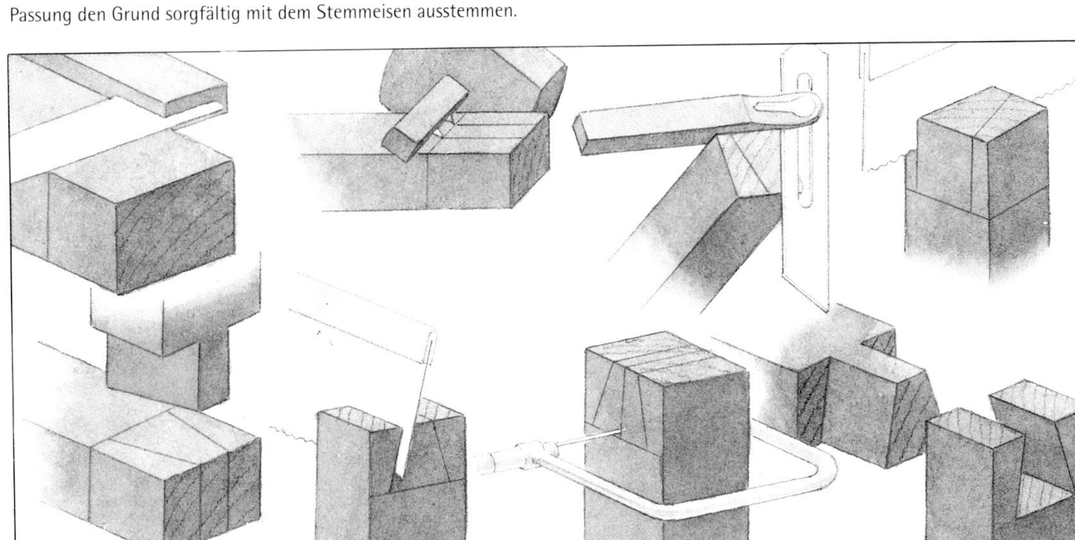

Techniken: Holzverbindungen und Anreißen

Dübelverbindungen. Mit Hilfe von Holzdübeln lassen sich besonders feste, einfache und verdeckte Holzverbindungen herstellen.

Es empfiehlt sich die Arbeit mit fertigen, längsgerippten Dübeln mit abgeschrägten Enden (siehe: **Werkstoffe S. 18**). Die Dübel sind gewöhnlich zwischen 6 und 25 mm stark und zwischen 10 und 50 mm lang. Die Länge des Dübels entspricht im Normalfall der eineinhalbfachen Stärke des zu fügenden Holzes. Werden stärkere Dübel benötigt (wie bei Rahmen von Küchentüren und Regalen in Nischen oder Schränken), so wird der Dübel am besten selbst angefertigt. Um das Ablaufen des Leims und den Austritt der Luft zu erleichtern, sind Längsrillen in den Dübel zu schneiden und die Enden abzuschrägen. Die Länge selbst hergestellter Dübel beträgt mitunter die zweifache Holzstärke.

An beiden Hölzern ist mit dem **Streichmaß** die Mittellinie anzureißen und mit dem Bleistift zu kennzeichnen. Sodann die Dübellöcher mit Hilfe des **Bohrständers** oder des **Anschlagwinkels** auf halbe Dübellänge bohren. Es wird zunächst in einem Teil gebohrt; in die Bohrlöcher werden Zentrierspitzen eingesetzt, mit Hilfe derer das Gegenstück markiert wird. Die beiden Teile sorgfältig ausrichten, so daß die Zentrierspitzen durch leichten Druck die genaue Stelle der Bohrlöcher am Gegenstück kennzeichnen. Wiederum auf halbe Dübellänge bohren und etwas Spielraum für den Leim zugeben.

Geht es eher um genaueste Plazierung als um Festigkeit, wie z. B. bei Arbeitsplatten, so sind die Dübel zu drei Viertel ihrer Länge in einem Teil und zu einem Viertel in dem anderen zu versenken.

Bevor die Dübel mit dem Holzhammer in das erste Teil eingetrieben werden, sind die Löcher mit Leim anzufüllen. Grundsätzlich beide Teile der Verbindung leimen; nach dem Zusammenfügen sind die Teile einzuspannen, bis der Leim abgebunden hat.

Leimen

Sämtliche Verbindungen gewinnen durch Leimen an Festigkeit. Dabei ist auf saubere und gut passende Teile und Oberflächen zu achten. Bis zum Abbinden des Leims sind die Teile zusammenzuspannen, dabei jedoch darauf achten, daß der Leim nicht durch zu hohen Druck aus der Verbindung gepreßt wird. Bei Teilen, die in Feuchtbereichen und Naßzellen zum Einsatz gelangen, ist auf wasserfesten Leim zu achten.

1 Verschiedene Dübelverbindungen
Dübel verbinden die Kanten von Platten ebenso wie die Ecken von Rahmen.
Sie können versenkt oder durchgehend eingesetzt werden.

2 Plattenverbinden mit Dübeln
Rechts: Die Position der Dübel anreißen, Löcher bohren und Zentrierspitzen einsetzen. Damit das zweite Teil markieren.

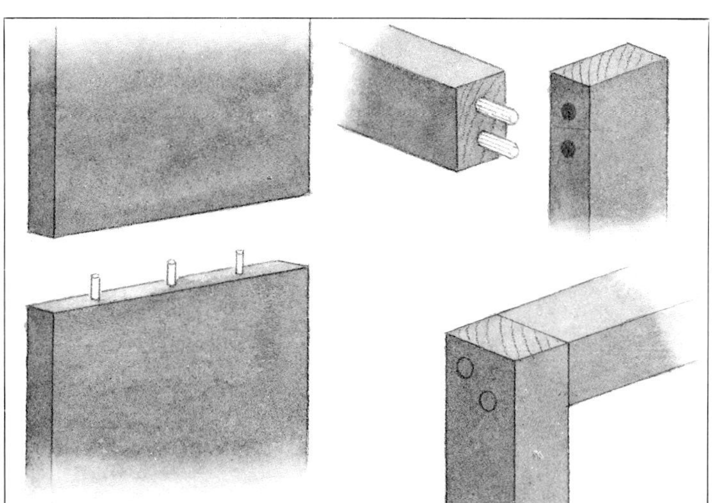

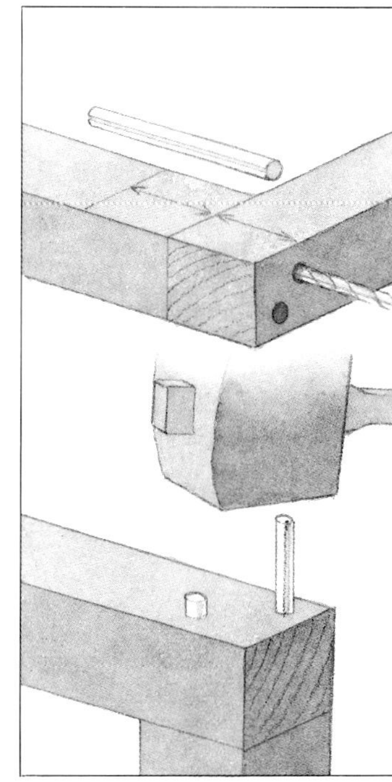

3 Dübeln von Rahmen
Nach dem Herstellen des Rahmens werden die Dübellöcher gebohrt.
Dübel einschlagen und nach Trocknen des Leims die Enden bündig ablängen.

4 Dübelführung
Sollen die Dübel unsichtbar bleiben, so wird damit das gerade Einsetzen von Dübeln in beide Teile erleichtert.

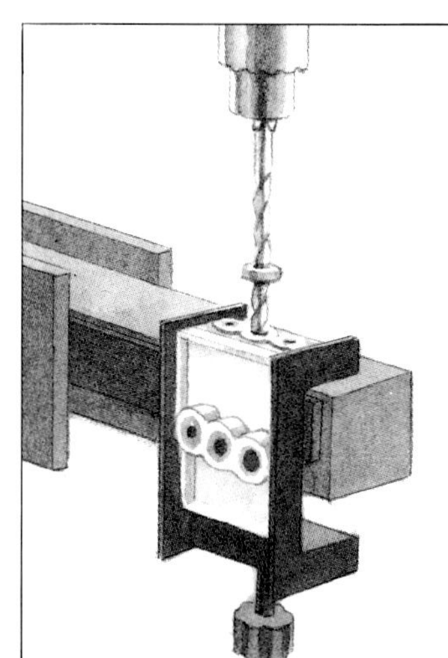

Bei nicht genau passenden Teilen ist an Stelle des PVA-Leims mit einem Zwei-Komponenten Fugenleim zu arbeiten.

Anreißen und Nivellieren

Anreißen längerer Teile. Bei dem Anlegen von Arbeitsplatten, Regalen oder senkrecht an Wänden stehenden Brettern und Platten ist meist zu beobachten, daß das Teil nicht überall bündig an der Wand anliegt. Nur in den seltensten Fällen sind Wände absolut eben. Um freie Stellen zu vermeiden, ist das Teil sorgfältig entlang der Wand anzureißen.

Dazu wird es so gut wie möglich in seiner endgültigen Lage angebracht. Bei Arbeitsplatten auf genaueste Nivellierung und Rechtwinkligkeit achten. Bei Pfosten bzw. Rahmen muß die vordere Kante genau senkrecht stehen. Dort, wo der Abstand von der Wand am größten ist, wird das Teil soweit abgesetzt, daß eine Lücke von 25 mm zur Wand entsteht. Sodann einen 25 mm starken Holzklotz zwischen das Teil und die Wand halten und an sein anderes Ende einen Bleistift anlegen, der die Konturen der Wand in Form einer entsprechenden Linie auf dem Teil festhält. Diese Linie wird mit der elektrischen oder einer Hand-Stichsäge gesägt. Befindet sie sich zu dicht an der Kante, so ist statt der Säge eine Holzfeile oder eine Raspel zu verwenden. Das Teil sollte nunmehr sauber an der Wand anliegen und ihren Konturen folgen.

Anreißen in Nischen. In Nischen ist das Anreißen schwieriger, da ein waagerechtes Brett gewöhnlich erst dann sauber paßt, wenn es bereits angerissen ist. Mit Hilfe eines großen Holzwinkels, der nach dem auf S. 20 beschriebenen 3-4-5-Prinzip herzustellen ist, wird geprüft, ob die beiden Seitenwangen gerade und winkelig sind. Trifft dies zu, so wird in der erforderlichen Höhe das Brett sorgfältig zwischen den Wangen vermessen und das Brett bereits auf die richtige Länge abgesägt, um es nur noch nach vorstehender Beschreibung an die Hinterwand anzupassen.

Sind die Seitenwände der Nische nicht gerade und winklig, so ist der einzusetzende Boden am besten mit Hilfe einer Pappschablone auszumessen. (siehe: **Arbeiten mit Schablonen**). Dabei werden in einem Arbeitsgang die Seiten- und die Rückwand angerissen.

Arbeiten mit der Profillehre. Diese Vorrichtung (siehe: **Werkzeuge, S. 12**) dient zur Ausführung komplizierter Formen und ist besonders praktisch, wenn z. B. eine Arbeitsplatte um eine Zierleiste herum angepaßt werden muß. Die Profillehre ist mit einer Reihe von beweglichen Stiften oder schmalen Kunststoffstreifen auf einer Mittelschiene bestückt. Wird sie gegen eine unregelmäßige Form gehalten, so passen die Stifte sich dieser an. Wird die so eingestellte Lehre an das einzupassende Werkstück gehalten, so braucht die Linie nur noch mit dem Bleistift nachgezogen zu werden. Nach der Benutzung werden die Stifte wieder ausgerichtet.

Arbeiten mit Schablonen aus Pappe oder starkem Papier. Bei Arbeiten im Bereich von komplizierten Formen wie z. B. Rohrleitungen ist am besten eine Schablone für das komplizierte Teil zu fertigen. Die Schablone wird notfalls geschnitten und gefaltet, um dem Teil so nahe wie möglich zu kommen. Entspricht sie dem Teil wie gewünscht, so wird sie auf das Werkstück gelegt und übertragen. Mitunter wird sie auch aufgeleimt und sodann ausgeschnitten.

Nivellierlatten. Beim Nageln von Latten an Wände mit Hilfe von **Stahlnägeln** werden die Latten zunächst auf den Boden gelegt und die Nägel fast vollständig durchgeschlagen. An der Wand wird eine **Wasserwaage** angelegt und die obere Kante der Latte mit dem Bleistift angerissen. Sodann die Latte halten und einen der Stahlnägel in der Mitte halb einschlagen. Nun die Oberkante der Latte mit der angerissenen Linie abgleichen, die Wasserwaage aufsetzen und unter präziser Kontrolle der Lotlibelle den Nagel am anderen Ende in die Wand schlagen. Vor der Befestigung der übrigen Nägel nochmals die waagerechte Lage der Latte überprüfen.

Beim Anschrauben von Latten werden zunächst die am Boden liegenden Latten wie beschrieben durchbohrt. Dann die Latte anlegen und mit Hilfe eines Stiftes eine Endlochbohrung auf die Wand übertragen. An dieser Stelle in die Wand bohren und Dübel einsetzen (siehe: **Wandbefestigung, S. 24**) und die Latte anschrauben. Wie oben beschrieben nivellieren und die übrigen Bohrlöcher markieren, bevor die Latte abgesetzt wird, um in die Wand zu bohren und zu dübeln. Abschließend wird die Latte an der Wand verschraubt.

5 Anreißen von Teilen zur Wandbefestigung
An der Stelle des größten Hohlraums das Teil auf 25 mm zur Wand stellen. Mit dem an einem 25 mm starken Holzklotz geführten Bleistift am Teil eine Linie anreißen, indem Holzklotz und Bleistift entlang der Wand am Teil heruntergeführt werden.

6 Befestigung von Nivellierlatten an der Wand
Bei Befestigung mit Stahlnägeln zunächst die Latten durchnageln. Sodann Latte anhalten und die Wand markieren. An einem Ende einnageln und nochmals auf waagrechten Sitz prüfen. Schließlich die anderen Nägel einschlagen.

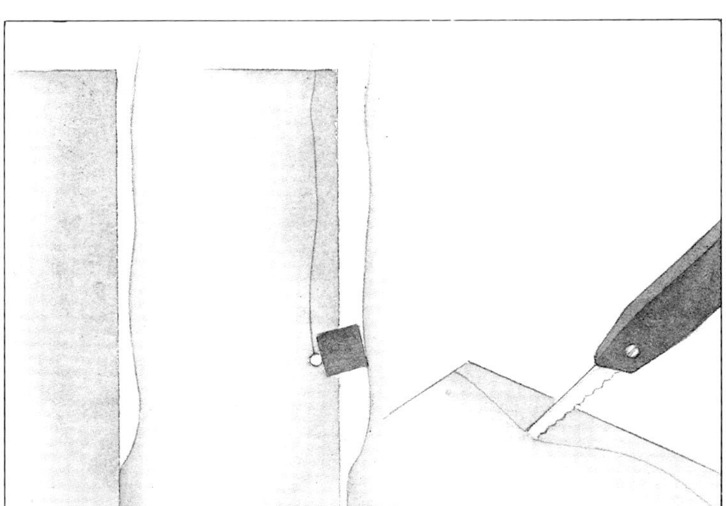

Techniken: Befestigen von Türen und Scharnieren

Nivellieren von Küchenbauteilen. Fußböden sind nur selten wirklich eben, so daß beim Einbau von Küchenbauteilen von der höchsten Fußbodenstelle im Raum auszugehen ist. Die Teile werden zusammengesetzt und vorübergehend aufgestellt. Dann wird eine lange, gerade Holzlatte über die Deckplatten der Einzelmöbel gelegt. Eine Wasserwaage auf dieser Latte zeigt das höchste Einzelteil an, und von diesem ausgehend sind alle übrigen Möbel in ihrer Höhe auszurichten. Dazu werden Sperrholz- bzw. Hartfaserstücke untergelegt. Danach kann die Arbeitsplatte mit Spüle, Anschlüssen usw. montiert werden.

Sind die Teile erst noch auszuführen, so kann natürlich auch jedes einzelne genau in der richtigen Höhe gebaut werden, um Bodenunebenheiten auszugleichen. Dies bietet sich besonders in alten Gebäuden an, die sich durchweg durch unebene Böden auszeichnen. Dazu werden zunächst gerade Latten dort am Boden ausgelegt, wo Einbaumöbel installiert werden sollen – eine Latte vorn und eine hinten. Wiederum ist vom höchsten Punkt auszugehen und sind niedrigere Stellen durch Unterleghölzer auszugleichen. Auf den Latten die Stellung der Einbauteile markieren und an jedem Einzelpunkt den Abstand zum Boden messen. Um dieses Maß ist das einzelne Möbel höher auszuführen.

Bestimmen der Senkrechten. Mit Hilfe eines Lots kann eine senkrechte Linie an die Wand gezeichnet werden. An der gewünschten Stelle einen Nagel einschlagen und die Schnur des Lots daran befestigen. Wenn die Schnur sich nicht mehr bewegt, ein Holzklötzchen so an die Wand halten, daß es die Schnur berührt und die Wand an dieser Stelle markieren. Dies an einigen weiteren Stellen wiederholen. Die Schnur kann auch mit Kalk eingerieben werden. In diesem Falle wird sie, wenn sie sich nicht mehr bewegt, unten festgehalten und angeschlagen, so daß sie eine senkrechte Kalklinie hinterläßt.

Einhängen von Türen

Einhängen der Türen von Küchen- bzw. Kleiderschränken. Es gibt zwei Methoden zur Befestigung von Scharniertüren. Sie werden entweder zwischen die Seitenrahmen eingelassen oder so aufgesetzt, daß sie die Seitenrahmen abdecken. Innenliegende Türen sehen attraktiv aus, sind jedoch auch schwieriger einzubauen als Aufsatztüren, da rings um die Türöffnung ein gleich breiter Spalt erzielt werden muß. Aufsatztüren bedecken den Rahmen und kaschieren damit Unregelmäßigkeiten im Türspalt. Außerdem sind die bei ihnen gewöhnlich verwendeten, verdeckten Scharniere einstellbar und ermöglichen somit ein besseres und genaueres Justieren der Tür.

Schiebetüren in Küchen- und Kleiderschränken. Kleinere Türen werden in Schienen mit doppelter Führungsnut bewegt, die aus Holz oder Kunststoff als U-Profile ausgeführt werden. Dabei wird an der unteren Vorderkante eine flachere Schiene und an der Unterkante des oberen Rahmens eine tiefere Schiene befestigt. Die Nuten in der Schiene entsprechen genau der Türstärke, die obere Schiene ist exakt senkrecht über der unteren zu montieren. Schiebetüren werden so ausgeführt, daß sie um ca. 45 bis 50 mm übereinandergreifen. Bei der Berechnung ihrer Höhe sind zu dem Maß ab Grund der Nut in der oberen Schiene 6 mm hinzuzurechnen. Nach Zusammenbau des Möbels wird die Tür zunächst in die obere Schiene und sodann in die untere Schiene eingesetzt.

Schwerere Türen werden oben oder unten auf Rollen gelagert. Die Anbringung der Rollen ist bei Beachtung der Anleitung des Herstellers problemlos. Selbst wenn die Gleitschiene nicht genau waagerecht montiert wurde, findet sich gewöhnlich eine Einstellung, in der die Türen sauber öffnen und schließen.

Die Montage von Scharnieren

Innenliegende Türen. Aufsetzscharniere sind am einfachsten zu montieren. Sie werden lediglich auf die Kanten von Tür und Rahmen aufgeschraubt und müssen nicht eingesetzt werden. Sie sind allerdings nach der Montage auch nicht einstellbar. Das innere Band des Scharniers wird an die Kante der Tür und das äußere an die Innenseite des Rahmens geschraubt.

Die Scharniere sind im gleichen Abstand zur Ober- und Unterkante der Tür zu befestigen. Bei hohen oder sehr schweren Türen ist in der Mitte ein drittes Scharnier vorzusehen. Die Anbringung des Scharniers an der Türkante ist so vorzusehen, daß das Gelenkteil sich an der Vorderseite der Tür ausrichtet. Sodann vorbohren und das innere Band anschrauben. Die Tür halten oder in der richtigen Höhe abstützen und auf saubere Ausrichtung oben und unten achten, bevor die Konturen des Scharniers am Rahmen markiert werden. Die Tür absetzen und die Linien mit einem Anschlagwinkel

1 Arbeiten mit der Profillehre
Um komplizierte Formen anzureißen, wird die Lehre gegen den Gegenstand gedrückt; sie kann dann als Schablone verwendet werden.

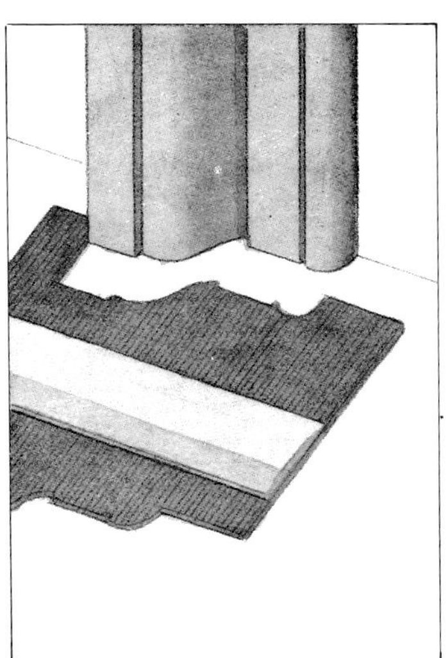

2 Eine Technik zum Nivellieren von Kücheneinbauteilen
Die Küchenteile oder auch nur die Rahmen vorübergehend aufstellen. Mit gerader Holzlatte und Wasserwaage das höchste Teil bestimmen. Die übrigen Teile mit Sperrholz oder Hartfaserstücken auf die gleiche Höhe bringen.

3 Einbau von Schiebetüren
Schwere Türen werden am besten auf der unteren Schiene gelagert. Die Bodenschiene anschrauben und in die Unterkante der Tür Rollen einsetzen.

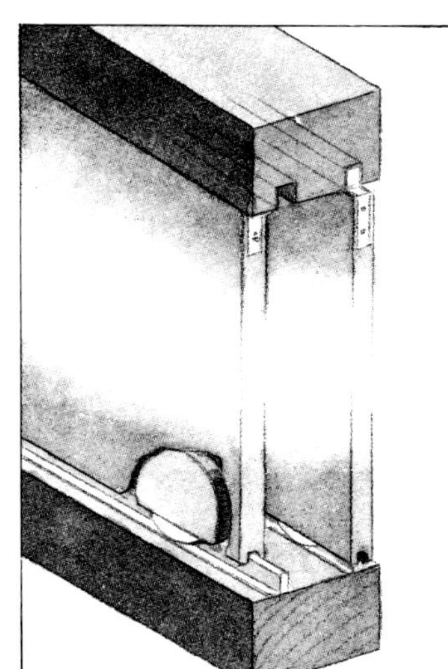

durchziehen. Die Tür sodann in offener Stellung hinhalten und die äußeren Scharnierbänder so anschrauben, daß sie genau an den Markierungslinien anliegen.

Fitschen- oder Angelbänder, auch als Fischbänder bezeichnet, sind herkömmliche Bandscharniere; sie bestehen meistens aus Stahl und bei anspruchsvolleren Arbeiten aus Messing. Sie werden ebenso montiert wie Aufsetzscharniere, nur müssen die Bänder mit Stemmeisen oder Oberfräse in das Holz eingesetzt werden.

Die Scharniere sind wie bei Aufsetzscharnieren anzureißen. Dabei beachten, daß die Schrauben nicht in die Hirnfläche des Querrahmens geschraubt werden, wo sie sich leicht wieder herausdrehen.

Zuerst wird mit dem Messer die Länge der Scharniere angerissen, sodann mit dem Streichmaß die Breite des Scharniers und die Stärke des Bandes. Mit senkrecht gehaltenem Stemmeisen und Holzhammer zunächst entlang der Konturenlinie ausstemmen und sodann eine Reihe von senkrechten Schnitten über die gesamte Breite des Einschnitts anbringen. Das Verschnittholz sorgfältig mit dem Stemmeisen herausarbeiten und den Grund mit dem flach gehaltenen Stemmeisen sauber ausstemmen.

Der Einschnitt kann auch größtenteils mit der Oberfräse hergestellt werden; dabei ist besonders sorgfältig vorzugehen. Abschließend werden die Ecken mit dem Stemmeisen sauber nachgearbeitet.

Aufsetztüren. Für diese Türen werden meistens die modernen, einstellbaren Scharniere in verdeckter Ausführung verwendet. Es gibt zahlreiche verschiedene Ausführungen, denen durchweg vollständige Montageanleitungen beigelegt werden. Einige werden einfach aufgesetzt und lediglich an der Innenseite der Tür aufgeschraubt. Meistens wird jedoch mit einem Forstnerbohrer ein großes, flaches Loch gebohrt, in das der Scharnierkörper auf der Rückseite der Tür eingelassen wird. Sodann wird die Grundplatte auf den Seitenrahmen aufgeschraubt. Schließlich wird das Scharnier auf die Grundplatte geschoben, und die Paßschrauben werden so eingestellt, daß die Tür perfekt sitzt.

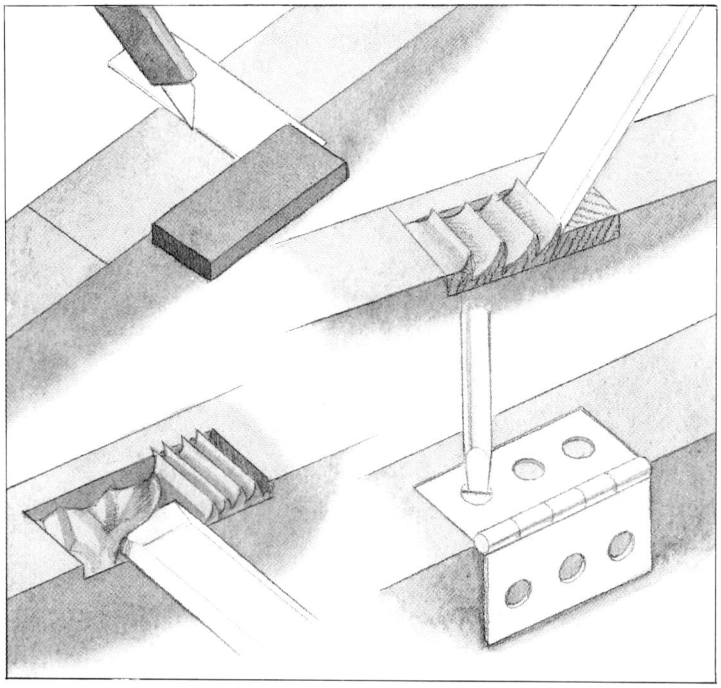

6 Einpassen von Fitschen- oder Angelbändern
Mit Hilfe von Anschlagwinkel und Schneidmesser die Länge des Scharniers und mit dem Streichmaß die Breite und Stärke des Scharnierbandes markieren. Mit senkrecht gehaltenem Stecheisen den Ausschnitt einschneiden. Sodann über die gesamte Breite senkrechte Schnitte setzen, das Abfallholz abtragen und die Bündigkeit des Bandes prüfen. Sodann das Band anschrauben.

4 Montieren von Aufsetzscharnieren
Diese Scharniere sind am einfachsten zu montieren. Das äußere Band wird an den Rahmen und das innere an die Tür geschraubt.

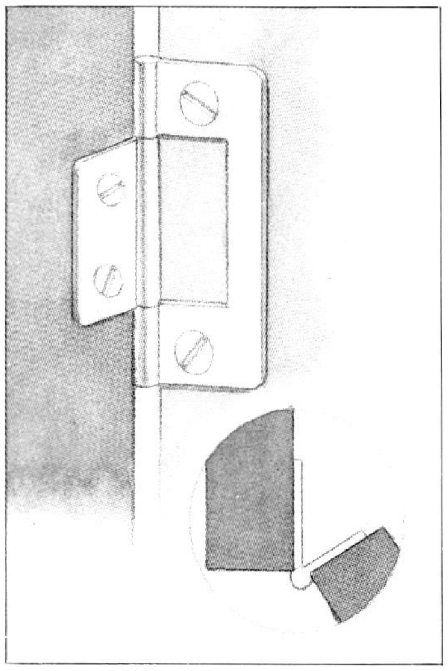

5 Montieren von Angelbändern
Diese Scharniere werden in Tür und Rahmen so eingesetzt, daß die Bänder bündig an der Oberfläche liegen.

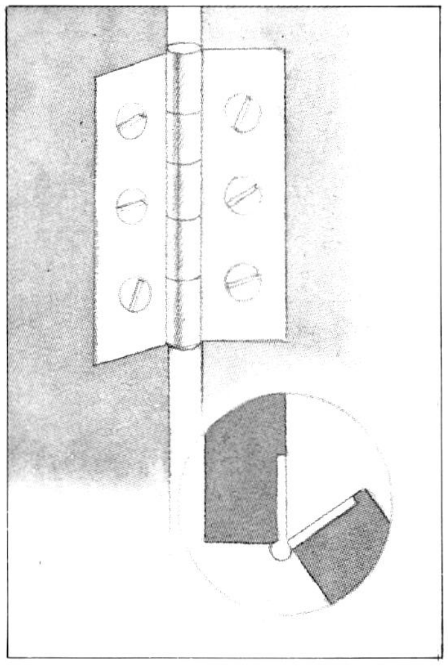

7 Montieren verdeckter Aufsetzscharniere
Diese Scharniere werden einfach an die Innenseiten von Tür und Rahmen geschraubt.

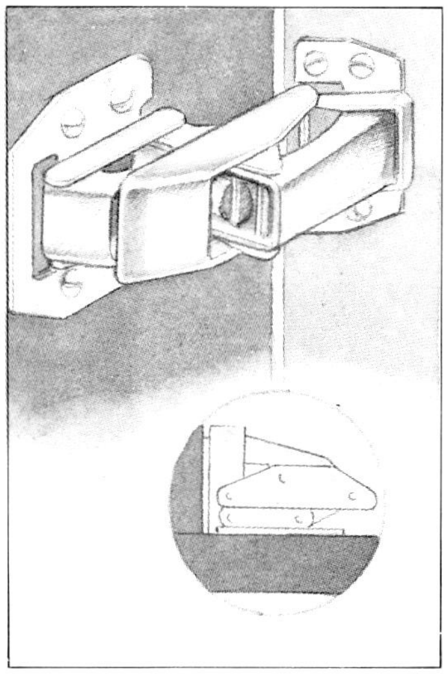

8 Montieren von Topfen-Scharnieren
Für den Scharnierkörper ein flaches Loch bohren. Der Arm an der Grundplatte ist einstellbar.

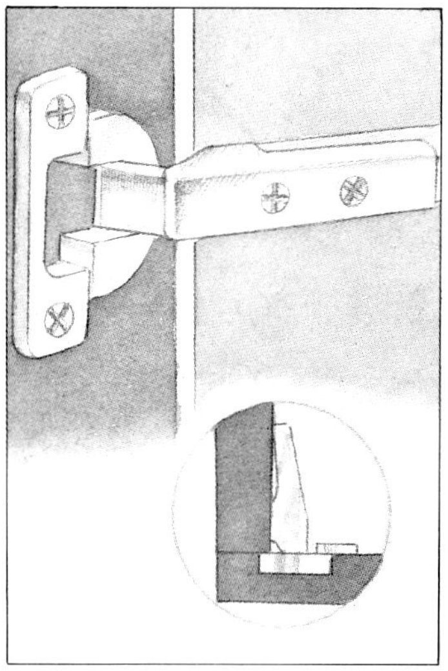

Techniken: Montieren von Schließvorrichtungen

Schließvorrichtungen

Viele verdeckt eingebaute Scharniere sind mit Schließvorrichtungen ausgestattet, so daß diese nicht eigens montiert werden müssen. Bei herkömmlichen Scharnieren wird gern mit Magnetschnäppern gearbeitet. Der Magnet wird an der Kante des Schrankkorpus befestigt und die Schließplatte auf ihn aufgesetzt. Dann wird die Tür geschlossen und so fest angedrückt, daß die Schließplatte einen Eindruck auf der Tür hinterläßt. Die Platte wird dann einfach auf die Tür geschraubt.

Kugelschnäpper sind besonders praktische Verschlüsse. Im mittleren Abschnitt der Türkante wird ein Loch für den Kugelschnäpper gebohrt; dieser wird eingesetzt und die Tür so geschlossen, daß er an der Kante des Schranks einen Eindruck hinterläßt. Sodann wird das Schließblech sorgfältig am Rahmen angebracht. Bei versenktem Schließblech sind die Konturen mit dem Schneidemesser anzureißen. Sodann wird das Blech so eingesetzt, daß es bündig mit der Oberfläche liegt und der Schnäpper einwandfrei arbeitet.

Anbringen von Türhebern

Die jeweiligen Einbauanleitungen für diese Mechanismen hängen von der Technik im einzelnen ab; grundsätzlich werden sie jedoch alle an der Korpusseite in der Nähe der Oberkante im Schrank angeschraubt. Pro Tür sind zwei Mechanismen erforderlich; sie öffnen die Tür nach oben und nach außen, ohne daß diese an die Decke schlägt.

Bei der in unserem Kleiderschrank mit Scharniertüren auf Seite 212 verwendeten Ausführung wird der Mechanismus unmittelbar unter dem Dach des Schranks seitlich und in unmittelbarer Nähe der Vorderkante an den Rahmen geschraubt. Er wird durch drei Schrauben gehalten. Das Klappband wird mit zwei Schrauben an dem zu öffnenden Teil befestigt; die oberste Schraube wird um die Stärke des Schrankdachs plus 28 mm von der oberen Kante der Klapptür nach unten vesetzt, damit diese beim Öffnen weder den Schrank noch die Decke berührt.

Anbringen von Schlössern

Die sauberste Lösung für Schränke bietet ein Blind- oder Einsteckschloß. Die Mittellinie wird an der Türkante angerissen, um sodann die Breite und Stärke des Schlosses zu markieren. Mit einem Schlangenbohrer von gleicher Stärke wie das Schloß wird eine Reihe von ineinandergreifenden

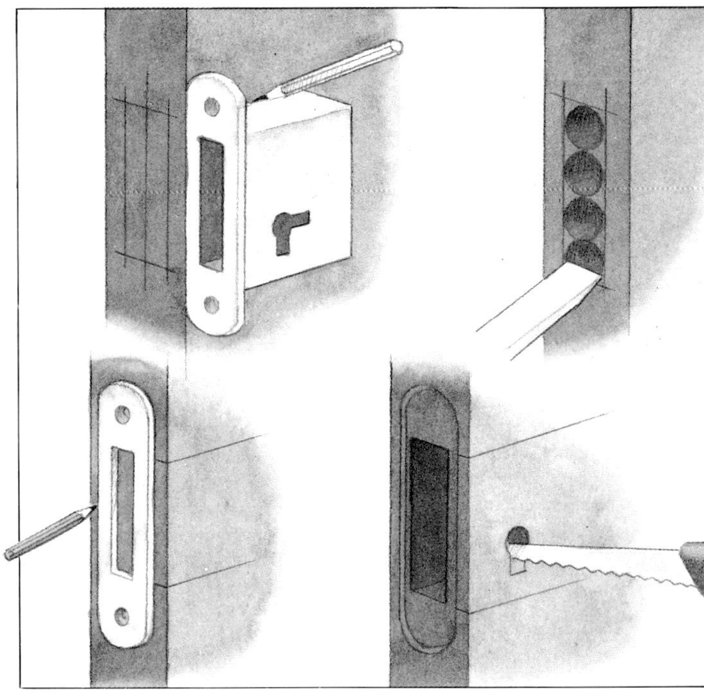

3 Ein Einsteckschloß an einer Tür anbringen

1 – Mittellinie an der Türkante anreißen und Breite und Stärke des Schlosses markieren. 2 – Mit einem Schlangenbohrer das Abfallholz beseitigen und den Schlitz mit dem Stemmeisen sauber ausstemmen. 3 – Das Schloß in den Einsteckschlitz einsetzen und um das Abdeckblech herum markieren. 4 – Eine Einkerbung ausstemmen und das Schlüsselloch mit der Handstichsäge aussägen.

1 Magnetischer Schnäpper

Den Schnäpper an der Innenseite des Schranks und die Schließplatte auf die Tür schrauben.

2 Anbringen von Kugelschnäppern

Im mittleren Abschnitt der Türkante ein Loch bohren und den Kugelschnäpper einsetzen. Schließplatte an der Tür befestigen.

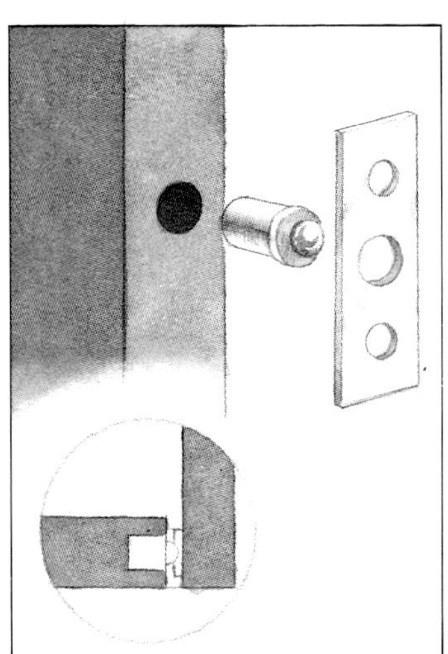

4 Befestigen eines Türhebers

Unten sind zwei Türheberausführungen dargestellt. Der linke Türheber besteht aus Scharnier und Klappenhalter so wie er auch im Kleiderschrank mit Scharniertüren verwendet wird. Daneben ist ein herkömmlicher Klappenhalter abgebildet.

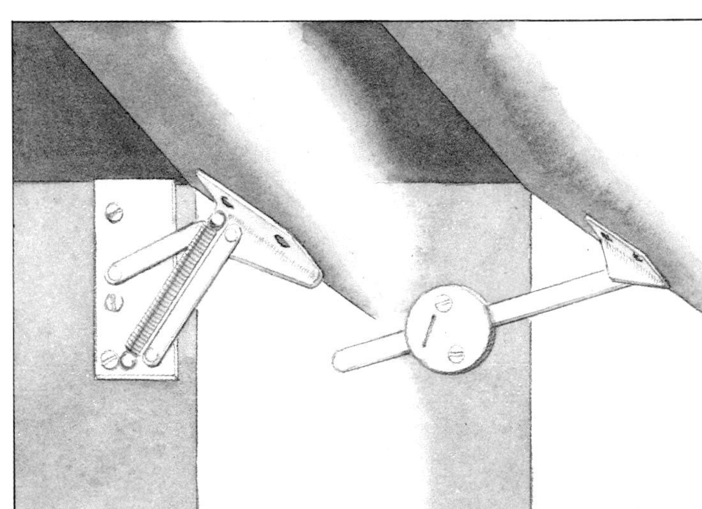

Löchern gebohrt, um den Großteil des Verschnittholzes zu beseitigen. Dann den Schlitz mit dem Stemmeisen ausstemmen. Das Schloß in den Einsteckschlitz einsetzen, um das Abdeckblech herum markieren und eine Vertiefung entlang der Kontur ausstemmen. Nun wird das Schloß im Hinblick auf das Schlüsselloch vermessen, und das Loch wird auf der Vorderseite der Tür aufgezeichnet, bevor gebohrt und ein Schlitz für den Schlüssel gesägt wird. Die Tür schließen, den Schließriegel zur Markierung der richtigen Stelle am gegenüberliegenden Rahmen herausdrehen und dort den Schloßkasten anbringen.

Ein einfaches Schrankschloß wie bei dem Werkzeugschrank auf Seite 45 ist leicht zu montieren und von einfacher Funktion. Nach dem Aussägen des Schlüssellochs mit der Lochsäge wird es einfach an die Rückseite der Tür geschraubt.

Zunächst wird eine feste Papierschablone in den Umrissen des Schlosses mit einem sorgfältig plazierten Ausschnitt für das Schlüsselloch hergestellt. Diese wird auf die Tür gehalten, um das Schlüsselloch anzureißen. Im oberen Bereich wird ein Loch in der richtigen Größe gebohrt, unter dem mehrere kleinere Löcher folgen, die mit der entsprechenden Säge zur endgültigen Form des Schlüssellochs ausgesägt werden.

Das Schloß nun hinter der Tür anhalten und den Schlüssel zur Überprüfung der Schloßstellung einsetzen. Nun die Befestigungspunkte für das Schloß markieren und vorbohren und sodann das Schloß anschrauben. Mitunter wird ein Messingeinsatz für das Schlüsselloch mitgeliefert, der bündig mit der Vorderseite in das Loch eingesetzt wird.

Bei unserem Werkzeugschrank (genaue Anleitungen siehe S. 47) ist ein Teil des Türseitenrahmens abzutragen, damit das Schloß bündig mit der Türkante sitzt. Hierzu ist das Schloß an der Innenseite gegen die Türkante zu halten, um seine Konturen anzuzeichnen. Innerhalb des angezeichneten Bereichs wird durch den Seitenrahmen gebohrt und das Verschnittholz sorgfältig mit dem Stechbeitel entfernt, so daß das Schloß sauber an der Türhinterseite paßt.

Nach Einbau des Schlosses wird die Tür geschlossen und der Schlüssel betätigt, wodurch der Schließriegel an der Kante der anderen Tür einen Abdruck hinterläßt. An dieser Stelle ist für den Schließriegel mit dem Stemmeisen ein Einschnitt auszustemmen, in den das mit dem Schloß gelieferte Schließblech eingesetzt wird. Seine Form wird mit dem Messer angerissen. Damit es bündig mit der Oberfläche zu liegen kommt, wird mit dem Stemmeisen eine flache Vertiefung ausgestemmt.

Ein eingesägtes Schrank- oder Schubladenschloß ist schwieriger zu montieren, da hinter der Vorderseite von Schrank oder Schublade eine Aussparung ausgestemmt werden muß. Dabei ist eine doppelte Aussparung für den Schließmechanismus und für die Gegenplatte erforderlich, da beide Teile eingesetzt werden müssen, um ein sauberes Aussehen und eine gute Schließfunktion zu gewährleisten.

Das Schloß wird hingehalten und die Form der Gegenplatte auf der Rückseite und an der Kante der Tür angerissen. Auch der Einschnitt für den Mechanismus wird so angerissen. Er wird zunächst mit dem Stemmeisen ausgeführt, bevor die flachere Vertiefung für die Gegenplatte an die Reihe kommt. Wenn das Schloß gut paßt, ist das Schlüsselloch auszusägen, bevor das Schloß angeschraubt wird. Den Schlüssellocheinsatz und das Schließblech nach obiger Beschreibung einsetzen und die Schließfunktion überprüfen.

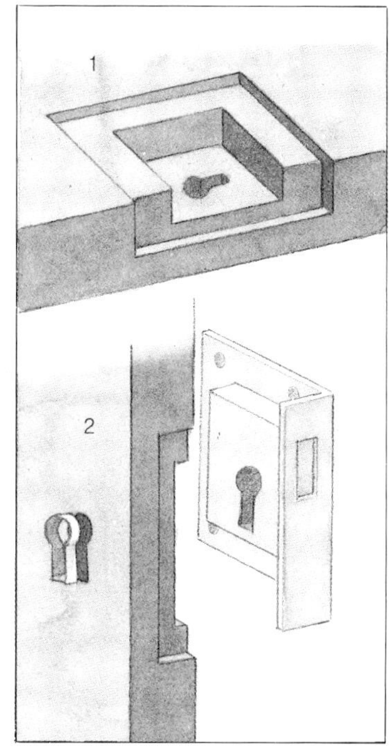

7 Schrankschloß montieren
1 – Mit dem Stecheisen Einschnitte ausarbeiten: für Schließmechanismus und Gegenplatte. 2 – Wenn das Schloß gut sitzt, das Schlüsselloch ausschneiden

5 Aufgesetztes Schrankschloß montieren
Schablone mit Umrissen des Schlosses anfertigen. 1 – Die Schablone auf die Tür halten und anzeichnen. 2 – Ein Loch bohren und mit der Säge ausweiten. 3 – Das Schloß bei eingestecktem Schlüssel gegen die Tür halten. 4 – Das Schloß anschrauben.

6 Schrankschloß in Türseitenrahmen einsetzen
1 – Das Schloß an der Innenseite gegen die Türkante halten und seine Konturen anzeichnen. 2 – Innerhalb des angezeichneten Bereichs bohren und das Verschnittholz mit dem Stemmeisen entfernen. 3 – Das Schloß einsetzen und genau einpassen.

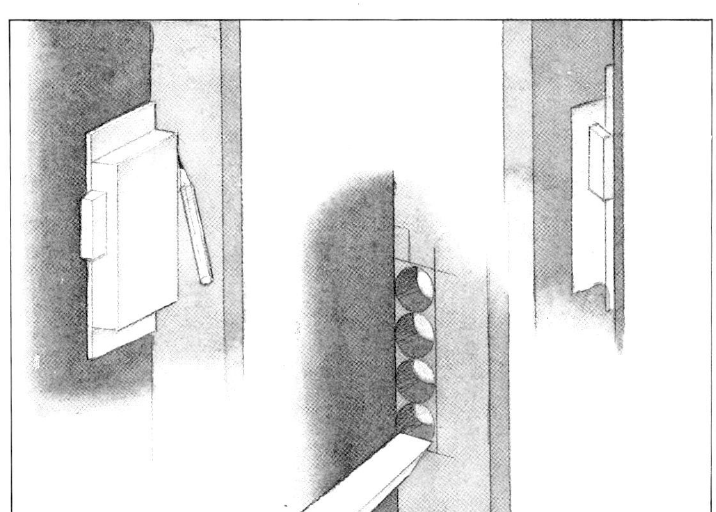

Techniken: Fliesenlegen

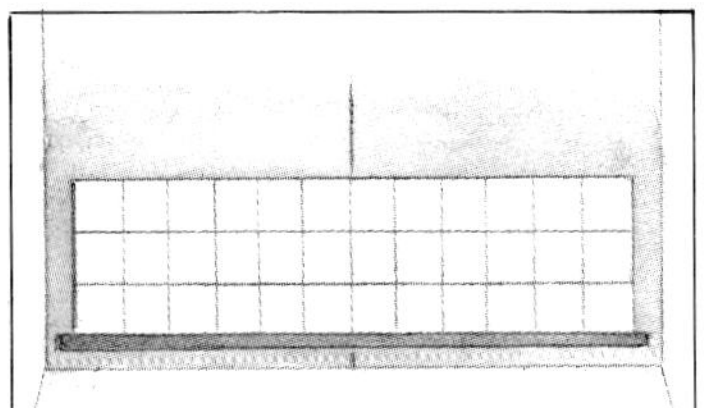

Das Verlegen sorgfältig planen und auf gleiche Seitenabstände achten

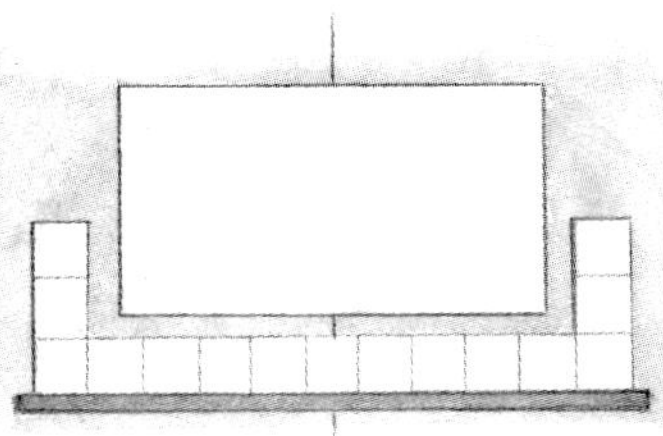

Erste Reihe an einer Latte ausrichten.

Sauberes Verlegen im Fensterbereich

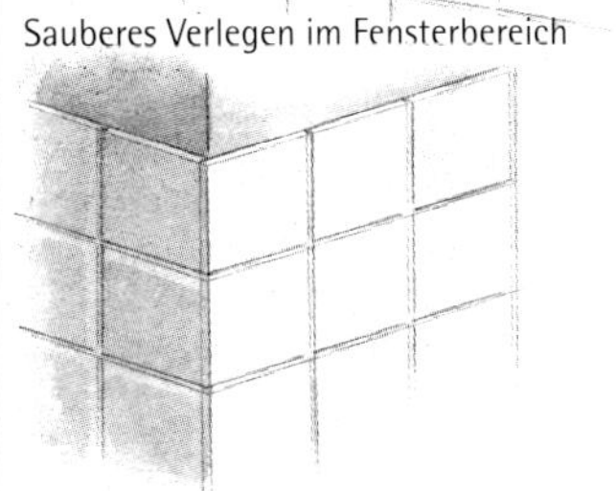

Überlappend verlegen an Kanten

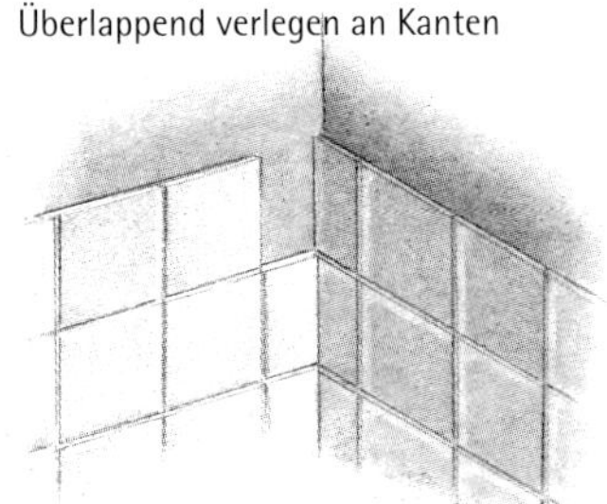

Verlegen von Restfliesen an Ecken

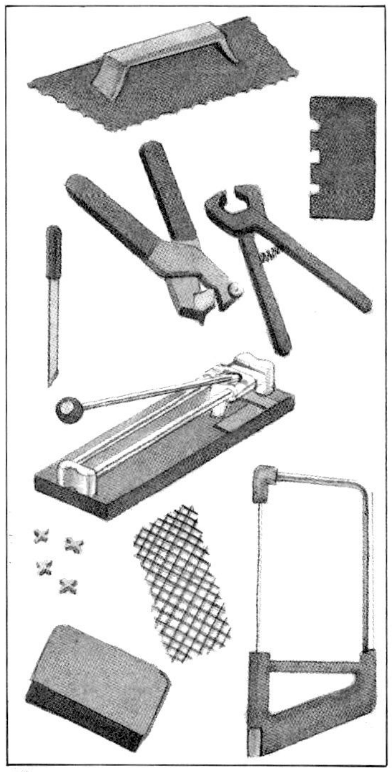

1 Die Werkzeuge des Fliesenlegers
Von oben nach unten: Zahnspachtel, (Metall oder Kunststoff); Anreißnadel; Schneid- und Brechzange; Lochzange; Fliesenschneidgerät; Abstandkreuze; Feile; Säge; Fugengummi

Planung. Beim Verlegen von Fliesen ist eine sorgfältige Vorbereitung von größter Bedeutung. Die Fliesen sind absolut plan zu verlegen, und nach dem Verlegen dürfen keinerlei Schnittkanten sichtbar sein. Nur ab Werk glasierte Fliesen bzw. solche mit abgerundeten Kanten dürfen im Sichtbereich verlegt werden. Im Zusammenhang mit den Rahmen der baukastenartig aufgebauten Küchenmöbel (siehe S. 86) ist zu beachten, daß die Breite der Rahmen so auf die Fliesenabmessungen abgestimmt ist, daß die vorderste Fliesenreihe bündig mit den Seiten der Rahmen abschließt. Die Fliesen an Seiten- und Rückwänden sind so angeordnet, daß die geschnittenen Fliesen sich direkt hinter den einzelnen Möbelkomponenten befinden. Analog hierzu gilt, daß Fliesen, die geschnitten werden müssen, im Bodenbereich verlegt werden, weil sie dort weniger auffallen.

Beim Fliesen von planen Wandflächen wird von der Mitte ausgegangen, um in allen Ecken geschnittene Fliesen von gleicher Größe zu verwenden. Befindet sich in der Wand eine Fensternische, so müssen die Fliesen an den Kanten ausgerichtet werden. In beiden Fällen werden die Fliesen so angeordnet, daß im Bereich von Fußboden oder Sockelleisten die geschnittenen Fliesen verlegt werden. Man erstellt einen Verlegeplan. Damit lassen sich teilverflieste Wände oder Badewanneneinfassung so fliesen, daß immer oben ganze Fliesen verlegt werden. Mitunter sind Kompromisse im Hinblick auf die Gesamtanordnung in einem Raum nicht zu vermeiden. Fensterleibungen sind rundum in Fliesen mit glasierten Kanten auszuführen; geschnittene Fliesen stoßen stumpf gegen den Fensterrahmen.

Fliesenanordnung. Zunächst wird aus einer einfachen Holzlatte (ca. 38 x 12 mm) ein Eichstab hergestellt, auf dem mit Bleistiftlinien die Fliesenbreite einschließlich der Abstandsfugen angerissen wird. Hierzu wird eine Reihe von Fliesen mit eingelegten Abstandskreuzen entlang des Eichstabs gelegt, sofern nicht Fliesen mit angesetzten Abstandshaltern verwendet werden. Die Mittellinie jeder einzelnen Fliese wird auf dem Eichstab angezeichnet. Bei Verlegen von rechtwinkligen Fliesen ist neben der Breite auch für die Länge ein zweiter Eichstab erforderlich.

Mit Hilfe des Eichstabs wird nun die Lage der Fliesen sorgfältig geplant. Stimmt das Verlegemuster, so wird eine absolut gerade Holzplatte (ca. 38 x 12 mm) horizon-

2 Herstellen des Eichstabs
Eine Reihe Fliesen im richtigen Abstand hinlegen und die Breite einschließlich Fuge sorgfältig auf der Latte markieren.

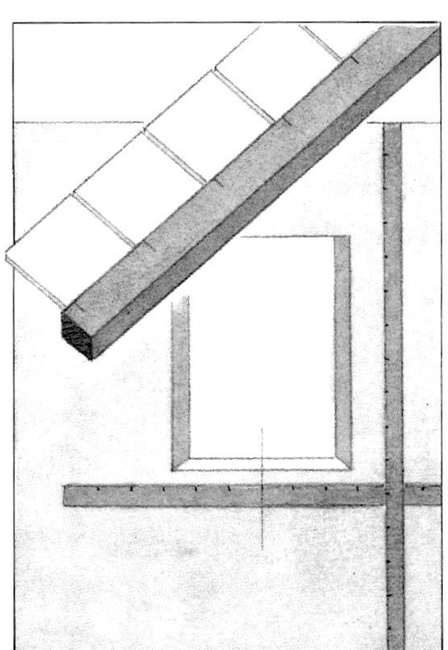

3 Ausrichten der Wand
In der Mitte, z. B. im Fensterbereich, beginnen und die Latte im Abstand einer Fliese über dem Boden befestigen.

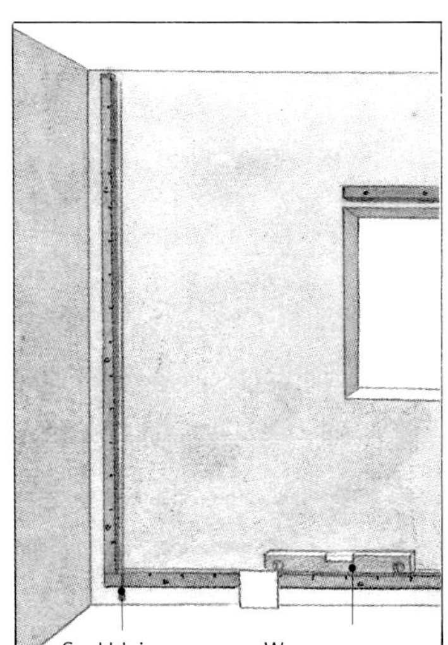

4 Fliesen verlegen
An den Seiten auch senkrechte Latten anbringen. Den Kleber in der Ecke auftragen und die Fliesen fest andrücken.

tal und quer über die gesamte Breite des zu verfliesenden Bereichs gelegt, an der sich die erste Reihe Fliesen ausrichtet. Sodann werden senkrechte Latten auf beiden Seiten befestigt, gegen die die beiden seitlichen Reihen gelegt werden und die für rechtwinklige Ausrichtung sorgen. Mit Hilfe des Eichstabs wird an diesen Latten die Breite und gegebenenfalls Länge der Fliesen markiert, um genau im Winkel zu arbeiten. Beim Fliesen einer verputzten Wand werden die Latten vorübergehend mit halb eingeschlagenen Stahlnägeln befestigt. Beim Fliesen von Holz oder Sperrholz wird mit gewöhnlichen Drahtstiften gearbeitet.

Die Werkzeuge des Fliesenlegers

Zahnspachtel. Ein einfaches, gleichmäßig gezahntes Kunststoffwerkzeug, mit dem eine Schicht Fliesenkleber aufgetragen und gezahnt wird.

Fliesenschneider. Dieses Werkzeug gibt es in verschiedenen Ausführungen. Manche ähneln einem Bleistift und tragen eine Wolfram-Karbidspitze, mit der die Oberfläche angerissen wird. Besser sind Fliesenschneid- und Brechzangen. Bei ihnen wird die Schnittlinie mit einem Schneiderad angerissen und mit der Zange gebrochen. Am besten ist sicherlich ein Fliesenschneidgerät mit Auflage und Hebel.

Fliesensäge. Die Fliesensäge trägt ein Wolfram-Karbid-Rundsägeblatt in einem Halterahmen. Mit ihr werden Fliesen auf jede beliebige Form geschnitten. Sie werden dazu im Schraubstock eingespannt.

Abstandkreuze. Fliesen werden heutzutage mit geraden Kanten und nicht mehr wie früher mit den angearbeiteten Stegen angeboten. Fliesen der alten Ausführung werden einfach stumpf zusammengelegt und bekommen automatisch den richtigen Fugenabstand. Bei den heutigen Fliesen allerdings sollte beim Verlegen mit Abstandkreuzen gearbeitet werden. Dadurch ergeben sich regelmäßige Fugen, die sodann mit dem Fugenmörtel ausgefugt werden.

Lochzange. Eine zangenähnliche Vorrichtung, mit der schmale Streifen entfernt werden, die für den herkömmlichen Fliesenschneider zu klein sind.

Fliesenfeile. Zur Bearbeitung von scharfen und unregelmäßigen Fliesenkanten.

Fugengummi. Flexibler Gummispachtel zum Ausfugen.

Schwamm. Wird zum Abwischen von Kleber und Fugenmörtel von der Oberfläche der verlegten Fliesen verwendet.

Verlegen. In einer unteren Ecke beginnen und auf einer Fläche von ca. einem Quadratmeter Kleber verteilen. Mit Hilfe des gewöhnlich mitgelieferten Zahnspachtels den Kleber gleichmäßig verteilen. Immer in einer Ecke beginnen und die Fliesen mit leichter Drehbewegung in das Kleberbett eindrücken. Beim Verlegen von Fliesen mit geraden Kanten sind regelmäßige Fugen nur mit Abstandkreuzen zu erzielen. Diese werden entweder in die Fugen eingelegt und verbleiben dort, oder sie stehen hervor und werden nach ca. einer Stunde herausgezogen und anderweitig verwendet. In dieser Phase nur ganze Fliesen verlegen. Geschnittene Fliesen im Bereich von Hindernissen werden später eingebracht.

Schneiden von Randfliesen. Nach dem Fliesen des Hauptbereichs ca. 12 Stunden bis zur Abnahme der Latten warten. In den Randbereichen werden nun geschnittene Fliesen verlegt. Dazu die Flächen ausmessen und Raum für die Abstandskreuze zugeben. Die Bruch- oder Schnittlinie wird mit dem Fliesenschneider angerissen. Auf diese Fliesen wird der Kleber direkt mit dem Zahnspachtel aufgebracht. Die Fliesen ansetzen und Schnittkanten, soweit erforderlich, mit der Fliesenfeile bearbeiten.

Schneiden von komplizierten Formen. Um z. B. im Bereich von Rohren zu verlegen, wird die Fliese entlang der Mittellinie des Rohrs gebrochen. Sodann die Konturen des Rohrs an der Fliesenoberfläche anreißen und die Form mit dem Rundblatt aus Wolfram-Karbid im Rahmen einer normalen Metallsäge aussägen. Alternativ kann die Kontur des Rohrs auch in kleinen Stücken mit der Zange herausgearbeitet werden. Fliesen für die Einrahmung von Becken und Fensteröffnungen werden auf dieselbe Weise vorbereitet. Mitunter ist dabei die Arbeit mit der Säge sicherer, zumal wenn Ausschnitte dicht im Bereich der Fliesenkanten liegen.

Abschlußarbeiten. Sind die Fliesen verlegt und der Kleber durchgehärtet, so wird mit dem Fugengummi der wasserfeste Fugenmörtel aufgetragen. Unmittelbar vor Abbinden des Mörtels wird er mit einem schmalen Rundstab nochmals besonders in die Fugen gedrückt, und der überschüssige Fugenmörtel wird mit einem naßen Schwamm abgewaschen. Nach Trocknen des Fugenmörtels wird die Oberfläche abschließend poliert.

5 Zuschneiden von Fliesen
An der glasierten Seite anreißen und die Fliese sodann mit Hilfe eines Schneidwerkzeugs brechen. Schwierige Formen sägen.

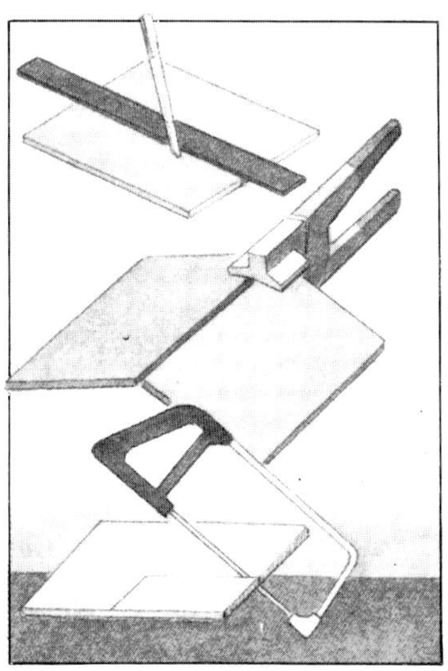

6 Verlegen im Bereich von Rohren
Das Loch auf der Fliese anreißen. Die Fliese entlang einer Mittellinie brechen. Ausschnitt sägen oder mit der Zange entfernen.

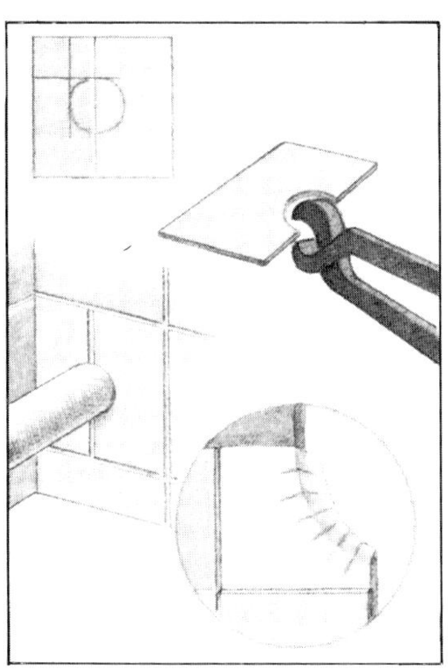

7 Verfugen von Fliesen
Mit dem Fugengummi den Fugenmörtel in die Fugen drücken. Fugen mit Rundstäben eventuell nacharbeiten.

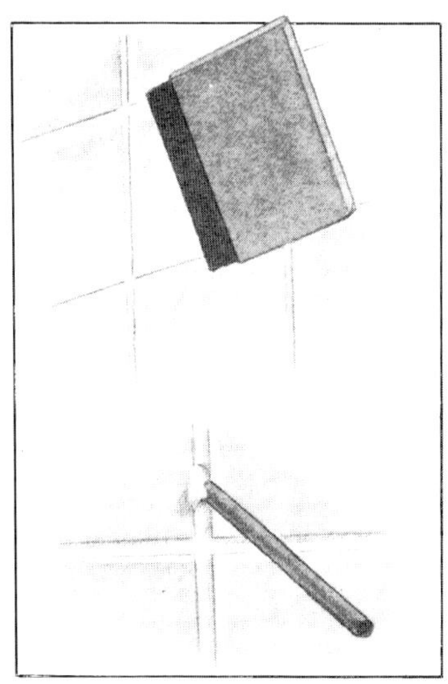

8 Bohren in Fliesen
Die zu bohrende Stelle mit Klebeband abdecken. Mit dem Steinbohrer sorgfältig arbeiten.

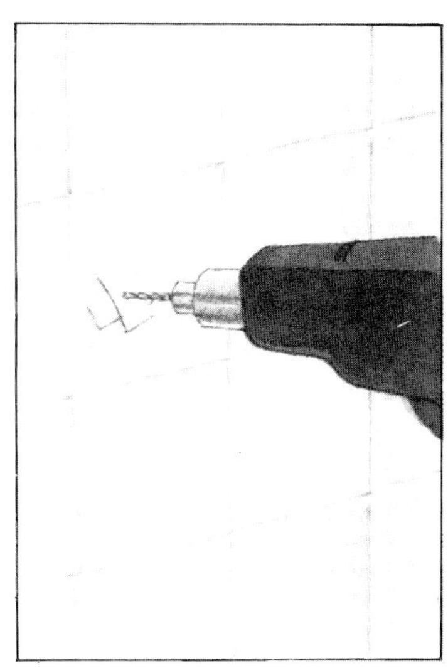

Werkbank und Werkzeugschrank

Werkbank und Werkzeugschrank sind wesentliche Bestandteile Ihrer Heimwerkerausstattung. Um die Arbeit so angenehm und effizient als möglich zu machen, brauchen Sie eine solide Arbeitsfläche und einen sicheren Aufbewahrungsort für Ihr Werkzeug.

Beginnen Sie mit der Werkbank: Anstatt einer klassischen Werkbankplatte können Sie genausogut eine sperrholzbeschichtete, feuerhemmende Tür mit Holzkern verwenden. Diese Lösung ist bei vergleichbarer Qualität billiger. Der Tischrahmen wird aus Kiefer gefertigt und beherbergt ein Sperrholzregal für großes Werkzeug. Ein Schraubstock für Holzarbeiten und ein verstellbarer Bankhaken komplettieren Ihre Werkbank.

Den dreiteiligen Werkzeugschrank befestigen Sie mittels Leisten an der Wand. Die beiden Außenflügel fungieren als Schranktüren. Sie können nach getaner Arbeit zugeklappt und abgeschlossen werden. Werkzeug wegzuschließen hat sich bei mir zu Hause bewährt, denn sonst pflegen meine Werkzeuge auf mysteriöse Weise zu verschwinden. Im Werkzeugschrank finden alle Werkzeuge, Anschlüsse, Nägel, ja das kleinste Schräubchen ihren Platz. Sie sind gut sichtbar, also auch auffindbar. Kaum etwas kostet mehr Nerven, als während der Arbeit fehlendes Werkzeug suchen zu müssen!

Zwei Arbeitslampen sorgen für gutes Licht; sie werden oben einfach mit entsprechenden Halterungen angeschraubt. Im Zwischenraum zwischen Wand und Schrank können die Kabel für die Steckdosen gut verlegt werden.

Mit etwas Klarlack verleihen Sie Ihrem Werk den letzten optischen Schliff. Genießen Sie Ihr Werk und machen Sie recht häufig davon Gebrauch.

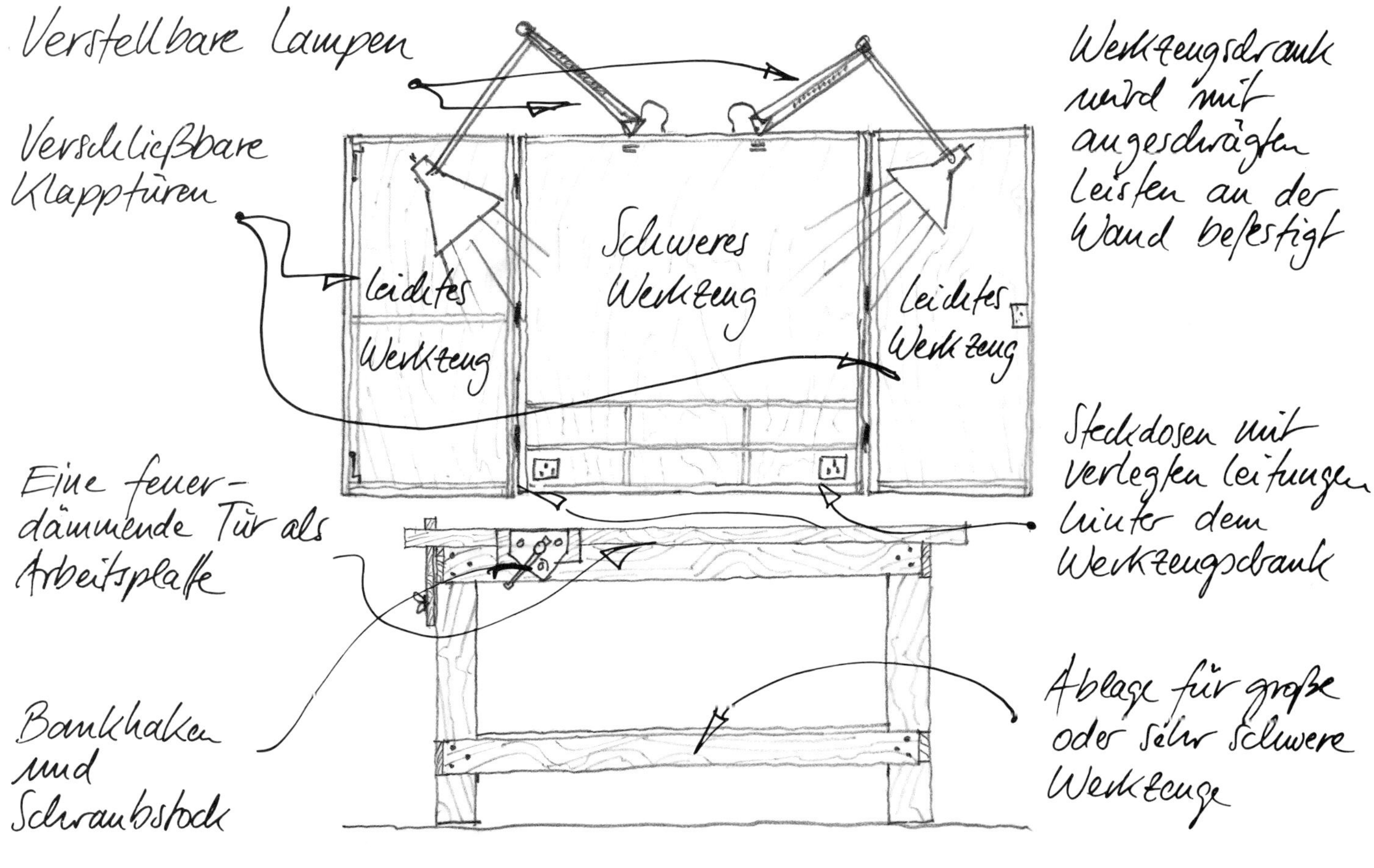

Werkbank

Die Grundlage für saubere Holzarbeiten ist eine stabile Werkbank, und bei der Herstellung Ihrer eigenen Werkbank sammeln Sie erste, wichtige Erfahrungen.

Im Interesse sauberer Ausführung und ausreichender Stabilität wird die obere und die untere Querverstrebung in die Beine der Werkbank eingelassen. Aus Gründen der Einfachheit und der Zeitersparnis ist es jedoch auch möglich, die Verstrebungen seitlich an den Beinen zu verschrauben und sie zusätzlich mit PVA-Leim zu verleimen.

Für die Arbeitsfläche der Werkbank ist eine feuerfeste, glatte Massivplatte aus Hartholz (1980 x 610 mm) zu verwenden. Diese sollte an den Enden der Rahmenkonstruktion um 100 mm, an der Rückfront um 12 mm und an der Vorderfront um mindestens 25 mm überstehen. Dieser Überstand ermöglicht das Festklemmen von Werkstücken mit Schraubzwingen. Die Gesamthöhe der Werkbank von 940 mm ist die ideale Arbeitshöhe für eine 1,80m große Person. Im Einzelfall kann natürlich eine Anpassung dieser Arbeitshöhe vorgenommen und die Länge der Beine dementsprechend geändert werden.

Die Länge der Querverstrebungen ist abhängig von der Größe der verwendeten Massivholzplatte (den erforderlichen Überstand berücksichtigen) sowie von der Art der Befestigung an den Tischbeinen (eingelassen oder außen aufgesetzt). Die Querverstrebungen an den Längsseiten werden zur Ausbildung von stabilen Verbindungen in diejenigen an den Stirnseiten eingelassen. Bei der Bauweise mit eingelassenen Verstrebungen ist zu beachten, daß die oberen Streben dicker sind als die unteren. Folglich sind die oberen Längsstreben kürzer als die unteren, und zwar um die Differenz in der Stärke der oberen und unteren Querverstrebungen.

Materialien

Teil	Stückzahl	Material	Länge
Beine	4	150 x 150 mm, vorgehobeltes Weichholz	902 mm
Obere Verstrebungen	2 lang; 2 kurz	133 x 32 mm, vorgehobeltes Weichholz	entsprechend Größe der Arbeitsplatte
Untere Verstrebungen	2 lang; 2 kurz	150 x 25 mm, vorgehobeltes Weichholz, für saubere Einpassung der oberen Verstrebungen auf 133 mm gesägt	entsprechend Größe der Arbeitsplatte
Arbeitsplatte	1	feuerfeste, glatte Massivplatte aus Hartholz	1980 x 610 mm
Auflageleisten	2	50 x 38 mm, vorgehobeltes Weichholz	Abstand Bein-Innenkanten
Ablage	1	12 mm Sperrholz	entsprechend Größe der Arbeitsplatte
Schraubstock	1		
Querstäbe	2	25 mm Dübelholz	entsprechend Tiefe der Werkbank

Anreißen der Beine für die Werkbank

Zum Anreißen der gewünschten Beinlänge wird die Schnittlinie mit Hilfe des Anschlagwinkels an allen vier Seiten angezeichnet. Nach dem Sägen die Beine nebeneinanderstellen und auf identische Länge prüfen.

Für eingelassene Verstrebungen die Aussparungen anreißen (Techniken, S. 22).

Anreißen der Aussparung für die obere Verstrebung

Eines der Querbretter für die Stirnseiten bündig an die Oberkante des Beins anlegen, um die Höhe der Aussparung anzuzeichnen. Den Anschlagwinkel an der Unterkante der Verstrebung anlegen und dann mit dem Schneidemesser an allen vier Seiten des Beins eine Linie anreißen (Techniken, S. 20).

Werkzeuge

- Zusammenklappbare, tragbare Werkbank mit Schraubstock
- Schneidemesser
- Stahllineal
- Anschlagwinkel
- Fuchsschwanz
- Rückensäge
- Stemmeisen, ca. 19 mm breit, mit Fase
- Stemmeisen, ca. 25 mm breit
- Holzhammer
- Hand- oder Elektrobohrmaschine
- Wendelbohrer
- Senkbohrer
- Streichmaß
- Gurtband (oder Seil und Holzverschnittstück für Rührkreuz)
- Kreuzschlitz- oder Schlitzschraubendreher (je nach Schraubenart)
- Glatthobel
- Schleifblock und Schleifpapier
- Oberfräse (alternativ zum Stemmeisen für Aussparungen bei Verstrebungen)
- Elektro-Stichsäge (oder Handstich- bzw. Bogensäge) für Aussparungen zur Schraubstockbefestigung
- Schraubenschlüssel (Schwellenschrauben zur Schraubstockbefestigung)
- Spitzbohrer (Aussparung für Bankhaken und Löcher für Querstäbe)
- Wendelbohrer (Löcher für Schloßschraube des Bankhakens)

1 Anreißen und Ausarbeiten der Aussparungen für die Querverstrebungen
Links: Aussparungen für obere und untere Verstrebung anreißen.
Mitte: Obere Aussparungen mit Rückensäge aussägen; untere Aussparungen mit Rückensäge und Stemmeisen ausarbeiten.
Rechts: Das fertige Tischbein.

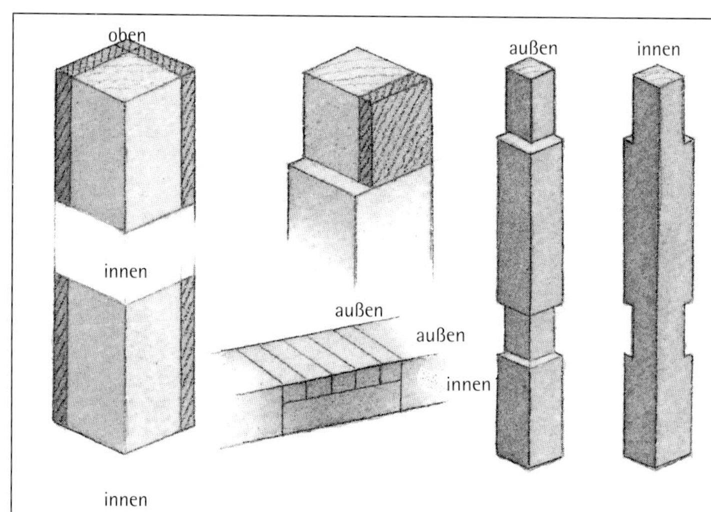

Montagezeichnung der Werkbank

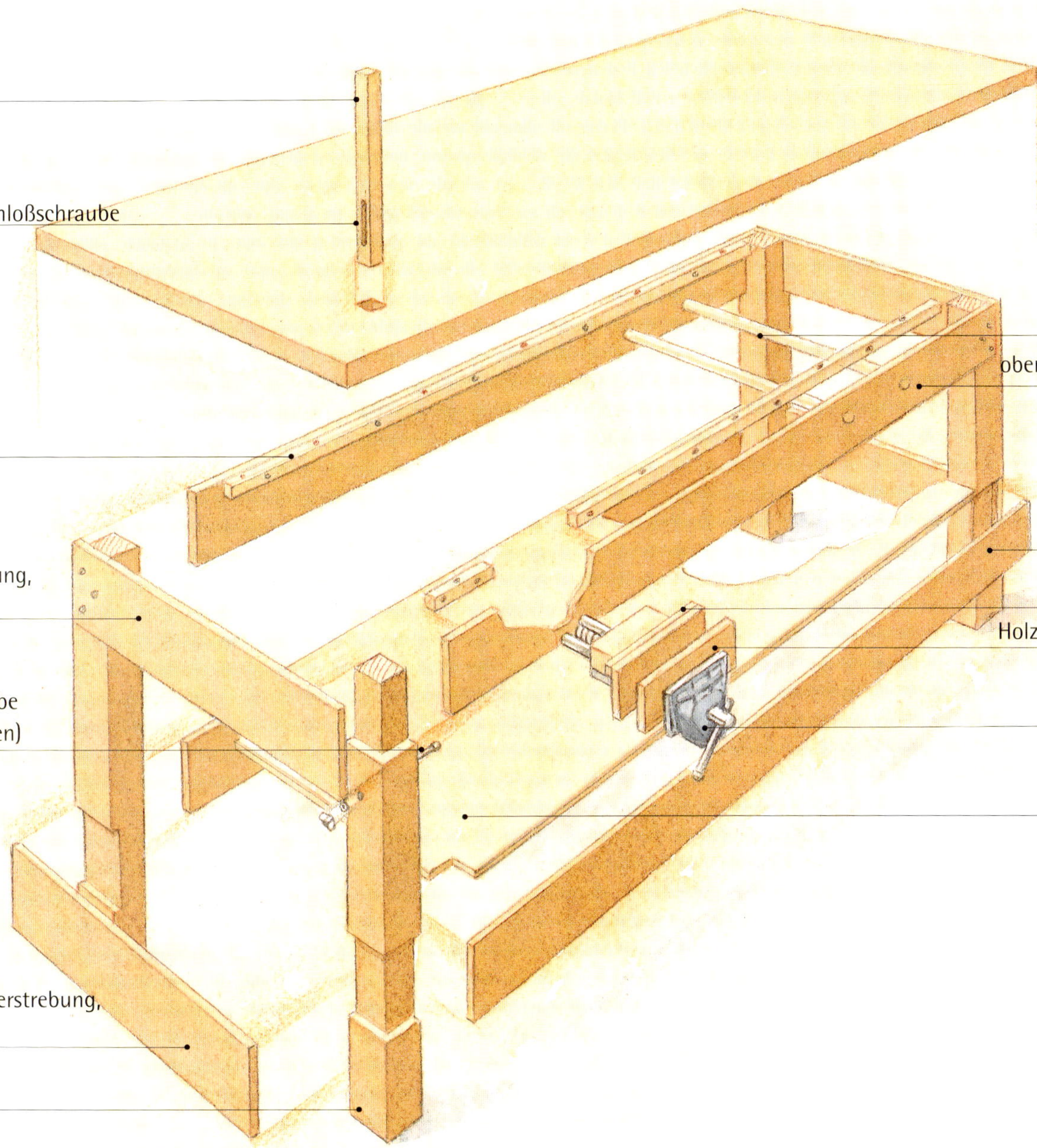

Werkbank

Mit dem Streichmaß an der oberen Stirnfläche sowie an Innen- und Außenseite des Tischbeins die Stärke der oberen Querverstrebung anreißen (s. Abb. 1, S. 40); mit den übrigen drei Beinen in derselben Weise verfahren.

Anreißen der Aussparung für die untere Verstrebung

Die Oberkante dieses Bretts wird in einer Höhe von 350 mm über dem Boden am Tischbein angezeichnet. Dann die Strebe an diese Markierung anlegen und den Anschlagwinkel an die Unterkante halten. Die Verstrebung wegnehmen und mit dem Schneidemesser die Unterkante am Tischbein anreißen. Die Strebe erneut anlegen, den Anschlagwinkel an die Oberkante halten und mit dem Schneidemesser die Oberkante anreißen. Diese etwas komplizierte Vorgehensweise garantiert eine exakte Plazierung der Querverstrebung. Die Markierungen sodann auf alle Seitenflächen übertragen.

Das Streichmaß auf die Stärke der unteren Verstrebung einstellen und dieses Maß an Innen- und der Außenseite der Tischbeine anreißen (s. Abb. 1, S. 40).

Schneiden der Aussparung für die obere Verstrebung

Das Tischbein auf einer tragbaren Werkbank, einer festen Tischfläche oder einem Stützbock festspannen und auf der abfallenden Seite mit der Rückensäge waagrechte Schnitte in der angezeichneten Tiefe ausführen. Dann an beiden Außenflächen mit der Rückensäge oder dem Fuchsschwanz die senkrechten Schnitte ausführen. Schließlich die Aussparung mit dem Stemmeisen sauber ausarbeiten. Alternativ hierzu kann die Aussparung auch mit der Oberfräse ausgearbeitet werden, wobei die Frästiefe auf die Dicke der Verstrebung einzustellen ist. Mit den übrigen drei Beinen in derselben Weise verfahren.

Sägen der Aussparung für die untere Verstrebung

An den Außenflächen eines Beines entlang der angerissenen Ober- und Unterkante der Verstrebung mit der Rückensäge mehrere waagrechte Schnitte (Abstand ca. 12 mm) in der angezeichneten Tiefe ausführen. Anschließend das Verschnittholz mit dem gefasten Stemmeisen und Holzhammer ausstemmen (Techniken, S. 22). Mit den übrigen drei Beinen in derselben Weise verfahren, bis die Oberflächen sauber und eben sind.

Zusammenbau der Stirnrahmen

Die Verstrebungen müssen stramm in den Aussparungen sitzen. Im Zweifelsfall werden die Aussparungen leicht unter Maß ausgearbeitet und dann die Verstrebungen mit dem Hobel auf Paßgenauigkeit abgetragen. Auf die Paßflächen Leim auftragen und die untere Verstrebung bündig an die Kanten des Beins drücken. Dann mit dem Wendel- und dem Senkbohrer durch die Verstrebung in das Tischbein bohren und die beiden Holzteile mit 50 mm-Schrauben (Nr.10, 3 Stück je Bein) verschrauben. Für die Befestigung der oberen Verstrebung ist in derselben Weise zu verfahren, wobei allerdings 65 mm Schrauben (Nr. 10) verwendet werden.

Für den Zusammenbau des zweiten Stirnrahmens gilt dieselbe Vorgehensweise. Zur Vereinfachung können die Querverstrebungen ohne Aussparung an den Seiten der Beine verschraubt und zusätzlich verleimt werden. Dabei ist jedoch darauf zu achten, daß die Rahmen genau rechtwinklig zusammengesetzt werden und die Querbretter an den Beinen um ihre eigene Stärke überstehen. Die Außenkanten der Querbretter sauber hobeln und abschrägen, Leimreste entfernen und alle Flächen mit Schleifpapier glätten.

Anbringen der Längsverstrebungen an den Stirnseiten

Die beiden Stirnrahmen senkrecht aufstellen, auf die Paßflächen Leim auftragen und die untere Längsverstrebung in die Aussparungen einfügen. Wichtig: Je strammer sie im Bein sitzt, umso stabiler der gesamte Unterbau der Werkbank. Daher wird vor dem Verschrauben ein Gurtband oder ein Rührkreuz an den Eckverbindungen um den Rahmen gelegt und fest angezogen. Bei Verwendung eines Seils ist an jeder Seite des Rahmens ein dünnes Stück Holz in das zur Schlinge gelegte Seil einzufädeln und mehrfach zu drehen; dadurch wird das Seil straff gespannt und die Rahmenkonstruktion fest zusammengefügt. Die oberen Verstrebungen in derselben Weise einfügen und mit einem Gurtband oder einem Rührkreuz festspannen.

Nun wie bei den Stirnrahmen an drei Stellen durch die Verstrebung in das Bein bohren und Schrauben eindrehen. Danach kann das Gurtband bzw. das Rührkreuz ab-

1 Zusammenbau des Stirnrahmens
Die Beine auf eine ebene Fläche legen und prüfen, ob die untere Verstrebung sauber in den Aussparungen sitzt. Verstrebung anleimen und verschrauben. Mit oberer Verstrebung in derselben Weise verfahren und Vorgang für anderen Stirnrahmen wiederholen.

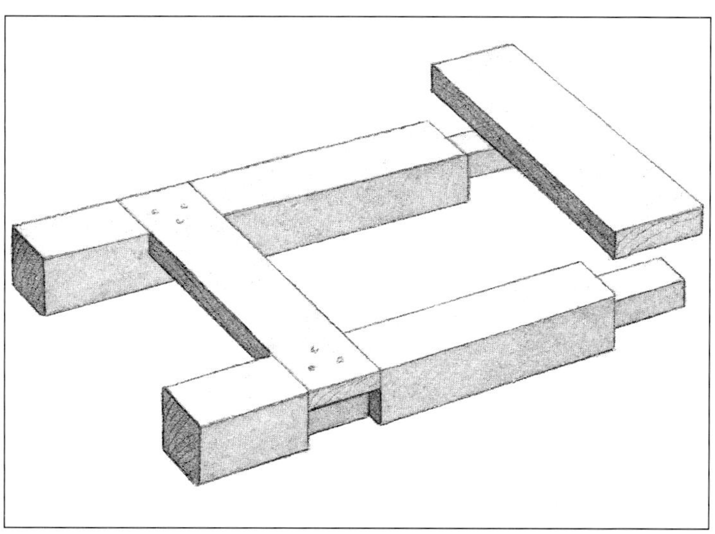

2 Anbringen der Längsverstrebungen und der Auflagelatten
Zunächst die unteren und anschließend die oberen Längsverstrebungen anleimen und verschrauben. Dabei den Rahmen mit einem Rührkreuz fest zusammenspannen. Kleine Abbildung: Eckdetail.

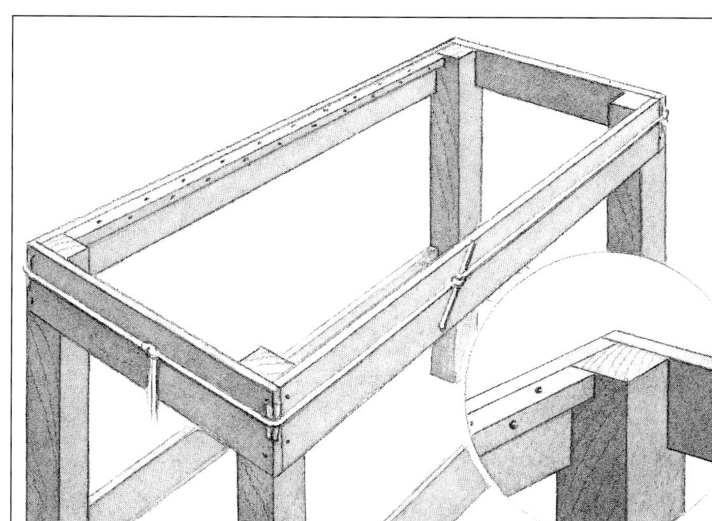

genommen werden. Die Ober- und Unterkanten der unteren Verstrebungen und die Unterkanten der oberen Verstrebungen säubern und abschrägen. Schließlich den Rahmen abschleifen und die Oberkanten des Rahmens und der oberen Verstrebungen bündig hobeln.

Zwei vorgehobelte Latten (50 x 38 mm) auf die Seitenlänge des Rahmens (Abstand zwischen den Innenkanten der Tischbeine) sägen. Mit dem Wendelbohrer und dem Senkbohrer in zwei benachbarte Seiten der Latten Löcher für die Befestigung an der Verstrebung und an der Arbeitsplatte bohren (bei der hier beschriebenen Ausführung wurden fünf Löcher in die Seite und sechs Löcher in die Oberkante gebohrt). Die beste Seite des Rahmens wird die Frontseite. Dann eine der Latten an der Rückseite des Rahmens innen an der oberen Verstrebung mit der Oberkante bündig festklemmen und durch die seitlichen Löcher mit der Strebe verschrauben. Die vordere Latte wird erst nach Anbringung des Schraubstocks angeschraubt.

Montieren des Schraubstocks

Der zu montierende Schraubstock muß in die obere Querverstrebung eingepaßt werden. Die Auswahl an Schraubstöcken für Holzarbeiten ist recht groß; alle haben eine große Spannweite und werden an der Unterseite der Arbeitsplatte befestigt. Die exakte Position befindet sich dicht an der Vorderkante und nahe bei einem Bein und der obere Rand der Backen (nach Anbringung der Zulagen – siehe unten) bildet mit der Arbeitsplatte eine bündige Ebene. Einige kleinere Schraubstöcke werden einfach mit Schraubzwingen an der Unterseite der Arbeitsplatte festgespannt, geeigneter sind jedoch anzuschraubende Ausführungen. Die viereckige Auflagefläche ermöglicht die einfache Montage an der Arbeitsplatte.

Generell empfiehlt sich die Verwendung des größtmöglichen Schraubstocks; die maximalen Spannweiten liegen je nach Modell zwischen 115 mm und 380 mm, ideal sind 330 mm. Größere Schraubstöcke verfügen oft über einen praktischen Schnellverschluß, bei dem der Backen ohne Betätigung der Spindel bewegt werden kann. Beim Kauf eines Schraubstocks ist darauf zu achten, daß beide Backen mit Löchern für die Befestigung der Sperrholzzulagen versehen sind, mit denen Werkstück, Schraubstock und Werkzeuge geschützt werden.

Die Befestigung des Schraubstocks ist in Abbildung 3 gezeigt. Zur Erinnerung: Die Oberkante der Stahlbacken muß leicht unterhalb der Arbeitsfläche liegen (ca. 12 mm), so daß darauf noch die Zulage zur Auskleidung des Backens montiert werden kann.

Sägen der Aussparung für den Schraubstock

Zunächst ist eine Schablone des Schraubstocks anzufertigen. Den Schraubstock auf die Rückseite legen und dabei das Unterlegholz gegen die Unterseite halten. Mit einem Bleistift die Konturen des Schraubstocks auf einem Stück Papier oder Karton nachzeichnen. Die Linien können zur leichteren Ausführung des Schnitts im Querholz nur als grobe Konturen gezeichnet werden. Die Schablone ausschneiden, etwa 300 mm vom linken Eck (für Linkshänder vom rechten Eck) des Rahmens gegen die obere Seitenverstrebung halten und die Umrisse der Schablone auf die Strebe übertragen.

Schließlich ist die Arbeitsplatte abzunehmen und die an der Verstrebung angezeichnete Aussparung mit der Elektro- oder Handstichsäge oder der Bogensäge auszusägen.

Die vordere Auflagelatte an der oberen, vorderen Verstrebung festklemmen und verschrauben. Auch an dieser Auflageleiste ist die Aussparung für den Schraubstock mit der Handstich- oder der Bogensäge auszusägen. Leim auf die Auflageflächen des Rahmens auftragen, die Arbeitsplatte auflegen und mit den Auflagelatten verschrauben.

Den Schraubstock mitsamt dem Unterlegholz in die Aussparung schieben und durch die vorgebohrten Befestigungslöcher der Auflagefläche und das Unterlegholz in die Arbeitsplatte vorbohren. Den Schraubstock mit Schwellenschrauben und Unterlegscheiben befestigen.

Holzzulagen für die Backen

Aus 12 mm Sperrholz zwei Stücke aussägen, die etwas länger als die Backen des Schraubstocks sind. Die Breite dieser Sperrholzstücke sollte dem Abstand zwischen der Arbeitsoberfläche und der Gleitschiene des Schraubstocks entsprechen.

Ein Verschnittstück aus Hartholz zuschneiden, das in der Stärke dem Abstand zwischen der Oberkante der Stahlbacken und der Arbeitsoberfläche entspricht und dieselbe Länge wie die Holzzulagen aufweist. Dieses Stück an der Vorderkante der Arbeitsbank bündig mit der Arbeitsplatte anleimen, so daß es auf dem Schraubstock aufliegt.

Holzzulage am festen Backen anbringen

Die Löcher in der Vorderfläche des Backens auf beide Holzzulagestücke übertragen. Mit dem Wendel- und dem Senkbohrer Löcher in die Zulagen bohren und eine der Zulagen durch diese Löcher und die Löcher im festen Stahlbacken mit der Werkbank verschrauben.

Holzzulage am beweglichen Backen anbringen

Den Schraubstock mit eingelegter Holzzulage für den beweglichen Backen schließen und Schrauben durch die Löcher des beweglichen Backens in die Zulage eindrehen.

3 Befestigen des Schraubstocks
Die Dicke des Unterlegholzes entspricht der Höhe des Schraubstocks minus Stärke der Arbeitsplatte minus Stärke der aufgeleimten Holzlatte (12 mm).

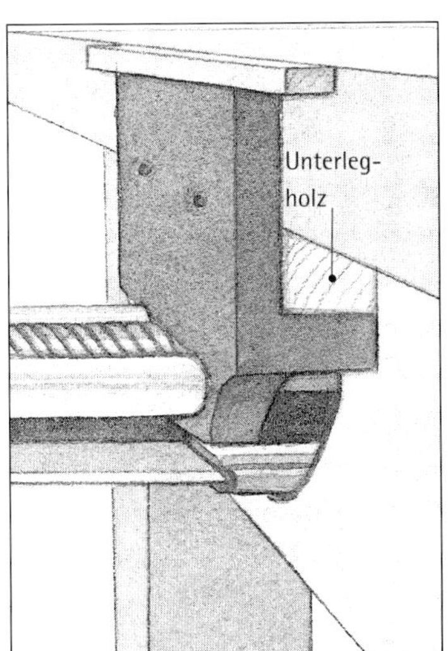

4 Anbringen der Holzzulagen
Holzzulagen für Backen (aus 12 mm-Sperrholz) schließen bündig mit Arbeitsoberfläche ab. Holzzulage an festem Backen mit Werkbank verschrauben. Holzzulage an beweglichem Backen durch Löcher in Backenplatte festschrauben.

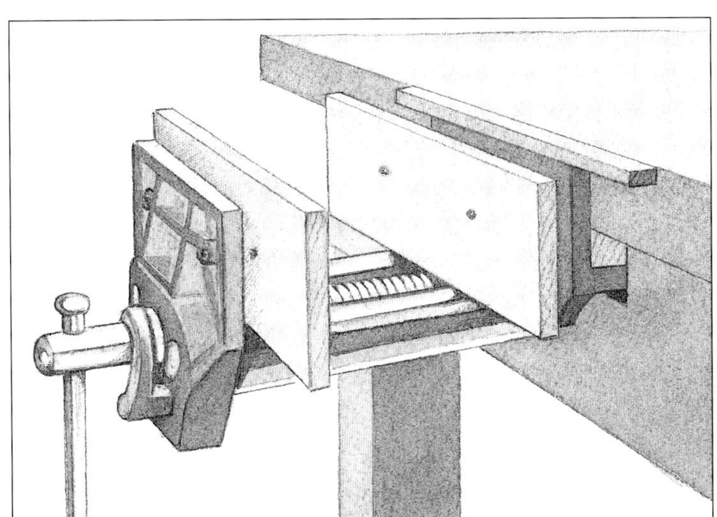

Werkbank

Der Bankhaken

Ein in der Arbeitsplatte versenkbarer Bankhaken ist sehr praktisch und wird z.B. beim Hobeln oder bei der Arbeit mit dem Stemmeisen als Anschlag verwendet, um größere Werkstücke zu fixieren.

Der Bankhaken verläuft entlang der Kante des Tischbeins, an dessen Ecke sich auch der Schraubstock befindet. Zur genauen Ermittlung der Montageposition werden die Außenkanten des Tischbeins mit Hilfe des Anschlagwinkels und eines Bleistifts an der Unterseite der Arbeitsplatte verlängert und entlang der Seitenkante der Arbeitsplatte auf die Arbeitsfläche übertragen. Die Korrektheit der angezeichneten Stelle läßt sich durch Messen ab der Vorderkante der Arbeitsplatte überprüfen.

Nun eine Latte aus Hartholz (25 x 38 mm) auf eine Länge von 250-300 mm schneiden. Das Profil der aufgesetzten Latte, wie in der Abbildung dargestellt, so an die Bleistiftmarkierungen auf der Platte anzeichnen, daß das zu sägende Loch entlang der seitlichen Außenkante des Tischbeins verläuft. Die Markierungen mit dem Schneidemesser anreißen.

Mit dem Spitzbohrer durch die Arbeitsplatte bohren (die Bohrergröße sollte annähernd der Größe der Aussparung entsprechen). Eine Verschnittstück an der Unterseite der Arbeitsplatte festklemmen, damit anschließend die Aussparung ohne Ausreißen sauber von oben mit dem Stemmeisen ausgearbeitet werden kann. Dabei immer leicht innerhalb der angezeichneten Markierungen arbeiten und die senkrechte Ausrichtung der Aussparung mehrmals mit dem Anschlagwinkel prüfen. Die Latte aus Hartholz muß in der Aussparung auf- und abbewegt werden können, sollte aber einen strammen Sitz haben.

Befestigen des Bankhakens

In dem hier beschriebenen Projekt wurde eine 150 mm lange Schloßschraube (Durchmesser 9,5 mm) mit Unterlegscheibe und Flügelmutter verwendet. Die Position der Schraube am Tischbein (unterhalb der oberen Verstrebung) anzeichnen. Den Bankhaken bündig mit der Arbeitsplatte versenken und die Markierung für die Schraube auf den Bankhaken übertragen – dieser Punkt markiert das obere Ende des Schlitzes. Den Bankhaken in die maximal erforderliche Stellung nach oben schieben (ca. 75-100 mm) und die Position der Schraube am Bankhaken anzeichnen – dieser Punkt markiert das untere Ende des Schlitzes.

Den Bankhaken herausnehmen und die Mittellinie des Schlitzes genau zentriert auf den Haken aufzeichnen. Nun werden entlang dieser Linie mehrere Löcher mit einem Durchmesser von 9,5 mm gebohrt (dabei ein Unterlegholz verwenden). Den Schlitz mit dem Stemmeisen ausarbeiten, so daß die Schraube frei im Schlitz verschiebbar ist. Alternativ hierzu kann der Schlitz auch mit der Oberfräse ausgearbeitet werden.

Zunächst ist sicherzustellen, daß die bereits am Bein angezeichnete Position der Schloßschraube genau in der Mitte des Bankhakens liegt, damit die Schraube exakt in den Schlitz paßt. Dann an dieser Stelle mit einem 9,5 mm Bohrer in das Tischbein bohren. Den Bankhaken in der Aussparung nach unten führen und die Schloßschraube von der Innenseite des Tischbeins her durch den Schlitz schieben. Schließlich Unterlegscheibe und Flügelmutter auf die Schloßschraube aufsetzen.

Einpassen der Ablage

Die Außenmaße des Grundrahmens abmessen und eine 12 mm Sperrholzplatte auf diese Größe zuschneiden. An den Ecken des Ablagebretts mit der Elektrostichsäge oder dem Fuchsschwanz Aussparungen für die Tischbeine ausschneiden. Die oberen Kanten des Ablagebretts säubern und abschrägen und die Ablage auf die unteren Verstrebungen legen.

Befestigen der Querstäbe

Die Querstäbe werden am freien, d.h. nicht mit dem Schraubstock belegten Ende der Werkbank zwischen den längsseitigen, oberen Verstrebungen eingepaßt und sind besonders geeignet zum Aufhängen von Werkzeugen wie z.B. Schraubzwingen, Kehrschaufel und -besen und Farbtöpfe.

Aus einer Dübelstange (25 mm) zwei Stücke entsprechend der Tiefe des Grundrahmens plus einer kleinen Zugabe für späteres Abhobeln sägen. Die Befestigungspunkte in der Mitte der oberen Verstrebungen ca. 300 mm und 600 mm vom Rahmenende entfernt anzeichnen.

Mit einem Spitzbohrer (25 mm Durchmesser) an den angezeichneten Stellen durch die Verstrebungen bohren. An den Enden der Dübelstangen PVA-Leim auftragen und die Stangen durch die Löcher schieben (falls erforderlich mit dem Hammer eintreiben). Die überstehenden Enden mit den Verstrebungen bündig hobeln.

1 Befestigen des Bankhakens
Mit einer Reihe von Bohrlöchern wird ein Schlitz hergestellt. Auf die gleiche Art wird die Öffnung hergestellt.

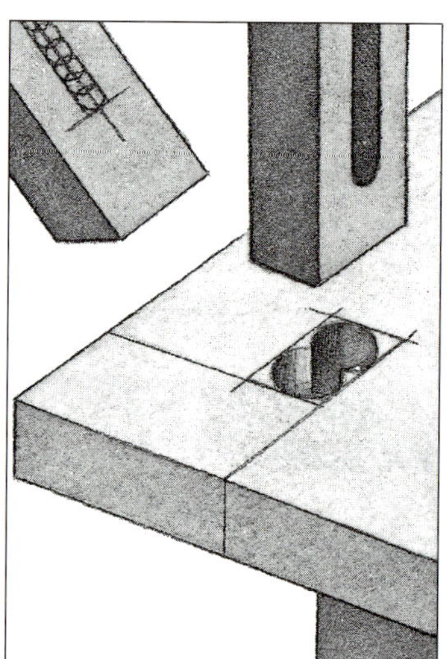

Werkzeugschrank

Sehr wichtig für Sie ist die sichere Aufbewahrung der Werkzeuge, die jedoch andererseits bei Bedarf schnell zur Hand sein sollten. Fachmännisch aufbewahrte Werkzeuge bleiben scharf und rostfrei und sind ohne langes Suchen greifbar.

Der hier beschriebene Werkzeugschrank ist der ideale Aufbewahrungsort für Werkzeuge; er wird an der Wand der Garage oder des Hobbyraums aufgehängt, je nachdem, wo die Heimwerkerarbeiten normalerweise ausgeführt werden. Während der Arbeit sind beide Türen wie zwei Flügel aufgeklappt und liegen an der Wand an, so daß alle Werkzeuge schnell greifbar sind. Beim Zusammenbau des Werkzeugschranks sollten der im Einzelfall gegebene Platzbedarf ebenso berücksichtigt werden wie neue, noch anzuschaffende Werkzeuge.

Am Mittelteil sind Steckdosen für Elektrowerkzeuge vorgesehen, und die Arbeitsfläche wird mit Hilfe von verstellbaren Arbeitslampen optimal ausgeleuchtet. Solange der Werkzeugschrank nicht in Gebrauch ist, werden die Arbeitslampen nach oben an die Wand geschoben und die Türen geschlossen. Mit Hilfe von abgeschrägten Latten ist der Werkzeugschrank fest an der Wand verschraubt; die Türen sind mit Schlössern versehen, damit Kinder sich nicht verletzen können.

Das Mittelteil

Die Rückwand mit den Maßen 1220 x 1220 mm wird aus einer ganzen Sperrholzplatte (2440 x 1220 x 12 mm) gesägt. Hierfür die Kreissäge oder den Fuchsschwanz verwenden und zur Sicherung eine gerade Latte als Führung auf der Platte befestigen (Techniken, Seite 21).

Die genaue Kantenlänge der Rückwand nochmals ausmessen und aus einem 25 mm starken Holzbrett die beiden Seitenbretter auf diese Länge und eine Breite von 100 mm zuschneiden. Diese Seitenbretter werden mit den Kanten auf die Rückwand aufgeleimt und von hinten mit 25 mm Schrauben (Nr. 8) verschraubt.

Zwei weitere Bretter (1220 x 100 x 25 mm) bilden den Boden und den Deckel des Werkzeugschranks. Die Bretter an die Rückwand halten und das Maß zwischen den Seitenwänden anzeichnen. Die Bretter für Boden und Deckel gerade absägen und wie die Seitenflächen an die Rückwand anleimen und verschrauben. Dann werden die Seitenbretter mit je zwei 50 mm Schrauben (Nr. 8) mit dem Boden- und dem Deckelbrett verschraubt. Schließlich Leimreste entfernen, hervorstehende Kanten gegebenenfalls abhobeln und mit Schleifpapier glätten.

Die Seitenflügel

Die Türblätter von 610 x 1220 mm werden durch Halbieren der nach Herstellung der Rückwand verbliebenen Sperrholzplatte von 1220 x 1220 mm hergestellt. Zwei Bretter (75 x 25 mm) auf Länge zurechtsägen und wie beim Mittelteil als Seitenwangen an der Frontplatte anleimen und verschrauben. Auch die Boden- und Deckelbretter der Türflügel (75 x 25 mm) werden auf Länge gesägt und mit den Türblättern verleimt. Die Verschraubung erfolgt dabei von vorne durch die Türblätter. Seitenwangen und Boden bzw. Deckel werden mit Schrauben an den Eckverbindungen verschraubt.

Einteilen des Schrankinneren

Die Inneneinrichtung des Werkzeugschranks ist an Ihren jeweiligen Bedürfnissen auszurichten. Aus Sicherheitsgründen sind allerdings schwere Werkzeuge und Geräte im Mittelteil unterzubringen, während leichtere Werkzeuge und Teile ihren Platz in den Seitenflügeln haben.

Ein weiterer Sicherheitshinweis betrifft die elektrischen Steckdosen. Wenn Sie diese wie hier beschrieben setzen, so befinden sie sich in einer bequemen Arbeitshöhe, und die Zuleitungen verlaufen in dem durch die abgeschrägten Befestigungslatten geschaffenen Freiraum zwischen Werkzeugschrank und Wand. Dabei ist es sehr wichtig, den Schrank fest anzuschrauben und den Verlauf der Leitungen zu notieren, da möglicherweise später zum Aufhängen von Werkzeugen Löcher in die Rückwand gebohrt werden müssen. Dieselbe Vorsicht ist auch bei den Kabeln für die an der Schrankoberkante befestigten Arbeitslampen geboten.

Materialien

Teil	Stückzahl	Material	Länge*
Seitenwände	2	100 x 25 mm, vorgehobeltes Holz	1220 mm
Boden und Deckel	2	100 x 25 mm, vorgehobeltes Holz	1220 mm
Fachböden	3	100 x 25 mm, vorgehobeltes Holz	1220 mm
Befestigungslatten	2	100 x 25 mm, vorgehobeltes Holz	1220 mm
Unterteilungen	4	100 x 25 mm, vorgehobeltes Holz	100 mm
Seitenwangen (Türen)	4	75 x 25 mm, vorgehobeltes Holz	1220 mm
Boden und Deckel (Türen)	4	75 x 25 mm, vorgehobeltes Holz	610 mm
Leiste für Schrauben	1	75 x 25 mm, vorgehobeltes Holz	1220 mm
Schlitzleisten	2	75 x 25 mm, vorgehobeltes Holz	610 mm
Kantenleiste	3	12 x 12 mm, vorgehobeltes Holz	1220 mm
Schlitzleiste für Stemmeisen	1	50 x 50 mm, vorgehobeltes Holz	1220 mm
Aus einer Sperrholzplatte 2440 x 1220 x 12 mm:			
Rückwand	1		1220 x 1220 mm
Türblätter	2		610 x 1220 mm
Außerdem: Kant- und Sperrholzklötze für Werkzeugbefestigungen			

* Nur ungefähre Länge

Werkzeuge

- Stahllineal
- Schneidemesser
- Anschlagwinkel
- Kreissäge (oder Fuchsschwanz oder Elektro-Stichsäge)
- Zwei Schraubzwingen
- Kreuzschlitz- oder Schlitzschraubendreher (je nach Schraubenart)
- Putzhobel
- Schleifblock und Schleifpapier
- Elektro- oder Handbohrmaschine
- Wendelbohrer
- Mauerbohrer
- Spitzbohrer
- Senkbohrer
- Bogen- oder Elektro-Stichsäge, für Holzklötze
- Rückensäge

Teil 2

Küche und Eßzimmer

Die Küche ist das Herzstück eines Hauses. An einer selbst gestalteten und gebauten Küche werden Sie mehr Freude haben als an jeder Einbauküche. Ihre Ansprüche an Funktionalität und Design werden zum Maßstab der Dinge.

Lassen Sie sich genug Zeit für die Planungsphase, übereilen Sie nichts. Alle Alternativen wollen bedacht sein, bis Sie sicher sein können, das gefunden zu haben, was die Küche Ihrer Träume ausmacht. Auf den folgenden Seiten stellen wir verschiedene Konzepte zum Thema Küche und Eßzimmer vor, sozusagen um Ihnen Appetit zu machen. Dann folgen genaue Bauanleitungen für eine komplette Küche, eine überaus praktische Waschküche, aber auch für nützliche und originelle Kleinigkeiten wie ein Tellerbord oder Küchenregal. Fehlt es Ihnen noch an Praxis im DIY oder an Selbstvertrauen, dann wagen Sie sich doch zunächst an einen überschaubaren Entwurf.

Ob sie sich eine total neue Küche gönnen, grundlegende Verbesserungen an Ihrer alten Küche vornehmen oder nur einige Details wie einen Messerhalter hinzufügen wollen – Sie werden in jedem Fall eine individuelle Wirkung erzielen.

magimix

Funktion und Design

Am Anfang jeder erfolgreichen DIY-Tätigkeit steht die Planung. Je genauer Sie planen, umso reibungsloser wird Ihre spätere Arbeit vonstatten gehen.

Bei einer grundlegenden Umgestaltung Ihrer Küche beginnen die Schwierigkeiten, wenn Sie Herd, Kühlschrank oder Spüle verrücken. Leitungen und Anschlüsse müssen nicht nur fachmännisch verlegt werden, sondern auch alle geltenden rechtlichen Auflagen wollen beachtet werden. Schalten Sie einen Fachmann ein, wenn praktische oder rechtliche Fragen unklar sind.

Bedenken Sie die Überraschungen beim Verschieben solcher Einheiten: abrupt endende Fußbodenbeläge, fehlende Fliesen oder ausgesparter Putz.

Planen Sie Ihr Finanzbudget – inklusive professioneller Hilfeleistungen – genau durch, sonst geht Ihnen womöglich auf halbem Wege das Geld aus.

Wenn Sie mit Ihrer Kücheneinrichtung zufrieden sind, lediglich den Stil nicht mehr sehen können, verändern Sie mit neuen Arbeitsoberflächen und Schranktüren das Aussehen. Details wie ein schönes Küchenregal können schon die Wirkung Ihrer Küche verändern. Sehr dekorativ wirkt auch eine einfache Metallstange, an die Sie alle Utensilien vom Quirl bis zur Pfanne aufhängen können. So wird Ihre Küche nicht nur attraktiver, sondern auch immer mehr zu einem Raum, in dem es sich kochen läßt.

Planungsphase: Eine Küche, wie die hier abgebildete aus Naturholz, komplett zu bauen, erfordert genaue Planung. Beim Verschieben oder Einfügen einzelner Einheiten können Probleme mit Zuleitungen und Anschlüssen entstehen, die von einem Fachmann gelöst werden müssen, was die Kosten erhöht. Arbeitszeit, Aufwand, praktisches Können und Kosten müssen Sie beachten, um spätere Verzögerungen und Störungen im Arbeitsablauf zu vermeiden.

Auch kleinere Entwürfe zeitigen große Wirkung. Am einfachsten ist die Installation einer Edelstahlstange in Griffhöhe (Abb. s. S. 49). Töpfe, Siebe – alles Aufhangbare kann mit Fleischerhaken auf die Stange gereiht werden. Die Stange kann an der Wand befestigt werden oder von der Decke herabhängen.

Lassen Sie sich Zeit, um über Ihre Vorstellungen Klarheit zu gewinnen. Berechnen Sie ihr Budget und erstellen Sie einen Arbeitsplan. Möglicherweise haben Sie ja gar nicht soviel Zeit oder Geld, um alle Ideen sofort umzusetzen. Dann setzen Sie eben Prioritäten. In Ihrem Budget darf ein Posten für Materialkosten und fachmännische Hilfe – die ja vielleicht doch nötig wird – nicht fehlen. Rechnen Sie dafür auf Ihre Gesamtschätzung nochmals 10% Aufschlag.

Schließlich bleibt ein ganz praktischer Aspekt abzuwägen: Inwieweit wird die Küche während Ihrer Arbeit nutzbar sein? Wo könnte alternativ gekocht werden? Bereiten Sie ihre Familie schonend auf den Reiz improvisierten Speisens vor. In der Zeit des Umbaus muß stete Sicherheit auf der Baustelle, vor allem für die Kinder, gewährleistet sein.

Überfordern Sie sich nicht, schließlich soll die Arbeit ja Freude bereiten und nicht zum Streßfaktor werden. Achten Sie darauf, daß Sie für die einzelnen Arbeitsschritte alle notwendigen Materialien besorgt haben, bevor Sie beginnen; und daß Sie das für die Arbeit richtige Werkzeug besitzen. Abschlußarbeiten, Detailaufgaben und Verzierungen können länger dauern, als Ihnen vielleicht lieb ist. Nichtsdestoweniger sind sie für das Gesamtbild wichtig.

Form und Funktion: Beide Aspekte sind bei der Planung Ihrer neuen Küche zu beachten. Die Schönheit der abgebildeten Küche beruht auf der Qualität der verwendeten Materialien – Holz, mosaikartige Fliesen, Marmor – kombiniert mit der schlichten Eleganz des Designs. Schön und funktional, weil es mit absoluter Präzision und einer großen Liebe zum Detail hergestellt wurde. Nichts hemmt die klare Linienführung der Regale, kein überflüssiger Schnörkel lenkt von dem reduzierten Stil ab, und nichts steht nur zur Dekoration da, sofern es so schön wie die Küche selbst ist.

Materialeffekte

Mit den Materialien, die Sie für Ihre Küche aussuchen, bestimmen Sie die Raumwirkung. Momentan gibt es zwei Trends, Küchen einzurichten.

In den letzten Jahren haben professionelle Restaurant-, Hotel- und Großküchen stilbildend auf die Familienküche gewirkt.

Die heimische Küche mit professionellem Anspruch gibt sich stromlinienförmig. Ihre hochtechnische Atmosphäre betont die Aspekte Hygiene und Effizienz. Tatsächlich ist sie leicht zu reinigen und unverwüstlich. Solch eine Küche gemütlich einzurichten oder gar in einen Wohnraum zu integrieren, ist ein äußerst schwieriges Unterfangen. Daher empfiehlt sich dieser Stil eher für einen abgeschlossenen Küchenbereich – für ein ernstes „Küchenzentrum", wo verspielte Ideen nur stören würden. Damit soll nicht gesagt sein, eine professionelle Einrichtung verwandle Ihre Küche zwangsläufig in ein seelenloses Chemielabor oder eine Fertigungshalle industriellen Typs. Die Vorteile einer Profiküche liegen im hohen Benutzerkomfort, den widerstandsfähigen Materialien, dem Dekor ohne jeden Schnickschnack. Küchenwände können bis zur Decke mit weißen, zur Auflockerung auch farbigen Fliesen gefliest werden.

Für die Arbeitsflächen ist Edelstahl die beste Lösung. Edelstahl ist leicht zu reinigen, also hygienisch. Er wirkt mondän, selbst wenn sein erster Glanz durch zwangsläufig auftretende Kratzer und Schrammen an Strahlkraft verliert. Statt seiner können Arbeitsflächen aus laminierten Holzplatten, aber auch aus Fliesen, Marmor, Granit oder Kunststoff verwendet werden.

Professioneller Glanz: Schauen Sie sich Profi-Küchen ruhig an, um sich Anregungen für die Auswahl Ihrer Küchenmaterialien zu holen. Die Abbildung oben rechts zeigt einen großen, luxuriös ausgestatteten Raum für wahre Kochbegeisterte. Eine riesige Abzugshaube, Doppelschwingtüren und ein offener Holzkohlegrill perfektionieren das Kochparadies. Die Materialien sind funktional, unempfindlich, ihre Kombination ist reizvoll. Heimelig wirkt diese Küche allerdings nicht unbedingt.

Das Foto oben links zeigt, daß diese Materialien auch auf kleinem Raum ähnliche Wirkung zeigen: Edelstahl, Marmorfußboden und weißgeflieste Wände verbreiten die Atmosphäre kühlen Könnens.

Heutzutage erfährt die Küche als zentraler Gemeinschaftsraum wieder mehr Aufmerksamkeit. Verstärkt werden Eß- und Wohnbereiche integriert.

In diesem Kontext machen sich natürliche Materialien besonders gut. Sie wirken gleichermaßen elegant und einladend, was die allgemeine Beliebtheit ländlich-rustikal eingerichteter Küchen belegt. Holz, Stein, Terrazzo, Granit und Schiefer sind relativ unempfindlich gegen die unvermeidlichen Stöße, Kratzer und Schmutzspuren. Sie altern mit Würde, im Gegensatz zu synthetischen Materialien, die mit der Zeit unansehnlich werden. Zwar trägt Ihnen Marmor Öl- und Alkoholflecken ewig nach, aber die Gebrauchspatina steht ihm gut. Bei einem verkratzten alten Kunststoff hingegen mag nur ein Euphemist von Patina sprechen. Angeschlagenes, mit Schnitten übersätes Holz ist immer noch ansehnlicher als alter Kunststoff, der aufbricht, Schuppen wirft und sich ablöst. Besonders langlebig sind Arbeitsflächen aus Harthölzern wie Buche oder Ahorn. Natürlich haben synthetische Materialien unbestreitbare Vorteile, zum Beispiel ihren günstigen Preis und ihre Verarbeitungsqualitäten. Eine weitere Möglichkeit sind geflieste oder glasemaillierte Oberflächen. Sie sind lange haltbar und selbst nach häufigem Gebrauch noch ansehnlich.

Die meisten von uns dürften bereits kunstoffbeschichtete Arbeitsflächen in den Küchen haben. Man kann ihre Wirkung aufwerten, indem man sie mit einem alten Holztisch oder einem verwitterten Metzgerhack-Klotz kombiniert. Der Reiz liegt dabei im Kontrast von neuem und altem, von synthetischem und natürlichem Material.

Oberflächen-Kombination: Der Glanz des Edelstahls in der Küche oben links wird durch die Kochutensilien aus Edelstahl gesteigert, die an einer Stange aufgereiht hängen. Das wohlüberlegte Zusammenspiel von zurückhaltender Farbigkeit und klarem Design macht den Reiz des Raumes aus.

Ebenfalls bis ins kleinste durchdacht ist die Küche rechts oben, bei der verschiedene Materialien verwendet wurden. Einfache, weiß bemalte Ziegelsteine trennen verschiedene Kücheneinheiten voneinander ab. Die Arbeitsflächen sind mit weißem Kunststoff beschichtet; der Fußboden aus Terrakottafliesen bietet zu den weißen Flächen einen warmen Kontrast. Abgerundet wird der angenehme Eindruck durch die hölzernen Regalböden und den Korb über dem Herd.

Materialeffekte

Elegantes Understatement: Die harmonische Kombination von schimmerndem Terrazzo – einer Mischung aus Stein- und Marmorstückchen – und hellem Holz dokumentiert das Foto rechts. Die Einfachheit der Materialien verbreitet eine Atmosphäre vornehmer Zurückhaltung.

Die Küche unten links wirkt durch den Charakter des Holzes, aus dem Arbeitsplatte, Tellerbord und Fußboden gemacht sind. Schranktüren und Verkleidungen sind mit einer hellen Lackierung deutlich abgesetzt.

Das Foto rechts unten zeigt eine Küche, deren Wände und Schranktüren hell gehalten sind. In die Terrazzo-Arbeitsfläche ist eine Holzplatte als Schneidbrett eingelassen.

Letzter Schliff von eigener Hand: Mit Hilfe von DIY können Sie schöpferische Ideen mit ungewöhnlichen Materialien und Oberflächenbehandlungen umsetzen. In einem zum Einzimmerappartment umfunktionierten Lagerraum bleibt nicht viel Platz für eine Küche. Die Lösung, wie auf der gegenüberliegenden Seite präsentiert, ist auch in einem Büro oder Atelier zu verwirklichen. Die Kücheninsel mit Arbeitsfläche wird von Steinen getragen, die mit dem Sichtbeton der Fensterwand korrespondieren. Alle Materialien wurden auf den Charakter des Raumes abgestimmt.

In der kleinen Küche, unten links, mußten, wegen der beengenden Dachschräge, starke Kontraste vermieden werden. Daher wurden Holzdecke und Arbeitsflächen im selben Farbton gewählt.

Eine Durchreiche, wie sie auf dem Bild in der Mitte zu sehen ist, spart viele Wege zwischen Küche und Eßzimmer. Hier ist ein weißer Schrank mit auffallend geometrischer Form integriert worden. Seine Farbe kontrastiert mit dem Grün der Holzpaneelen.

Wenn Ihre Küche zugänglich ist, sollten Sie mehr Augenmerk auf die Ausgestaltung legen. Das rechts unten abgebildete Ensemble besticht durch edle Schlichtheit: weiße Schränke mit hellen Marmorauflagen und Marmorfliesen.

Kücheneinrichtung

Bei dem Entwurf Ihrer eigenen Küche und den dazu gehörenden Geräten ist einiges zu bedenken. Zuallererst einmal ist eine Küche ein Arbeitsplatz. Überlegen Sie also, wo Türen, Leitungen und Anschlüsse hingehören. Die Wege sollen ergonomisch sinnvoll, Kochutensilien rasch zur Hand sein. Die drei Bereiche des Vorbereitens, Kochens und Essens müssen so arrangiert sein, daß effizientes Arbeiten möglich ist.

Steckdosen sind für kleine Kinder eine Gefahrenquelle, so daß sie gesichert gehören. Auch offene Regale sollten in gebührender Höhe angebracht werden.

Leicht geraten die weniger dekorativen Aspekte einer Küche in Vergessenheit: Wo sollen Reinigungsmittel, Wäsche, Waschmittel, Bestecke, Geschirr und Nahrungsmittel aufbewahrt werden?

Gehören Sie zu den Menschen, die es lieben, Gesellschaft beim Kochen zu haben, Zaungäste wie Familienmitglieder, und die eine Küche als Kommunikationszentrum des Hauses begreifen? Oder arbeiten Sie lieber stillvergnügt und in Ruhe vor sich hin? Von Ihrer Antwort hängt ab, welche Elemente in Ihre Traumküche gehören und welche nicht.

Wenn Sie über eine hübsche Ausstattung verfügen, dann zeigen Sie sie in entsprechenden Regalen. Gegenstände, die offen präsentiert werden, sind allerdings permanent dem fettigen Kochdunst ausgesetzt und müssen immer wieder gereinigt werden. Die Mühsal des Putzens sollte bei Ihrer Planung durchaus berücksichtigt werden.

Im Grunde lassen sich fünf Küchentypen unterscheiden. Da gibt es einmal die Küchenzeile, bei der sich alle Einheiten an einer Wand aufreihen; genau das Richtige, wenn die Wand lang genug und der Küchenraum eher schlauchartig ist. Dann die Korridorküche, die aus zwei einander gegenüberliegenden Küchenzeilen besteht. Spülbecken und Herd sollten auf ein und derselben Seite liegen. Der Korridor zwischen den Küchenzeilen sollte bequem zum Bücken reichen, also mindestens 1200 mm breit sein. Dieser Grundriß ist keineswegs ideal, aber weit verbreitet, wenn an den Stirnseiten des Raums Fenster und Tür liegen. Die L-förmige Küche erfreut sich verdientermaßen großer Beliebtheit. Sie ermöglicht die Integration eines Wohnbereichs in der Küche und nutzt gegebenen Platz optimal aus. U-förmige Küchen eignen sich bestens für kleine Räume oder Nischen und bieten überzeugende Lösungen für ein reibungsloses Zusammenspiel von Zubereitung und Kochen. Die Arbeitsfläche läuft meist durch. Ein Teil des „U" kann als Raumteiler für das dahinterliegende Eßzimmer dienen. Schließlich gibt es Küchen, bei denen eine Kochinsel isoliert in der Mitte des Raumes steht. Köche mit professionellen Ambitionen bevorzugen diese Lösung. Der Anwenderkomfort ist groß und dem kulinarischen Können werden allein durch den Anblick der Ausstattung Vorschußlorbeeren gestreut. Eine Kochinsel kann auch als Raumteiler dienen.

Grundsätzlich sollte die Spüle inmitten einer Küchenzeile liegen, nicht in eine schlecht zugängliche Ecke gedrängt werden. So können die links und rechts anschließenden Arbeitsflächen gut genutzt werden; für die Essenszubereitung zum Beispiel. Ideal wäre ein Fenster in unmittelbarer Nähe, so daß Wasserdämpfe leicht abziehen können und das natürliche Licht genutzt werden kann. Oft jedoch bedeutet dies eine grundlegende Veränderung der Installation.

Diese Küche wurde im Dialog mit dem modernen Gebäude, das sie beherbergt, entwickelt. Klare Grundlinien, blitzend weiße Küchenmöbel, geflieste Arbeitsflächen und Fußböden – die Geometrie verdrängt überflüssiges Ornament.

CLAN CAMPBELL

Kücheneinrichtung

Wir haben Sie mit fünf typischen Küchengrundrissen bekannt gemacht. Es gibt natürlich unendlich viele weitere Variationen. Fast jede Küche bietet einigen Raum für die Realisierung eigener Gestaltungswünsche.

Kochinseln sind sowohl Raumteiler als auch optischer Anziehungspunkt. Wenn Sie als Koch die Blicke auf sich ziehen wollen, ist diese Lösung die richtige. Eine Frühstücksbar hat ebenfalls raumteilende Wirkung, trennt den Koch- vom Eßbereich. Eine klare Trennung beider Bereiche ist immer sinnvoll, wenn das Raumangebot dazu ausreicht. Spülbecken, Herd und Kühlschrank bilden mit den Arbeitsflächen ein „Arbeitsdreieck", dessen Seiten zusammen maximal 6-7 Meter ausmachen können. Um die Bewegungsabläufe ergonomisch sinnvoll zu halten, sollten die Eckpunkte dieses fiktiven Dreiecks nicht weiter als eine doppelte Armspanne voneinander entfernt sein. Planen Sie Ihre Küche möglichst so, daß mehr als nur eine Person mit Muße darin arbeiten kann.

Stellen Sie den Herd *nicht* unter ein Fenster. Es besteht sonst die Gefahr, daß sich jemand beim Versuch, das Fenster zu öffnen, verbrennt. Es ist auch nicht günstig, den Herd an das Ende einer Küchenzeile zu legen, denn es sollte sich an jeder Seite eine Ablage- oder Arbeitsfläche befinden. Das ist natürlich auch über Eck machbar.

Ein weiterer Punkt in Ihren Überlegungen sollte sein, ob die Waschmaschine mit möglichen Überschwemmungen in die Küche integriert werden soll – auch ein Aspekt bei der Wahl Ihres Fußbodenbelags. Damit verbunden ist natürlich die Frage, ob ein Abfluß im Küchenboden notwendig sein wird. Aus Gründen der Installation ist es geschickter, wenn Geschirrspül-, Waschmaschine und Spülbecken nahe beieinander stehen, so daß ein Ablauf und Zulauf genügen.

Rings um den Küchentisch: Charakteristisch für die kleine Küche auf der gegenüberliegenden Seite oben sind die offenen Regale. In das linke Regal ist eine runde Tischplatte eingelassen, so daß beide zu einer Einheit verschmelzen.

Die Abbildung auf der gegenüberliegenden Seite unten zeigt wie effektvoll die Kombination von Alt und Neu ist. Eine moderne Küche findet ihr Gegengewicht in einem alten Holztisch, Holzstühlen und einem Holzfußboden. Der Tisch steht aus praktischen wie ästhetischen Gründen in der Diagonalen.

Ein Eßtisch, an dem oft Gäste sitzen, sollte unbedingt vom Arbeitsbereich getrennt werden. In der Küche oben (S. 59) wurde ein Raumteiler in den Arbeitsbereich integriert.

Ecklösung: Je enger und begrenzter der zur Verfügung stehende Raum ist, umso einfallsreicher und genauer muß eine Aufteilung sein. Bei der Küche links wurde das knappe Platzangebot optimal genutzt.

Küchenbeleuchtung

Von wesentlicher Bedeutung gerade für die Küche ist eine gute Beleuchtung. Natürliche Lichtquellen sollten Sie zuerst berücksichtigen. Überlegen Sie: Was soll sich in Ihrer Küche in unmittelbarer Nähe des Fensters oder der Glastür befinden? Wo ist der Effekt eines Ausblicks, wo der Nutzen warmen Sonnenlichts am größten?

Elektrisches Licht muß den verschiedenen Aktivitäten und Arbeitsvorgängen in der Küche angepasst sein. Mit einer einzigen Deckenlampe ist es nicht getan. Sie würden dauernd in Ihrem eigenen Schatten arbeiten, und viel „Staat" ist damit auch nicht zu machen.

Arbeitsflächen müssen besonders gut ausgeleuchtet sein. Indirekte Beleuchtung, die unten in die Hängeschränke eingebaut werden kann, vertreibt die Schatten. Die verwendeten Glühlampen dürfen weder in Augen- noch in Sitzhöhe sichtbar sein.

Lichtschienen bieten den Vorteil, daß die einzelnen Spots nach Bedarf angeschaltet werden können. Sie sind leicht unter Hängeschränken anzubringen; bieten den Vorteil, daß die Arbeitsflächen optimal ausgeleuchtet werden und daß die einzelnen Spots leicht zu bewegen sind. Der Einbau eines Dimmers lohnt sich, wenn die Küche abends als Eßzimmer dient.

Es gibt viele verschiedene Arten und Formen von Leuchtkörpern. Leuchtstoffröhren verbrauchen weniger Strom, erwärmen sich nicht so und halten länger als Glühbirnen. Manche Menschen fühlen sich aber durch ihr leichtes Flackern und den Summton, den sie manchmal von sich geben, gestört. Glühbirnen, die es auch in Kerzen- und Röhrenform gibt, sind daher vorzuziehen. Sie können zwischen 40 und 150 Watt wählen. Heute immer beliebter und in Küchen gut einsetzbar, sind „Energiesparleuchten".

Halogenleuchten eignen sich besonders gut als Deckenspots. Sie geben ein klares, weißes Licht, das Glas, Porzellan, Keramik und Chrom zum Leuchten bringt.

Die Abbildung oben links zeigt offene Regale, unter denen Glühbirnen versteckt worden sind. Dank der tief angesetzten Beleuchtung wirft die Dunstabzugshaube keinen harten Schatten auf den Herdbereich.

Die Küche rechts oben hat vom Abbruch der Längswand profitiert. Die früher dunkle Küche wird jetzt von natürlichem Licht erhellt. Deckenspots, an „strategisch" wichtigen Stellen, tun ein Übriges.

Die schmale Küche auf der gegenüberliegenden Seite verdankt ihre besondere Atmosphäre und Belichtung den Flügeltüren zum Garten hin. Unter den Hängeschränken sind Leuchtröhren verborgen, einzelne Spots sind sinnvoll über die Decke verteilt.

Technische Ausstattung

Die technischen Anlagen fachgerecht zu installieren, ist ein absolutes Muß, das von Anfang an in Ihrem Budget Berücksichtigung finden sollte. Errechnen Sie bei der Planung der Küche die Anzahl der Elektrogeräte, die Sie in Ihrer Küche benutzen. Addieren Sie dazu noch einmal so viele Geräte, denn der technische Standard wird nicht der gleiche bleiben. Lassen Sie also ruhig ein paar Anschlüsse mehr verlegen, als momentan nötig scheinen. Wenn sich Ihre Ansprüche zukünftig verändern, haben Sie vorgesorgt.

Alle Geräte und Heizungen müssen von Fachleuten eingebaut werden. Viele Firmen bieten heute einen Einbau-Service an, den Sie nutzen sollten. Gas kann aber schädlichen Dunst oder Dampf hervorrufen. Deshalb müssen die Räume gut zu belüften sein. Gasflammen sind vor möglichem Luftzug zu schützen.

Tödliche Unfälle durch elektrischen Strom kommen in Haushalten selten vor. Häufig kommt es jedoch zu Bränden, die durch überlastete Steckdosen, fehlerhafte Leitungen, mangelhafte Isolierungen und Überhitzung hervorgerufen worden sind. Tatsächlich ist nur ein Elektriker in der Lage, diese Anlagen so zu installieren, daß alle rechtlichen Auflagen erfüllt sind.

Die drei Küchen, die Ihnen auf diesen Seiten vorgestellt werden, sind genau auf die speziellen Bedürfnisse ihrer Besitzer hin zugeschnitten worden. Drei verschiedene Grundideen repräsentieren den persönlichen Stil, die Vorstellungen und Ansprüche des jeweiligen Küchenchefs. Die wichtigen, für die technische Ausstattung notwendigen Vorarbeiten – das Verlegen der Elektroleitungen, die Rohrinstallationen, die Verteilung der Lichtquellen – sind vor Arbeitsbeginn minutiös duchgeplant worden. Veränderungen an einer fertigen Küche vorzunehmen, bedeutet außer Ärger auch noch hohe, unnötige Kosten.

Raumaufteilung

Moderne Küchen sind wieder zum Treffpunkt der Familie geworden. Nicht jeder Koch möchte einsam bei den Töpfen stehen, während der Rest der Familie oder die Gäste draußen munter plaudern. Ganz offene Küchen sind aber auch nicht der Weisheit letzter Schluß. Eine gewisse Abgrenzung von Koch- und Eßbereich ist sinnvoll. Es gibt dazu verschiedene Lösungsvorschläge.

Eine deutliche Trennung ergibt sich durch eine Kücheninsel, die den Herd beinhalten kann. Küchenmöbel, die Halbinseln gleich in den Raum hineinragen, leisten denselben Dienst. Der Koch kann ungestört arbeiten, während er doch an allen Gesprächen teilhaben kann. Ein halbinselförmiger Einbau kann auch als Eßtheke genutzt werden; das Essen ist hier schnell und heiß serviert. Die Standardhöhe der Arbeitsflächen ist mit ihren 900 mm meist bestimmend für die Thekenhöhe. Für eine solche Frühstücksbar benötigen Sie also Barhocker, die für Kinder ein Sicherheitsrisiko und für ältere Menschen unbequem sind.

Ein einfacher Raumteiler ist leicht herzustellen. Sie errichten eine Holzwand in der gewünschten Höhe und verkleiden sie mit einem Material, das dem Stil Ihrer Küche entspricht. Sie können Schränke, Regale, oder eine Reling zum Aufhängen der Küchenutensilien in den Raumteiler integrieren.

Wenn Sie ein separates Eßzimmer haben, kommt für Sie vielleicht der Einbau einer Durchreiche zur Küche in Betracht. Eine geschlossene Durchreiche beläßt das Eßzimmer in seinen Dimensionen und hält Küchengerüche fern. In geöffnetem Zustand kann der Koch bei der Arbeit mit den Gästen reden, die wiederum am Kochprozeß teilnehmen können.

Frühstückstheken: Ich zeige Ihnen zwei Beispiele großer Räume, die durch eine Frühstücksbar unterteilt worden sind.
In beiden Fällen besteht die Theke, die Wohn- und Eßbereich trennt, aus einer halbhohen Trägerwand. Obenauf liegt eine Arbeitsfläche, die in den Raum hineinragt. Auf der anderen Seite wurde eine Spülmaschine in die Nische gestellt. Gerade bei dieser Anordnung ist das Spülbecken in der Arbeitsplatte besonders praktisch: Das schmutzige Geschirr kann kurz abgespült werden, bevor es von der Theke in die Spülmaschine wandert.

Durchblicke: Bei diesem ungewöhnlichen Arrangement liegt die Durchreiche zwischen Küche und Eßzimmer unmittelbar hinter der Herdplatte und direkt unter der Abzugshaube. Ein ambitionierter Koch, der sich gerne in die Töpfe schauen läßt, hat diese Küche eingerichtet. In der Raummitte steht eine einfache Kücheninsel.

Formgebende Details

Die Grundelemente Ihrer Küche allein verleihen dem Raum noch keine Atmosphäre. Erst mit den Accessoires, den Dingen, die Sie vorzeigen, kommt das persönliche Flair. Nach dem Motto „klein aber fein" verändern Details die Raumwirkung.

Küche im „Country-Look": Wünschen Sie sich eine gemütliche, farbenfrohe Küche mit urspünglich-ländlicher Stimmung? Dann drapieren Sie Ihr liebstes Geschirr in offenen Regalen. Körbe und Schalen, Gläser, Vorratsgläser vervollkommnen den Eindruck traditioneller Häuslichkeit. Allerdings bleibt in dieser Küche kein Winkel vom fettigen Kochdunst verschont. Wer viel offen präsentiert, muß auch viel putzen.

Die Grundelemente Ihrer Küche sollten stilistisch zur gewählten Dekoration passen. Ein alter Küchenschrank hat natürlich ein besonderes Flair. In unserem Beispiel wird eine ähnliche Wirkung mit einfachen, preisgünstigen Materialien erzielt. Das Geschirr steht auf kunststoffbeschichteten Spanplatten, an einer Leiste hängen Tassen und Krüge, und die Arbeitsfläche unter den Regalen wird als Präsentationsfläche mitgenutzt. Nichts stört das idyllische Arrangement.

High-Tech-Effekte: Der Koch, dessen Küche unten links abgebildet ist, bevorzugt Accessoires aus Edelstahl, Chrom und Glas. Die Gesamtwirkung ist ebenfalls stimmig, weil hier auf alles Verspielte und Niedliche verzichtet wurde.

In einer kleinen Küche wurde derselbe Ansatz radikal zu Ende gedacht. Wie auf dem gegenüberliegenden Foto zu sehen ist, beschränkt sich das Design ganz auf metallische Kühle. Alles ist aus blankem Edelstahl und blitzendem Chrom. Eine weiße Wand dient als Hintergrund für eine professionelle Hängevorrichtung mit auf Hochglanz polierten Töpfen. Eine blühende Pflanze in einem einfachen Tontopf mutet geradezu archaisch an.

Jedes Ding an seinen Platz

Für die gemütliche, wohnliche Küche, die dem Auge eine scheinbar zufällige Auswahl von Küchengeräten im weitesten Sinne präsentiert, brauchen Sie vor allem Platz. Haben Sie eine kleine Küche, etwa vom Typ der Korridorküche, müssen Sie mit dem knappen Raum haushalten, der sowieso nur einer Person Gelegenheit zum Kochen gibt.

Ist Ihre Küche ausreichend groß, dann können Sie es sich leisten, großzügig mit dem Raum umzugehen. Durch ein derartiges, zwangloses Arrangement können Sie ein Stilleben aus Früchten, verschiedenen Gemüsesorten, Töpfen, Steingut und schön anzusehenden Küchengeräten zaubern.

Ein alter Küchenschrank ist zwar eine sehr schöne, aber nicht die einzige Möglichkeit, interessante Objekte angemessen zur Schau zu stellen. Versuchen Sie, eine gewisse Struktur in Ihre Anordnung zu bringen, die das Auge anspricht. Sollten Sie noch unsicher sein, beherzigen Sie den Grundsatz: alles ist erlaubt, was Ihnen wirklich gefällt!

Lange Regalbretter, die zum Durchbiegen neigen, können an der Brettkante mit Winkelleisten aus Holz verstärkt werden. Zusätzliche Seitenleisten oder Winkelträger geben auch schweren Gefäßen und Schüsseln sicheren Stand. Beherzigen Sie einen einfachen Grundsatz, den man oftmals vergißt: Die Dinge, die man selten benötigt, sind in den obersten Regalböden bestens aufgehoben. Denken Sie hier an die Leisten, denn nur so verhindern Sie ein allzu leichtes Herabfallen der Gegenstände.

Eine weitere Selbstverständlichkeit, die gar nicht oft genug betont werden kann: Hängeschränke und Wandregale müssen wirklich ganz fest in der Wand verankert werden. Umso schwerer die Töpfe, Pfannen oder das Geschirr sind, die dort aufbewahrt werden, umso solider sollte die Aufhängung sein.

Wandbefestigungen	24
Regale mit Fächern	114

Strukturen schaffen Ordnung: Das Foto auf der gegenüberliegenden Seite oben zeigt, daß der Korridor, der zur Küche führt, einfach mit einbezogen werden kann. Eine offene Regalkonstruktion bedeckt die Wand des Korridors. Bei ihrer Gestaltung standen die Küchenregale Pate. Die Wirkung der flachen Regalwand beruht auf der strukturierenden Ordnung der unterschiedlichen Regalhöhen. Sie variieren stark, weil sie exakt der Höhe der unterzubringenden Objekte angepasst worden sind. Alles ist leicht zu finden und leicht zugänglich. Die vertikalen Bretter sorgen für klare Abgrenzungen und optischen Halt. So können alle Dinge in benachbarte Fächer gestellt werden, ohne daß eine chaotische Ansammlung entsteht.

Geradlinigkeit: Regale, die den gegebenen Raumlinien folgen und regelmäßig angeordnet sind, wirken strenger. Auf der gegenüberliegenden Seite unten links ist ein solch geometrisches Raster zu sehen. Quadratische Fächer bringen Porzellan, Glas und Keramik zur Geltung.

Ebenso einfach und durchaus effektvoll sind die Regale der Küche rechts daneben. Kunststoffbeschichtete Faserplatten, von Leisten getragen, füllen die Nische aus.

Charmante Darbietung: Glasgefäße präsentieren die unterschiedlichen Farben und Formen von Nahrungmitteln. Diese dekorative Art der Vorratshaltung verleiht Ihrer Küche einen Hauch von Tradition, denn Sie ruft Erinnerungen an Tante-Emma-Laden und großmütterliche Küchen wach. Die Abbildung (S. 68, unten rechts) beweist, welche Atmosphäre ein einziges, maßgeschneidertes Küchenregal verbreiten kann. Sie können es aus einfachem Holz oder Holzfaserplatten fertigen. Die Regalhöhe und -breite orientieren sich an den vorhandenen Gläsern und dem Raumangebot. Die Oberfläche ist mit weißen Fliesen verkleidet worden, die zur gefliesten Wand passen. Alte Salzfässer und reich verzierte Olivenölflaschen stehen auf der hölzernen Arbeitsfläche und runden das nostalgische Bild ab.

Küchenböden

Ein Fußboden spiegelt den Charakter Ihrer Küche wider. Bei der Auswahl Ihres neuen Küchenbodens werden Sie durch den bestehenden Fußboden ein wenig eingeschränkt. So ist es nicht ohne weiteres möglich, auf Holzböden Keramik- oder Terrakottafliesen zu verlegen. Holz arbeitet, es zieht sich zusammen und dehnt sich aus. Die Fliesen und Fugen können sich diesen Schwankungen nicht anpassen, sie nehmen zwangsläufig Schaden. Andererseits können Sie auf einem Beton- oder Steinfußboden, der möglicherweise kalt und feucht ist, nicht direkt Kunststoffbahnen oder -fliesen verlegen. Es ist zunächst erforderlich, den Boden mit einer Unterkonstruktion aus Spanplatten auf den Belag vorzubereiten. Weitere Schwierigkeiten können auftreten, wenn Sie den Boden zunächst isolieren müssen, um Geräusche aus dem Untergeschoß abzudämmen.

Vor allem in Altbauten müssen Sie mit Unebenheiten im Fußboden rechnen. Manchmal stimmt das Niveau des Küchenfußbodens nicht mit dem angrenzender Räume überein. Ein Wechsel im Bodenniveau ist nicht allein ein ästhetisches Problem, sondern auch eine stete Gefährdung. Zunächst einmal müssen Sie also die exakte Bodenhöhe ermitteln und dann nivellieren. PVC ist haltbar, pflegeleicht, wasserfest und unempfindlich gegen Öl- und Fettflecken, auch gegen die meisten Chemikalien – aber nicht gegen Hitze! Sie können ihn auf Hartfaserplatten und geraden Holzdielen verlegen. Mehrschichtige Fliesen sind fußwärmer, einfaches PVC kann zum selben Zweck unterfüttert werden. Gemusterte und strukturierte Fußböden haben sich wegen ihrer Fleckunempfindlichkeit als besonders praktisch erwiesen.

Obwohl Kunststoffe dank ihrer positiven Eigenschaften weit verbreitet sind, gibt es doch einige Alternativen.

Terrakotta: Die wohnliche Küche eines alten Landhauses ist sparsam mit alten Bauernmöbeln ausgestattet. Eine ideale Ergänzung zu ihrem natürlichen Charakter ist der Fußboden aus unglasierten Terrakottafliesen. Diese Fliesen sind leicht sauber zu halten. Solch schwere Böden sind aber nur im Erdgeschoß verwendbar. Der Unterboden muß besonders sorgfältig vorbereitet werden.

Schachbrettmuster: Immer wieder schön: das nostalgische Schachbrettmuster aus Keramikfliesen oder Steinplatten! In unserem Beispiel entsprechen dem Fußboden geflieste Wände und das Design der Frühstücksbar. Wenn Ihr Unterboden für Keramikfliesen nicht geeignet ist, können Sie auf entsprechende Kunststoffimitate zurückgreifen. Sie sind optisch durchaus überzeugend, preisgünstig und leicht zu verlegen.

Zum Beispiel Kork: ein natürliches, schönes Material, das hervorragende schall- und wärmedämmende Qualitäten besitzt. Es ist leicht zu pflegen, verschleißt aber rasch, wenn es nicht versiegelt worden ist.

Keramikfliesen sehen gut aus, sind dauerhaft, pflegeleicht und überstehen manchen Stoß. Fliesen sind leider recht teuer und können, wie bereits erwähnt, nicht auf jedem Boden aufgebracht werden. Terrakottafliesen verbreiten eine warme Stimmung.

Strapazierfähige unglasierte Fliesen sind außerordentlich haltbar, rutschfest und robust, aber ihr hohes Eigengewicht läßt sie nur für Fußböden im Erdgeschoß in Frage kommen. In Obergeschossen sind daher qualitätvolle Kunststoffbeläge vorzuziehen.

Terrakotta, Granit und Marmor sind genauso robust und dauerhaft wie Holzfußböden. Sie müssen an Stellen intensiven Abriebs, wie vor dem Herd, besonders gut versiegelt sein.

Linoleum, das lange Zeit als altmodisch und unschön galt, erlebt gerade eine Renaissance. Linoleum ist haltbar und leicht zu säubern. Eigentlich ist es auch einfach zu verlegen, es bedarf aber einer Unterkonstruktion.

Holz ist ebenfalls ein ansprechendes Material, nimmt jedoch Fettflecken übel und verlangt stete Pflege.

Mit Farbe bemalte Böden sind für die Küche ungeeignet, ebenso wie Teppichböden oder Kokosmatten.

Für welchen Fußboden Sie sich auch immer entscheiden, versuchen Sie ihn bitte nicht zu verlegen, bevor Sie nicht beim Händler oder Hersteller Rat eingeholt haben. Ihr alter Fußboden muß gründlich für den neuen Belag vorbereitet werden. Vergewissern Sie sich, ob Sie den richtigen Klebstoff verwenden und das richtige Werkzeug für Ihr Vorhaben besitzen. Beim geringsten Zweifel konsultieren Sie einen Fachmann.

Noppen-PVC: Ist in großen Fliesen oder Bahnen erhältlich. Sein Reiz liegt in der Modernität, die es ausstrahlt. Abgesehen davon ist es langlebig und leicht zu reinigen. Eine differenzierte Farbpalette bietet sich Ihnen an, so daß es leicht fällt, das Material mit modernen Küchen zu kombinieren. Die weiße Küche erhält durch den roten Boden eine warme Atmosphäre.

Kork: Vermittelt Augen und Füßen ein Gefühl von Wärme. Es ist eine relativ preisgünstige Alternative zu Holz. Das natürliche Material ist zwar nicht so haltbar wie Kunststoff, gut versiegelter Kork ist aber durchaus widerstandsfähig. In der abgebildeten Küche komplettieren die Korkfliesen das Küchenensemble perfekt.

Wirtschaftsräume

Im Wirtschaftsraum empfiehlt sich eine funktionale, praktische und arbeitsökonomische Einrichtung. Hier ist genügend Stauraum für Haushaltsreiniger und Chemikalien für den Hausgebrauch – gefährliche Stoffe wie Fleckentferner und Bleichmittel gehören bekanntlich aus der Reichweite von Kindern!

Eine genaue Planung ist bei der Einrichtung Ihres Wirtschaftsraumes genau so wichtig wie stets beim DIY: Wohin sollen Spülbecken und technisches Gerät? Die Waschmaschine sollte so stehen, daß sie problemlos zu bedienen und bei anfallenden Reparaturen leicht zugänglich ist. Eine Spüle mit zwei Becken und einer großen Abtropfvorrichtung ist dort besonders praktisch, wo viel von Hand gewaschen wird. Wenn die vorhandenen Rohrleitungen und Anschlüsse nicht ausreichen, betrauen Sie einen Fachmann mit den notwendigen Veränderungen. Wo viel Wäsche gewaschen wird, fließt und spritzt das Wasser erfahrungsgemäß nur so – daher muß der Boden Ihres Wirtschaftsraumes unbedingt gefliest sein.

Ein Gestell zum Trocknen der Wäsche kann an der Decke befestigt werden, ein Bügelbrett läßt sich auch von einer Wand herunterklappen.

Oben wird nur eine Nische des Raumes als Wirtschaftsbereich genutzt. Der gewöhnliche Anblick kann mittels einer Jalousie verborgen werden. Das Bügelbrett wird einfach wieder in den Schrank zurückgeklappt.

Unten links ist im Wirtschaftsraum eine Ecke für den Wickeltisch reserviert worden. Das Zimmer lebt von der Belichtung und dem pfiffigen Rundfenster.

Schmale, korridorartige Räume eignen sich besonders gut für Wirtschaftsräume. Rechts unten und auf der gegenüberliegenden Seite sehen Sie zwei Beispiele dafür. Beide Räume werden durch eine Zeile verschiedener Geräte und Schränke gefüllt.

Eßzimmer

In heutigen Wohnungen sind die Eßzimmer meist in Wohnzimmern oder Küchen integriert. Eßecken im Wohnzimmer – beispielsweise am kurzen Ende eines L-förmigen Wohnzimmers – und Eßecken in der Küche ersetzen ein separates Eßzimmer. Am Küchentisch versammelt sich regelmäßig die Familie. Dagegen ist ein separates Eßzimmer beinahe schon ein Anachronismus.

Die klassische Eßzimmereinrichtung bestand aus schweren Mahagoni- oder Walnußmöbeln, auf denen das Familiensilber zur Schau gestellt wurde. Eine Galerie von Ahnenportraits unterstrich den eigenen Rang. Die Mahlzeiten selbst wurden in vollendeter Form abgehalten. Der Widerstand gegen den Formalismus erstarrter Benimm- und Anstandsregeln und die schlichte Tatsache, daß Wohnraum zunehmend knapp wurde, trugen zu der Entwicklung vom Speise- zum Eßzimmer bei.

Ein eleganter und dennoch einladender Raum ist die perfekte Szenerie für Mahlzeiten in entspannter Atmosphäre und anregender Gesellschaft. Bequeme Stühle und sanftes Licht ermutigen Ihre Gäste, länger zu verweilen und über Wein und Essen ausgiebig zu debattieren – schließlich ist das gemeinsame Essen ein wesentliches soziales Ereignis.

Natürlich kann ein separates Eßzimmer auch andere Funktionen erfüllen. Ein Tisch in einer Ecke verwandelt es in einen zusätzlichen Arbeitsraum, ein bequemer Lehnstuhl schafft eine Leseecke.

Das Eßzimmer ist und bleibt ein repräsentativer Raum, der sich fremden Blicken öffnet. Daher sind dort Ihre Sammlungen von Gläsern, Steingut, Kandelabern oder Weinflaschen, alles was Ihnen wichtig ist, gut aufgehoben.

Wenn es Ihr finanzieller Rahmen zuläßt und es Ihnen ästhetisch zusagt, wählen Sie für Ihr Eßzimmer antike oder nachgemachte Stilmöbel. Eine Anrichte aus Mahagoni hat einfach eine unverwechselbare Ausstrahlung. Damit steht Ihre Einrichtung bereits, die sie mit schönen Regalen und einer ausgeklügelten Belichtung vervollkommnen.

Alternativ können sie selbst ein Buffet oder eine Anrichte schreinern. Überlegen Sie, ob eine Durchreiche zur Küche von Vorteil wäre.

Weit davon entfernt, aus der Mode zu sein, kann ein phantasievoll gestaltetes Eßzimmer Ihre Wohnung und Ihren Lebensstil positiv verändern.

Adäquate Selbstdarstellung: Im gegenüberliegenden Eßzimmer gruppiert sich ein moderner Tisch mit Stühlen längs einer eingebauten Regalwand.

Unten rechts erweist sich, wie dekorativ eine Sammlung von Keramikgefäßen wirken kann, wenn sie adäquat dargestellt wird. Die Objekte können mit einem Spot ins rechte Licht gerückt werden.

Das Hängeregal auf der gegenüberliegenden Seite links ahmt einen traditionellen Schrankaufsatz nach. Ähnlich idyllische Effekte werden im Eßzimmer, das ganz rechts abgebildet ist, erzielt. Dort wurden lange Regalböden an einer holzverkleideten Wand angebracht. Auf halber Höhe springt ein Regalboden weiter vor, der als Anrichte dient und von einer Zeile von Schubladen unterfangen wird.

Eßecken: Ein Biedermeier-Ensemble unten links sorgt in dem lichtdurchfluteten Raum für eine festliche Atmosphäre. Die Regale leiten von der Küche in den Eßbereich über.

Die Abbildung auf der gegenüberliegenden Seite unten Mitte demonstriert, wie sich alt und neu noch verbinden können: In einer Altbauwohnung mit Dielenfußboden steht ein Metalltisch mit entsprechenden Stühlen. Der Tisch passt sich genau in den Raum ein und setzt sich seitlich als Fensterbrett fort.

Das Küchen-System

Viele, die eine Einbauküche installieren möchten, stehen vor dem Problem, daß Wände uneben sind und leider nicht immer rechtwinklig stehen. Die Prozedur, fabrikgefertigte Küchenschränke solchen Räumen anzupassen, kann zum Alptraum werden.

Das Küchen-System, das ich Ihnen vorstelle, versucht, den Aufbau und Einbau so einfach als möglich zu machen. Rohre über Putz können hinter den Einheiten versteckt werden. Sie entscheiden, welche Materialien das Erscheinungsbild Ihrer Küche bestimmen.

Entweder entscheiden Sie sich dafür, überall Schranktüren einzubauen, hinter denen alles verstaut werden kann, oder Sie lassen die Regale offen oder Sie kombinieren beides. In diese Küche passen alte Geräte ebensogut wie funkelnagelneue. Alle Dimensionen sind wandelbar; erweitern, kürzen, stapeln Sie die Grundelemente nach Ihrem Belieben. Die Variationsmöglichkeiten sind unbegrenzt und leicht umzusetzen.

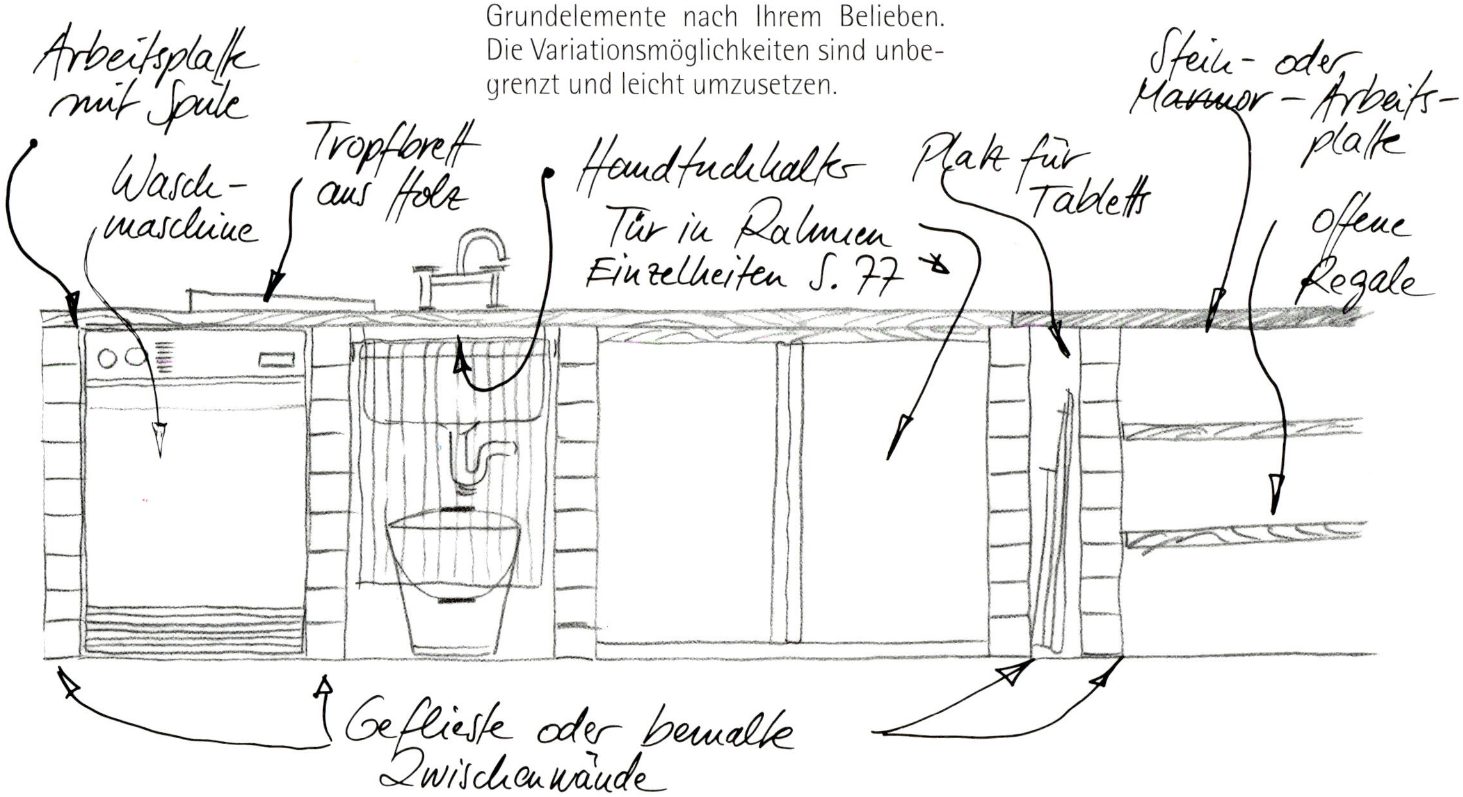

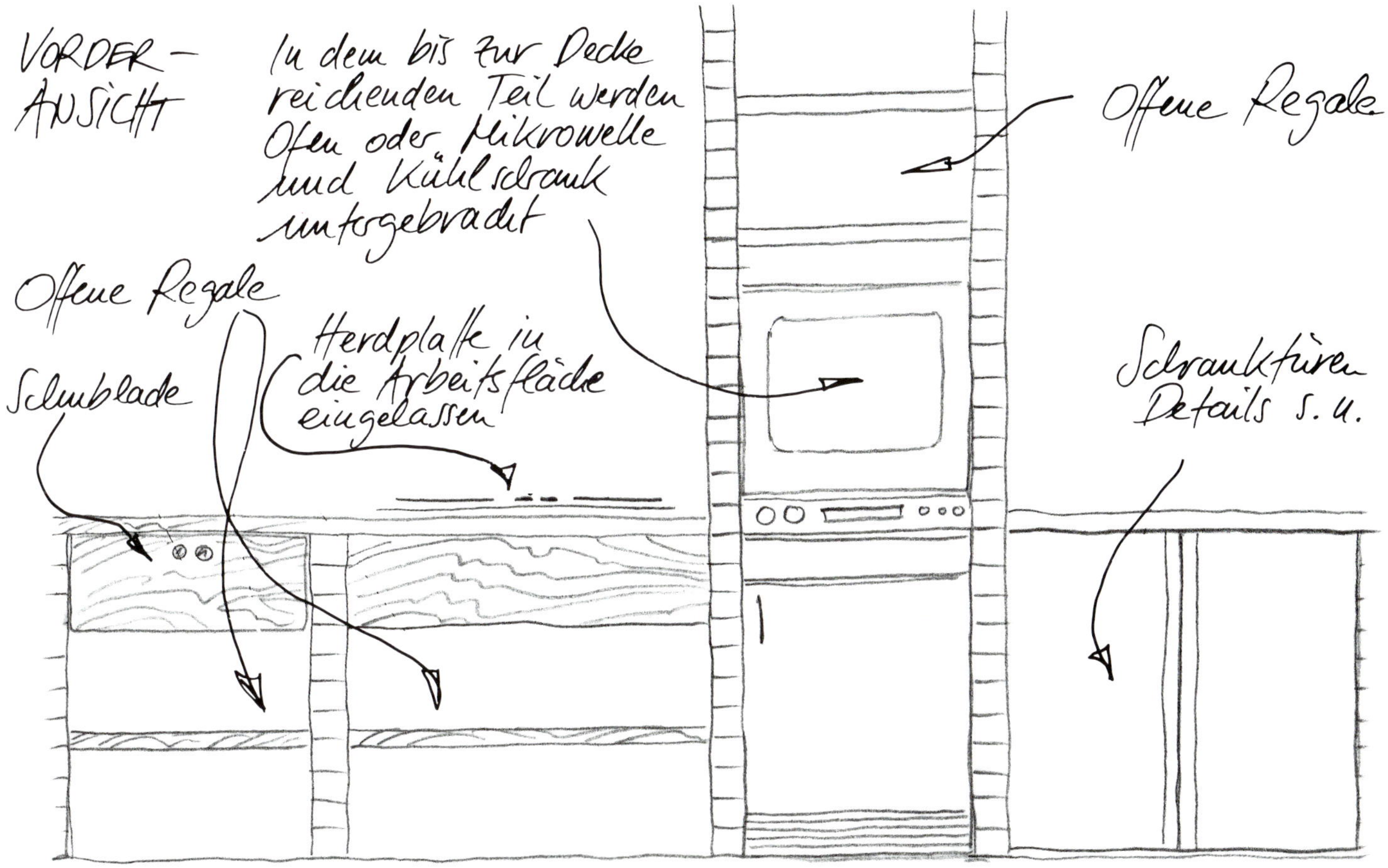
VORDER-ANSICHT
In dem bis zur Decke reichenden Teil werden Ofen oder Mikrowelle und Kühlschrank untergebracht
Offene Regale
Offene Regale
Schublade
Herdplatte in die Arbeitsfläche eingelassen
Schranktüren Details s. u.

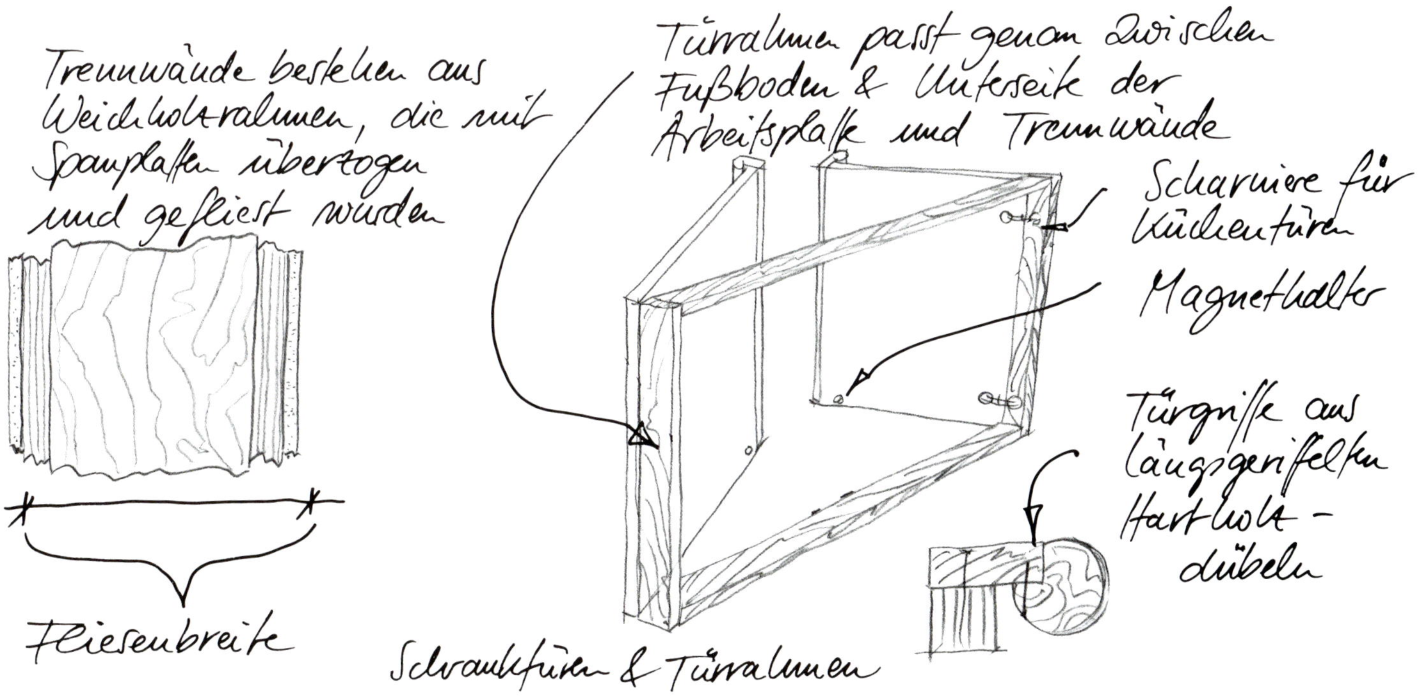
Trennwände bestehen aus Weichholzrahmen, die mit Spanplatten überzogen und gefliest wurden
Fliesenbreite
Türrahmen passt genau zwischen Fußboden & Unterseite der Arbeitsplatte und Trennwände
Scharniere für Küchentüren
Magnethalter
Türgriffe aus längsgeriffelten Hartholz-dübeln
Schranktüren & Türrahmen

Küchen und Farbe

Das Küchen-System: Bekennen Sie Farbe! Bei dieser bäuerlich-ländlichen Variante unseres Küchen-Systems wurden die trennenden Grundelemente nicht gefliest, sondern mit Farbe bemalt. Zwischen den Trennwänden sind Regale eingezogen, unter dem Spülbecken ist eine Trockenstange für Geschirrtücher hinzugefügt worden. Die gefliesten Arbeitsflächen werden ringsum von Holzleisten eingefasst. Die Fliesen sind leicht zu reinigen und überaus praktisch. Den Eindruck ländlicher Einfachheit vervollkommnen Lattenregale mit der einfachen Winkelkonstruktion, ein hölzerner Messerhalter und eine Stange, an deren Haken Geräte mit Gebrauchspatina baumeln. Diese Details haben viel Ausstrahlung und sind ganz leicht selbst herzustellen.

FRIGIDAIRE

Die Waschküche

Sie sehen sofort: Das Prinzip unserer Waschküche ist dasselbe wie bei der Küche. Die Grundelemente tragen hier eine Arbeitsfläche aus solidem Ahornholz. Das Keramikwaschbecken ist besonders tief und erinnert an die Spülsteine von früher. Links und rechts des Spülsteins stehen genau eingepasst Waschmaschine und Wäschetrockner auf einem kleinen Sockel. Von entscheidender Bedeutung für die Gesamtwirkung ist ihre symmetrische Anordnung.

Ein Lattenregal unter dem Spülbecken bietet Stauraum für Reinigungsmittel. Darunter bleibt noch genug Platz für einen Wäschekorb.

Das schlichte, formvollendete Trokkengestell ist leicht nachzubauen, wie Sie noch sehen werden. Kleidung und große Wäschestücke wie Laken können darauf getrocknet werden.

Das Waschen könnte in einer solchen Waschküche geradezu ein Vergnügen werden.

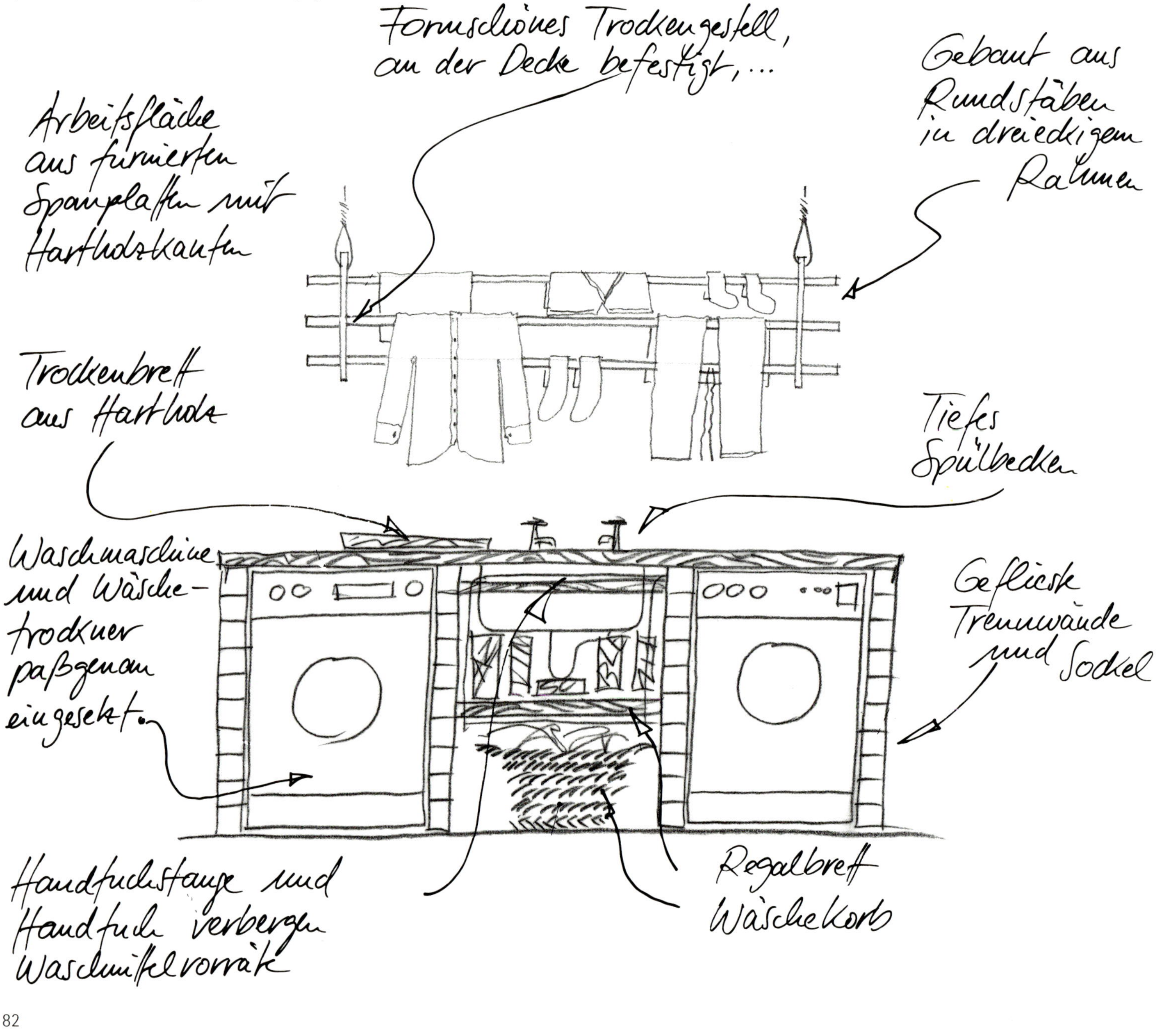

Das Küchen-System

Das Grundelement dieser Küche ist ein aus einem Kantholzrahmen mit Seitenplatten bestehendes senkrechtes Seitenteil. Dieses geflieste Seitenteil kann auch gestrichen, mit Nut- und Federbrettern oder mit Laminat-Platten verkleidet sein.

Geflieste Seitenteile werden so breit gewählt, daß die an der Front verlegten Fliesen genau über den Kanten der auf den Seitenteilen angebrachten Fliesen abschließen. Der Abstand der Seitenteile voneinander richtet sich nach der Breite der in das System einzubauenden Geräte, Regale und Schränke. Eine Arbeitsplatte liegt oben auf den Seitenteilen und ragt vorne 20 mm über. Da die Tiefe der Seitenteile von der Gesamttiefe der Arbeitsplatte abhängt, muß zunächst die Tiefe der Arbeitsplatte festgelegt werden (siehe Arbeitsplatten, Seite 92). Die Seitenteile werden vor dem endgültigen Einbau in der vorgesehenen Position montiert, verkleidet (gebeizt), gefliest, verfugt und zur Befestigung der Einlegeböden mit entsprechenden Auflagen oder Tragleisten versehen.

Grundelemente

Wenn Sie Grundelemente in einer außergewöhnlichen Stärke bauen möchten, ist es eventuell schwierig, das passende Holz zu bekommen. In diesem Fall wählen Sie etwas stärkeres Holz und hobeln es auf die richtige Stärke ab.

Höhe. Die Höhe der Seitenteile richtet sich nach den Maßen Ihrer verwendeten Fliesen und der in Ihrer Küche einzubauenden Geräte. In diesem Projekt ist eine Arbeitshöhe von 930 mm vorgesehen, worin eine Stärke von 40 mm für die Arbeitsplatte eingerechnet ist; also beträgt die Gesamthöhe des Grundelementes, das heißt des Seitenteils, 890 mm. Diese Höhe basiert auf der Verwendung von acht ganzen Fliesen, um das Seitenteil zu bedecken.

Tiefe. Die Tiefe der Arbeitsplatte, die vorne 200 mm über die Seitenteile hervorragt, beträgt 650 mm.

Somit sind die Seitenteile 630 mm tief. Wenn Sie eine Standard-Arbeitsplatte von 600 mm Tiefe verwenden, dürfen die Seitenteile natürlich nur 580 mm tief sein.

Der hintere, senkrechte Pfosten des Seitenteils wird für eventuell notwendige Markierungen und das Verlegen von Rohrleitungen und Kabeln um 50 mm nach innen versetzt. Dieser Raum kann auch für die notwendige Hinterlüftung des Herdes und Kühlschrankes sorgen.

Gasgeräte müssen einen eigenen Abzug haben. In der Konstruktion wurde auch die Möglichkeit einer Rückwand oder Klappe berücksichtigt.

Abstand. Der Abstand zwischen den Seitenteilen richtet sich nach den einzubauenden Geräten, der gewünschten Breite der Schränke usw.

Unsere Seitenteile haben einen Abstand von 600 mm.

Einlegeböden

Aus gestalterischen Gründen liegt der obere Einlegeboden eine Fliesenbreite unterhalb der Oberkante des Seitenteils in Höhe der Fuge. Wenn eine Hartholz-Blendleiste am Einlegeboden angebracht wird, so schließt sie bündig mit der Vorderkante des Seitenteils ab. Zwischenböden sind ebenfalls auf die Fugen der Fliesen ausgerichtet, jedoch eine halbe Fliesenbreite von der Vorderkante zurückgesetzt. Das sieht sauber aus und ermöglicht, wenn gewünscht, den Einbau von Türen an der Vorderseite. (In diesem Fall wird der obere Einlegeboden nicht eingebaut.) Alle Einlegeböden liegen auf Kantholzleisten, die dann durch die vordere Blendleiste am Einlegeboden verdeckt werden.

Bodensockel. Bodensockel können eingebaut werden, um dem Ganzen ein sauberes Aussehen zu verleihen. Sie sind bei einem unebenen Fußboden sehr nützlich. Dabei wird die Unterseite des Sockels nach Bedarf unterlegt und die Vorderkante vor dem Fliesen am Boden angezeichnet (siehe Techniken, Seite 36). Die Bodensockel haben die Höhe einer Fliese.

Das Küchen-System ist so konzipiert, daß es leicht an alle Gegebenheiten anzupassen ist. Auf den folgenden Seiten wird der Bau der auf den Seiten 78, 79, 80, 81 und 83 abgebildeten Küchen im einzelnen beschrieben. Wenn Sie das ganze System bauen möchten, so helfen die nachfolgenden Checklisten für den Arbeitsablauf bei der Zusammenstellung Ihres Ablaufplanes. Nachfolgend sind die einzelnen Elemente jeder Küche aufgeführt.

Geflieste Küche

Seitenteile mit Einlegeböden, S. 86
Arbeitsplatte, S. 92

Mögliche Extras:
Rückwand, S. 88
Bodensockel, S. 88
Eingebautes Lattenregal, S. 91
Türen und Türgriffe, S. 90

Hohes Seitenteil, S. 88
Wandregale, S. 94

Weitere Projekte:
Abtropfvorrichtung, S. 97
Stange für Küchengegenstände, S. 97
Wäschetrockengestell, S. 103

Gestrichene Küche

Seitenteile mit Einlegeböden, S. 88
Messerhalter, S. 102
Lattenregal mit Konsolen, S. 100
Herausnehmbarer Handtuchhalter, S. 101

Checkliste »Ablaufplan«

Geflieste Küche

Zu den gefliesten Seitenteilen kommen Einlegeböden, Rückwände, Bodensockel und eine Arbeitsplatte hinzu.

1 Tiefe der Arbeitsplatte festlegen.
2 Höhe der Arbeitsplatte festlegen (passend zu Fliesenhöhe und Geräten).
3 Stärke der Seitenteile passend zur Fliesenbreite festlegen.
4 Abstand der Elemente und den Einbau von Einlegeböden oder Einbaugeräten wie Geschirrspüler festlegen.
5 Grundrahmen der Seitenteile herstellen, falls gewünscht mit hohen Seitenteilen.
6 Anzahl und Lage von Einlegeböden festlegen.
7 Position der Auflageleisten für Einlegeböden markieren.
8 Querstreben befestigen.
9 Die Rahmen mittels runden Drahtnägeln mit 12 mm Sperrholz verkleiden.
10 Halteleisten für Rückwand einpassen.
11 Seitenflächen der Seitenteile fliesen, ausgenommen hinterste und unterste Fliesenreihe (Platz zum Anzeichnen für Montage des Seitenteils).
12 Auflageleisten für Einlegeböden herstellen und montieren.
13 Seitenteile passend montieren und fehlende Fliesen anbringen; bei Bedarf zur Montage anzeichnen und an der Wand mit Leisten und am Boden mit Montagewinkeln befestigen.
14 Rückwand zuschneiden und einsetzen.
15 Einlegeböden anfertigen und einsetzen.
16 Bodensockel herstellen, fliesen und einpassen.
17 Vorderseiten der Seitenteile fliesen.
18 Arbeitsplatte und Blendleisten einpassen.
19 Bei Bedarf Türrahmen einsetzen.
20 Oberschränke herstellen (eventuell mit Einlegeböden).

Gestrichene Küche

Gestrichene Seitenteile mit Einlegeböden und gefliester Arbeitsplatte.

1 Tiefe der Arbeitsplatte festlegen.
2 Montagehöhe der Arbeitsplatte festlegen.
3 Stärke der Seitenteile festlegen.
4, 5, 6, 7, 8 siehe geflieste Küche
9 Die Rahmen mit 12 mm MDF-Platten verkleiden; dabei Drahtnägel mit Senkköpfen verwenden und 2 mm unter die Oberfläche versenken.
10 Auflageleisten für Einlegeböden herstellen und montieren.
11 MDF-Platte als Sichtfront an der Vorderseite jedes Seitenteils anbringen.
12 Seitenteile passend montieren. An der Wand mit Montagewinkeln befestigen und nach Wunsch streichen.
13 Einlegeböden anfertigen und einpassen.
14 Arbeitsplatte einpassen und fliesen.

Werkzeuge

Schneidemesser
Stahllineal
Anschlagwinkel
Hammer
Versenker
Fuchsschwanz (oder Elekto-Kreissäge)
Rückensäge
Schraubendreher
(abhängig vom verwendeten Schraubentyp)
Schleifblock und Schleifpapier
(oder Schwingschleifer)
Bohrmaschine
Senkbohrer
Steinbohrer
Malerpinsel – 38 mm

Fliesenleger-Werkzeuge

Rollenschneider
Fliesenschneider
Zahnspachtel
Fliesenleger-Kreuze
Fugengummi
Wasserwaage
Zwei Schraubenzwingen

Weitere Werkzeuge

Elektro-Stichsäge zum Schneiden von Platten und Einpassen von Einbauspülen und Kochmulden
Oberfräse (oder Elektro-Kreissäge) zur Herstellung von Schrankgriffen
Bohrführung zur Verbindung von Arbeitsplatten
V-Block zum Halten von Rundhölzern für Türgriffe

Materialien

Hinweis: Alle Angaben gelten für Endmaße - entweder gesägt oder gehobelt. Das aufgeführte Material gilt für den Bau eines Seitenteils mit Einlegeböden und einem Bodensockel.

Grundelemente – Grundrahmen

Teil	Stückzahl	Material	Länge
Vorderer Pfosten	1	75 x 50 mm gesägtes Weichholz	890 mm
Hinterer Pfosten	1	Wie oben	790 mm
Oberer Querträger	1	Wie oben	575 mm
Unterer Querträger	1	Wie oben	575 mm
Zwischen-Querträger	Nach Bedarf	Wie oben	480 mm

Verkleidung (Abdeckung für Rahmen und Boden)

Seiten	2	12 mm Verschalungssperrholz	890 x 630 mm
Boden	1	12 mm Verschalungssperrholz	600 x 630 mm

Einlegeböden

Oberer Einlegeboden	1	15 mmm Spanplatte mit Beschichtung	600 mm breit x 618 mm tief
Zwischenboden	1	15 mm Spanplatte mit Beschichtung	600 mm breit x 575 mm tief
Blendleiste für Zwischen-Einlegeboden		38 x 12 mm gehobeltes Hartholz	600 mm

Auflageleisten für Einlegeböden

Oberer Einlegeboden	1	19 x 19 mm gehobeltes Weichholz	618 mm
Zwischenboden	1	Wie oben	575 mm

Bodensockel

Vorderer Trägerbalken		100 x 25 mm gesägtes Weichholz	600 mm
Mittlerer Trägerbalken		Wie oben	Wie oben
Hinterer Trägerbalken		Wie oben	Wie oben

Fliesen

Fliese	Nach Bedarf	108 x 108 mm weiße Keramikfliesen für Wand und Boden	

Bau des Seitenteils – Grundelement

Grundrahmen

Den vorderen Pfosten mit 75 mm langen Rundnägeln an den oberen Querträger nageln. Zur Erleichterung der Arbeit nageln Sie gegen eine Leiste, die an der Werkbank festgeklemmt, am Boden angenagelt oder an der Wand befestigt ist, so daß Sie ein festes Widerlager haben. Dabei müssen die Teile auf einer ebenen Fläche liegen, um sie bündig und stabil miteinander verbinden zu können. Dann das Ganze umdrehen und den vorderen Pfosten an den unteren Querträger nageln. Der hintere Pfosten wird zwischen oberem und unterem Querträger 50 mm von den Enden nach innen versetzt eingepasst und angenagelt. Dadurch läßt sich das Seitenteil später leichter in die Rückwand einpassen. Bei dem Seitenteil für den Waschbereich ist der hintere Pfosten von der Hinterkante aus um 100 mm einzurücken, um Raum für die Anschlüsse des Trockners zu schaffen.

Anbringen der Zwischen-Querträger

Bringen Sie die Zwischen-Querträger so an, daß darauf nachher die Auflageleisten der Einlegeböden montiert werden können.

Das fertige Projekt sieht besser aus, wenn die Zwischenböden mit den Fugen zwischen den Fliesen eine Linie bilden. In unserem Grundelement ist der Einlegeboden eine Fliesenbreite unterhalb der Oberkante angeordnet und der Zwischenboden in der Mitte zwischen Einlegeboden und der Oberkante des Bodensockels.

An vorderem und hinterem Pfosten die Oberkante des Einlegebodens in der gewünschten Höhe ausmessen und markieren. Als nächstes markieren Sie die Stärke (15 mm) für den Einlegeboden und dann die Stärke der Auflageleiste für den Einlegeboden (19 mm). Die Mitte der Auflageleiste ist auch die Mittellinie des Zwischen-Querträgers. Für den Zwischenboden verfahren Sie entsprechend.

Jetzt wird der rechteckige Grundrahmen hochkant aufgestellt (die hinteren, nach innen versetzten Pfosten mit Holzklötzen – 50 mm – unterlegen), und dann werden alle Zwischen-Querträger in der richtigen Lage festgenagelt.

Verkleidung des Rahmens

An den Außenseiten des vorderen und hinteren Pfostens die Mittellinien der Zwischen-Querträger markieren. Durch die Seitenverkleidungen (die auf den Rahmen genagelt werden) sind die Positionen der Zwischen-Querträger später nicht mehr zu erkennen. Die Mittellinie der Zwischen-Querträger genau markieren, auch wenn die Nagelköpfe die richtige Lage der Zwischen-Querträger in etwa anzeigen. Außerdem die Mittellinie des hinteren Pfostens auf der Vorderseite des oberen und unteren Querträgers markieren.

Den Rahmen plan hinlegen, eine aus 12 mm Verschalungssperrholz geschnittene Seitenplatte darauflegen und die Vorderkante dieser Platte an der Vorderkante des vorderen Pfostens ausrichten. Wenn Sie die Platte fliesen wollen, so nageln Sie die Vorderkante der Platte mit 38 mm langen Rundnägeln im Abstand von etwa 150 mm fest. Wollen Sie die Platte streichen, so arbeiten Sie mit einer MDF-Platte und Drahtnägeln mit Senkköpfen.

Wenn die Seitenplatten genau winkelig geschnitten sind, so können Sie an ihnen auch den Grundrahmen rechtwinkelig ausrichten. Da nur die Vorderkante der Platte angenagelt wurde, läßt sich jetzt der Rahmen leicht ausrichten. Dann nageln Sie die Platte auf den Rahmen mit Nägeln im Abstand von 150 mm. Damit die Nägel auch wirklich in den Rahmen gehen, übertragen Sie die Markierungen der Mittellinien für Zwischen-Querträger und hinteren Pfosten auf beide Seitenplatten. Anschließend das Seitenteil umdrehen und die zweite Seitenplatte bündig annageln.

Fliesen

Die Seitenplatten des Seitenteils am besten fliesen, bevor das Seitenteil montiert wird, soweit Sie keine Rückwand einbauen (siehe Rückwand, Seite 88). Das Seitenteil auf eine ebene Fläche legen, Führungslinien für einen genauen Fliesenabstand markieren, Fliesenkleber auftragen und die Fliesen sauber andrücken (siehe Techniken, Seite 36). Die Fliesen werden von vorne nach hinten und von oben nach unten arbeitend verlegt. Wenn Boden oder Wand am vorgesehenen Standort des Seitenteils uneben sind (oder Rohrleitungen zu verdecken sind) lassen Sie die hinterste und unterste Fliesenreihe und die Auflageleisten für die Einlegeböden weg, bis das ganze Küchen-System passend angerissen wurde (siehe: Techniken, Seite 31). Zu diesem Zeitpunkt die Vorderseite noch nicht fliesen! Wenn der Fliesenkleber getrocknet ist, werden die Fliesen verfugt. Dann drehen Sie das Seitenteil um und wiederholen den ganzen Vorgang. Nach dieser Methode stellen Sie sich sämtliche Seitenteile für Ihr eigenes Küchen-System her.

1 Grundrahmen
Zum leichteren Einbau an der Wand den hinteren Pfosten zwischen oberem und unterem Querträger um 50 mm nach innen versetzen.

2 Zwischen-Querträger
Auflageleiste für den Einlegeboden liegt eine Fliesenbreite unter der Oberkante. Zwischen-Querträger und Auflageleiste liegen aufeinander.

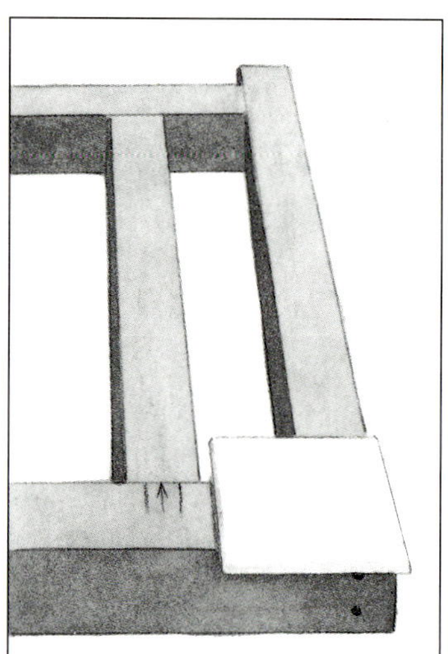

3 Plazieren des Zwischen-Querträgers für Zwischenboden
Nach dem Nageln des ersten Zwischen-Querträgers, wird der zweite so eingepasst, daß er genau mittig auf der Auflageleiste für den Zwischenboden liegt.

Das Küchen-System

Seitenteil-Grundelement

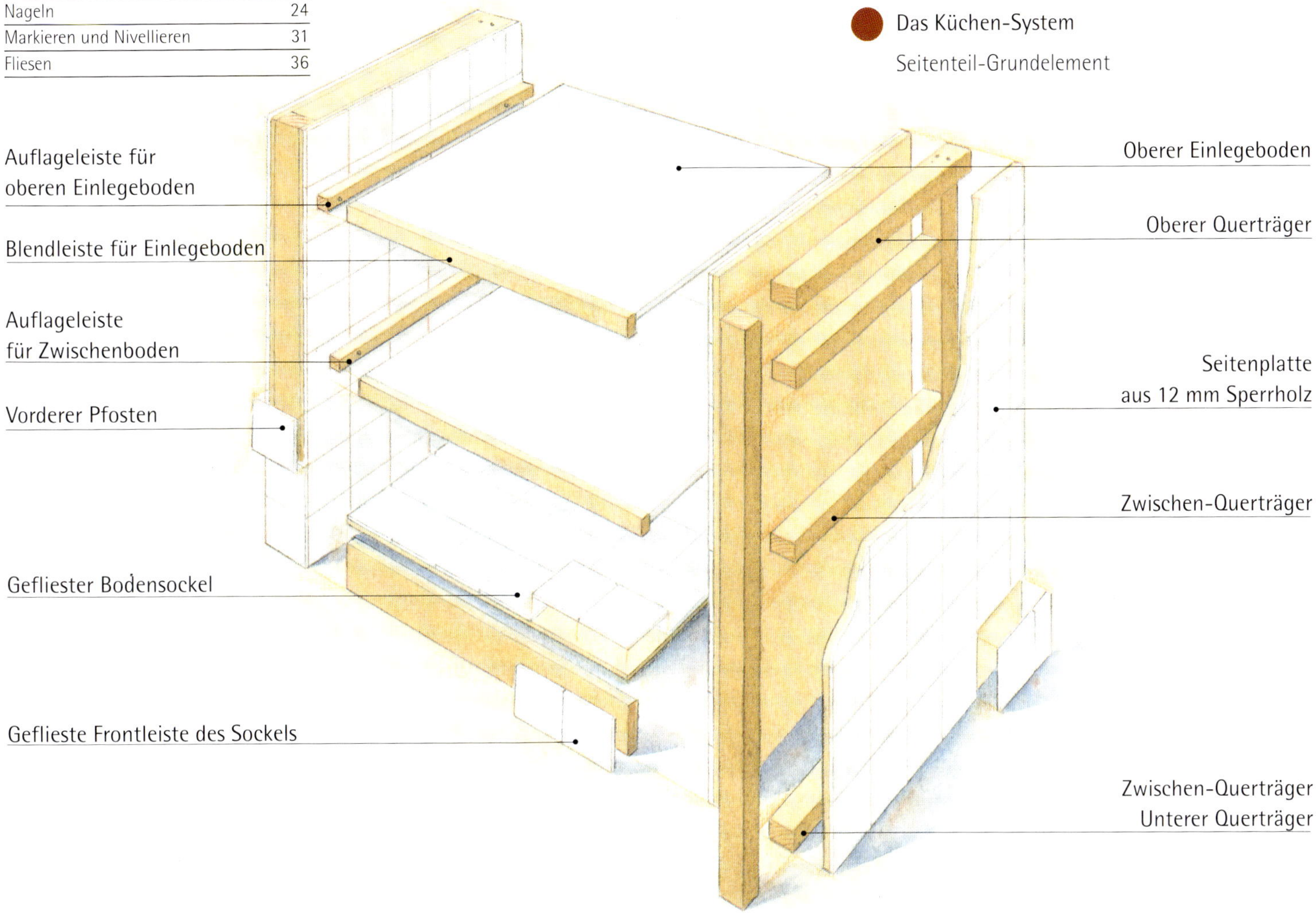

4 Verkleiden des Grundrahmens

Mittellinien der Zwischen-Querträger an der Außenseite des Rahmens markieren. Diese Markierungen sorgfältig auf die 12 mm Sperrholzplatte übertragen. Sie dienen als Führung zum Nageln der Seitenplatten.

5 Seitenplatten nageln

Vorderkanten im Abstand von 150 mm nageln. Rahmen rechtwinklig ausrichten, dann entlang der Führungslinien nageln.

6 Seitenteile fliesen

Von oben nach unten und von vorne nach hinten fliesen, um geschnittene Fliesen an der Rückseite oder am Boden außer Sichtweite zu halten.

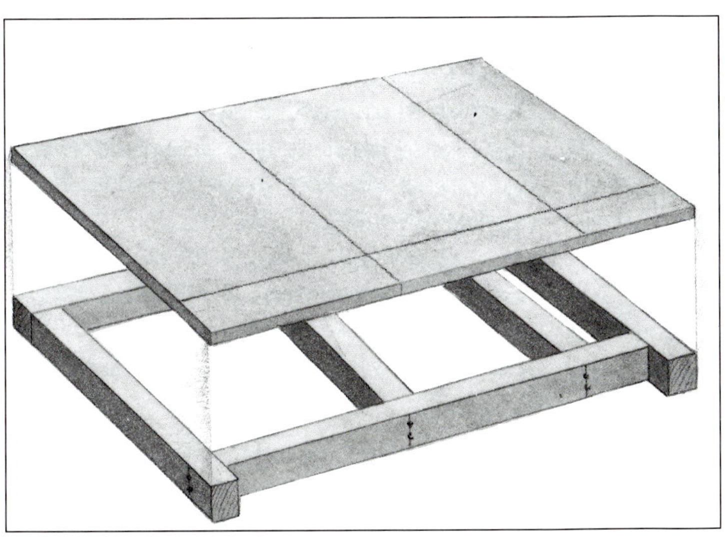

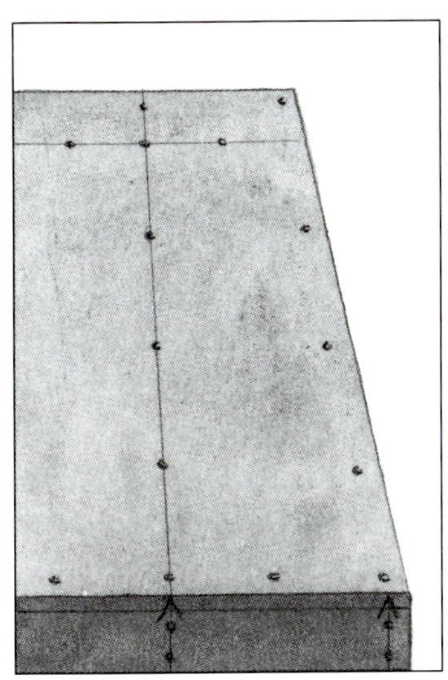

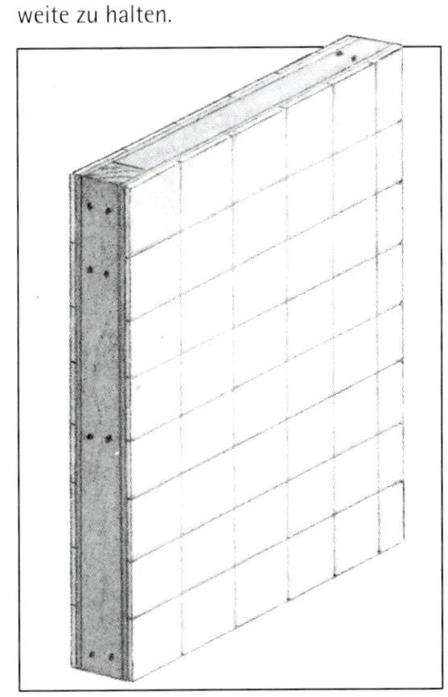

Weiteres Bearbeiten der Seitenteile

Gestrichene Seitenteile

Die im Foto auf Seite 80 gezeigten bemalten Seitenteile zeigen beim Vergleich mit den gefliesten Seitenteilen auch die zahlreichen Möglichkeiten des Küchen-Systems.

Die Grundelemente werden genauso gebaut wie vorher, jedoch werden die Rahmen mit 12 mm MDF-Platten verkleidet. Um eine glatte Oberfläche zu erhalten, werden die Drahtnägel mit Senkköpfen etwa 2 mm tief in die Platte versenkt und die Löcher mit einem entsprechenden Holzmittel verspachtelt. Nach dem Aushärten des Kitts wird der Rahmen mit Schleifblock und Schleifpapier abgeschliffen.

Jedes Seitenteil wird an der Vorderseite fertig bearbeitet, indem man eine MDF-Platte als Sichtfläche anbringt, diese festnagelt und schleift wie die Seitenplatten. Die Vorderkanten der Sichtflächen mit einem Schleifblock abfasen und dann die Auflageleisten für die Einlegeböden anbringen. Die Platten in ihrer Lage befestigen (siehe Seite 89f.) und streichen.

Hohe Seitenteile

Hohe Seitenteile brauchen Sie zum Einbau von Backöfen, Mikrowelle, Kühlschrank usw. in Augenhöhe. Sie werden genauso gebaut wie die niedrigen Seitenteile, wobei alle Zwischen-Querträger in der für die Auflageleisten benötigten Höhe eingebaut werden. Ein Zwischen-Querträger muß auch an der Stelle vorgesehen werden, wo die Arbeitsplatte an das Seitenteil anstößt, weil hier ein hohes Gewicht aufgenommen wird. Da die größte Standardlänge für Sperrholz 2440 mm beträgt, werden höhere Seitenteile verlängert. Die Verbindung erfolgt auf einem Zwischen-Querträger, so daß beide Schnittkanten genagelt werden können. Findet sich kein passender Zwischen-Querträger, so ziehen Sie einen zusätzlichen Träger in den Rahmen ein.

Einlegeböden für einen Herd

Dieser Boden muß das Gewicht des Gerätes tragen können. Als Auflageleisten verwenden Sie 50 x 25 mm Vierkanthölzer und als Einlegeboden 25 mm starke Span- oder MDF-Platten. Eine Frontleiste wird aus demselben Material wie der Einlegeboden auf die Breite des Einlegebodens und die erforderliche Höhe geschnitten; in diesem Fall eine Fliese hoch. Die Frontleiste mit Schrauben, Leim oder Nägeln an der Vorderkante des Einlegeboden befestigen und dann fliesen.

Befestigen einer Rückwand

Wenn Sie eine Rückwand anbringen möchten (um z. B. in einem offenen Regal Rohrleitungen zu verkleiden), so müssen Sie sie vor den Einlegeböden und dem Bodensockel und auch vor dem Fliesen der Seitenplatten einbauen. Die Tiefenmaße der Einlegeböden und der Bodenplatte entsprechend reduzieren. Wenn das Seitenteil entlang von Rohrleitungen eingebaut wird, so zeichnen Sie die Leitungen jetzt genau an, damit alles später gut paßt (siehe: **Techniken, Seite 31**).

Wenn alle Seitenteile auf ihrem vorgesehenen Platz stehen und richtig markiert sind, nehmen Sie das erste Seitenteil heraus und ziehen eine 50 mm nach innen versetzte Linie über die ganze Höhe. Dann schneiden Sie zwei Stücke einer 19 x 19 mm Vierkantleiste auf die Höhe des Seitenteils und befestigen eine Leiste unmittelbar vor der markierten Linie mit Nägeln und Leim. Denselben Vorgang für das zweite Seitenteil wiederholen. Die Seitenverkleidung nur bis zur Leiste fliesen (siehe: **Techniken, Seite 36**). Andere Seitenteile genauso vorbereiten.

Die Auflageleisten für die Einlegeböden herstellen, 6 mm zusätzlich zur reduzierten Tiefe für die Stärke der Rückwand abziehen und befestigen. Die Seitenteile wieder an ihren Platz zurückstellen und am Boden befestigen (siehe Seite 89 f.)

Die Rückwand aus 6 mm Sperrholz- oder MDF-Platte sägen. Die Höhe ist gleich der Höhe der Seitenteile, die Breite ist dieselbe wie die der Einlegeböden. Die Rückwand von oben einsetzen und mit vier Schrauben auf jeder Seite an die Vierkantleisten schrauben. Zum leichteren Einpassen müssen die Auflageleisten für die Einlegeböden eventuell vorübergehend wieder entfernt werden.

Einlegeböden anfertigen (siehe gegenüberliegende Seite) und dabei die entsprechenden Tiefenmaße berücksichtigen. Auflageleisten wieder anschrauben und Einlegeböden einlegen.

Bodensockel

Jeder Bodensockel besteht aus einer 12 mm starken Verschalungssperrholz-Platte, die auf 100 x 25 mm Trägerbalken befestigt wird. Grundlage für diese Maße sind Fliesen im Format von 108 x 108 mm. Danach richten sich auch die Tiefenmaße.

Die 12 mm starke Sperrholzplatte passend sägen und die Trägerbalken vorne, hinten und in der Mitte mit Nägeln befe-

1 Verkleiden gestrichener Seitenteile mit MDF-Platten: Elemente mit 12 mm-MDF-Platten verkleiden. Nagelköpfe in der Oberfläche versenken.

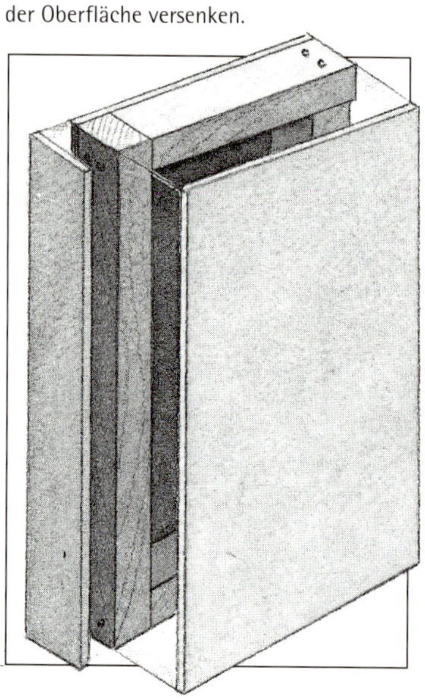

2 Herstellen hoher Seitenteile
Gleiches Bauprinzip wie bei niedrigen Seitenteilen. Zwischenträger dort einbauen, wo Einlegeböden oder Befestigungen vorgesehen sind.

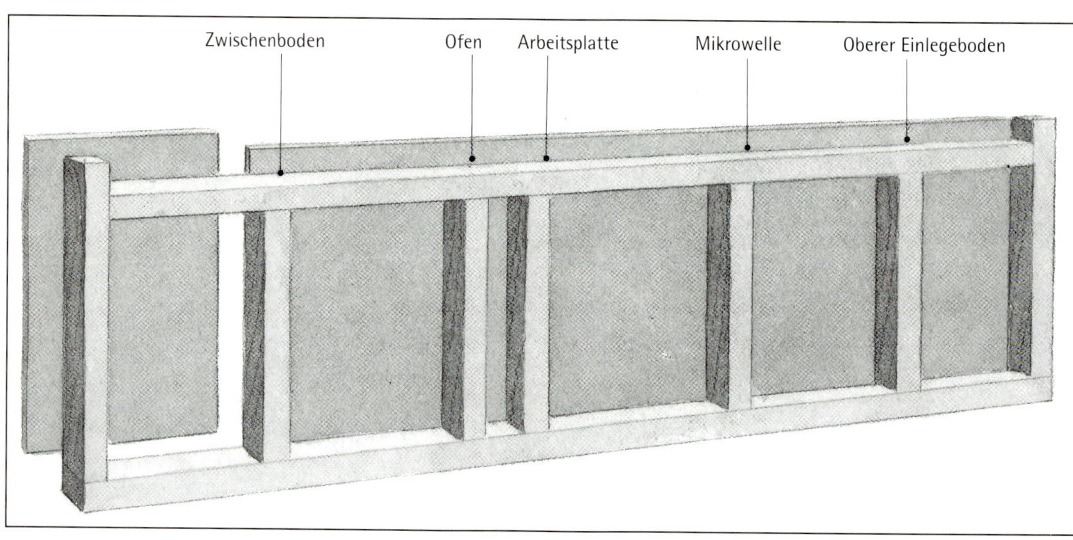

stigen. Zum leichteren Markiern versetzen Sie den hinteren Trägerbalken etwas nach innen.

In Waschküche oder Küche werden Waschmaschine und Trockner normalerweise auf den Boden gestellt. Einbaumodelle »sehen besser aus«, wenn Sie sie auf geflieste Bodensockel stellen, wie die Abbildung auf Seite 83 zeigt. Dazu sind zwei zusätzliche Trägerbalken erforderlich, um das Gewicht der Maschinen aufzunehmen. Zur Schalldämmung füllen Sie die Räume zwischen den Trägerbalken mit Dämmwolle auf.

Die Bodenplatte von vorne nach hinten und von der Mitte nach außen fliesen, so daß geschnittene Fliesen auf jeder Seite gleichmäßig verteilt sind (siehe: **Techniken, Seite 36**). Anschließend die Fliesen verfugen. Wenn ein Haushaltsgerät auf einen gefliesten Bodensockel gestellt werden soll, so wählen Sie bodengeeignete Fliesen aus, weil dünne Wandfliesen unter dem Gewicht und den Vibrationen der Maschinen brechen würden.

Einlegeböden

Für unsere Einlegeböden wählten wir leicht zu reinigende Spanplatten mit Melaminbeschichtung; Sie können aber auch andere Platten verwenden wie Tischlerplatten oder Sperrholz (siehe Materialien, Seite 16). Alle Einlegeböden haben an der Vorderseite eine Blendleiste aus Holz, deren Stärke bei der Befestigung der Auflageleisten zu berücksichtigen ist.

Anbringen der Auflageleisten

Die Position der Auflageleisten ist bereits an dem vorderen und hinteren Pfosten markiert worden (siehe **Anbringen der Zwischen-Querträger, Seite 86**). Mit einem Bleistift übertragen Sie die Markierungen auf die Fliesen. Für die Auflageleisten verwenden Sie 19 x 19 mm gehobelte Kanthölzer; sägen Sie sie auf die erforderliche Länge zu. Die obere Leiste ist so lang wie das Seitenteil tief ist, minus der Stärke der Blendleiste. Die mittlere Leiste ist so lang, wie die Einheit tief ist, abzüglich einer halben Fliesenbreite und der Stärke der Blendleiste.

Die Auflageleiste wird in der vorgesehenen Position auf die Seitenfläche gehalten, um zwei Markierungen für die Befestigungsschrauben im Abstand von etwa 50 mm vom Ende einer jeden Auflageleiste anzubringen. Darauf achten, daß diese Schrauben nicht zu dicht an den Kanten der Fliesen sitzen.

Mit einem Bohrer 4,5 mm bohren Sie zwei Senkbohrungen in die Auflageleiste (siehe: **Techniken, Seite 23**). Dann die Auflageleiste wieder entsprechend anlegen und die Schraubenpositionen auf den Fliesen markieren. Die Fliesen bohren Sie mit einem speziellen Fliesenbohrer , damit die Fliesen nicht platzen.

Durch die Mitte eines jeden Senkloches bohren Sie in die Verkleidung des Seitenteils ein 3 mm-Loch. Löcher an der Vorderseite der Leiste versenken und die Leisten mit 50 mm-Schrauben Nr. 8 anschrauben. Die Auflageleisten werden mit einer zu den Fliesen passenden Farbe überstrichen.

Anfertigen der Einlegeböden

Den Einlegeboden so in einem Schraubstock festklemmen, daß die nicht beschichtete Vorderkante nach oben zeigt. Eine 38 x 12 mm gehobelte Holz-Blendleiste auf diese Kante nageln und hartleimen, so daß sie an der Oberkante bündig sitzt. Die Blendleiste sollte nach unten so weit über den Fachboden hinausragen, daß die Auflageleisten verdeckt werden, das heißt 19 mm. Die Auflageleisten mit runden 25 mm-Drahtnägeln nageln. Die Nagelspitzen werden vorher gestaucht, damit sie die Leisten nicht spalten. Überschüssigen Leim abwischen. Nagelköpfe versenken, Löcher spachteln und dann glatt schleifen.

Die Blendleiste streichen, beizen oder lackieren. Unsere Leisten sind weiß zur Arbeitsfläche passend gebeizt.

Wo ein Einlegeboden in eine Ecke passen muß, schneiden Sie die nach unten überhängende Blendleiste an der Stelle, an der die Vorderseite des Einlegebodens am Seitenteil anliegt. Dann verschrauben Sie eine Auflageleiste mit der Wand in gleicher Höhe wie die Auflageleisten am Seitenteil, um so den Einlegeboden an der Rückseite zu stützen.

Seitenteile an Ort und Stelle einbauen

Die Seitenteile werden an der Wand mit Metallwinkeln ganz oben und in Höhe der Einlegeböden befestigt, so daß die Winkel nicht sichtbar sind.

3 Befestigen einer Rückwand
Aussparungen für Rohrleitungen in Seitenteilen anzeichnen und aussägen. Einschnitte vornehmen. Befestigungsleiste für Rückwand nach innen versetzt anbringen.

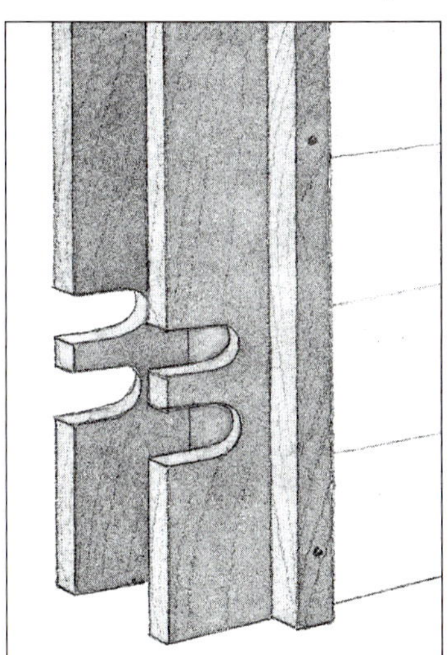

4 Herstellen eines gefliesten Bodensockels
Der Bodensockel besteht aus 12 mm Sperrholz auf 100 x 25 mm Trägerbalken. Der hintere Balken ist etwa 50 mm nach innen versetzt. Die Fliesen an der Vorderseite überlappen bündig die Kanten der Fliesen auf der Bodenplatte.

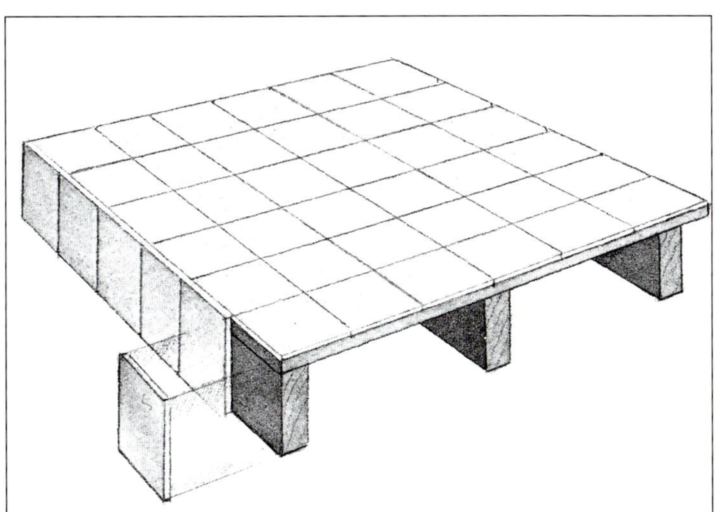

5 Einbauen der Einlegeböden
Eine an der Vorderkante des Einlegebodens befestigte Hartholz-Blendleiste verdeckt die am Seitenteil verschraubten Auflageleisten.

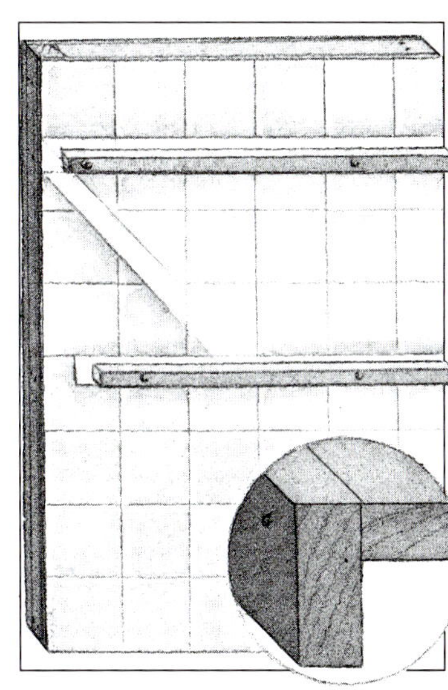

Schranktüren und Lattenregal

Mit diesen Metallwinkeln werden die Elemente auch am Boden befestigt. Dort werden die Winkel durch die Bodensockel verdeckt.

Die Seitenteile nach Ihrem Plan aufstellen. Über Eck verlaufende Küchen-Systeme benötigen an der Ecke auch ein Seitenteil, damit die Kanten der Arbeitsplatten eine Auflage haben. Alle zur Montage der Seitenteile an Wand oder Boden erforderlichen Markierungen vornehmen (siehe: Techniken, Seite 31).

Jetzt werden alle noch fehlenden Fliesen verlegt, die zum leichteren Markieren bisher weggelassen wurden. Dazu die Auflageleisten erneut abschrauben und nach dem Fliesen wieder befestigen. Einlegeböden und danach Bodensockel einsetzen.

Seitenteile mit Winkeln am Boden befestigen. Dazu den Bodensockel herausnehmen und die Winkel an Stellen befestigen, an denen sie die Trägerbalken des Bodensockels nicht stören. Bodensockel dann wieder an seinen PLatz schieben. Hohe Seitenteile an der Wandleiste und, falls notwendig, auch an Boden und Decke mit Metallwinkeln an nicht einsehbaren Stellen befestigen, so z.B. hinter dem Herd, direkt unter dem untersten Zwischenboden oder über dem ersten Zwischenboden über Augenhöhe. Wenn alle Seitenteile eingebaut und befestigt sind, werden abschließend die Vorderseiten gefliest und verfugt.

Türen

Die paarweise in einen Holzrahmen eingehängten Türen sind an bestimmten Stellen eine nützliche Ergänzung.

Herstellen des Türrahmens

Die Öffnung messen, in die die Türen eingepaßt werden sollen, und einen Rahmen nach diesen Außenmaßen herstellen.

Die Querhölzer zwischen die senkrechten Hölzer mit zwei 12 mm Dübeln an jeder Rahmenecke dübeln (siehe Techniken, Seite 30). Während der Leim trocknet, wird der Rahmen auf einer ebenen Oberfläche mit Schraubknechten im rechten Winkel gehalten. Der Rahmen kann auch provisorisch an einer auf der Werkbank befestigten Leiste angelegt werden; eine zweite Leiste wird in geringem Abstand von der gegenüberliegenden Seite des Rahmens auf der Werkbank befestigt. Durch je zwei Holzkeile, die verschoben werden können, entsteht der gewünschte Druck (siehe: Techniken, Seite 21).

Aus einem 12 mm Rundholz (Hartholz) sägen Sie acht Dübel, die doppelt so lang sind, wie das Holz dick ist, durch das sie gehen sollen, plus 12 mm. Dann werden mit einer Rückensäge zwei Rillen 1 bis 2 mm tief auf der Länge des Dübels eingesägt, damit Klebstoff und Luft entweichen können, wenn der Dübel eingeschlagen wird. Ein Ende eines jeden Dübels mit Schleifpapier abrunden.

Mit einem 12 mm Bohrer bohren Sie zwei Löcher durch jede Eckverbindung doppelt so tief wie das zu verbindende Holz stark ist. Die richtige Bohrtiefe markieren Sie mit einem Klebeband am Bohrer.

In jedes Loch Leim geben und innen mit einem dünnen Stab verteilen. Dübel einsetzen und sie fast bis in Endstellung mit dem Hammer einschlagen, wobei die Enden im Augenblick noch hervorragen. Den Rahmen rechteckig festgeklemmt lassen.

Wenn der Leim abgebunden hat, Rahmen aus der Halterung entfernen und die Dübelenden an der Oberfläche bündig ablängen.

Einbauen des Rahmens

Vor dem Einbauen wird der Rahmen rechtwinkelig fixiert, indem Sie eine Verstrebungsleiste vorübergehend auf ein Längs- und ein Querholz des Rahmens nageln (siehe 3-4-5-Methode, Seite 20, und Abbildung 2 unten). Nach dem Nageln der Verstrebungsleiste werden deren Enden bündig mit dem Rahmen zu einer glatten Kante abgesägt.

In die senkrechten Hölzer des Rahmens und das untere Querholz bohren und Bohrlöcher versenken. Den Rahmen in seine Lage einpassen und mit den Seitenteilen und dem Bodensockel verschrauben. Nach diesem Einbau wird die Verstrebungsleiste wieder vom Rahmen entfernt.

Herstellen der Türen

Für eine gestrichene Oberfläche sägen Sie die Türen aus einer 19 mm MDF-Platte so, daß sie mit 2 mm Luft rundum in den Rahmen passen. An die fertigen Türen können Sie viele verschiedene Arten von Handgriffen anbringen. Auf der gegenüberliegenden Seite wird gezeigt, wie Sie die Handgriffe der Abbildung herstellen und montieren. Scharniere und Anschläge sind ebenfalls an den Türen anzubringen (siehe: Techniken, Seite 33).

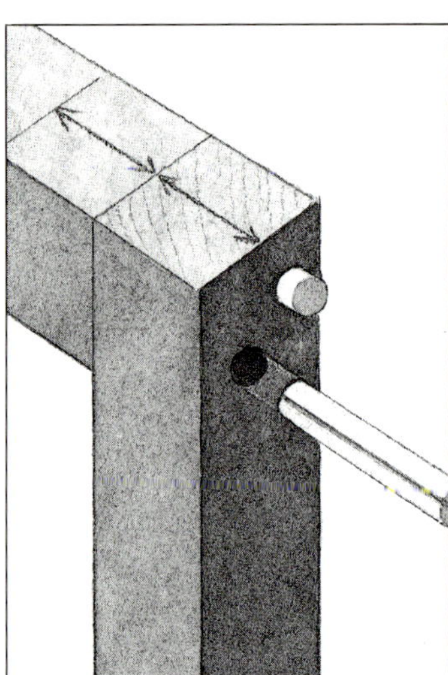

1 Verbinden von Rahmenecken
Die Tiefe der beiden 12 mm Dübellöcher in den Enden der Querhölzer entspricht der Stärke der senkrechten Hölzer.

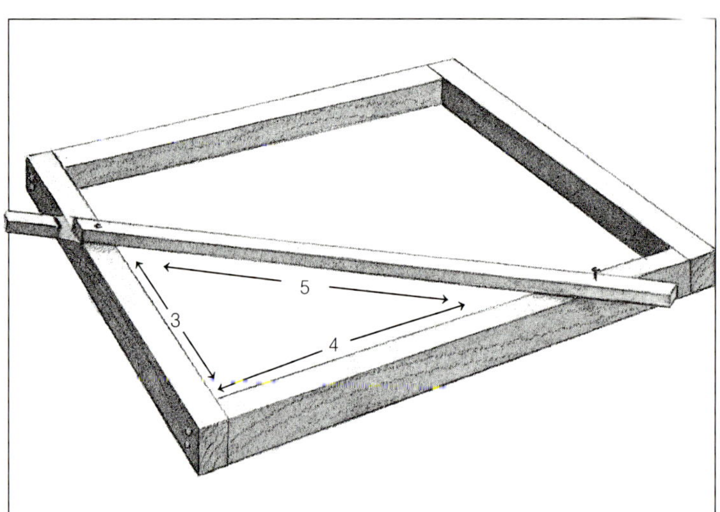

2 3-4-5-Methode
Vor dem Einpassen des Rahmens wird dieser provisorisch rechtwinkelig ausgerichtet. Dazu nageln Sie eine Leiste auf ein Quer- und ein Längsteil nach der 3-4-5-Methode (siehe Techniken, Seite 20).

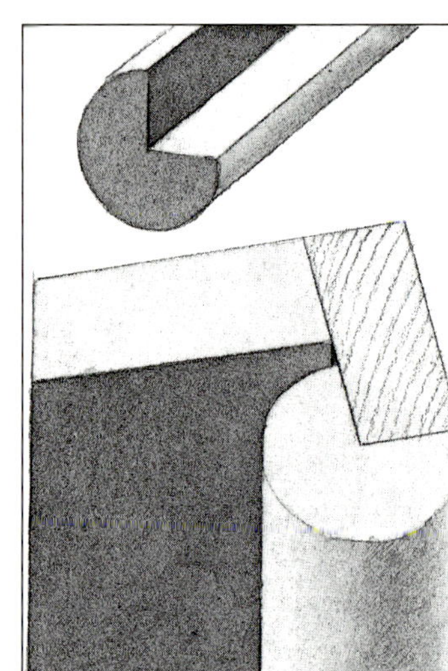

3 Anbringen der Türhandgriffe
Ein rechtwinkliger Falz wird in ein 25 mm Rundholz gefräst, das mit einer Hartholz-Blendleiste an der Türkante angebracht wird.

Herstellen der Handgriffe

Für die hier verwendeten Handgriffe brauchen Sie eine Oberfräse und einen V-Block zum Festhalten des Rundstabs, aus dem die Handgriffe gefertigt werden (siehe Herstellen eines V-Blocks, Seite 23). Der Rundstab wird in den V-Block gelegt und mit der Oberfräse gefalzt. (Auch mit der Kreissäge möglich, jedoch schwieriger!) Die Türen um die Stärke der Blendleiste, das heißt 12 mm, schmäler sägen.

Aus einem Rundholz mit 25 mm Durchmesser zwei Stücke in Türlänge plus 50 mm Zuschlag sägen. Der V-Block wird in 1 m Länge aus einem 75 x 50 mm Kantholz mit einem 25 mm tiefen V-Ausschnitt an einer Kantenseite gesägt. Jedes Ende des Rundholzes wird im V-Block genagelt; darum der Zuschlag. Dann wird die fertige Länge markiert. V-Block im Schraubstock einklemmen.

Von einem Ende zum anderen arbeitend wird zwischen den Markierungen die volle Tiefe der Blendleiste (12 mm) ausgefräst. Dann wird das Rundholz auf die Endlänge gesägt. Zwei Stücke einer Blendleiste aus Hartholz (32 x 12 mm) werden nun auf die Länge der Rundhölzer zugesägt. Die Blendleiste an das Rundholz leimen und verstiften und danach plan schleifen. Blendleiste auf die Türkanten leimen, verstiften und nach Wunsch die Oberflächen behandeln.

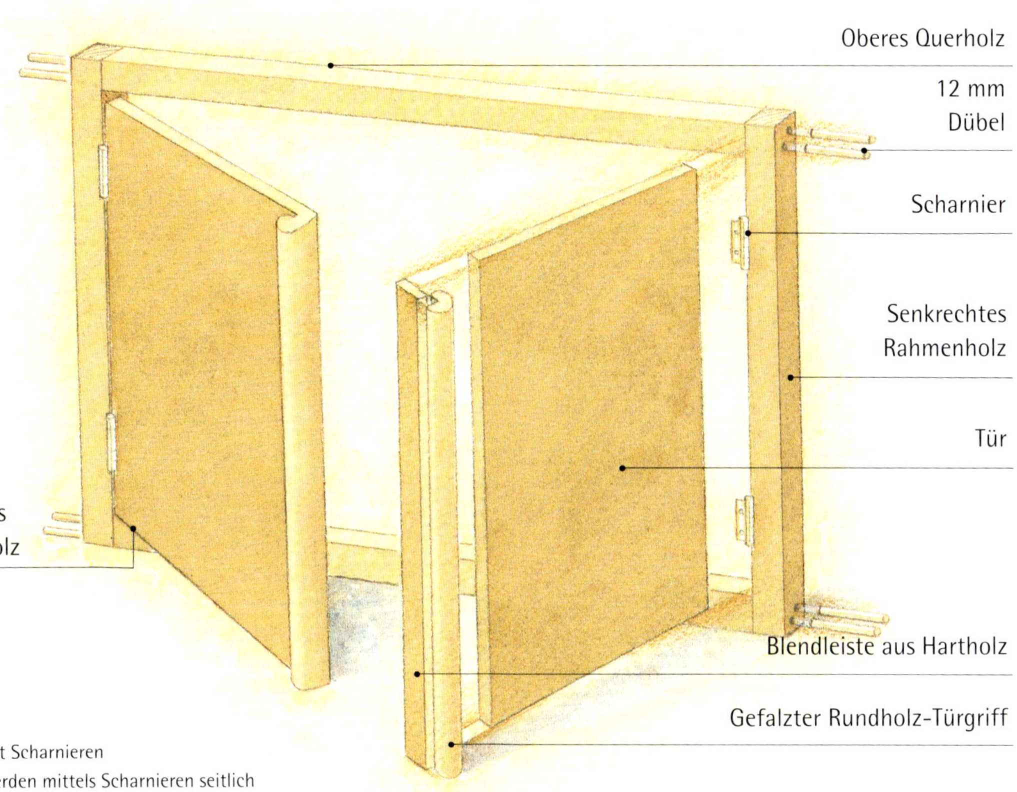

Türen mit Scharnieren

Türen werden mittels Scharnieren seitlich an einer einfachen Rahmenkonstruktion befestigt.

Lattenregal

Lattenroste sind leicht zu bauen und in belüfteten Schränken besonders nützlich. In der Waschküche (siehe **Seite 83**) wurde unter dem Spülbecken ein Lattenregal eingebaut. Einige Querlatten werden auf Seitenträger genagelt, die auf gleichen Auflageleisten aufliegen, wie sie in der Küche an den Seitenteilen angebracht wurden.

Zwei Stücke aus 50 x 25 mm gehobeltem Kantholz für die Seitenträger auf die erforderliche Tiefe des Lattenrostes zusägen. Unser Lattenregal ist etwa 100 mm nach hinten versetzt. Die Auflageleisten auf dieselbe Länge sägen und an der gewünschten Stelle befestigen (siehe: **Anbringen der Auflageleisten, Seite 89**).

Die erforderliche Anzahl von Latten (in diesem Falle 7) aus dem 50 x 25 mm gehobelten Kantholz sägen. Die Länge entspricht der Breite zwischen den Seitenteilen abzüglich 2 mm zum genauen Einpassen.

Die Seitenträger von den Enden der Latten um die Stärke der Auflageleisten nach innen versetzen. Als Auflageleisten verwenden Sie Verschnittholz derselben Stärke. Bevor Sie die vordere Latte quer auflegen, werden die Auflageleisten so neben die Seitenträger gelegt, daß die Latten mit den Außenkanten der Auflageleisten abschließen. Dann werden die Latten auf die Seitenträger genagelt.

Eine Abstandleiste zusägen (siehe: **Techniken, Seite 20**), damit die übrigen Latten in demselben Abstand befestigt werden können. Zum Schluß wird der Lattenrost gestrichen, gebeizt oder mit Klarlack lackiert.

4 Herstellen eines Lattenregals

Eine Reihe von Querlatten wird auf Seitenträger genagelt. Diese ruhen auf 19 x 19 mm Auflageleisten, die an den gefliesten Seitenteilen befestigt werden.

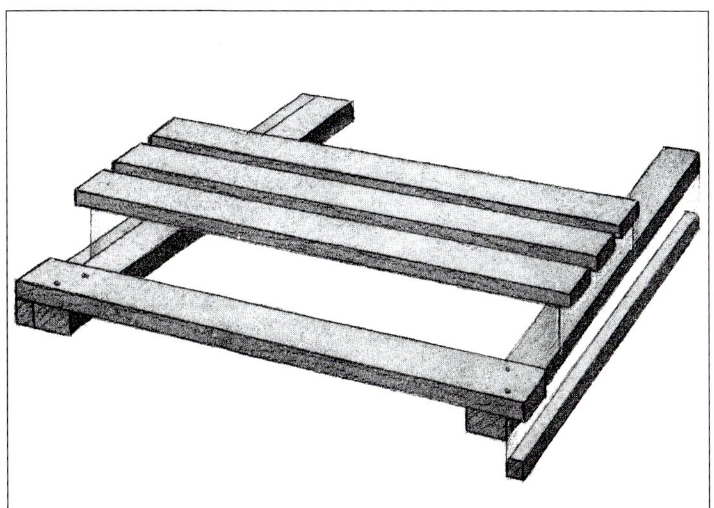

Arbeitsplatten

Arbeitsplatten gibt es in großer Auswahl. In unserer Küche benutzten wir eine 38 mm starke Massivholzplatte, deren Oberfläche eingelassen wurde. Die Arbeitsplatte in der gestrichenen Küche besteht aus einer gefliesten 25 mm starken Spanplatte, deren Vorderkante mit Hartholz verblendet ist. Fertige Arbeitsplatten mit Laminatbeschichtung haben oft abgerundete Vorderkanten. Die meisten Standard-Arbeitsplatten sind 30 mm stark.

Für einen sauberen Wandabschluß sorgen. Wandabschlußleisten gibt es in großer Vielfalt. Möglich ist auch die Montage einer Hartholzleiste in dem Ton Ihrer Arbeitsplatte.

Verbinden von Arbeitsplatten

Nur selten müssen zwei Arbeitsplatten aufgrund der Länge an den Enden durch Stoßverbindung miteinander verbunden werden; häufiger ist eine Eckverbindung. Denken Sie daran, daß die Enden der Platten auf einem Seitenteil aufliegen müssen.

Verstärken Sie die Verbindungen durch Dübel (siehe Techniken, Seite 30). Mit Hilfe einer Bohrführung erleichtern Sie sich den paßgenauen Zusammenbau. Dann fräsen oder bohren Sie die Öffnungen für die Schraubverbindungen an der Unterseite heraus; es gibt verschiedene Schraubverbindungen, die alle mit Gebrauchsanweisung geliefert werden. Für Eckverbindungen abgerundeter Arbeitsplatten gibt es auch speziell geformte Metalleisten zur sauberen Abdeckung der Verbindung.

Befestigen der Arbeitsplatten an den Seitenteilen

Die Arbeitsplatte mit zwei Winkeleisen auf jeder Seite der Seitenteile befestigen und durch vorhandene Türrahmen Schrauben in die Arbeitsplatte schrauben. Beim Befestigen einer Arbeitsplatte aus Massivholz können Dehnung und Schrumpfung des Holzes durch das Anbringen von speziellen Winkelplatten mit Langloch ausgeglichen werden. Wo eine Arbeitsplatte an ein hohes Seitenteil anstößt, wird am Seitenteil als Auflage für die Arbeitsplatte eine 50 x 50 mm Kantleiste angeschraubt. Von der Unterseite dieser Leiste nach oben in die Arbeitsplatte Schrauben eindrehen (bei einer Arbeitsplatte aus Massivholz Winkel mit Langloch verwenden). Die Vorderkante der Auflageleiste nach hinten abrunden, so daß sie weniger auffällt, und von der Vorderkante aus zurücksetzen. Sie können die Arbeitsplatte auch mit Auflagewinkeln befestigen, die vor dem Auflegen der Arbeitsplatte an das Seitenteil geschraubt werden (siehe Abbildung 2). Gefliest wird die Platte am besten nach dem Einpassen. Danach wird eine Blendleiste aus Hartholz angebracht. Der Spalt zur Wand hin wird zum Schluß abgedichtet.

Einbauspülen und Kochmulden

Diese werden mit Schablonen für die erforderlichen Ausschnitte geliefert. Die Schablone wird an die gewünschte Stelle gelegt und der Ausschnitt rundherum angezeichnet. In jeder Ecke wird dann innerhalb der gezeichneten Linie ein Loch mit 12 mm Durchmesser gebohrt. Das Sägeblatt der Stichsäge steckt man durch eines dieser Löcher und sägt dann an der Linie entlang (siehe: **Techniken, Sägen von Kreisen, Seite 22**).

Vorderes Bedienfeld für Kochmulde

Je ein kurzes Stück einer 19 x 19 mm Leiste in die Seitenteile links und rechts so schrauben, daß das Bedienfeld bündig mit der Vorderkante eingepasst werden kann. Nach den Anweisungen des Geräteherstellers verbinden Sie das Bedienfeld mit den Leisten.

Einsatzspüle

Diese Spüle sitzt auf einem Einlegeboden unter einem Ausschnitt in der Arbeitsplatte auf. Von der Innenform der Spüle wird eine Schablone angefertigt und diese dann genauso wie für die oben erwähnten Spülen und Kochmulden verwendet. Da die Arbeitsplatte über die Spüle etwas übersteht, muß der Ausschnitt kleiner sein als die Innenmaße der Spüle.

Mit einer Fräse fräsen Sie eine flache Nut an der Unterseite der Arbeitsplatte etwa 6 mm von der Kante nach innen versetzt um den gesamten Ausschnitt herum. Durch diese "Tropfrille" verhindern Sie, daß Wasser unter die Arbeitspatte läuft. Den Innenrand der Spüle und die Kanten an der Unterseite der Arbeitsplatte mit einem Silikon-Dichtungsmittel abdichten.

In den Einlegeboden für die Spüle einen runden Ausschnitt sägen, damit die Abwasserleitung an der Spüle befestigt werden kann. Die Vorderkante dieses Einlegebodens mit einer 50 x 25 mm Holzleiste verstärken. Zur Montage der Mischbatterie eines oder mehrere Löcher in die Arbeitsplatte sägen. Da diese Einsatzspülen im allgemeinen sehr schwach sind, empfiehlt es sich, vor der Montage einen Installateur um Rat zu fragen.

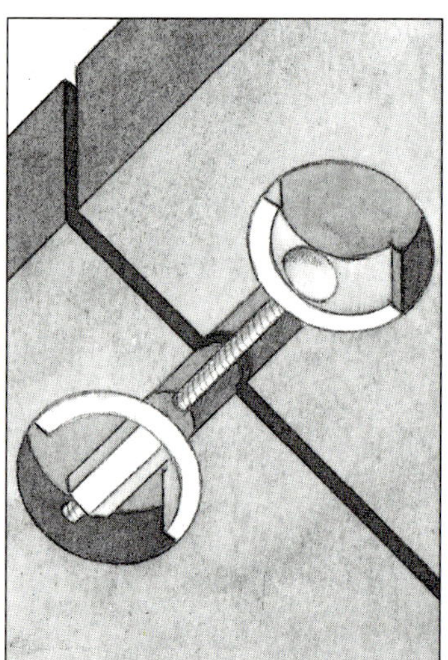

1 Verbinden von Arbeitsplatten
Die Verbindung von Arbeitsplatten durch Einpassen von Schraubverbindungen an der Unterseite verstärken.

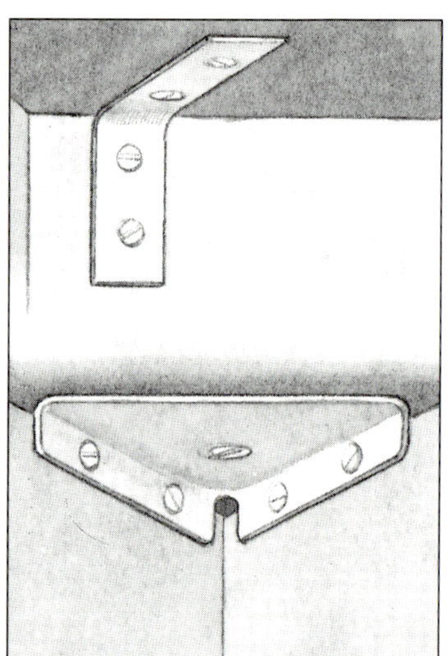

2 Befestigungswinkel
Mit Winkeleisen (Stuhlwinkel), oben, und Eckverbindungen, unten, lassen sich Arbeitsplatten und Seitenteile verbinden.

3 Einpassen einer Spüle oder Kochmulde
Die mit der Stichsäge zu sägenden Ausschnitte werden mit der mitgelieferten Schablone auf der Oberfläche angezeichnet. Mit Schraubklemmen werden Spüle oder Kochmulde an der Unterseite in die Arbeitsplatte fixiert.

Fliesen einer Arbeitsplatte

Durch Fliesen erhalten Arbeitsplatten eine sehr widerstandsfähige und saubere Oberfläche, die leicht zu reinigen und daher für Küchen ideal ist. Eine geflieste Oberfläche ist jedoch nicht für alle Zwecke geeignet - zur Speisenvorbereitung brauchen Sie eine glatte, saubere Oberfläche, zum Beispiel mit Laminatbeschichtung. Für das Zerkleinern von Gemüse und Fleisch brauchen Sie eine Oberfläche aus massivem Hartholz. Eine "gute" Küche weist also verschiedene Arbeitsoberflächen auf.

Beim Kauf von Fliesen für eine Arbeitsplatte sollten Sie dem Lieferanten den Verwendungszweck nennen. Es gibt einige dünne Wandfliesen, die brechen, wenn Sie auf ihnen arbeiten. Daher sind Fliesen in Wand- und Bodenqualität vorzuziehen. Manche Fliesen für den Außenbereich, insbesondere glasierte Fliesen, sind für die Vorbereitung von Speisen ungeeignet.

Weißen Fugenmörtel sollten Sie nach Möglichkeit nicht verwenden, weil er schwer sauberzuhalten ist. Eine gute Wahl ist ein dunkel getönter wasserfester Fugenmörtel. Fugenmörtel in verschiedenen Farben sowie Abtönfarben für weißen Fugenmörtel stehen in großer Auswahl zur Verfügung. Wenn Sie Fliesen ohne Fliesenleger-Kreuze verlegen, sollten Sie möglichst dicht fliesen, um die Fugen möglichst schmal zu halten.

Bevor Sie mit dem Fliesen beginnen, müssen Sie die zu fliesende Arbeitsplatte stabil und sicher befestigen. Wir empfehlen eine 25 mm starke Spanplatte. Sperrholz derselben Stärke ist ebenfalls geeignet, jedoch teurer. Massives Holz sollten Sie nicht fliesen, da das Holz zu stark arbeitet und sich die Fliesen eventuell lösen könnten.

Vor dem Fliesen wird eine Anschlagleiste vorübergehend an der Vorderkante der Arbeitsplatte befestigt, um gegen diese Kante die Fliesen anlegen zu können. Dann legen Sie die Fliesen zur Probe aus, um eventuell nötige Schritte zu ermitteln. Da diese fast immer notwendig sind, verlegen Sie geschnittene Fliesen im hinteren Bereich. Wenn die Fliesen an den Enden der Arbeitsfläche geschnitten werden müssen, sollten die geschnittenen Fliesen wenigstens eine halbe Fliesenbreite breit sein. Wenn sich bei dem ersten Auslegen der Fliesen nur schmale Fliesenstreifen an jedem Ende ergeben, so verschieben Sie die Fliesen entsprechend nach rechts oder links, so daß die Endfliesen breiter werden.

An der provisorischen Anschlagleiste wird die Stelle für die mittlere Fliese markiert. Das ist der Ausgangspunkt für das Fliesen. Mit einem Zahnspachtel verteilen Sie den Fliesenkleber auf ungefähr 1 m² der Arbeitsfläche zu einem gleichmäßigen Klebebett. Die mittlere Fliese wird dann mit einer leichten Drehbewegung in das Klebebett gedrückt; danach werden an jeder Seite dieser Fliese weitere Fliesen an der Vorderkante angelegt. Sie müssen an der provisorischen Anschlagleiste anliegen. Weitere ganze Fliesen werden von der mittleren Fliese ausgehend nach hinten zu angelegt. Mit Fliesenleger-Kreuzen sorgen Sie dafür, daß alle Fliesen genau gerade ausgerichtet werden. Durch Verlegen weiterer Fliesen auf beiden Seiten dieser Anfangsreihe wird der Hauptfliesenbereich fertiggestellt. Danach werden die Endfliesen zugeschnitten und verlegt (siehe: **Techniken, Seite 36**).

Abschließend wird die provisorische Anschlagleiste abgenommen und durch die Hartholz-Blendleiste ersetzt, deren Oberkante mit der Oberfläche der Fliesen bündig abschließen sollte. Die Blendleiste sollte breit genug sein, um die ganze Vorderkante der Arbeitsplatte abzudecken. Die Fugen zwischen den Fliesen und den Spalt zwischen den Fliesen und der Blendleiste verfugen. Zum Schluß wird der Übergang zwischen Fliesen und Wand mit einem Silikon-Dichtungsmittel wasserdicht abgedichtet.

4 Erstellen eines Verlegeplans
Provisorische Leiste an der Vorderkante der Arbeitsplatte anbringen. Fliesen zur Probe auslegen und ausmitteln.

5 Reihenfolge beim Fliesen
Vorderreihe der Fliesen von der Mitte aus rechts und links verlegen, dann nach hinten arbeiten.

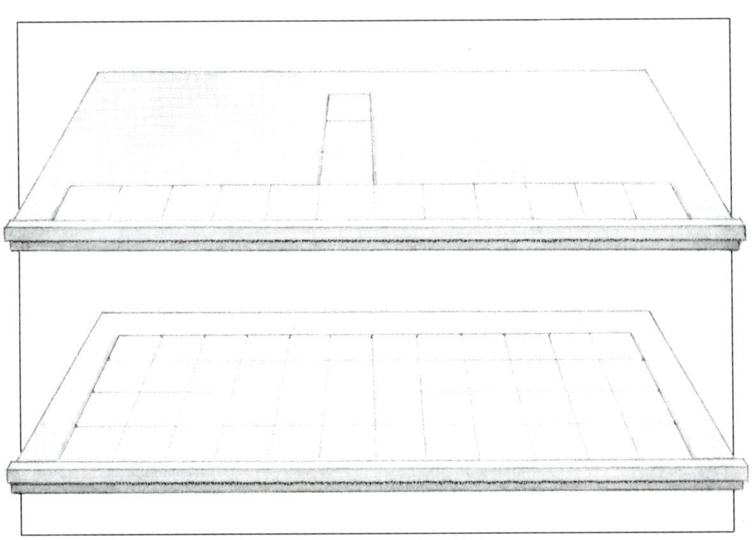

6 Geflieste Arbeitsplatte
In der auf Seite 80 gezeigten gestrichenen Küche wird die geflieste Arbeitsplatte mit einer sauberen Holzleiste abgeschlossen; so entsteht zum Kochen eine attraktive und funktionelle Oberfläche.

Wandregale

Die Wandregale werden ähnlich gebaut wie die Standelemente. Sie werden sauber an senkrechten Wandlatten montiert, so daß die Halterungen nicht zu sehen sind. Wenn die Regale an einer Hohlwand montiert werden, ist eine zusätzliche Montage an horizontalen Wandlatten erforderlich, die zur Unterstützung der vertikalen Wandlatten angebracht werden. Daher werden bei diesen Regalen die oberen und unteren Querträger dünner ausgeführt, und die Seitenflächen haben an der Rückseite Aussparungen, die die Wandlatten aufnehmen.

Herstellen des Wandregals

Jedes Wandregal besteht aus einem linken und rechten Seitenteil. Manche Seitenteile tragen auf beiden Seiten Einlegeböden.

An den Wänden zeichnen Sie die gewünschte Lage der Wandregale an. Um einen guten optischen Eindruck zu erzielen, sollten Sie die Seitenteile der Wandregale an den Seitenteilen der Standelemente ausrichten. Der vorgesehene Verwendungszweck der einzelnen Regalböden ist ebenfalls zu überlegen - Ablagen für Topfdeckel, Abtropfvorrichtung oder eine Stange für Küchengegenstände. Außerdem muß die Gesamthöhe der Wandregale festgelegt werden. In unserem Fall sind die Seitenteile 600 mm hoch und 350 mm tief.

Der Grundrahmen wird aus 50 x 50 mm gehobelten Kanthölzern hergestellt, die mit 6 mm dicken MDF-Platten verkleidet werden. Für jedes Seitenteil sind zwei Verkleidungsplatten erforderlich.

Zwei Querträger (für oben und unten) 350 mm lang und drei senkrechte Pfosten 510 mm lang sägen. Bedenken Sie, daß bei einer Hohlwand die oberen und unteren Querträger die Stärken 50 x 25 mm und eine Länge von nur 325 mm haben müssen.

Den Grundrahmen so verbinden, daß der hintere Pfosten um eine Pfostenstärke nach innen versetzt ist. Verkleidungsplatten nageln und leimen. Zuerst nur eine Kante befestigen, dann den Rahmen an den Plattenkanten rechtwinkelig ausrichten. Prüfen Sie, ob die Wandlatte hinten in die Aussparung paßt.

Werkzeuge

Schneidemesser
Stahllineal
Anschlagwinkel
Hammer
Nagelversenker
Fuchsschwanz (oder Elektro-Kreissäge)
Rückensäge
Schraubendreher
Schleifblock und Schleifpapier (oder Schwingschleifer)
Bohrmaschine
Bohrer
Senkbohrer
Steinbohrer
Hobel
Wasserwaage
Malerpinsel - 38 mm

Weitere Werkzeuge

Metalldetektor
Holzbohrer (Durchmesser der Stange für Küchengegenstände)

Materialien

Teil	Stückzahl	Material	Länge
Seitenteil (2 Stück pro Wandregal erforderlich)			
Seitenplatte	2	6 mm MDF-Platte	350 x 600 mm
Frontblende	1	6mm MDF-Platte	Wie oben
Oberer Querträger*	1	50 x 50 mm vorgehobeltes Kantholz	350 mm
Unterer Querträger*	1	Wie oben	Wie oben
Vorderer Pfosten	1	Wie oben	510 mm
Hinterer Pfosten	1	Wie oben	Wie oben
Wandlatte	1	Wie oben	Wie oben
Einlegeböden			
Oberer Einlegeboden	1	15 mm Spanplatte mit Melaminbeschichtung	325 x 600 mm oder nach Bedarf
Unterer Einlegeboden	1	Wie oben	Wie oben
Mittlerer Einlegeboden	1	15 mm Spanplatte mit Melaminbeschichtung	250 x 600 mm oder nach Bedarf
Blendleiste für Einlegeböden	3	12 x 38 mm Hartholz	600 mm oder nach Bedarf
Obere und untere Auflageleisten Einlegeböden	4	15 x 25 mm vorgehobeltes Kantholz (19 x 25 mm Kantholz kaufen und hobeln)	325 mm
Auflageleisten für mittleren Einlegeboden	2	Wie oben	250 mm
*Oberer Querträger (für Hohlwandbefestigung)	1	50 x 25 mm vorgehobeltes Kantholz	325 mm
*Unterer Querträger (für Hohlwandbefestigung)	1	Wie oben	Wie oben

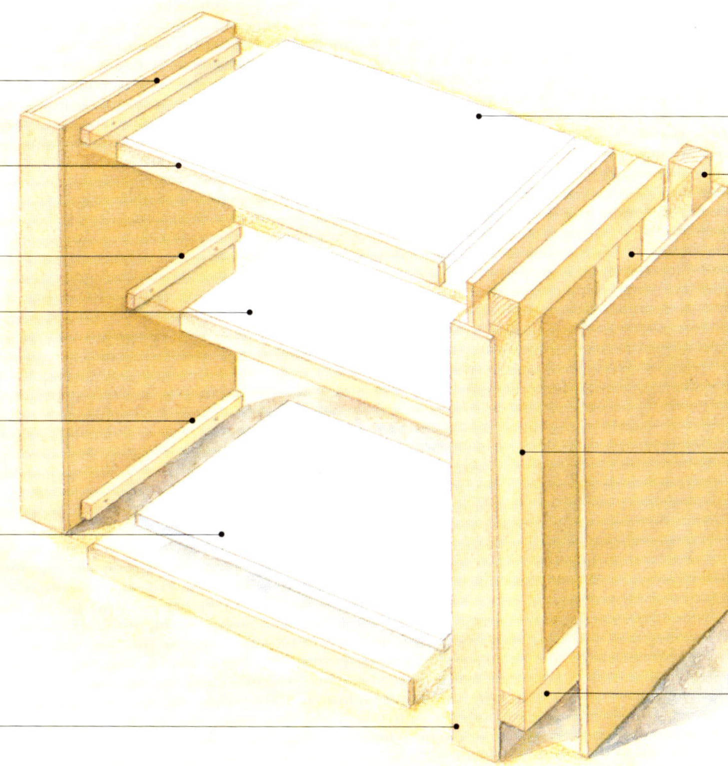

1 Grundrahmen für Seitenteil
Für sauberen Sitz und leichteres Anreißen ist der hintere Pfosten um die Stärke der Wandlatte nach innen gesetzt.

2 Verkleiden des Rahmens
6 mm MDF-Platten werden auf die Seiten und die Vorderseite genagelt, um den Rahmen zu verkleiden.

3 Befestigen der Auflageleisten
Auflageleisten werden oben, in der Mitte und unten befestigt. Detail: Leisten so zurückversetzen, daß Blendleiste und Frontblende eine Linie bilden.

4 Befestigen an Massivwand
Wandlatte wird mit Schrauben und Dübeln montiert; das Seitenteil mit Aussparung gleitet sauber darüber.

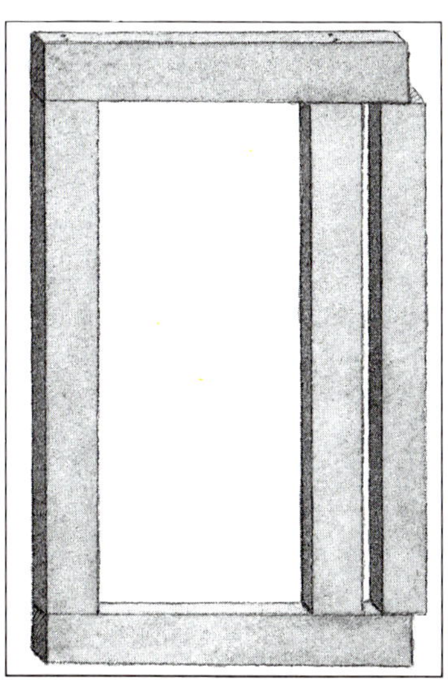

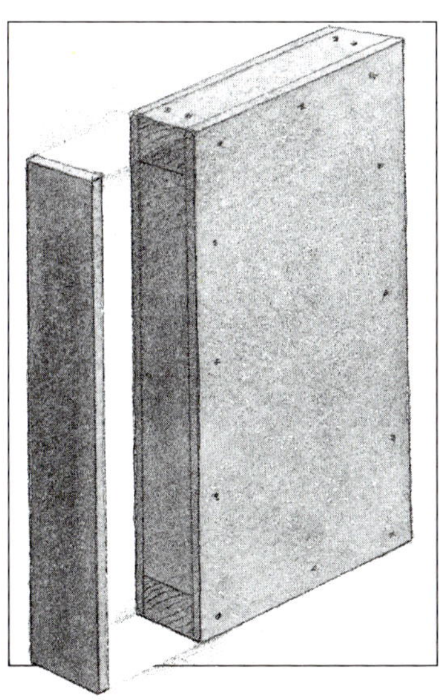

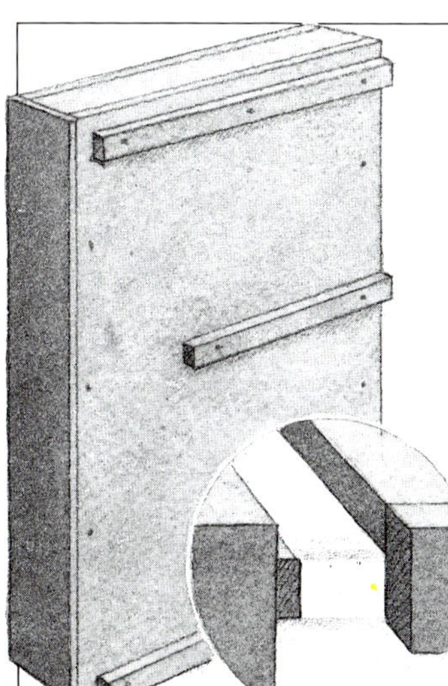

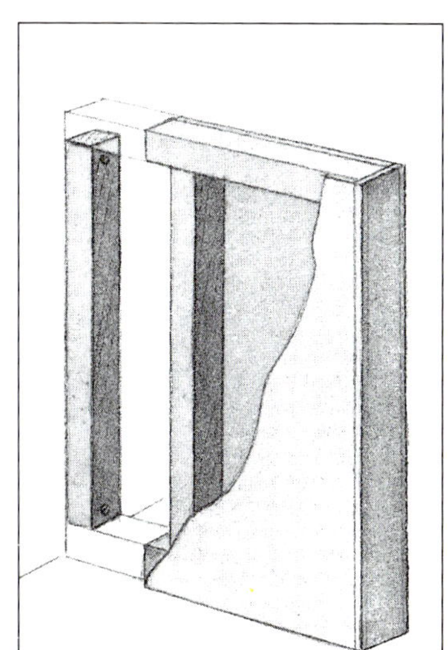

Wandregale

Die gesamte Stärke des Seitenteils messen und aus 6 mm MDF-Platte die Frontblenden in dieser Breite und 600 mm Höhe sägen.

Die Frontblende annageln und die Nagelköpfe versenken (siehe: **Techniken, Seite 24**). Die Kanten mit dem Hobel brechen und schleifen. Wenn die Platten eine andere Farbe haben sollen als die Wand, so streichen Sie sie am besten vor der Befestigung an der Wand.

Auflageleisten für Einlegeböden

Zur Herstellung dieser Auflageleisten das 19 x 25 mm Kantholz auf 15 x 25 mm abhobeln und an den Seitenteilen befestigen, bevor diese an der Wand befestigt werden. Die Einlegeböden wirken besser, wenn sie etwas von der Vorderkante der Seitenteile zurückgesetzt werden. Der mittlere Einlegeboden wird mit etwa 100 mm noch weiter zurückgesetzt.

Anzahl und Lage der benötigten Einlegeböden hängen von Ihren Wünschen und Gegenständen ab. Unsere Böden schließen oben und unten bündig mit den Seitenteilen ab; der mittlere Einlegeboden liegt mittig zwischen den anderen Einlegeböden.

Die Auflageleisten entsprechend der Tiefe des Einlegebodens sägen. Dann die Auflageleisten passend an die Seitenteile leimen und schrauben oder nageln.

1 Befestigen an Hohlwänden

Die Wandlatte wird auf waagrechte Latten geschraubt, die auf die senkrechten Balken montiert werden.

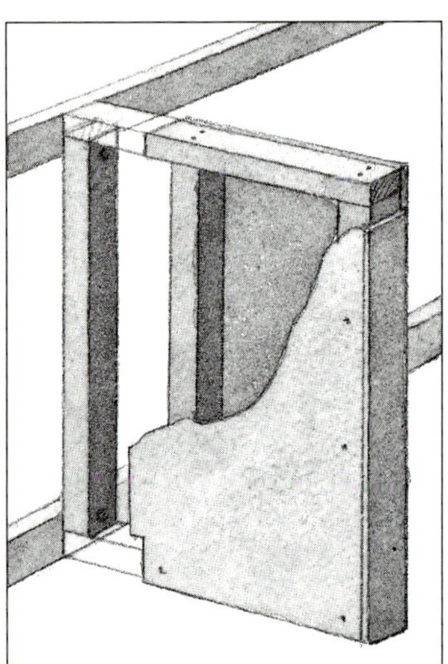

Einlegeböden

Die Einlegeböden werden aus 15 mm starken Spanplatten mit Melaminbeschichtung und einer 12 mm starken Blendleiste aus Hartholz hergestellt. Die Blendleisten werden an die Vorderkante geleimt und genagelt. Nägel versenken. Löcher spachteln, nach dem Trocknen schleifen und anschließend passend zu dem gewählten Dekor endbearbeiten.

Abtropfvorrichtung

Wenn Sie eine Abtropfvorrichtung in die Wandregale einbauen wollen (Montageanweisungen siehe gegenüberliegende Seite), so muß dieses Teil gebaut werden, bevor die Seitenteile auf jeder Seite befestigt werden.

Befestigen der Seitenteile

Massivwände. Die Seitenteile werden meistens über einer Arbeitsplatte angebracht. Da diese genau waagerecht eingebaut ist, können Sie von ihr aus die Positionen der Wandlatten abmessen und anzeichnen. Zur Sicherheit kontrollieren Sie mit einer Wasserwaage, ob diese Markierungen im Wasser verlaufen. Mit Mauernägeln wird vorübergehend eine gerade Latte horizontal an der Wand befestigt, die als Auflage für die Wandlatten während der Montage dient. Dübellöcher in die Wand bohren und die Wandlatten sicher daran verschrauben.

Das Seitenteil auf die Wandlatte schieben und verleimen; durch die Seitenflächen von jeder Seite vier Holzschrauben 25 mm Nr. 8 in die Wandlatten schrauben.

Hohlwände

Die senkrechten Balken der Hohlwand suchen (siehe: **Techniken, Seite 24**) und je eine 50 x 50 mm Latte waagrecht oben und unten befestigen, wo die Seitenteile angebracht werden sollen. Die senkrechten Wandlatten 50 x 50 mm auf den waagrechten Wandlatten an der Wand befestigen.

Den Rahmen wie vorher beschrieben zusammenbauen; für den oberen und unteren Querträger verwenden Sie hier jedoch 50 x 25 mm Kanthölzer, die um die Stärke der waagrechten Wandlatten kürzer sind. An den hinteren Ecken der inneren Verkleidungsplatten 50 x 25 mm große Einschnitte vornehmen; entsprechende Reste der Wandlatte als Schablone verwenden. Die Verkleidungsplatten annageln, dann die Seitenteile auf die Wandlatten schieben und durch die Seitenflächen in den Wandlatten Schrauben eindrehen, wie vorher beschrieben.

Regale zur Präsentation

Das Wandregal ist ideal, um Gegenstände zu präsentieren und um sie praktisch zu verstauen.

Abzugshaube

Als Abzugshaube über dem Herd bietet sich entweder eine einfache Umwälzhaube an, die nur zwischen zwei Seitenteilen befestigt und an die Stromversorgung angeschlossen wird, oder es kann eine Haube mit wesentlich wirksamerer Absaugwirkung installiert werden. Bei einer derartigen Dunstabzugshaube wird in der Außenwand eine passende Öffnung für den Dunstabzug erstellt. Die Abzugshaube wird dann entweder direkt oder bei etwas größerer Entfernung mittels zusammensetzbarer Plastikrohre an die Öffnung angeschlossen. Alle Einzelteile finden sich in den Anleitungen der Hersteller.

Meistens müssen dafür Befestigungsleisten sowohl an der Wand als auch an den Seitenteilen angebracht werden. Oben passen Sie einen schmalen Einlegeboden bündig mit der Oberseite der Seitenteile ein. An der Vorderseite brauchen Sie keine Blendleiste anbringen, da diese durch die vordere Abdeckung der Abzugshaube verdeckt wird. An jeder Innenseite der Seitenteile befestigen Sie in passender Neigung Leisten, um die Frontblende darauf montieren zu können.

Diese Frontblende kann aus rostfreiem Stahl oder einer lackierten MDF-Platte bestehen. Beide Blenden schrauben Sie an die Leisten.

Abhängig von der Bauart und wie sie sich in Ihr Küchensystem integrieren läßt, bauen Sie die Dunstabzugshaube ein.

Stange für Küchengegenstände

Hier handelt es sich um eine einfache Stange aus Stahl oder Holz, die in die Seitenteile eingesetzt wird. S-förmige Metallhaken für die Küchengegenstände hängen an der Stange.

Zur Befestigung der Stange werden Löcher im Durchmesser der Stange so in die Seitenflächen der entsprechenden Seitenteile gebohrt, daß die Stange genau dem unteren Querträger aufliegt. Ein Verschnittstück des unteren Querträgers verwenden Sie zur Abstandsmarkierung für die Unterkante des Loches unten an der Seitenverkleidung.

Die Stange wird auf eine Länge gleich dem Abstand zwischen zwei Seitenteilen plus 100 mm gesägt.

2 Anreißen der Bohrlöcher für Stange
Mit einem Verschnittstück des unteren Querträgers die Position der Hängestange auf der Seitenfläche markieren.

Abtropfvorrichtung mit Auffangbehälter

Diese einfache Abtropfvorrichtung ist zum Einbau zwischen zwei Seitenteilen vorgesehen (siehe Anweisungen nächste Seite und Abbildung auf Seite 78). Um einen perfekten Gegenstand zu erhalten, müssen Sie nicht nur genau arbeiten und auf Einzelheiten achten, sondern Sie brauchen auch eine Hilfe; das fertige Teil ist aber dafür auch solide, sicher und stilecht. In drei hölzerne dicke Rundstäbe werden in regelmäßigen Abständen dünnere Rundstäbe eingesetzt; der so entstehende Winkel sollte genau zur Größe Ihres Geschirrs passen. Anschließend stellen wir noch einen Wasser-Auffangbehälter aus Spanplatten mit Melaminbeschichtung her. Danach kann Ihr Geschirr ruhig alleine trocknen.

In dieser eleganten Vorrichtung kann Ihr Geschirr sauber eingelegt werden und von selbst trocknen.

Werkzeuge

Schneidemesser
Stahllineal
Anschlagwinkel
Rückensäge
Hammer
Zapfenstreichmaß
Bohrmaschine
Bohrer
Lochsäge oder Oberfräse
Stichsäge
Holzhammer

Weitere Werkzeuge

V-Block
Bohrständer (oder selbstgemachte Bohrführung) zum genauen vertikalen Bohren

Materialien Abtropfvorrichtung

Teil	Stückzahl	Material	Länge
Rahmen	3	38-50 mm Ø weiches Rundholz	Nach Bedarf
Vordere Querstäbe	Nach Bedarf	12 mm Ø weiches Rundholz	137 mm
Hintere Querstäbe	Nach Bedarf	12 mm Ø weiches Rundholz	250 mm

Auffangbehälter

Teil	Stückzahl	Material	Länge
Grundplatte	1	15 mm Spanplatte mit Melaminbeschichtung	Nach Bedarf
Kantenrahmen	4	38 x 12 mm Hartholz-Blendleiste	Nach Bedarf
Auflageleisten	2	10 x 6 mm Weichholz	Nach Bedarf

Abtropfvorrichtung mit Auffangbehälter

Die drei großen Rundhölzer für den Rahmen auf Länge sägen. Die Länge eines jeden Rundholzes errechnet sich aus dem Abstand zwischen den Seitenteilen plus 100 mm. Die 100 mm setzen sich zusammen aus 50 mm zum Einsetzen in jedes Seitenteil und 25 mm Überstand an jeder Seite. Beim Bohren der Löcher kann das Rundholz im V-Block mit einem Nagel an diesem Überstand fixiert werden (siehe: **Techniken, Seite 23**). Dieser Überstand wird später abgesägt.

Ein langes Rundholz in den V-Block legen. Auf seiner Länge mit Hilfe eines an einer Seite am Block anliegenden Stahllineals eine gerade Linie ziehen (Abbildung 1). Beginnend in einem Abstand von 62 mm von einem Ende markieren Sie mit einem Bleistift oder einem Zapfenstreichmaß Mittelpunkte im Abstand von jeweils 35 mm.

Mit Hilfe dieses ersten Rundholzes als Führung werden die 35 mm-Abstände auf ein zweites Rundholz übertragen. Beim dritten Rundholz wird eine Längslinie genau wie oben beschrieben angezeichnet und am Ende über die Kante bis zum Mittelpunkt weitergeführt. Dann ziehen Sie auf der runden Stirnfläche eine zweite Linie im Winkel von 96° zur ersten Linie. Diese zweite Linie wird in Längsrichtung ebenfalls über das Rundholz fortgeführt (Abbildung 1).

Mit Hilfe des ersten Rundholzes werden die 35 mm-Abstände auf das dritte Rundholz übertragen, wobei die Markierungen jeweils zwischen den beiden Linien liegen.

Das erste Rundholz wird nun so in den V-Block gelegt, daß die angezeichneten Lochmittelpunkte nach oben zeigen. Das Rundholz an beiden Überständen an den V-Block nageln.

Bohren der Löcher

Zuerst werden die vertikalen Löcher gebohrt (siehe: **Techniken, Seite 23**). Jedes Loch 12 mm tief bohren. Dazu verwenden Sie einen Bohrständer, eine Bohrführung oder Sie fertigen sich eine Bohrführung an.

Herstellen einer Bohrführung

In einen 100 x 50 mm Holzblock wird ein V-Ausschnitt so eingeschnitten, daß er sauber über das im V-Block liegende Rundholz paßt. Dann wird ein Loch vertikal durch diesen Block gebohrt (siehe oben).

Den Holzbohrer durch das Loch in der Bohrführung stecken und die Spitze des Bohrers auf die erste Lochmarkierung setzen. Nun wird die Bohrführung auf den V-Block sauber aufgesetzt und dann ein 12 mm tiefes Loch gebohrt. Alle anderen Löcher bohren Sie genauso.

Montage

An jedem Ende der drei Rahmenstangen sägen Sie zuerst den Überstand von 25 mm.

Nun schlagen Sie mit einem Holzhammer vorsichtig alle vorderen Querstäbe mit 137 mm Länge in ein Rundholz (mit nur einer Lochreihe) und alle hinteren Querstäbe mit 250 mm Länge in das andere Rundholz.

Die Verbindung der beiden Teile mit dem dritten Rundholz (zwei Lochreihen) beendet die Montage. Beim Ausrichten der Querstäbe brauchen Sie Hilfe. Wenn die Passung sehr eng ist, spannen Sie die Teile am besten im Schraubstock einer Hobelbank zusammen. Bei losem Sitz etwas wasserfesten Leim in die Löcher geben.

Die genaue Ausrichtung der Vorrichtung prüfen Sie durch einen Blick in Längsrichtung. Wenn die Ausrichtung nicht stimmt, stellt sich an jedes Ende des Ständers eine Person und korrigiert sie entsprechend.

Paßgenaues Befestigen

Die Abtropfvorrichtung muß eingepasst werden, bevor die Seitenteile endgültig an der Wand montiert werden. Den Ständer an ein Seitenteil so anhalten, daß das Geschirr nicht mehr herausfallen kann und das hintere Rundholz in die Wandlatte geht. Die Rundholzpositionen an den Seitenflächen der Seitenteile markieren.

Die Wandlatte in die richtige Position an der Rückseite des Seitenteils bringen, so daß sie gleichzeitig gebohrt werden kann.

Die Löcher bis zu einer Tiefe von 25 mm mit einer Bohrmaschine und einem Forstnerbohrer, einer Lochsäge oder Oberfräse bohren.

Ein Seitenteil an der Wand befestigen und die Vorrichtung vorsichtig hineinschieben. Nun muß ein Helfer das zweite Seitenteil gegen das andere Ende der Vorrichtung drücken, um die Position für die drei Löcher anzuzeichnen. Löcher dann bohren. Das Seitenteil wird nun auf die Vorrichtung geschoben und damit befestigt. Abschließend wird das zweite Seitenteil an der Wandlatte befestigt. Weitere Ideen dazu finden Sie auf den **Seiten 66 bis 69 und 114 und 116**.

1 Anzeichnen der Löcher auf den Querstäben
Rundholz in einen V-Block legen und Mittelpunkte im Abstand von 35 mm markieren. Alle Markierungen auf das zweite Rundholz übertragen. Auf dem dritten Rundholz eine Linie im Winkel von 96° zur ersten Linie ziehen.

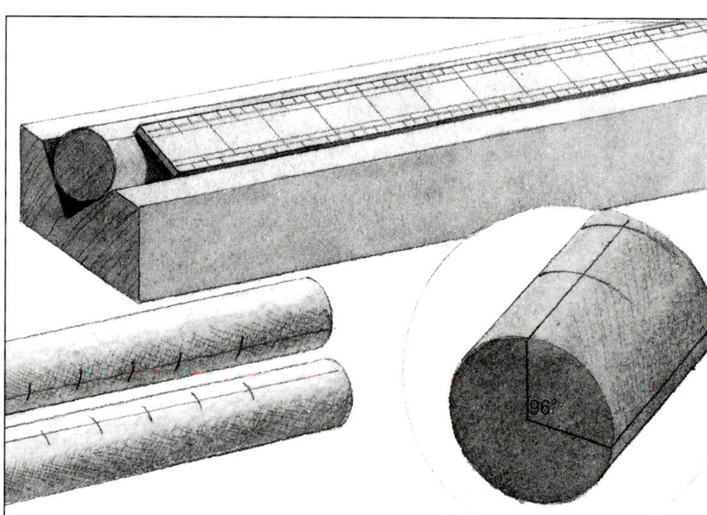

2 Verwenden einer Bohrführung
Rundholz an den V-Block nageln, Bohrerspitze auf erstes Loch ansetzen und Bohrführung sauber aufsetzen.

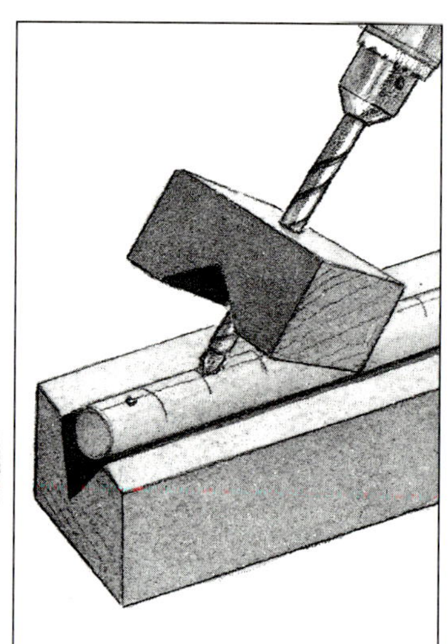

3 Bohren der Rundholzlöcher
Eine selbstgemachte Bohrführung hilft dabei, den Bohrer senkrecht zu halten. 12 mm Löcher bohren.

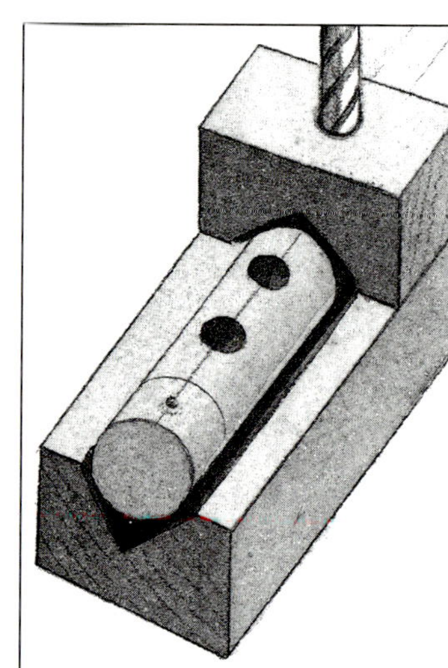

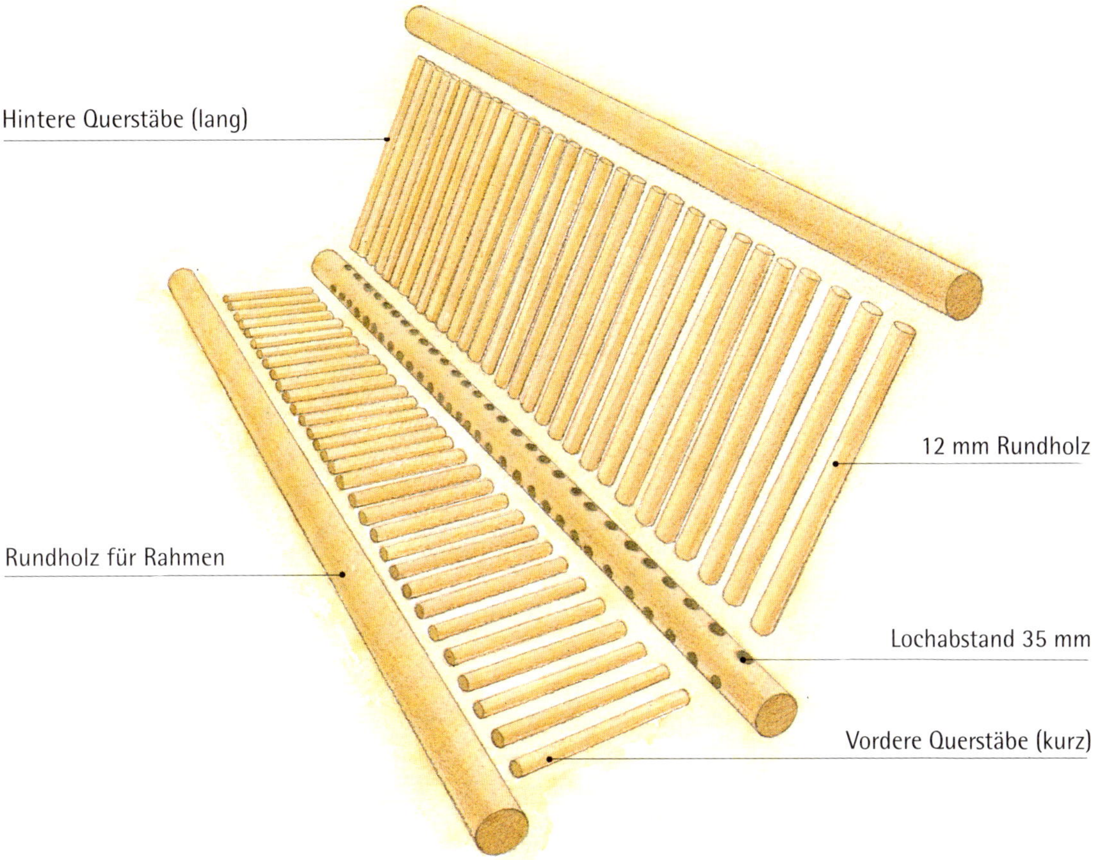

Auffangbehälter

Der Auffangbehälter läßt sich zum leichteren Trocknen oder Reinigen herausnehmen. Die Auflageleisten für den Behälter genauso lang sägen wie die Auflageleisten für die Einlegeböden und unten an die Seitenteile stiften und leimen.

Die Grundplatte wird aus 15 mm Spanplatte mit Melaminbeschichtung hergestellt. Zwei Teile des Kantenrahmens auf die Tiefe der Platte sägen. Jeweils 10 mm abnehmen, so daß eine Höhe von 28 mm übrigbleibt. Diese Teile so an die Enden der Grundplatte stiften und leimen, daß sie mit der Unterseite bündig abschließen (Abbildung 5). Vordere und hintere Rahmenleisten so zusägen, daß sie die Länge der Grundplatte und die Rahmenleisten an den Enden überdecken. Diese Leisten so kleben und stiften, daß vorne und hinten nach unten hin ein Überhang von 10 mm bleibt. An der Rückseite kleine Aussparungen ausführen, damit der Auffangbehälter auf den Auflageleisten aufsitzen kann.

Die Innenkanten des Behälters mit einem Silikon-Dichtungsmittel abdichten.

4 Einpassen der Vorrichtung zwischen den Seitenteilen
Die zusammengesetzte Vorrichtung wird zwischen zwei an der Wand befestigten Seitenteilen eingepasst; die Enden werden in die drei Löcher, die zur sicheren Befestigung in jede Seitenplatte gebohrt wurden, eingesetzt.

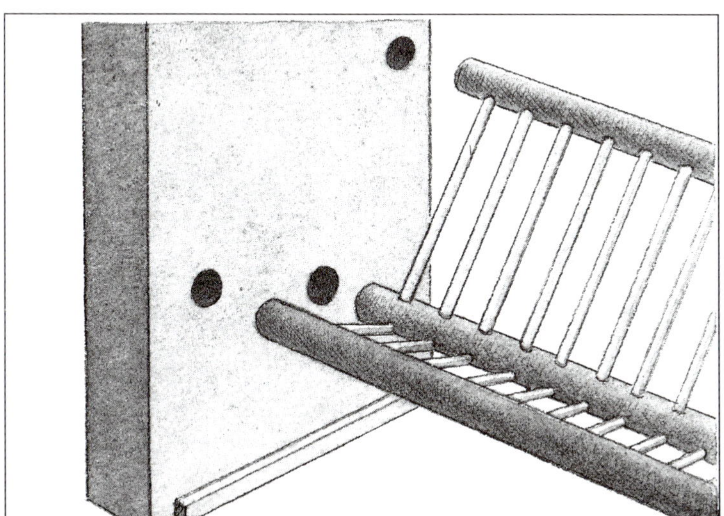

5 Herstellen des Auffangbehälters
Der Behälter aus einer Spanplatte mit Melaminbeschichtung und Hartholz-Leisten ruht auf zwei Auflageleisten. Zuerst werden die Leisten an den Enden befestigt (oben), dann die vordere und hintere Leiste.

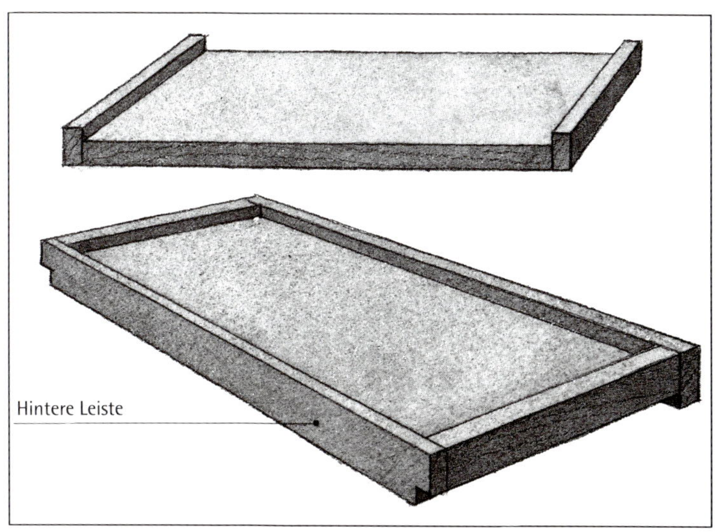

Lattenregal mit Konsolen

Werkzeuge

Stahlbandmaß
Stahllineal
Schneidemesser
Anschlagwinkel
Rückensäge
Gehrungsschneidlade
Schraubendreher
Bohrmaschine
(Hand- oder Elektroantrieb)
Senkbohrer
Steinbohrer
Holzbohrer für Hängestange
Abstandleiste (aus Verschnittholz)
Wasserwaage

An jedem Ende der 38 mm starken Diagonalstrebe eine Gehrung von 45° schneiden. Die beiden Hölzer (75 x 25 mm) verleimen und mit zwei Schrauben 25 mm Nr. 8 verschrauben.

Das L-förmige Stück auf die Werkbank legen und die Diagonalstrebe ansetzen. Die innere Stirnflächenkante der Diagonalen an beiden Enden auf das L-förmige Stuck übertragen (Abbildung 1). Diese Linien um die Kanten herum zur Rückseite weiterführen.

Die Position für jedes Schraubenloch 19 mm von der Bleistiftlinie entfernt und in der Mitte auf dem Holz markieren. Kernbohrungen bohren und versenken. Das L-förmige Teil auf die Werkbank legen und ein 12 mm dickes Verschnittholz anlegen (Abbildung 2). Dadurch liegt die Diagonale mittig gegen die beiden Schenkel des L-Winkels. Die Diagonale wird jetzt sauber angelegt und in ihrer Lage verleimt und verschraubt.

Zusätzliche derartige Haltewinkel fertigen Sie nach Bedarf an. Für je 1.200 mm Regallänge ist eine Winkelkonsole erforderlich. Bei voraussichtlich schwerer Belastung empfiehlt sich alle 900 mm ein Haltewinkel.

Materialien

Teil	Stückzahl	Material	Länge
L-förmige Winkel	2	75 x 25 mm Weichholz	350 mm
Diagonalstrebe	1	50 x 38 mm Weichholz	410 mm
Latten	5	50 x 19 mm Weichholz	Nach Bedarf
Auf Wunsch: Hängestange aus 19 mm Rundholz oder Metall			

Befestigung der Winkelkonsole an einer Wand

An der Wand wird derjenige Schenkel des Winkels befestigt, der oben von dem anderen Stück überlappt wird (Abbildung 3). Versenkte Kernbohrungen anbringen und die Winkel an der Wand mit einer Wasserwaage lotrecht ausrichten.

Hängestange

Vor der Befestigung an der Wand bohren Sie für die Stange Löcher in die Winkel. Den Abstand zwischen den Winkeln festlegen und die Stange auf diese Länge plus 38 mm sägen.

Auf den Diagonalstreben die Position für die Stangenlöcher entsprechend der Größe der aufzuhängenden Gegenstände festlegen. Die Löcher im Durchmesser der Stange und 19 mm tief bohren. Den ersten Winkel an der Wand befestigen, die Hängestange hineinschieben, dann den zweiten Winkel am anderen Ende einpassen und an der Wand befestigen.

Befestigung der Latten

Die Latten auf die erforderliche Länge mit einem Überstand von 75 mm an jedem Ende schneiden. Die vordere Latte bündig mit der Vorderkante der Haltewinkel befestigen. Für jeden Winkel eine Schraube 12 mm Nr. 6 verwenden. Die übrigen Latten in gleichem Abstand so anbringen, daß die Kante der hinteren Latte sauber an der Wand anliegt; Abstandhalter verwenden (siehe Techniken, Seite 20).

1 Anzeichnen der Diagonalstrebe in der Winkelkonsole
Holzleisten im rechten Winkel verschrauben. Diagonalstrebe provisorisch einsetzen. Innere Stoßflächenkante zeichnen und die Linie auf der Rückseite des Winkels weiterführen.

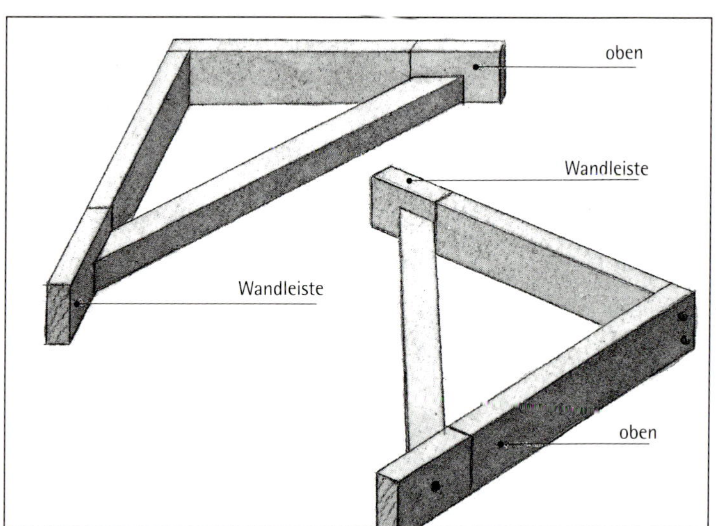

2 Befestigen der Diagonalstrebe
Mit einem passenden Verschnittholz die Diagonalstrebe unterlegen, so daß sie mittig befestigt werden kann.

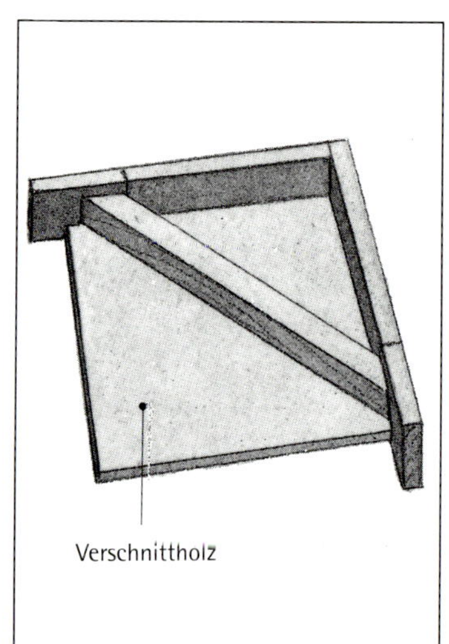

3 Fertige Winkelkonsole
Die obere Querleiste liegt auf der Wandleiste, die Winkel sind durch die Diagonalstrebe verstärkt.

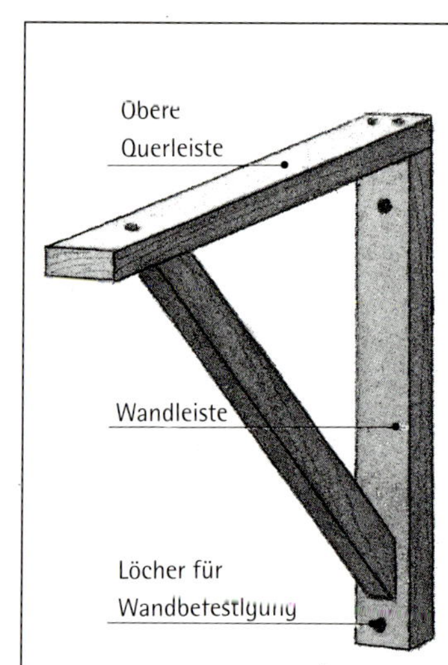

Herausnehmbarer Handtuchhalter

Hergestellt aus Rundholz mit 38 bis 50 mm Durchmesser, in Holzhandlungen oder Baumärkten zu erhalten.

Den Abstand zwischen den Seitenteilen messen. Rundholz auf diese Länge schneiden. 25 mm von jedem Ende nach innen messen und diese Scheibe von jedem Ende abschneiden. Die Mitte einer jeden Scheibe und des Rundholzes an beiden Enden markieren.

Ein Kernloch in ein Ende des Rundholzes bohren, dann eine Holzschraube 38 mm Nr. 8 so einsetzen, daß der Schaft 12 mm herausragt. Genauso verfahren Sie am anderen Ende. Mit einer Metallsäge werden die Schraubenköpfe abgesägt. Grate von den Schaftenden abfeilen, so daß etwa 8 bis 10 mm des Schaftes herausragen. Auf den Scheiben bohren Sie eine Reihe von 4 mm-Löchern, ausgehend von der Mitte einer jeden Scheibe zum Rand hin, um ein Langloch zu bilden. Die Löcher so tief bohren, wie der Schraubenschaft aus dem Rundholz herausragt. Zu diesem Zweck markieren Sie die Bohrtiefe von der Bohrspitze aus mit einem Klebeband. Das Langloch wird mit dem Balleisen ausgestemmt. Mit einer Oberfräse von 4 mm Durchmesser läßt sich ein solches Langloch natürlich einfacher herstellen.

Schraubenlöcher von 4 mm Durchmesser durch jede Scheibe auf jeder Seite der Mittellinie bohren. Das Rundholz horizontal in seiner Lage halten und die Positionen der Scheiben und Schraubenlöcher markieren. Sie sollten etwa 75 mm unter der Arbeitsfläche liegen und von der Vorderkante 50 mm zurückgesetzt sein. An dem Seitenteil verschrauben und Stange in ihre Lage schieben.

Werkzeuge

- Stahlbandmaß
- Anschlagwinkel
- Rückensäge
- Bohrmaschine
- Bohrer
- Metallsäge
- Schraubendreher
- Metallfeile
- Balleisen oder Oberfräse

4 Befestigen der Winkel an der Wand und Anbringen der Latten
Löcher für Hängestange bohren und Stange einsetzen, bevor der zweite Winkel an der Wand befestigt wird. Eine Leiste vorübergehend an die Wand nageln, um die Winkel genau im Wasser zu halten. Latten anschrauben.

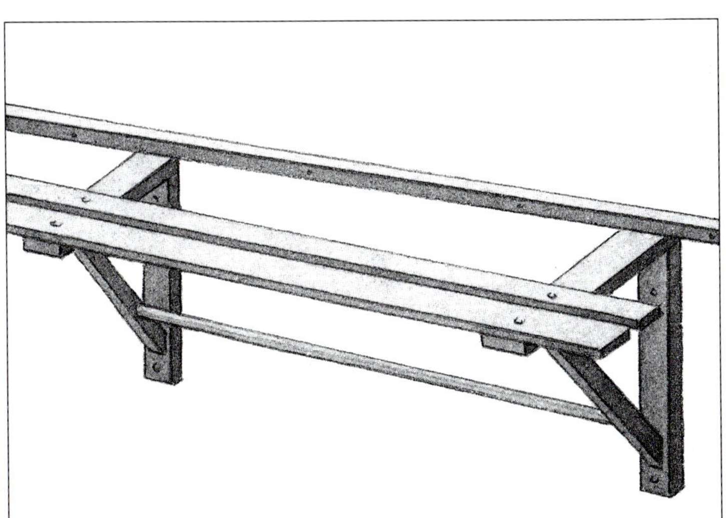

5 Schneiden und Formen der Enden
Schraubenschaft als Zapfen für die Stange verwenden. Für das Langloch eine Reihe von Löchern bohren.

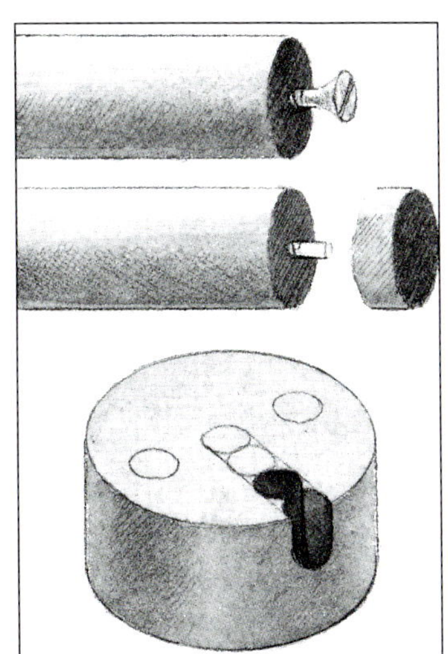

6 Stange befestigen
Mit einem schmalen Balleisen ein Langloch in der Scheibe für den Stangenzapfen ausstemmen. Die Scheibe an die Wände der Seitenteile schrauben.

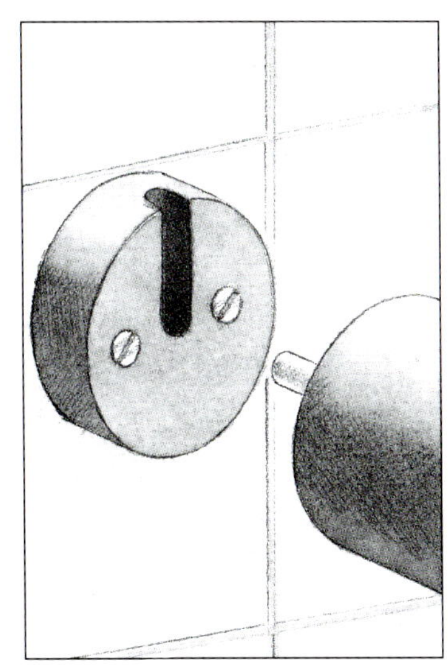

Messerhalter

Werkzeuge

Stahlbandmaß
Anschlagwinkel
Hammer
Rückensäge
Zwei Schraubzwingen
Bohrmaschine
Senkbohrer
Steinbohrer
Schleifblock und Schleifpapier

Ein Messerhalter ist nicht nur eine nützliche Ergänzung der Kücheneinrichtung, sondern auch schnell und leicht herzustellen.

Arbeiten Sie von hinten nach vorn; leimen und nageln Sie die beiden senkrechten Leisten auf die erste Latte. Die Latte an jedem Ende 75 mm über die senkrechten Leisten hinaus stehen lassen (Abbildung 1).

Die übrigen Latten mit einem Mittenabstand von 38 mm befestigen. Für einen gleichen Abstand zwischen den Latten verwenden Sie Abstandhalter (siehe Techniken, Seite 20). Einen Zwischenraum für die Messerhalterung lassen.

Distanzstücke von 25 x 6 mm auf das Rückenteil der Halterung leimen. Ein Distanzstück gehört an jedes Ende und eines in die Mitte der Latte (Abbildung 2).

Das Vorderteil der Halterung auf die Distanzstücke leimen und mit Schraubzwingen fixieren, damit der Leim trocknen kann; abschließend schleifen.

Die Messerhalterung an den senkrechten Leisten in der Mitte des freigelassenen Raumes befestigen; dabei wieder von hinten schrauben.

Durch die Vorderseite der senkrechten Leisten an der gewünschten Stelle Senklöcher bohren. Messerhalter an der

Materialien

Teil	Stückzahl	Material	Länge
Latten	7	25 x 19 mm Weichholz	850 mm
Rückenteil, Messerhalterung	1	25 x 25 mm Weichholz	850 mm
Vorderteil, Messerhalterung	1	25 x 6 mm Weichholz	850 mm
Distanzstücke	3	25 x 6 mm Weichholz	50 mm
Senkrechtleisten	2	25 x 19 mm Weichholz	450 mm

1 Nageln der senkrechten Leisten auf die Latten

Von hinten nach vorn arbeiten und die senkrechten Leisten so auf die Latten nageln, daß ein Raum für den Einbau der Messerhalterung bleibt. Einen gleichmäßigen Abstand zwischen den Latten erzielen Sie mit Abstandhaltern.

2 Herstellen der Messerhalterung

Das Rückenteil der Messerhalterung ist wegen der Messergriffe stärker als die anderen Latten. Über drei Distanzstücke wird das dünne Vorderteil der Messerhalterung gelegt.

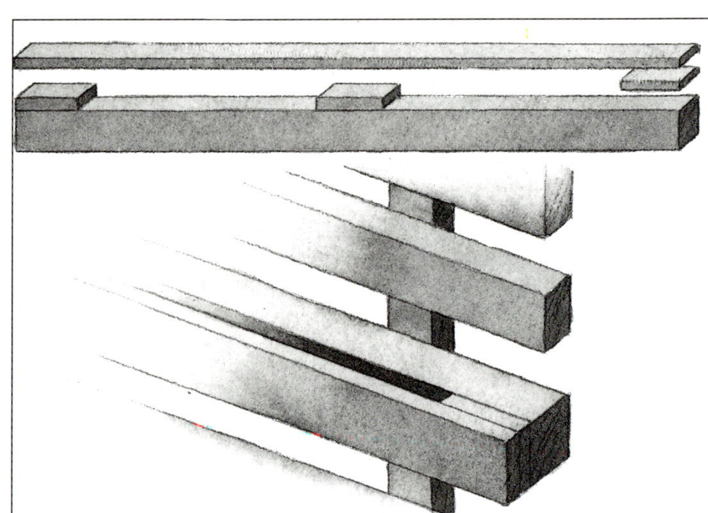

Wäschetrocknergestell

Das Küchen-System

Messerhalter und Wäschetrocknergestell

Wand ausrichten, Bohrlöcher markieren und bohren; das ganze mit Schrauben und Dübeln befestigen.

Ein quadratisches Holzstück diagonal in zwei Hälften sägen. Alle Ecken erst mit grobem und dann mit feinem Schleifpapier abrunden. Bei Bedarf das Holz streichen.

Die Mittelpunkte für die Löcher an einem Seitenteil markieren. Die Löcher mit einem Mittenabstand von 100 mm und einem Abstand von 45 mm von der Kante markieren. Die sechs Löcher mit 25 mm Durchmesser für die Rundhölzer und die kleinen 6 mm-Löcher für die Seilhalterung bohren. Beide Seitenteile zusammenspannen, dann unter Verwendung des ersten Stücks als Schablone die Löcher auf dem zweiten Stück anzeichnen und anschließend bohren. Die Rundhölzer in die beiden Seitenteile so einsetzen, daß sie etwa 75 mm an jedem Ende überstehen.

Die Position der Träger an der Decke bestimmen. Wenn sie rechtwinklig zum Gestell verlaufen, richten Sie nach Anbringen der Seilrollen die Position jedes Seitenteils auf die darüber befindliche Seilrolle aus. Wenn die Deckenträger parallel zum Gestell laufen, wählen Sie zur Befestigung der Seilrollen den nächstliegenden Träger. Doppelseilrollen sind an der Seite vorzusehen, über die das Gestell bewegt werden soll.

Eine Klampe an passender Stelle an der Wand anschrauben. Das Seil in einem Seitenteil im Seilloch festbinden und dann über die Einzelrolle und die Doppelseilrolle zur Klampe hinunterführen, von dort wieder zurück zur Doppelseilrolle und dann hinunter zum anderen Seitenteil. Dieses Ende dort festbinden. Das durchhängende Seil aufnehmen und um die Klampe wickeln.

Nachdem Sie überprüft haben, daß das Gestell leicht zu ziehen ist, leimen sie die Rundhölzer in die Bohrungen.

Werkzeuge

- Stahlbandmaß
- Stahllineal
- Anschlagwinkel
- Schleifblock, grobes und feines Schleifpapier
- Stichsäge oder Fuchsschwanz
- Bohrmaschine
- Holzbohrer
- Schneidemesser

Materialien

Teil	Stückzahl	Material	Länge
Seitenteile	1	25 mm-Sperrholzplatte (oder MDF)	400 mm
Stäbe	6	25 mm Durchmesser Hart-Rundholz	2 m lang
1 Einzelrolle, 1 Doppelseilrolle (zum Einschrauben oder Aufschrauben)			
1 Schnur und 1 Klampe			

3 Anzeichnen der Löcher für die Stäbe

Aus einer 25 mm dicken, quadratischen Sperrholzplatte mit einer Kantenlänge von 400 mm werden zwei Dreieckstücke gesägt. Mittelpunkte im Abstand von 100 mm auf einer Linie markieren, die von den Kanten 45 mm zurückgesetzt ist.

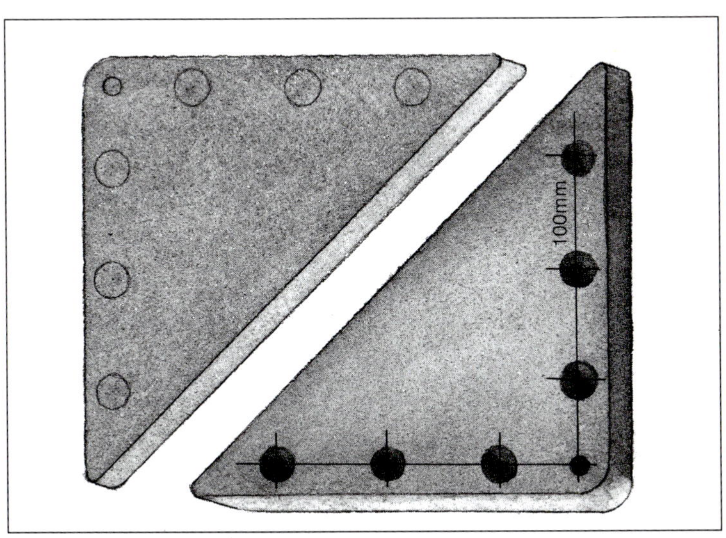

4 Aufhängen des Wäschetrocknergestells

An der Decke eine einfache und doppelte Seilrolle sicher befestigen. Eine Klampe an einer Wand befestigen und die Schnüre so führen, daß sich das Trockengestell leicht heben und senken läßt.

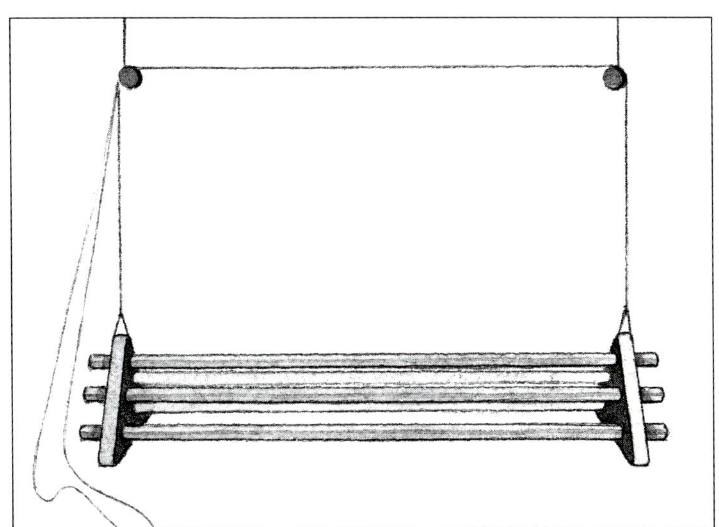

Buffet mit Spiegeln

Ich habe vor ein paar Jahren ein ähnliches Buffet für mein eigenes Haus entworfen. Es hat so viel Anklang bei meinen Gästen gefunden, daß ich es Ihnen als Projekt nicht vorenthalten möchte. Geschirr, Gläser und Speisen können hier appetitanregend dargeboten werden, gleich ob es in einer Küche oder einem Eßzimmer steht.

Grundgedanke des Designs sind die drei, leicht schräggestellten Spiegel. Sie ermöglichen jene verblüffende Dreidimensionalität, bei der ein Objekt gleichzeitig frontal und aus der Vogelperspektive wahrgenommen wird. Mit diesem Spiegeltrick werden Speisen so präsentiert, daß einem das Wasser im Munde zusammenläuft. Weniger ist eben manchmal mehr!

Der Entwurf beinhaltet ein halbhohes, vorspringendes Regalteil, das als Anrichte dient. Sie können selbst entscheiden, welches Material Sie in Abstimmung mit Ihrer Einrichtung verwenden wollen.

Bei der hier vorgestellten Ausführung wurde Marmor für die Anrichte gewählt. Natürlich sind auch preisgünstigere Materialien wirkungsvoll. Sparen Sie aber nicht an den Spiegeln; sie sind für das Design unverzichtbar.

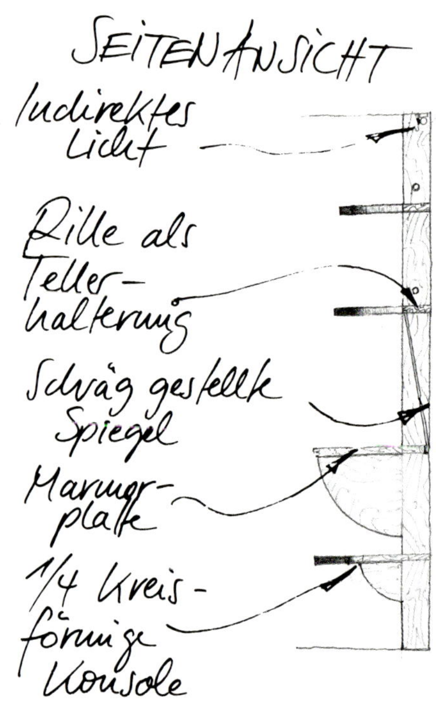

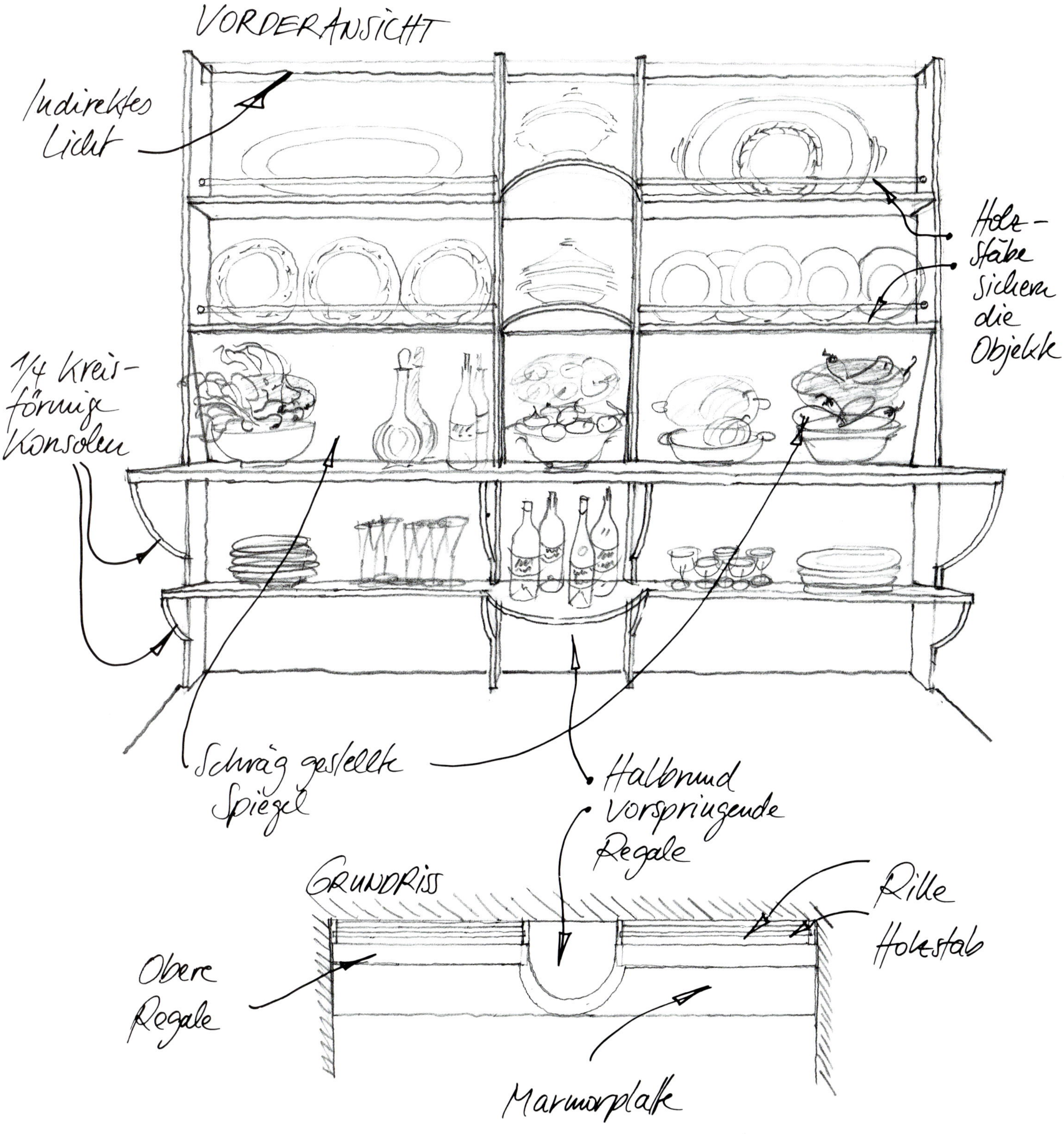
VORDERANSICHT
Indirektes Licht
Holz-Stäbe sichern die Objekte
1/4 kreisförmige Konsolen
Schräg gestellte Spiegel
Halbrund vorspringende Regale
GRUNDRISS
Rille
Holzstab
Obere Regale
Marmorplatte

Buffet mit Spiegeln

Dieses Eßzimmerregal ist von der Konstruktion her sowohl dekorativ als auch praktisch. Die große Anrichtefläche bietet viel Platz zum Servieren und Präsentieren von Speisen, während die schräg gestellten Spiegel dahinter Speisen und Blumen reflektieren und so ein angenehmes Wechselspiel von Form und Farbe schaffen. Darüber befinden sich Einlegeböden mit Rillen zur Aufstellung von Tellern, und unter der Anrichtefläche gibt es ein Fach für Kannen, Schalen, Körbe, Besteck usw. Eine durch eine Blende verdeckte Beleuchtung liefert zum Essen ein unaufdringliches, stimmungsvolles Licht. Abgerundet wird der gesamte Eindruck dadurch, daß das Buffet bis zur Decke reicht und enorm viel Platz bietet.

Das Buffet kann mit einer Seite an der Wand anliegen oder eine Nische ausfüllen; es kann aber auch frei stehen oder von einer Wand zur anderen reichen. Die Anrichtefläche kann (wie hier) aus Marmor, Schiefer, Massivholz oder einer gestrichenen MDF- oder Tischlerplatte bestehen. Bei Marmor muß jede Verbindungskante über einer Stütze liegen, damit sie ausreichend abgestützt wird.

Der obere Teil des Buffets besteht aus senkrechten Seitenteilen aus einer 25 mm MDF-Platte, die geraden Einlegeböden aus 19 mm Tischlerplatte (wegen der Steifigkeit) und die halbrunden Einlegeböden aus 19 mm MDF-Platte, aus der die Bögen leichter herauszuschneiden sind als aus der dickeren Spanplatte.

Das ganze Buffet wird in zwei Teilen gebaut. Das untere Teil bis zur Anrichte wird gebaut und an Ort und Stelle befestigt, und dann wird der obere Teil hinzugefügt. Das ganze Buffet wird mit Winkeleisen an der Wand befestigt. Die Winkel befinden sich in Falzen der Einlegeböden. Nachdem die Einlegeböden eingelegt sind, verdecken sie die Winkeleisen.

Die Gesamtabmessungen des Buffets basieren auf der Tiefe der Anrichtefläche. Diese hat im Idealfall das Maß von 460 mm. Wenn Sie ein anderes Maß bevorzugen, so passen Sie alle Abmessungen entsprechend an. Wegen der besseren Optik sollte die Anrichtefläche grundsätzlich genau so tief sein wie die halbrunden Einlegeböden.

Die exakt senkrechten Abmessungen bis zur Oberkante des Spiegelteiles sind ebenso vorgegeben wie alle Tiefen der Böden, so daß der Winkel des Spiegels ohne Schwierigkeiten exakt errechenbar ist.

Die Gesamthöhe und -breite läßt sich durch Veränderung des Teiles oberhalb des Spiegels auf die jeweils erforderliche Höhe bis zur Decke variieren. Die Außenteile lassen sich auf die gewünschte Breite hin verändern. Im Interesse eines ausgeglichenen Aussehens sollten Sie darauf achten, daß die Abmessungen links und rechts des Mittelteils mit den halbrunden Einlegeböden gleich sind.

Wenn das Buffet nicht in eine bestimmte Breite passen muß, werden die Außenteile in der doppelten Breite des Mittelteils ausgeführt. Dadurch erhält das Ganze eine ausgewogene Proportion und ein attraktives Aussehen.

Materialien

Teil	Stückzahl	Material	Länge
Obere senkrechte Seitenteile	4	25 mm MDF-Platte	Nach Bedarf x 150 mm
Obere gerade Einlegeböden	4	19 mm Tischlerplatte	Nach Bedarf x 150 mm
Halbrunde Einlegeböden	2	19 mm MDF-Platte	487 x 393,5 mm
Blenden	3	19 mm MDF-Platte	Nach Bedarf
Holzstäbe als Halterung	3	25 mm ø Rundholz	Nach Bedarf
Anrichtefläche	1	mindestens 25 mm MDF-Platte	Nach Bedarf
Regalauflageleisten	3	50 x 25 mm Weichholz	Nach Bedarf
Untere senkrechte Seitenteile	4	25 mm MDF-Platte	770 x 150 mm
Untere gerade Einlegeböden	2	19 mm Tischlerplatte	Nach Bedarf x 280 mm
Mittiger halbrunder Einlegeboden	1	19 mm MDF-Platte	500 x 460 mm
Große viertelkreisförmige Konsolen	4	25 mm MDF-Platte	1250 x 300 mm
Kleine viertelkreisförmige Konsolen	4	25 mm MDF-Platte	130 x 570 mm
Außerdem: 3 Spiegel, Leuchtröhren, 3 mm Blendleisten, 40 Montagewinkel 65 mm x 16 mm			

Werkzeuge

Fuchsschwanz
Stichsäge (oder Handstichsäge)
Bohrführung
Schraubzwingen
Stahlbandmaß
Anschlagwinkel
Schneidemesser
Oberfräse
Hammer
Wasserwaage
Bohrmaschine
Schraubendreher
Metallsäge
Hobel
Schleifblock

Buffet mit Spiegeln

Montagezeichnung

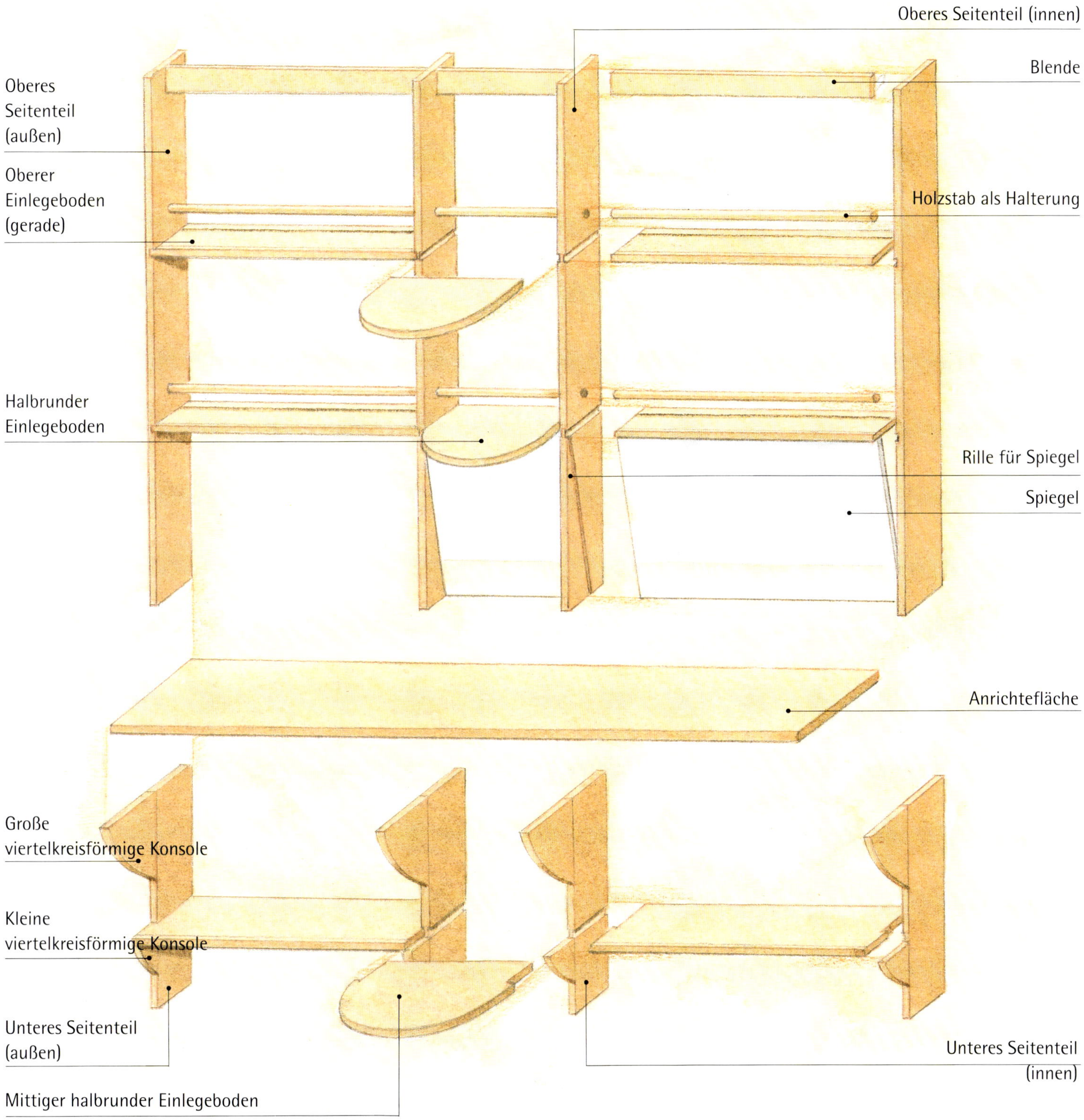

Buffet mit Spiegeln

Unteres Buffetteil

Aus einer MDF-Platte, 25 mm stark, werden vier senkrechte Teile 770 mm hoch – die Höhe unter der Anrichtefläche – und 150 mm breit gesägt. Als Auflage für die Anrichtefläche schneiden Sie aus einer 300 mm breiten und wenigstens 1250 mm langen MDF-Platte vier viertelkreisförmige Konsolen aus; der Radius jedes Viertelkreises kann 300 mm betragen. Das Profil eines Viertelkreises vor dem Aussägen anzeichnen und hinterher zu einer sauberen Rundung schleifen. Mit diesem Viertelkreis als Schablone werden die anderen drei Viertelkreise angezeichnet. Für die unteren Konsolen sägen Sie vier kleinere Viertelkreise aus einer 130 mm breiten und 570 mm langen MDF-Platte; jeder Viertelkreis kann einen Radius von 130 mm bekommen. Auch hier sägen Sie wieder einen Viertelkreis aus und verwenden ihn als Schablone für die anderen.

Befestigen der Konsolen

Mit 10 mm Dübeln, 50 mm lang, und Leim befestigen Sie die großen Konsolen an den Vorderseiten der Seitenteile. Die Bohrungen mit einer Bohrführung oder Dübelpunkten so ausrichten, daß die Oberkanten mit den Seitenteilen bündig abschließen.

Jede Verbindung mit Zwingen fixieren und den Leim lange genug trocknen lassen. Dies geht einfacher, wenn auf den Viertelkreisen rechteckige Einkerbungen als Auflage für die Zwingen stehen bleiben, die später, entsprechend der Rundung, abgesägt werden.

Von der Unterkante eines jeden Seitenteils 300 mm abmessen; hier liegt die Oberkante der kleineren Konsolen. Alle vier Viertelkreise wie die großen Viertelkreise befestigen.

Fräsen der Nuten für Einlegeböden

Die Oberkante der unteren Konsole ist auf die Unterseite der unteren Einlegeböden ausgerichtet und trägt diese. Mit einem Anschlagwinkel und einem Bleistift oder einem Schneidemesser übertragen Sie die Oberkante des Viertelkreises auf das Seitenteil, wo ein Einlegeboden eingepaßt werden soll. Mit einer Oberfräse und einem 19 mm Fräskopf stellen Sie exakt oberhalb der Linie eine 6 mm tiefe durchgehende Nut her.

An der Innenseite des zweiten äußeren Seitenteils verfahren Sie ebenfalls so. Bei den inneren Seitenteilen müssen Sie auf beiden Seiten eine entsprechende Nut fräsen.

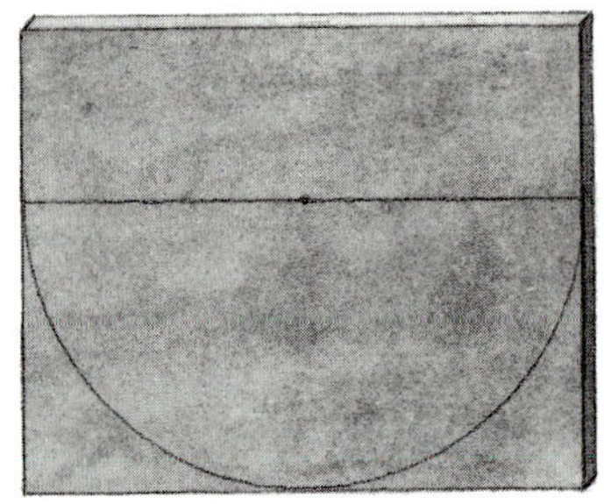

Oberer halbrunder Einlegeboden

Aus einer 19 mm MDF-Platte ein Rechteck mit den Maßen 487 x 393,5 mm sägen. Von der Hinterkante aus 150 mm abmessen und dort eine Querlinie ziehen. Im Mittelpunkt dieser Linie ziehen Sie einen Halbkreis wie dargestellt.

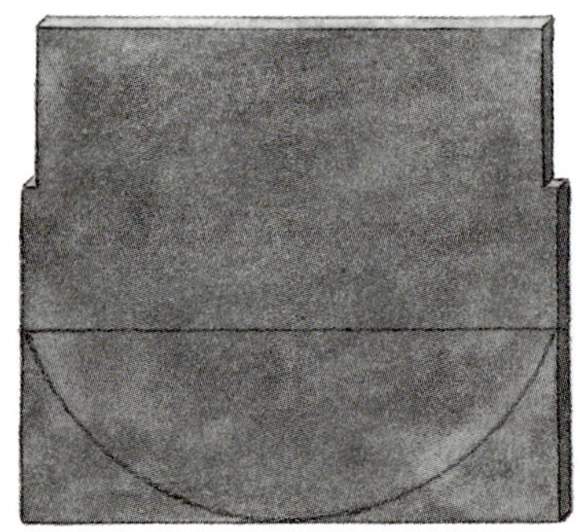

Mittiger runder Einlegeboden

Aus einer 19 mm MDF-Platte ein Rechteck mit den Maßen 460 x 500 mm sägen. Von der Hinterkante aus 280 mm abmessen. Von dieser Linie ziehen Sie einen Kreis, der bis zur Vorderkante reicht. Die Falze wie dargestellt sägen.

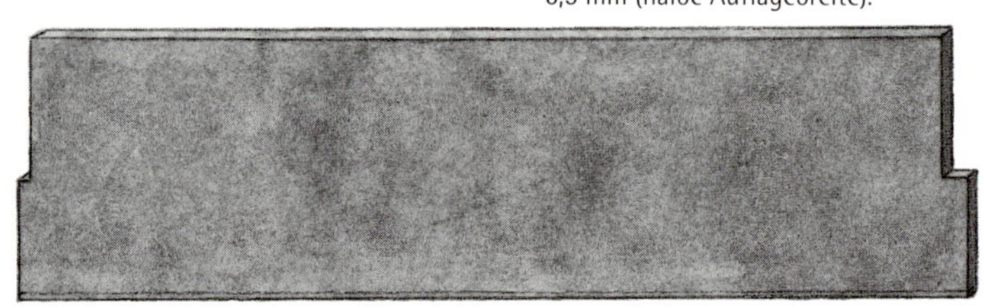

Unterer gerader Einlegeboden

Die Breite der Einlegeböden ist flexibel, sollte jedoch auf beiden Seiten gleich sein. Die Tiefe beträgt 280 mm. Beide Falze sind 150 mm lang. Der nach außen zeigende Falz ist 19 mm breit, der nach innen 6,5 mm (halbe Auflagebreite).

1 Verbinden von Seitenteil und Konsolen

Unteres Seitenteil aus 25 mm starker MDF-Platte sägen. Die Anrichtefläche liegt auf der großen Konsole aus MDF-Platte auf, deren Radius 300 mm beträgt. Die kleine Konsole hat einen Radius von 130 mm. Konsolen mit Dübeln befestigen.

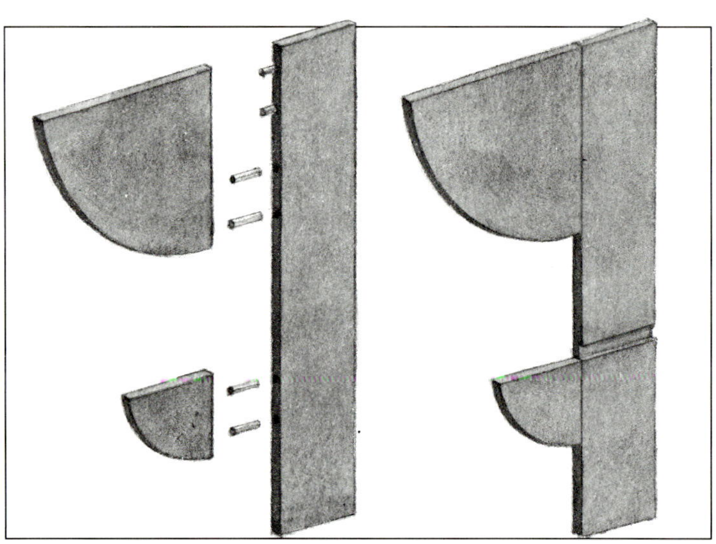

2 Geraden unteren Einlegeboden einpassen

Die Einlegeböden sollen auf beiden Seiten gleich breit sein.
Die Tiefe beträgt einschließlich Blende 280 mm.
Die Enden der Böden sind gefalzt und liegen auf den Konsolen auf.

Sägen von Rundungen	22
Sägen von Falzen	22
Fräsen von Nuten	22

Bohren	23
Schrauben	24
Dübelverbindungen	30

Unterer, mittiger halbrunder Einlegeboden

Für diesen Einlegeboden schneiden Sie aus einer 19 mm starken MDF-Platte ein 460 x 500 mm großes Rechteck; 500 mm beträgt die Breite. Parallel zur Hinterkante ziehen Sie in einem Abstand von 280 mm eine Linie – dies ist die Tiefe der geraden Einlegeböden. Von der Mitte dieser Linie aus zeichnen Sie einen Halbbogen, der die Vorderkante in der Mitte trifft, und sägen ihn aus. Parallel zur Hinterkante in einem Abstand von 150 mm ziehen Sie eine zweite Linie. Die Falze von beiden Seiten aus 6,5 mm breit und 150 mm lang sägen, so passen sie in die in die Seitenteile gefrästen Nuten.

Untere gerade Einlegeböden

Ausrechnen, wie breit die Einlegeböden aus 19 mm Tischlerplatte auf jeder Seite sein sollen. Die Breite muß auf jeder Seite gleich sein. Jeder Einlegeboden muß 280 mm tief sein, einschließlich einer 3 mm dicken Blende, die auf die Vorderkante geleimt und gestiftet wird. Die beiden Einlegeböden zusägen, dann die Falze an jedem Ende sägen – 150 mm lang und 6,5 mm breit an der Innenkante; 19 mm breit an der Außenkante. So passen die Einlegeböden innen genau mittig auf die 19 mm breiten Konsolen. Die Außenkanten der geraden Einlegeböden sollten bündig mit den jeweiligen Außenkanten der Seitenteile abschließen.

Zusammenbau

Ein Seitenteil als Führung an der Wand anlegen, um die Lage der Anrichtefläche an der Wand zu markieren. Die exakte Position für die Unterseite der Anrichtefläche an der Wand und jeder Seitenwand markieren. Mit einer Wasserwaage kontrollieren, ob die Linie in ihrer ganzen Länge wirklich waagerecht verläuft.

An der Wand genau unterhalb der Linie Weichholzleisten mit den Maßen 50 x 25 mm als zusätzliche Auflage für die Anrichtefläche befestigen. Sie brauchen drei derartige Leisten, die Sie auf die Abstände zwischen den vertikalen Teilen passend sägen. Wenn ein äußeres senkrechtes Seitenteil direkt in einer Ecke befestigt wird, so schrauben Sie direkt durch das senkrechte Teil und die Konsolen in die Wand. Die Löcher bohren und Schrauben gut versenken – eines in der Nähe der Oberkante, eines in der Nähe der Unterkante des Seitenteils und zwei in jeder Konsole. Das Seitenteil vertikal ausrichten und die Positionen der Schrauben an der Wand markieren. Dann das Seitenteil wieder entfernen und die Löcher in der Wand für 50 mm lange Schrauben Nr. 8 bohren. Dübel einsetzen, das Seitenteil wieder hinstellen und an der Wand verschrauben.

Wenn das äußere senkrechte Seitenteil nicht genau in der Ecke steht, so befestigen Sie es an der Wand mit Montagewinkeln (65 mm x 65 mm x 16 mm) – einer oben und einer in der Nut des Einlegebodens.

Der Befestigungswinkel in der Nut wird durch den Einlegeboden verdeckt, wenn dieser eingepaßt wird. Der Einlegeboden muß für die Aufnahme dieses Haltewinkels zugesägt werden. Um den oberen Haltewinkel zu verdecken, wird er senkrecht so an der Wand befestigt, daß der von der Wand rechtwinklig abstehende obere „Schenkel" in einen Falz paßt, der in die Oberkante des Seitenteils gesägt wurde. Der hintere Arm des Winkels zeigt an der Hinterkante des Seitenteils nach unten.

Der Fuß des Seitenteils kann mit einem „Dübel" aus einem 3 mm Stahlstab oder einer Gewindestange befestigt werden, der mit einer Metallsäge auf eine Länge von 25 mm gesägt wird. Die Hälfte dieses "Dübels" wird im Boden versenkt und der Rest in der Unterseite des Seitenteils. Nicht ganz einfach ist es, beide Bohrungen exakt übereinander zu setzen; hilfreich sind hier Dübelpunkte (siehe **Techniken, Seite 30**).

Den herausragenden "Schenkel" des Winkels an der Oberkante verschrauben und den zweiten Winkel in der Nut für den Einlegeboden und an der Wand befestigen. Die Auflageleiste in ihrer Position an der Unterkante der Linie einpassen und sie an der Wand mit 50 mm langen Schrauben Nr. 8 in einem Abstand von 300 mm befestigen. Die anderen Seitenteile werden auf die gleiche Art montiert, wobei mit dem Arbeitsfortschritt die Einlegeböden in die Seitenteile geleimt werden. Bei den beiden inneren Seitenteilen kann der „Bodendübel" entfallen.

Anrichtefläche

Die Anrichtefläche liegt auf den Auflageleisten an der Wand und an den Seitenteilen auf. Marmor- oder Schieferplatten brauchen nicht extra befestigt zu werden, da sie schwer genug sind. Holzplatten befestigen Sie mit Dübeln an den Oberkanten der Seitenteile und den viertelkreisförmigen Konsolen. Wenn die Platte gestrichen werden soll, schrauben Sie einfach in die Seitenteile hinein und verspachteln die Löcher.

Oberer Buffetteil

Den Abstand von der Oberkante der Anrichtefläche bis zur Decke an beiden Enden und in der Mitte messen. Bei unterschiedlichen Maßen nehmen Sie das kleinste Maß und schneiden vier senkrechte Teile auf diese Länge aus 25 mm MDF-Platten. Jedes Seitenteil ist 150 mm breit. Von der Unterkante ausgehend messen Sie 655 mm ab. Dadurch ergibt sich eine gute Größe und ein guter Neigungswinkel für die Spiegel. Die verbleibende Höhe jedes Seitenteils durch die Anzahl der erforderlichen Einlegeböden teilen und diese gleichmäßig verteilen.

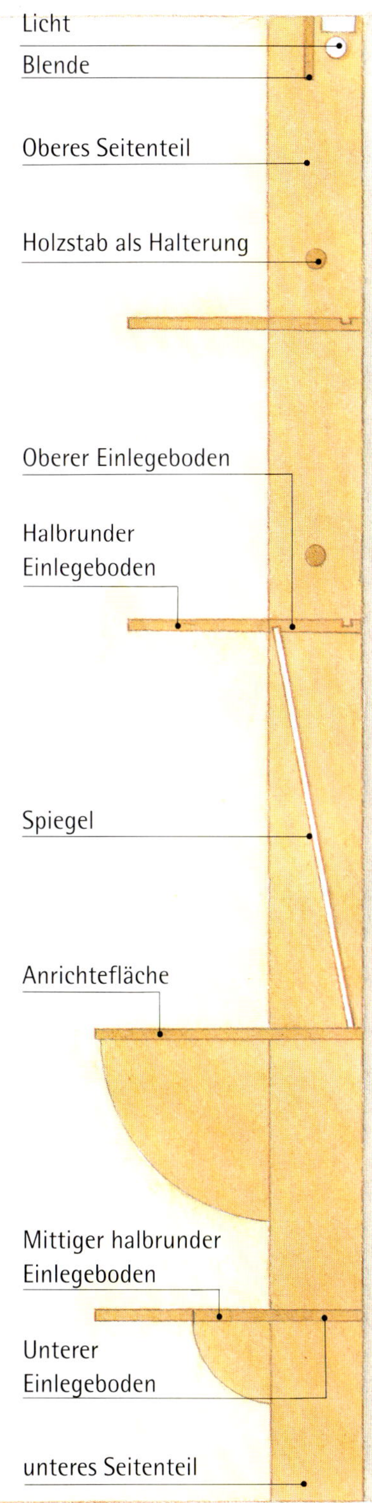

Seitenansicht des Buffets

Diese Ansicht zeigt den Abstand der Einlegeböden und die Position der Konsolen für die unteren Einlegeböden. Die Spiegel sind nach vorne geneigt, um die Gegenstände auf der Anrichtefläche zu spiegeln.

Buffet mit Spiegeln

Schräg gestellte Spiegel sorgen für mehr Eindrücke
Die schräg gestellten Spiegel hinter der Anrichtefläche bewirken ein großzügiges, interessantes Spiel von Form und Farbe. Auch die halbrunden Einlegeböden und viertelkreisförmigen Konsolen tragen nachhaltig zu der besonderen Note des Ganzen bei.

Fräsen der oberen Seitenteile für Einlegeböden und Spiegel

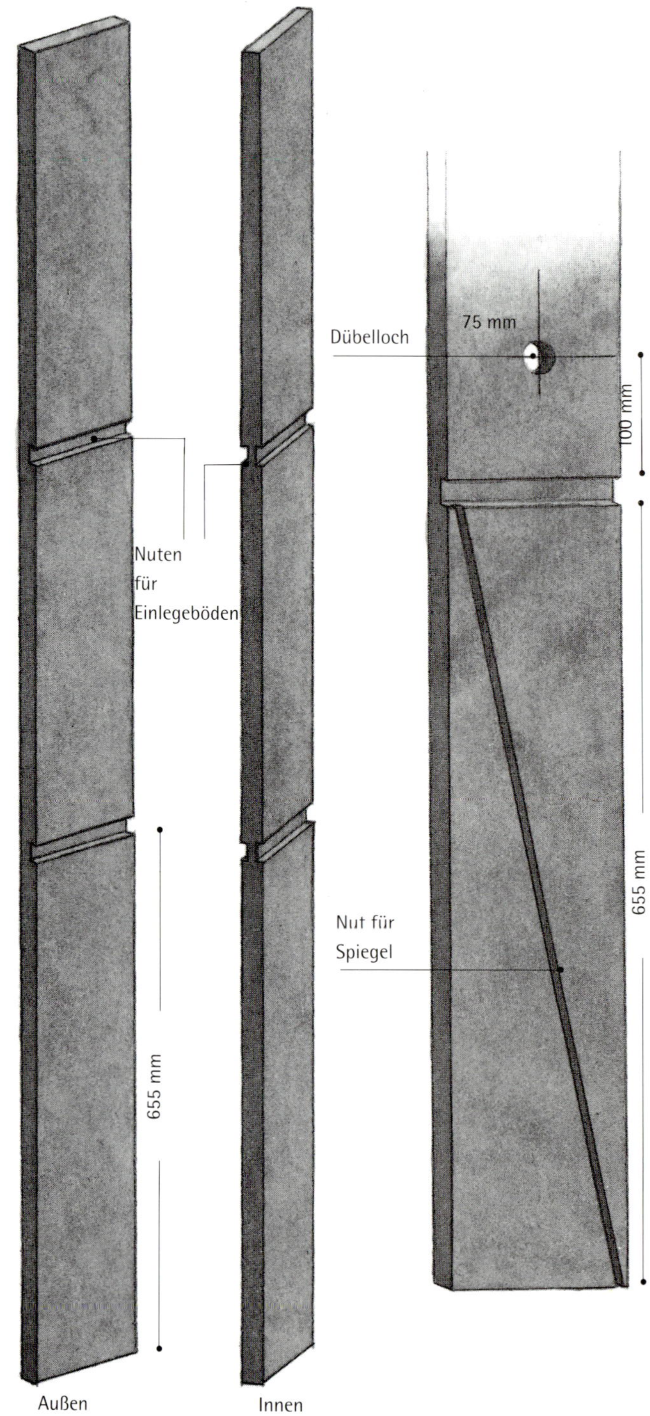

Fräsen der Nuten für Einlegeböden

Mit einem 19 mm Fräskopf fräsen Sie die Nuten in einer Tiefe von 6 mm für die Einlegeböden an allen Innenseiten der Seitenteile. (Wichtig: Die Außenseiten der äußeren Seitenteile nicht fräsen!)

Spiegel

Mit einem 6 mm Fräskopf werden die Nuten für den Spiegel gefräst. 2 mm nach innen von der Vorder- bzw. Hinterkante fräsen Sie eine 6 mm tiefe diagonale Nut gemäß der Darstellung ganz rechts. Diese Nut wird in die Innenflächen aller vier Seitenteile gefräst.

Holzstäbe als Halterung

Die Mittelpunkte der Bohrungen zur Aufnahme der Stäbe an den Innenflächen aller vier Seitenteile 100 mm oberhalb der ersten Nut und 75 mm von der Vorderkante nach innen versetzt markieren. Löcher mit Durchmesser 25 mm in einer Tiefe von 12 mm mit einer Oberfräse oder einer Bohrmaschine mit Holzbohrer bohren.

Obere gerade Einlegeböden

Diese Böden werden ebenso wie die unteren Einlegeböden an den Vorderkanten verblendet und haben einschließlich Blende eine Gesamttiefe von 150 mm.
Die benötigte Anzahl Böden auf die erforderliche Länge sägen, dann die Blendleisten auf die Vorderkanten leimen und nageln.

Halbrunde Einlegeböden

Aus 19 mm starker MDF-Platte schneiden Sie für jeden benötigten Einlegeboden ein 487 x 393,5 mm großes Rechteck aus.

Von der Hinterkante ausgehend im Abstand von 150 mm eine Querlinie ziehen. Der Mittelpunkt dieser Linie ist der Mittelpunkt für den Kreis. Den Halbkreis auf die Oberseite eines jeden Einlegebodens zeichnen und sägen (siehe Seite 110).

Fräsen der Nuten

Für jeden Spiegel mit der Oberfräse an der Unterseite der beiden geraden Einlegeböden eine Nut fräsen, die von der Vorderkante 2 mm zurückgesetzt ist. Die Nut muß 6 mm tief und genau so breit sein wie der Spiegel plus einer kleinen Zugabe zum Einschieben des Spiegels. Eine entsprechende Nut auch in die Unterseite des halbrunden Einlegebodens fräsen. Aus den Nuten heraus die genauen Abmessungen für jeden Spiegel messen, dabei auch die Schlitze in Ober- und Unterseite berücksichtigen.

Die Unterkanten des Spiegels müssen poliert sein, um Beschädigungen der Anrichtefläche zu vermeiden.

Mit der Oberfräse werden dann in die Oberfläche aller oberen geraden Einlegeböden die Rillen für die Teller gefräst; sie sind 6 mm tief und breit und liegen etwas von der Hinterkante der Böden entfernt.

Holzstäbe als Halterung

Die Holzstäbe müssen so lang sein, daß sie je 10 mm an jedem Ende in das Seitenteil eingesetzt werden können. Die erforderliche Anzahl der Stäbe aus Rundholz mit 25 mm Durchmesser sägen.

Zusammenbau

Ein Seitenteil, das auf der Anrichtefläche direkt über dem unteren Seitenteil aufliegt, anstellen (in einer Ecke beginnen, wenn möglich). Dieses Seitenteil wird entweder an einer Seitenwand mit Schrauben oder an der rückseitigen Wand mit Montagewinkeln befestigt, die wie beim unteren Teil in die Nuten der Einlegeböden eingesetzt werden. Im Bereich der Spiegel wird möglichst niedrig hinter der Nut ein zusätzlicher Haltewinkel befestigt. Dieser wird später verdeckt, wenn der Spiegel eingesetzt wird. Für den nächsten Arbeitsgang benötigen Sie zusätzliche Hilfe. Den Spiegel und die Holzstäbe einsetzen und verleimen. Die Enden der Rundstäbe sollten zum Einpassen „verjüngt" werden.

Vorteilhafte Nutzung der oberen Einlegeböden
Die bis zur Decke reichenden oberen Einlegeböden vermitteln eine hervorragende Optik und bieten gleichzeitig viel Abstellfläche. Die halbrunden Einlegeböden rücken einzelne Objekte besonders ins Blickfeld.

1 Befestigen der Spiegel und Seitenteile
Die Oberkante des Spiegels lagert in einer Nut an der Unterseite des Einlegebodens. Montagewinkel halten die senkrechten Seitenteile.

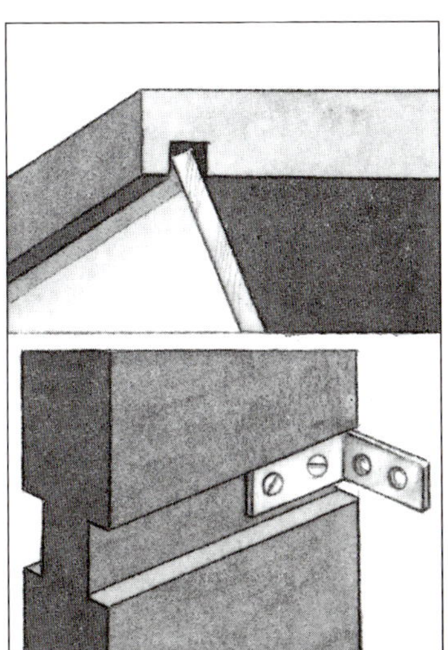

2 Befestigen der Blenden
Blenden aus 19 mm MDF-Platte sägen. Sie verdecken die Leuchtröhren und werden mit Montagewinkeln befestigt.

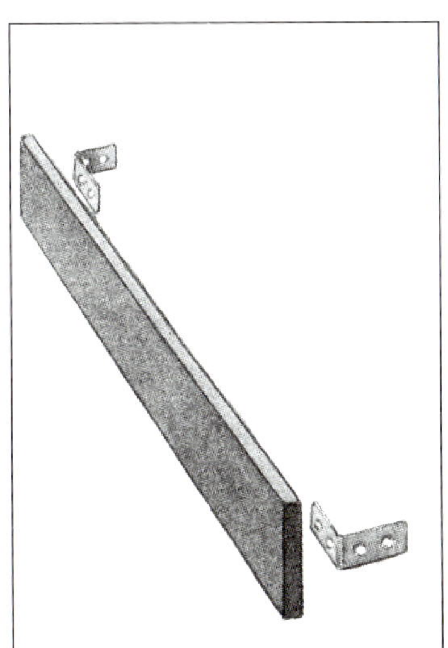

Jetzt wird das nächste Seitenteil an seinen Platz gestellt und mit Montagewinkeln in den Nuten der Einlegeböden und auf beiden Seiten ganz oben befestigt. Vor dem Einsetzen des zweiten Spiegels können Sie wieder in der Nähe der Nut einen zusätzlichen Winkel anbringen.

Die hinteren Enden der Einlegeböden etwas hobeln oder schleifen (wegen der Montagewinkel), dann die Kanten leimen und die Böden einpassen.

Den mittleren Spiegel, die Holzstäbe und das nächste Seitenteil aufstellen und befestigen. Einlegeböden einpassen und dann das Ganze für den letzten Abschnitt wiederholen.

Blenden

Die Innenmaße zwischen den senkrechten Unterteilungen für die drei Blenden messen. Die drei Blenden aus 19 mm MDF-Platte auf Länge sägen. Sie müssen breit genug sein, um die Leuchtröhren abzudecken. An jedem Ende einer Blende Montagewinkel anbringen; diese dann mit den senkrechten Seitenteilen verschrauben.

Vor Befestigung der Blende können Sie zur zusätzlichen Festigkeit weitere Montagewinkel an der Oberseite der Seitenteile montieren; diese müssen jedoch von der Blende verdeckt werden. Leuchtröhren einsetzen. Schließlich werden vor dem Streichen alle versenkten Schraubenköpfe verspachtelt.

Regal mit Fächern

Konstruktion

Dieses Küchenregal eignet sich ideal zum sauberen und sicheren Aufbewahren von Geschirr und Küchengeräten. Die oberen Regalböden und die Hauptunterteilungen werden aus 19 mm starkem Sperrholz oder 15 mm starken Spanplatten mit Melaminbeschichtung hergestellt. Der untere Regalboden hat vorne eine 25 mm breite Blendleiste, die bündig mit der Unterseite geleimt und gestiftet wird.

Obere und untere Regalböden laufen über die volle Breite des Regals.Die Hauptunterteilungen werden im Abstand von 1040 mm und an den Enden eingepaßt. Die mittleren Regalböden werden zwischen die Hauptunterteilungen eingepaßt. Wenn Sie hier Teller, Gläser und Pfannen aufbewahren wollen, können Sie zusätzliche Fächerunterteilungen in 10 mm Stärke zwischen den Hauptunterteilungen anbringen.

Alle Einzelteile dieses Regals werden verdübelt. Zuerst werden die mittleren Regalböden mittels Buchenholzdübel (8 x 40 mm) mit den Hauptunterteilungen verbunden; in der Waagrechten gehen dabei die Dübel direkt durch die Unterteilungen (Abbildung 2). Dann werden oberer und unterer Regalboden über Dübel derselben Größe an der Oberseite und Unterseite mit den Hauptunterteilungen verbunden.

Mit kleineren Dübeln (6 x 30 mm) werden die Fächerunterteilungen aus Sperrholz an der Unterseite des oberen Regalbodens angebracht. Das ganze Regal wird an der Rückseite mit einer 4 mm Sperrholzplatte oder einer gestrichenen Hartholzplatte verkleidet. Diese Platte wird an die Kanten der Hauptunterteilungen und Regalböden sowie an die Fächerunterteiler gestiftet.

Damit keine Gegenstände von dem mittleren Regalboden herunterrollen können, wird entweder eine breite Blendleiste angebracht oder eine schmale Hartholz-Leiste von ungefähr 6 x 6 mm auf der Oberfläche des Regalbodens, etwa 50 mm nach hinten von der Vorderkante versetzt, angesetzt.

Das ganze Regal wird montiert, indem Sie Haltewinkel verwenden, wie sie für Küchen-Hängeschränke angeboten werden. Diese Regale müssen Sie in jedem Fall stark und sicher befestigen, weil sie in der Regel stark belastet werden.

1 Die wichtigsten Maße
In dieser Zeichnung sind nur zwei Fächer gezeigt; das Regal kann jedoch auf Raumbreite ausgedehnt werden. Zwischen den Hauptunterteilungen können Fächerunterteilungen an der Unterseite des oberen und mittleren Regalbodens angebracht werden.

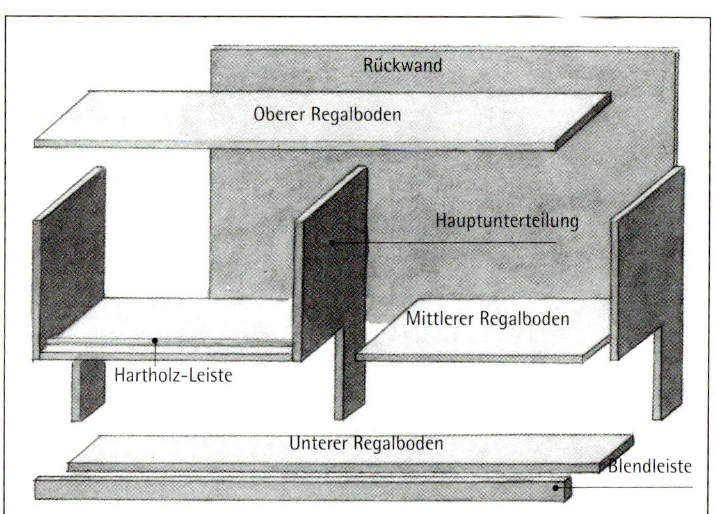

2 Dübelverbindungen
Dübelverbindungen sind gut geeignet; größere Stabilität erreichen Sie durch Nutverbindungen.

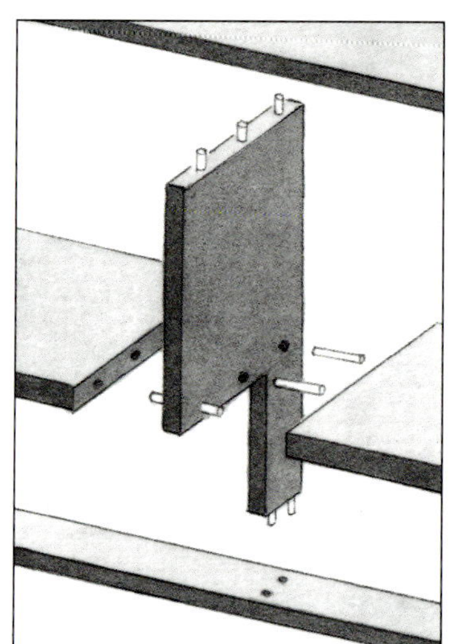

3 Fächerunterteilungen
Diese werden mit Dübel- oder Nutverbindungen an der Unterseite der Regalböden angebracht und dann mit der Rückwand verleimt und verstiftet.

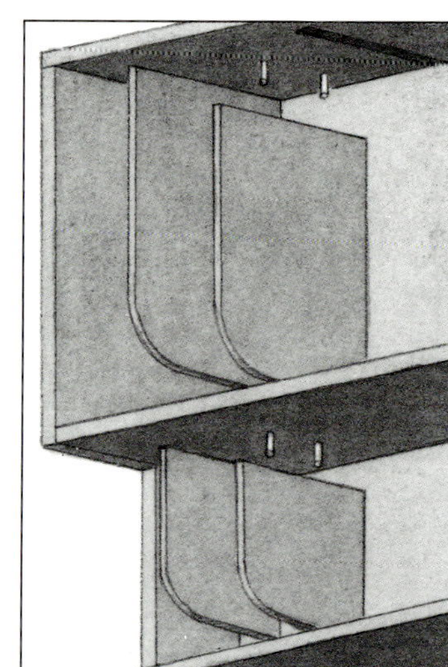

Küchenreling

Konstruktion

Durch Hängestangen werden die Dachsparren in diesem Dachgeschoßraum zu Gestaltungsmerkmalen. Die Stangen werden am Beginn der Schräge montiert, so daß es möglich ist, den Platz darunter zu nutzen. Eine dekorative Sockelleiste über dem Schrank verhindert ein Herunterfallen der Gegenstände.

In Dachräumen mit geringer Schräge befestigen Sie aufgedoppelte Sparren an der Decke, die Sie durch die Gipsplatten auf die darunterliegenden Dachsparren nageln. Die Hängestangen können Sie auch auf Holzblöcken oder in Garderobehaltern befestigen. Die Hängestangen können aus Stahlrohr, aus schwarz gestrichenem Kabelleitungsrohr oder aus Garderobestangen bestehen. Diese stehen in Chrom, Nickel oder Messing oder mit einem weißen Kunststoffüberzug zur Verfügung. Kupferrohr kann ebenfalls verwendet werden. In jedem Fall empfiehlt sich ein Rohrdurchmesser von 19 mm.

Die Stangen werden in Rohrschellen fixiert, die direkt auf die Unterseite der Dachsparren geschraubt werden. Zuerst bringen Sie die untersten Stangen etwa 100 mm über dem Kniestock an. Mit einer langen, geraden Latte, Bleistift und Wasserwaage markieren Sie dann die Positionen der Schellen auf den Dachsparren. Zuerst die Schellen an jedem Ende montieren. Dann wird mit Hilfe einer zwischen diesen Schellen gespannten Schnur kontrolliert, ob sie wirklich waagerecht sind, und anschließend erfolgt die Befestigung der mittleren Schellen, die in diesem Stadium nur leicht angeschraubt werden, wobei Sie von den Enden zur Mitte hin arbeiten und die Schnur als Führung benutzen. Die Rohre durch die Schellen stecken und dann die übrigen Schrauben fest anziehen. Mit Doppelgewindeschrauben (oder Spanplattenschrauben) befestigen Sie die Schellen, weil diese gut greifen. Die zweite und dritte Stange wird im Abstand von jeweils 100 mm von der unteren Schiene genauso befestigt.

Sollen bei einer Decke mit geringer Neigung die Hängestangen in Halterungen für Garderobestangen befestigt werden, so spannen Sie zuerst eine Schlagschnur über die Oberfläche der Decke; Schnur anschlagen und die horizontale Linie als Führung für die Positionierung der Träger benützen. Dann stellen Sie die Positionen der Dachsparren mit Hilfe eines kleinen Metalldetektors fest (die Schrauben der Gipskartonplatten werden in die Dachsparren geschraubt). Die Halterungen werden nun auf der markierten Linie mit Doppelgewindeschrauben befestigt.

1 Befestigen der Stangen

Die Stangen im Abstand von 100 mm mit Rohrschellen fixieren. Mit Wasserwaage ausrichten. Alte Ständerrohrschellen (siehe Abbildung) sehen sehr effektiv aus, moderne Schellen sind jedoch ebenfalls passend. Rohrenden mit abgeschrägten Holzpfropfen verschließen.

2 Verdeckte Dachsparren

Bei verdeckten Dachsparren die Stangen mit Halterungen für Garderobestangen befestigen. Aufgedoppelte Dachsparren werden an der Decke befestigt, die Hängestäbe können aber auch an Montageblöcken auf den Dachsparren befestigt werden.

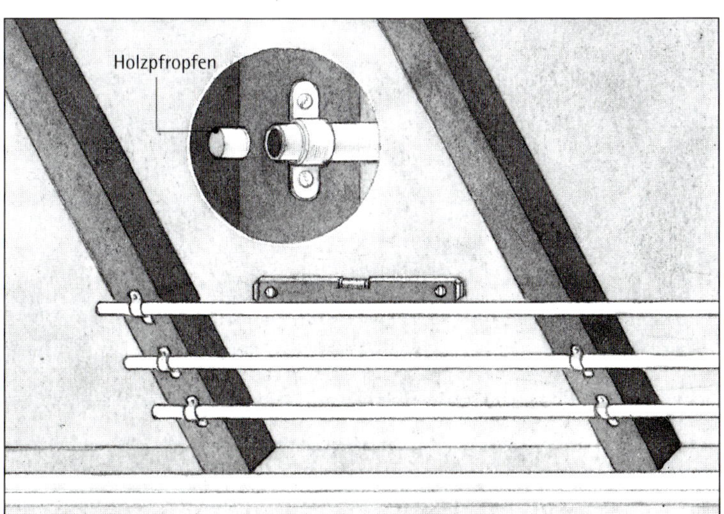

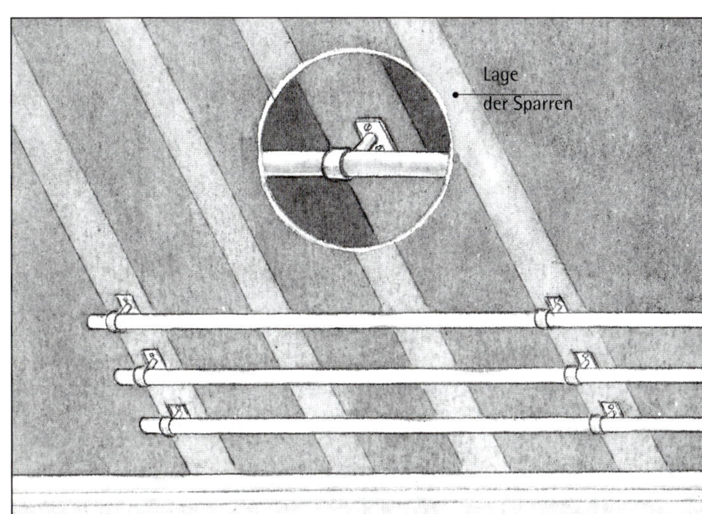

Frei hängende Regale

Durch diese, über einer Frühstücksbar abgehängten Regalböden wird Platz sehr gut genutzt, der andernfalls verschenkt würde. Außerdem ergibt sich ein leichter und luftiger Raumteiler zwischen Küche und Eßbereich.

Die Böden werden mit Stahlrohren aufgehängt, die fest an den Deckenträgern angebracht sind. Unter Umständen erhalten Sie Chrom-Stahlrohre in der erforderlichen Länge mit Gewinde, um sie an festverschraubbaren Sicherungsplatten anzubringen. Eisenwarengeschäfte und Schiffsausstatter sind mögliche Bezugsquellen. Ebenso sind auch Gewindestäbe aus Stahl verwendbar. Diese werden in ein Stahlrohr gesteckt, das auch für die Garderobenstangen verwendet wird und das sich ideal für die Abstände der frei hängenden Regale auf den Gewindestäben eignet. Garderobenstangen sind in Chrom, Nickel oder Messing oder mit einem weißen Plastiküberzug erhältlich.

Die Regalböden sind, passend zur Arbeitsplatte, aus massivem Hartholz, können jedoch genausogut auch aus einem Kantholzrahmen mit Sperrholzverkleidung hergestellt werden. Diese Oberfläche kann, wiederum passend zur Arbeitsplatte, mit einem Hartholzfurnier versehen werden.

Diese Regalböden werden genauso hergestellt wie die Böden für die Regalwand auf Seite 156.

Beim oberen Regalboden lassen sich die Kanten der Sperrholzplatten mit einer Hartholzplatte verdecken, die dem Regalbrett das Aussehen einer Massivholzplatte verleiht. Bei dem unteren Regalbrett montieren Sie am besten die untere Abdeckplatte erst, nachdem das Regal in seiner Lage befestigt und die Muttern auf den Gewindestangen mit einem Schraubenschlüssel festgezogen wurden.

Wollen Sie Gläser am unteren Regal aufhängen, so bauen Sie dieses am besten nach dem Hohlbauverfahren und fertigen Einschnitte an einer Kante für die Gläserstiele an. Die Stärke der Hartholz-Blendleiste an dieser Kante muß mindestens der Tiefe der Einschnitte entsprechen.

Als Halterung für die Regalböden werden diese auf Stahlgewindestangen im Inneren der Stahlrohre aufgehängt, die gleichzeitig als Abstandsstücke dienen. Hierfür eignen sich Stahlrohre in der Größe M 10, die in Längen bis zu 1 m im Handel erhältlich sind. Die Stahlrohre werden auf die benötigte Länge abgesägt oder bei hohen Decken mit Verlängerungsmuttern zusammengeschraubt.

1 Grundkonstruktion
Die Regalböden sind einfache Kantholzrahmen mit einer Verkleidung aus Sperrholzplatten und Hartholz-Blenden.

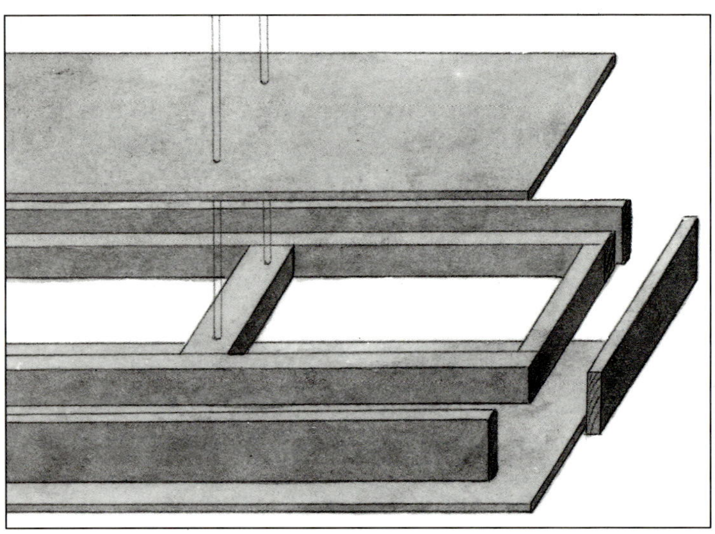

2 Halteleiste
Stahlgewindestangen werden an einer 75 x 50 mm Leiste befestigt und zwischen passenden Deckenträgern verschraubt.

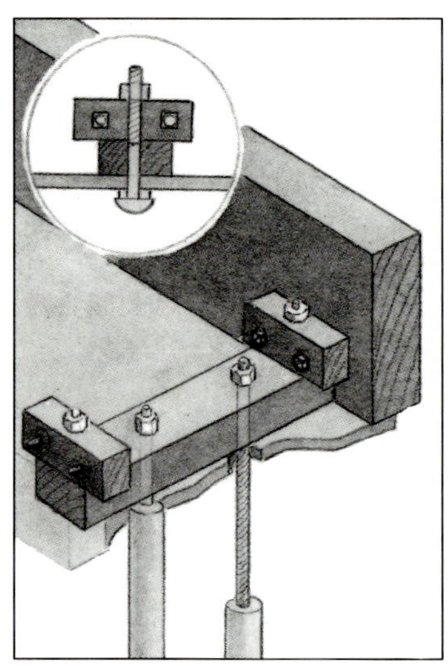

3 Durchgebohrter oberer Regalboden
Löcher zur Aufnahme der Gewindestäbe werden durch die Querträger gebohrt. Dekorative Stahlrohre halten die Regale auf Abstand.

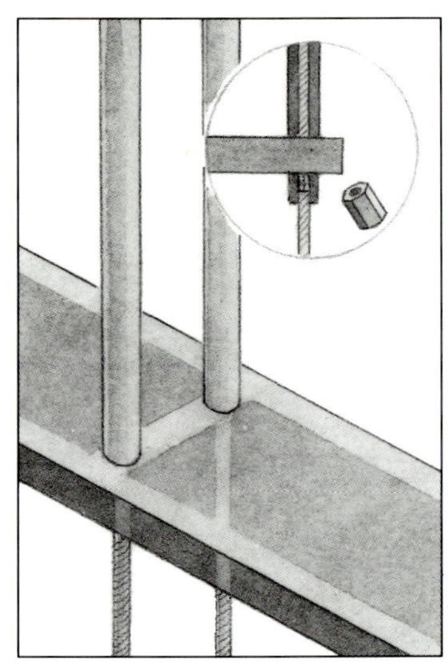

Türfronten

Oben werden die Gewindestangen durch vorgebohrte Löcher in das Kantholz (75 x 50 mm) geschraubt; dieses wiederum ist mit Befestigungsstücken zwischen den Deckensparren über der Regalposition verschraubt. Bei der Herstellung der Regalrahmen bestimmen Sie vorab die Lage der Hängeteile und stellen sicher, daß an diesen Positionen Querträger in dem Regalrahmen für eine zusätzliche, starke Befestigung sorgen.

Die Stahlrohre mit 19 mm Durchmesser werden über die hervorragenden Gewindestäbe geschoben, bevor der obere Regalboden eingepaßt wird, und mit einer Mutter auf der Gewindestange gehalten (bei Bedarf die Gewindestange mit einer Verlängerungsmutter verlängern). Vor dem Einpassen des unteren Regalbodens schieben Sie kürzere Rohre über die Gewindestangen. Der untere Boden wird ebenfalls an der Unterseite verschraubt. Die Sicherungsmuttern können in den Rahmenquerträgern versenkt werden, bevor die untere Abdeckplatte eingepaßt wird. Bei einem Regalboden aus Massivholz kann man in vorgebohrte Vertiefungen einpassen, die durch Einkleben passender Holzpfropfen dann verschlossen werden. Die Pfropfen werden dann gehobelt und so geschliffen, daß sie mit der Oberfläche bündig liegen. Das Aussehen einer Küche läßt sich durch Verwendung von Glastüren wesentlich verbessern. So wird der Inhalt der Schränke zum Blickfang.

4 Befestigung der verdeckten Muttern
Vertiefungen in die Unterseite des unteren Regalbodens bohren. Bei Massivholz die entstehenden Vertiefungen füllen. Bei Hohlkonstruktionen eine Sichtplatte einpassen.

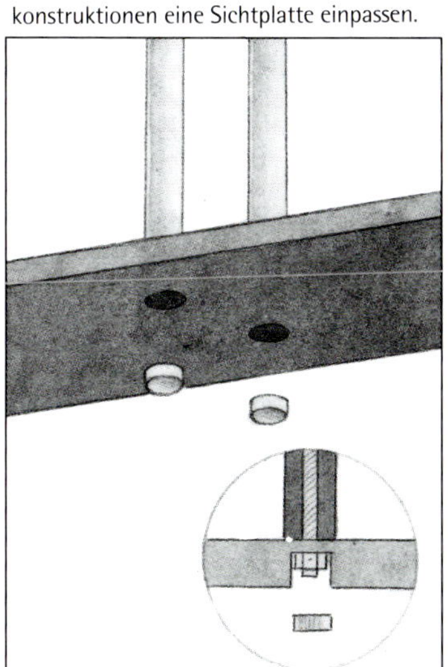

Vor der Entsorgung alter, abmontierter Türen notieren Sie sich die Maße sowie die Lage der Scharniere und Handgriffe. Diese Teile zur Wiederverwendung sorgfältig aufbewahren.

Neue Türen werden aus vorgehobeltem Holz (75 x 19 mm) hergestellt; die Stärke der alten Türen betrug wahrscheinlich 19 mm.

Die Seitenträger etwas länger sägen als notwendig – sie können später richtig abgelängt werden. Obere und untere Querträger auf Länge mit entsprechender Zugabe für die erforderliche Eckverbindung sägen. Für eine tragfeste Verbindung arbeiten Sie mit einer Schlitz- und Zapfenverbindung mit abgestuftem Zapfen (siehe Techniken, Seite 28). Nach dem Herstellen der Verbindungen und Zusammensetzen der Türen werden die Überlängen an den Seitenträgern bündig mit Ober- und Unterkante abgesägt. Zum Fräsen eines Falzes an einer Kante der Rückseite, dort soll noch das Glas eingepaßt werden, verwenden Sie eine Oberfräse. Den Rahmen herumdrehen und bei Bedarf die vordere Innenkante mit einem Rundfräskopf abrunden. Sollte die Herstellung einer Schlitz- und Zapfenverbindung mit abgestuftem Zapfen für Sie zu schwierig sein, können Sie die Türrahmen auch mit Dübelverbindungen herstellen (siehe Techniken, Seite 30). Bei richtiger Leimung ist die Festigkeit dieser Verbindungen durchaus ausreichend. Das Glas wird in den Falz von der Rückseite der Tür her eingesetzt. Es wird auf etwas Fensterkitt „gebettet" und durch eine Holzleiste fixiert, die mit Stiften gesichert wird. Diese müssen Sie sehr vorsichtig einschlagen. Kleinere Holzleisten sind in unterschiedlicher Art und Form erhältlich. Falls Sie keine Oberfräse haben, stellen Sie den Falz mit einer Leiste her, die Sie an die Innenkante des Rahmens an der Vorderseite leimen und stiften. Die Ecken auf Gehrung sägen. Die Scharniere einsetzen, das Holz endbehandeln und die Handgriffe anbringen.

1 Einsetzen der Scheiben
Schlitz- und Zapfenverbindung mit abgestuftem Zapfen herstellen. Rahmen falzen; vordere innere Kante abrunden; Glas einsetzen.

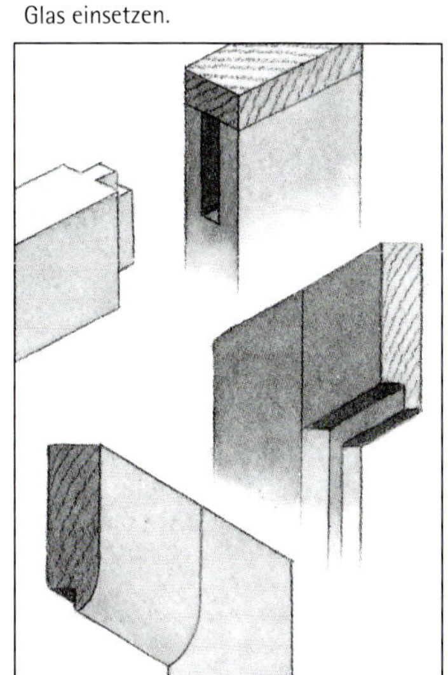

2 Alternative Vorgehensweise
Mittels einer an den Innenkanten des Rahmens befestigten Holzleiste einen Falz bilden und das Glas mit Fensterkitt oder einer Leiste sichern.

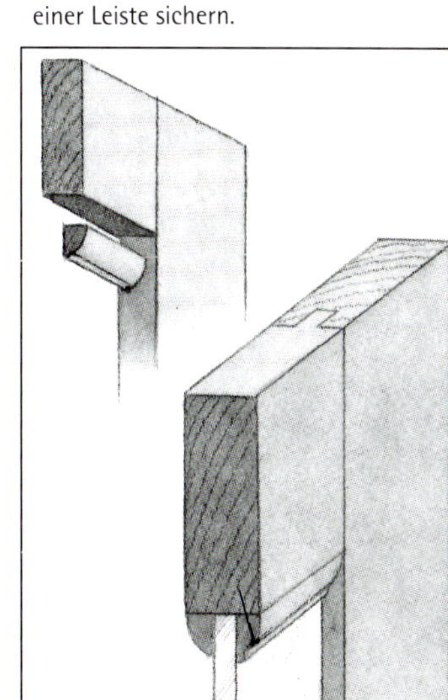

Teil 3

Wohnzimmer, Arbeitsräume und Dielen

Das Wohnzimmer führt Ihren Lebensstil allen Besuchern unübersehbar vor Augen. Hier sollten Sie mehr als in jedem anderen Raum Ihre eigenen Vorstellungen von Komfort, Eleganz, Stil und Dekor verwirklichen. Die Möglichkeiten des DIY sind vielfältig. Wohnzimmer beherbergen oft besondere Schätze. Bei richtiger Präsentation können Sammlerstücke den Charakter eines Raumes prägen. Einen vorhandenen Kamin können Sie verkleiden, Holzfußböden können aufgearbeitet, gefärbt oder bemalt werden. Auch eine andere Beleuchtung kann das Raumgefühl verändern.

In Arbeitsräumen und Studierstuben muß man sich wohlfühlen, andererseits sollten sie funktional eingerichtet sein. Mit DIY bringen Sie beide Forderungen auf einen Nenner, können auf kleinstem Raum – in einer Zimmer- oder sogar Flurecke – ein zweckdienliches Büro einrichten. Mit einer durchdachten Beleuchtung, sinnvoller Arbeitsanordnung und besonders gestalteten Regalen können Sie einen nicht nur praktischen, sondern auch einladend wirkenden Arbeitsbereich schaffen.

Das Bauhaus

Design im Wohnraum

Das Wohnzimmer ist der Raum, wo Ihre DIY-Arbeit von allerhöchster Qualität sein sollte, wobei Geld und Zeit Ihre Überlegungen mit beeinflussen werden.

Das Regalsystem, das auf der vorhergehenden Seite zu bewundern ist, erstreckt sich über eine ganze Wand. Nach oben hin wird das Regal von einem Brett abgeschlossen, das auf Höhe des Türsturzes über Eck läuft. Diese ungebrochene, fließende Bewegungslinie bringt eine angemessene Präsentationsfläche für eine Sammlung alter Holzpferde. Deckenspots setzen anregende Lichtakzente.

Stilvolle Päsentation: Beim Entwurf eines Regals müssen verschiedene Faktoren beachtet werden. Form, Charakter und Grundmuster des Regals müssen sowohl dem Raum als auch den Objekten, die darin gezeigt werden sollen, gerecht werden.

Das Foto rechts zeigt ein Regal in einem Haus mit Räumen, in denen die Kombination verschiedener Materialien wirksam wird. Das Regal greift die klaren architektonischen Linien des Raumes wieder auf. Naturbelassenes Holz kontrastiert zum Grau der Schubladen und Schränke. Das Ensemble wird durch die blautönige Wand mit dem akzentuierenden Bild und dem farblich passenden Ledersofa komplettiert. Aufgabenstellung des Designs war es, Keramiksammlung, Fernseher und Video gleichwertig zu präsentieren.

Konventioneller ist die Lösung, die links unten gefunden worden ist. Eine Raumnische wird von flachen Schränken gefüllt; den Platz darüber nimmt ein Regalaufsatz ein. Zwischen Schrank und Regalböden ist Raum für hohe Gegenstände gelassen worden. Die oberen Fächer sind für die Präsentation solitärer Objekte vorgesehen.

Im rechts unten abgebildeten Wohnraum formieren sich regelmäßige Vierecke zu einer hohen Regalwand, die motivisch zur Glastür passt. Wer seine Sammlergegenstände in ansprechender Weise zeigen möchte, findet hier angemessenen und ausreichenden Raum.

Über Eck: Der Bewohner des links abgebildeten Zimmers möchte bei der Arbeit seine Bücher nicht missen. Der Dielenboden und die alten Möbel verleihen dem Raum die Atmosphäre eines Studierzimmers; allein die Schreibmaschine weist auf ein Büro hin. Um diesen Charakter beizubehalten, wurden die schwarzen Regale entworfen: Sie passen genau über Eck und verdichten die architektonische Grundform. Weiße oder sehr helle Regale hätten nicht die Kraft, den Raum derart zu strukturieren. Zurückhaltende Farben eignen sich eher für Wandregale, die mit ihrer Umgebung verschmelzen sollen. Schwarze Möbel können sehr effektvoll sein, vorausgesetzt, sie fügen sich, richtig dosiert, in das Gesamtdekor. In unserem Beispiel geben schwarzer Lampenschirm, Stuhlpolster und Bilderrahmen den nötigen Widerhall.

Auf kleinem Raum: Das Einzimmerappartement unten links beinhaltet eine Kochecke, die durch einen halbhohen Einbau vom Wohnbereich getrennt ist. Aus Gründen der Platzersparnis wurde der Heizkörper senkrecht installiert. Das knappe Raumangebot führt zwangsläufig zu einem sparsameren Umgang mit dekorativen Details. Solch klare und schlichte Arrangements eignen sich besonders gut für Ihre DIY-Arbeit.

Für eine schmale, durch eine Dachschräge beengte Wohnzimmerecke, wurde die rechts unten abgebildete Lösung gefunden. Schrank, Regal und Nische spielen mit der Wirkung unterschiedlicher Höhen. Im Umgang mit dem vorhandenen Platz wird der Eindruck einer gewissen Großzügigkeit suggeriert. Dabei wird eine Menge Stauraum geschaffen. Die hohe Nische ist der klassische Rahmen für die Portraitbüste. Der Einbau wurde weiß gestrichen, um vor der weißen Wand leicht und unaufdringlich zu wirken. Wand und Möbel verschmelzen so zu einer harmonischen Einheit.

Funktion und Design

Handgefertigte, genau auf den Raum abgestimmte Einrichtungen sind konkurrenzlos schön. Der Wohnbereich ist aber nicht der rechte Ort für erste DIY-Experimente. Gerade das Beste sollte Ihnen hier gut genug sein, einschließlich Ihrer handwerklichen Leistung. Verwenden Sie, in dem für Sie finanziell tragbaren Rahmen, nur die besten Materialien, gestalten Sie die Oberflächen so perfekt als möglich und sparen Sie nicht an formgebenden Details.

Wenn Ihnen offene Regale ganz besonders zusagen, dann beschäftigen Sie sich genau mit dem Design. Kommen Ihnen Zweifel, ob Sie der selbstgestellten Aufgabe gewachsen sind, dann ist es vielleicht besser, ein einfacheres Projekt auszuführen.

Einige der wirkungsvollsten Funktionen des DIY im Wohnbereich liegt im Verschwindenlassen gewisser unschöner Dinge wie beispielsweise Leitungen. Verstecken Sie den Kabelsalat von Lampen, Stereoanlage, Fernseher und Video hinter Verkleidungen, Fußleisten oder unter Bodenbrettern. Drähte, Leitungen und Rohre müssen nicht unbedingt versenkt werden, Sie können sie auch verkleiden. Flache Kabel können unter Teppichböden verlaufen.

Eine weitere Funktion des DIY ist es, an den richtigen Stellen Verzicht zu üben. Nicht jeder Zimmerwinkel muß mit einem Möbelstück zugestellt werden. Manchmal ist es wirkungsvoller, sich auf unentbehrliche Einrichtungsgegenstände zu beschränken.

Architektonische Details verändern das Raumgefühl nachhaltig. Sie können eindrucksvolle Veränderungen mit dem Einbau hölzerner Deckenbalken, Wandverkleidungen, Täfelungen oder Fußleisten erzielen.

Die genannten Möglichkeiten des DIY im Wohnraum sind so einfach wie wirkungsvoll.

Anregender Perfektionismus: Die drei Fotos beweisen die Wirkung von gutem Design und bester handwerklicher Ausführung.

Das oben links abgebildete Wohnzimmer wird durch ein markantes Regal geprägt. Das tiefe Holzbrett umläuft den Wandvorsprung. Es ruht auf formschönen Metallkonsolen.

Ein freundlicher, heller und eleganter Raum öffnet sich oben rechts dem Betrachter. Hochgezogene Fußleisten aus Eiche und die dunkle Kamineinfassung sind speziell für diesen Raum konzipiert worden.

Auf der gegenüberliegenden Seite ist ein typisches Shaker-Zimmer zu bewundern. Die Faszination ihrer Möbel beruht zum einen auf der Vollkommenheit der Ausführung. Zum anderen ist ihr Stil von verblüffender Schlichtheit: kein Ornament, keine Arabeske und dennoch kein kühler Funktionalismus. Die Details – Scharniere, Knäufe und Griffe – zeugen von einer immensen Sorgfalt und inneren Konzentration, die beim Entwurf und Bau dieser Möbel nötig waren.

Formgebende Regale

Mit Regalen können Sie Räume strukturieren, Bewegungsrichtungen und Konturen betonen. Wichtig ist für Ihre eigenen Überlegungen der Grundsatz, daß Regale die Dimensionen eines Raumes aufgreifen und sich in scine tektonische Gestalt fügen. Kontraste und unausgewogene Proportionen sollten vermieden werden.

Beim Einbau von Regalen in eine Nische ist es sinnvoll, die ganze Nische auszufüllen. Eine schmale Regalzeile inmitten einer Nische wirkt verloren und läßt schmale, unansehnliche Hohlräume entstehen. Eine Regalwand ist besonders dekorativ, wenn sie tatsächlich eine ganze Wand bedeckt. Wird die Wand von einer Tür durchbrochen, kann die Bewegungslinie der Regalbretter über den Türsturz hinweg durchgezogen werden, die Tür wird dann gleichsam gerahmt.

Unzugängliche Ecken und schwierige Raumzuschnitte wie Mansardenzimmer können durch DIY-Regalsysteme aufgewertet werden. Nutzen Sie Wandflächen, in die kein vorgefertigtes Möbelstück je passen würde. Ein gestalterischer Kniff ist es, Regale oben abzuschließen. Damit definieren sie einen festen Rahmcn, dem sich alle anderen Elemente unterordnen und der die Grundzüge der Architektur spiegelt. Einen derartigen Rahmen zu entwerfen und in der Wand zu verankern, ist handwerklich auch nicht schwieriger, als unser Küchen-System nachzubauen. Feste Zwischenwände werden dann im Holzrahmen ausgerichtet und befestigt, Konsolen oder Winkelträger werden dort eingearbeitet. Durch fixe Regalböden geben Sie dem Regalsystem Halt und strukturieren gleichzeitig die Gesamtform.

Äußerst effektvoll sind „schwebende" Regale; mehr darüber auf Seite 152f. Nicht immer ist es möglich, Glasböden direkt in eine Nische einzubauen. Lösen Sie das Problem, indem Sie einen Holzrahmen dazwischenbauen. Der eignet sich überdies, Leitungen zu kaschieren, die Sie für eine indirekte Beleuchtung benötigen. Von oben oder unten angestrahlte Glasregale sind sehr attraktiv.

Manchmal sind es gerade die vertikalen Zwischenbretter oder Konsolen, die stimmige Effekte hervorrufen. So können nach speziellen Wünschen gefertigte Metallträger den Charakter einer Regalwand bestimmen.

Maßgeschneidert: Die Regale, die auf diesen Seiten vorgestellt werden, sind nicht zum unmittelbaren Nachbau gedacht. Es sind durchweg Regalsysteme, die jeweils für ein ganz spezielles Wohnzimmer und die individuellen Ansprüche seiner Bewohner konzipiert worden sind. Eine harmonische, angemessene Proprtionierung erreichen Sie also nur mit maßgeschneidertem Design.

In zwei von unseren Beispielen wurden die Regale über die ganze Wandfläche gezogen.

Auf der gegenüberliegenden Seite hat ein Bücherliebhaber Gelegenheit, seine Bibliothek vom Fußboden bis zur Decke wachsen zu lassen. Das Fenster und der verkleidete Heizkörper werden von Regalen umschlungen und formal integriert.

Ein schwierigeres Problem ist im Wohnzimmer, das in der Mitte links abgebildet ist, gelöst worden. Dachschrägen diktieren Ausmaß und Form der Regalwand. Durch eine betonte Vertikalakzentuierung gleichen die Regaleinheiten einem stabilen Bauwerk.

Regale für Nischen: In zwei modernen Innenräumen wurden für Regale Nischen geschaffen. Sie können diese Wandnischen auch selbst herstellen. Beim Foto oben links lockert die Nische die plane Fläche anregend auf.

Unten links ist ein großer Raum zu sehen, den eine halbe Zwischenwand in zwei Bereiche teilt. Das Wandsegment wurde zu einer Nische ausgebaut, die elegante Glasregale birgt.

Regale: Schatzinseln im Wohnraum

Heutzutage ist Platz vermutlich der größte Luxus, den eine Wohnung bieten kann. An sich liebenswerter Nippes kann auch großzügig bemessene Räume kleiner wirken lassen. Daher ist es in gewissen Zeitabständen sinnvoll zu überlegen, ob das, was offen ausgestellt ist, auch wirklich der Aufmerksamkeit wert ist.

Wenn Sie zu den Sammlern gehören und Schätze horten, seien es Erinnerungsstücke, Reiseandenken, ein Sammelsurium vom Blechspielzeug bis hin zu afrikanischen Masken, dann bauen Sie sich genau die Regalwände, die Ihre Lieblingsobjekte gut zur Geltung bringen. Dazu bieten sich Nischen, Zimmerwände, freie Ecken im Eingangsbereich oder unter Treppen, ja sogar Treppenabsätze an. Die Regale selbst sollten schlicht und keinesfalls dominant sein, obgleich es ihre Aufgabe ist, das private Wirrwarr zu strukturieren.

Etwas anders liegt die Sache bei homogenen Sammlungen. Wenn Sie ein Faible für Porzellan der 1930er haben, passioniert Bronzeskulpturen, bibliophile Kostbarkeiten oder Modellautos zusammentragen, wird Ihnen auch an einer kollektiven Aufstellung Ihrer Sammlung liegen. Um gleichartige Objekte gleichwertig zu präsentieren, sind klare, symmetriebetonte Regale ideal.

Wollen Sie hingegen nur wenige, sorgsam ausgewählte Objekte vorzeigen, dann verschaffen Sie ihnen Raum. Rahmen Sie das Objekt durch ein Regalkompartiment, beleuchten Sie es von oben oder stellen sie den Solitär auf einen Sockel. Um seine Wirkung zu steigern, sollte der Raum ringsum leer bleiben.

Im Wohnzimmer ist aber mehr unterzubringen: Bücher, Stereoanlage, Platten, CDs, Uhren, Pflanzen und alles mögliche andere brauchen Stauraum. Gestalten Sie Ihre Regale so, daß die Proportionen der Objekte die der Konstruktion bestimmen. Dann ergibt sich eine maßgeschneiderte Wirkung.

Ausdrücklich zur Ansicht gedachte Regale sollten gut belichtet sein, indirektes Licht wirkt immer wieder Wunder. Verwenden Sie qualitätvolle Materialien und ein prägnantes Design, das sowohl zur Einrichtung und zum Dekor des Zimmers als auch zu den Objekten Bezug hat.

Selbstverständlich müssen Ihre Regale stark genug sein, die vorgesehene Last zu tragen. Durchgebogene Regalböden machen keinen guten Eindruck.

Balance der Symmetrie

Die Regale, die ihren Inhalt auf der gegenüberliegenden Seite darbieten, zeugen von der ordnenden Kraft der Symmetrie. Das oben abgebildete Zimmer wird von einem breiten, offenen Kamin beherrscht. Die Nischen links und rechts davon beherbergen Regale voll bunten Porzellans.

Unten links wird eine Doppeltür von einer durchgehenden Regalwand eingerahmt.

Unten rechts präsentiert sich eine Sammlung schöner Glasvasen in imitierten Nischen. Um den originalen Raumcharakter zu erhalten, wurde der Heizkörper nicht verkleidet, sondern restauriert und gestrichen.

Kraftvolle Unterstützung

Um einem Raum modernen Zuschnitts mehr Individualität zu verleihen, wurde im Wohnzimmer eine weit vorspringende, schmale Nische eingebaut. Eine nichttragende, leichte Holzkonstruktion kann an jede Wand angebaut werden, Foto unten links. Im direkt daneben abgebildeten Wohnraum formen Dachschrägen und Kamin zwei ungleiche Nischen. Besonders dicke Regalböden sind links und rechts vom Kamin auf gleicher Höhe angeordnet und schaffen so einen horizontalen Bewegungszug. Bei der rechts unten gezeigten Büroecke in der Wohnung fügt sich ein Tisch exakt zwischen die beiden Naturholzregale ein.

Maßgeschneiderte Regale

Glasregale eignen sich besonders zur Objektpräsentation. Ihre Transparenz macht sie unaufdringlich und lenkt alle Aufmerksamkeit auf das Objekt. Glasregale können auf verschiedene Weise an der Wand angebracht werden. Auf der gegenüberliegenden Seite zeigt die Abbildung oben links schmale Rauchglasregale, die allein von einfachen Bolzen getragen werden. Der Steincharakter der Fossiliensammlung kommt auf dem glatten Glas besonders gut zur Geltung.

Nischen bieten sich für den Einbau von Glasregalen geradezu an. Diesen Vitrineneffekt macht sich auch der dreieckige Aufsatz auf der gegenüberliegenden Seite rechts unten zu Nutze. Seine Form wurde von der Dachschräge vorgegeben. Die Glassammlung steht in der Nische sicher.

Wenn keine Nische vorhanden ist, die Glasböden also frei stehen, sollten sie von starken Trägern getragen werden. Metallkonsolen, wie oben rechts gezeigt, sind in der Lage, auch dicke Glasplatten zu tragen. Die Konsolen müssen sorgfältig in der Wand verankert werden.

Freischwebende Leichtigkeit suggeriert die Fixierung der Glasböden mit festem Stahldraht. Das Foto in der Mitte unten zeigt eine derartig filigrane Konstruktion. Der Stahldraht läuft durch die Glasplatten hindurch. Glasregale sollten unbedingt indirekt beleuchtet werden, das Licht wird durch alle Etagen gestreut.

Die Aufgabe, eine Sammlung geschnitzte Vögel adäquat zu präsentieren, ist in beeindruckender Weise gelungen. Es sind lauter Individuen, die da Raum für sich beanspruchen. Diesem Gedanken entsprechen die kurzen, unverbundenen Regalbretter. Zudem suggeriert die zeilenmäßige Reihung eine fließende Bewegung.

Kamine und Feuerstellen

Ein offener Kamin ist in erster Linie eine Wärmequelle. Darüber hinaus verbinden sich mit einem echten Holz- oder Kohlenfeuer Gefühle des Wohlbehagens und der Entspannung. Ein Wohnzimmer mit offenem Kamin hat schon einmal ein Plus an Atmosphäre. Sicher, ein Feuer bringt Schmutz mit sich, vergeudet Energie, macht Arbeit, ist kurzgesagt hochgradig unpraktisch - aber unübertroffen gemütlich! Heizkörper, Fußbodenheizung oder Gasfeueröfen können der Anziehungskraft duftender, knisternder Glut wenig entgegenhalten.

Möglicherweise verfügt Ihre Wohnung über einen Kamin, der irgendwann stillgelegt worden ist. Nehmen Sie ihn doch wieder in Betrieb! Das Verlegen von Elektro- oder Gasöfen, das notwendig werden könnte, müssen Sie Fachleuten überlassen. Wichtig ist auch die Überprüfung, ob der Schornstein frei ist, ob das Abzugsrohr dicht ist - es könnten gefährliche Rauchgase entweichen - und ob der Kamin, den Sie installieren wollen, dem Zweck angemessen ist. Wenn Sie nachträglich einen Kamin installieren wollen, müssen Sie zunächst eine Baugenehmigung einholen.

Ein Kamin ist eine optische Attraktion. Er zieht stets die Aufmerksamkeit auf sich. Machen Sie sich also intensive Gedanken zu seiner Gestaltung. Eine Bodenplatte zu versetzen oder aufzubauen ist einfacher, als Sie vielleicht denken. Es handelt sich aber eher um eine bautechnische als eine dekorative Herausforderung. Sie werden mauern, verputzen, fliesen und vielleicht auch Holz bearbeiten müssen. Lassen Sie sich dabei ruhig von Fachleuten anleiten. Nehmen Sie die Arbeit nur in Angriff, wenn Sie meinen, sie auch wirklich gut ausführen zu können. Wenn Sie den Kamin vollendet haben, dann prüfen Sie Ihr Werk kritisch. Jeder Fehler birgt ein Brandrisiko.

Der Reichtum gestalterischer Ideen macht den oben abgebildeten Kamin zu einer ganz besonderen Attraktion. Flankierende Fensterflächen steigern seine Plastizität. Die Feuerstelle liegt erhöht auf einer stark vorspringenden Bodenplatte aus poliertem Stein. Sie wird von schmalen Stahlleisten gerahmt. Ein kurzer Sims wandelt das Motiv des klassischen Kaminsims ab. Darüber wölbt sich eine halbrunde Nische.

Eine traditionellere Variante sehen Sie auf dem Bild in der Mitte. Die Kamineinfassung besteht aus Holz und entwächst der Wandtäfelung scheinbar organisch. Das Holz ist kunstvoll bemalt, um das Relief noch besser zur Geltung zu bringen. Die Feuerstelle selbst ist mit Metallplatten ummantelt, die den Glanz der Flammen widerspiegeln.

Der Reiz des unten vorgestellten Kamins liegt im einträchtigen Miteinander rustikalen und eleganten Materials und dem klaren, bewußt einfach gehaltenen Design. Der Kamin ist ganz in die Wand zurückgenommen, auch der Vorsprung zwischen den beiden Rahmen ist minimal. Der Holzrahmen geht visuell in den hohen Fußbodenleisten auf. Durch das Ziegelmauerwerk ist die Feuerstelle verkleinert und den Raumproportionen angepasst worden. Vor dem Kamin ist eine Reihe hitzebeständiger Steinplatten in das Parkett eingelassen, die kaum ins Auge fällt.

Unterschätzen Sie bitte nicht den Aufwand und das Ausmaß der Arbeit bei diesem Vorhaben.

Die Verkleidung Ihres Kamins wählen Sie ganz nach Ihrem Gusto. Der Charakter der Feuerstelle sollte dem Raumcharakter angepasst werden, nicht andersherum. Ein moderner Kamin stört die Atmosphäre eines stuckverzierten Altbauzimmers. Wird er durch einen stilechten Kamin ersetzt, stimmt das Raumgefühl wieder.

In anderen Räumen kann es vorteilhaft sein, den Kamin etwas zurückzunehmen. Allzu imposante Kamineinfassungen erschlagen eine Einrichtung. Eine schlichte Einfassung mit einem schmalen Stahlband oder einfache hitzebeständige Kacheln sind in solchen Fällen das richtige Dekor. Geradlinigkeit passt zu modernen Raumkonzeptionen. Sie können eine vorspringende Kamineinfassung und eine hohe Bodenplatte auf eine flache, tiefer liegende Kaminfront reduzieren. Wenn Sie den Kamin stillegen wollen, können Sie die vorgegebene Verschalung als Nische für den Einbau von Regalen nutzen.

Der Fachhandel hält eine große Auswahl von Stilkaminen und modernen Kaminen, Bodenplatten und Bodenschutzbelägen bereit. Sie können Ihren Kamin natürlich auch nach eigenen Vorstellungen verkleiden. Die visuelle Anziehungskraft eines Kamins erfordert dabei hohe handwerkliche Qualität. Gute Materialwirkungen erzielen Sie mit verputzten und unverputzten Ziegeln und Holz. Marmor eignet sich sowohl für die Kamineinfassung als auch zum Bodenschutz. Sie haben die Wahl zwischen Fliesen mit zeitgenössischem Design und denen, die alten Vorbildern nacheifern.

Erst wenn Sie sich Ihres Wunschkamins ganz sicher sind, sollten Sie mit den Arbeiten beginnen.

In einer modernisierten Jugendstilvilla zeugt ein Kamin vom ursprünglichen Charakter des Hauses. Die Wand, an die sich der Kamin einst lehnte, ist gewichen, siehe Abbildung oben. Damit verwandelte sich der Kamin in einen Raumteiler zwischen dem weitläufigen Wohn- und Eßbereich. Altmodische Kamine mit reich ornamentierten Metallplatten und verzierten Aufsätzen können Ihnen Anregungen für eigene Projekte liefern. Eine Alternative zum Selberbauen ist der Kauf eines Stilkamins, den Sie sich liefern und installieren lassen können. Auch dann bleibt die Prämisse, daß der Kamin zum Stil der umgebenden Architektur, zur Einrichtung und zum Dekor Ihres Wohnzimmers passt.

Ein weiteres Beispiel für einen Kamin, der die Atmosphäre eines Raumes vervollkommnet, ist in der Mitte zu sehen. Der einfache, aus Ziegeln gemauerte Kamin entspricht dem warmen Charakter des Wohnraums. Ein guter Hobby-Maurer ist durchaus in der Lage, diesen Entwurf zu realisieren.

Ein minimalistisches Design begegnet Ihnen im unteren Bild. Bodenplatte, Einfassung und Fußboden sind mit denselben hochwertigen hitzebeständigen Keramikfliesen gestaltet. In dieser zeitgenössisch kühlen Atmosphäre lodern auch keine Flammen aus dem Holz, sondern Gas speist das Feuer. Behauene Brocken von Vulkangestein füllen einen Korb aus galvanisiertem Stahl. Hinter diesem Schaubrennstoff ist eine hitzebeständige Glasscheibe angebracht, die reflektiert.

Fußböden

Wenn Sie sich für einen harten Bodenbelag entschieden haben, stehen Sie vor einer reichen Auswahl an Fliesen: unglasierte Kacheln, Keramik, Marmor, Schiefer oder Stein. Nehmen Sie ein Material, das gut zum Wesen Ihres Wohnraumes passt. Die Kühle von Fliesen kann von Flickenteppichen und Brücken gemildert werden.

Naturgemäß ist Holz hervorragend geeignet für den Wohnbereich. Sie können einen vorhandenen, einigermaßen gut erhaltenen Holzboden aufarbeiten.

Einen Holzboden restaurieren

Prüfen Sie zunächst, ob sich Ihr Boden noch zur Restaurierung eignet. Wenn das Holz allzu stark abgenutzt ist, müssen Sie einen neuen Holzboden darüberlegen.

Größere Lücken zwischen den Dielen können Sie mit Holzspänen ausfüllen. Der Holzstreifen sollte längs geglättet sein und sich entsprechend der jeweiligen Lücke verjüngen. Tragen Sie einen speziellen Klebstoff auf die Seiten auf und fügen Sie das Holz in den Zwischenraum ein. Nach dem Trocknen des Klebstoffs schleifen Sie überstehende Kanten ab.

Wo Holzböden schwere Lasten tragen mußten, zeigen sich mit der Zeit Unebenheiten. Beträgt der Höhenunterschied zwischen den Dielen nicht mehr als 3 mm, dann ist es möglich, den Boden durch Abschleifen zu retten. Stark beschädigte Fußbodenbretter können ganz ausgewechselt oder aber umgedreht werden, so daß die abgenutzte Seite nach unten kommt. Einen defekten Holzboden belegen Sie zunächst mit Hartfaserplatten, dann mit neuen Dielen.

Wohnen Sie in einem Altbau, und Ihr Holzboden hat Patina, dann versuchen Sie alte Bretter zu beschaffen, um abgenutzte, alte Dielen zu ersetzen. Altes Holz finden Sie bei einem Second-Hand-Holzhändler oder einem Trödler. Neue Holzriemen, mögen sie auch farblich genau zu den alten passen, neigen dazu, vorzustehen.

Fußbodenbretter verlegen

Sind viele Riemen beschädigt oder die Lücken zwischen den Brettern groß und zahlreich, ist es angebracht, die Bretter herauszunehmen und neu zu verlegen. Sie können gut erhaltene Riemen wieder verwenden und die entstandenen Lücken mit Ersatzbrettern füllen.

Nachdem Sie die alten Bretter herausgenommen haben, entfernen Sie zunächst die Nägel. Beim Verlegen achten Sie bitte darauf, daß die Bretter wirklich eng aneinanderliegen. Verwenden Sie dazu Holzkeile, die Sie zwischen jeden Block von vier oder fünf Brettern klemmen (siehe **Techniken, Seite 21**). Nageln Sie die Riemen an den Fußbodenbalken fest, bevor Sie die Holzkeile wegnehmen. Dann legen Sie weitere vier oder fünf Bretter an.

Gebleichtes Holz: Dieser schöne Holzboden wurde zunächst gebleicht, dann mit heller Farbverdünnung abgewaschen und schließlich mit Klarlack gefirnisst. Der Lack schützt die Oberfläche und erhöht die Haltbarkeit des Holzes.

Marmor: Marmor verleiht jedem Raum einen Hauch von Luxus. Es ist nicht nur ein Material von zeitloser Schönheit, sondern auch von dauerhafter, pflegeleichter Qualität.

Bemaltes Holz: Der Dielenboden eines Lofts wurde weiß gestrichen. Wenn Ihr Holzboden schadhaft gewesen ist, und neue Dielen neben alten nun ein unbefriedigendes Flickmuster ergegen, dann ist ein Farbanstrich die richtige Lösung.

Einen Holzboden abschleifen

Kontrollieren Sie, ob die Fußbodenbretter ordentlich festgenagelt sind. Dielen, die zersplittert oder stark beschädigt sind, müssen ersetzt werden. Entfernen Sie die hervorstehenden Nägel von vorherigen Bodenbelägen.

Eine Parkettschleifmaschine und einen Schwingschleifer können Sie mieten. Obwohl Parkettschleifmaschinen über Absaugvorrichtung und Staubsack verfügen, ist es doch unerläßlich, bei der Arbeit eine Staubmaske zu tragen. Auch alte Kleidung ist ratsam. Öffnen Sie während der Arbeit die Fenster und versiegeln Sie Türspalten und Schlüssellöcher zu angrenzenden Räumen mit Klebeband. Schleifen Sie bitte immer in Längsrichtung der Fußbodenbretter, sonst entstehen häßliche Kratzer.

Das Schleifband beginnt sich zu drehen, sobald die Maschine angestellt wird. Bei einem Modell ohne Hebevorrichtung sollten Sie daher die Maschine beim Einschalten leicht zurückgeneigt halten. Senken Sie die Schleifrolle ab und führen Sie die Maschine gleichmäßig über den Boden. Schleifen Sie Bahn neben Bahn, immer vor- und rückwärts, wobei sich die Bahnen um 50 mm überlappen können.

Entlang der Wände verbliebene Ränder werden mit dem Schwingschleifer bearbeitet. Danach wird der Boden mit Besen und Sauger gereinigt.

Oberflächenbehandlung

Beizen. Ausgewechselte Dielen, die heller als ihre Umgebung wirken, werden dunkel eingefärbt. Sie tragen die Beize mit einem Lappen auf und arbeiten die Farbe gleichmäßig ins Holz ein. Denken Sie daran, daß der abschließende Klarlack die Farbwirkung meist intensiviert. Testen Sie Ihre Beize an einer unauffälligen Stelle.

Versiegeln. Siegellack schützt nicht nur, er verleiht Ihrem Boden auch einen glänzenden, seidenmatten oder matten Schimmer. Verwenden Sie farbige Polituren oder Wachse, um die Farbe des Bodens abzudunkeln.

Aufhellen. Bei dieser Technik wird die Holzoberfläche mit weißem Farbpigment gewaschen, bevor sie versiegelt wird. Am einfachsten nehmen Sie mit Spiritus verdünnte weiße Farbe, denn diese Materialien sind meist sowieso im Haushalt vorhanden. Ebensogut können kalk- und gipshaltige Materialien eingesetzt werden. Sie tragen die Farbflüssigkeit partienweise auf das Holz auf, um sie sofort wieder abzuwischen. Ein Teil der Farbe bleibt haften. Danach können Sie den Boden mit Lack versiegeln.

Bemalen. Wenn Sie viele Dielen auswechseln mußten, kann Ihr Fußboden aussehen wie eilig zusammengeflickt. In solchen Fällen ist es sinnvoll, den Boden mit einem Farbanstrich zu versehen. Eine Grundierung und zwei Schichten Farbe auf Ölbasis, ob glänzend oder seidenmatt, genügen meist schon.

Kokosmatten: Kokosmatten verbreiten eine natürliche Atmosphäre. In ihrer Ausstrahlung ähneln sie Holzdielen. Sie sind eine preisgünstige Alternative und passen zu allen Einrichtungsstilen, von hochmodern bis rustikal.

Neues Holz: Holzdielen sind heute in einer großen Auswahl zu bekommen und meist ganz einfach zu verlegen. Der abgebildete Boden aus breiten, hellen Dielen passt besonders gut in weitläufige Räume.

Altes Holz: Alte Holzböden können aufgearbeitet werden, vorausgesetzt, daß nicht zu viele Dielen beschädigt sind. Nach dem Füllen von Spalten, dem Abschleifen, Färben und Lackieren erstrahlen sie wie neu.

Arbeitsräume

Gehören Sie zu den Menschen, die zu Hause arbeiten können? Dann wird Entwurf und Ausstattung des Arbeitsplatzes sowieso erste Priorität für Sie haben. Ebenso wichtig ist es, einen angemessenen Raum für Ihre privaten Arbeiten zu haben – ob es ein Schreib- oder Studierzimmer, eine Werkstatt, eine Dunkelkammer oder ein Nähzimmer sein soll. Gleich welche Nutzung Ihnen vorschwebt, mit DIY finden Sie praktische, exakt auf Ihre Wünsche und Ihre Raumsituation zugeschnittene Lösungen, auch wenn Ihr Finanzbudget limitiert ist. Das alles kann ein gekauftes Möbelstück nicht leisten.

Ein Arbeitsraum wird selten multifunktional angelegt, meist erfüllt er genau den einen Zweck, für den Sie ihn vorgesehen haben. Hier können Sie deshalb ganz ungehemmt Ihre eigenen Vorstellungen in die Gestaltung einbringen. Auf den folgenden Seiten werden Sie Anregungen für Regalsysteme, Arbeitsflächen, Ablagen, Stauraum und Pinnwände finden.

Arbeitsalltag: In einem Wohnzimmer ist unter der Dachschräge ein Arbeitsplatz eingerichtet worden. Die Schreibtischrückwand ist soweit hochgezogen, daß sie wie ein Raumteiler wirkt.

Ein Beispiel für konsequente Nutzung des zur Verfügung stehenden Raumes. An die Fensterwand eines Schlafzimmers wurde ein Arbeitstisch gestellt. Der Platz darüber ist mit einer Zeile von Wandschränken gefüllt, die über eine schienengeführte Leiter zu erreichen ist. Das Fenster ist in seiner Funktion erhalten worden.

Ein Büro zu Hause

Zunächst einmal müssen Sie sich überlegen, wieviel Platz Sie überhaupt für ein Büro haben – gleich ob Sie einen Arbeitsplatz für sich, Ihre Kinder oder einen Rückzugsbereich schaffen wollen.

Arbeitsplätze sollten weder völlig isoliert von der Umwelt noch allzu offen sein. Ein Wandschirm kann die Lösung dieses Problems sein. Die mobile Wand schützt vor neugierigen Blicken und rückt, nach getaner Arbeit, den Raum wieder in seine gewohnten Proportionen. Sie können den Paravent massiv oder in einer leichteren, japanisch inspirierten Variante als papier- oder stoffbespanntes Holzgestell bauen.

Auch ohne Trennwand kann eine Raumecke effektiv genutzt werden. Auf irgendeine Weise sollte der Arbeitsbereich jedoch vom übrigen Raum abgegrenzt sein, sonst breiten sich Arbeitsmaterial und Schriftverkehr schneller im ganzen Zimmer aus, als Sie es für möglich halten.

Haben Sie entschieden, wo Ihr Arbeitsplatz hinkommt, dann beginnen Ihre Überlegungen zur Ausstattung. Was müssen Schreibfläche, Regale, Stauraum und Ablage leisten? Versuchen Sie, Ihre Einfälle im Rahmen des Machbaren zu halten. Ihre Kreativität wird ohnehin durch den jeweiligen Arbeitsablauf, die Belichtung, Leitungen und Anschlüsse eingeschränkt.

Eine Schreibfläche können Sie einfach aus einer alten Tür machen oder aus einer melaminbeschichteten Spanplatte, die Sie auf gekaufte Stützen oder Böcke legen. Der Schreibtisch sollte in der Nähe eines Fensters stehen. Vom Sitzplatz aus müssen Schubladen und Schränke leicht erreichbar sein.

Da wir im Computerzeitalter leben, sind Papiere, Aktenordner und Notizsammlungen nicht wichtiger als die elektronische Datenverarbeitung. Ein PC braucht Platz, die neue Technologie verändert das Gesicht Ihres Arbeitsplatzes nachhaltig. Kinder nutzen Computer zum Lernen und Spielen.

Folgende Aspekte sollten bei der Planung eines sicheren und komfortablen Arbeitsplatzes mit PC beachtet werden: Die Tastatur muß sich auf der richtigen Arbeitshöhe befinden, Sonnenlicht darf nicht direkt auf den Monitor fallen. Andrerseits sollte die Schreibfläche gut belichtet sein. Eine teure, aber lohnende Investition ist ein guter Bürostuhl, Ihr Rücken wird es Ihnen danken. Das Motto: „Kopf kühl, Füße warm", hat seine Berechtigung, Heizung und Lüftung müssen bedacht werden.

Büromöbel: Sparsam ausgestattet präsentiert sich das Büro eines Modedesigners, S. 137 oben links. Die variablen Regalsysteme bestehen aus Schienen und Konsolen. Eine Wand wird mit dunklem Filz zur Pinnwand.

Für eine umfangreiche Ablage bieten sich geschlossene Schränke an. Unten links sehen Sie eine sehr kompakte Lösung mit Schiebe- und Klapptüren.

Eine Doppelfunktion als Ablage und Raumteiler erfüllt das unten rechts vorgestellte Büro. Hinter der halbhohen Schrankwand verbirgt sich eine stattliche Arbeitsfläche.

Der Arbeitsplatz einer Bildhauerin, S. 137 unten rechts: Sie hat Glasregale auf Stahldrähten installiert. Hinter der weißen Jalousie sind weitere Regale verborgen.

Schreibtische: In einer kleinen Nische ist eine kunststoffbeschichtete Hartfaserplatte in der Wand verankert worden, siehe Foto, S. 137 unten Mitte. Zwei klassische Klappstühle komplettieren das Ensemble.

Das Foto in der Mitte von Seite 136 zeigt eine großzügig bemessene Arbeitsfläche an einer Wand. Die Tischplatte geht fließend in den Sofakasten über.

Auf S. 137 unten links ist in einem hallenartigen Raum ein Halbgeschoß eingezogen worden. Damit ergibt sich über der Küche ein wunderbar freizügiger Platz zur Arbeit.

Der Eingangsbereich

Ein weites Feld für Sie bietet sich im Eingangsbereich: Vorräume, Dielen, Flure und Treppenhäuser.

Der Eingangsraum ist so wichtig, weil er die Vorzeichen für das Kommende setzt. Hier werden Gäste empfangen und verabschiedet. Halten Sie an einem abgegrenzten Vorraum fest, auch wenn Ihnen das zunächst als Verschwendung kostbaren Platzes erscheint.

Korridore, Treppenhäuser und Treppenabsätze sind nicht nur Leerzeilen zwischen den eigentlich interessanten Dingen, sondern können selbst intensiv genutzt werden. Regale, Schränke, Lese-, Sitz- oder Arbeitsecken finden dort ihren Platz. Diese oft vernachlässigten Zwischen-Räume sind mit ähnlicher Sorgfalt zu planen, auszuführen und zu dekorieren wie ein Wohnzimmer.

In Altbauten ist die Pflege und Instandhaltung architektonischer Details in Dielen und Treppenhäusern oft jahrelang vernachlässigt worden. Es lohnt sich, diese Verzierungen sorgfältig zu restaurieren.

Versuchen Sie, in modernen Wohnungen den Eingangsbereich so atmosphärisch als möglich zu gestalten. Eine ausgeklügelte Beleuchtung ist dabei besonders wichtig.

Vorräume entwickeln sich rasch zum Sammelbecken für allerhand Hausrat. Da Sie allein für die Garderobe schon eine Menge Raum brauchen, ist es empfehlenswert, überflüssige Gegenstände zu entfernen.

Eine große Fußmatte schützt Ihren Bodenbelag vor allzu starker Verschmutzung.

Vom Boden bis zur Decke: In der links abgebildeten Eingangshalle sorgen weiße Keramikfliesen für Helligkeit. Ein eingebauter Wandschrank dient als Garderobe.

Das Foto daneben zeigt eine Diele vor einer Wohnung. Der Teppich signalisiert den Beginn einer privaten Zone. Eine abgerundete Wand eignet sich, in attraktiver Weise vom Vorraum in den Wohnbereich überzuleiten. Deckenspots sind ideale Leuchtkörper für Flure und Vorräume.

Im Treppenhaus auf der gegenüberliegenden Seite ist eine große Schrankwand eingebaut worden. Der Vorteil liegt in dem Angebot üppigen Stauraums. Ein riesiger Schrank wird so scheinbar auf die Wandfläche reduziert. Der Wechsel vom Steinboden im Eingangsbereich zum Holzboden auf Treppe und Korridor setzt eine deutliche Zäsur zwischen den Stockwerken.

Diele, Flur und Treppenhaus

Unter den Stufen: Wie die Abbildung oben beweist, kann in einem Treppenhaus tatsächlich ein kleines, aber feines Büro eingerichtet werden. Der Kniff, mit dem dies schräge Eck unter den Stufen ansprechend wird, besteht im Einbau einer falschen Rückwand. Dahinter befinden sich Kabel und Anschlüsse für den PC und die Lampen. Eine dicke Holzplatte als Schreibfläche, von Leisten getragene, weiße Regale, fertig ist ein Büro: einfache Mittel und große Wirkung!

Garderobe: Eine offene Garderobe ist im Bild rechts in eine Nische eingefügt worden. Die weißen Stangen werden unterschiedlich genutzt: einmal als Kleiderstange, zum anderen als Schuhablage. Gekonnt die Komposition unterschiedlicher Materialien: verschiedene Texturen sind miteinander in Bezug gesetzt worden. Die freundlichen Farben hellen den Vorraum auf. Einige Wände und die Decke sind mit gebleichtem Holz vertäfelt, während andere in weiß gestrichenem Mauerwerk gehalten sind. Die Spiegelwand vergrößert den Vorraum optisch.

Welche Veränderungen Sie in Diele und Flur vornehmen können, hängt von den Vorgaben der Architektur ab. In einem Altbau sollten Sie sich ganz auf das Restaurieren vorhandener Bauplastik und Ornamentik konzentrieren: Friese, Zierleisten, Gesimse, Vertäfelungen, Türen und Böden.

Bei einem finstren Vorraum sollten Sie überlegen, ob es nicht doch möglich ist, ihn durch natürliches Licht aufzuwerten. Sie können beispielsweise Glastüren statt Holztüren einsetzen oder eine Innenwand mit einem Fenster „aufbrechen", so daß Licht von einem angrenzenden Zimmer in die Diele fällt.

Abgesehen von Restaurierung und Dekoration ist der wichtigste Aspekt in Windfang und Flur eine gute Beleuchtung. Mit dem Einbau von Dimmern für die Deckenlampen halten Sie sich die Möglichkeit offen, in Räumen, in denen es die Sicherheit erfordert, auch die Nacht durch ein wenig Licht brennen zu lassen. Da immer wieder einmal Möbel durch den Flur geschafft werden müssen, ist es günstiger, Deckenspots an Stelle von Hängelampen zu verwenden. Sie verbreiten auch warmes, weiches Licht. Ihre Überlegungen zum Thema Licht müssen abgeschlossen sein, bevor Sie sich an Restaurations- oder Dekorationsarbeiten machen.

Stolze Tradition: Die linke Abbildung ist beispielhaft für eine gekonnte Restaurierung im Treppenhaus eines Altbaus. Die Wandverkleidung mit Nischen bietet den historisch angemessenen Rahmen für eine Sammlung alter Blechdosen. Pilaster gliedern die Verkleidung aus Nut- und Federbrettern. Im 18. und 19. Jahrhundert war es duchaus modern, Kiefernholz mit kräftigen Farben zu bemalen.

Bücher-Halle: In einem geräumigen Treppenhaus ist die ungenutzte, schräg zugeschnittenen Wand mit einem Regal versehen worden. Es fügt sich genau unter die Treppenstiege, und eine Menge Literatur hat dort Einzug gehalten.

Wenn Sie etwas beengt leben, dann schauen Sie sich doch einmal gründlich in Diele, Flur und Treppenhaus um. Irgendwo findet sich dort mit Sicherheit ein Plätzchen für den Einbau von Schränken und Regalen. Sogenannte tote Winkel, freie Wandflächen, entlegene Ecken sind dazu geeignet. Die Empfehlungen, die ich Ihnen bereits zum Thema Regale gegeben habe, können Ihnen auch in diesem Kontext nützen. Richtig angelegte Bücherregale oder Einbauschränke zerstören architektonische Zusammenhänge nicht, sondern betonen sie. Innenarchitekten lassen in Vorräumen oft Wandschränke einbauen, deren Türen bündig mit der Wand abschließen.

Sehr praktisch ist eine Ablage in Nähe der Haustür, wo Sie Post, Zeitung, Schlüssel und all die anderen kleinen Dinge aufbewahren und wiederfinden können. Ein Tisch mag dafür eine hübsche Lösung sein. Dagegen hat eine eingebaute Garderobe den Vorteil, zusätzlich noch Regale, Kleiderhaken und eine Schuhablage zu bieten.

Haben Sie bisher vergebens nach einem Arbeitsplatz für sich gesucht? Unter einer Treppe oder im Winkel einer Diele könnte mit etwas Kreativität Ihr Minibüro entstehen.

Eine kombinierte Schrank- und Regalwand

In vielen Wohnungen gibt es ein Zimmer, durch das der Hauskamin läuft. Links und rechts des Abzugsschachtes bleiben Wandnischen. Für solch eine Zimmerwand habe ich die kombinierte Schrank- und Regalwand konzipiert, die einigen Stauraum schafft, ohne die Wand zu entstellen. Eine motivische Wiederholung sorgt dafür, daß die Wand als Architekturelement präsent bleibt. Das Motiv besteht aus einer Reihung dreieckiger Leisten. Als Zierfläche schmücken sie die Schranktüren und die obere Hälfte des Kaminvorsprungs. Das Leitmotiv kehrt in Form dreieckiger Tragleisten wieder, auf denen die Regalböden ruhen und hinter denen sich Leuchtröhren verbergen. In der Variation des einfachen Motivs liegt das Geheimnis der einheitlichen Wirkung dieser eigentlich heterogenen Elemente.

Wie Sie die Oberfläche der Regalwand gestalten wollen, bleibt ganz Ihnen überlassen. Dies Projekt ist beispielhaft für meine Design-Philosophie. Meiner Meinung nach verschmelzen Möbel, die wirklich in den architektonischen Kontext eines Raumes eingebunden werden, notwendigerweise mit ihrer Umgebung zu einer untrennbaren Einheit. Sie stören die Sprache der Architektur nicht, sondern unterstreichen und bekräftigen sie zusätzlich.

SEITENANSICHTEN DER GRIFFLEISTEN

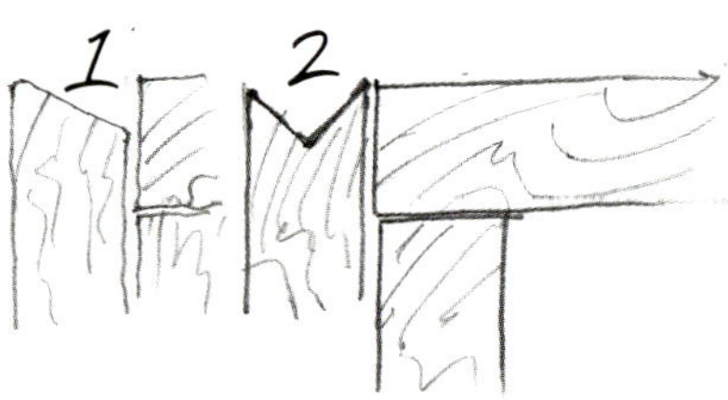

Für die Griffleisten kann der obere Rand der Tür auf 2 Arten abgeschrägt werden

SCHNITT DURCH DIE DEKORATION

An Tür und Wand werden dreieckige Leisten geklebt, genagelt und bemalt

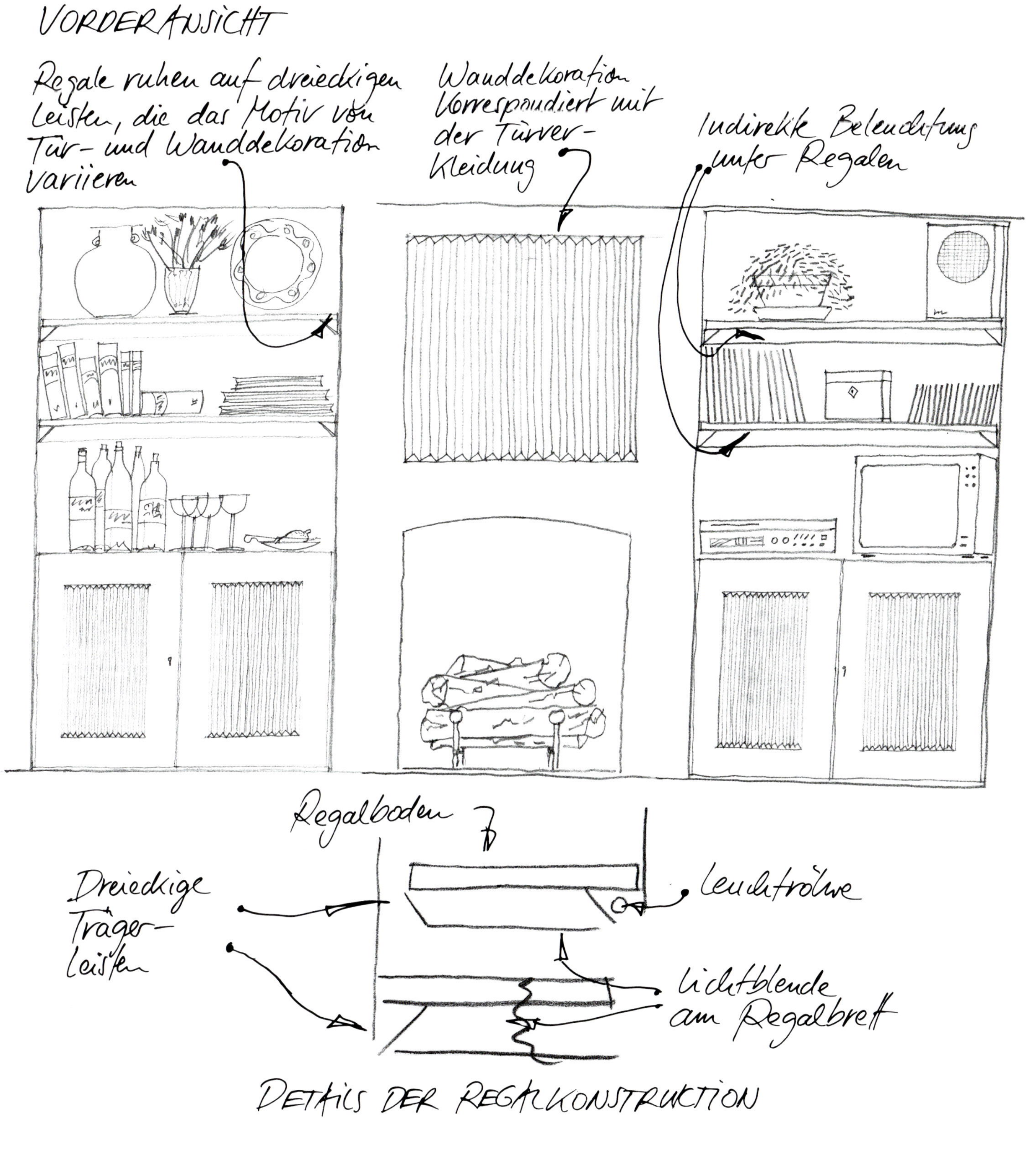
VORDERANSICHT
Regale ruhen auf dreieckigen Leisten, die das Motiv von Tür- und Wanddekoration variieren
Wanddekoration korrespondiert mit der Türver-kleidung
Indirekte Beleuchtung unter Regalen
Regalboden
Dreieckige Träger-leisten
Leuchtröhre
Lichtblende am Regalbrett
DETAILS DER REGALKONSTRUKTION

Regale und Schränke in Wandnischen

In Wohnzimmern besteht immer ein großer Bedarf an Möglichkeiten zum Aufbewahren und Präsentieren von Gegenständen. Der dafür erforderliche Raum kann unter anderem durch das Anbringen von Regalen und Schränken an bisher nicht genutzten Stellen, zu beiden Seiten eines Kaminvorsprungs oder in Ecken, gewonnen werden. Das nachfolgend beschriebene Grundmodell läßt sich Ihren individuellen Anforderungen entsprechend variieren und als Fernseh- oder Hifi-Rack, Bücherregal, Getränkebar oder Regal für Sammelobjekte ausführen. Da die Höhe der Schränke und Regale von ihrer späteren Nutzung abhängt, sollten Sie vor Beginn der Arbeiten entsprechende Überlegungen anstellen. Für Ihre Getränkebar beispielsweise ist nur ein Schrankfach erforderlich, während die Anzahl der Regalböden über Ihrem Schrank oder Büffet von Größe und Art der darauf zu plazierenden Gegenstände abhängig ist.

Die Lamellenverzierung an den Schranktüren harmoniert mit dem an der Wand befestigten Paneel und verleiht der Anordnung ein individuelles und interessantes Design. Durch Verwendung von Leisten, deren Profil der Grundgestaltung des Raums angepaßt ist, können Sie ein harmonisches Gesamtbild erzielen. Eine weitere persönliche Note erhält die Konstruktion durch Art und Form der Türbeschläge (längliche Griffe oder runde Knöpfe).

In jedem Fall ist es äußerst wichtig, alle Lücken und Spalten zu verspachteln und die Kanten zu glätten, so daß Schränke und Regale als Teil der Gesamteinrichtung des Raumes erscheinen, selbst wenn sie nicht dieselbe Farbe haben. Die Auflageleisten der Regalböden sollten möglichst verdeckt sein und sich nicht von der Wand abheben. Bei dem nachfolgend beschriebenen Projekt ist in eine der hinteren Auflageleisten eine Leuchtstoffröhre integriert, die die Wandfarben in weichen Tönen erscheinen läßt.

Werkzeuge

Stahllineal
Schneidemesser
Anschlagwinkel
Fuchsschwanz (oder Kreissäge)
Rückensäge
Hammer
Parallelreißer
Stemmeisen mit Fase
Holzhammer
Hand- oder Elektrobohrer
Bohrer
Mauerbohrer
Senkbohrer
Forstnerbohrer (zum Einpassen der verdeckten Scharniere)
Elektro-Stichsäge
Schleifblock und Schleifpapier (oder Schwingschleifer)
Handhobel
Wasserwaage
Nageltreiber

Materialien für eine Nische

Teil	Stückzahl	Material	Länge*
Pfosten	2	50 x 50 mm, vorgehobeltes Holz	nach Bedarf; hier 838 mm
Querhölzer	2	50 x 50 mm, vorgehobeltes Holz	Nischenbreite minus 100 mm*
Hintere Auflageleisten	2	50 x 25 mm, vorgehobeltes Holz	Nischenbreite
Seitliche Auflageleisten	4	50 x 25 mm, vorgehobeltes Holz	Nischentiefe minus 100 mm*
Sockel-Auflageleisten (vorn und hinten)	2	25 x 25 mm, vorgehobeltes Holz	Nischenbreite
Sockel-Auflageleisten (seitlich)	2	25 x 25 mm, vorgehobeltes Holz	Nischentiefe
Hintere Regal-Auflageleisten	2	38 mm, Dreikantholz	Nischenbreite
Seitliche Regal-Auflageleisten	4	38 mm, Dreikantholz	Nischentiefe minus 38 mm
Leisten für Lamellenverzierung auf Wandpaneel	nach Bedarf	38 mm, Dreikantholz	Höhe des Wandpaneels
Leisten für Lamellenverzierung auf Türen	12 pro Tür	25 mm, Dreikantholz	Türhöhe minus 200 mm
Dübelholz	1	etwa 1,8 m Hartholz-Dübelstange	nach Bedarf
Bodenplatte	1	Sperrholzplatte, 4 mm oder 6 mm	Nischenbreite x -tiefe minus Stärke der Sockelleisten und des Stirnrahmens
Deckel	1	MDF- oder Tischlerplatte, 25 mm	Nischenbreite x Nischentiefe
Zwischenboden (Schrank)	1	MDF-, oder Span- bzw. Tischlerplatte, 19 mm	Nischenbreite x -tiefe minus 75 mm*
Türen	2	MDF-Platte, 19 mm	halbe Nischenbreite minus 8 mm x Stirnrahmenhöhe minus 25 mm
Fachböden (Regal)	2	MDF-Platte, 25 mm	Nischenbreite x Nischentiefe minus 25 mm
Wandpaneel	1	MDF- oder Sperrholzplatte, 6 mm	Breite des Kaminvorsprungs Höhe nach Bedarf

* Nur ungefähre Maße; tatsächliche Länge individuell ausmessen

Zusammenbau von Schrank und Regalen

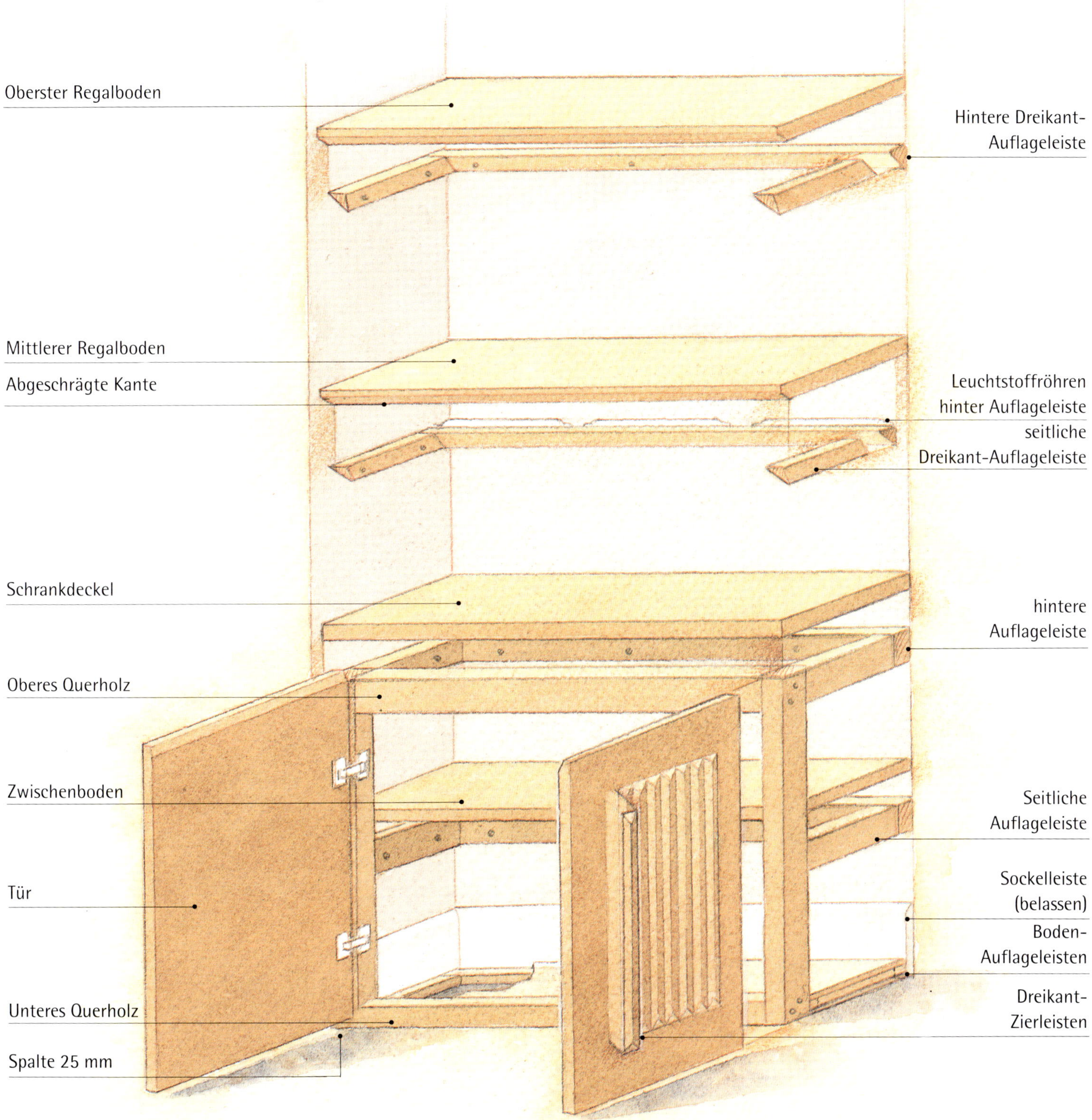

Die Schrankelemente

Fertigen des Rahmens

Aus einem vorgehobelten Kantholz (50 x 50 mm) zwei Pfosten der gewünschten Höhe schneiden (dabei die Stärke des Deckels berücksichtigen). Bei dem hier beschriebenen Schrank beträgt die Höhe, einschließlich Deckel, 865 mm.

Aus demselben Kantholz die Querhölzer sägen, so daß sie zwischen die Pfosten passen. Pfosten und Querhölzer mit je zwei 12 mm-Dübeln an jeder Ecke zusammenfügen (siehe Techniken, Dübelverbindungen, S. 30). Dabei durch Anbringen einer Verstrebungsleiste Rechtwinkligkeit sichern (siehe Techniken, S. 20). Eine ausführlichere Beschreibung mit Abbildungen zur Fertigung von Türrahmen findet sich in dem Kapitel „Das Küchen-System, Türen" auf Seite 90.

Einpassen des Rahmens

Zum Einpassen des Rahmens in die Nische sind zunächst die Pfosten entsprechend der Wandunebenheiten anzureißen (siehe Techniken, S. 31). Die seitlichen Boden-Auflageleisten gegebenenfalls an die vorhandenen Sockelleisten anpassen. Alternativ dazu können mit Rückensäge und Stemmeisen kleine Aussparungen aus den Sockelleisten im Bereich der Auflagestellen ausgearbeitet werden. Das völlige Entfernen der Sockelleisten bietet sich als weitere, in den meisten Fällen jedoch optisch nicht die beste Lösung an.

Den Rahmen etwa 25 mm von der Nischenvorderkante nach hinten versetzt mit je zwei Schrauben und Dübeln auf jeder Seite anschrauben (siehe Techniken, S. 24). Die Schraubköpfe versenken; die Löcher werden später gespachtelt und übermalt.

Anbringen der Auflageleisten

Die Auflageleisten für den Schrankdeckel und den Zwischenboden werden aus einem vorgehobelten Holz (50 x 25 mm) gefertigt.

Mit Hilfe der Wasserwaage an allen Nischenwänden in Höhe der Rahmenoberkante eine Markierung anreißen. Die hintere Auflageleiste auf die Breite der Nische schneiden und unterhalb der Markierungslinie mit Schrauben und Dübeln an der Wand befestigen.

Die Länge der seitlichen Auflageleisten entspricht dem Maß zwischen hinterer Auflageleiste und Stirnrahmen. Diese Auflageleisten entsprechend zuschneiden und ebenfalls unterhalb der Markierungslinie anschrauben.

Auflageleisten für den Zwischenboden (oder die Zwischenböden) sägen, Höhe des Bodens festlegen und Leisten anbringen (Wasserwaage benutzen).

Befestigen der Bodenplatte

Der aus 4 oder 6 mm starkem Sperrholz gefertigte Schrankboden liegt an den Rändern auf 25 x 25 mm-Auflageleisten auf.

Die vordere Boden-Auflageleiste an die Innenseite des unteren Querholzes des Rahmens nageln und zusätzlich verleimen. Dabei die Leiste 4 oder 6 mm (je nach Stärke der verwendeten Sperrholzplatte) unterhalb der Oberkante des Querholzes plazieren, damit der Boden bündig mit dem Rahmen sitzt.

Die Wasserwaage auf das untere Querholz des Rahmens stellen und so die Höhe des Bodens an der Nischenrückwand ermitteln. 4 oder 6 mm unterhalb dieser Höhe die genaue Markierung für die hintere Bodenauflageleiste anbringen, die wie die vordere Leiste angenagelt und verleimt wird.

Aus einem gleichen Kantholz die seitlichen Boden-Auflageleisten schneiden (Länge entspricht Abstand zwischen vorderer und hinterer Boden-Auflageleiste) und auf beiden Seiten auf die Sockelleiste nageln und verleimen.

Das Bodenbrett aus Sperrholz auf die richtige Größe sägen und mit Paneelstiften auf den Auflageleisten befestigen. Den Spalt zwischen Bodenplatte und Rahmen mit einem Füller auf Zellulose-Basis abdichten; nach dem Aushärten mit Schmirgelpapier glätten.

Einsetzen des Deckels

Die Breite der Nische sowie den Abstand von der Nischenrückwand zur Vorderkante des Rahmens ausmessen. Bei sehr unebenen Wänden etwas Tiefe zugeben, damit der Deckel an die Wand angepaßt werden kann.

Den Deckel aus einer 25 mm starken MDF-, Tischler- oder Spanplatte sägen. Tischler- und Spanplatten sollten zum Schutz der Kante und aus optischen Gründen mit einer Blendleiste versehen werden.

Den Deckel bündig einsetzen und an der Vorderseite von unten mit dem Rahmen verschrauben. Die Verschraubung an der Rückwand und in den Ecken erfolgt von oben, wobei die Schraubköpfe versenkt und die Löcher später verspachtelt und übermalt werden.

1 Dübeln des Rahmens
Pfosten und Querhölzer als stumpfe L-Verbindungen zum Rahmen zusammenfügen. Die Verbindungen mit je zwei Dübeln verstärken. Nach Aushärten des Leims Überstände bündig absägen.

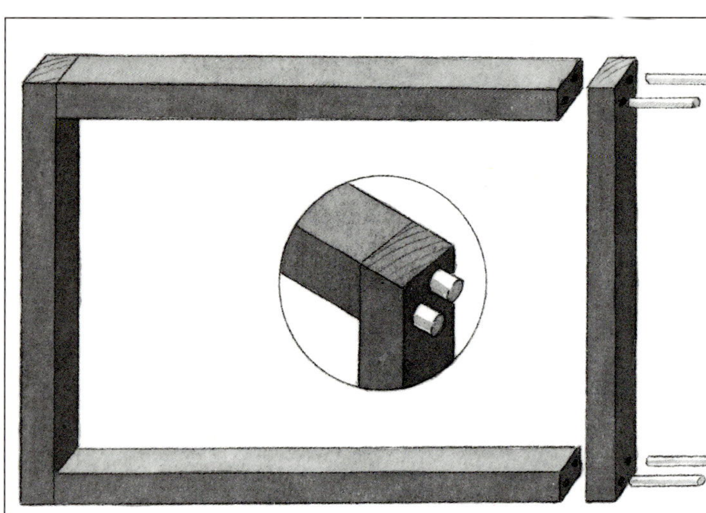

2 Befestigen des Bodens
Den Boden auf rundum angebrachten Auflageleisten (Unterseiten nicht sichtbar) nageln.

3 Befestigen des Deckels
Der Rahmen wurde 25 mm nach hinten versetzt in die Nische eingepasst. Deckel an der Vorderseite von unten festschrauben.

Hobeln	23
Bohren	23
Schrauben	24
Nageln	24

Wandbefestigungen	24
Dübelverbindungen	30
Anreißen in Nischen	31
Die Montage von Scharnieren	32

Den Spalt zwischen Deckel und Rahmen verspachteln und glätten; bei Verwendung einer MDF-Platte die Vorderkante mit dem Rahmen bündig hobeln und glatt schleifen.

Einpassen des Zwischenbodens

Den Zwischenboden aus einer MDF-, Tischler- oder Spanplatte (mit Blendleiste) schneiden. Sauberen Sitz prüfen und auf die Auflageleisten auflegen.

Herstellen und Anbringen der Türen

Aus einer 19 mm starken MDF-Platte zwei Türblätter sägen, die bündig mit der Deckelvorderkante auf den Rahmen passen; dabei einen Bodenspalt von 25 mm vorsehen. Die Größe des Spalts an den Seiten ist von den verwendeten Scharnieren abhängig (siehe Montageanweisung des Herstellers). Bei der hier beschriebenen Ausführung wurden verdeckte, selbstschließende Scharniere verwendet. Der für einwandfreies Öffnen und Schließen erforderliche Überstand der Türen an den Innenkanten des Rahmens, gewöhnlich etwa 15 mm, ergibt sich aus den Herstellervorgaben (siehe Techniken, S. 32).

Durch abgeschrägte Oberkanten lassen sich die Türen leichter öffnen. Zu diesem Zweck die Oberkante beider Türen auf zwei Drittel ihrer Stärke im Winkel von 45° abschrägen (vorne verbleibt ein gerader Steg von 5 mm).

Die Lamellenverzierung besteht aus mehreren 25 mm starken Dreikantleisten aus Ramin- oder Kieferholz (Abb. 4). Auf beiden Türen ein Rechteck zur Aufnahme der Dekorlamellen aufzeichnen und dabei einen genügend breiten Rand lassen (bei dem hier beschriebenen Modell beträgt der Rand oben und unten jeweils 100 mm und an den Seiten 90 mm). Die Leisten auf die passende Länge schneiden und an den Enden unter 45° abschrägen.

Eine senkrechte Mittellinie auf der Tür aufzeichnen und von dieser Linie in beide Richtungen nach außen die Zierleisten anleimen und mit jeweils drei an den Seitenwangen ansetzenden Stiften anheften, bis das vorgezeichnete Rechteck bedeckt ist.

Die verdeckten Scharniere entsprechend der Montageanweisung des Herstellers an den Türen anbringen (siehe Techniken, S. 33).

Lamellenverzierung der Tür im Detail
Auf diesem Bild kommt die Lamellenverzierung der Tür voll zur Geltung. Außerdem ist die als Griffkante ausgeführte, abgeschrägte Oberkante deutlich zu erkennen. Passen Sie die Türverzierung Ihrem persönlichen Geschmack entsprechend an.

4 Herstellen der verzierten Türen
Links: Obere Türkanten zu einer Griffkante abschrägen.
Kleine Abbildung: Befestigen der Zierleisten.
Mitte: Anbringen der ersten Zierleiste.
Rechts: Dreikantleiste zusägen und Enden unter 45° abschrägen.

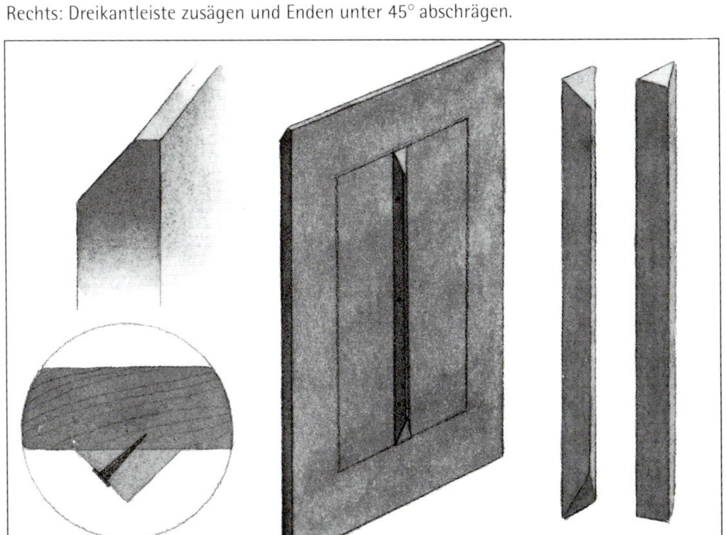

Regalböden, Beleuchtung und Wandpaneel

Regalböden

Die Regalböden aus 25 mm starken MDF-Platten liegen auf Dreikant-Auflageleisten (38 mm), die an den Nischenwänden befestigt werden.

Schneiden der Dreikant-Auflageleisten

Erhalten Sie im Holzhandel keine geeigneten Dreikantleisten, so stellen Sie sie mit einer Kreissäge aus einem vorgehobelten Kantholz (50 x 50 mm) selbst her.

Zu diesem Zweck das Kantholz der Länge nach mit der Kreissäge diagonal unter 45° sägen, so daß zwei identische Dreikantleisten entstehen. Ist das Sägeblatt zu klein, um das Holz in einem Gang durchzusägen, so verwenden Sie nach dem ersten Teilschnitt mit der Kreissäge einen Fuchsschwanz. Die abschließende Bearbeitung der Schnittkanten mit dem Putzhobel verleiht diesen eine saubere, ebene Oberfläche.

Der Holzfachhandel schneidet die Leisten maßgerecht zu, falls Sie keine geeignete Kreissäge verfügbar haben.

Einpassen des obersten Regalbodens

Zunächst die Höhe des obersten Regalbodens bestimmen. Sodann eine der Dreikantleisten auf die Breite der Nische zuschneiden und als hintere Auflageleiste an der Wand befestigen.

Die seitlichen Auflageleisten zuschneiden (Länge = Abstand Nischenrückwand bis Vorderkante minus 38 mm). Die Stirnfläche der Leisten unter 45° abschrägen, um die Abschrägung des Regalbodens aufzunehmen. Mit dem anderen Ende der Leiste in derselben Weise verfahren, damit ein sauberes Anpassen an die hintere Auflageleiste möglich ist. Schließlich werden die seitlichen Auflageleisten angeschraubt.

Den Regalboden aus einer 25 mm starken MDF-Platte auf die Breite und Tiefe der Nische sägen; dabei ist zu beachten, daß der Boden von der Nischenvorderkante um 25 mm nach hinten versetzt wird. Die Vorderkante des Bodens in der halben Stärke so abschrägen, daß diese Kante und die abgeschrägte Stirnfläche der Auflageleiste eine Flucht bilden und so eine unauffällige Auflage des Bodens erzielt wird. Den Boden von oben mit den seitlichen und hinteren Auflageleisten versenkt verschrauben. Schließlich Schraubenlöcher und Spalten verspachteln und nach Aushärten der Füllmasse mit Schleifpapier glätten.

Das fertige Nischenregal
Die aus 25 mm starker MDF-Platte gefertigten Regalböden werden von oben mit den Auflageleisten verschraubt.

1 Sägen der Dreikantleisten
Das Holz mit der Kreissäge unter 45° der Länge nach schneiden.

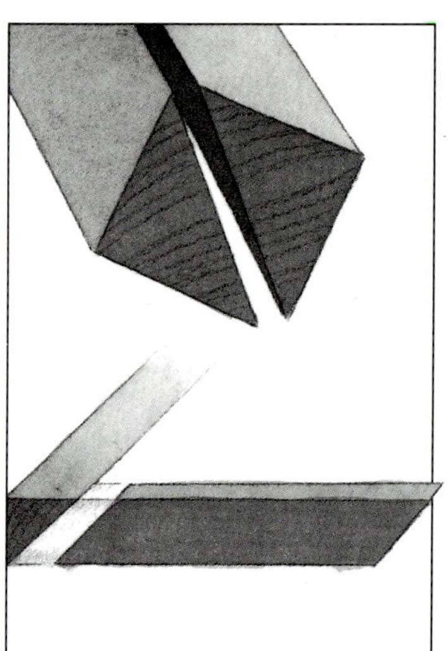

2 Befestigen der Regalböden
Der obere und mittlere Regalboden wird von oben auf die an der Wand befestigten Dreikantleisten geschraubt. Hinter der Auflageleiste ist eine Leuchtstoffröhre.

Regalboden und Auflageleiste
Die vordere Abschrägung der Auflageleiste bildet mit der abgeschrägten Vorderkante des Bodens eine gerade Flucht.

Sägen	21
Bohren	23
Schrauben	24

Einpassen des mittleren Regalbodens

Die Höhe des Regalbodens festlegen und die hintere Auflageleiste auf Nischenbreite sägen. Bei dem hier beschriebenen Projekt wird diese Leiste in einem Abstand von 75 mm von der Wand angebracht, so daß dahinter Raum für die Leuchtstoffröhre bleibt. Die Leiste noch nicht befestigen!

Die seitlichen Auflageleisten zuschneiden; diese müssen nach Abschrägen der vorderen und hinteren Enden einen Abstand von 75 mm zur Nischenrückwand und 38 mm zur Nischenvorderkante aufweisen. Die Auflageleisten genau waagrecht und exakt auf der gleichen Höhe mit Dübeln und Schrauben an der Wand befestigen.

Den Regalboden aus einer 25 mm starken MDF-Platte fertigen und nach dem Abschrägen der Vorderkante (siehe oben) auf die seitlichen Auflageleisten auflegen. Den Boden von oben mit den Leisten verschrauben, anschließend die Schrauben versenken und die dabei entstehenden Löcher verspachteln.

Die an den Enden gerade geschnittene, hintere Auflageleiste zwischen den seitlichen Leisten unter den Regalboden halten und von oben verschrauben. Diese Leiste dient als Blende für die Leuchtstoffröhre und verhindert als Querstütze das Durchhängen des Regalbodens. Die Schraubenköpfe versenken und anschließend die Löcher mit Füllmasse verspachteln.

Beleuchtung

Bei dem hier dargestellten Projekt wurden für die Beleuchtung drei Wolframröhren von je 300 mm Länge unter dem mittleren Regalboden (hinter der hinteren Auflageleiste) angebracht.

Wandpaneel

Die im vorliegenden Kapitel beschriebene Ausführung sieht auch ein Paneel an der Wand über dem Kamin vor, auf dem die gleiche Lamellenverzierung der Schranktüren angebracht wird. Das Paneel ist aus einer 6 mm starken Faser- oder Sperrholzplatte gefertigt, auf der Dreikantleisten verleimt und mit Paneel-Stiften angeheftet werden. Das Paneel selbst wird einfach an die Wand über dem Kamin geschraubt, verspachtelt, geglättet und in einer zu den Wänden, dem Schrank und dem Regal passenden Farbe lackiert.

Weiche, indirekte Ausleuchtung der Wandnische

Zur Beleuchtung derartiger Nischen stellen Wolframröhren eine sinnvolle Alternative zu den herkömmlichen Leuchtstoffröhren dar.

Verdeckte Beleuchtung

Die verdeckte Beleuchtung unter dem mittleren Regalboden erzeugt ein gedämpftes Licht in der Nische und schafft im ganzen Raum eine warme Atmosphäre. Dieses von unten aufgenommene Bild zeigt die montierten Wolframröhren. Von vorne gesehen werden diese durch die hintere Auflageleiste verdeckt.

Wand mit schwebenden Regalböden

Die Faszination dieses Regals liegt im offensichtlichen Fehlen einer Kleinigkeit: keine Stütze ist zu sehen. Dies überaus wichtige Detail macht die überzeugend schlichte und schwebend schöne Wirkung des Regals aus.

Die Regalböden sind hohl. Sie verbergen in ihrem Inneren Stahlträger, die fest in der Wand verankert sind. Ein weiterer Vorteil der unsichtbaren Aufhängung ist, daß alle Kabel von Fernseher, Telefon und Lampen im Hohlraum des Regals verschwinden können, anstatt zu einem unordentlichen Gewirr zu verknäueln.

Da jeder Vertikalakzent fehlt, entwickeln die Regalböden kräftige horizontale Richtungslinien, die sich dem Raum als Bewegungsimpulse mitteilen.

Ich habe die Regalböden in derselben Farbe wie die Wand gehalten. So bleibt ihre Plastizität bei gleichzeitiger Einbindung in die Raumstruktur erhalten.

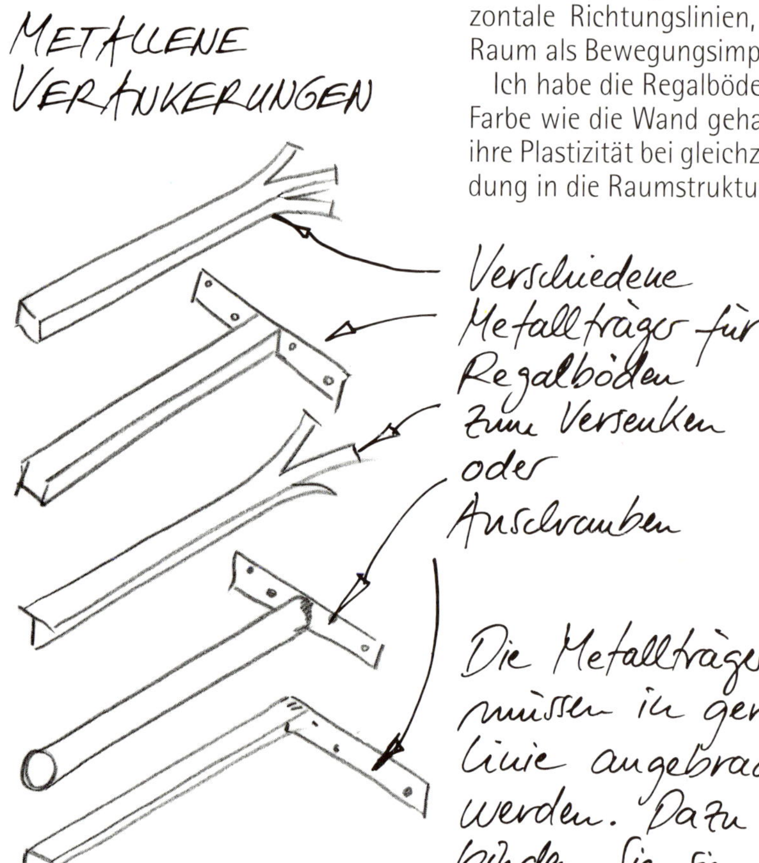

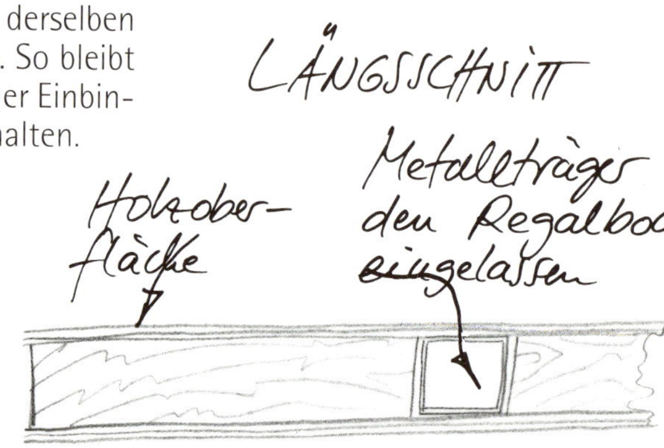

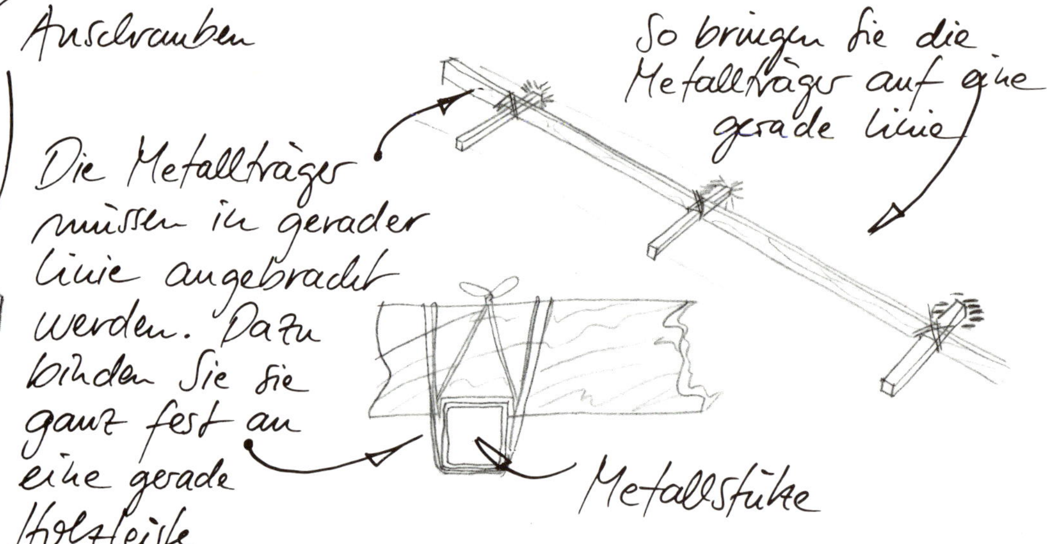

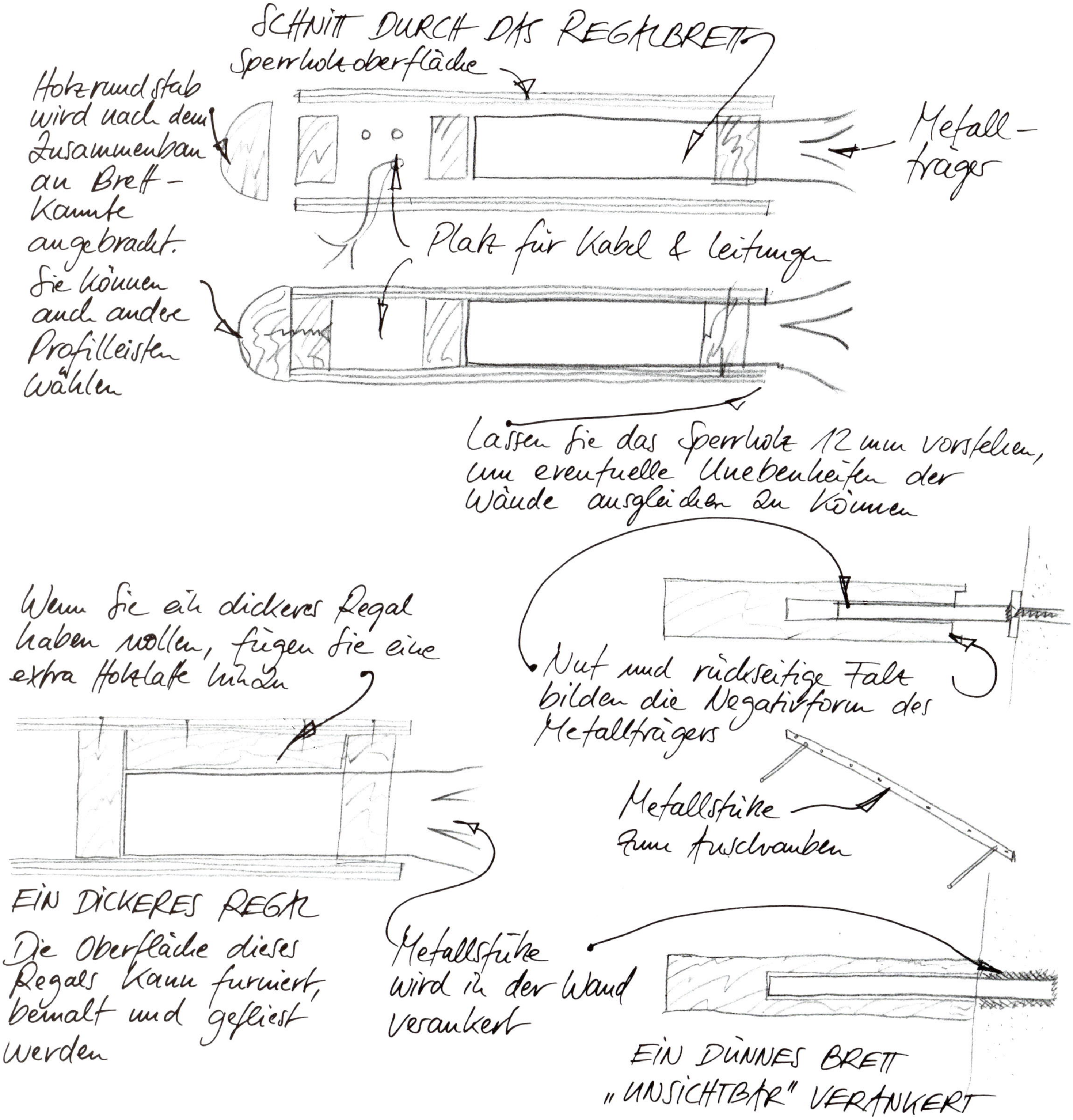
SCHNITT DURCH DAS REGALBRETT
Sperrholzoberfläche
Holzrundstab wird nach dem Zusammenbau an Brett-Kante angebracht.
Sie können auch andere Profilleisten wählen
Metallträger
Platz für Kabel & Leitungen
Lassen Sie das Sperrholz 12 mm vorstehen, um eventuelle Unebenheiten der Wände ausgleichen zu können
Wenn Sie ein dickeres Regal haben wollen, fügen Sie eine extra Holzlatte hinzu
Nut und rückseitige Falz bilden die Negativform des Metallträgers
Metallstütze zum Anschrauben
EIN DICKERES REGAL
Die Oberfläche dieses Regals kann furniert, bemalt und gefliest werden
Metallstütze wird in der Wand verankert
EIN DÜNNES BRETT „UNSICHTBAR" VERANKERT

MECCANO

Wandregal

Bei diesem an der Wand befestigten Regal sind keinerlei Auflageleisten oder Metallträger sichtbar. Die klaren, geraden Linien lassen sich mit Hilfe eines kastenförmigen, hohlen Regalelements erzielen, das aus einem oberen und unteren Sperrholzbrett und einem innenliegenden Holzrahmen besteht und den Eindruck eines dicken, massiven Bretts vermittelt. Bei langen Regalen gewinnt die Konstruktion zusätzliche Festigkeit durch aus der Wand ragende Stahlträger, auf die das Regalelement geschoben wird. Bei Regalen mit einer Länge von bis zu 2440 mm und einer maximalen Tiefe von 450 mm ist eine einfache Lattenbefestigung ausreichend. Die Stahlträger sind sowohl bei Hohl- als auch bei Massivwänden maximal 75 mm in die Wand zu treiben und sollten bei Hohlwänden nicht ganz durch den Hohlraum hindurchtreten. Bei Wänden aus Gipskarton- oder Sperrholzplatten, bei Riegelwänden sowie bei verputzten Lattenwänden werden die Stahlträger direkt in die senkrechten Massivholzbalken plaziert.

Herstellung und Zusammenbau

Die gewünschte Höhe der Regalböden mit Hilfe der Wasserwaage über die gesamte Wandbreite und auch über die Ecken an den Seiten anreißen. Aus einer Sperrholzplatte (9 mm) bzw. einer MDF- oder Spanplatte (12 mm) zwei Bretter in der erforderlichen Länge und Tiefe zuschneiden. Bei Regalen mit einer Länge von mehr als 2440 mm. Fügen Sie die Bretter als stumpfe Verbindungen zusammen. Dabei wird innerhalb des Regalelements eine Stützlatte unterhalb der Stoßkante gebracht.

Zunächst aus einem vorgehobelten Holz (50 x 25 mm) die Frontleiste des Regals (Länge = Länge der Regalbretter) sägen. Dann zwei Seitenleisten schneiden (Länge = Regaltiefe minus Stärke der Frontleiste). Anschließend zwei Wandleisten fertigen, die zwischen die Seitenleisten eingepaßt werden (Länge = Länge der Regalbretter minus doppelter Stärke der Seitenleisten). Schließlich werden weitere Latten zugesägt, die an den Enden sowie auf der gesamten Breite im Abstand von etwa 610 mm zwischen Front- und Wandleiste eingefügt werden (Länge = Regaltiefe minus dreifacher Lattenstärke).

Zur Überprüfung der Paßgenauigkeit der Hölzer sollten Sie diese in ihrer jeweiligen Einbaulage auf dem oberen Regalbrett anordnen.

Als Auflage für die Stahlträger werden einige Holzverschnittstücke zwischen die Querstreben eingepaßt und an die Unterseite des oberen Regalbretts geleimt. Diese Holzstücke sollten etwa 19 mm stark sein, damit die Stahlträger in ihrer Fortführung etwa auf die Mittellinie der Wandleisten stoßen. Der Abstand dieser Auflagen beträgt, entsprechend dem Abstand der Stahlträger, etwa 610 mm.

Als Orientierungshilfe beim späteren Bohren der Löcher für die Stahlträger zeichnen Sie die Stärke der Verschnittstücke an der hinteren Wandleiste an.

Die Stahlträger liegen im Abstand von etwa 610 mm jeweils etwa in der Mitte zwischen zwei Querstreben. Sie laufen durch die gesamte Tiefe des Regals, stoßen stumpf an der Rückseite der Frontleiste an und reichen, ohne die Dicke, des Verputzes gerechnet, rund 75 mm in die Wand hinein. Die benötigte Anzahl von Trägern wird aus einem 12 mm-Stahlstab gefertigt.

Die beiden Wandleisten zusammenspannen und mit einem Bohrer, der einen etwas stärkeren Durchmesser als die Stahlträger (ein 13 mm-Bohrer bei 12 mm-Stahlträgern) hat, an den für die Stahlträger vorgesehenen Stellen durch beide Leisten bohren. Die Leisten mit einem Bleistift numerieren.

Den Innenrahmen des Regalelements mit Nägeln zusammenbauen, Leim auf die Oberseite des Rahmens auftragen und das obere Regalbrett darauflegen. Sodann das Regalbrett nageln (die Stärke der Leisten zum leichteren Nageln auf der Oberseite des Brettes vorher markieren), die Nagelköpfe versenken und die dabei entstandenen Vertiefungen verspachteln.

Mit dem unteren Deckbrett in derselben Weise verfahren.

Für die Abrundung der Frontleiste wird eine Holzleiste (75 x 50 mm) der entsprechenden Länge auf die Frontleiste geleimt und genagelt. Die Nagelköpfe gut versenken und an den Leistenenden mit Hilfe einer geeigneten, runden Vorlage einen Halbkreis anzeichnen. Entsprechende, ungefähre Markierungen werden auch an der Oberkante angebracht und die Ecken zunächst mit der Kreissäge abgetragen und anschließend mit dem Hobel sauber abgerundet. Einfacher ist die Montage einer entsprechend breiten Halbrund-Leiste.

Befestigen des Regals

Die hintere Wandleiste mit Dübeln und Schrauben an der Wand befestigen. Anschließend mit einem Steinbohrer durch die vorgebohrten Löcher in die Wand bohren (Bohrtiefe ca. 75 mm). Die Seitenleisten gegen die Rückwandleiste stoßend anschrauben.

Die Stahlträger an den Enden mit einer Eisenfeile abkanten und sodann in die Wandlöcher schieben. Das Regal auf die herausragenden Stahlträger sowie die Wand- und Seitenleisten schieben.

Werkzeuge

Stahlmeßband
Wasserwaage
Anschlagwinkel
Fuchsschwanz
(oder Elektro-Kreis- bzw. -Stichsäge)
Kreuzschlitz- oder Schlitzschraubendreher (je nach Schraubenart)
Metallsäge
Zwei Schraubzwingen
Elektro- oder Handbohrmaschine
Wendel-, Spitz- oder Maschinenschlangenbohrer
Steinbohrer
Hammer
Nagelversenker
Putzhobel
Schwingschleifer (oder Schleifblock)
Eisenfeile

Materialien

Teil	Stückzahl	Material	Länge
Regalbrett	2	9 mm Sperrholz oder 12 mm MDF- bzw. Spanplatte – Breite nach Bedarf	Nach Bedarf
Frontleiste	1	50 x 25 mm vorgehobeltes Holz	Regalbreite
Seitenleisten	2	50 x 25 mm vorgehobeltes Holz	Regaltiefe minus Stärke der Frontleiste
Wandleisten	2	50 x 25 mm vorgehobeltes Holz	Regalbreite minus doppelter Stärke der Seitenleisten
Querstreben	Eine pro 610 mm auf der gesamten Regalbreite	50 x 25 mm vorgehobeltes Holz	Regaltiefe minus dreifacher Stärke der Leisten
Holzauflagen für Stahlträger	wie oben	ca. 50 x 25 mm vorgehobeltes Holz	etwa 300 mm
Stahlträger	Einer pro 610 mm auf der gesamten Regalbreite	12 mm starke Stahl-Stange	Abstand Innenseite der Frontleiste bis Regalrückseite plus Stärke des Wandverputzes plus 75 mm
Halbrund-Leiste für Frontleiste	1	75 x 50 mm vorgehobeltes Holz	Regalbreite

Wandregal

Montagezeichnung

Grundkonstruktion

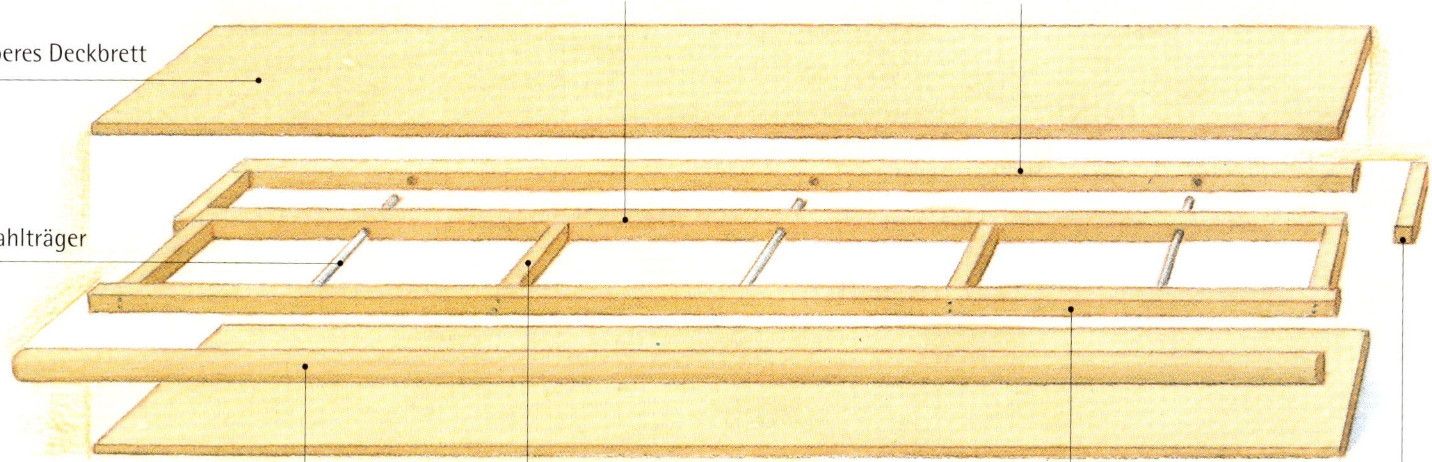

1 Die Arbeitsschritte beim Zusammenbau des Regalelements
Genagelter Grundrahmen mit Löchern für die Stahlträger zwischen den Querstreben

2 Die Wand- und Seitenleisten lassen sich genau auf die nach innen versetzten Seiten- und Rückleisten des Regals ansetzen. Die Löcher für die Stahlträger passen exakt aufeinander.

3 Das untere Deckbrett wird auf den Rahmen genagelt. Die nach innen versetzte Lage des Rahmens ist deutlich zu erkennen.

4 Die Halbrund-Leiste wird an der Vorderkante befestigt. Im Querschnitt (5) sind die Holzauflagen für die Stahlträger zu sehen.

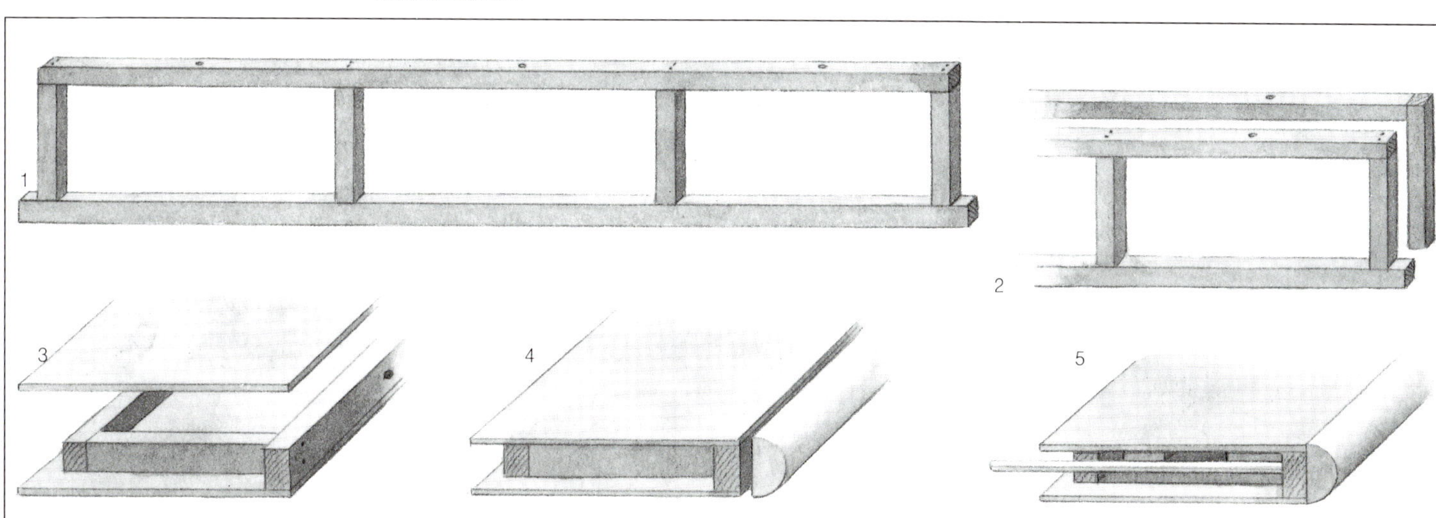

Ein Büro zu Hause

Ob Sie einen Platz brauchen, um Ihr Haushaltsbuch zu führen oder Ihre Post zu erledigen, oder ob Sie zu Hause arbeiten – ein Trend, der sich im Computerzeitalter verstärkt –, Sie brauchen in jedem Fall einen sinnvoll eingerichteten Arbeitsplatz, der Sie freundlich einlädt, mit der Arbeit zu beginnen. Ich stelle Ihnen einen Entwurf vor, der alles bietet, was einen guten Schreibplatz ausmacht, mit Ausnahme der nötigen Ruhe und Zurückgezogenheit, die Sie sich selbst schaffen müssen. Als Stützen für die Schreibplatte habe ich klassische Bürostahlschränke gewählt. Ihre unverwüstlichen Schubladen laufen leicht und schließen gut. Das Wandregal über dem Tisch ist in Fächer aufgeteilt, deren Höhen variabel sind. So können alle Ordner, Mappen, Bücher und Büromaterialien ordentlich untergebracht werden.

Der Regalaufsatz wird nicht direkt an der Wand, sondern über Leisten aufgehängt. Damit bleibt zwischen Aufsatz und Wand ein Zwischenraum, genug Platz, um Kabel und elektrische Leitungen zu verlegen. Die brauchen Sie für Ihre elektronische Ausstattung, deren Bedeutung in unseren Tagen zunimmt.

Wichtig ist es, im rechten Licht zu arbeiten: Wenn Sie wirklich gut sehen, was Sie tun, fallen Konzentration und Motivation leichter. In meinem Entwurf geben Leuchtröhren, die unter dem Regalaufsatz angebracht sind, ein indirektes, warmes Licht über die ganze Breite der Schreibfläche. Das Licht strahlt direkt auf die Pinnwand und deren hilfreiche Botschaften.

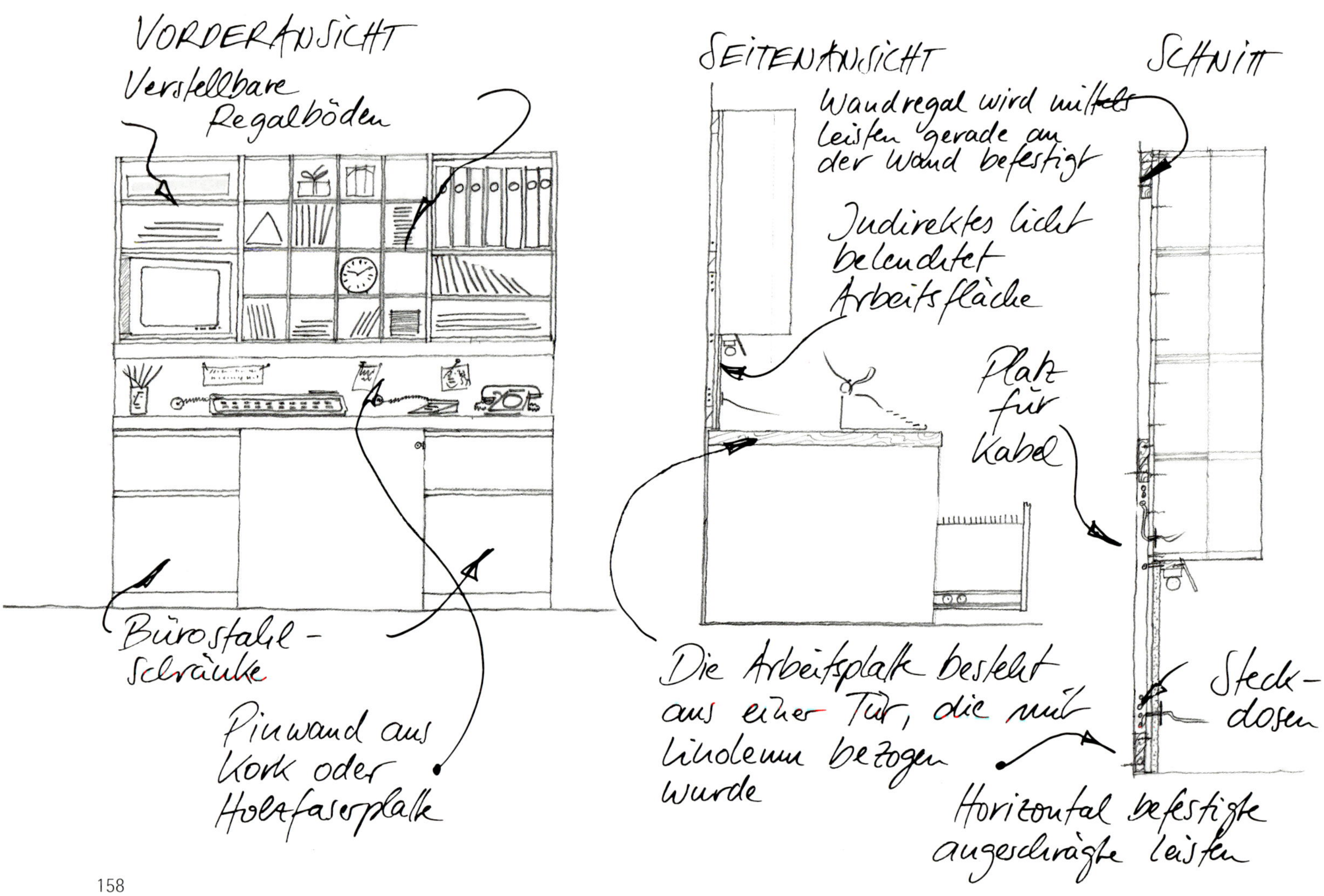

CUISINE EXTRAORDINAIRE
BISLEY
BISLEY

Das Büro in der Wohnung

Dieses Projekt zeigt Ihnen die Einrichtung einer Büroecke in den eigenen vier Wänden. Beim Schreibtisch handelt es sich um ein einfaches Türblatt, das als Arbeitsplatte auf zwei Aktenschränken mit je zwei Schubladen aufgelegt wird. Oberhalb des Schreibtisches ist eine Pinnwand befestigt, und darüber befindet sich eine aus variablen Fächern bestehende Regalwand. Diese Fächer ruhen auf „Schwedenträgern" und können entsprechend der Größe der Bürogegenstände, Bücher und sonstigen Arbeitsmittel angeordnet werden.

Leuchtstoffröhren, die hinter einer Blende an der Unterkante der Regaleinheit angebracht sind, sorgen für ein gutes Arbeitslicht. Für den Anschluß einer Schreibtischlampe, des Computers oder der Schreibmaschine, des Telefons oder anderer Bürogeräte werden im Bereich der Pinnwand elektrische Steckdosen sowie eine Telefondose angebracht. Außerdem sind verdeckte Kabelführungen z. B. für das Tastatur- und das Druckerkabel vorgesehen; auch dafür werden entsprechende Bohrungen in der Pinnwand vorgesehen.

Da bei einer modernen Büroausstattung eine Vielzahl elektrischer Kabel erforderlich ist, erfolgt die Befestigung der Regalwand und der Pinnwand mit angeschrägten Befestigungslatten; dadurch wird eine sichere Aufhängung gewährleistet und ein Spalt für die Verlegung der Kabel geschaffen.

Falls Sie die Kabel nicht in einer verdeckten Führung verlegen wollen und die Rückwand ausreichend stabil ist, können Sie die Teile mit Schrauben und Dübeln direkt an der Wand befestigen. Da in diesem Fall die Schraubenköpfe sichtbar bleiben, sollten Sie Unterlegscheiben unter die Schraubenköpfe legen oder Schrauben mit Abdeckkappen verwenden.

Der entscheidende Vorteil dieser Regaleinheit liegt darin, daß sie zur Einrichtung einer Büroecke an jeder beliebigen Wand angebracht werden kann, sei es in einer Ecke des Wohnzimmers oder des Schlafzimmers.

Werkzeuge

Stahlmeßband
Stahllineal oder Richtscheit
Anschlagwinkel
Zahnspachtel
Schneidemesser
Elektro-Kreissäge (oder -Stichsäge)
Hand- oder Elektrobohrmaschine
Steinbohrer (mit Durchmesser der verwendeten Dübel)
Wendelbohrer (für Senkbohrungen)
Wendelbohrer (Kernbohrungen und Bohrungen für Schwedenträger)
Senkbohrer
Handstichsäge (falls keine Elektro-Stichsäge verfügbar) zum Aussägen der Steckdosenaussparungen
Oberfräse und Fräskopf
Kreuzschlitz- oder Schlitzschraubendreher (je nach Schraubenart)
Schwingschleifer (oder Schleifblock)
Pinsel

Materialien

Teil	Stückzahl	Material	Länge
Schreibtisch			
Unterschränke	2	Aktenschränke (2 Schubladen)	
Arbeitsplatte	1	Sperrholzverkleidetes Türblatt	Nach Bedarf
Pinnwand			
Rückfront	1	12 mm-Sperrholz- oder Tischlerplatte, Breite 300 mm	Wie Arbeitsplatte
Vorderfront	1	12 mm MDF-Platte, Breite 300 mm	Wie Arbeitsplatte
Befestigungslatten	2	75 x 25 mm vorgehobeltes Holz	Wie Arbeitsplatte
Regalwand			
Rückwand	1	12 mm Sperrholz- oder Tischlerplatte, Breite 870 mm	Wie Arbeitsplatte
Seitenwangen	2	19 mm Sperrholz- oder Tischlerplatte, Breite 330 mm	870 mm
Hauptunterteilungen	2	19 mm Sperrholz- oder Tischlerplatte, Breite 330 mm	Abstand Boden bis Deckel
Boden und Deckel	2	19 mm Sperrholz- oder Tischlerplatte, Breite 330 mm	Abstand zwischen Seitenwangen
Mittlere Unterteilungen		12 mm Sperrholz, Breite 12 mm *	Abstand Boden bis Deckel
Fachböden (Mitte)	12	12 mm Sperrholz, Breite 330 mm	200 mm
seitliche Fachböden	6	12 mm Sperrholz, Breite 330 mm	Abstand Hauptunterteilung bis Seitenteil
Befestigungslatten	2	100 x 25 mm vorgehobelte Holz	Wie Arbeitsplatte
Blende			
Frontleiste	1	12 mm Sperrholz, Breite 75 mm	Wie Arbeitsplatte
Seitenleiste	2	12 mm Sperrholz, Breite 75 mm	150 mm
Eckverstärkung	2	25 x 25 mm vorgehobeltes Holz	75 mm

* Nur ungefähre Maße; tatsächliche Länge individuell ausmessen

Grundkonstruktion

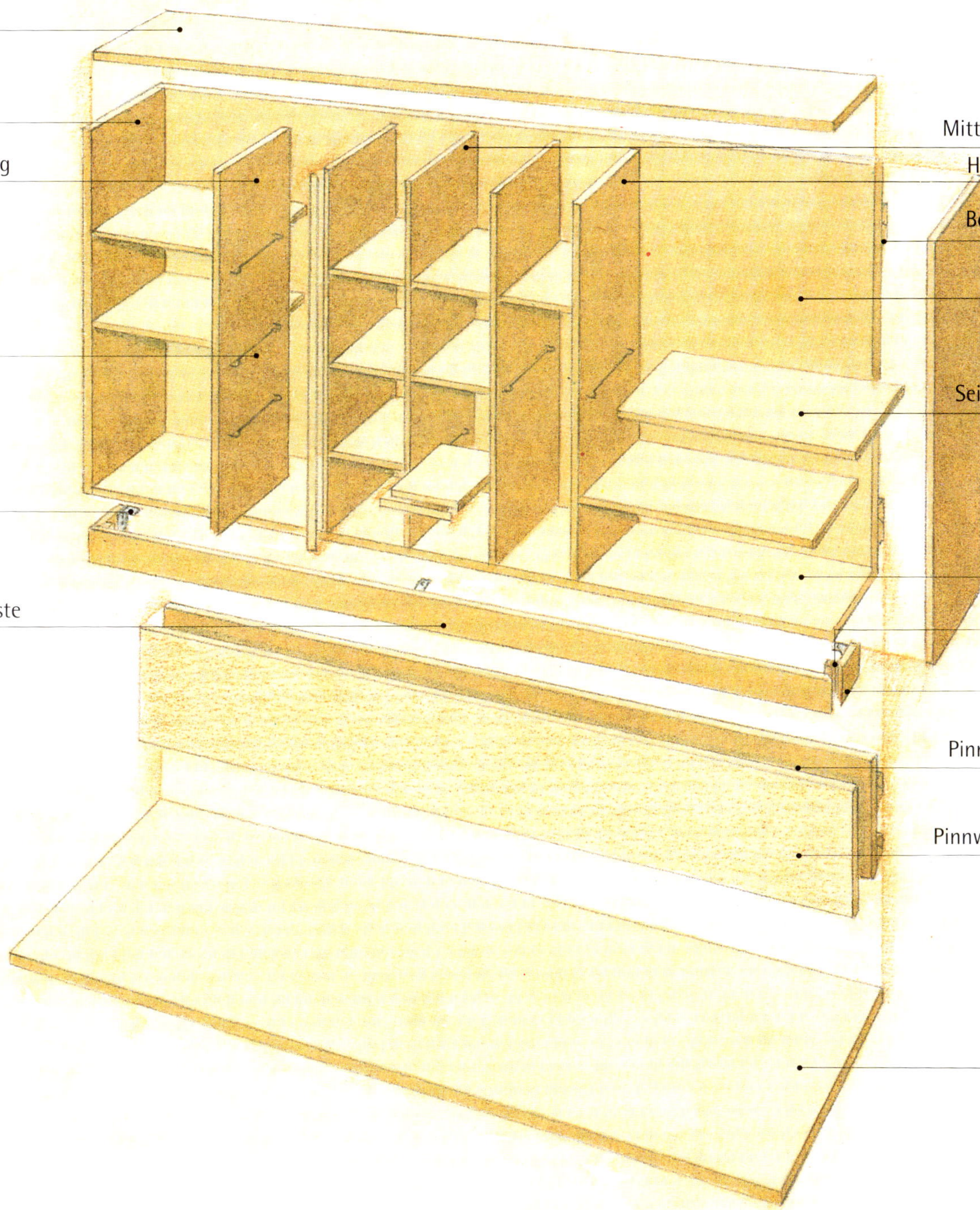

Die Regaleinheit
Diese kompakte Konstruktion enthält alles, was Sie für die Arbeit zu Hause brauchen: eine Regalwand mit variablen Fachböden; eine Pinnwand oberhalb der Arbeitsplatte, die ihrerseits auf zwei Aktenschränken mit je zwei Schubladen (nicht abgebildet) ruht.

Schreibtisch und Regaleinheit

Der Schreibtisch

Die Aktenschränke in einem Abstand von rund 1 m nebeneinander aufstellen und das Türblatt darauflegen. Es kann sich dabei um ein Türblatt mit Sperrholzfurnier in gewünschter Oberflächenausführung handeln (siehe Techniken, Einhängen von Türen, S. 32). Auf die Arbeitsplatte des hier beschriebenen Projekts wurde ein Linoleum als Schreibunterlage aufgeklebt. Zu diesem Zweck mit dem Zahnspachtel Kontaktkleber auf der Arbeitsfläche verteilen. Dann die etwas über Maß geschnittene Linoleum-Matte vorsichtig darauflegen und über Nacht beschweren. Schließlich das Linoleum auf das exakte Maß abschneiden; dabei das Messer leicht schräg führen, so daß sich eine saubere, abgeschrägte Kante ergibt.

Pinnwand

Die Rückfront der Pinnwand entsprechend der Länge der Arbeitsplatte aus einer Sperrholz- oder Tischlerplatte (12 mm) zusägen. Bei der hier beschriebenen Ausführung beträgt die Höhe der Pinnwand 300 mm, dieses Maß kann jedoch entsprechend Ihren individuellen Anforderungen angepaßt werden.

Die Pinnwand selbst auf dieselben Abmessungen schneiden. Die hier dargestellte Pinnwand besteht aus einer weichen Faserplatte; grundsätzlich eignet sich jedes Material, auf dem die stecknadelartigen Pins haften, z. B. eine Korkplatte oder eine mit Filz bezogene Faserplatte. Bei letzterer beziehen Sie Vorderseite sowie die Seitenkanten mit Filzstoff, den Sie an der Rückseite der Rückfront verkleben oder antackern.

Die Pinnwand oben und unten mit je vier Senkschrauben und Rosetten auf die Rückfront schrauben.

Befestigen der Pinnwand an der Wand

Die Pinnwand wird mit zwei abgeschrägten Lattenpaaren an der Wand befestigt. Jedes Lattenpaar ist aus einem vorgehobelten Holzbrett (75 x 25 mm) in der Länge der Pinnwand gefertigt. Das vorgehobelte Brett auf der ganzen Länge mit der Kreissäge unter 45° durchsägen (siehe Techniken, S. 25) oder fertige Befestigungslatten kaufen. Abgeschrägte Befestigungslatten garantieren ein sauberes Anliegen an der Wand und schaffen außerdem einen Spalt für die Kabel der auf dem Schreibtisch stehenden Maschinen und Geräte (Lampen, Telefon, Computer oder Schreibmaschine).

Die abgeschrägten Latten passend an die Rückfront der Pinnwand anlegen und jeweils die obere Lattenhälfte mit der abgeschrägten Fläche zur Pinnwand gerichtet an diese schrauben.

Zur Befestigung an der Wand die Pinnwand zunächst auf die hintere Schreibtischkante stellen. Dies ist äußerst wichtig, da der Schreibtisch als zusätzliche Auflage für die darüber angebrachten Komponenten genutzt wird. Die für die Wand gedachten Lattenhälften gegen die an der Pinnwand befestigten Hälften halten und ihre Position an der Wand anzeichnen.

Die Pinnwand abnehmen und die für die Wand gedachten Lattenhälften mit Hilfe von Dübeln an die Wand schrauben. Beim Aufhängen der Pinnwand ist sicherzustellen, daß die abgeschrägten Latten sauber ineinander greifen.

Die Regalwand

Die auf diesen Seiten abgebildete Regalwand wurde aus einer 12 mm starken Tischlerplatte gefertigt, die Vorderkante ist mit einer Blendleiste versehen. Alternativ dazu eignen sich auch schwarz lackierte oder furnierte Spanplatten, die montagefertig mit Blendleisten bzw. Umleimer erhältlich sind; oder herkömmliche Spanplatten mit Holzfurnier oder Kunststoffbeschichtung (in Naturton belassen bzw. schwarz lackiert).

Aus der Sperrholz-, Tischler- oder Spanplatte (12 mm) die Rückwand auf die Länge der Arbeitsplatte und auf die gewünschte Höhe schneiden. Die hier beschriebene Regalwand hat eine Höhe von 870 mm mit vier mittleren Fachböden (Tiefe 200 mm).

Die Seitenwangen, den Boden, den Deckel und die beiden Hauptunterteilungen aus einer 18 mm starken Sperrholz- oder Tischlerplatte fertigen. Die Höhe der Seitenwangen entspricht derjenigen der Rückwand, Boden und Deckel werden zwischen die Seitenwangen eingepaßt, und die Länge der Hauptunterteilungen entspricht dem Abstand Boden bis Deckel (jeweils Innenkanten). Die Tiefe dieser Holzbretter ist beliebig wählbar, bei der vorliegenden Ausführung beträgt sie 300 mm. Die Vorderkanten sind mit Blendleisten aus Hartholz versehen worden.

Die Rückwand auf eine plane Unterlage legen, Deckel, Boden und Seitenwangen daraufhalten und an der Rückwand anzeichnen.

1 Befestigen der Pinnwand
Die Pinnwand aus Faserplatte wird mit einer Rückfront aus Sperrholz oder Tischlerplatte verschraubt und an angeschrägten Befestigungslatten aufgehängt.

2 Ausmitteln der senkrechten Unterteilungen
Die mittlere Unterteilung exakt in der Mitte der Rückwand anlegen. Mit Hilfe zweier Fachböden die Lage der rechts und links davon gelegenen Unterteilungen ermitteln. Mit den übrigen Unterteilungen in derselben Weise verfahren.

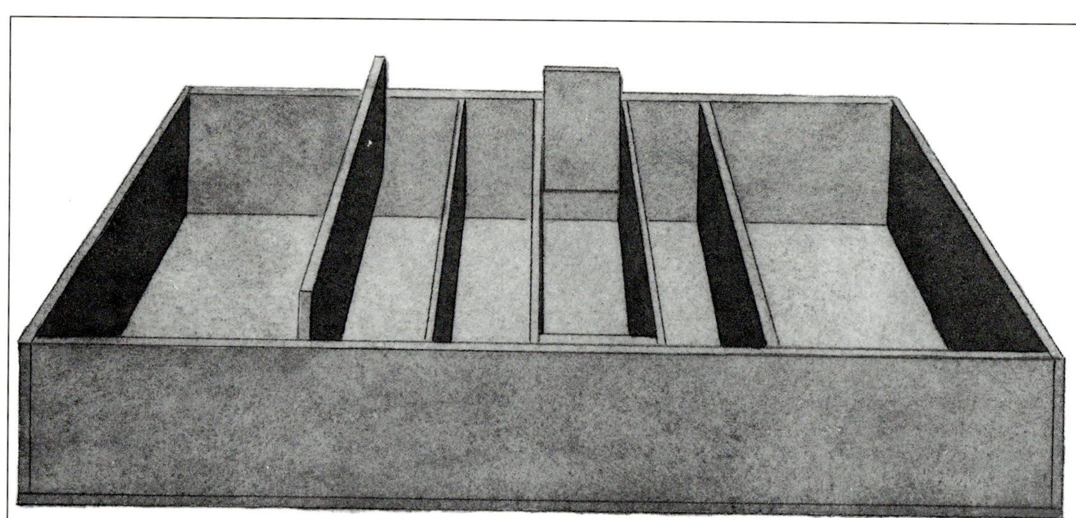

Faserplatten	16
Holzoberflächen	20
Sägen	21
Bohren	23
Schrauben	24
Abgeschrägte Befestigungslatten	25

Plazieren und Anbringen der Unterteilungen

Die Aufteilung des Wandregals wird bestimmt durch die größeren Gegenstände, die in Ihrem Regal untergebracht werden sollen (z. B. Computerschirm). Oder Sie beginnen mit dem Einpassen der kleineren Ablagefächer in der Regalmitte. Im hier dargestellten Modell sind insgesamt 16 Ablagefächer (Breite 200 mm) vorgesehen, vier neben- und vier übereinander.

Aus einer Sperrholz-, Tischler- oder einer furnierten Spanplatte (12 mm) die drei senkrechten Unterteilungen für den Mittelteil auf dieselben Abmessungen wie die Hauptunterteilungen zuschneiden. Die zwölf Ablageböden werden aus demselben Material gefertigt (Maße hier: 330 x 200 mm). An den Vorderkanten der Fachböden und senkrechten Unterteilungen bringen Sie Blendleisten aus Hartholz an.

Die Position der mittleren Unterteilung exakt in der Mitte der Rückwand anzeichnen. Mit Hilfe zweier Ablageböden die Lage der Unterteilungen rechts und links von der mittleren Trennwand ermitteln. Auf die gleiche Weise positionieren Sie die beiden seitlichen Hauptunterteilungen. So erhalten Sie die Position aller Unterteilungen auf der Rückwand.

Fachböden

Auf beiden Seiten des Regals den Abstand von der Hauptunterteilung zur Seitenwange messen. Anschließend die Fachböden aus einer 12 mm starken Sperrholzplatte auf diese Maße zuschneiden und die Vorderkante mit einer Blendleiste versehen. Insgesamt werden sechs Fachböden benötigt, drei rechts und drei links.

Selbst wenn vorerst einige Fachböden zugunsten von großformatigen Büchern weggelassen werden, ist es dennoch sinnvoll, alle Böden und die zugehörigen Befestigungen anzufertigen, um sie später bei Bedarf einsetzen zu können. Die Fachböden in gleichen Abständen an die Rückwand halten und ihre Lage an den Seitenwangen und an den senkrechten Unterteilungen anzeichnen.

Bohrlöcher in der Rückwand

Alle Unterteilungen und Fachböden abnehmen und entlang der Mittellinie der angezeichneten Markierungen von vorne in die Rückwand bohren. Anschließend von hinten die Senkbohrungen vornehmen.

Detailansicht der Regaleinheit
Die Pinnwand mit integrierter Steckdose und Kabelöffnung mit Metallrosette.
Die Anordnung der Ablagefächer erfolgt im Hinblick auf eine sinnvolle Unterbringung größerer Geräte wie eines Computerschirms.

3 Befestigen der Unterteilungen im Regalrahmen
Durch Anzeichnen der Mittellinie der Unterteilungen läßt sich eine exakte Positionierung vornehmen. Kern- und Senkbohrung ausführen und die Unterteilungen mit der Rückwand sowie mit Boden und Deckel verschrauben.

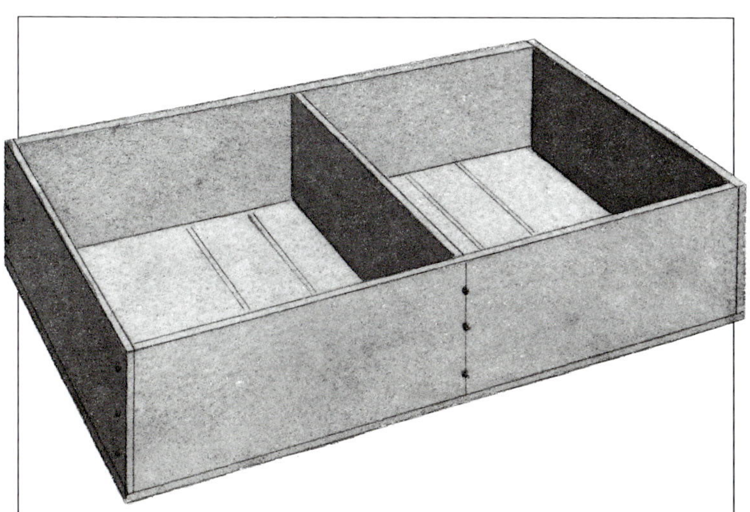

Regaleinheit

Anbringen der Bohrlöcher in den Seitenwangen und senkrechten Unterteilungen
Die benötigte Anzahl Schwedenträger (zwei pro Fachboden) bereitlegen. Die Seitenwangen und die Unterteilungen vorbohren. Dann den Wendelbohrer (3 mm) mittig auf den für die Fachböden angezeichneten Markierungen ansetzen und in die Seitenwangen 9 mm tiefe Löcher, in die Unterteilungen jedoch durchgehende Löcher bohren. Die in der Nähe der Vorderfront liegenden Löcher dabei etwas nach hinten versetzen, so daß die Schwedenträger von vorn nicht sichtbar sind. Die hinteren Löcher werden entsprechend der Spannweite der Schwedenträger angebracht.

Montage des Regalrahmens
Eine Seitenwange mit der Rückwand verleimen und von hinten verschrauben.

Kern- und Senkbohrung an einem Ende der Seitenwange für die Befestigung des Bodens ausführen und den Boden anleimen und verschrauben. Sodann auch den Boden mit der Rückwand verschrauben (von hinten). Anschließend mit der anderen Seitenwange in derselben Weise verfahren.

Leim auf die hintere und die seitlichen Kanten des Deckels auftragen, den Deckel richtig plazieren und von außen mit den Seitenwangen verschrauben. Die Verschraubung mit der Rückwand erfolgt erst nach dem Einpassen der Unterteilungen, damit noch kleinere Korrekturen gegebenenfalls möglich sind.

Befestigen der senkrechten Unterteilungen
Auf die Stirnkanten der mittleren Unterteilung Leim auftragen und die Unterteilung mit Hilfe des Anschlagwinkels rechtwinklig zum Rahmen und senkrecht einpassen. Die genaue Position der Unterteilung an den Außenflächen von Boden und Deckel mittig anzeichnen, Kern- und Senkbohrung an den angezeichneten Stellen vornehmen und die Unterteilung mit Boden und Deckel verschrauben.

Da der Deckel noch nicht mit der Rückwand verschraubt wurde, sind kleinere Korrekturen noch möglich, damit die Vorderkanten genau bündig sitzen. Von der Mitte nach außen arbeitend die übrigen Unterteilungen nach derselben Methode anbringen.

Von der Rückwand her abschließend den Deckel und alle senkrechten Unterteilungen verschrauben.

Anbringen der Fachböden
Die Schwedenträger in die Löcher der Unterteilungen stecken. Mit der Oberfräse in die Seitenkanten der Fachböden 3 mm breite und 9 mm tiefe Nuten schneiden, die als Führung für die Schwedenträger dienen. Diese Nuten (und die Schwedenträger) sollen von vorn nicht sichtbar sein und dürfen deshalb nicht bis an die Vorderkanten reichen.

Abschlußarbeiten
Die Schraubenlöcher verspachteln, Spachtelreste nach dem Aushärten abschleifen und den gewünschten Oberflächenschutz auftragen (siehe Techniken, S. 20). Dieser „Anstrich" sollte dem Stil Ihres Büros angepaßt sein und mit der Raumdekoration harmonieren.

Befestigen des Regals an der Wand
Das Regal wird wie die Pinnwand an zwei abgeschrägten Lattenpaaren an der Wand befestigt (siehe Techniken, S. 25); dabei sind allerdings stärkere Latten zu verwenden (100 x 25 mm).

Beide Lattenpaare auf der Rückseite der Rückwand anlegen und die obere Latte an ihr befestigen (die abgeschrägte Fläche ist dabei zur Rückwand gerichtet). Um der Regaleinheit zusätzliche Festigkeit zu geben, ist es wichtig, daß die Befestigungsschrauben so gesetzt werden, daß die Latten mit allen senkrechten Unterteilungen und Seitenteilen verschraubt sind.

Das Regal gegen die Wand halten und wie bei der Pinnwand die Lage der unteren Befestigungslatten an der Wand anzeichnen. Die Latten nach Abnehmen des Regals mit Hilfe von Dübeln an die Wand schrauben. Das Regal einhängen und darauf achten, daß die Latten sauber ineinandergreifen. Nur so ist eine stabile und sichere Montage gewährleistet.

Blende
Aus einer 12 mm starken Sperrholz- oder Tischlerplatte die Frontleiste für die Blende schneiden (Länge entsprechend Regallänge, Breite 75 mm). Die beiden Seitenwangen auf dieselbe Breite und eine Länge von 150 mm sägen.

Die vorderen Ecken auf Gehrung sägen und an der Innenseite jeder Ecke einen Holzklotz (25 x 25 mm, Höhe = Leistenhöhe) anleimen und mit Front- und Seitenleiste verschrauben.

1 Verdeckte Befestigung der Fachböden: Die Schwedenträger in die Löcher der Unterteilungen stecken; der mit einer Nut versehene Fachboden läßt sich daraufschieben.

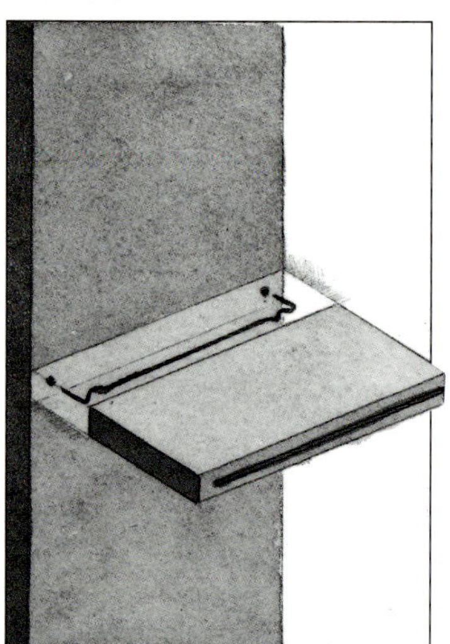

Die Blende wird mit innen angebrachten Winkeleisen an der Unterseite des Regals befestigt; ein Winkeleisen an jeder Seite sowie eines in der Mitte der Frontleiste.

Hinter der Blende die Beleuchtung (beim hier beschriebenenen Projekt handelt es sich dabei um Wolframröhren) anbringen. Die Kabel werden in dem durch die abgeschrägten Befestigungslatten geschaffenen Hohlraum hinter der Regaleinheit verlegt.

Mit einer Stichsäge werden die Aussparungen in der Pinnwand für die Steckdosen und die Telefondose gesägt. Die Löcher für die Kabel von Bürogeräten und Schreibtischlampen dürfen nicht vergessen werden!

2 Zusammenbau und Befestigung der Blende
Blendenleisten auf Gehrung sägen und die Ecken mit Holzklötzen verstärken. Blende mit Winkelbeschlägen befestigen.

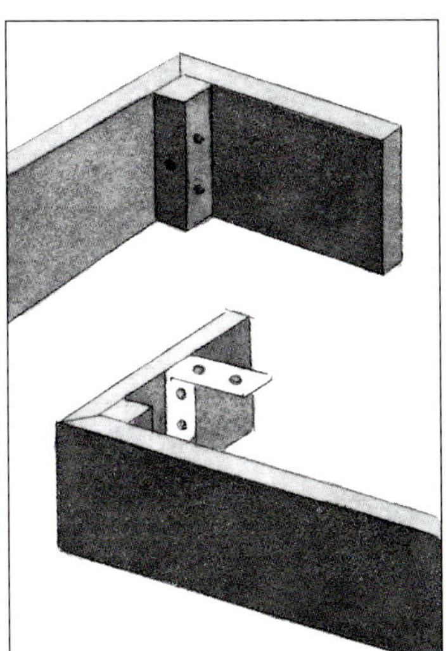

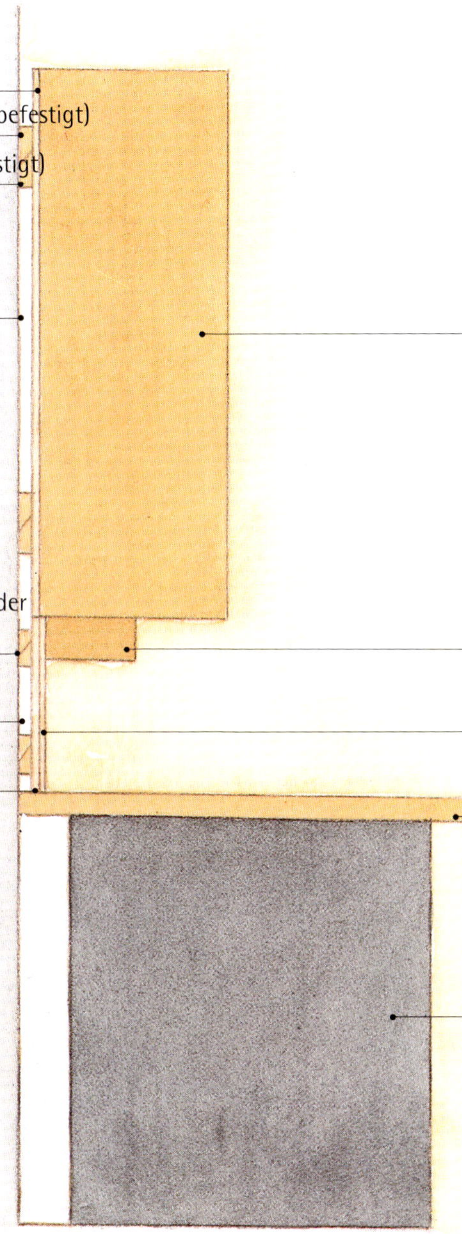

Seitenansicht des Büros

Holzverkleidung für einen Heizkörper

Gerade moderne Heizkörper sind nicht immer eine Augenweide. Mein Entwurf bietet eine Lösung an, die den Heizkörper optisch völlig ausblendet, ohne die Zirkulation von warmer und kalter Luft zu beeinträchtigen. Die Verkleidung passt in jede Art von Zimmer und zu jeder Art von Einrichtung. Sie müssen sie lediglich der Größe Ihres Heizkörpers anpassen. Zur Wartung und Regulierung läßt sich die Vorderplatte einfach abnehmen. Sie besteht aus einer Reihe vertikaler, wenn Sie es wünschen auch horizontaler Holzlatten. Sie können den Naturholzcharakter bewahren oder eine beliebige Farbe zum Anstrich der Holzverkleidung wählen. Halten Sie sich bei Ihrer Entscheidung an den dekorativen Grundgedanken Ihres Zimmers.

Bei einem niedrigen Heizkörper bietet sich eine andere Gestaltungsidee an: lassen Sie die Verkleidung weiter in den Raum vorspringen als eigentlich nötig. Dann brauchen Sie nur noch ein Kissen auf die Abdeckplatte zu legen, und Ihre Heizkörperverkleidung wird zur Sitzbank. Besonders einladend wirkt eine solche beheizte Bank unter einem Fenster oder in einem Erker.

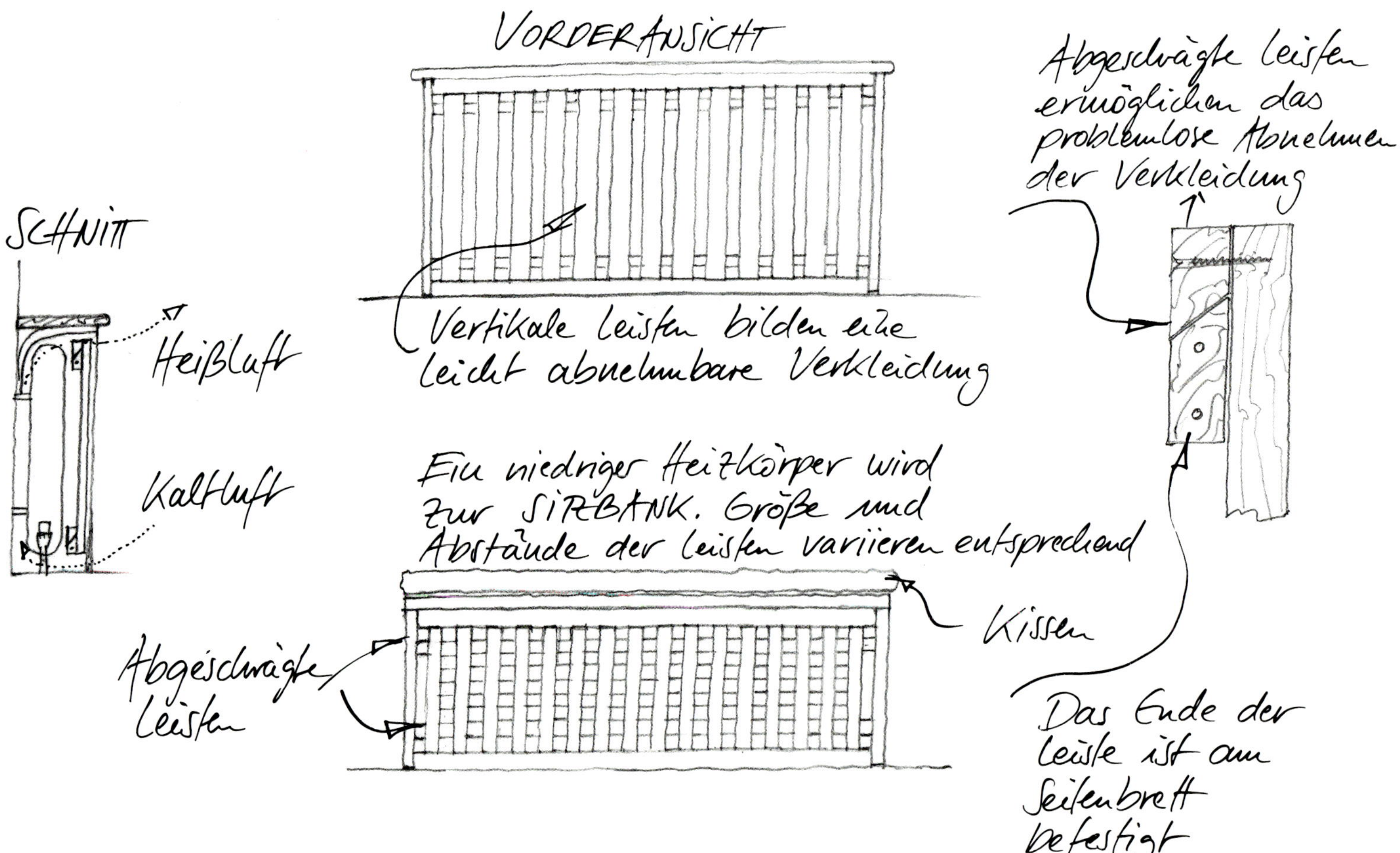

Heizkörperverkleidung

Die Heizkörperverkleidung kann passend für Heizkörper jeder Form angefertigt werden. Bei niedrigen Heizkörpern in Nischen oder Erkern bietet es sich an, die Abdeckplatte und Seitenwangen so tief auszuführen, daß eine Sitzfläche entsteht. Die Frontverkleidung soll durchweg zum Anbringen eines zusätzlichen Dekors und zum Entlüften des Heizkörpers mit wenigen Handgriffen abnehmbar sein. An der Wand hinter dem Heizkörper bringen Sie mit doppelseitigem Klebeband eine wärmereflektierende Folie an.

Mit der Heizkörperverkleidung läßt sich ein unansehnlicher Einrichtungsgegenstand des Raums elegant kaschieren. Damit spielende Kinder sich nicht verletzen können sollten Sie bei der Planung des Projekts darauf achten, daß die Abstände in der Frontverkleidung nicht so breit sind, daß Arme oder Beine von Kindern eingeklemmt werden könnten.

Werkzeuge

- Stahlmeßband
- Wasserwaage
- Hitzebeständiges Klebeband
- Parallelreißer
- Fuchsschwanz
- Kreissäge
- Elektrobohrmaschine und geeignete Bohrereinsätze
- Stichsäge
- Schleifblock und Schleifpapier
- Hobel
- Raspel
- Schraubendreher

Materialien

Teil	Stückzahl	Material	Länge
Abdeckplatte	1	25 mm Span- oder MDF-Platte,	Nach Bedarf
Seitenwangen	2	25 mm Span- oder MDF-Platte	Nach Bedarf
Hintere Auflageleiste für Abdeckplatte	1	75 x 25 mm Weichholz,	Abstand zwischen hinteren, senkrechten Latten
Hintere, senkrechte Latten	2	25 x 25 mm, Weichholz	Nach Bedarf
Befestigungslatten	4	100 x 25 mm Weichholz	Abstand zwischen Seitenwangen
Verkleidungsleisten	Nach Bedarf	75 x 25 mm Weichholz	Nach Bedarf
Dübel	4	6 mm Dübelholz	30 mm

Herstellen des Rahmens

Und die Abmessung der Heizkörperverkleidung zu bestimmen, messen Sie die Breite einschließlich des Thermostats. Beim Ausmessen der Höhe sehen Sie zwischen Heizkörperoberkante und Abdeckplatte ein Abstand von 50 mm vor. Diese Positionen an der Wand exakt anzeichnen.

Die Seitenwangen sind so zu schneiden, daß sie um 50 bis 75 mm nach vorn über den Heizkörper hinausragen. Die Abdeckplatte hat an den Seitenwangen seitlich einen Überstand von rund 50 mm und an der Vorderkante von 25 mm. Abdeckplatte und Seitenwangen aus Span- oder MDF-Platten fertigen.

Anbringen der Seitenwangen

Zwei Befestigungslatten (25 x 25 mm) in der Höhe der Seitenwangen zusägen. Die Seitenwangen werden gegebenenfalls an die Sockelleiste angepaßt und bilden auf diese Weise einen harmonischen Übergang zur Wand (siehe Techniken, S. 31). Dementsprechend sind auch die Befestigungslatten gegebenenfalls so zu fertigen, daß sie mit der Oberkante der Sockelleiste abschließen.

1 Auflageleiste für Abdeckplatte anzeichnen
Die Leiste mittig auf die Unterseite der Abdeckplatte stellen und die Lage der Befestigungsschraube anzeichnen.

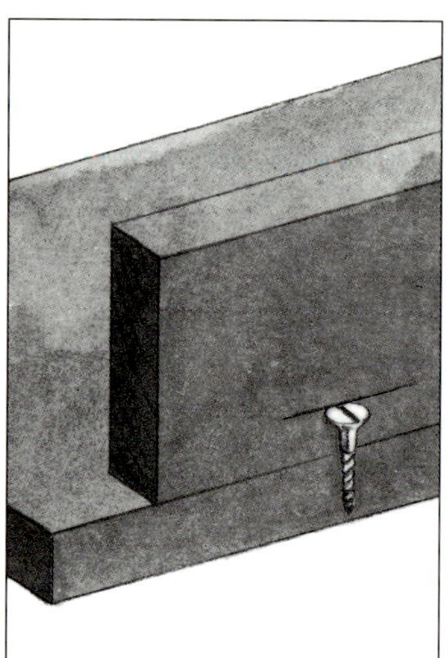

2 Senkbohrung ausführen
Mit einem Klebestreifen die erforderliche Bohrtiefe markieren und die Senkbohrung ausführen; ihr Durchmesser ist größer als der Schrauben-Kopf-Durchmesser.

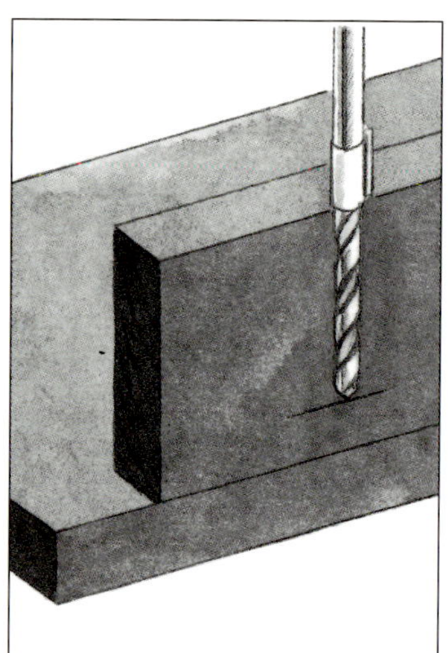

3 Befestigen der Seitenwangen und der Abdeckplatte
Seitenwangen mit Dübeln und Schrauben an der Wand befestigen. Abdeckplatte und Seitenwangen mit Holzdübeln verbinden.

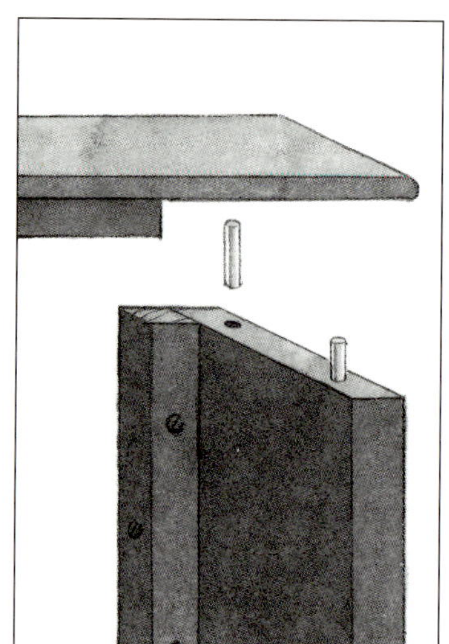

4 Abgeschrägte Befestigungslatten
Holzlatten (100 x 25 mm) der Länge nach unter 45° im Verhältnis 2:1 durchsägen.

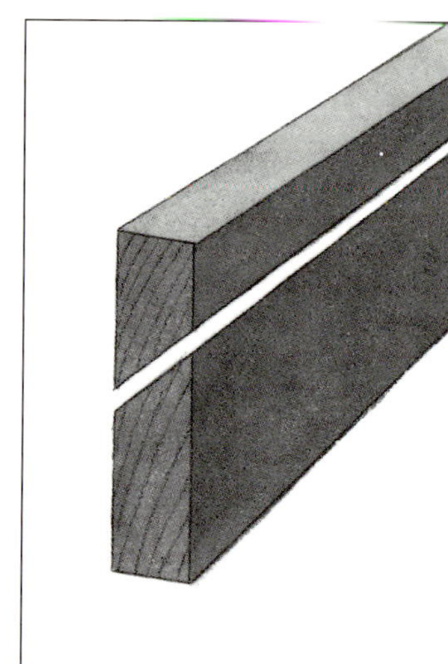

Sägen	21
Bohren	23
Schrauben	24

Abgeschrägte Befestigungslatten	25
Dübelverbindungen	30
Anreißen längerer Teile	31

Heizkörperverkleidung

Montagezeichnung

Grundkonstruktion

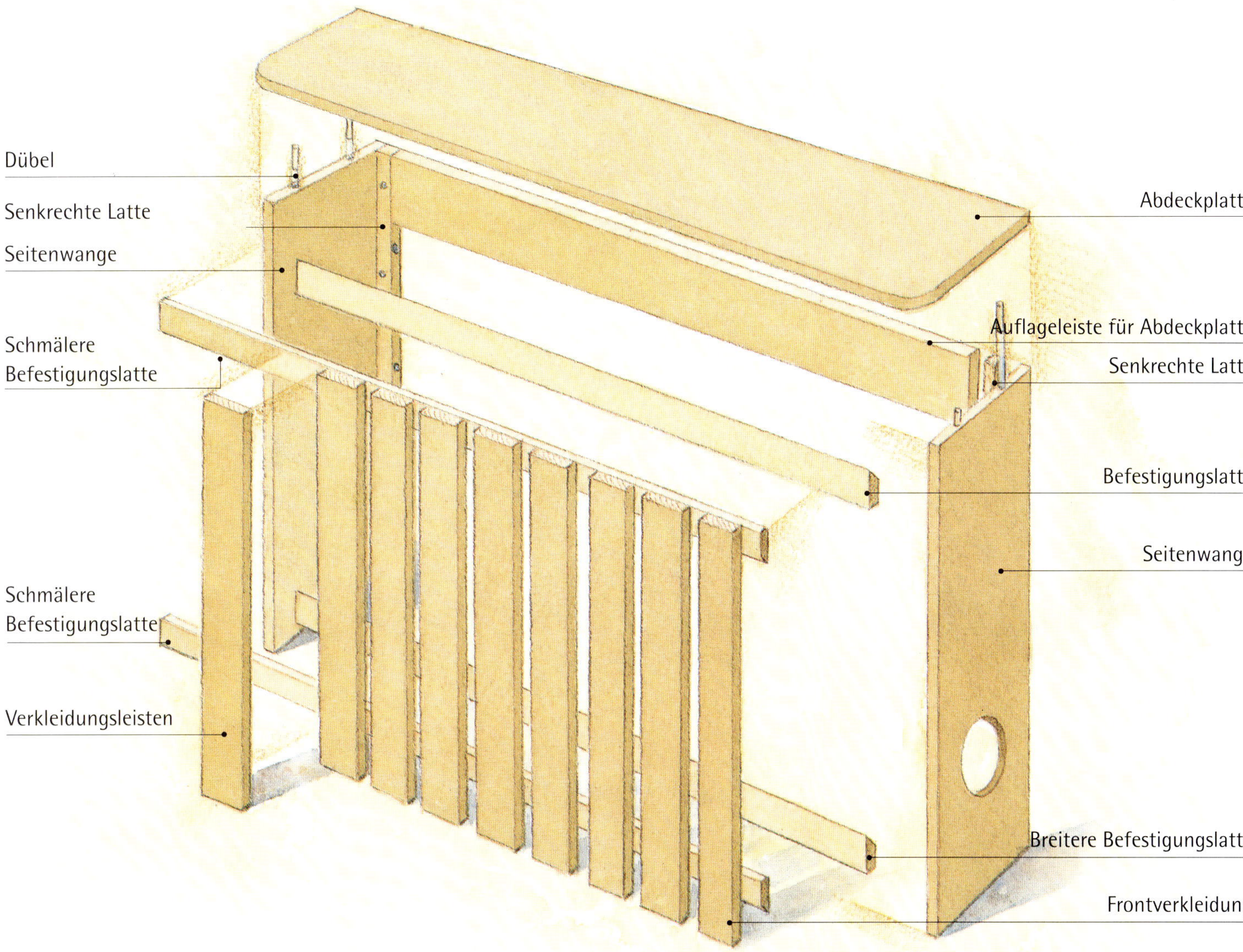

Heizkörperverkleidung

Seitlich und von vorne an den senkrechten Latten Senk- und Kernbohrungen durchführen und die Latten bündig mit der hinteren Kante an der Innenseite der Seitenwangen verleimen und verschrauben.

Damit das Thermostat leicht zugänglich bleibt, mit der Stichsäge ein kreisrundes Loch mit einem Durchmesser von 125 mm an der entsprechenden Stelle in eines der Seitenwangen gesägt (siehe Techniken, Sägen von Kreisbogen, S. 22); Kanten abschließend glätten.

Die Seitenwangen durch die Latten hindurch mit Schrauben und Dübel an der Wand befestigen. Dabei auf genau senkrechte Ausrichtung achten.

Herstellen der Abdeckplatte

Zum Abrunden der Ecken die Abdeckplatte mit einem geeigneten Gegenstand, z. B. einer Untertasse, anzeichnen, den Schnitt mit der Stich- oder Bogensäge ausführen und die Rundung mit dem Schleifblock schleifen. Die Kanten der Abdeckplatte mit dem Hobel oder einer Raspel abnehmen und mit Schleifpapier nacharbeiten.

Alternativ kann die Ober- und Unterkante auch mit der Oberfräse und einem Rundfräskopf abgerundet und mit Schleifblock und -papier geglättet werden. Oder Sie belassen die Vorderkante gerade und leimen eine Halbrund-Leiste auf. Dabei wird die Leiste bis zum völligen Aushärten des Leims mit einem Klebeband fixiert.

Die Abdeckplatte wird auf eine waagrechte Auflageleiste (75 x 25 mm) geschraubt. Die Länge dieser Leiste entspricht dem Abstand zwischen den seitlichen, senkrechten Latten. Die Abdeckplatte umgedreht auf die Werkbank legen und die Auflageleiste so darauf plazieren, daß ihre Enden auf beiden Seiten den gleichen Abstand zu den seitlichen Kanten der Abdeckplatte aufweisen.

Eine Schraube an die Leiste und die hintere Kante der Abdeckplatte halten; die Schraubenspitze muß rund 6 mm von der Oberfläche der Abdeckplatte entfernt sein. So stellen Sie sicher, daß die Schraube nicht durch die Abdeckplatte hindurchtritt. Die Position des Schraubenkopfes an der Leiste anzeichnen (Abb. 1, S. 168).

Einen Bohrer mit etwas größerem Durchmesser als der Schraubenkopf mit der Spitze an der angezeichneten Stelle gegen die Latte halten und zur Markierung der Bohrtiefe einen Klebebandstreifen am Bohrer anbringen. Anschließend senkrecht in die Leiste bohren, bis der Klebebandstreifen an der Leistenoberfläche anliegt (Abb.2, S. 168). Die Leiste verleimen und mit drei im gleichen Abstand gesetzten Schrauben an der Abdeckplatte befestigen.

Befestigen der Abdeckplatte

Die Abdeckplatte wird mit 30 mm Holzdübeln auf den Seitenwangen befestigt (Abb. 3, S. 168). In die Oberkanten der Seitenwangen je zwei Löcher (Durchmesser 6 mm) bohren. Die Bohrtiefe entspricht der halben Dübellänge. Die Position dieser Bohrlöcher exakt auf die Unterseite der Abdeckplatte übertragen und ebenfalls an beiden Enden zwei Löcher (Durchmesser 6 mm, Bohrtiefe = halbe Dübellänge) bohren.

Die Holzdübel und die Oberkanten der Seitenwangen mit Leim bestreichen und die Abdeckplatte anbringen.

Die Frontverkleidung

Den Abstand zwischen den Seitenwangen ausmessen und die erforderliche Anzahl der Verkleidungsleisten berechnen, die in gleichen Abständen anzubringen sind. Die Abstände zwischen diesen Leisten sind frei wählbar, sollten aber nicht zu groß sein, damit Kinder nicht die Hand oder den Fuß einklemmen können.

Die benötigte Höhe der Leisten abmessen (dabei oben und unten einen Spalt von 50 mm einkalkulieren) und die Leisten auf dieses Maß schneiden.

Aus einer Holzlatte (100 x 25 mm) zwei Befestigungslatten entsprechend dem Abstand zwischen den Seitenwangen fertigen. Diese Latten mit der Kreissäge der Länge nach unter 45° im Verhältnis 2:1 durchsägen (Abb.4, S. 168). Die breiteren Lattenhälften werden als Querstreben zwischen den Seitenwangen angebracht, die schmaleren dienen als Auflagen für die Verkleidungsleisten.

Zusammenbau der Frontverkleidung

Die Verkleidungsleisten mit Hilfe von Abstandsklötzen auf der Werkbank anordnen (siehe Techniken, S. 20). Die abgeschrägten Befestigungslatten bündig mit der Ober- und Unterkante quer darüberlegen. Achten Sie darauf, daß jeweils die schmalere Lattenhälfte oben liegt und deren abgeschrägte Fläche zu den Verkleidungsleisten gerichtet ist (Abb. 1).

Die breiteren Lattenhälften vorsichtig abnehmen. Übertragen Sie die Kante, an der die Neigung beginnt, auf die Rückseite (Abb. 2), da nur im nicht schrägen Bereich geschraubt werden darf.

Die Latten mit je zwei Schrauben am oberen und unteren Ende der ersten Verkleidungsleiste befestigen. Die übrigen Leisten unter Hilfe von Abstandsklötzen ebenfalls verschrauben.

An den breiteren Lattenhälften die Schraubenposition für die Befestigung an den Seitenwangen anzeichnen. Zu diesem Zweck entweder von der Abdeckplatte abwärts messen oder die Frontverkleidung passend gegen den Rahmen halten.

Senk- und Kernbohrung durch die Seitenwangen ausführen und die Befestigungslatten verschrauben.

1 Anordnen der Verkleidungsleisten und Befestigungslatten für die Frontverkleidung
Verkleidungsleisten in gleichen Abständen anordnen. Befestigungslatten bündig mit Ober- bzw. Unterkante der Verkleidungsleisten anbringen.

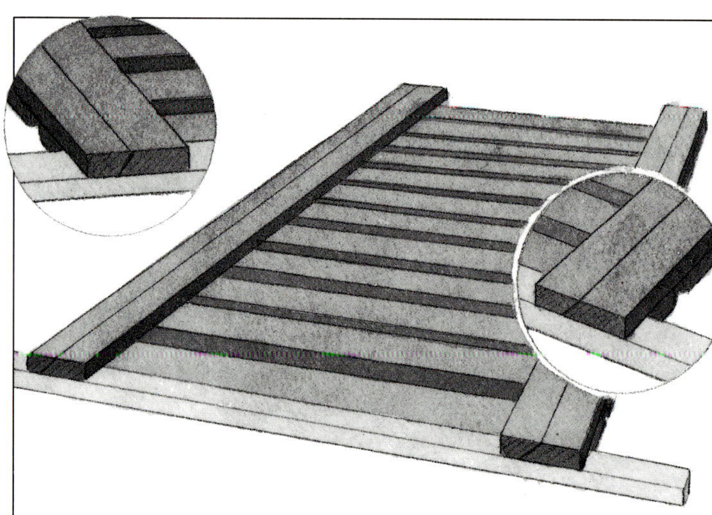

2 Befestigen der Verkleidungsleisten
Schmale Befestigungslatten mit je zwei Schrauben an Verkleidungsleisten befestigen. Vor dem Schrauben auf die Lattenrückseite Neigungskante übertragen.

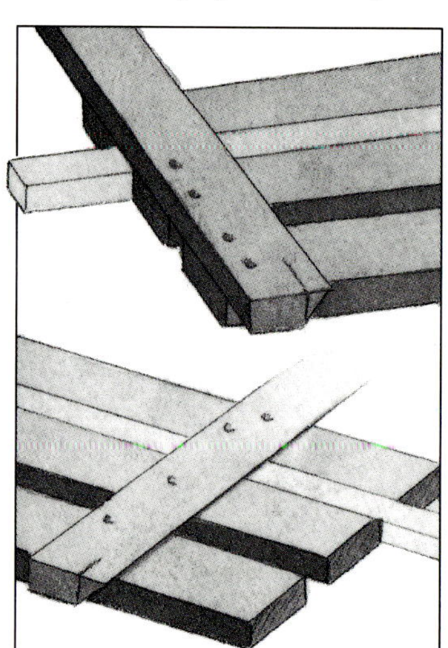

Heizkörperverkleidung

Frontverkleidungen

Einpassen der Heizkörperverkleidung in das Raumgefüge: Bei dieser mediterranen Raumgestaltung (links) wurde über die ganze Wandbreite eine Platte aus kühlem, edlen Stein angebracht, die den Heizkörper einfaßt und geschickt verdeckt. So ergibt sich eine stilvolle, niedrige Ablage- oder Sitzmöglichkeit, die das Kunstwerk an der Wand noch stärker zur Geltung bringt.

In eine Trennwand eingebauter Heizkörper: In diesem Raum (unten links) wurden zwei Heizkörper in eine „gläserne" Wand eingebaut, die Veranda und Vorraum trennt. Die dabei gewählte Heizkörperverkleidung setzt die klaren, geraden Linien der Fenstersprossen fort.

Wohnen auf begrenztem Raum: Viele Heizkörper sind unter Fenstern angebracht (unten Mitte). Bei dem hier dargestellten, begrenzten Raumangebot schafft ein auf der Heizkörperverkleidung angebrachtes Regalbrett eine zusätzliche Ablage. Die Front-Verkleidung korrespondiert mit dem hölzernen Unterbau des Sofas.

Hohe Decken und Fenster: In diesem hellen und geräumigen Wohnzimmer (unten rechts) wurden zwei Heizkörperverkleidungen angebracht, die mit entsprechender Polsterung einen gemütlichen Sitzplatz am Fenster bilden.

Ideen für das Arbeitszimmer

Höhenverstellbare Regale

Die Grundvoraussetzung für effektives Arbeiten zu Hause ist ein bequemer und gutorganisierter Arbeitsplatz. Und dafür ist eine sorgfältige Planung erforderlich. Bei beiden hier vorgestellten Beispielen harmonieren Pinn- und Regalwand sowie Möbel mit der Gestaltung der Wände und Fußböden.

Genügend Ablagemöglichkeiten sind das A und O – nichts ist frustrierender, als in Papierbergen zu wühlen und doch nichts zu finden. Für den benötigten Stauraum eignet sich vielleicht eine tiefe, aktenschrankähnliche Schublade. Sehr wichtig sind auch Schränke und Regale, wie Sie auf dem rechten Bild sehen können. Dabei wurde eine stabile Regaleinheit mit höhenverstellbaren Fachböden mit einer Pinnwand für Nachrichten und Memos verbunden.

Bei den Regalböden handelt es sich um melaminfurnierte, 15 mm starke Spanplatten, die auf höhenverstellbaren Regalträgern ruhen. Um ein Durchhängen der Böden bei schwerer Belastung zu verhindern, beträgt der Abstand der Träger etwa 600 mm.

Am unteren Ende der Regalschiene werden Träger mit einer größeren Spannweite angebracht. Auf diesen ruht die kunststoffbeschichtete Arbeitsplatte, die als zusätzliche Arbeits- oder Ablagefläche genutzt werden kann. Die Vorderkante dieser Arbeitsplatte (Tiefe 600 mm, Stärke 30 mm), die von unten mit den Regalträgern (Spannweite 470 mm) verschraubt wird, ist mit einer Halbrund-Leiste aus Hartholz versehen.

Die Pinnwand besteht aus 9,5 mm starken Faserplatten, die entsprechend den Abständen der Regalschienen zugesägt werden. Die Platten sind mit Filz bezogen, der an der Rückseite festgetackert wird.

Aufbewahren von Plänen und Zeichnungen

Das Bild auf der gegenüberliegenden Seite zeigt eine weitere, einfache Aufbewahrungsmöglichkeit. Aufgerollte Pläne und Zeichnungen legen Sie einfach auf an der Wand befestigte, halbrunde Bügel (gegebenenfalls können auch rinnenförmige Ablageflächen auf den Bügeln angebracht werden).

Zur exakten Positionierung der Bügel bringen Sie provisorisch eine senkrechte Latte an der Wand an. Mit Hilfe der Wasserwaage die Höhe der Bügel sowie Schraubenlöcher in gleichen Abständen anzeich-

1 Regalhöhe anzeichnen
Regalschienen auf die passende Länge sägen, eine der Schienen an die Wand halten und das untere Ende anzeichnen.

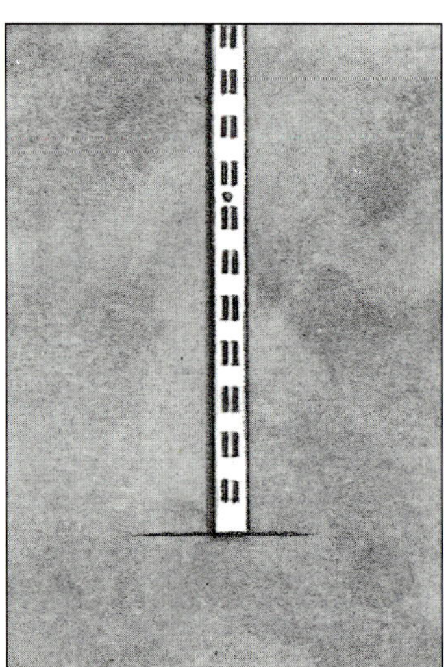

2 Befestigen einer Hilfslatte
Genau unterhalb der Markierung eine waagrechte Latte annageln.

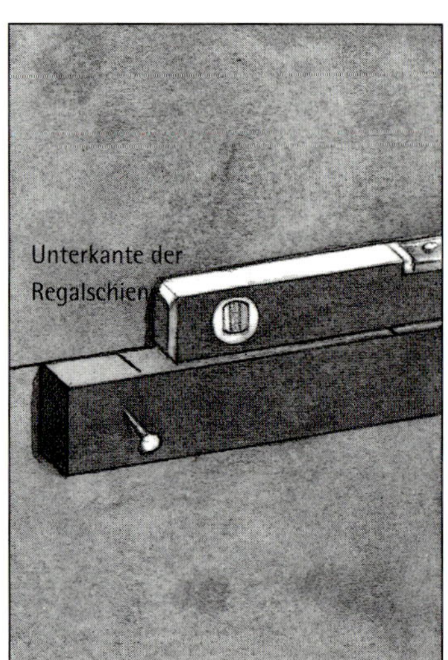

3 Markieren der Schraubenlöcher
Regalschiene auf die Hilfslatte stellen, die senkrechte Ausrichtung prüfen und die Schraubenlöcher übertragen.

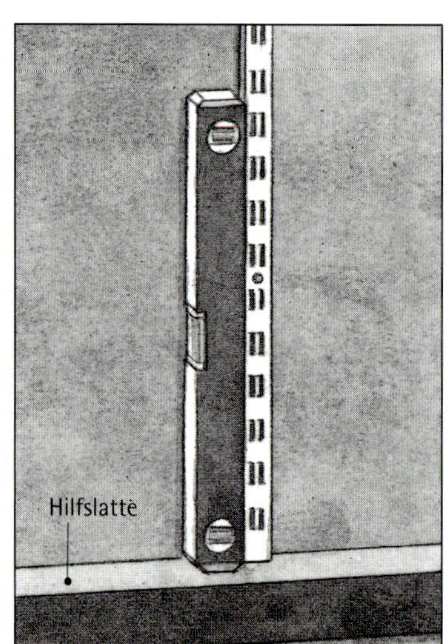

4 Einpassen der Pinnwand
Regalschienen in gleicher Höhe an der Wand befestigen, den Abstand zwischen den Schienen messen und die Pinnwand auf dieses Maß sägen.

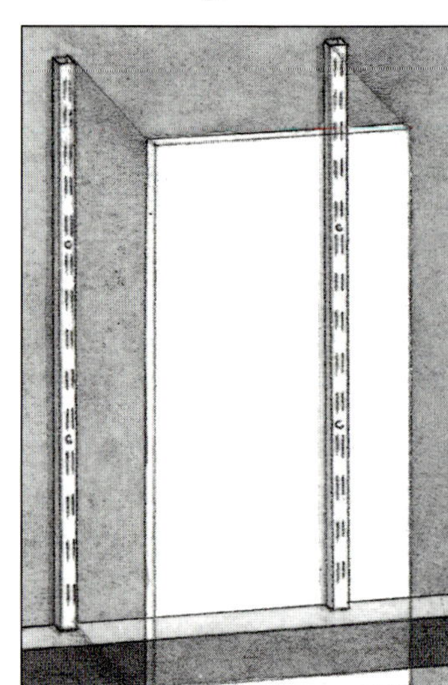

nen. An den angezeichneten Stellen Löcher bohren und die Bügel mit Dübeln und Schrauben an der Wand befestigen.

Befestigen höhenverstellbarer Regale

Soll das Regal an eine Massivwand montiert werden, so wird zunächst die Wand vermessen und die Zahl der benötigten Regalschienen ermittelt. In der Regel brauchen Sie an beiden Seiten sowie dazwischen im Abstand von maximal 610 mm eine Schiene.

Denken Sie daran, daß am unteren Ende eine Arbeitsplatte angebracht wird. Legen Sie so die Gesamthöhe des Regals fest und sägen Sie die Regalschienen mit der Metallsäge auf diese Länge zu. Dabei den Schnitt an allen Schienen an derselben Stelle zwischen zwei Schlitzpaaren ausführen.

Eine Schiene in der gewünschten Höhe an die Wand halten. Die Unterkante der Schiene markieren und die Schiene abnehmen. Mit Hilfe von Wasserwaage und Richtscheit (oder Schlagschnur) zeichnen Sie in dieser Höhe eine waagrechte Linie.

Provisorisch befestigen Sie eine gerade Latte exakt unterhalb der waagrechten Markierung und zeichnen entlang dieser Latte die Positionen der Regalschienen an.

Vor dem Montieren der Schienen überprüfen Sie mit einem Metalldetektor, daß an diesen Stellen keine elektrischen Kabel oder Wasserleitungen in der Wand verlaufen.

Eine Regalschiene auf die Hilfslatte stellen, mit Hilfe der Wasserwaage in die Senkrechte bringen und die Schraubenlöcher übertragen. Mit den übrigen Schienen in derselben Weise verfahren, immer darauf achten, daß sich die Schlitze jeweils auf der gleichen Höhe befinden!

Den Abstand zwischen den Regalschienen messen und die Platten für die Pinnwand entsprechend zusägen. Diese Platten werden mit Filz bezogen und mit Schrauben an der Wand befestigt. Unterlegscheiben machen das ganze attraktiver. Für eine verdeckte Befestigung können Sie Platten anleimen oder doppelseitige Klebebänder verwenden. Geeignet sind rückseitig angebrachte Klappösen, von schlüssellochförmigen wie sie bei nicht zu schweren Bildern verwendet werden.

Schließlich die Träger in die Regalschienen stecken, die Regalböden darauflegen und von unten verschrauben.

5 Befestigen der Pinnwand
Pinnwand unter Hilfe von Unterlegscheiben an die Wand schrauben oder an verdeckten Bildaufhängungen einhängen.

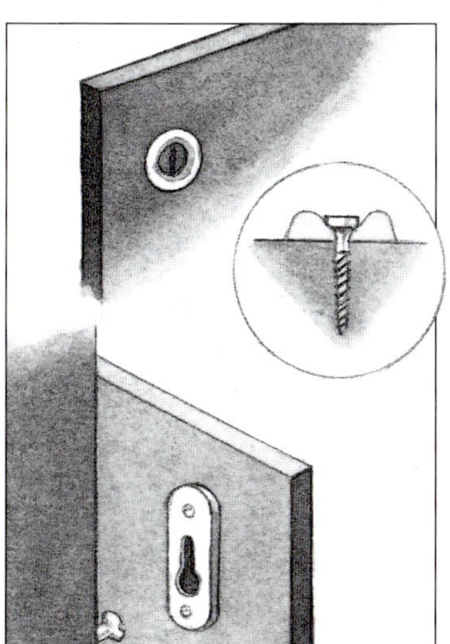

6 Anbringen der Träger und Regalböden
Träger in die Regalschienen stecken und die Regalböden von unten mit den Trägern verschrauben.

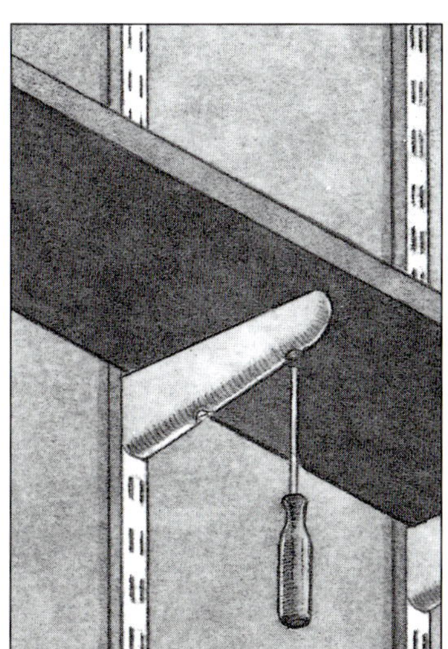

7 Befestigen an Hohlwänden
Bei Hohlwänden werden drei waagrechte Latten auf die senkrechten Balken des Fachwerkes geschraubt.

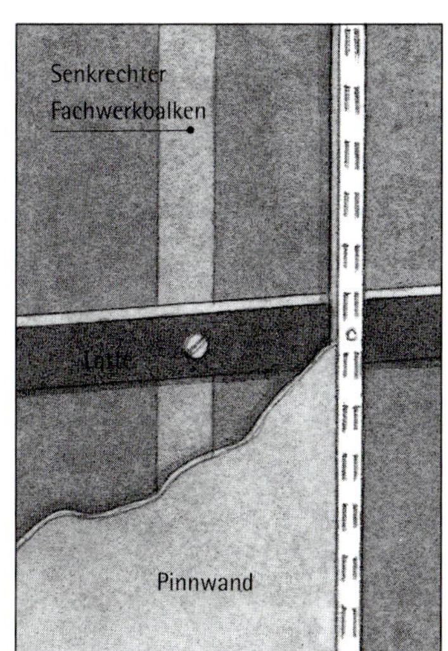

8 Anbringen von Haltebügeln
Für die exakte Positionierung der Bügel wird eine senkrechte Hilfslatte an die Wand genagelt. Die Bügel nach dem Bohren mit Dübeln und Schrauben befestigen.

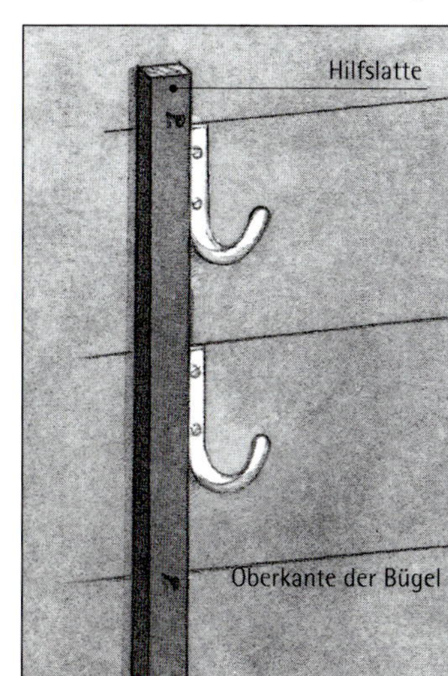

Anbringen neuer Sockelleisten

Es sind die kleinen Details, die einem Raum das gewisse Etwas geben. In dem kleinen Flur (links) wurde das herkömmliche Treppengeländer im unteren Bereich eines Treppenaufgangs mit Holz verkleidet; so erscheint dieser zuvor sehr dominante Teil des Raumes nun als ansprechende Fortsetzung der Wände. Bei einer derartigen Umgestaltung des Treppenaufgangs werden 12 mm starke MDF-Platten auf einen Holzrahmen montiert. Die dabei angewandte Technik ist vergleichbar mit dem Fertigen der Teile des Küchen-Systems (siehe S. 86).

Die Geländerpfosten sind ein wichtiger Bestandteil des Treppenaufgangs und bilden die Basis des Holzrahmens.

Kaufen und Herstellen von Sockelleisten

Die Sockelleisten der hier dargestellten Beispiele verleihen der Wand einen eleganten Abschluß.

Die gezeigten Weichholz-Sockelleisten sind im Holzhandel mit den Maßen 25 x 225 mm erhältlich und können mit Holzbeizen gegebenenfalls farblich angepaßt werden.

Falls Ihnen zu kaufende Sockelleisten nicht gefallen, suchen Sie sich einen Holzfachhändler , der über eine spezielle Fräsmaschine für Ihr gewünschtes Profil hat.

DIY kemmt zwei Möglichkeiten, um besondere Profilleisten herzustellen. Die einfachere besteht darin, wie in Abbildung 2 zu sehen, durch gerade Dielen mit passenden, vorgefertigten Profilleisten zu kombinieren. Das Ergebnis wird Ihrer Wunschvorstellung vielleicht nicht genau entsprechen, ihr jedoch sehr nahe kommen.

Zur exakten Fertigung des gewünschten Profils arbeiten Sie mit einer Oberfräse und ein oder zwei speziellen Fräsköpfen. Zunächst die Form des Profils auf liniertes Zeichenpapier aufzeichnen. Beim Kopieren einer bestimmten Profilleiste ist dabei eine Profillehre von großem Nutzen. Bei genauer Betrachtung des Umrisses werden Sie bemerken, daß die Gesamtform in verschiedene Teile teilbar ist, die mit den verfügbaren Fräsköpfen hergestellt werden können. So läßt sich das gewünschte Profil in mehreren Arbeitsgängen mit unterschiedlichen Fräsköpfen und/oder Anstellwinkeln herstellen.

1 Modernisieren eines Treppenaufgangs durch Verkleiden
Ein Treppenaufgang wird mit MDF-Platten verkleidet, die einfach auf einen Holzrahmen montiert werden. Die MDF-Platten erscheinen dann als natürliche Fortsetzung der Raumwände.

2 Fertigen von Sockelleisten
Sockelleisten mit Ihrem Profil fügen Sie aus geeigneten Dielen und Profilleisten zusammen.

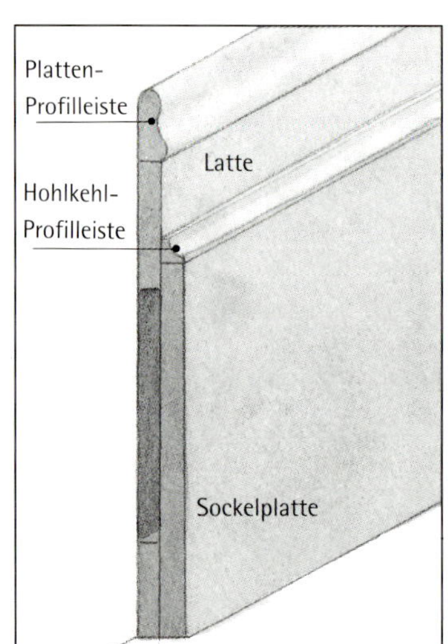

3 Befestigen an einer verputzten Wand
Sockelleiste auf Holzklötze und eine Latte nageln, die wiederum mit Schrauben und Dübeln an der Wand befestigt sind.

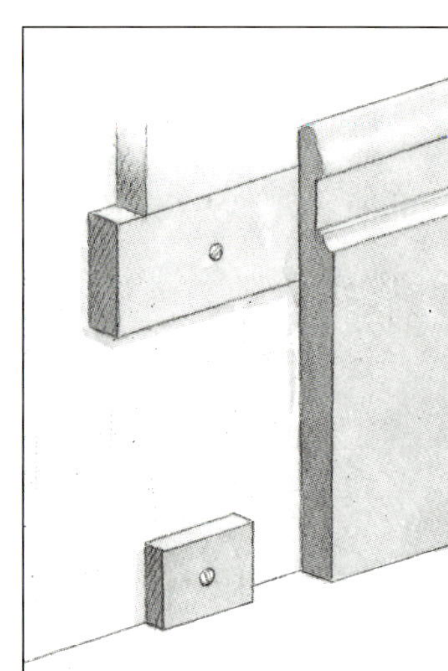

Glasregale

Anbringen von Sockelleisten und Türeinfassungen
Montieren Sie die Sockelleisten auf einer festen, planen MDF-Platte, so genügen Nägel mit Senkköpfen. Die Nagelköpfe in die Oberfläche treiben und die entstehenden Vertiefungen verspachteln; überstehende Spachtelmasse vor dem Bemalen abschleifen.

Bei einer verputzten Wand die Sockelleiste auf Holzklötze nageln, die dieselbe Stärke haben wie die Putzschicht. Diese Holzklötze werden mit Schrauben und Dübeln an der Wand befestigt.

Bei Außenecken werden die Kanten der Sockelleisten auf Gehrung gesägt. Bei Innenecken hingegen hat eine Sockelleiste eine gerade, direkt an der Wand anliegende Abschlußkante; das Ende der anderen Sockelleiste wird dem Profil der ersten angepaßt und stößt an diese stumpf an.

Türeinfassungen zur Verzierung von Türrahmen werden an den oberen Ecken auf Gehrung gesägt, die auf dem Boden aufstehenden Enden gerade abgesägt. Die Türeinfassungen durch den Putz hindurch auf den Türrahmen nageln.

4 Was tun bei Ecken?
Außenecken von Sockelleisten und Türeinfassungen auf Gehrung verbinden. Bei Innenecken eine Leiste mit dem gesägten Profil stumpf auf die andere ansetzen.

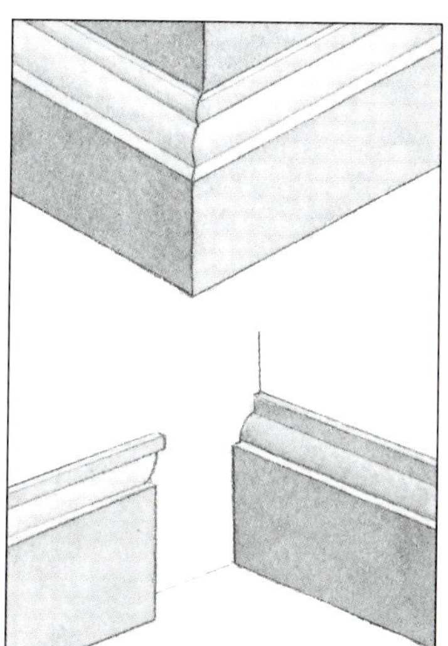

Glasregale eignen sich hervorragend zur Präsentation von Gegenständen aller Art. Aber das verwendete Glas muß eine ausreichende Tragfähigkeit aufweisen und die Träger müssen sicher befestigt werden.

Drahtglas oder Verbundglas eignet sich hierfür am besten, aber auch herkömmliches Glas kann verwendet werden. Zu beachten sind dabei besonders die Tragfähigkeit des Glases und der entsprechende Abstand der Träger. Lassen Sie sich im Fachhandel beraten.

Die Mindeststärke der verwendeten Glasfachböden beträgt 6 mm. Diese Fachböden eignen sich nur für leichtere Gegenstände; der maximale Abstand der Träger beträgt dabei maximal 400 mm. Für eine normale Belastung verwenden Sie Glasplatten in einer Stärke von 9 mm; der Trägerabstand beträgt dabei bis 700 mm. Sollen schwerere Gegenstände, z. B. Bücher, auf das Regal gestellt werden, kann ebenfalls 9 mm-Glas verwendet werden; allerdings beträgt der Abstand der Träger dabei maximal 500 mm. Aus Sicherheitsgründen sollten Sie vom Fachhändler alle Kanten schleifen lassen.

Bei der hier abgebildeten Glasvitrine ruhen die Fachböden aus Glas auf Fachbodenträgern, die an den Seitenwänden einer Nische angebracht sind. Diese Fachbodenträgern sind in den verschiedensten Ausführungen aus Metall und Kunststoff erhältlich. Einige Modelle werden einfach in die Seitenwände von Nischen geschraubt, in der Regel jedoch werden die Träger in vorgebohrte Löcher gesteckt, so daß die Lage der Fachböden beliebig geändert werden kann. Darüber hinaus können Sie Glasfachböden auch für Regalschienen verwenden, wobei sie lediglich spezielle Träger für Glasfachböden kaufen müssen.

Freitragende Fachbodenträger ermöglichen eine „unsichtbare" Befestigung. Dabei wird eine schmaler Trägerleiste in der Breite des Fachbodens an der Wand angeschraubt und der Glasfachboden in die Nut dieser Trägerseite geschoben.

Für Badezimmer gibt es eine große Auswahl an zumeist verchromten Trägern für Glasfachböden.

5 Verschiedene Fachbodenträger
Fachbodenträger sind in verstellbaren und nicht verstellbaren Ausführungen erhältlich.

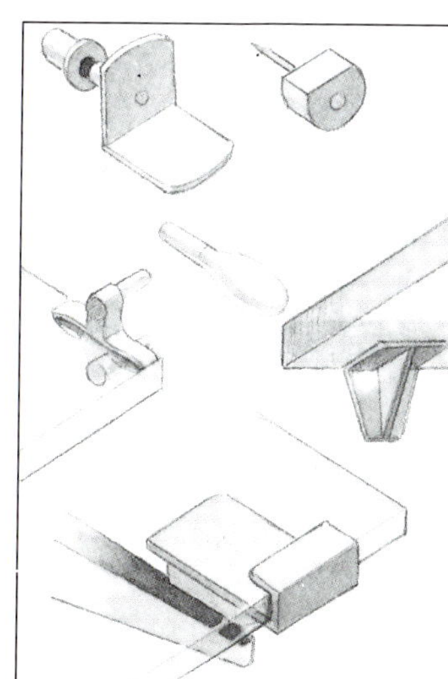

6 „Unsichtbare" Trägerleisten
Den freitragenden Fachbodenträger an die Wand schrauben und Glasregal in die Nut einsetzen.

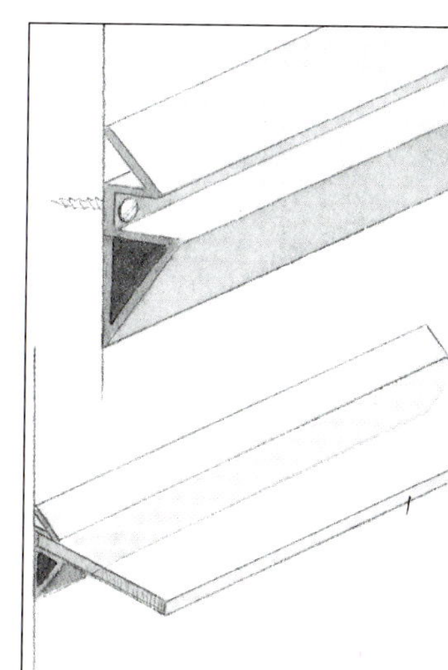

Teil 4

Bad und Schlafzimmer

Ein Bad zu renovieren, restaurieren und dekorieren ist keine leichte Aufgabe. Oft erscheint ein neues Badezimmer als teurer Luxus. Eine grundlegende Umgestaltung verwandelt Ihr Badezimmer in eine Großbaustelle, sobald die Installationen berührt werden. Genug der Entmutigung: natürlich können Sie mit DIY im Bad sehr erfolgreich sein! Wir stellen Ihnen gelungene Beispiele und ein konkretes Projekt vor. Denn Sie können Ihr Bad von oben bis unten neu gestalten, ohne Dusche, Waschbecken und Toilette zu tangieren: Wände fliesen, Fußböden legen, Regale, Schränkchen, Handtuchhalter und Spiegel einbauen...

Im Schlafzimmer fehlt vielleicht noch der Traumschrank für Ihre Garderobe. Mit DIY können Sie einen komfortablen Einbauschrank, gar einen begehbaren Schrank fertigen. Das wichtigste Möbel ist in diesem Kontext natürlich das Bett! Sie können den Schlafraum tagsüber zum Arbeitsraum machen. Als überaus nützlich erweist sich in multifunktional genutzten Räumen ein zusammenklappbarer Wandschirm. Mit einem Paravent lassen sich abweichende Raumfunktionen kaschieren, optisch Unerwünschtes wird ausgeblendet.

Bad: Funktion und Design

Oft schreckt man vor DIY-Arbeiten im Badezimmerbereich zurück, weil man glaubt, daß damit unweigerlich komplexe Installationsarbeiten verbunden seien. Es gibt jedoch eine beachtliche Menge von einfachen und wirkungsvollen Veränderungen, die Sie vornehmen können. Aber prüfen Sie vorher immer, ob es rechtlich zulässig ist, die Installationen selbst durchzuführen, und ob Sie gegen eventuell daraus resultierende Schäden versichert sind. Führen Sie derartige Arbeiten nur durch, wenn Sie sicher sind, daß Sie sie auch wirklich können. Bedenken Sie das anfallende Arbeitspensum gründlich, bevor Sie sich an den Entwurf eines neuen oder den Umbau eines alten Bades machen. Teile der Badezimmerausstattung zu versetzen, ist aufgrund der vorhandenen Wasserleitungen nicht immer möglich. Und die Hauptabflußleitung für die Toilette zu verlegen, kann ganz besonders schwierig sein; aus gutem Grund gibt es dazu rechtliche Auflagen. Denken Sie auch daran, daß die Elektroleitungen, Lichtschalter und Steckdosen den Vorschriften entsprechen müssen. Abflußvorrichtungen im Boden können wichtig sein, falls Badewanne oder Dusche einmal überlaufen sollten.

Den Blicken entzogen: Im Bad, das Sie auf der vorhergehenden Seite sehen konnten, sind Rohre und Leitungen mit einer aufgedoppelten Wand kaschiert worden. Dadurch entstand zugleich eine Nische, in die ein Heizkörper eingesetzt worden ist. Sehr wichtig für ein attraktives Bad ist ein einheitliches Oberflächendekor, das die einzelnen Funktionsgegenstände zu einem Gesamteindruck zusammenfaßt. Hier ist das Material herrlicher Marmor, der in Form von soliden Fliesen verwendet worden ist. Sie bedecken, einschließlich des Fußbodens, fast jede Fläche.

In einem kleinen Haus oder einer Wohnung ist das Badezimmer oft der einzig geeignete Platz für eine Waschmaschine. Vor der Installation einer Waschmaschine sollten Sie prüfen, ob Sie sich innerhalb des gesetzlichen Rahmens bewegen und den Sicherheitsvorschriften genügen.

Mit Hilfe von Holzgerüsten, Gasbeton- oder Ziegelsteineinfassungen ist es nicht schwierig, selbst das Grundgestell für eine Badewanne oder ein Waschbecken zu bauen. Je nach Geschmack kann man zusätzlich Ablagemöglichkeiten integrieren. Seine endgültige Gestalt kann Ihr Badezimmer durch eine Holzvertäfelung, Marmor- oder Keramikfliesen erhalten. Ein passender Schrank, vielleicht eine Variation des Kleiderschranks in Ihrem Schlafzimmer, kann zum Aufbewahren von Handtüchern, Wäsche, Toilettenpapier, Seife und Waschmittel dienen.

Geeignete Spiegel, Handtuchstangen, neue Wasserhähne und andere Extras können den Stil ebenso wirkungsvoll unterstreichen, wie die elementaren Einrichtungsgegenstände Ihres Badezimmers. Manchmal ist es möglich, durch Austauschen dieser kleinen Extras das Erscheinungsbild eines Badezimmers auf sparsame Weise zu verändern. Denken Sie also genau darüber nach, welche DIY-Arbeiten in Ihrem Bad nötig sind.

Spiegel und Fliesen: Das anspruchsvolle weiße Badezimmer auf der gegenüberliegenden Seite ist der Inbegriff von wirkungsvoller Schlichtheit. Der große Spiegel schafft ein Gefühl von Raumweite und reflektiert Licht. Wasserhähne und Duscharmaturen aus Chrom und eine lange Chromstange für Handtücher vervollkommnen den Dekor.

Oben ist ein DIY-Badezimmer zu sehen, ausgestattet mit Keramikfliesen und einem weißen Linoleumfußboden. Es hat Spiegel auf zwei gegenüberliegenden Wänden, die den Raum größer erscheinen lassen und Licht reflektieren. In die Nische vor dem linken Spiegel ist ein Glasregal eingepaßt worden.

Licht und Heizung

Wenn Sie sich Gedanken machen über Heizung, Lüftung und Licht in Ihrem Badezimmer, sollte die Sichherheit stets an erster Stelle stehen. Jede Elektro-Installation im Naßbereich muß von einem Elektriker durchgeführt werden.

Die Beleuchtung eines Badezimmers stellt eine Herausforderung dar, aber mit der Auswahl an Lampen, Fassungen und verschiedenen Glühbirnen, die heute erhältlich ist, können Sie hervorragende Ergebnisse erzielen. Wenn Ihr Badezimmer kein Fenster hat, lassen Sie sich die Beleuchtung ruhig etwas kosten, damit Sie den Mangel an natürlichem Licht ausgleichen können.

Vermeiden Sie Neonröhren. Dieses Licht wirkt zu stumpf und kalt und schmeichelt weder den reizvollen Oberflächenmaterialien in einem Badezimmer, noch der Person, die es benutzt. Eine zentrale Deckenlampe ist in einem Badezimmer nur selten nötig und wird die Wirkung des ganzen Badezimmers mindern. Bedenken Sie wie viele andere Möglichkeiten es gibt. Mit Hilfe von indirektem Licht können Sie Nischen oder Regale warm ausleuchten. Leuchtröhren oder Glühbirnen können auch um einen Spiegel herum gruppiert werden, um einen „Hollywood-Effekt" zu erzeugen. Halogenlampen werden Ihr Badezimmer funkeln lassen, vor allem wenn es modern eingerichtet ist und viel Chrom und Keramik enthält. Denken Sie daran, die Lampen so einzubauen, daß sie vom Spiegel reflektiert werden, aber trotzdem nicht blenden.

Wenn Ihr Bad behaglich und entspannend gestaltet werden soll, vielleicht mit bequemen Stühlen, warmem Naturholz und dezenter Dekoration, dann sollte die Beleuchtung das unterstreichen. Sie können Seitenleuchten oder hübsche Wandlampen installieren. Gleich, wofür Sie sich letztendlich entscheiden, die Helligkeit Ihrer Lampen sollte jederzeit regulierbar sein. Um gedämpftes, statt grelles Licht zu haben, können Sie Dimmer einbauen lassen. Wenn Sie sich wirklich romatisches Licht wünschen, zünden Sie einfach einige Kerzen an.

Sie wollen möglicherweise lesen, während Sie Ihr Bad genießen; stellen Sie darum sicher, daß für diesen Zweck ein geeignetes Licht angebracht wird. Planen Sie genügend Platz ein, um Ihr Buch außer Reichweite des Wassers ablegen zu können.

Duschen können ein Beleuchtungsproblem darstellen. Manchmal ist es hinter einem geschlossenen Duschvorhang recht dunkel. Lösen Sie das Problem, indem Sie Ihre Lampen dementsprechend anbringen, oder denken Sie über eine wasserdichte Außenlampe in der Dusche nach. Es ist dringend erforderlich, daß Sie sich mit der Beleuchtung befassen, bevor Sie mit dem Fliesenlegen beginnen.

Tageslicht ist immer schön in einem Bad. Rollos können dem Raum Intimität verleihen. Wenn man in Ihr Badezimmer nicht hineinsehen kann, kann das Fenster gut auch unverhängt bleiben. Ein Oberlicht ist in einem Badezimmer sehr angenehm und oft eine gute Ergänzung, wenn der Raum sonst kein Fenster hat.

Sich stauender Wasserdampf ist lästig und kann auf Dauer Schäden am Dekor hinterlassen. Um das zu vermeiden, sind sowohl Heizung wie auch Lüftung unentbehrlich. Normalerweise ist ein fensterloses Bad gesetzlich nicht genehmigt, solange keine angemessene Luftzufuhr und -zirkulation vorhanden ist. Die Lüftung sollte für eine gewisse Zeit angeschaltet bleiben, so oft der Raum benutzt wird. Holen Sie sich diesbezüglich den Rat eines Fachmanns ein.

Die Heizung wird vom Heizsystem in Ihrem Haus oder Ihrer Wohnung abhängen, aber versuchen Sie trotzdem, beheizbare Handtuch-Stangen zu integrieren. Inzwischen sind als Handtuch-Halter gestaltete Heizkörper erhältlich, speziell entworfen für Badezimmer; alternativ können Sie elektrisch beheizte Stangen mit einem Sicherheitsschalter installieren lassen.

Warmes Licht: Auf der gegenüberliegenden Seite oben ist ein einladendes, elegantes Badezimmer abgebildet. In der Spiegelwand über der Badewanne wird die aufgedoppelte Wand reflektiert, hinter der Rohre und Stromleitungen verlaufen. Sie liefert auch die Vertiefung, in die ein Waschbecken, Spiegel und Ablage sowie ein unauffälliger Schrank eingepaßt worden sind. Hinter die hölzerne Profilleiste über der Spiegelwand wurden Leuchtröhren eingebaut, die für ein weiches, warmes Licht sorgen. Der Heizkörper ist stilvoll und zeitgemäß und paßt haargenau unter das Fenster. Hölzerne Rollos und eine Chromstange zum Aufhängen der Handtücher, die sich über die ganze Breite des Raumes erstreckt, sind schöne und nützliche Details.

Wirkungsvolle Accessoires: In einem kleinen Badezimmer wie dem auf der Seite gegenüber, unten links, wird der Heizkörper durch ein Gitter abgedeckt. So ensteht eine plane Wandfläche.

Auf dem mittleren Bild unten hängt eine leistungsfähige, wasserfeste Lampenschiene im Industriedesign äußerst wirkungsvoll über einem Waschbecken. Dazu passt der vertikal angebrachte Heizkörper links an der Wand.

Ein anderes Beispiel für wasserfeste Beleuchtung sind geschützte Außenleuchten, wie sie hier unten rechts zu sehen sind. Sie erzeugen ein helles, gebündeltes Licht am Waschbecken.

Materialeffekte

Das Badezimmer sollte notwendigerweise ein Raum mit strapazierfähigen Oberflächen sein. Marmor, Glas, Schiefer, Chrom, Kunststoff, Porzellan, entsprechend imprägniertes Holz und wasserfeste Farbe sind robuste, elegante Materialien, die in Badezimmern verwendet werden können.

Ein Badezimmer kann durch Accessoires entweder erheblich an Wärme und Gemütlichkeit gewinnen, oder aber in einen völlig funktionalen Raum verwandelt werden. Ziegelförmige Fliesen aus weißer Keramik mit dunklen Fugen, die sich deutlich abheben, haben einen altmodischen, traditionellen Charme. Teure Marmorfliesen sind der Inbegriff von Luxus; verzierte, gemusterte Fliesen haben ihre spezielle Ausdruckskraft, während einfache, weiße Fliesen schlichte Harmonie ausstrahlen.

Marmor und Granit sind nicht für jeden erschwinglich und ohne die Hilfe eines Fachmanns nicht leicht zu verlegen. Auch Fliesen sind eine relativ kostspielige Art, große Flächen zu gestalten, wenn es auch auf planen Oberflächen nicht allzu schwierig ist, sie selbst anzubringen. Eine Holzvertäfelung kann im Bad sehr wirkungsvoll sein. An Stellen, die immer wieder dem Wasser ausgesetzt sind, sollten Sie aber Fliesen verwenden. Andere Wandflächen können mit wasserfester Farbe gestrichen werden.

Bodenbeläge müssen praktisch, widerstandsfähig und vorzugsweise wasserfest sein. Am besten vermeiden Sie Teppichboden ganz. Eine gute Alternative dazu sind kleine Vorleger, aus gut waschbaren Materialien. Der Bodenbelag in einem Badezimmer sollte unempfindlich gegen Feuchtigkeit sein; Holz oder Vinyl würden schnell Schaden nehmen. Überlegen Sie sich daher genau, welchen Belag Sie für Ihren Fußboden wählen.

Reizvolle Oberflächen: Im oberen Bild schaffen weiße Fliesen, ein durchsichtiger Duschvorhang aus Kunststoff und ein hübsches Bullaugenfenster ein helles, freundliches Badezimmer auf kleinem Raum.

Auf der mittleren Abbildung werden Schlaf- und Badezimmer von einer Mauer aus unverputzten Ziegelsteinen getrennt. Der Material- und Farbkontrast von rustikalen, rauhen Ziegeln zu mondänen, glatten Fliesen schafft einen gelungenen, ganz individuellen Raumübergang.

Wände aus Glasbausteinen, wie im unteren Bild, sind leicht sauber zu halten und streuen das Licht auf angenehme Weise. In diesem Beispiel sind sie ungewöhnlich effektvoll mit einem Waschbecken aus Stahl und sichtbaren, verchromten Rohren und einer schwarzen Jalousie kombiniert.

Der letzte Schliff: Im Bild gegenüber links mit alten Duscharmaturen und Marmorfliesen liefert eine tiefe Nische Raum für hohe Regale.

Gegenüber rechts oben wurde aus schwarzen und weißen Fliesen ein dekorativer Zierstreifen im Schachbrettmuster gestaltet. Die schwarzen Jalousie-Stäbe im weißen Rollo setzen das zweifarbige Schema fort. Formschöne Chromstützen tragen die Waschbecken. Die Lichterreihen in den Spiegeln erinnern an eine Künstlergarderobe.

Interessante Materialien machen den Reiz des Badezimmers aus, das auf der gegenüberliegenden Seite in der Mitte abgebildet ist. Das Waschbecken ist in eine Konsole eingelassen, deren Oberfläche aus schwarz-weiß gesprenkeltem Terrazzo besteht.

Der nach außen gerollte Rand einer altmodischen Badewanne und der auffällige Streifen aus blauen Fliesen machen das nostalgische Bild eines Badezimmers aus vergangenen Tagen perfekt. Ein Waschbecken wurde in ein altes Holzschränkchen eingesetzt, und der Spiegel mit einem hölzernen Rahmen versehen.

Badewanne und Dusche

Die Wahl der Badewanne oder Dusche bereitet Ihnen bei der Gestaltung des Badezimmers vielleicht die größten Schwierigkeiten, da heute ein so großes Angebot zur Auswahl steht. Ihre Geschicklichkeit auf dem Gebiet des DIY ist dann gefragt, wenn es darum geht, die Badewanne oder Dusche sinnvoll und ansprechend unterzubringen.

Der beste Platz für eine Badewanne ist eine Nische. Wenn in Ihrem Bad keine vorhanden ist, ziehen Sie einfach eine Trennwand aus Holz, Ziegelsteinen, Gasbeton- oder Glasbausteinen ein. Eine separate Dusche kann auf der anderen Seite der aufgedoppelten Wand installiert werden. Die Oberflächen von Badewanne und Dusche sollten gleich sein, um ein einheitliches Gesamtbild zu erzielen.

Wenn der zur Verfügung stehende Raum begrenzt ist, können Duscharmaturen über der Badewanne installiert werden. Um beim Duschen Überschwemmungen zu vermeiden und als Sichtschutz brauchen Sie einen Vorhang oder eine Duschkabine. Ein Vorhang aus Baumwolle ist eine gute Alternative zum üblichen Plastikvorhang. Eine Duschkabine aus Glas ist auch attraktiv. Sie können die Glasscheiben nach Gebrauch zur Seite schieben.

Fix und fertig gekaufte Duschen und Badewannen, die als komplette Einheiten in Ihr Bad kommen, sind vielleicht praktisch, aber harmonieren nicht annähernd so gut mit dem übrigen Bad wie die Objekte, die Sie selbst angefertigt haben. Außer Duscharmaturen, Wasserhahn und Thermostat sollte nichts an der Wand angebracht werden. Versichern Sie sich, daß ein rascher Zugriff auf Mechanik und Rohrleitungssystem ohne Umstände möglich ist, falls Reparaturen anfallen. Planen Sie gleich zu Anfang eine kleine, herausnehmbare Wandeinheit mit ein. Das Gleiche gilt für die Verkleidung Ihrer Badewanne, auch hier müssen die Leitungen unter und hinter den Wasserhähnen leicht zugänglich sein.

In einem entsprechend großen Raum können Sie eine versenkte Badewanne installieren. Bauen Sie ein großes Holzgestell um die Badewanne herum und fliesen Sie es anschließend.

Wenn Sie Ihr Bad mit einer Trennwand versehen, planen Sie als dekoratives Element gleich eine kleine Nische mit ein. Die Breite der Ablage rings um Ihre Badewanne können Sie nach Ihren Wünschen variieren.

Effektvolle Fliesen: Im Bild oben schafft eine nachträglich eingebaute Stufe einen eindrucksvollen Zugang zur versenkten Badewanne. Die prächtige Ausstattung wird durch mosaikartige, kleine Fliesen, Einfassungen aus Buchenholz und eine Spiegelwand komplettiert. Die Heizung ist unter der oberen Stufe verborgen. Die Wärme strömt durch einen Abzug an der Vorderseite der Stufe.

Schwarz auf Weiß: Eine aufsehenerregende Dusch- und Badewanneneinheit ist gegenüber abgebildet. Nichts ist hier aufgesetzt, alles fügt sich zu einem großen Ganzen. Variationen des Schachbrettmusters verbinden die Elemente abwechslungsreich.

Waschbecken und Waschtisch

Es gibt zwei Arten von Waschbecken: freistehende, oft auf einer Stütze ruhende, und solche, die in einen Einbau eingelassen sind. Ein Waschbecken mit Toilettentisch ist eine sehr einfache, aber höchst wirkungsvolle DIY-Arbeit. Im Grunde besteht so ein Waschtisch aus Regalen oder Schränkchen, die eine Abdeckplatte tragen, in die das Waschbecken eingelassen ist. Wenn Sie Ihren Waschtisch selbst bauen, können Sie sicher sein, daß er gut in Ihr Bad passt, mit dem Dekor harmoniert und die Ablagemöglichkeiten bietet, die Sie brauchen.

Wenn Sie ein Badezimmer komplett herrichten oder neu bauen, werden Ihre Überlegungen zum Waschbeckenbereich von den gestalterischen Grundideen des Badezimmers abhängen.

Das Untergestell aus Holz oder Stein um das Becken kann gefliest oder farbig gestrichen werden. Sie können Regalbretter anbringen oder nach Wunsch auch Türen einbauen. Jedes harte und wasserfeste Material, wie Marmor, melaminbeschichtete Faserplatten, Keramikfliesen, natürliches aber imprägniertes Holz, kann für die Oberfläche eines Waschtisches verwendet werden.

Das obere Bild zeigt ein weiteres Beispiel für eine aufgedoppelte Wand. Eine Vertiefung schafft eine passende Nische für die Spiegel. Den letzten Schliff erhält das Ganze durch die geflieste Oberfläche aus Terrazzo.

Eine interessante Idee für ein doppeltes Waschbecken in einem geräumigen Badezimmer ist im Bild unten links zu sehen. Die Waschbecken sind an den beiden Längsseiten eines mit Spiegeln verkleideten Pfeilers inmitten des Raumes angebracht.

Unten rechts sehen Sie ein Badezimmer im Jugendstil-Dekor. Zierleisten und verschiedenartige Fliesen sind die dekorativen Grundelemente. Über dem Waschbecken mit einer Deckplatte aus Marmor hängt ein Spiegel.

Sie können sowohl freistehende als auch eingebaute Waschbecken mit verschiedensten Badezimmer-Accessoires schmücken. Es gibt eine beträchtliche Auswahl an Accessoires im Handel. Sie können auch selbstgemachte Regale und Accessoires mit gekauften Gegenständen kombinieren. Wenn Sie in einem Altbau einen ursprünglicheren Charakter erzielen wollen, halten Sie Ausschau nach Antiquitäten wie alten Wandregalen, passenden alten Spiegeln oder neuen Spiegeln in antiken Rahmen. Alte Einrichtungen aus Kolonialwarenläden können als Schränke dienen.

Versichern Sie sich, daß über dem Waschbecken genügend Platz bleibt. Ein zu kleines Waschbecken ist oft ein Problem im Badezimmer. Wenn Sie ein größeres Becken wünschen, kommt für Sie vielleicht der Einbau eines altmodischen Küchenspülsteins in Frage.

Das Auswechseln oder die Neuinstallation von Wasserhähnen verändert ein Badezimmer nachhaltig. Für das Waschbecken ist es zweckmäßig, einen Wasserhahn mit Mischbatterie zu installieren, mit dem die Wassertemperatur individuell reguliert werden kann.

Die Abbildung oben zeigt ein Badezimmer, bei dessen Design eine Einbauküche Pate stand. Das Waschbecken ist in eine Schrankwand aus weißem, kunststoffbeschichtetem Holz eingelassen worden. Schubladen und Schränke fügen sich in die klaren Linien des Raumes.

Ein Spülstein, wie er normalerweise in ländlichen oder alten Küchen zu finden ist, wurde im Bild links unten integriert. Der Waschtisch, in den er eingebettet ist, hat offene Regale für Handtücher und mündet in eine Wand, hinter der sich die Toilette verbirgt.

In dem kleinen Bad unten rechts setzt sich die schwarze Oberfläche der Einbaueinheit, in die das winzige Waschbecken eingelassen ist, in den Fensterbrettern weiter fort.

Badezimmerschränke

Es hängt von der Größe des gegebenen Raumes ab, was Sie, abgesehen von den unbedingt nötigen Dingen, in Ihrem Badezimmer aufbewahren können. Für ein großes Badezimmer können Sie selbst einen geräumigen Schrank bauen. Darin findet alles Platz, was Sie im Bad rasch zur Hand haben wollen. In einem kleinen Badezimmer sollten Sie sich hingegen auf die allernotwendigsten Einrichtungsgenstände und unverzichtbare Toilettenartikel beschränken.

Als Ablagemöglichkeit sind Schränke und offene Regale eine ideale Kombination. In offenen Regalen können Gefäße, Blumen, Handtücher und andere Dinge abgestellt werden. Allerdings stauben offen präsentierte Gegenstände rasch ein und müssen immer wieder abgestaubt werden. Die Versuchung ist groß, schöne Dosen, Flakons, Seifen, Schalen und Cremetöpfe aufzustellen, so wie es in zahllosen Zeitschriften zu sehen ist. Aber manchmal ist es vorteilhafter, das Bad sparsam zu dekorieren. Der Bereich über dem Waschbecken und die Ablage um die Badewanne sind bevorzugte Plätze für Accessoires. Überlegen Sie, was griffbereit sein muß und was sich hinter verschlossenen Türen besser macht.

Badezimmerutensilien auf offenen Regalen können Sie der Übersichtlichkeit wegen in hübschen Behältern aufbewahren. Schöne Körbe etwa verleihen einem weiß gekachelten Badezimmer Wärme und Stimmung.

Sie können Regalböden fliesen. Glasregale passen immer ins Badezimmer. Sie können Glasregale auch in einem Holzrahmen fassen. Wandschränke sind ebenfalls leicht selbst zu bauen, Sie können sie mit verglasten oder farbig gestrichenen Schranktüren versehen.

Bei der sorgfältigen Gestaltung des Bereichs rings um das Waschbecken müssen Sie berücksichtigen, wieviel offenen und abgeschlossenen Raum Sie zur Ablage Ihrer Utensilien brauchen. Wenn Sie Kinder haben, bewahren Sie Rasierer und Medizin in einem abschließbaren Wandschränkchen außer Reichweite der Kinderhände auf.

Ein Einbauschrank ist im Bad sehr nützlich. In einem großen Badezimmer sollte ein Schrank eine ganze Wand ausfüllen. Die Türen können aus Holzlamellen, gestrichenen Holzfaserplatten oder Glas bestehen. Die Schränke, die ich Ihnen auf den Seiten 214 und 232 vorstelle, können auch im Badezimmer Verwendung finden.

Waschmaschine und Trockner können Sie hinter einer Schrankfront verbergen. Sie müssen aber sicherstellen, daß die Verkleidung luftdurchlässig ist und leichten Zugang für die Wartung gewährt. In manchen Fällen ist es rechtlich unzulässig, Waschmaschinen im Badezimmer zu installieren, informieren Sie sich daher über geltende Auflagen.

Den Wasserbehälter und die Abflußrohre hinter der Toilette verkleiden Sie mit einer Holzverschalung, die mit einem nützlichen Regal abschließen kann. Wann immer Sie eine Verkleidung bauen, versuchen Sie, die Sichtblende so praktisch als möglich zu gestalten, indem Sie ein Regal, eine Nische oder sogar eine Sitzecke einplanen.

Schmutzige Wäsche wird oft in überquellenden, unordentlich wirkenden Körben oder Plastikbehältern aufbewahrt, die ein Badezimmer keineswegs anziehender machen. Wenn Sie Ihre Badezimmereinrichtung planen, denken Sie daran, ein ausreichend großes Fach in einem Schrank dafür zu reservieren. Oder Sie bauen einen Holzkasten, der mit einem breiten, hochklappbaren Brett abschließt. Auf diesen Klappdeckel können Sie ein loses Polster legen – und haben damit zusätzlich eine Sitzgelegenheit geschaffen.

Badezimmerschränke: Der Waschtisch oben bietet mit seinen praktischen Schubladen und Schränkchen viel Stauraum.

Im hohen, aber engen Badezimmer, das unten abgebildet ist, wurde der ungenutzte Raum direkt unter der Decke mit einer Zeile Kiefernholzschränkchen gefüllt.

Das auf Hochglanz getrimmte Badezimmer gegenüber kombiniert Keramikfliesen mit Stahlblenden, Glasregalen, Marmorflächen und Chromaccessoires.

Ein Badezimmer ist ein ausgezeichneter Standort für einen geräumigen Einbauschrank. Ein besonders gelungenes Beispiel ist im Bild oben zu sehen; die elegante Wirkung wird durch die schwarzen Zierleisten verstärkt.

Im Bereich des Waschbeckens können einige Ablagemöglichkeiten geschaffen werden, wie das Bild unten zeigt. Unterhalb des Waschtisches sind nützliche Schränke und Schubladen angebracht.

Schlafzimmereinrichtung

Das Schlafzimmer ist der Ort, an dem Sie Ruhe, Muße und Schlaf finden.

Natürlich sind auch hier einige praktische Aspekte zu berücksichtigen, bevor Sie sich an die Arbeit machen: Schränke für die Garderobe, Licht und allgemeiner Komfort müssen gegeben sein. Im Schlafzimmer gibt es also eine Menge für Sie zu tun. Mit DIY haben Sie die Möglichkeit, aus einem wenig einladenden Raum eine stilvolle Oase der Erholung zu machen.

Als mögliche Projekte bieten sich zunächst einmal Schränke an. Ein attraktiver Schrank, in den Sie alles Mögliche verstauen, kann ein ästhetischer Gewinn für Ihr Schlafzimmer sein. Nur wenn Sie Ihren Schrank selbst bauen, können Sie sicher sein, daß er die Dimensionen Ihres Schlafzimmers aufnimmt und im Einklang mit Architektur und Einrichtungsstil steht.

Sitzbänke am Fenster sind wunderbare Plätze, um zu lesen und sich zu entspannen, besonders dann, wenn der Ausblick auch noch schön ist. Unter der Sitzfläche kann Stauraum für Bett- und Tischwäsche sein.

Natürlich können Sie sich auch Ihr Bett selber bauen. Ich stelle Ihnen ab Seite 240 ein ganz besonderes Projekt vor, das viel zusätzlichen Stauraum liefert; Sie können aber auch ein einfacheres Modell für sich entwerfen. Alles, was Sie brauchen, ist ein Gestell für Ihre Matratze. Je höher Sie Ihre Bettstatt ansetzen, umso mehr Platz gewinnen Sie darunter für einen Bettkasten. Dort können Sie vom Federbett bis zum Daunenkissen alles verstauen. Ihrem Ideenreichtum sind keine Grenzen gesetzt.

Sie können selbstgemachte und gekaufte Betten auch nachträglich wirkungsvoll verändern. Wenn Sie ein Kopfteil hinzufügen, können Sie sich beim Sitzen bequem anlehnen. Außerdem ist das Kopfteil ein dekorativer Blickfang und ein Schutz der Wand. Um eine einfache Liege in ein verträumtes Himmelbett zu verwandeln, stellen Sie einen hübschen Pfosten an jede Bettecke, verbinden die Pfosten oben miteinander und spannen einen Stoffbaldachin darüber.

Die Materialien, die Sie für Ihr Schlafzimmer auswählen, können luxuriöse und empfindliche Stoffe und Farben sein, denn sie nutzen sich hier nicht so rasch ab. Spiegel vergrößern Räume optisch und bieten viele Dekorationsmöglichkeiten. Spiegeltüren oder hohe Spiegel in Nischen schaffen Ihnen eine Ankleide.

Fenster mit Aussicht: Auf dem großen Foto gegenüber nimmt eine Sitzbank den Schwung eines Erkers auf. Der flache Heizkörper fällt unter dem Mittelteil der Sitzbank kaum mehr auf.

Darunter rechts zeigt sich, daß auch ein kleines Erkerfenster mit einer gepolsterten Sitzbank aufgewertet werden kann.

Die Raumsituation wurde in dem Schlafzimmer, das in der Mitte auf Seite 190 abgebildet ist, mit dem Einbau einer Sitzbank nachhaltig verbessert.

Anregende Ideen: Romantik bringt der Baldachin aus weißem Musselin, Abbildung ganz links. Der transparente Stoff hängt in Art eines Moskitonetzes an einem einfachen Gestell verbundener Bambusstangen.

Ein Spiegelschrank verbreitet eine glamouröse Atmosphäre, Abbildung unten rechts. Neben der Helligkeit gibt sie dem Raum zusätzlich Tiefe und Weite.

Geradezu szenische Dramatik entwickeln die Einbauten im Schlafzimmer auf der gegenüberliegenden Seite unten links. Rechts und links einer Tür stehen Deckenfluter. Über der Tür wölbt sich ein Kreissegment.

Wesentlich konventioneller ist das freundliche Schlafzimmer direkt daneben. Unter dem Atelierfenster rahmen in hellem Holz gehaltene Regale das Kopfteil des Bettes.

Schlafzimmerschränke

Dort, wo man sich zur Ruhe bettet, lagern auch noch viele andere Dinge, beispielsweise die gesamte Garderobe. Bücherregale, eine Truhe für Wäsche, eine Frisierkommode, ein Platz für Sammlerstücke oder gar eine Büroecke sind Extras, die Sie vielleicht zusätzlich in Ihrem Schlafzimmer unterbringen möchten. Zunächst einmal müssen aber die Kleidungsstücke aufbewahrt werden. Ein Schrankzimmer als Ankleide ist unzweifelhaft die beste Lösung, aber natürlich nur dann möglich, wenn genügend Platz vorhanden ist.

Mit DIY können Sie nicht nur einen schönen Schrank entwerfen und bauen, sondern auch die Innenausstattung des Schrankes auf Ihre persönlichen Bedürfnisse zuschneiden. Sie bestimmen die Länge der Schuhregale, Tiefe und Anzahl der Schubladen für Wäsche, Socken, Krawatten und Accessoires, die Länge der Garderobenstange, die Zahl der Regale und Fächer sowie deren Einteilung.

Dem Innenleben Ihres Schrankes können Sie mit den im Handel erhältlichen Schubladen und Containern aus Kunststoff oder Drahtgeflecht Gestalt geben. Andrerseits können Sie Ihren Schrank auch inwendig nach eigenem Entwurf ganz in Holz halten. Befestigen Sie hohe Spiegel an den Innenseiten Ihrer Schranktüren, um beim Ankleiden jederzeit Ihr Aussehen überprüfen zu können. Gehen Sie in einige Bekleidungsgeschäfte, deren Designs Ihnen gefallen. Betrachten Sie diese Läden einmal unter dem Aspekt der Präsentation und Dekoration der Ware. Scheuen Sie sich nicht, einige Anregungen zu übernehmen und umzusetzen.

Ein Ankleidezimmer oder eine Ankleide kann auch auf kleinem Raum entstehen, indem Sie einen Teil des Schlafzimmers dafür abtrennen, einen begehbaren Schrank einbauen oder einen Durchgang nutzen.

Um einen klar gegliederten, ordentlich wirkenden Stauraum zu schaffen, ist es von Vorteil, den Raumabschnitt vom Boden bis zur Decke mit Fächern, Garderobestangen, Regalen und Schubladen zu belegen.

Es ist sehr wirkungsvoll und praktisch, Schrank, Ankleide und Regale indirekt zu beleuchten. Vor einem Spiegel brauchen Sie zusätzlich gutes Licht.

Niedrige Schränke und hohe Regalwände können in Ihrem Schlafzimmer sehr attraktiv wirken, je nachdem, ob Sie einen diskreten oder einen augenfälligen Aufbewahrungsort wünschen.

In einem sehr kleinen Schlafzimmer, einer Atelierwohnung oder einer Nische für Gäste sind eingebaute Schränke und Regale besonders wichtig. Nutzen Sie jeden Zentimeter, füllen Sie ganze Wände mit Einbaumöbeln anstatt freistehende Schränke oder Tische aufzustellen. Ein Bett in solcher Umgebung ist ganz leicht gemacht: Legen Sie auf einen soliden, niedrigen Schrank eine Matratze. An Stelle eines Nachttisches bringen Sie über dem Bett Regale an.

Ein Durchgang vom Bad zum Schlafzimmer wird durch den Einbau einer hohen Regalwand mit Schubladen und Fächern zur idealen Ankleide, siehe Abbildung oben.

Das Foto in der Mitte beweist die gestalterischen Möglichkeiten, die geschickt eingezogene Wände bieten. Dank solcher Wände konnten links und rechts des Fensters tiefe Schränke eingebaut werden, außerdem entstand ein wunderbarer Erker.

Absolut traumhaft ist der luxuriöse, begehbare Schrank, der unten und auf der gegenüberliegenden Seite zu bewundern ist. Wahrhaft fürstlich ist die Garderobe auf Stangen, in Regalen und offenen Schubkästen untergebracht. Überdies sind die Türen verspiegelt.

Gefliestes Badezimmer

Leider gehören Badezimmer zu den eher stiefmütterlich behandelten Räumen. Hier kann man ein wildes Durcheinander von Rohren und Leitungen und lieblose Arrangements von Funktionsgegenständen bewundern, die eher den Ansprüchen des Klempners als denen des Benutzers genügen.

In meinem Bad sind die unschönen Installationen so untergebracht, daß sie den Raum nicht entstellen. Für mich ist das Bad der Raum, in dem Hygiene groß geschrieben wird. Daher betone ich diesen Aspekt besonders: Durch eine sinnvolle Anordnung der Funktionselemente werden alle Winkel zugänglich und sind damit leichter zu reinigen.

Dieses Badezimmer-System ist einfach nachzubauen, wenn Sie die Kunst des Fliesenlegens beherrschen. Das Vorbereiten, Schneiden und Verlegen der Fliesen ist schnell gelernt. Abflußrohre und Leitungen von Bad, Dusche und Waschbecken können Sie mit Verkleidungen kaschieren. Eine Spiegelwand hinter der Badewanne vergrößert jeden Raum immens.

Muster und Farben oder Farbkombinationen der Fliesen suchen Sie selbst für sich aus. Meinem Geschmack entsprechen schlichte weiße Fliesen, weiße Becken und Wannen. Ich mag ihre sachliche Helligkeit, ihre klare Kühle, die Sauberkeit und Hygiene ausdrücken.

Einfacher Waschtisch mit Fliesen

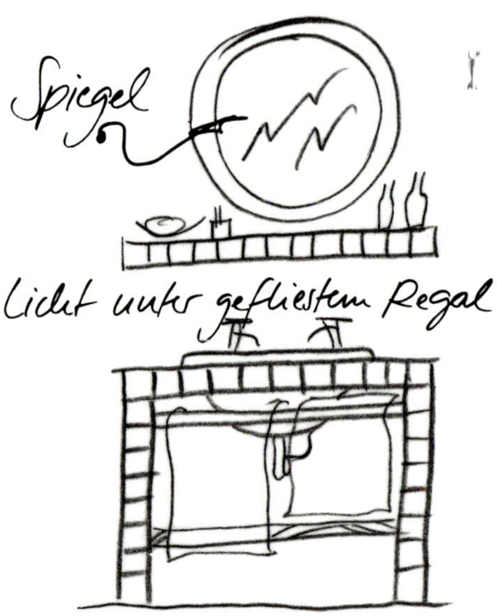

Das Waschbecken ist in die geflieste Oberfläche eingelassen; Holzregal und Handtuchstange

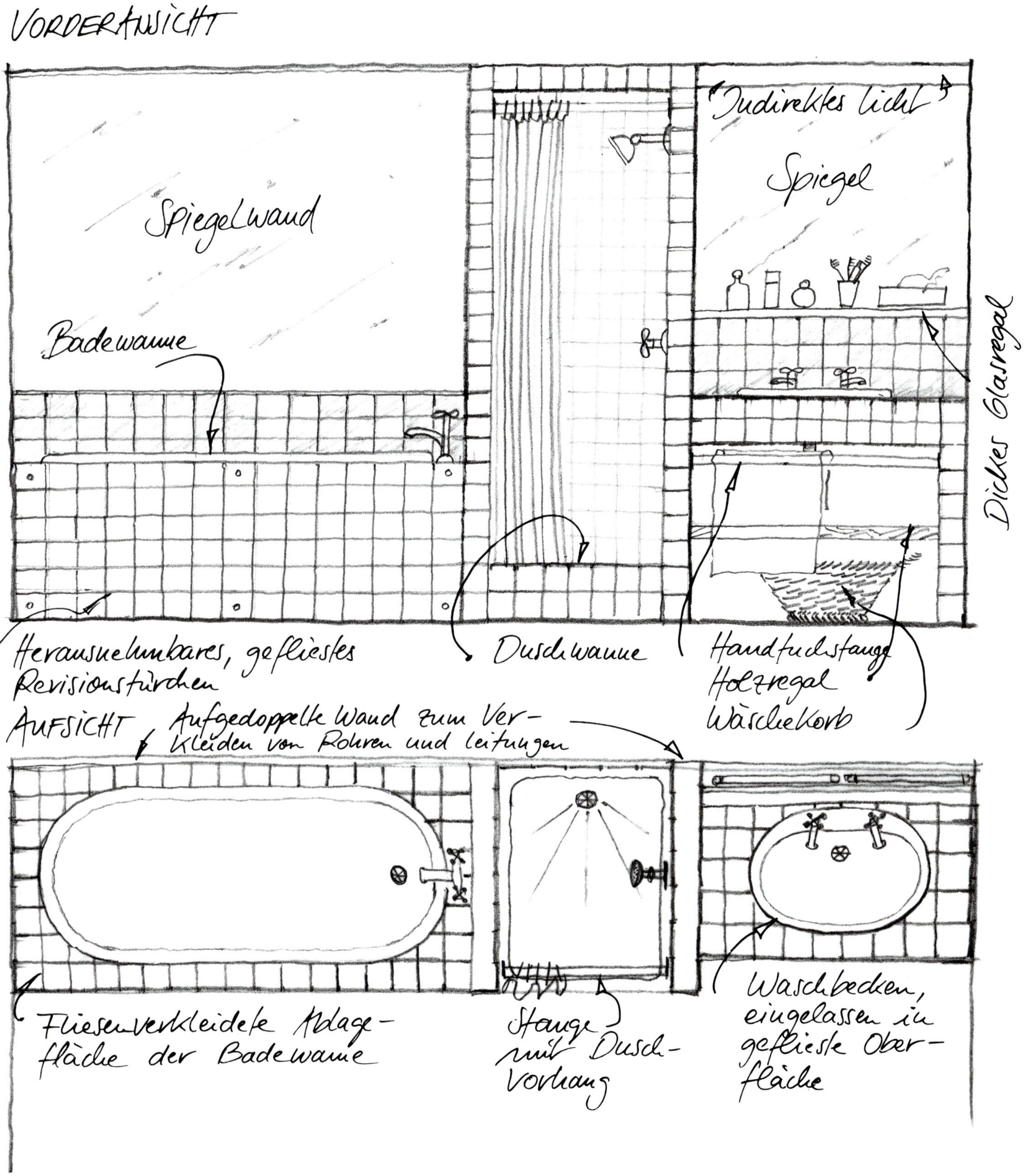
VORDERANSICHT
Spiegelwand
Badewanne
"Indirektes Licht"
Spiegel
Dickes Glasregal
Herausnehmbares, gefliestes Revisionstürchen
Duschwanne
Handtuchstange
Holzregal
Wäschekorb
AUFSICHT
Aufgedoppelte Wand zum Ver-
kleiden von Rohren und Leitungen
Fliesenverkleidete Ablage-
fläche der Badewanne
Stange mit Dusch-
vorhang
Waschbecken,
eingelassen in
geflieste Ober-
fläche

Gefliestes Badezimmer: Badewanne

In diesem Projekt wird ein gefliestes Bad gezeigt, in dem alle Einbaugegenstände in verkleidete Hohlrahmen eingesetzt werden, so daß Rohrleitungen und Anschlüsse unsichtbar bleiben. Die Maße der Rahmen basieren auf den Maßen Ihres Badezimmers und Ihrer Wandfliesen. Die Gesamtgestaltung ist natürlich der Größe Ihres jeweiligen Badezimmers anzupassen.

Es ist unbedingt zu empfehlen, daß Sie zuerst eine Skizze des vorgesehenen Badezimmers anfertigen, und diese mit dem Installateur und dem Elektriker besprechen; diese sollten entscheiden, wo die Rohrleitungen und Kabel geführt werden sollen, wo Zugänge erforderlich sind und in welcher Reihenfolge die Arbeiten auszuführen sind. Koordinieren Sie Ihre Arbeiten mit denen des Installateurs und des Elektrikers, da sich Rohrleitungen und Kabel leichter installieren lassen, während die einzelnen Elemente des Bades gebaut werden. Dieses Problem stellt sich natürlich nicht, wenn Sie die Installationsarbeiten ebenfalls selbst durchführen. Dies ist heutzutage ohne größere Schwierigkeiten möglich, da leicht einzubauendes Installationsmaterial für Wasserzuleitungen, Abwasserrohre und Rohrverbindungen aus Kunststoff zur Verfügung steht. Nach dem Bau der Rahmen und nur vorübergehendem Einsetzen einiger Wände und Verkleidungen sollte es jedoch möglich sein, alle Rohrleitungen auf einmal zu installieren.

Vor Beginn der Ausführung sind jedoch alle Abmessungen sorgfältig zu ermitteln, damit möglichst wenig Fliesen zu schneiden sind und die geschnittenen Fliesen möglichst wenig sichtbar werden. Nach Möglichkeit nur ganze Fliesen verwenden! Stoßen an einer Ecke waagrecht und senkrecht verlegte Fliesen zusammen, so sollten die waagrechten Fliesen immer die senkrechten Fliesen überlappen. Das ist z. B. oben an der Duschwanne der Fall und auch dort, wo die Wandfliesen an den Wannenrand stoßen. Auch ist der Ablauf des Wassers an den Fliesen zu bedenken. So weit wie möglich sollte das Wasser nicht in eine Fuge laufen, sondern von einer Fliese auf die nächste, damit es nicht unnötig in die geflieste Fläche einsickern kann.

Der gesamte Rahmen wird aus 75 x 50 mm vorgehobeltem Weichholz hergestellt und mit 12 mm starkem, wasserbeständigen Verschalungs-Sperrholz verkleidet. Unsere Fliesen sind 108 mm im Quadrat, eine Größe, die leicht zu bekommen ist und gut zu diesem Rahmen paßt.

Werkzeuge

Stahlbandmaß
Wasserwaage
Anschlagwinkel
Metalldetektor
Schneidemesser und Streichmaß (hilfreich, aber nicht unbedingt nötig)
Elektro-Kreissäge (oder Fuchsschwanz)
Bohrmaschine
Wendelbohrer für Kern- und Senkbohrungen
Steinbohrer, passend zu den verwendeten Dübeln
Senkbohrer
Flachmeißel
Putzhobel
Oberfräse und Fräskopf
Lot und Kreide
Schraubendreher
Hammer
Versenker
Schwingschleifer (oder Handschleifblock)
Fliesenlegerwerkzeug
Silikon-Spritzpistole (bei Bedarf)

Materialien Badewannenrahmen

Teil	Stückzahl	Material	Länge
Oberer und unterer Querträger	4	75 x 50 mm vorgehobeltes Kantholz	Badewannenlänge, plus 2 Fliesenbreiten
Senkrechte Pfosten	8	75 x 50 mm vorgehobeltes Kantholz	Höhe bis Badewannenrand minus 100 mm*
Oberer und unterer Querträger des Stirnrahmens	4	75 x 50 mm vorgehobeltes Kantholz	Abstand zwischen vorderem und hinterem Rahmen
Senkrechte Pfosten der Stirnrahmen	4	75 x 50 mm vorgehobeltes Kantholz	Höhe bis Badewannenrand, minus 100 mm*
Abdeckleisten der Stirnseiten	2	12 mm Verschalungs-Sperrholz; auf Fliesenbreite geschnitten	Abstand von Rückwand zur Vorderseite der Badewannenverkleidung
Hintere Abdeckleiste	1	Sperrholz wie oben; Breite wie oben	Länge der Badewanne
Vordere Abdeckleiste	1	Sperrholz wie oben; auf Fliesenbreite geschnitten, abzüglich einer Fliesenstärke, damit die waagrechten Fliesen die Kante der senkrechten Fliesen an der Frontverkleidung überlappen	Länge der Badewanne
Badewannenverkleidung	1	Sperrholz wie oben; Breite = Höhe des vorderen Rahmens	Länge: wie vorderer Rahmen, ggf. über Stirnverkleidung überstehend

* Nur ungefähre Maße - genaue Maße individuell ausmessen

Bad

Die Rahmen für jede Seite der Badewanne ausmessen und eine Zugabe von 12 mm für die außen anzubringende Sperrholzverkleidung vorsehen. So ergibt sich eine mit dem Rand der Badewanne bündige Abfließfläche, und die Fliesen stoßen bündig an den Rand der Badewanne an, was eine dichte Verbindung leicht möglich macht.

Aus 75 x 50 mm Kantholz nageln Sie die Rahmen so zusammen, daß oberer und unterer Querträger über die volle Länge des Badewannenausschnitts verlaufen und die senkrechten Pfosten dazwischenpassen - einer an jeder Ecke und zwei dazwischen im jeweils gleichen Abstand.

Die Badewanne ruht entweder in einem Gestell oder sie wird mit verstellbaren Füßen geliefert. Die Installationsanweisungen des Herstellers sind sorgfältig zu beachten. Um die Last auf mehrere Bodenträger zu verteilen, kommen die Badewannenfüße auf 75 x 50 mm Latten, die an den Seiten auf den Boden gelegt werden. Bei der Bestimmung der Wannenhöhe ist eine entsprechende Zugabe zu berücksichtigen. Die Badewanne ist in Längs- und Querrichtung sorgfältig aufzustellen, damit das Wasser ordentlich abläuft.

Die Stirnrahmen werden genauso hergestellt wie vorderer und hinterer Rahmen. Sie werden zwischen diese eingepaßt, wo-

Sägen	21
Bohren	23
Schrauben	24
Wandbefestigungen	24

Montage der Badewanne

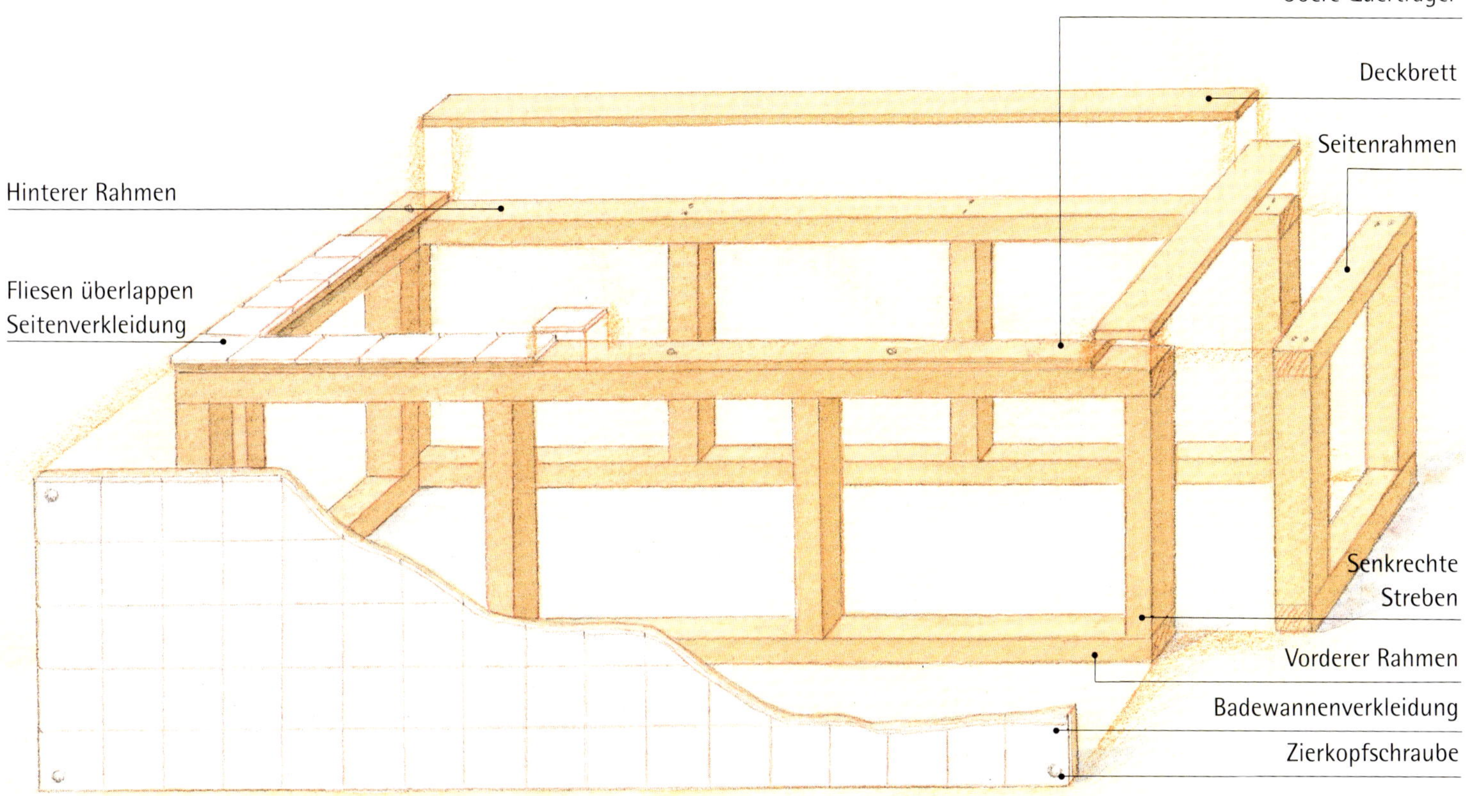

bei eine Zugabe für die Stärke der vorderen Verkleidung (12 mm Sperrholz) einzurechnen ist. Bei der direkten Montage der Wanne an der Wand oder an Seitenteilen am Fuß- oder Kopfende können diese Stirnrahmen entfallen; Sie brauchen allerdings obere Querträger an den Stirnseiten als Auflage für die Abdeckleisten.

Montieren der Rahmen

Den hinteren Rahmen an der Wand verschrauben; bei Bedarf unterlegen, um genau waagerechte Ausrichtung zu sichern. Durch die Seitenrahmen in die senkrechten Pfosten des hinteren Rahmens und in die Wand oben in ein Seitenteil - sofern vorhanden - schrauben. Die Badewanne einsetzen und anschließend lotrecht ausrichten, um einen korrekten Wasserablauf zu gewährleisten.

Den vorderen Rahmen ansetzen und mit den Stirnrahmen oder Seitenteilen verschrauben.

Anbringen der Abdeckleisten aus Sperrholz

Diese Abdeckleisten aus 108 mm breitem (sofern nicht anderes Fliesenmaß) und 12 mm dickem Verschalungs-Sperrholz auf die Breite des Rahmens bis zur vorderen Außenkante abmessen, so daß sie über Kopf- und Fußende reichen und etwas über den Innenkanten des oberen Querträgers überstehen.

Die Abstände an den Stirnseiten des Rahmens zwischen den Längsseiten ausmessen und zwei weitere Sperrholzbretter passend sägen. Die vordere Abdeckung fällt etwas schmaler aus als die anderen, da die Fliesen hier über die Kanten der Fliesen auf der vorderen Badewannenverkleidung überstehen.

An den Innenkanten aller Abdeckleisten bringen Sie ein farbloses Silikon-Dichtungsmittel an und schrauben die Bretter rundherum an die Rahmen, so daß das Sperrholz genau eben am Badewannenrand anliegt. Der Übergang zwischen Badewanne und Abdeckleiste muß mit Silikon-Dichtungsmittel abgedichtet werden, damit kein Wasser unter die Kanten eindringen kann. Diese Abdeckleisten bieten einen guten Untergrund für das Fliesen.

Einpassen der Badewannenverkleidung

Aus 12 mm-Verschalungs-Sperrholz wird die Frontblende ausgesägt und auf den Rahmen und die gegebenenfalls vorhandene Stirnverkleidung aufgesetzt. Die vordere Verkleidung muß abnehmbar sein, um bei erforderlichen Arbeiten Zugang zu den Rohranschlüssen zu haben. Die Platte wird mit Zierkopfschrauben befestigt, die später durch die verlegten Fliesen geschraubt werden.

Gefliestes Badezimmer: Dusche

Materialien Teil	Stückzahl	Material	Länge
Dusch-Wand			
Vorderer Pfosten	1	75 x 50 mm vorgehobeltes Kantholz	Höhe: Boden bis Decke
Oberer und unterer Querträger	2 pro Seite	75 x 50 mm vorgehobeltes Kantholz	Rückseite des vorderen Pfostens bis Wand
Hinterer Pfosten	1	75 x 50 mm vorgehobeltes Kantholz	Wie vorderer Pfosten, minus 100 mm*
Mittelträger	Nach Bedarf	75 x 50 mm vorgehobeltes Kantholz	Innerer Abstand zwischen vorderem und hinteren Pfosten
Seitenverkleidung	2 pro Seite	12 mm Verschalungs-Sperrholz	Länge und Breite nach Gesamtabmessung des Seitenteils
Dusch-Sockel			
Oberer und unterer Querträger	4	50 x 50 mm vorgehobeltes Kantholz	Breite zwischen Seitenteilen
Seitenträger	4	50 x 50 mm vorgehobeltes Kantholz	Höhe der Duschwanne, minus 112 mm*
Vordere Abdeckplatte	1	12 mm Verschalungs-Sperrholz: Breite nach Innenmaß zwischen inneren Seitenverkleidungen	Höhe des Sockelrahmens
Obere Abdeckplatte	1	Wie oben; Breite wie oben	Maß zwischen vorderer Abdeckplatte und Duschwanne
Dusch-Dach			
Dachplatte	1	12 mm Verschalungs-Sperrholz; Breite der Nische	Tiefe der Nische für Dusche
Vordere Abdeckplatte	1	Wie oben; Breite wie Abdeckplatte für Dusch-Sockel	Höhe der Fliesen, minus 12 mm
Stützleiste für Abdeckplatte	1	50 x 50 mm gesägtes Kantholz	Wie Breite der Dachplatte
Seitliche Stützleiste für Dachplatte	2	50 x 50 mm vorgehobeltes Kantholz	Wie Tiefe der Dachplatte, minus 62 mm*

* Nur ungefähre Maße - genaue Maße individuell ausmessen

Duschwände/Seitenteile

Für den vorderen Pfosten messen Sie die Höhe vom Boden bis zur Decke an genau der Stelle, an der der Pfosten stehen soll. Dann messen Sie die Länge für die oberen und unteren Querträger, die hinter dem vorderen Pfosten angebracht werden, nachdem die Gesamttiefe der Nische für die Dusche feststeht. Pfosten und Querträger werden aus 75 x 50 mm vorgehobeltem Kantholz gesägt. Als nächstes sägen Sie den hinteren Pfosten passend zwischen oberen und unteren Querträger, d. h. Länge des vorderen Pfostens minus 100 mm = Stärke des oberen und unteren Querträgers (genau messen, da 100 mm das Nennmaß und nicht die tatsächliche Stärke angibt.)

Grundrahmen

Vorderen Pfosten mit dem oberen Querträger mit 75 mm Drahtnägeln mit Rundkopf verbinden; dabei mit einer Stützauflage arbeiten (siehe Techniken, Seite 24). Den unteren Querträger in Bodenlage annageln und den hinteren Pfosten von den Enden 12 mm nach innen versetzt einsetzen, um das Anreißen an die Wand zu vereinfachen. (Wenn an der Rückseite Rohrleitungen verlegt werden müssen, so kann der hintere Pfosten auch noch weiter nach innen versetzt werden.) Den hinteren Pfosten sauber einsetzen und nageln; das zweite Seitenteil ebenso herstellen.

Mittelträger

Mittelträger verstärken den Grundrahmen und dienen darüber hinaus zur Befestigung von Auflageleisten und Montageteilen. Sie sind daher in der für die Befestigungen dieser Teile vorgesehenen Höhe anzuordnen.

In unserem Fall wird ein solcher Mittelträger dort gebraucht, wo das Waschbecken und die darüber montierte Ablage an die Seitenwand anliegen (s. Abb. Seite 187). Je nach Art der eingesetzten Dusche werden Sie weitere Mittelträger für die Mischbatterie oder die Halterung des Duschkopfs benötigt (siehe Abbildung 2, S. 202). Schließlich ist ein Mittelträger eventuell dort erforderlich, wo einzelne Platten der Sperrholzverschalung aneinanderstoßen, um die volle Raumhöhe zu erreichen; weitere Mittelträger im Abstand von 610 bis 900 mm anbringen.

An der Rückseite der Anschlüsse sehen Sie eine kleine abnehmbare Klappe (Revisionstürchen), um bei Installationsarbeiten auf die Rohre einen leichten Zugriff zu haben.

1 Montieren des Grundrahmens für das Seitenteil

Rahmen wie dargestellt aus vorgehobeltem Kantholz mit Drahtnägeln mit Rundkopf zusammensetzen. Vorderen Pfosten erst an den oberen Querträger und dann an den unteren Querträger nageln und hinteren Pfosten um 12 mm zurückversetzen, um Anpassen an die Wand zu erleichtern.

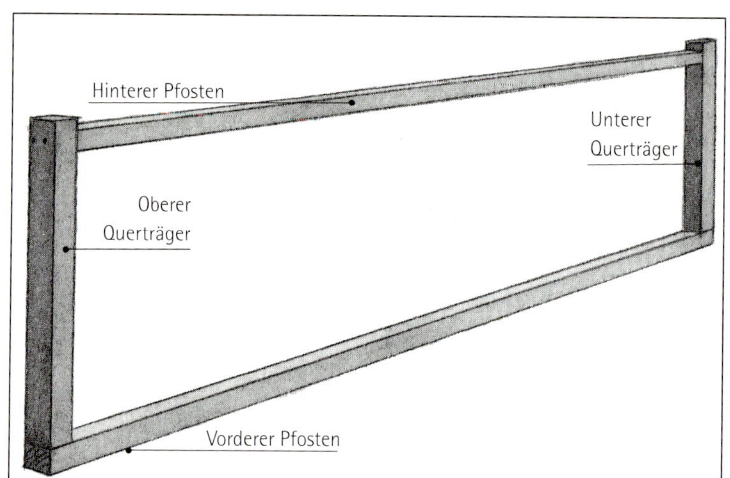

Montage der Dusche

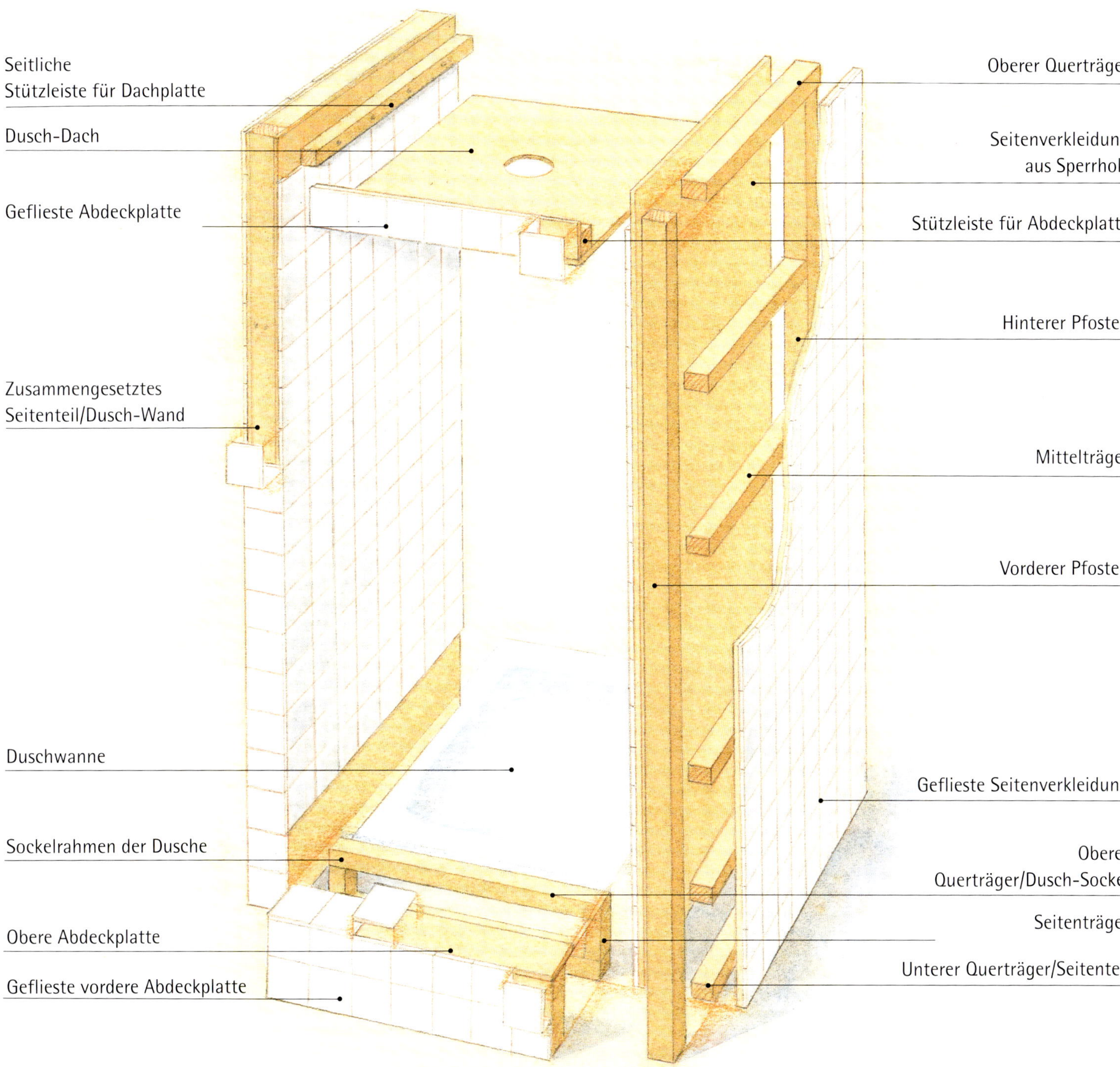

Gefliestes Badezimmer: Dusche

Dazu fertigen Sie eine Platte in der Höhe von genau zwei Fliesen (Abbildung 2). Diese wird an zusätzlichen Querträgern im Rahmen befestigt. Eine große Klappe ergibt mitunter leichteren Zugang zur Mischbatterie und zum Duschkopf. Hier sollte der Installateur befragt werden.

Anbringen der Seitenverkleidung

Sind beide Rahmen fertig vernagelt, so werden die Seitenplatten vermessen; sie sollen mit allen Kanten bündig abschließen. Danach die benötigte Anzahl von Platten aus 12 mm starkem Verschalungs-Sperrholz genau winkelig aussägen. Die Mittellinien aller Querträger an den Kanten des Rahmens als Führungslinien für ein genaues Aufnageln der Seitenplatten markieren.

Den Rahmen flach auf den Boden legen und die innere Sperrholzplatte oben darauf legen. Die Kante der Platte präzise an den vorderen Pfosten ausrichten, die Teile leimen und im Abstand von etwa 150 mm die Platte mit 38 mm Drahtnägeln mit Rundkopf an die Strebe nageln. Die Mittelmarkierungen an den Kanten des Rahmens sollen als Führung zum Nageln dienen, damit die Nägel genau in die Mitte der Querträger kommen.

Nach dem Annageln an dem vorderen Pfosten ziehen Sie den Rest des Rahmens so in den Winkel, daß er auf die anderen Kanten der Sperrholzplatte ausgerichtet ist. Auf der Oberseite der Sperrholzplatte die Mittellinien der Querträger und des hinteren Pfostens markieren, um Führungslinien für das Nageln zu erhalten.

Nun werden oberer und unterer Querträger, hinterer Pfosten und Mittelträger genagelt; dabei immer prüfen, ob der Rahmen auch weiterhin winkelig ist. Die Platte für die andere Seite jetzt noch nicht befestigen! Diese Arbeitsgänge werden für das andere Seitenteil wiederholt.

Befestigen der Seitenteile

Die Seitenteile werden nun in einem Abstand voneinander aufgestellt, der der Breite der Duschwanne entspricht. Mit Wasserwaage und Lot prüfen Sie, ob die Seitenteile senkrecht stehen. Alle für die Anpassung der Seitenteile an die Wand notwendigen Markierungen vornehmen (**Techniken, Seite 31**). Diese Anpassung braucht nicht absolut bündig sein, da die Wand letztlich gefliest wird.

Die Seitenteile fest montieren, indem Sie durch den hinteren Pfosten hindurch Schrauben in die Wand schrauben und die Lücken zwischen diesem Pfosten und der Wand im Schraubenbereich mit Holzklötzen unterlegen.

Durch den oberen Querträger Schrauben in die Decke schrauben. Wenn notwendig, in Deckenbalken schrauben (deren Lage läßt sich mit dem Metalldetektor ermitteln, der auf die in diesen Balken befindlichen Nägel anspricht (**Wandbefestigungen, Seite 24**). Wenn das Seitenteil zwischen zwei Balken an der Decke liegt (was wahrscheinlich ist, wenn es parallel zu den Balken steht), so nageln Sie ein Stück 75 x 50 mm Kantholz zwischen die Balken und befestigen das Seitenteil daran. Je nach der Lage des Bades steigen Sie dazu auf den Dachboden oder heben einige Bodendielen in dem Raum über der Dusche ab - falls dies möglich ist. In diesem Fall lassen Sie am besten gleich von einem Elektriker eine Deckenlampe installieren.

Schließlich wird der untere Querträger am Boden verschraubt und bei Bedarf unterlegt, damit er rechtwinklig sitzt. Die äußere Seitenverkleidung wird mit einigen halb eingeschlagenen Nägeln provisorisch befestigt. So ist sie später bei den Installationsarbeiten leichter abzunehmen und die Arbeit am Seitenteil kann zunächst beendet werden.

Dusch-Sockel

Die Duschwanne vorläufig an ihren Platz stellen und ihre Füße so ausrichten, daß die Oberkante in der Höhe einer ganzen Fliese liegt. Aus 50 x 50 mm vorgehobeltem Kantholz fertigen Sie einen Rahmen in der Breite der Nische und der Höhe der Duschwanne mit einer Zugabe für die Stärke der Sperrholzplatte, die aufgelegt wird. Die zwei Querträger dafür sollten über die volle Breite zwischen den Seitenteilen laufen; die senkrechten Seitenträger liegen dazwischen. Den Rahmen an der Vorderseite der Duschwanne anstoßen lassen und durch die senkrechten Seitenträger in die Sperrholzverkleidung der Seitenteile schrauben.

Für die Frontseite fertigen Sie einen identischen Rahmen an, der von der Vorderkante um die Stärke der vorderen Abdeckplatte nach innen versetzt ist. Durch die senkrechten Teile wiederum in die Seitenteile schrauben und das Ganze leimen. Wenn die gesamte Tiefe des Sockelrahmens wie in unserem Fall nur eine Fliesenbreite beträgt, so berühren sich die beiden Rahmen fast. Eine Platte aus 12 mm Sperrholz für die vordere Abdeckung dieses Rahmens passend und bündig mit der Oberkante sägen. Sodann die obere Abdeckplatte zusägen, die oben auf den Rahmen kommt; sie

1 Anbringen der Seitenverkleidung
Mittelträger sind notwendig, wo Badewanne oder Waschbecken, aber auch Duscharmatur anliegen; nicht zu vergessen die Stoßverbindungen von Sperrholzplatten. Nageln Sie alle 150 mm.

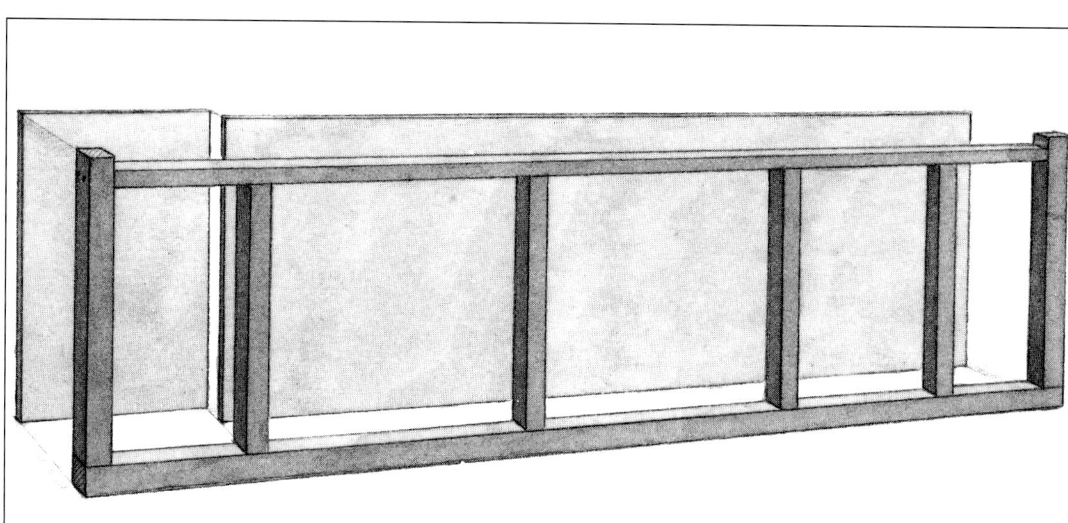

2 Setzen der Öffnungsklappe
An der Rückseite der Duscharmatur wird am besten eine Öffnungsklappe gesetzt. Die Größe sollte sich nach den Fliesen richten.

Sägen	21
Sägen von Kreisbögen	22
Bohren	23
Schrauben	24
Nageln	24
Anreißen	31
Senkrechte Rahmen suchen	32
Fliesen	36

stößt bündig an die Vorderseite des Rahmens und der Duschwanne an.

Diese Teile jetzt noch nicht befestigen: Statt dessen zunächst die Duschwanne einpassen und die Installation des Wasserablaufs und der Zuleitungen vornehmen (Sanitär- und Elektroinstallation, Seite 206).

Für Montage und Anschluß der Duschwanne sind die Anweisungen des Herstellers zu beachten. Manche Duschwannen müssen auf stabile Kanthölzer gelegt werden, um die Belastung beim Duschen zu verteilen. In diesem Fall müssen Sie bei der Höheneinstellung der Tragefüße die Stärke der Unterleghölzer berücksichtigen.

Beim Einbau der Wanne oder Dusche in die Rahmenkonstruktion schließen Sie die Fuge am Rahmen mit Hilfe eines transparenten Silikon-Dichtungsmittels sorgfältig. So entsteht eine zweite Feuchtigkeitssperre für den Fall, daß die nach dem Fliesen aufgebrachte, elastische Fuge einmal undicht wird. (Fliesen, Seite 36).

Dusch-Dach

Die Duschennische ausmessen und eine Dachplatte aus 12 mm Verschalungs-Sperrholz sowie eine Abdeckplatte sägen; die Abdeckplatte sollte hoch genug sein, um eine Dusch-Deckenleuchte abzudecken, und sauber an den Fugen des gefliesten Seitenteils und der Wand ausgerichtet werden. Am besten vorab die Lage der Fliesen exakt ausmessen. Andererseits können Sie die Seitenteile jedoch auch erst bis zur vorgesehenen Einbauhöhe des Dusch-Dachs fliesen. Sodann wird das Dach eingesetzt und erst dann weitergefliest.

Die Dachplatte und die Abdeckplatte werden mit einer 50 x 50 mm Stützleiste rechtwinkelig miteinander verbunden; die Latte wird geleimt und verschraubt. Sofern keine Sicherheitsbedenken bestehen, sägen Sie ein Loch mittig in die Dachplatte und setzen einen Deckenstrahler nach den Angaben des Herstellers ein.

Nun sägen Sie aus 50 x 50 mm Kantholz zwei Stützleisten, die waagerecht an die Innenseiten der Seitenteile befestigt werden und als Befestigung des Dachteils dienen. Diese Leisten so sägen, daß sie hinter die Abdeckplatte passen; sie werden in dieser Phase ebenso wie die Dachplatte noch nicht fest angebracht, da zuerst die Sanitärinstallation vorgenommen wird.

Duschstange in der Breite der Nische für die Dusche herstellen und anbringen.

Glasregal: Ein Regalboden aus Glas sitzt über dem Waschtisch. Weitere Hinweise auf Seite 207.

3 Bau eines Dusch-Sockels in der Höhe der Duschwanne

Der Sockel besteht aus zwei Rahmen, die mit einer Abdeckplatte verkleidet und durch eine obere Platte in der Breite einer Fliese verbunden werden. Wenn die Duschwanne nur eine Fliese hoch ist, berühren sich oberer und unterer Querträger des Rahmens fast.

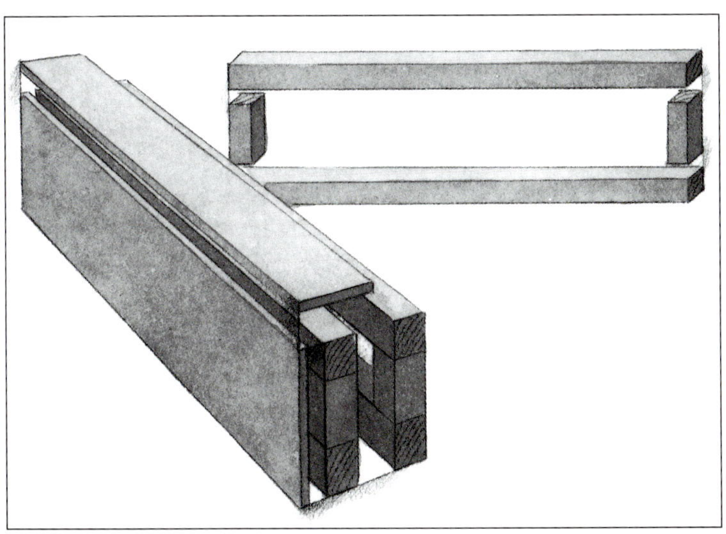

4 Montieren des Dachs

Dachplatte passend zusägen. Die Abdeckplatte muß hoch genug sein, um eine dahinter angebrachte Deckenleuchte abzudecken.

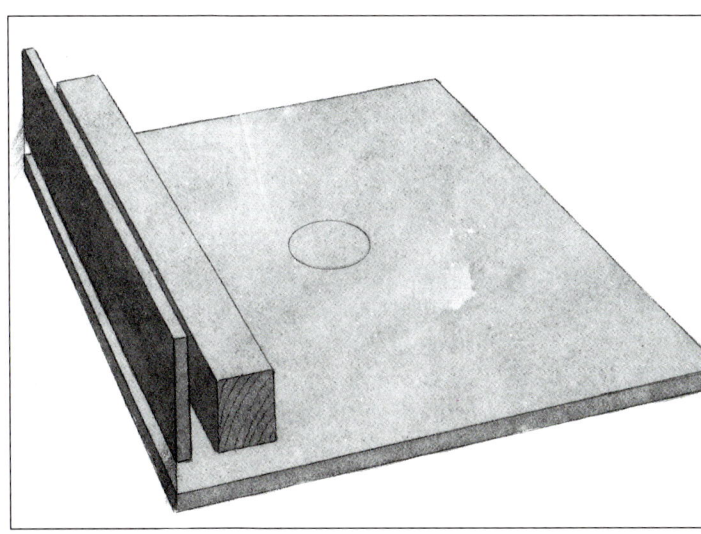

Gefliestes Badezimmer: Waschtisch

Waschbecken

Das Waschbecken wird in eine geflieste Platte eingesetzt; darunter wird ein offener Regalboden angebracht. Die Auflageplatte wird zwischen der Duschwand und einem anderen niedrigen Seitenteil oder zwischen zwei solchen Seitenteilen eingebaut.

Waschtisch-Seitenteil

Die Höhe des Waschtisches und die Tiefe bis zur Wand festlegen; dabei genügend Platz um das Waschbecken herum vorsehen.

Der Rahmen des Seitenteils wird genauso hergestellt wie für die Dusche; jedoch nur mit einem Mittelträger. Diesen in der für die Auflageleisten des Regalbodens vorgesehenen Höhe anordnen. Diese Höhe notieren, da Sie sie später noch brauchen, wenn die Seitenverkleidung montiert ist.

Die Mittellinien der Querträger und Pfosten auf den Kanten des Rahmens als Orientierungshilfe beim späteren Anbringen der Seitenverkleidung anzeichnen. Diese sodann zusägen. Wenn das Seitenteil an einer Wand montiert wird, so genügt eine Seitenverkleidung. Diese zu diesem Zeitpunkt noch nicht befestigen! Wenn das niedrige Seitenteil dagegen nicht an einer Wand anliegt, so wird zunächst nur die äußere Verkleidung (in der größten Entfernung vom Waschbecken) auf die gleiche Weise befestigt, wie auf Seite 200 für die Duschwand beschrieben (zuerst an den vorderen Pfosten leimen und nageln, sodann winkelig ausrichten und fertigstellen).

Wenn das Seitenteil an einer Wand anliegen soll, so rücken Sie den Rahmen 12 mm von der Wand ab und richten ihn senkrecht aus. Bei Bedarf unter den unteren Querträger Unterleghölzer anbringen, bis er genau waagerecht liegt. An den Stellen, wo die Schrauben eingedreht werden (zwischen Rahmen und Wand), werden ebenfalls Abstandhalter angebracht. Bei unterschiedlichem Abstand aufgrund von Wandunebenheiten nehmen Sie die 12 mm als größten Abstand zwischen Rahmen und Wand. Dadurch müssen Sie den Rahmen zur Montage nicht an der Wand anreißen; außerdem reicht der Abstand aus, um die Vorderseite des Seitenteils mit ganzen Fliesen zu fliesen. Innere Verkleidung neu einsetzen und provisorisch an den Rahmen nageln.

Materialien Waschtisch

Teil	Stückzahl	Material	Länge
Vorderer Pfosten / Seitenteil	1	75 x 50 mm vorgehobeltes Kantholz	Höhe des Waschbeckens, minus 12 mm
Oberer und unterer Querträger	2	75 x 50 mm vorgehobeltes Kantholz	Abstand von Innenseite vorderer Pfosten bis Wand
Hinterer Pfosten	1	75 x 50 mm vorgehobeltes Kantholz	Höhe des Waschbeckens, minus 12 mm, minus 100 mm*
Mittelträger	1	75 x 50 mm vorgehobeltes Kantholz	Abstand zwischen Innenseiten der Pfosten
Seitenverkleidung	1 oder 2	12 mm Verschalungs-Sperrholz; Breite wie Rahmenbreite	Rahmenhöhe
Frontblende	1	Sperrholz wie oben; hoch genug, um Unterseite Waschbecken zu verdecken	Abstand zwischen Seitenteil und Duschwand
Waschtischplatte	1	19 mm Verschalungs-Sperrholz; Tiefe entsprechend der Nische	Nischenbreite
Halteleiste für Frontblende	1	75 x 50 mm oder 50 x 50 mm vorgehobeltes Kantholz und Halteleiste zum Sichern	Nischenbreite
Auflageleiste für Waschtischplatte	1	50 x 50 mm vorgehobeltes Kantholz	wie oberer Querträger des Waschtisch-Rahmens
Regalboden unter Waschbecken	1	12 mm Spanplatte mit Melaminoberfläche oder Sperrholz (zum Fliesen); Breite wie Tiefe der Nische, minus etwa 125 mm	Abstand zwischen Innenflächen (nach Verfliesen) von Duschwand und Seitenteil
Blendleiste für Regalboden	1	50 x 25 mm Kiefernholz	Wie oben
Auflageleiste für Regalboden	2	25 x 25 mm vorgehobeltes Kantholz	Wie Breite des Regalbodens
Glasregal	1	gehärtetes Glas nach Empfehlung des Händlers; Tiefe nach Wunsch, plus 12 mm zum Einsetzen in den Wandputz	Breite der Waschtischnische, plus 25 mm
Auflageleiste für Glasregal an Wand	1	12 x 12 mm Hartholz (oder nach Stärke der Putzschicht)	Breite der Waschtischnische, plus 25 mm
Auflageleisten für Glasregal an Seitenwand	1	12 x 12 mm Hartholz (oder nach Stärke der Putzschicht)	Tiefe der Glasplatte, minus 12 mm oder Stärke der Leiste (falls anderes Maß)
Blende für Leuchtröhre	1	19 mm Sperrholz; Höhe = 1 Fliesenhöhe	Breite = Waschtischnische
Blenden-Halterung	2	50 x 25 mm vorgehobeltes Kantholz	Höhe wie Blende, minus 25 mm

*Nur ungefähre Länge - genaue Maße individuell ausmessen

Sägen	21
Nageln	24
Senkrechte suchen	32

Montage des Waschtischs

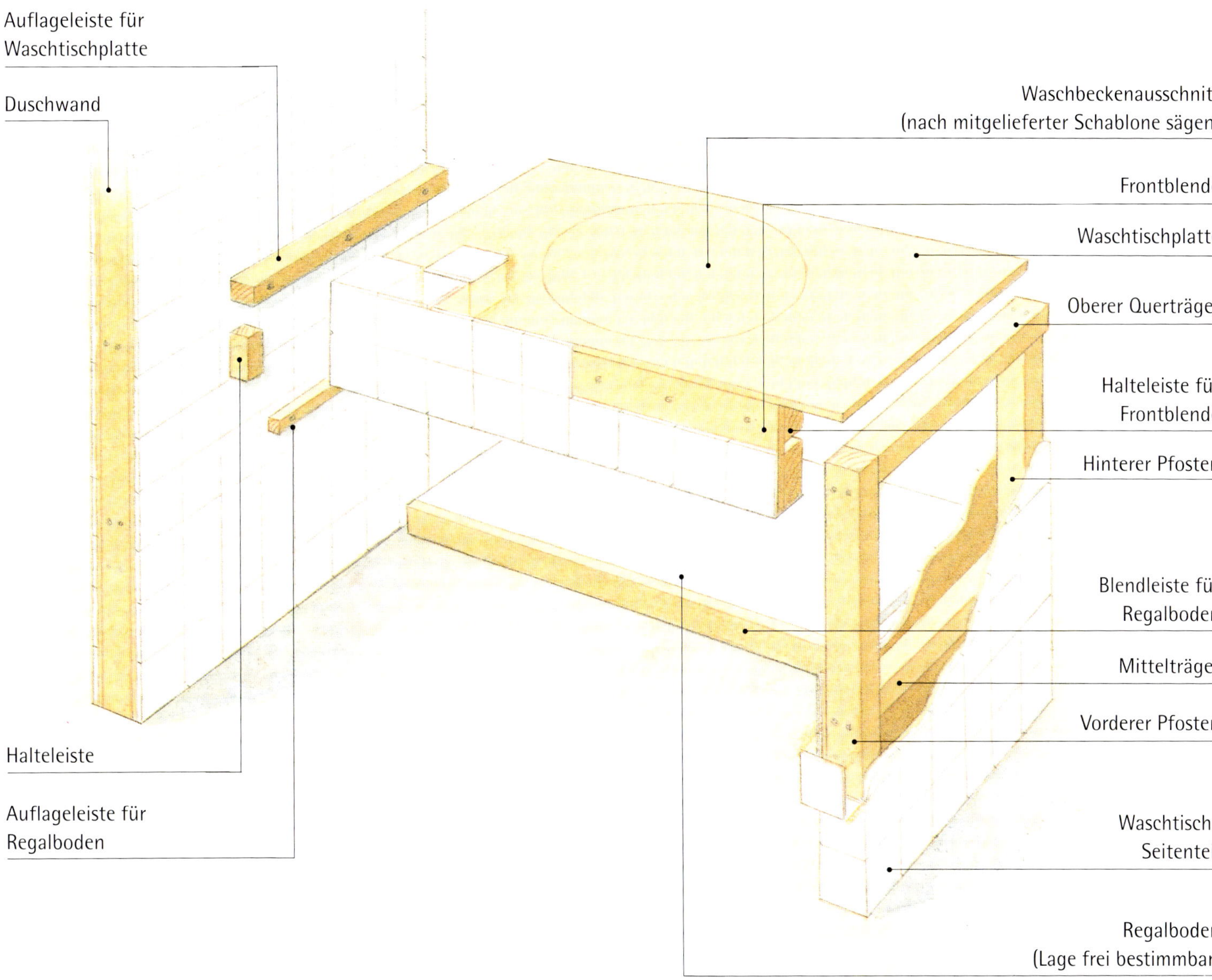

Gefliestes Bad

Frontblende
Die Breite der Nische von der Innenseite des Seitenteils bis zur Außenseite der Duschwand ausmessen und aus Verschalungs-Sperrholz mit 12 mm oder 19 mm Stärke in dieser Länge ein Brett zusägen. Dieses muß breit genug sein, um die Unterseite des Waschbeckens zu überdecken; mindestens so breit, daß zwei ganze Fliesen darauf verlegt werden können. Wichtig dabei der Kantenanschluß zur Waschtischplatte.

Waschtischplatte
Die Waschtischplatte so ausmessen, daß sie nach Breite und Tiefe in die Nische paßt und mit der Vorderkante des niedrigen Seitenteils bündig abschließt. Die Waschtischplatte aus 19 mm Verschalungs-Sperrholz zusägen. Waschtischplatte und Frontblende verbinden Sie mit einem entsprechend langen 75 x 50 mm Kantholz oder einer 50 x 50 mm Latte rechtwinkelig. Achten Sie darauf, daß die Waschtischplatte über der Frontblende liegt und daß an den Enden der Frontblende genügend Platz bleibt, um die Platte auf das Seitenteil zu legen. Die Halteleisten leimen und durch die zwei Platten verschrauben.

Befestigen des Waschtisches
Der Waschtisch liegt an der Duschwand auf einem 50 x 50 mm Kantholz auf, das auf die entsprechende Länge zugesägt und mit einem Mittelträger in der Duschwand verschraubt wird. Die Auflage muß genau auf der Höhe der Oberkante des niedrigen Seitenteils liegen. Den Waschtisch ansetzen, aber noch nicht verschrauben. Er muß für die Installationsarbeiten später nochmals entfernt werden.

Den Ausschnitt für das einzulassende Waschbecken anhand der mitgelieferten Schablone mittels Stichsäge oder Fuchsschwanz aussägen. Dabei prüfen, ob das Becken in den Ausschnitt paßt, es aber erst befestigen, wenn die Waschtischplatte gefliest ist.

Verschnittstücke eines 50 x 50 mm Kantholzes an der Rückseite der Frontblende verschrauben und diese damit an den Seitenteilen fixieren.

Sanitär- und Elektroinstallation
Jetzt kann der Installateur Waschbecken, Dusche und Badewanne einbauen und die Zu- und Abläufe installieren. Einbauduschen können jetzt montiert und die Installationen für Aufputzmodelle ausgeführt werden, obwohl bei beiden Typen die eigentlichen Duscharmaturen erst nach dem Verfliesen angebracht werden.

Die Elektroinstallation wird ebenfalls jetzt vorgenommen, wobei die Steckdosen, Heizgeräte, elektrisch betriebene Duschen usw. später angebracht werden.

Endgültige Montage von Seitenteilen, Waschbecken und Dusche
An allen Seitenteilen die zweite Verkleidung an die Pfosten und Querträger nageln. Die Waschtischplatte von außen durch Verschrauben mit dem Seitenteil und den Auflageleisten verbinden; seitlich durch die hinten an der Frontblende angesetzten Verschnittstücke schrauben.

Zur Montage des Dusch-Sockels verschrauben Sie die Abdeckleiste am vorderen Rahmen und befestigen die obere Abdeckleiste von oben am vorderen und hinteren Rahmen. Rahmen und Armaturen soweit erforderlich mit Silikon-Dichtungsmittel abdichten.

Für das Dach der Dusche werden die zwei passend zugeschnittenen 50 x 50 mm Kanthölzer an den Seiten angebracht und die Dachplatte an sie geschraubt. Möchten Sie so viele Flächen als möglich bequem fliesen, so befestigen Sie die Dachplatte erst nach dem Fliesen; dabei werden die Fliesen an den Kanten und im Bereich der Schrauben zunächst weggelassen. Dachplatte montieren und zum Schluß im Bereich der Schrauben fliesen.

Fliesen
Zum Schutz der Armaturen während des Fliesens belassen Sie sie am besten so lange wie möglich in den vorhandenen Schutzhüllen. Beim Fliesen (**Techniken, Seite 36**) sind folgende Tips speziell zu diesem Projekt zu beachten.

Zuerst werden die Seitenwände gefliest; notieren Sie sich die Lage der Mittelträger, um später die Auflageleisten für die Einlegeböden richtig anzubringen. Gefliest wird von vorne nach hinten, damit geschnittene Fliesen im Wandbereich liegen.

Die Fliesen am Dusch-Dach können Sie vor der Montage des Dachs anbringen. Die Randfliesen vorerst weglassen, damit die Dachplatte mit den Stützleisten verschraubt werden kann.

Wenn die Dachplatte schon befestigt ist, werden die Seiten bis dahin gefliest.

Als nächstes werden die Vorderseiten der Seitenteile, des Waschtisches, des

1 Montieren des Waschtisch-Oberteils aus 19 mm Sperrholz
Waschtischplatte auf Breite und Tiefe der Waschtischnische zusägen. Waschtischplatte und Frontblende mit rechteckigem Kantholz so verbinden, daß die Waschtischplatte die Frontblende überdeckt.

2 Herstellen des Regalbodens unter dem Waschbecken
Der Regalboden wird auf die Breite der Nische zugesägt und von der Vorderkante der Seitenteile leicht zurückversetzt. Eine an die Vorderkante des Regalbodens geleimte und gestiftete Holzblende verdeckt die an den Seitenteilen verschraubten Auflageleisten.

Sägen	21
Sägen von Kreisbögen	22
Herstellen von Nuten	22
Bohren	23

Schrauben	24
Nageln	24
Wandbefestigungen	24
Fliesen	36

Dusch-Sockels und der Badewanne gefliest.

Nun fliesen Sie die Oberflächen um die Wanne, das Waschbecken und die Duschwanne. An den Rändern zur Badewanne steht oftmals viel Wasser, so daß es sich empfiehlt, an den Außenkanten dieser Fliesen etwas mehr Fliesenkleber aufzutragen, damit ein leichtes Gefälle zur Badewanne hin entsteht.

Als nächstes werden die Wände und die verbleibenden Flächen der Seitenteile gefliest. Beim Einbau eines Glasregals hören Sie zunächst eine Fliesenbreite unterhalb der Einbauhöhe auf. Dann wird zuerst das Glasregal eingebaut (siehe unten) und anschließend das Fliesen fortgesetzt.

Haben Sie das Dach der Dusche bereits vor der Montage gefliest, so können Sie jetzt die fehlenden Fliesen an den Seitenteilen verlegen - sie wurden ja zuvor weggelassen, um zunächst die Dachplatte mit den Stützleisten zu verschrauben. Sie fixieren diese Fliesen eventuell mit einem Klebeband, solange der Kleber noch aushärtet. Wurde das Dusch-Dach ungefliest eingebaut, so wird das Fliesen mit Hilfe eines einfachen, selbstgemachten T-Trägers aus Kantholz vereinfacht. Dieser wird zwischen Dach und Sockel leicht verkeilt, um jeweils eine Fliesenreihe anzudrücken und zu halten, während der Kleber aushärtet. Diese Stütze wird bei jeder Fliesenreihe nur etwa 15 Minuten lang gebraucht.

Nach frühestens 12 Stunden können Sie die Fliesen mit einem wasserfesten Fugenmörtel verfugen und abschließend die Fliesen säubern.

Die vordere Badewannenverkleidung und weitere Öffnungsklappen werden mit Zierkopfschrauben befestigt. Senkbohrungen werden mit einem speziellen Fliesenbohrer ausgeführt. Nicht mit zu viel Druck bohren und darauf achten, daß die Bohrmaschine nicht auf Schlagbohrfunktion eingestellt ist. Die vorgesehene Bohrstelle auf der Fliese mit etwas Klebeband abkleben, damit der Bohrer nicht auf der Oberfläche abrutschen kann.

An allen Übergängen zwischen Einbauteilen und Keramikfliesen sowie an allen Ecken, an denen Seitenteile auf Originalwände treffen, wird schließlich ein Silikon-Dichtungsmittel aufgetragen. Diese Fugenprodukte sind in Weiß, transparent sowie in vielen Farben erhältlich und werden mit leicht zu bedienenden Spritzpistolen verarbeitet.

3 Einpassen eines Glasregals mit verdeckten Auflagen
In der Stärke der Putzschicht wird in der Wand ein Schlitz für eine an der Rückseite und den Seiten der Nische befestigte Auflageleiste ausgearbeitet. Die Platte aus gehärtetem Glas liegt sauber auf der Leiste auf. Nach der Befestigung Spalte verspachteln und sodann fertig fliesen.

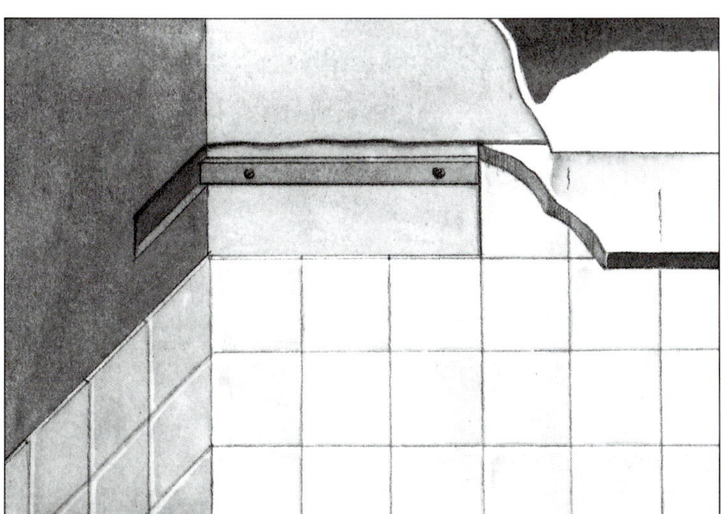

Glasregal

Das Einsetzen einer Glasplatte in eine Wand ist sicher ein ungewöhnliches Befestigungsverfahren; wenn es aber richtig gemacht wird, so ist der Effekt einer unsichtbaren Auflage sehr wohl der Mühe wert. Die einfachere Lösung besteht darin, die Glasplatte auf Türstopper aus Gummi zu legen; diese werden nach dem Fliesen in die Wand oder das Seitenteil geschraubt (zwei Stopper an jeder Seite). Bei der verdeckten Befestigung fragen Sie den Glashändler nach der nötigen Stärke des gehärteten Glases im Hinblick auf Ihre Nischenbreite. Bei einer Spannweite von 1100 mm beträgt im gezeigten Fall die Stärke 12 mm. Die Kanten der zugeschnittenen Glasplatte müssen geschliffen werden.

Mit dem Fliesen zunächst eine Fliesenbreite unterhalb der vorgesehenen Glasplatte aufhören. In die Wand stemmen Sie einen Schlitz in der Stärke des Putzes und mit einer Breite von etwa 25 mm. In diesem Schlitz wird eine dünne Auflageleiste in der Stärke des Putzes und der Breite des Schlitzes minus der Stärke der Glasplatte befestigt.

In dem Seitenteil der Dusche fertigen Sie in die Seitenverkleidung in passender Höhe eine Nut in der Glasstärke an. Dazu wird entweder eine Reihe ineinandergehender Löcher im Durchmesser der Glasplatte gebohrt, um den Schlitz danach mit einem Beitel sauber auszustemmen, oder Sie stellen eine saubere Nut mit der Stichsäge oder der Oberfräse her.

Die Glasplatte in die vorgesehenen Schlitze hineinschieben. Sollte es dabei an einzelnen Stellen klemmen, so wird punktuell noch etwas Putz abgetragen. Nachher wird das Ganze mit Füllspachtel oder Fliesenkleber sauber verfugt, um abschließend bis zur Glasplatte hin zu fliesen. Oberhalb der Glasplatte wird entweder ein Spiegel angebracht oder die Wand hochgefliest.

Regalboden unter dem Waschbecken

Dieser Boden wird entweder aus 12 mm starker Faserplatte mit Melaminbeschichtung oder zum Fliesen aus Sperrholz hergestellt. Das Brett auf die Breite der Nische und die erforderliche Tiefe zusägen. Ein von der Vorderkante leicht zurückgesetztes Regal (z. B. 108 mm oder eine Fliesenbreite) bietet eine bessere Optik.

Eine Blendleiste aus 50 x 25 mm Kiefernholz zusägen. Den Regalboden in einen Schraubstock einspannen und die Leiste an die Vorderkante leimen und nageln, so daß die Oberkante der Leiste mit der Oberfläche des Regalbodens bündig abschließt und die Unterkante die Auflageleisten verdeckt. Die Nagelköpfe versenken und die Löcher verspachteln; schließlich die Oberfläche ganz sorgfältig glattschleifen und endbehandeln.

Auflageleisten für Regalboden

Diese Leisten liegen an den Seiten zwischen Blende und Rückwand. Sie werden aus einer 25 x 25 mm Latte gesägt. In jede Leiste kommen zwei Senkbohrungen, durch die in der angezeichneten Höhe in die gefliesten Wände gebohrt wird. Die Bohrungen versenken und die Auflageleisten verschrauben.

Spiegel

Den Spiegel an der Wand mit Zierkopfschrauben befestigen, sofern er mit Bohrungen dafür vorbereitet ist. Sind keine Löcher vorhanden, so wird mit Spiegel-Eckhalterungen gearbeitet. Wenn Sie Zierkopfschrauben verwenden, kommen hinter den Spiegel auf die Schrauben Unterlegscheiben, um den Spiegel etwas von der Wand entfernt zu halten. Unabhängig von der Art der Befestigung den Spiegel nicht zu fest anschrauben, damit das Glas nicht bricht. Vorsichtshalber den Händler befragen.

Lichtblende

Die Leuchtröhre über dem Spiegel in der Waschtischnische wird durch eine Blende verdeckt. Diese Blende wird aus 19 mm starkem Sperrholz in der Breite der Nische und der Höhe einer Fliese gesägt. Zwei Blendenhalterungen werden aus 50 x 25 mm Kantholz 25 mm kürzer als die Blende gesägt und an das Seitenteil der Dusche und an die Wand geschraubt; dann die Blende darauf schrauben.

Getäfeltes Badezimmer

Die einfachsten Ideen sind meist die besten. Das gilt auch im Designbereich. Kennen Sie das scheußliche Gefühl, sich mit einem feuchten Handtuch abtrocknen zu müssen? Um dieses Problem zu lösen, brauchen Sie Platz zum Ausbreiten Ihrer Tücher und eine Wärmequelle. Mein Vorschlag dazu ist die Kombination einer wandüberspannenden Handtuchstange mit einem Heizkörper. In unserem Beispiel ist die Stange, die einer Schiffsreling gleicht, aus verchromtem Rohr. Sie können ebensogut farbige Email- oder Holzstangen nehmen. Sämtliche Installationen sind hinter der Vertäfelung verborgen. Die Wandverkleidung besteht aus gestrichenen Kiefernbrettern mit Nut und Feder. Besonders praktisch an dieser aufgedoppelten Wand ist, daß ein Teil der Vertäfelung herausnehmbar ist. Treten technische Probleme auf, kann dem Handwerker leicht Zugang verschafft werden.

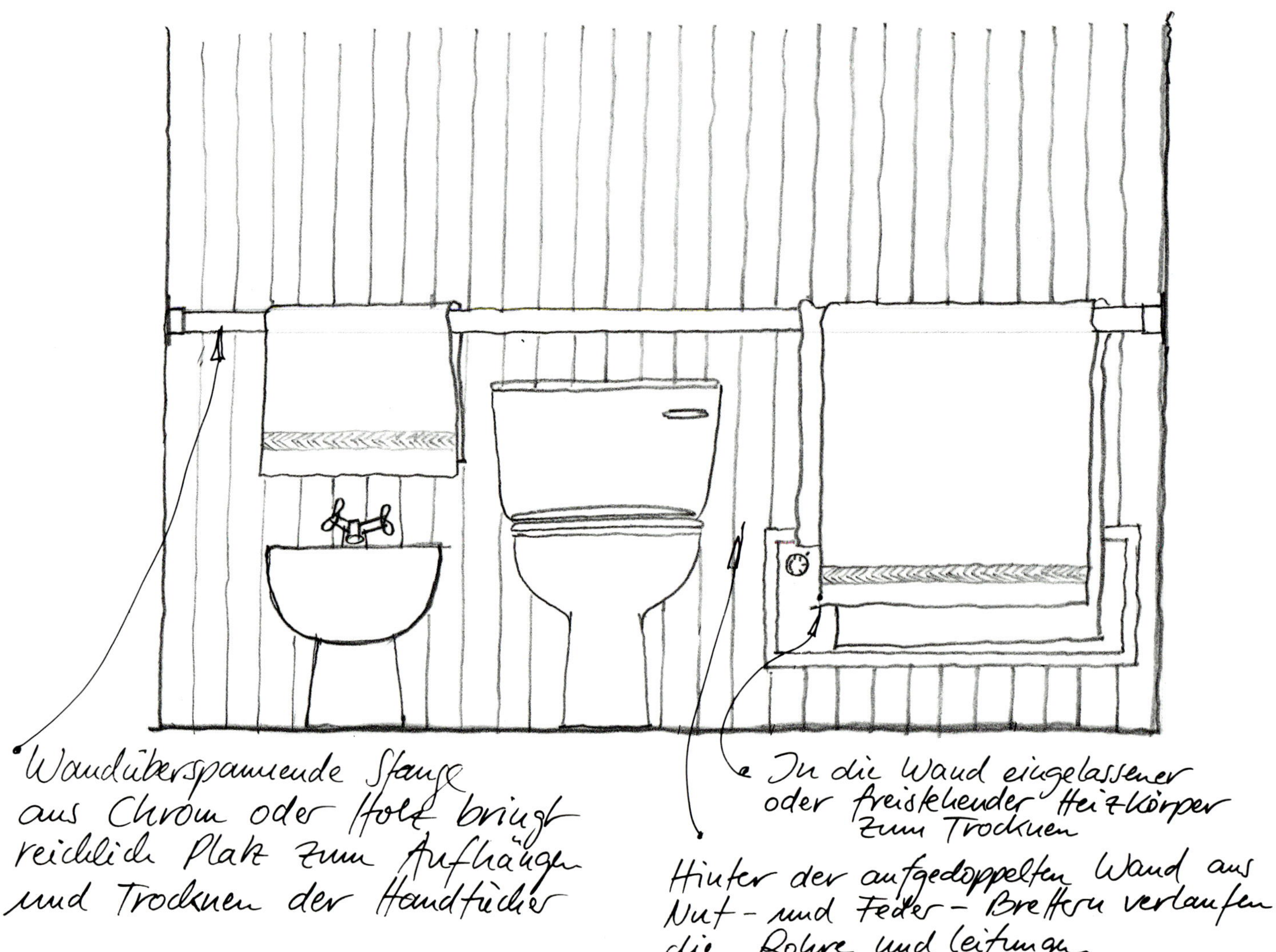

Getäfeltes Badezimmer

Durch aufgedoppelte Wände lassen sich optisch störende Leitungen im Badezimmer gut verbergen. Dies ist bei der Neueinrichtung Ihres Badezimmers eine relativ einfache Sache. Ist jedoch die Einrichtung des Bades vorgegeben, so müssen Sie mitunter manche Gegenstände versetzen, um für die neue Wand Platz zu schaffen. Dabei ist zuvor zu prüfen, ob solche Änderungen angesichts der Lage von Zu- und Abläufen überhaupt möglich sind.

Aufgedoppelte Wände werden errichtet, indem auf eine sogenannte Konterlattung Holzbretter befestigt werden. Dabei handelt es sich normalerweise um Nut- und Federbretter, wobei furnierte Sperrholzbretter bis hin zu massiven Kiefernholzbrettern der verschiedensten Qualität angeboten werden. Die Bretter werden normalerweise senkrecht auf waagerecht liegenden Latten angebracht.

Für die Lattenkonstruktion genügt einfaches Weichholz; die Hölzer sollten wenigstens 50 x 50 mm stark sein, wenn Sie dahinter Rohrleitungen verlaufen lassen wollen. Sie sind in einem Mittenabstand von etwa 610 mm zu befestigen. Vor der Befestigung dieser Latten braucht eine vorhandene Wandverkleidung nicht abgezogen zu werden.

Der Abstand der Latten ergibt sich in erster Linie aus der Stärke der zu verlegenden Bretter, jedoch auch aus der angestrebten Festigkeit. Eine höhere Festigkeit ist dort vorzusehen, wo eine Berührung der Wand oder höherer Druck nicht auszuschließen sind. Für 9 mm starke Bretter beträgt der Mittenabstand als Richtschnur etwa 400 bis 500 mm, bei 12 mm starken Brettern 500 bis 610 mm.

Die Latten immer mit etwas Abstand zu Boden oder Decke ansetzen bzw. auslaufen lassen, damit die Nägel nicht auf den letzten paar Millimetern der Paneelbretter eingeschlagen werden müssen; in diesem Randbereich besteht die Gefahr, daß das Holz reißt.

Damit die Wandlatten genau eben und bündig liegen, sind manche Verschraubungsstellen mit Sperrholz- oder Hartholzstücken zu unterlegen. Das gilt besonders bei unebenen Wänden. Die Wandlatten mit einem langen Richtscheit und Wasserwaage sorgfältig auf planen Sitz prüfen. Wenn hier Fehler begangen werden, so sind die Paneelbretter kaum ordentlich und sauber zu befestigen.

50 mm starke Latten bieten normalerweise genug Platz zur Aufnahme von Rohren. Reicht der Raum nicht, verwenden Sie stärkere Latten. Sie werden an der Wand angeschraubt und mit den nötigen Aussparungen für die Rohrleitungen versehen. Bei vollkommen glatten Wänden können die Latten auch mit Mauernägeln angebracht werden, sofern diese mindestens 12 mm in das Mauerwerk hineingehen.

Wenn Sie, um bestimmte Effekte zu erhalten, Bretter unterschiedlicher Länge verwenden, so sind zusätzliche Latten erforderlich, die entsprechend der Schnittlänge der Bretter angebracht werden. Die Bretter sind so anzuordnen, daß die Schnittenden auf der Mitte einer Latte liegen und an beiden Enden etwa dieselbe Breite zur Verfügung steht.

Die Bretter können Sie mit Nägeln oder Spezialklammern befestigen, die auf die Feder aufgesetzt und so auf den Latten festgenagelt werden. Am einfachsten und schnellsten werden die Bretter durch Annageln durch die Oberfläche befestigt; in diesem Falle werden die Nagelköpfe versenkt und die Löcher mit Holzkitt verspachtelt. Wenn die Bretter gestrichen werden sollen, müssen die Bretter in Ton und Maserung nicht genau zueinander passen.

Werkzeuge

Stahlbandmaß
Wasserwaage
Schraubendreher
Versenker
Hammer
Fuchsschwanz
Rückensäge (feine Zahnung)
Stichsäge (oder Handstichsäge)
Nut- und Federklemmen
Gehrungsschneidlade
Bohrmaschine
Maschinenbohrer, Forstnerbohrer,
Senkbohrer
Steinbohrer

Materialien

Teil	Stückzahl	Material	Länge
Wandlatten	Nach Bedarf	50 x 50 mm gesägtes Weichholz (Mindestmaß)	Breite der Wand
Nut- und Federbretter	Nach Bedarf	Bretter 9 oder 12 mm stark	Nach Bedarf
Aluminiumstange (Chrom- oder Holzstange)	1	Stange aus Aluminium, Chrom oder Holz mit 37 mm Durchmesser	Nach Bedarf
Stangenhalterung	2	18 mm MDF-Platte	

Wenn Sie durch die Federn sehr dünne Paneelstifte ohne Kopf treiben, erhalten Sie eine unsichtbare Befestigung. Diese Stifte werden schräg in die Feder getrieben und durch die Nut des nächsten Brettes verdeckt. Mitunter reißen Bretter an der Feder, da trockenes Kiefernholz ziemlich spröde ist. Das ist jedoch meistens unproblematisch, da die gerissenen Teile entfernt werden können, weil diese Stellen durch die Nut des nächsten Brettes, das über die Feder geschoben wird, verdeckt werden.

Sollen die Bretter angenagelt werden, so befestigen Sie das erste mit der Nut in der Ecke und prüfen mit der Wasserwaage, ob es genau senkrecht steht. Vor der Befestigung dieses Brettes durch Nageln in der Nut wird es ausgerichtet. Nur an diesem einen Brett wird durch die Oberfläche genagelt; die Nägel mit einem Versenker versenken. Die Löcher werden dann mit einem passenden Holzkitt oder -wachs verspachtelt.

Nun verstiften Sie die andere Seite des Brettes, indem Sie über jeder Wandlatte einen Stift durch die Feder nageln.

Das nächste Brett dann über die Feder schieben und, falls nötig, mit einem Hammer bündig anschlagen. Die Feder mit ei-

1 Befestigen von Nut- und Federbrettern durch Nägel
Das erste Brett seitlich an die Wand ansetzen (links); auf genau senkrechte Ausrichtung prüfen. An die Wandlatte durch die Nut hindurch annageln. Das nächste Brett (rechts) über die Feder schieben und durch die Feder verstiften. Dasselbe gilt für alle folgenden Bretter.

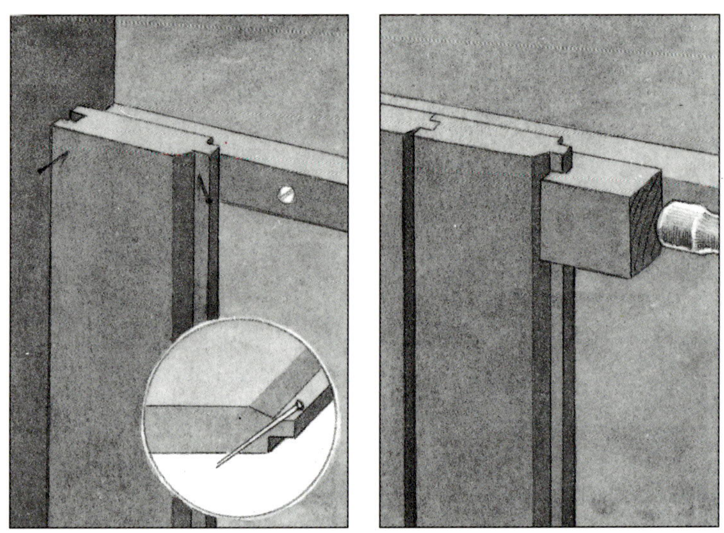

Sägen	21
Sägen von Kreisbögen	22
Bohren	23

Schrauben	24
Nageln	24
Verwenden von Schablonen	31

nem Stück Verschnittholz vor Beschädigung durch den Hammer schützen (siehe Abbildung 1).

Nut- und Federklammern sind praktisch und liefern einen stärkeren Halt als Nägel; sie sind allerdings teurer. Diese Klammern sind so gestaltet, daß sie den unteren Rand der Nut umfassen.

Dabei zeigt die Feder des ersten Brettes in die Ecke, in der Sie beginnen. Die Feder mit einer feingezahnten Rückensäge entfernen. Die Schnittkante in der Ecke anlegen, ausrichten und verstiften oder mit einer Spezial-Anfangsklammer befestigen. Dann die Nutkante mit einer Klammer befestigen. Diese wird von der in die Nut eingesetzten Feder des nächsten Brettes verdeckt.

Wenn Bretter von unterschiedlicher Länge an den Enden stumpf gestossen werden, so führen Sie mit Hilfe einer Gehrungsschneidlade rechtwinklige, besonders genaue Sägeschnitte aus. Die zwischen den Brettenden vorhandene Spalte nicht verspachteln.

Die in dem hier gezeigten Bad verwendeten Bretter enden kurz über dem Boden, wodurch die ganze Verkleidung sehr attraktiv aussieht. Die Unterkante ist dabei mit einer Sockelleiste dekorativ abgeschlossen. Dazu wird zu Beginn in der gewünschten Höhe über dem Boden vorübergehend eine Latte als Anschlag für die Unterkante der Bretter angebracht. Wenn sie nachher entfernt wird, schließen die Unterkanten der Bretter sauber und bündig ab.

Die Sockelleiste wird an die Unterkante der Bretter geleimt und gestiftet. Sie sollten auch in den Ecken und an der Decke Zierleisten befestigen, um vorhandene Spalten zu verdecken. Die Zierleisten grundsätzlich an die Wände oder Decke und niemals an die Bretter nageln. Die Köpfe der Stifte werden auch hier unter der Oberfläche versenkt und die Löcher mit Holzkitt oder -wachs verspachtelt. Wenn Sie keine Nagellöcher haben wollen, so können Sie die Zierleisten auch mit einem Kontaktkleber befestigen.

Es empfiehlt sich, für Wartungs- und Reparaturarbeiten an den verdeckten Rohren und Anschlüssen einen leichten Zugang vorzusehen. Dazu befestigen Sie an entsprechenden Stellen einige Bretter mit Schrauben anstatt mit Nägeln oder Klammern; die Federn werden dabei abgesägt, so daß die betreffenden Bretter sich leicht herausnehmen lassen. Zierkopf-oder Messingschrauben wirken auch optisch nicht störend.

Obwohl Holzbretter sich sehr gut zum Kaschieren von alten oder unansehnlichen Wänden eignen, dürfen sie niemals auf feuchten Wänden angebracht werden. Zuerst müssen Sie die Ursache der Feuchtigkeit ermitteln und beseitigen.

Wenn zur Erhöhung der Wärmedämmung an Außenwänden eine Isoliermatte zwischen den Wandlatten angebracht werden soll, ist die Wand zuerst mit einer Dampfsperre auszulegen, bevor darauf die Latten angebracht werden. Dies verhindert zwar, daß Feuchtigkeit in die Wand eindringt, ist jedoch keine Lösung für eine bereits vorhandene Feuchtigkeit oder einen dadurch entstehenden Gebäudeschaden.

Da Holz bekanntlich bei einer Veränderung der Luftfeuchtigkeit "arbeitet", werden die Bretter vor der Verarbeitung eine Woche lang in dem Raum gelagert, in dem sie auch verlegt werden.

Handtuchhalter

Der über die gesamte Breite des Badezimmers verlaufende Handtuchhalter wird hier zum Gestaltungsmerkmal. Im vorliegenden Fall wurde eine eloxierte Aluminiumstange mit 37 mm Durchmesser gewählt; auch Chrom- oder Holzstangen eignen sich zu diesem Zweck. Bei sehr langen Stangen verhindern Zwischenträger ein Durchhängen.

Stangenhalterungen können Sie selbst aus einer 19 mm MDF-Platte herstellen. Die erforderliche Kreisscheibe wird mit einem Gegenstand von entsprechender Größe angerissen. Dann einfach mit der Stichsäge oder der Handstichsäge sägen (**Techniken, Seite 22**).

Den Durchmesser der Stange in der Mitte der beiden Scheiben anzeichnen und mit Forstnerbohrer, Stichsäge oder Bogensäge herstellen. Mit der zweiten Scheibe in derselben Weise verfahren.

In beiden Scheiben Senkbohrungen vornehmen, die Scheiben auf die Stange setzen und mit Hilfe einer zweiten Person die Stange waagerecht halten, um nun die zwei Schraublöcher an der Wand anzuzeichnen. Stange und Scheiben abnehmen und die Löcher bohren und dübeln.

Die Scheiben wieder auf die Stange setzen und 50 mm-Schrauben Nr. 8 einschrauben, während der Helfer die Stange festhält.

Die Schraublöcher verspachteln; nach Austrocknen des Spachtels glattschleifen und zuletzt die Scheiben mit einer zur Stange oder Wand passenden Farbe lackieren.

2 Verwenden von Klammern
Feder absägen. Brett über eine Anfangsklammer schieben und auf der anderen Seite Klammer in die Nut einsetzen.

3 Anbringen einer Sockelleiste
Die Bretter werden auf Wandlatten 50 x 50 mm (je nach Stärke der zu kaschierenden Rohre) befestigt. Einen sauberen Abschluß der Bretter über dem Boden bietet die gezeigte Sockelleiste.

4 Stangenhalterung
Kreisscheiben aus 19 mm MDF-Platte sägen und in der Mitte der Scheibe Loch für Handtuchstange mit Stichsäge oder Bogensäge sägen.

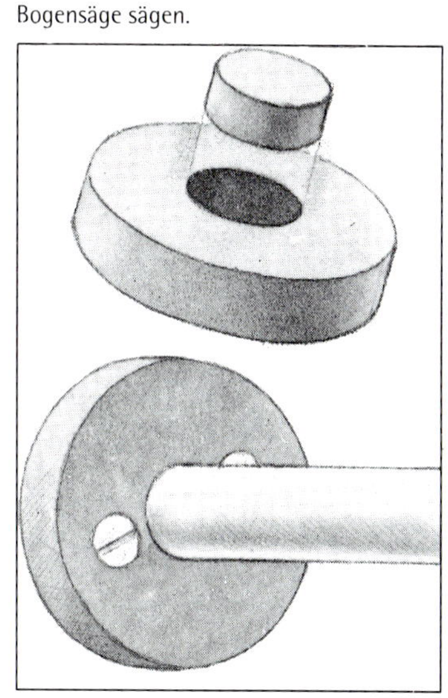

Wandschrank mit Klapptüren

Vermutlich träumen viele Menschen bei der Einrichtung des Schlafzimmers davon, eine genau eingepasste Schrankwand für all ihre Garderobe zu bekommen. Sich diesen Wunsch im Möbelgeschäft zu erfüllen, ist kostspielig. Andererseits ist es relativ einfach, sich selbst einen passenden Wandschrank zu bauen.

Kleiderschränke können offenbar niemals groß genug sein, um wirklich alle Kleidungsstücke adäquat unterzubringen. Außerdem gibt es das jahreszeitlich bedingte Hin und Her: die letzte Sommergarderobe wird zwar gerade nicht gebraucht, aber für den kommenden Sommer aufbewahrt. Auch sperrige Gegenstände wie Taschen und Koffer wollen untergebracht werden. Der solide Einbauschrank, den ich Ihnen hier vorstelle, bietet wirklich eine Menge Platz. Der Wandschrank besteht aus einem einfachen Holzrahmen, der an Wand, Decke und Fußboden angebracht werden kann, nachdem deren Unebenheiten ausgeglichen worden sind.

Das rechteckige Relief der hohen Schranktüren wirkt wie ein Wandpaneel. Sie können dort auch Spiegel einsetzen, wenn Sie eine Spiegelwand wünschen. Die oberen, kleinen Türen sind Klapptüren. Eine Hochstellstütze verhindert das Zuschlagen der Klappe während Sie etwas einräumen oder herausnehmen.

Das Innere des Schrankes kann aus einer Garderobenstange, Regalböden aus massivem Holz oder Lattenregalen und einer Schuhablage bestehen. Auch die Innentüren können mit Spiegeln versehen werden.

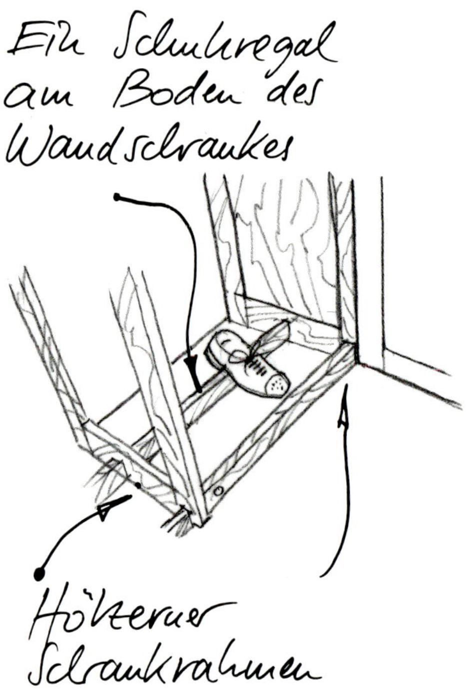

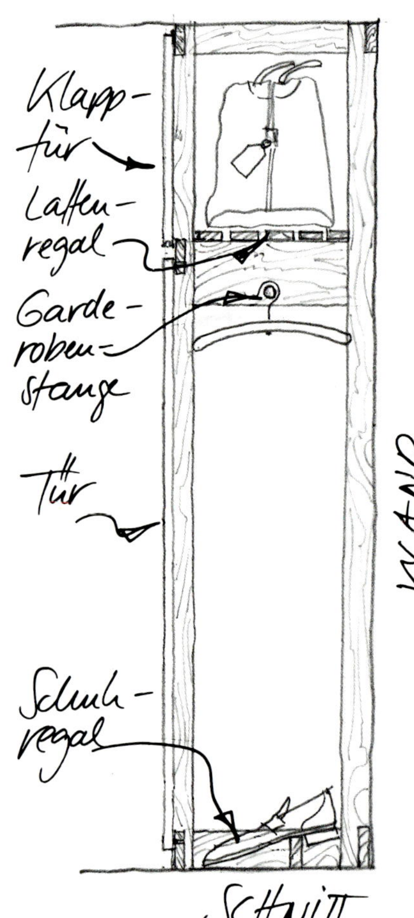

VORDERANSICHT: Dieser Schrank bietet wirklich viel Platz!

Wandschrank mit Klapptüren

Die gezeigten Wandschränke bestehen aus drei einzelnen Doppelelementen, die erst später miteinander verbunden werden. Jedes Teil ist als freistehendes Element konzipiert, das Sie nach Bedarf mit Seitenteilen abschließen können. Sie können beliebig viele Elemente herstellen, die Konstruktion sieht auch den Bau von Einzelelementen vor, sofern Ihr Bedarf an Stauraum oder Ihr verfügbarer Platz es erfordern. Sie können beide Seitenrahmen oder auch nur einen an der Wand befestigen. Bei an der Wand anliegenden Seitenrahmen ist keine Verkleidung erforderlich.

Kaufen Sie fertige Türen im Baumarkt oder beim Holzhändler. Das Design der Außenfront ist Ihrem persönlichen Geschmack überlassen, wichtig ist jedoch, daß für die obere Klappe eine kleine Version der Tür zur Verfügung steht, oder daß diese passend zu den Haupttüren hergestellt wird. Andernfalls wird eine Standardtür auf die Größe der oberen Türen zugeschnitten.

Die Türen können Sie aus Spanplatten mit Melaminbeschichtung herstellen, die durch aufgesetzte Profilleisten das Aussehen einer Täfelung erhalten. Die Gesamtabmessungen der Rahmen ergeben sich aus der Größe der Türen. Die Türen gehen vom Boden bis zur Decke; unten, oben und in der Mitte, wo Haupttür und obere Tür zusammentreffen, werden jeweils 25 mm hinzugegeben. Die Türen werden etwa 10 mm von der Vorderkante der Rahmen zurückversetzt.

Das zweite wichtige Maß ist die Tiefe des Schranks; sie beträgt 610 mm, da dies das beste Maß zum Aufhängen und Ablegen von Kleidungsstücken ist.

Werkzeuge

- Stahlbandmaß
- Fuchsschwanz
- Rückensäge
- Bohrständer
- Holzhammer
- Bohrmaschine (mit Wendelbohrern)
- Wasserwaage
- Oberfräse
- Schraubknecht
- Schraubendreher
- Dübel (oder Hohlwandbefestigungen)
- Stifthammer und Paneelstifte

Zusätzliche Werkzeuge

- Elektro-Stichsäge
- Handstichsäge
- Raspel

Materialien

Für ein Doppelelement, soweit keine anderen Angaben gemacht werden

Teil	Stückzahl	Material	Länge
Türen			
2 große und 2 kleine Türen passend vom Boden bis zur Decke mit einer Zugabe von 25 mm unten, in der Mitte und oben. Die Breite der Türen bestimmt die Gesamtbreite des Schranks.			
Rahmen (Angaben für einen Rahmen, für ein Doppelelement 3 Rahmen erforderlich)			
Rahmenpfosten	2	100 x 38 mm vorgehobeltes Weichholz	Höhe: Boden bis Decke
Querträger	3	100 x 38 mm vorgehobeltes Weichholz 410 mm, plus 50 mm bei Zapfenverbindungen	
Seitenwände (Angaben für einen Rahmen, pro freistehendem Doppelelement 2 Seitenrahmen erforderlich)			
Seitenwände, oben und unten	2	6 mm einfaches oder furniertes Sperrholz; Breite gleich Abstand zwischen den Rahmenpfosten, plus 25 mm	Höhe zwischen oberem und mittlerem und mittlerem und unterem Querträger, plus 25 mm
Zierleiste		12 x 12 mm vorgehobeltes Weichholz	Länge ausreichend für alle vier Kanten der Seitenwand
Kleiderstange			
Kleiderstange	2	25 mm Durchmesser Rundholz oder Besenstiel	Abstand zwischen den Rahmen, plus 38 mm
Zwischenraum-Latte			
Zwischenraum-Latte	12	50 x 38 mm vorgehobeltes Weichholz Breite der Tür, plus 4 mm, plus 38 mm bei Zapfenverbindungen	
Lattenregal			
Regallatten	7	50 x 19 mm vorgehobeltes Weichholz	Länge des Schranks, plus 25 mm
Oberer Regalboden			
Oberer Regalboden	2	19 mm Sperrholz, Breite: 580 mm	Abstand zwischen den Rahmen, plus 19 mm

Wandschrank mit Klapptüren

Montagezeichnung

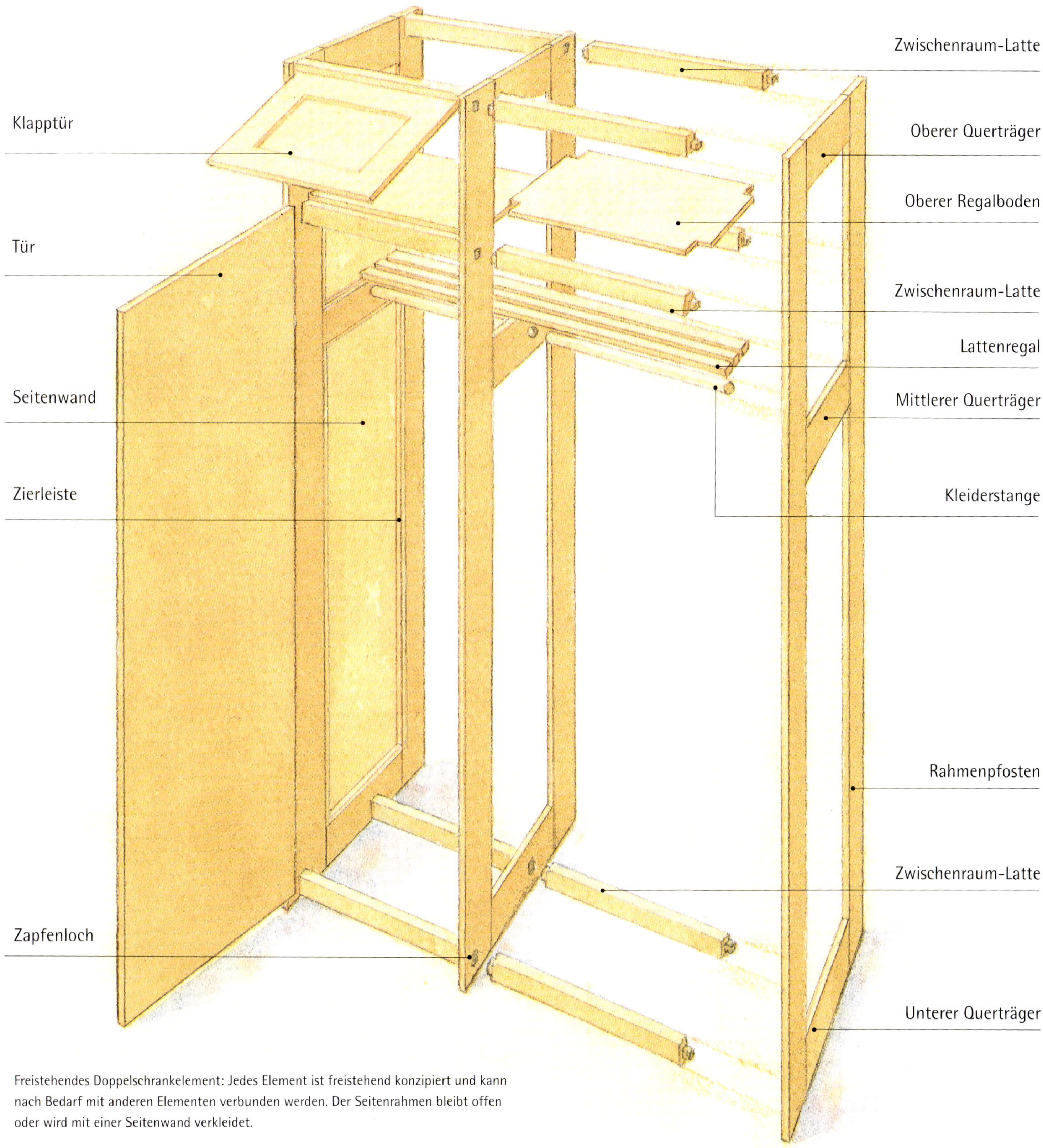

Freistehendes Doppelschrankelement: Jedes Element ist freistehend konzipiert und kann nach Bedarf mit anderen Elementen verbunden werden. Der Seitenrahmen bleibt offen oder wird mit einer Seitenwand verkleidet.

Wandschrank mit Klapptüren

Montage des Grundelements

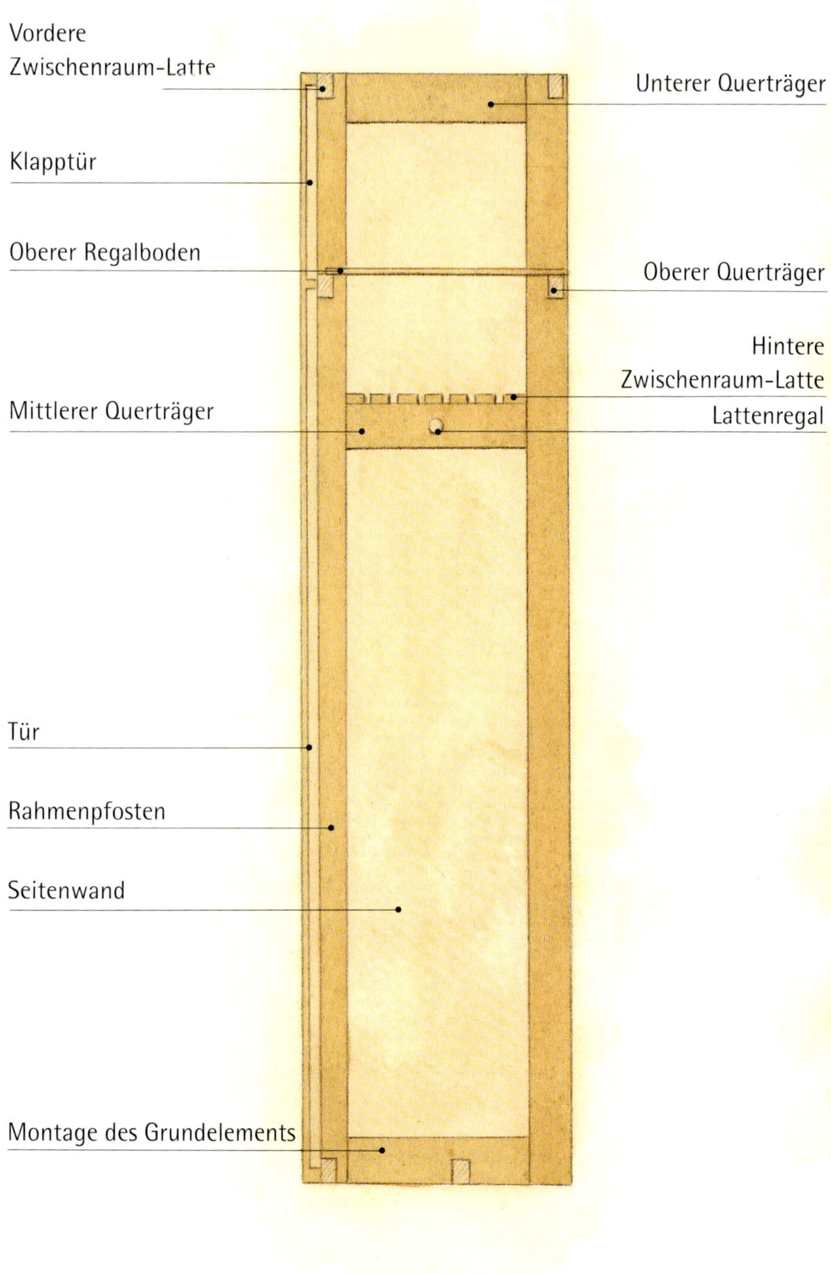

1 Einzelteile des Kleiderschranks im Querschnitt
Der Schrank hat mit 600 mm Tiefe das optimale Maß für Kleidungsstücke. Die hintere untere Zwischenraum-Latte ist nach vorn versetzt und bildet eine Schuhablage.

Montage des Rahmens

2 Verbinden der waagrechten und senkrechten Rahmenteile
Zur Herstellung des Schrankrahmens werden drei Querträger zwischen zwei Pfosten mittels verleimter Schlitz- und Zapfenverbindungen oder Dübelverbindungen eingesetzt.

Rahmen

Die Höhe für die Rahmen vom Boden bis zur Decke ausmessen. Bei Unebenheiten werden alle Rahmen nach dem längsten Maß hergestellt und später angerissen (**Techniken, Seite 31**).

Für die Pfosten sägen Sie zwei Kanthölzer (100 x 38 mm) auf das erforderliche Maß. Die Querträger werden zwischen den Pfosten oben, unten und in der Höhe der Kleiderstange mittels verleimter Schlitz- und Zapfenverbindungen oder Dübelverbindungen eingesetzt (**Techniken, Seite 28 und 30**). Die Zapfen oder Dübel sollten etwa 25 mm lang sein.

Die Länge der Querträger zum Einbau zwischen den Pfosten ausmessen (für die Zapfenverbindung etwa 50 mm zugeben) und aus 100 x 38 mm Kantholz drei Querträger sägen. Oberer und unterer Querträger schließen mit den Enden der Pfosten bündig ab. Die Einbauhöhe des mittleren Querträgers, der die Kleiderstange trägt, ergibt sich aus der Anordnung der Türen und der Höhe des größten Kleidungsstückes auf einem Kleiderbügel.

In die Mitte des mittleren Querträgers ein Loch von 25 mm Durchmesser zur Aufnahme der Kleiderstange bohren. Die Kleiderstange wird aus einem Rundstab mit 25 mm Durchmesser oder aus einem Besenstiel gefertigt.

Den Standardrahmen aus Pfosten und Querträger zusammensetzen. Die benötigte Anzahl der Rahmen herstellen. Die Verbindungslöcher an den gewünschten Stellen noch nicht ganz durch die Seitenrahmen, sondern nur bis zur halben Stärke der Rahmenhölzer bohren.

Seitenwände

Die beiden Seitenwände ausmessen. Sie sind auf die Höhe zwischen oberem und unterem Querträger und auf die Breite zwischen den Pfosten plus einer Zugabe von 12 mm an allen Seiten zuzusägen. Für Holzoberflächen verwenden Sie furnierte Spanplatten oder Sperrholz, für lackierte Oberflächen einfaches Sperrholz.

An der Innenseite des Rahmens wird mit der Fräse eine 12 mm breite und 19 mm tiefe Nut gefräst.

Die Seitenwände noch nicht befestigen, da bei der späteren Montage ein Schraubknecht durch die Rahmen gesetzt werden muß. Mit den gleichen Arbeitsschritten setzen Sie alle weiteren Seitenwände ein.

Rahmen und Seitenwand: Der Blick zeigt die hintere Zwischenraum-Latte als Schuhregal und den an die Sockelleiste angepaßten Seitenrahmen.

3 Einpassen von Zwischenraum-Latten in die Rahmen
Diese Latten werden mit den Schrankrahmen durch Schlitz- und Zapfenverbindungen verbunden. Die Zapfen haben die halbe Länge des für die Pfosten und Querträger verwendeten Kantholzes.

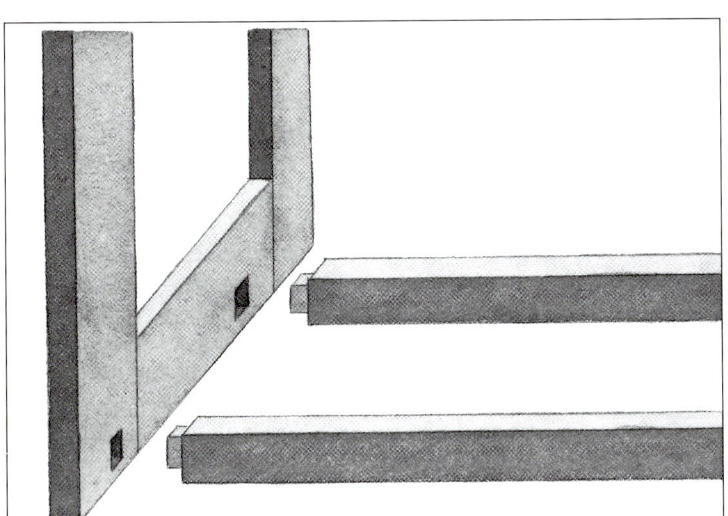

4 Einpassen der Seitenwände
Seitenwände werden in Nuten in dem Rahmen eingepasst und mit Zierleisten fixiert (unten).

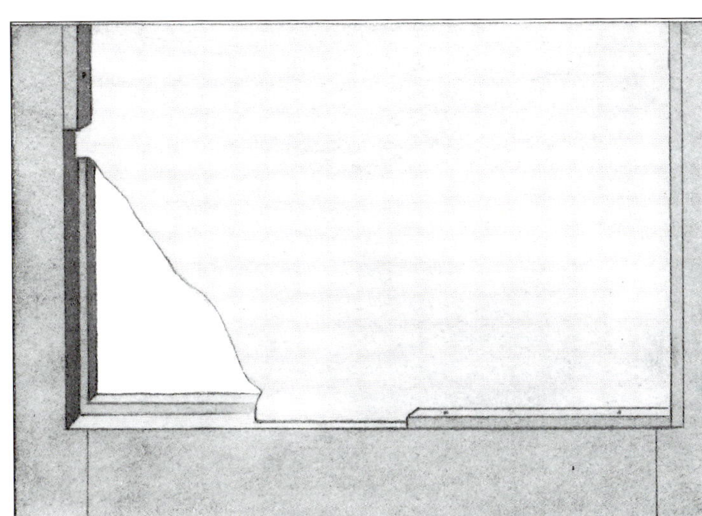

Wandschrank mit Klapptüren

Innenansicht des Schranks: Viel Stauraum durch ein Lattenregal und die stabile Kleiderstange aus Holz.

Zwischenraum-Latten

Diese Latten aus 50 x 38 mm Kantholz kommen oben, unten und zwischen den beiden Türen zwischen die Rahmen. Sie werden ebenfalls mit einer Schlitz- und Zapfenverbindung oder mit Dübelverbindungen befestigt (**Techniken, Seite 28 und 30**). Die Länge der Dübel entspricht der halben Pfostenstärke; so stoßen beide Zapfen von jeder Seite in der Mitte des Rahmens sauber aneinander.

Die Latten auf die Breite der Tür plus 4 mm Spiel an jeder Türseite, plus Länge der Zapfen bei Zapfenverbindungen zusägen. Jeweils 6 Zwischenraum-Latten für je 2 Rahmen auf diese Länge sägen.

Die drei vorderen Latten werden von der Vorderseite der Pfosten um die Stärke der Türen plus 10 mm nach hinten versetzt. Die hintere untere Latte wird um etwa 225 mm von der Hinterkante nach vorne versetzt, um als Halteleiste für Schuhe zu dienen. Die obere und die mittlere hintere Zwischenraum-Latte werden etwa 12 mm nach vorne versetzt, um den Rahmen leicht an die Wand anreißen zu können (Techniken, Seite 31).

Kleiderstangen

Die erforderliche Anzahl von Kleiderstangen auf dieselbe Länge sägen wie die Zwischenraum-Latten, einschließlich einer Zugabe für die Zapfen, so daß sie sich in der Mitte der Querträger treffen. Wenn Sie die Zwischenraum-Latten mit Dübeln befestigen möchten, müssen Sie bei der Länge der Kleiderstangen ebenfalls ein entsprechendes Übermaß vorsehen.

Befestigen der Seitenrahmen

Einen Rahmen aufstellen und zur Befestigung an Wand, Boden und Decke anzeichnen (**Techniken, Seite 31**). Jeder Rahmen muß mit dem nächsten Rahmen auf genau gleicher Höhe stehen.

Den Rahmen entweder an der Sockelleiste anreißen oder die Sockelleiste entfernen und später wieder einsetzen. Die Stellung eines jeden Rahmens unverwechselbar kennzeichnen. Das erste äußere Seitenteil mit innen angebrachten Befestigungswinkeln an Decke und Boden befestigen (Techniken, Seite 25). Auf senkrechten Stand achten! Befestigen Sie das Teil direkt an der rückwärtigen Wand, so lassen Sie einen Abstand von 25 mm. Hier wird später eine Blende eingepaßt. Der Rahmen kann auch direkt an die Seitenwand verschraubt werden, wobei jedoch eine Latte von 25 mm Stärke als Abstandhalter dient.

1 Herstellen des Lattenregals
Die Latten liegen auf den mittleren Querträgern. Bohrungen in den Querträgern dienen zur Aufnahme der Kleiderstange.

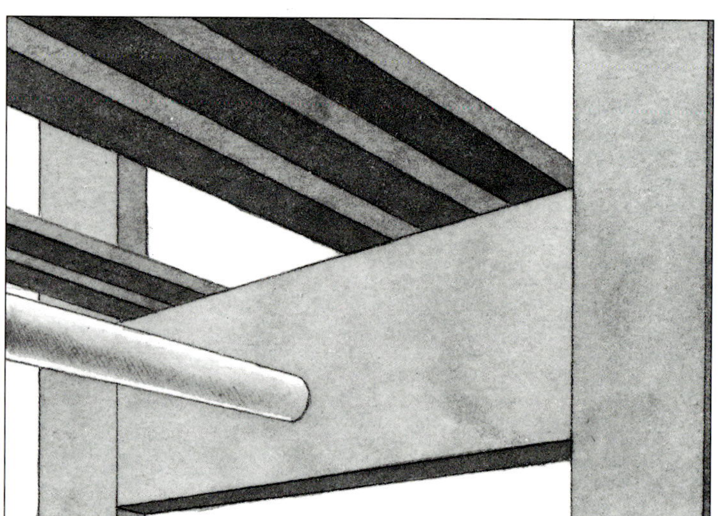

2 Detailansicht der Scharniere und Griffleisten der Klapptür
Der Mechanismus der Klapptüren wird oben an den Seitenrahmen befestigt. Durch einen Falz an der unteren Kante der Türklappe entsteht ein praktischer Handgriff.

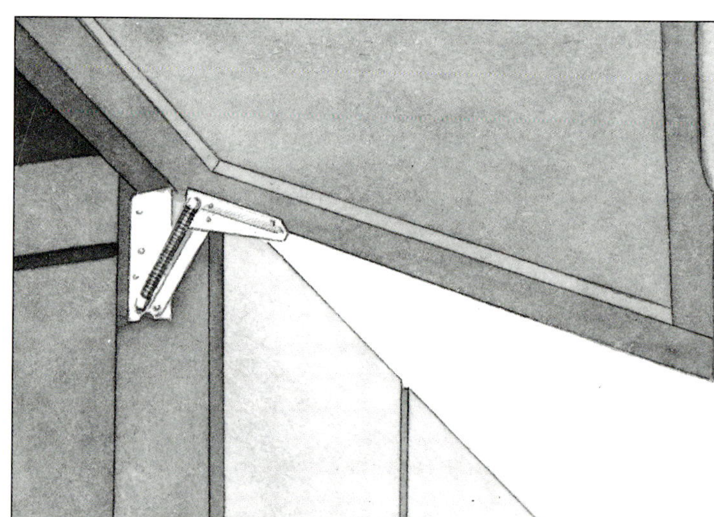

Befestigen von Winkelverbindern	25
Stumpfe Verbindung	26
Schlitz- und Zapfen-Verbindung	28
Dübelverbindung	30
Anreißen großer Längen	31
Ermitteln der Senkrechte	32
Anbringen von Scharnieren	32
Anbringen von Schnäppern	34

Wandschrank mit Klapptüren

Montage der Teile

Einpassen der Zwischenraum-Latten

Die Zwischenraum-Latten und die Kleiderstange im ersten Seitenteil einpassen und verleimen. Dann das nächste Seitenteil mit bereits eingeleimten Verbindungen aufstellen. Die beiden Rahmen mit Schraubknechten über die gesamte Breite fixieren und den Leim aushärten lassen. Auf diese Weise werden auch alle übrigen Seitenteile montiert.

Einpassen der Seitenwände

Die Seitenwand in den in das Seitenteil gefrästen Falz setzen. Sie wird hier durch Zierleisten gehalten, die auf der Innenseite mit Stiften angenagelt werden.

Lattenregal

Die Latten laufen über die gesamte Breite des Schranks; sie liegen auf den mittleren Querträgern in den Seitenteilen auf. Die vorderste und hinterste Latte liegt jeweils an den Rahmenpfosten an, während die anderen in gleichen Abständen dazwischengelegt werden. Müssen Latten in der Länge gestossen werden, so geschieht dies im Bereich eines Querträgers. Die Latten werden auf den Querträgern befestigt.

Oberer Regalboden

Die oberen Regalböden aus 9 mm Sperrholz liegen auf Zwischenraum-Latten auf. Sie werden etwas von der Vorderkante zurückgesetzt oder, noch besser, mit einem Falz auf die Zwischenraum-Latten gesteckt. Jeden Regalboden so zusägen, daß er mittig am senkrechten Rahmen eines Doppelelements an den Nachbarboden anstößt. Die Böden an den Ecken um die Pfosten herum passend zusägen. Die Böden an den vorderen und hinteren Zwischenraum-Latten befestigen.

Türen

Die Türen mit 75 mm Klappscharnieren aus Messing befestigen (Techniken, Seite 33). Die Scharniere so einbauen, daß die Türen von der Vorderkante 10 mm nach hinten versetzt sind. Dies bedeutet, daß Sie die Türen nicht weiter als bis zu einem Winkel von 90° öffnen können, da sonst die Scharniere sich lockern oder sogar herausgezogen werden. Notfalls, besonders wenn Kinder den Schrank benutzen, Stopper einbauen, um ein weiteres Öffnen zu verhindern.

Abschließend versehen Sie die Türen mit Griffen und einem dazu passenden Außendekor.

Klapptüren

Die Klapptüren werden an der Oberkante angeschlagen. Es empfiehlt sich der Einsatz von Spezialscharnieren, die als kombinierte Scharniere und Halterungen dienen (Techniken, Seite 34). Durch eine Feder wird die Tür gehoben und offen gehalten.

Durch Fräsen eines Falzes oder Abschrägen an der Unterkante jeder Klappe wird eine Griffmulde geschaffen. Alle Türen werden mit Magnetschnäppern versehen (Techniken, Seite 34).

Rahmenblende

Befestigen Sie die Seitenteile an Seitenwänden, so erzielen Sie einen sauberen und dichten Abschluß durch Blendleisten. Diese werden wie die Türen zurückversetzt (10 mm) und in einer zu den Türen oder zur Wand passenden Farbe lackiert.

Sockelleiste

Ist an der Wand bereits eine Sockelleiste vorhanden, so wird der Abschnitt zwischen den Seitenteilen entfernt. Dann so zusägen, daß die neue Leiste zwischen die senkrechten Teile paßt.

Großzügiger Stauraum im Schrank
Bei geöffneten Türen bietet der Schrank bequemen Zugang zu einem massiven oberen Regalboden, zum Lattenregal und zu der Kleiderstange.

3 Einhängen der Schranktüren
Die Türen werden von der Vorderkante der Rahmen etwas zurückgesetzt an Scharnieren aus Messing befestigt.

Faltbarer Raumteiler

Für einen Wandschirm gibt es in der Wohnung viele Verwendungsmöglichkeiten. Er schafft visuell und physisch wahrnehmbare Abgrenzungen.

Mein Entwurf kann auch zu einer Garderobe für Diele oder Schlafzimmer umfunktioniert werden. Mit einer Stange, Holzknäufen und einem Regalbrett verwandeln Sie den Paravent in eine schlichte, aber elegante Garderobe, die Sie dort aufstellen können, wo Sie sie gerade brauchen.

Das geometrische Grundmuster des Wandschirms können Sie nach Lust und Laune abwandeln. Sie können die Latten unbehandelt belassen, beizen oder farbig streichen. Wenn Sie einen Sichtschutz wollen, bespannen Sie den Paravent auf einer Seite mit hellem, dünnem Stoff.

Ich habe keine Metallscharniere zwischen den einzelnen Flügeln angebracht, sondern eine so althergebrachte wie geniale Methode der Verbindung gewählt: Die Flügel sind mit einem festen Gewebeband verbunden. Der Wandschirm ist schnell zusammengefaltet, wenn Sie ihn gerade einmal nicht benötigen.

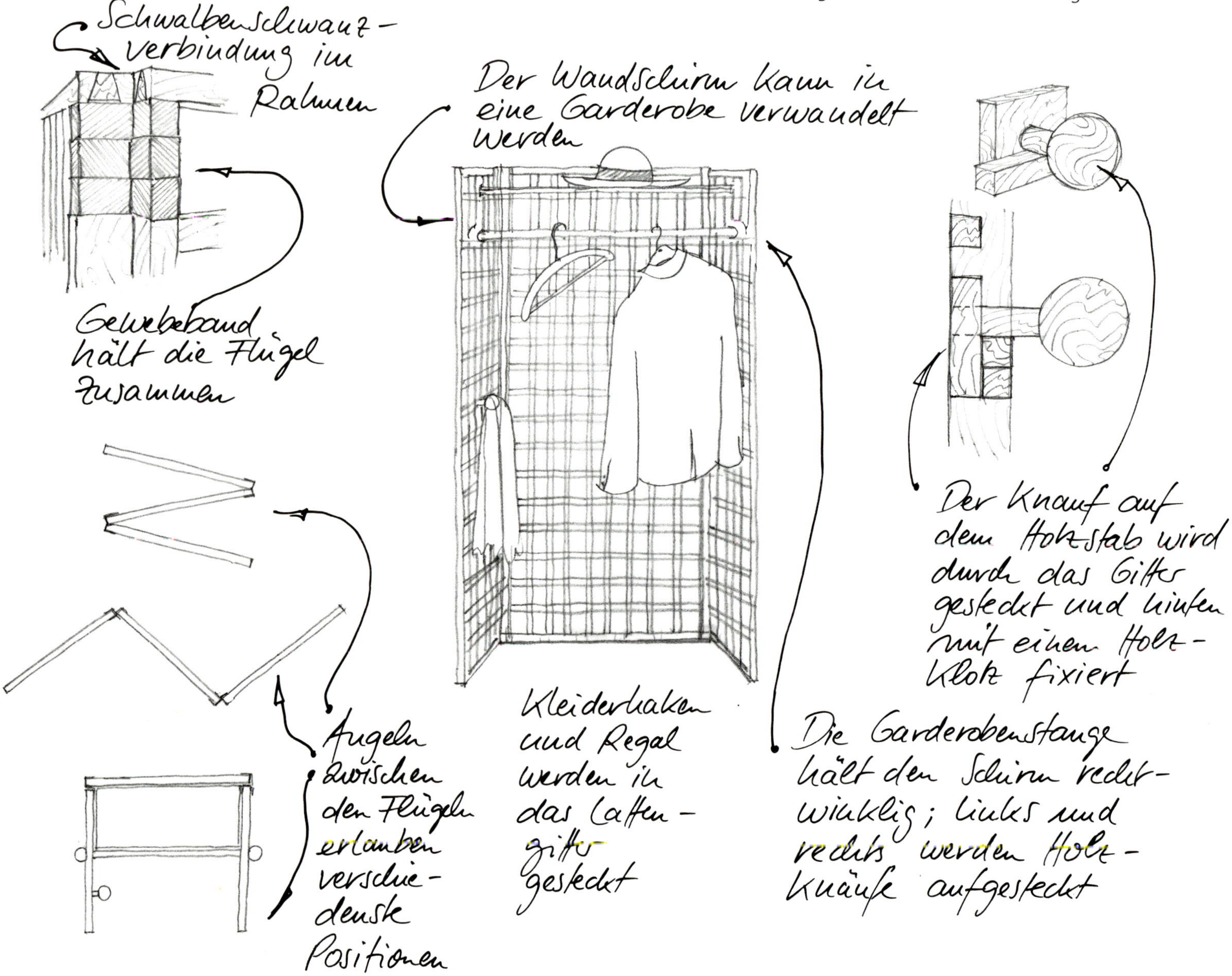

Faltbarer Raumteiler

Faltbare Raumteiler sind Gestaltungselemente, mit denen Sie nicht nur Räume unterteilen, sondern auch weniger schöne Ecken oder optisch störende, bauliche Merkmale kaschieren können. Wird eine Seite des offenen Rahmens z.B. mit einem leichten Tüllstoff versehen, so ergibt sich eine abschirmende Wirkung ohne zu starke Dämpfung des Lichts. Alternativ bietet sich mit einem undurchsichtigen Material die Möglichkeit einer effektiven Abschirmung. Bei dem hier gezeigten Modell wird mit einer spalierähnlichen Lattenkonstruktion gearbeitet.

Werkzeuge

Stahlbandmaß
Anschlagwinkel
Streichmaß (oder Zapfenstreichmaß)
Schmiege
Schneidemesser
Schwalbenschwanzsäge
oder Rückensäge mit feiner Zahnung
Bogensäge
Fuchsschwanz, Kreissäge
(oder elektrische Stichsäge)
Balleisen 12 mm
Bohrmaschine
Zentrierbohrer
Spitzbohrer (oder Maschinenschlangenbohrer bei Benutzung einer Bohrkurbel)
Holzhammer (oder Hammer und Verschnittholz zum Eintreiben von Dübeln)
Schraubknechte
(oder Gurtband oder Schiebekeile)
Stifthammer
(oder ähnlicher leichter Hammer)
Schwingschleifer (oder Handschleifblock)
Tacker und Heftklammern
Pinsel 38 mm

Materialien

Anmerkung: Die Angaben gelten für einen Rahmen; es werden drei Rahmen benötigt.

Teil	Stückzahl	Material	Länge
Rahmen-Pfosten	2	50 x 25 mm vorgehobeltes Kantholz	1730 mm
Querträger, oben und unten	2	50 x 25 mm vorgehobeltes Kantholz	710 mm
Waagrechte Spalierlatten	15	25 x 25 mm vorgehobeltes Kantholz	etwa 660 mm
Senkrechte Spalierlatten	6	25 x 25 mm vorgehobeltes Kantholz	etwa 1680 mm
Befestigungsdübel für Latten	42	6 mm-Rundholz	30 mm
Kleiderstangen nach Bedarf	2	5 mm-Rundholz	etwa 760 mm lang, Abstand zwischen den Raumteilerwänden, plus ungefähr 38 mm
Kleiderstangen-Aufsätze	6 (2 pro Stange)	Holzkugel	75 mm oder 63 mm Durchmesser
Regalboden	1	12 mm Sperrholz	etwa 300 mm tief, ungefähr 760 mm lang
Halteplatte für Garderobenknauf	1	25 mm vorgehobeltes Holz	etwa 75 mm breit, etwa 125 mm lang
Knauf-Anschlagleiste	1	25 x 25 mm vorgehobeltes Holz	etwa 125 mm
Knaufstange	1	25 mm Rundholz	75 mm
Holzknauf	1	Holzkugel	50 mm Durchmesser

Durch die Verwendung herkömmlicher Gurtbandscharniere, die eine Bewegung in beiden Richtungen gestatten, können Sie den Raumteiler in Z-Form oder in U-Form aufstellen; in letzterem Fall kann er durch Einsetzen einer Stange auch als provisorische Garderobe dienen. Auch ein herausnehmbarer Regalboden ist möglich, der über die Hängestange passend gefertigt wird. Weiterhin lassen sich an beliebigen Stellen im Raumteiler Garderobenknäufe anbringen. Wird der Raumteiler nicht benötigt, so können Sie ihn einfach zusammenfalten und verstauen.

Ihr Raumteiler kann aus beliebig vielen Elementen bestehen. Das hier gezeigte Modell besteht aus drei Elementen; jedes hat eine Höhe von 1730 mm und eine Breite von 710 mm. Die Spalierlatten im äußeren Rahmen bilden quadratische Zwischenräume von 75 mm Kantenlänge. Zur Erhöhung der Festigkeit werden die Rahmen mit Schwalbenschwanzverbindungen an den Ecken hergestellt. Dübelverbindungen sind jedoch genauso gut möglich (Techniken, Seite 30). Diese Verbindungen sind absolut zuverlässig, wenn sie zusätzlich noch mit einem modernen Holzleim wie einem PVA-Leim verarbeitet werden.

Herstellen der Raumteiler-Elemente

Der Außenrahmen des Elements wird aus 50 x 25 mm vorgehobeltem Kantholz hergestellt. Für jeden Rahmen werden zwei Pfosten und zwei Querträger (oben und unten) benötigt. Unsere Pfosten sind 1730 mm lang, die Querträger 710 mm. Auf exakt rechtwinkelige Ecken achten!

Faltbarer Raumteiler

Montagezeichnung

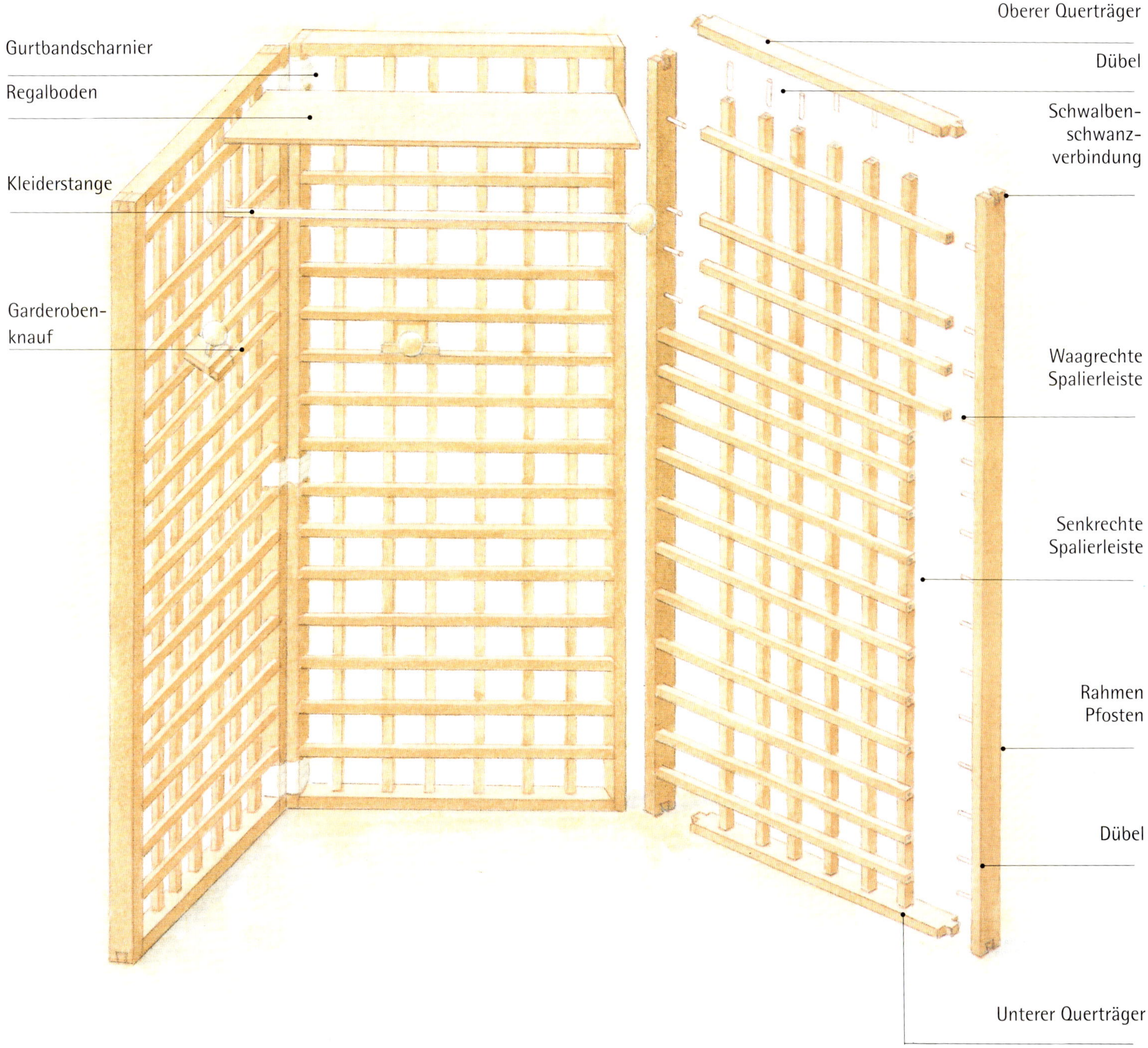

Faltbarer Raumteiler

Herstellen der Zapfen an oberem und unterem Querträger

Die Herstellung einer Schwalbenschwanzverbindung ist auf Seite 29 im Kapitel "Techniken" beschrieben. An dieser Stelle werden lediglich projektspezifische Hinweise gegeben. Das Streichmaß auf die Stärke des Querträgers einstellen und dieses Maß vom Ende des Querträgers anzeichnen. Die Linie um beide Vorderseiten und Kanten herumführen. Auf diese Weise wird jedes Ende am oberen und unteren Querträger angerissen.

Form des Zapfens an einem Stück Verschnittholz derselben Stärke anzeichnen und daran die Einstellung des Streichmaßes (oder eines eventuell vorhandenen Zapfenstreichmaßes) festlegen.

Mit dem Streichmaß übertragen Sie die Außenkonturen des Zapfens auf die Außenfläche des Querträgers. Mit Hilfe einer Schmiege wird dann der Zapfen mit einem gespitzten Bleistift auf die Stirnfläche des Querrahmens übertragen. Die Linien an der Unterseite des Zapfens mit einem Anschlagwinkel auf der Innenfläche fortführen (Abbildung 1).

Den Querträger in einem Schraubstock senkrecht einspannen und an den Bleistiftlinien mit einer feinen Rückensäge oder einer Schwalbenschwanzsäge bis auf die seitlich angezeichneten Linien einsägen. Dann den Querträger waagerecht in den Schraubstock einspannen, um die Absätze des Schwalbenschwanzes zu entfernen, so daß nur der Zapfen übrigbleibt; dazu bis zur angezeichneten Linie sägen. Jedes Ende der oberen und unteren Querträger auf diese Weise bearbeiten.

Herstellen der Schwalbenschwänze an den Pfosten

Wie zuvor beschrieben werden die Enden mit dem Streichmaß angezeichnet und die Linien um den Pfosten herumgeführt. Um die spätere Montage zu erleichtern, markieren Sie die entsprechenden Verbindungen. Einen Querträger in Längsrichtung oben auf einen Pfosten legen, um die Stärke des Zapfens anzuzeichnen. Dann wird der Querträger am Ende des Pfostens senkrecht aufgestellt, um den "Schwalbenschwanz" zur Aufnahme des Zapfens auf dem später senkrecht stehenden Pfosten anzuzeichnen (Abbildung 2).

Für alle übrigen Verbindungen wird genauso verfahren. Numerieren Sie die Verbindungen fortlaufend, da sie nicht austauschbar sind. Die Markierungen mit einem Anschlagwinkel auf die restlichen Kantenflächen übertragen. Alle Enden der Pfosten auf diese Weise anzeichnen.

Um die Pfostenenden sägen zu können, muß der senkrechte Pfosten festgehalten werden. Dazu spannen Sie ihn am besten senkrecht in einen Schraubstock, stabilisieren ihn mit langen, seitlich befestigten Latten und benutzen zum leichteren Sägen eine Trittleiter. Gesägt wird innerhalb der Bleistiftlinien (Abfallseite); nach den markierten Linien sägen Sie die Schwalbenschwänze. Das abfallende Holz wird mit einer Bogensäge ausgesägt; mittig bis zur Querlinie herunter und dann zu den Seiten nach außen sägen. Dabei bleiben Sie etwas innerhalb der angezeichneten Linien. Mit einem Balleisen dann exakt bis zu den Seiten ausstemmen. Die übrigen Enden aller Pfosten werden genauso behandelt, um sodann die Verbindungen passend nach ihrer Numerierung zusammenzusetzen. Achten Sie auf die Stirnflächen der Querträger und Pfosten ebenso wie auf die Zapfen und Schwalbenschwänze. Stellen Sie zunächst zur Probe eine Schwalbenschwanzverbindung an einem Stück Verschnittholz her.

Spalierlatten

Ist der Rahmen probeweise zusammengesetzt, so nehmen Sie die Innenmaße auf, um die Spalierleisten aus 25 x 25 mm vorgehobelten Latten auf diese Maße zuzusägen. Im hier gezeigten Fall ergeben sich 15 horizontale und 6 vertikale Spalierlatten pro Wandteil. Danach den Rahmen wieder zerlegen.

Zur Befestigung der Spalierlatten im Außenrahmen wurde hier mit Hartholzdübeln (6 mm Durchmesser) von 30 mm Länge gearbeitet. (Dies entspricht in etwa der idealen Größe. Bei anderer Dübelgröße sind die Maße entsprechend zu korrigieren.)

Mit Hilfe einer Bohrführung werden die Enden aller Spalierlatten mit einem Kernbohrer oder Holzbohrer mit 6 mm Durchmesser auf eine Tiefe von 19 mm gebohrt.

Anzeichnen der Dübellöcher

Die vertikalen Spalierlatten zusammengeschoben auf die oberen und unteren Querträger legen; beginnen Sie dort, wo der Zapfen beginnt. Von der Kante der letzten Latte bis zum Anfang des anderen Zapfens messen und dieses Maß durch die Anzahl der Spalierlatten teilen. Dadurch erhalten Sie den Abstand zwischen den Latten. Diesen Abstand und die halbe Stärke der Latte vom Beginn des Zapfens aus nach innen messen. Die Mitte des ersten Dübelloches liegt an der so ermittelten Stelle. Von dort

1 Herstellen der Zapfen an Querrahmen
Die Tiefe rundherum anzeichnen; die Oberseite und die Unterseite des Zapfens bereits markieren. Der Schwalbenschwanz ist auf der Stirnseite zu erkennen.

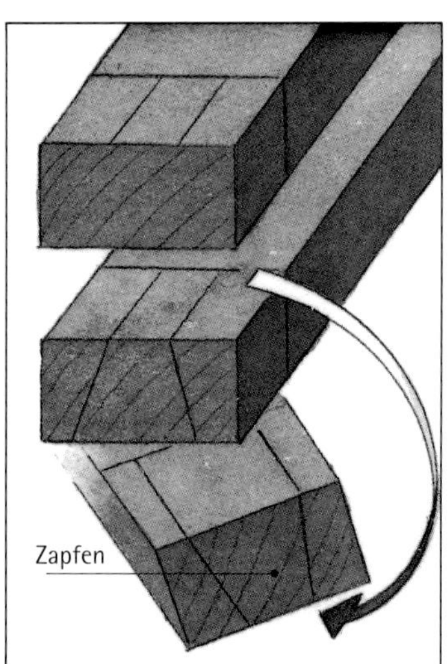

2 Anreißen an den Pfosten
Tiefe und Stärke des Zapfens übertragen; danach das Profil des Zapfens auf dem Pfosten anzeichnen.

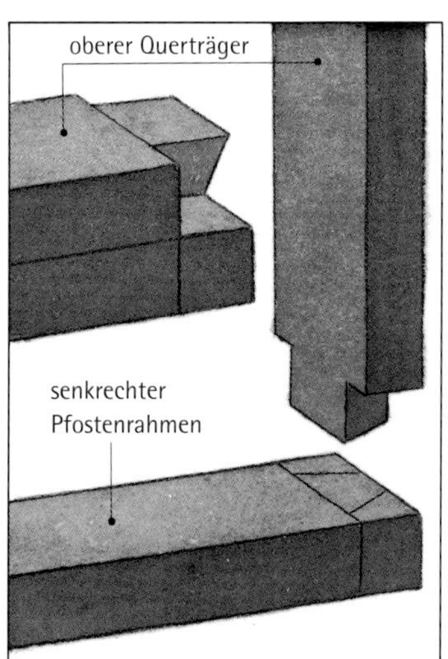

3 Fertigstellen der Schwalbenschwanzverbindung
Zapfen an oberem Querträger mit feiner Rückensäge oder Schwalbenschwanzsäge aussägen. Schwalbenschwanz an senkrechtem Pfosten des Rahmens mit Schwalbenschwanz- und Bogensäge aussägen. Alle Einschnitte mit Balleisen für guten, sicheren Sitz ausarbeiten.

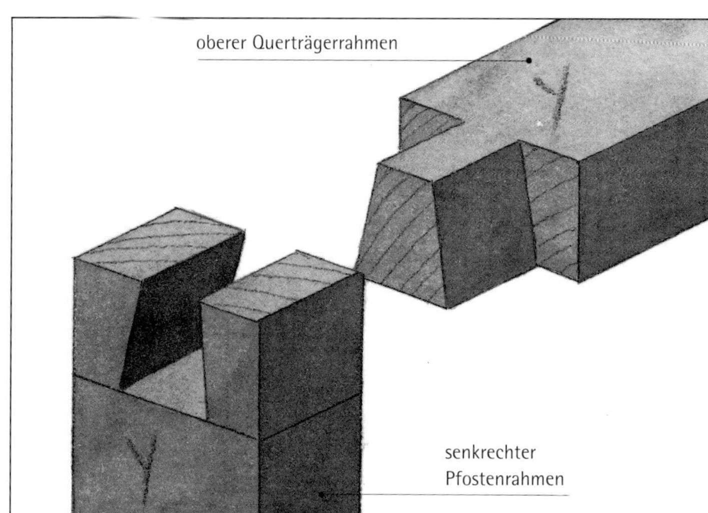

aus werden die Mittellinien der Dübellöcher nach dem bereits errechneten Abstandsmaß angezeichnet. Der letzte Abstand muß genauso groß sein wie der erste. Die Lochmarkierungen mittig auf alle anderen oberen und unteren Querträger übertragen.

Um die mittige Lage der Dübellöcher quer auf den Rahmen anzuzeichnen, nehmen Sie die Mitte des Querrahmens und messen Sie von dort aus genau die halbe Stärke der vertikalen Spalierlatte ab. (Dies ist weniger als der Nennwert von 25 mm.) Dann wird eine Längslinie über den Querrahmen gezogen. An den Schnittpunkten der senkrecht zu dieser Linie stehenden Dübellochlinien liegen die Mittelpunkte der Dübellöcher (Abbildung 5).

Genauso zeichnen Sie die Dübellöcher für die horizontalen Spalierlatten auf den Pfosten an. Sie stehen im selben Abstand wie die vertikalen Spalierlatten. Eine Spalierlatte wird von oben her und die übrigen dann von unten her eingemessen. So entsteht zwischen der oberen horizontalen Spalierlatte - auf der der Regalboden aufliegt - und der nächst tieferen ein größerer Abstand.

Zur Markierung der Dübellöcher in der Horizontalen nehmen Sie genau die halbe Stärke der Spalierlatte von der Mitte aus, aber in Gegenrichtung zu den vertikalen Latten. So stellen Sie sicher, daß die horizontalen Spalierlatten genau vor den vertikalen eingepaßt werden.

Alle angezeichneten Löcher mit einem Durchmesser von 6 mm und auf eine Tiefe von 12 mm bohren.

Zusammensetzen der Rahmen

Hierbei gehen Sie wie in Abbildung 5 beschrieben vor. An einem Pfosten werden nun auf einer Seite beide Schwalbenschwanzverbindungen verleimt und zusammengesetzt. Dann leimen und dübeln Sie alle horizontalen Spalierlatten im senkrechten Pfosten. Schließlich werden am zweiten Pfosten Schwalbenschwanzverbindung und Dübel gleichzeitig verleimt und verbunden.

Mit Schraubknechten (oder Gurtband oder Schiebekeilen) über dem Rahmen werden die Verbindungen zusammengezogen. Mit einem Abstandhalter überprüfen Sie, ob alle Abstände gleich sind, bevor Sie die Spalierlatten an ihren Kreuzungspunkten miteinander verstiften. Die beiden übrigen Rahmen genauso zusammensetzen und die Oberfläche nach Ihren Wünschen endbehandeln.

Garderobe aus Raumteiler
Der Raumteiler läßt sich leicht in eine provisorische Garderobe verwandeln. Ist bei unerwartetem Besuch eine praktische Lösung.

4 Ermitteln der Dübellöcher für vertikale Spalierlatten
Vertikale Spalierlatten zusammengeschoben auf oberen und unteren Querträger legen; bei den Zapfen beginnen. Abstand Kante letzte Latte bis anderer Zapfen messen und daraus Abstand der Spalierlatten errechnen.

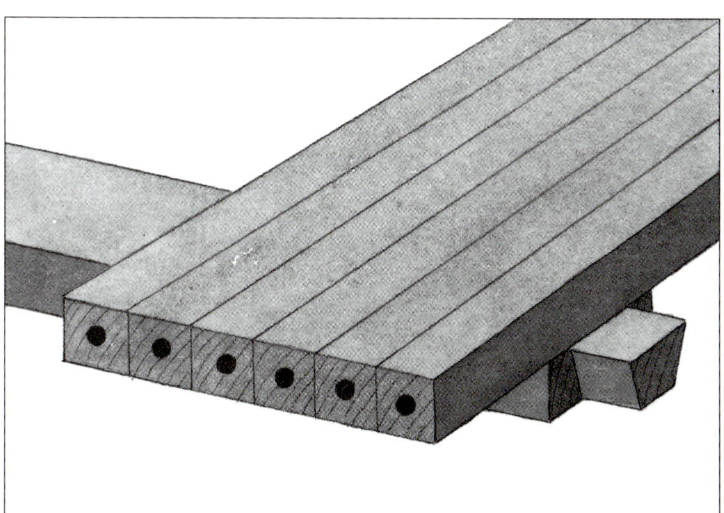

5 Vertikale Spalierlatten
Dübellöcher an Querträger anzeichnen und bohren. Leimen und Dübel einsetzen. Leim in Löcher der Spalierlatten geben und diese auf die Dübel schieben.

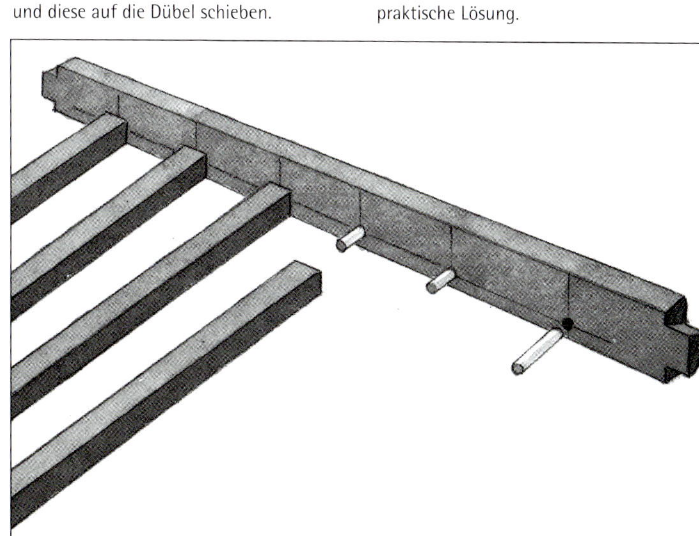

Faltbarer Raumteiler

Detailansicht des Gurtbandscharniers
Das Gurtbandscharnier ermöglicht das Falten des Raumteilers in beide Richtungen; Farbe des Gurtbandes zum Raumteiler passend.

Gurtbandscharniere
Die drei Elemente des Raumteilers werden oben, in der Mitte und unten mit selbstgemachten Gurtbandscharnieren zusammengehalten. Dadurch kann der Raumteiler in jede Richtung gefaltet werden. Jedes Scharnier besteht aus drei einzelnen Streifen aus 25 mm breitem Gurtband (Leinen).

Die beiden äußeren Streifen oben und unten sind identisch und werden zuerst befestigt; auf einen Zwischenraum für den mittleren Streifen achten, der in Gegenrichtung befestigt wird. Der erste oberste Streifen wird gemäß der Skizze an den Rahmen angeklammert oder getackert und mit dem nächsten Rahmen durch einen Achterschlag verbunden; diesen so legen, daß die Enden der Streifen überdeckt sind. Der Gurtstoff kann vorübergehend angeheftet werden, um ihn beim Umwickeln entsprechend zu fixieren. Die letzte Wendung des Streifens am Rahmen anheften und das Ende noch eine Wendung weiterziehen. Dadurch werden die Heftklammern auf beiden Rahmen verdeckt. Der andere Streifen wird genauso befestigt.

Der Mittelstreifen wird gemäß Abbildung 3 befestigt. Dieser Streifen kann nicht so weit herumgewickelt werden wie die anderen, so daß nur die erste Reihe der Heftklammern verdeckt wird. Das Ende wird wie vorher zur nächsten Fläche durchgezogen. Zwischen je zwei Rahmen bringen Sie drei derartige Scharnierverbindungen an.

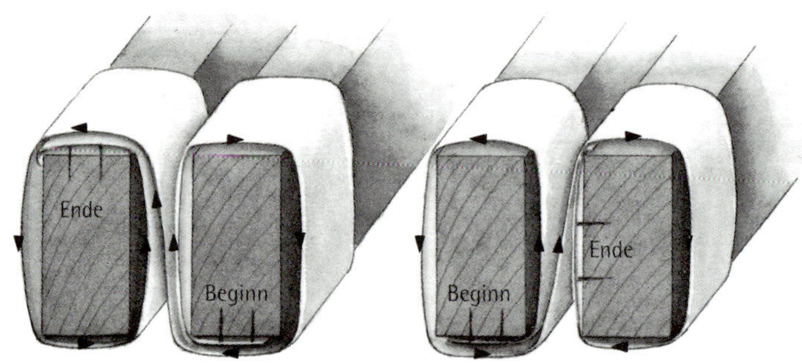

Äußere Streifen Mittelstreifen

1 Montieren der horizontalen Spalierlatten
Leim auftragen; ersten senkrechten Pfosten in die Zapfen der oberen und unteren Querträger einsetzen; leimen und dübeln.

2 Anbringen des zweiten senkrechten Pfostens
Schwalbenschwänze und Dübel leimen und verbinden; oberste horizontale Spalierlatte nicht vergessen.

3 Herstellen der Scharniere
Gurtstoff in Pfeilrichtung um die senkrechten Pfosten in Pfeilrichtung wickeln, wodurch eine feste Scharnierverbindung entsteht.

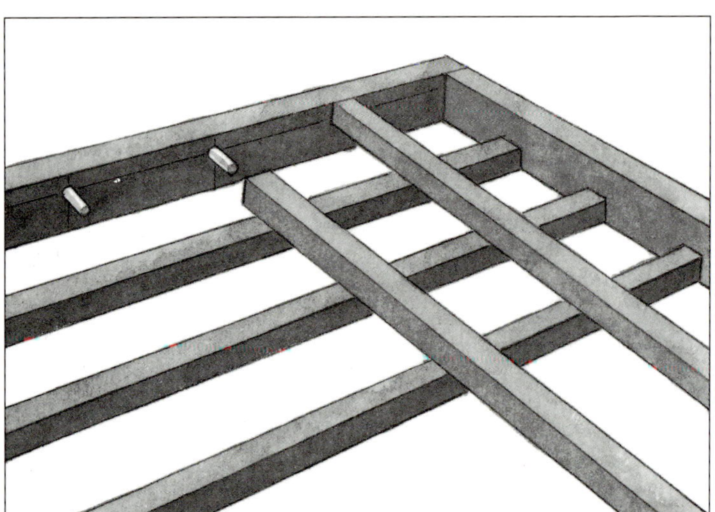

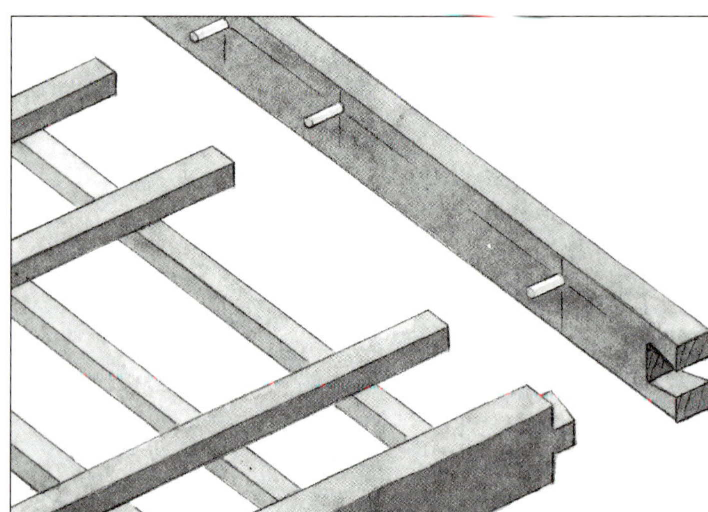

Bohren	23
Nageln	24
Dübelverbindung	30

Faltbarer Raumteiler

Gurtbandscharnier, Kleiderstange und Knäufe

Kleiderstangen

Den Raumteiler in U-Form aufstellen und das Maß für die Kleiderstangen von den Außenkanten der Querlatten plus 19 mm an jedem Ende aufnehmen. Auf die Enden werden Holzknäufe von 75 mm oder 63 mm Durchmesser aufgesteckt. Die erforderliche Anzahl an Kleiderstangen aus 25 mm Rundholz schneiden. Jede Stange ist ungefähr 760 mm lang, wenn Sie sie nach den angegebenen Maßen fertigen.

Jeden Knauf in einen Schraubstock einspannen und mit einem Spitzbohrer (25 mm Durchmesser) auf eine Tiefe von 19 mm bohren.

Die Kleiderstangen werden mit Knäufen verleimt und dann an der gewünschten Stelle in den Raumteiler gelegt.

Regalboden

Soll ein Regalboden eingepasst werden, so wird dieser aus 12 mm Sperrholz hergestellt. Er liegt oben auf zwei horizontalen Spalierlatten auf und läßt sich leicht herausnehmen, wenn der Raumteiler zusammengefaltet werden soll. Regalboden passend sägen (etwa 300 mm tief). Da er nur für den vorübergehenden Gebrauch vorgesehen ist, sollten Sie keine schweren Gegenstände darauf legen. Für Hemden oder andere leichte Kleidungsstücke reicht er jedoch durchaus.

Garderobenknäufe

Die erforderliche Halteplatte aus 25 mm gehobeltem Weichholz in Höhe und Breite so sägen, daß sie in ein offenes Fach zwischen Längs- und Querlatten paßt.

Aus einem 25 x 25 mm Verschnittholz dann ein Stück sägen, dessen Länge von einer Außenkante der vertikalen Spalierlatte bis zur nächsten geht. Diese Leiste wird der Anschlag für die Halteplatte, die in ein Fach eingesetzt wird. Die Anschlagleiste auf die Platte halten, um sie zur Befestigung anzuzeichnen.

In die Halteplatte wird 12 mm tief ein Loch mit 25 mm Durchmesser gebohrt, dessen Mitte von der Oberkante der Anschlagleiste 25 mm nach oben versetzt ist. Von einem Rundholz mit 25 mm Durchmesser sägen Sie ein 75 mm langes Stück ab und leimen es in das Loch ein. Die Anschlagleiste mit der Halteplatte verleimen und verstiften.

In einen Holzknauf (50 mm Durchmesser) ein 19 mm tiefes Loch mit 25 mm Durchmesser bohren. Dann den Knauf mit dem Rundholz verleimen. Diese Garderobenknäufe können Sie überall einhängen.

Detailansicht der Garderobe
Als Garderobe bildet der Raumteiler eine geschmackvolle Ergänzung in jedem Schlafzimmer, Flur oder Abstellraum.

4 Verstiften der Spalierlatten
Rahmen einspannen und die Abstände der Latten mit einem Abstandhalter prüfen; Latten nun verstiften.

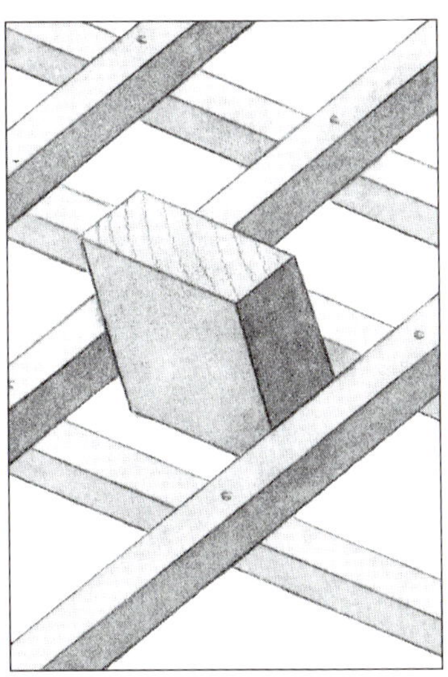

5 Herstellen der Kleiderstange und Garderobenknäufe
Die Kleiderstange besteht aus einem Rundholz mit 25 mm Durchmesser und Holzknäufen an den Enden. Die Garderobenknäufe bestehen aus einer Anschlagleiste auf einer Halteplatte, auf der der Holzknauf über ein kurzes Rundholz befestigt wird.

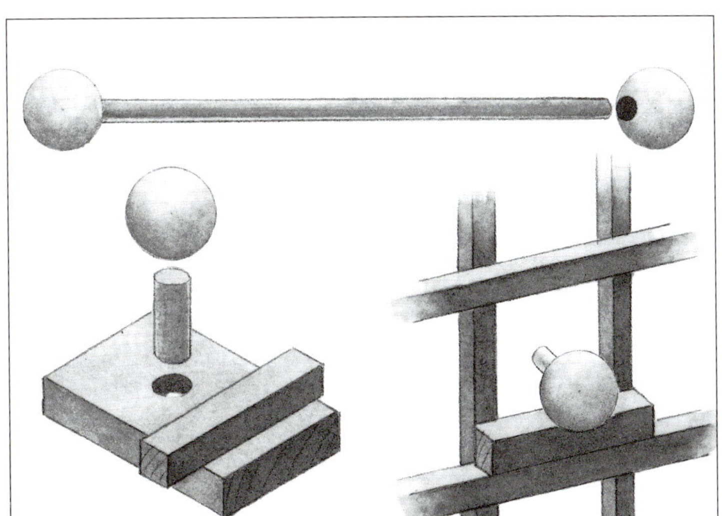

Japanischer Wandschrank

Obwohl ich diesen Schrank für ein Schlafzimmer konzipiert habe, passt er auch gut in jedes entsprechend eingerichtete Wohnzimmer. Ich habe versucht, die heiter-ruhige Gelassenheit, die traditionelle japanische Wohnräume auszeichnet, in meinem Entwurf einzufangen.

Wichtig ist, daß der Rahmen, in dem die Schiebetüren laufen, rechteckig ist, daß jede Ecke wirklich im rechten Winkel steht. Mit Leisten, die an den Ecken und der Rückwand des Schrankes angebracht werden, können Sie die jeweiligen Unebenheiten des Fußbodens, der Wand oder Decke ausgleichen.

Die Schranktüren sind mit rechteckigen Flächen strukturiert, deren Größe sich nach der Größe der Wand richtet, die Ihnen für den Schrank zur Verfügung steht. Als Bespannung habe ich einen robusten, elfenbeinfarbenen Baumwollstoff verwendet, anstatt des herkömmlichen japanischen Papiers. Sie können auch andere Stoffe wählen, die zu Ihrer Einrichtung passen.

Einer der Vorzüge eines japanischen Wandschrankes ist – neben dem großen Stauraum –, daß Sie innen Leuchtröhren installieren können. Das Licht wird auf angenehme Weise gedämpft. Ihr Schlaf- oder Wohnzimmer erhält damit einen eleganten, leuchtenden Hintergrund.

SCHNITT DURCH DIE WANDBEFESTIGUNG

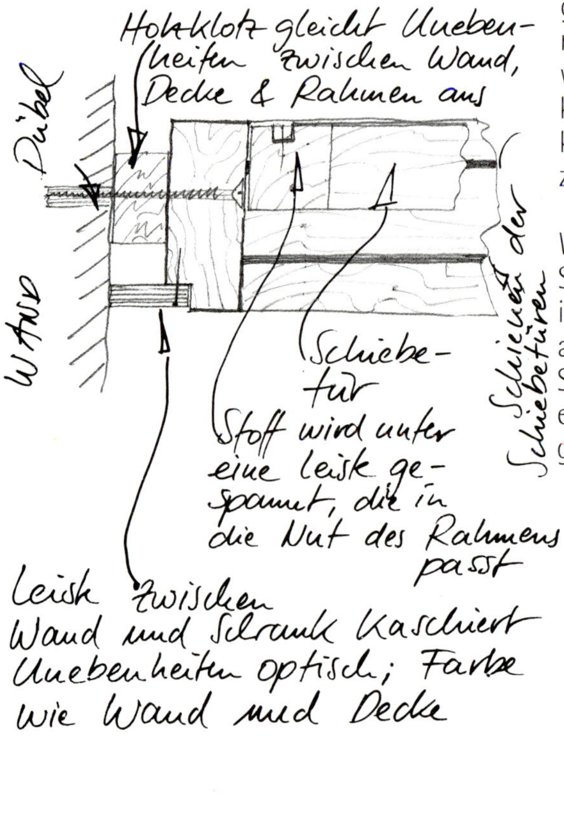

SCHNITT DURCH DIE DECKENBEFESTIGUNG

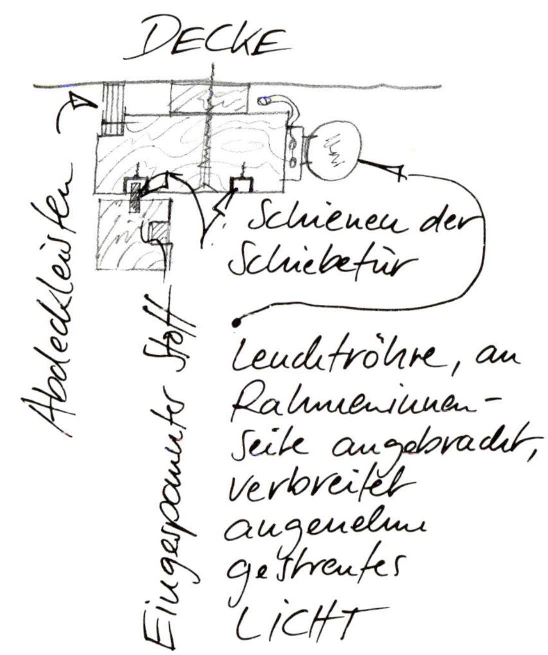

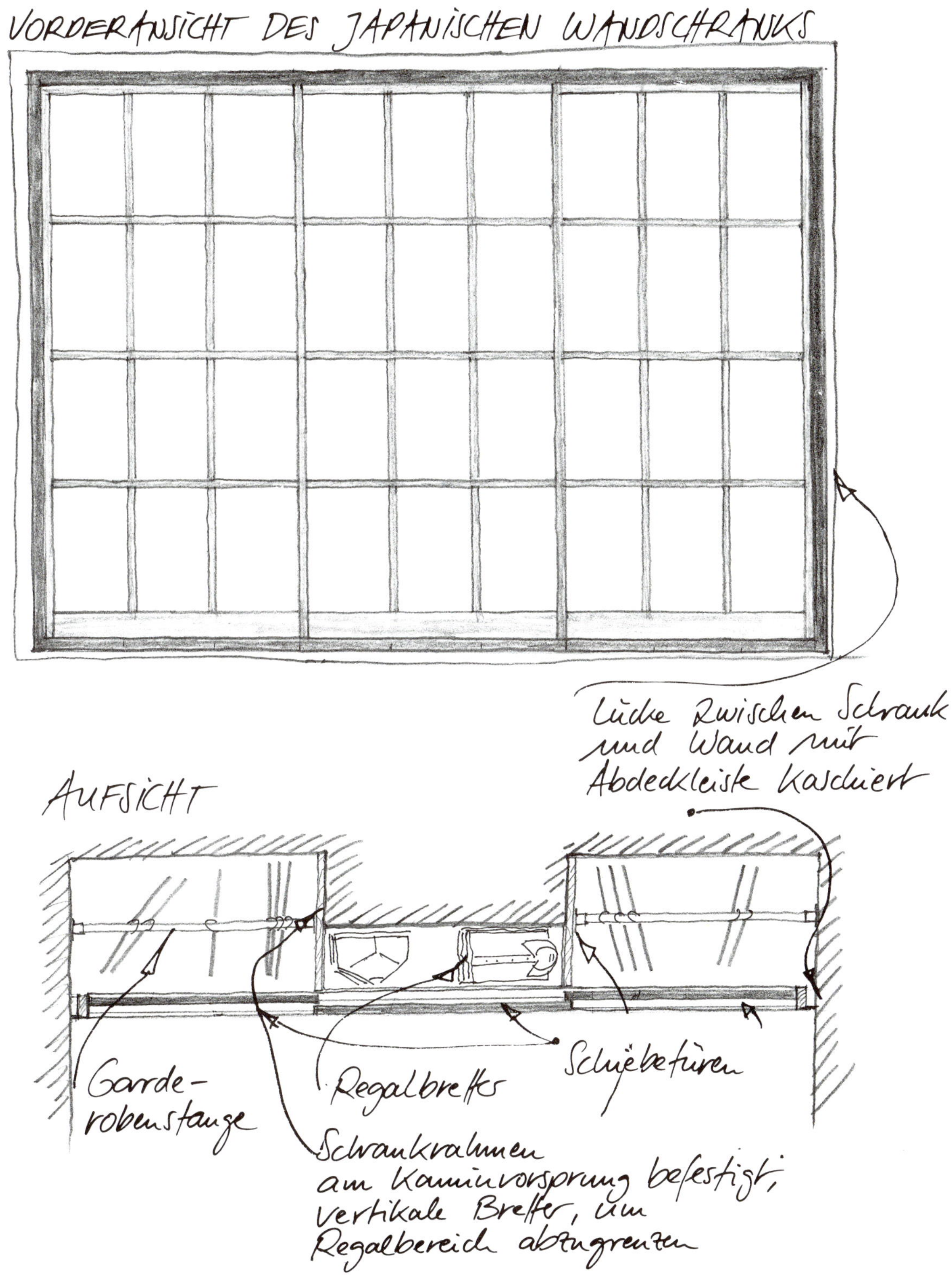
VORDERANSICHT DES JAPANISCHEN WANDSCHRANKS
Lücke zwischen Schrank und Wand mit Abdeckleiste kaschiert
AUFSICHT
Garde-robenstange
Regalbretter
Schiebetüren
Schrankrahmen am Kaminvorsprung befestigt, vertikale Bretter, um Regalbereich abzugrenzen

Japanischer Wandschrank

Die leichten Schiebetüren dieses Einbauschranks sind durch einen schmalen, spalierartigen Rahmen unterteilt und erhalten durch eine Stoffbespannung auf der Rückseite den Charakter eines japanischen Möbels. Die Türen sind so gestaltet, daß sie unabhängig von eventuellen Nischen oder Kaminvorsprüngen von einer Wand zur anderen reichen. Hinter den Türen angebrachte Lampen beleuchten das Innere des Schranks und schaffen bei geschlossenen Türen ein sanft gefiltertes Licht im Raum, wodurch eine gerade für Schlafräume angenehme und entspannende Atmosphäre entsteht.

Bei dem hier gezeigten Design liegen die Schiebetüren vor einem Kaminvorsprung und verdecken diese vollständig. An den Seiten des Vorsprungs werden Regal-Seitenteile angebracht, die leicht vor dem Kamin hervorstehen und den Einbau von schmalen Einlegeböden in der Breite des Kamins ermöglichen.

Möchten Sie diesen Schrank an einer plan durchgehenden Wand aufbauen, so sollten Sie dennoch zwei innere Seitenteile vorsehen, um die Kleiderstangen und die tiefen Einlegeböden zusätzlich abzustützen. In diesem Falle gehen jedoch alle Einlegeböden bis nach hinten zur Wand, und es ergibt sich Platz für drei anstatt für nur zwei Kleiderstangen.

Ist an der Wand kein Kamin oder kein anderer Vorsprung vorhanden, so sieht es besser aus, wenn Sie die inneren Seitenteile als Rahmen-Konstruktion mit Sperrholzverkleidung ausführen.

Materialien

Teil	Stückzahl	Material	Länge
Seitenteile	2	19 mm Sperrholz, Tischler- oder Spanplatte, Breite wie Innentiefe des Schrankes (hier 530 mm)	Raumhöhe
Tiefe Einlegeböden	4	Wie oben; 518 mm tief wegen der Stärke der Blendleisten	Abstand zwischen inneren Seitenteilen und seitlichen Wänden
Schmale Einlegeböden	6	19 mm Sperrholz, Tischler- oder Spanplatte, Tiefe wie Abstand zwischen Kaminvorsprung und Vorderkante der Seitenteile, minus 12 mm	Abstand zwischen den Seitenteilen
Blendleiste für Einlegeböden	10	38 x 12 mm vorgehobeltes Kiefern- oder Hartholz	Wie Einlegeböden
Hintere Auflageleisten für tiefe Einlegeböden	4	25 x 25 mm**	Länge wie Einlegeböden
Seitliche Auflageleisten für tiefe Einlegeböden	4	25 x 25 mm**	Tiefe der Einlegeböden, minus 38 mm
Hintere Auflageleisten für schmale Einlegeböden	4	25 x 25 mm**	Länge wie Einlegeböden
Seitliche Auflageleisten für schmale Einlegeböden	4	25 x 25 mm**	Tiefe der Einlegeböden, minus 38 mm
Kleiderstange	2	Chromstange oder Rundholz 25 mm Durchmesser	Breite der Nische
Stangenhalterungen	4	75 x 25 mm**	2 mit 530 mm, 2 mit 610 mm

Türrahmen

Obere und untere Querträger	2	100 x 50 mm**	Raumbreite plus 150 mm*
Senkrechte Pfosten	2	Wie oben	Raumhöhe*
Obere Rahmenblende	1	25 x 30 mm**	Raumbreite*
Seitliche Rahmenblende	2	Wie oben	Raumhöhe*

Türen (Angaben für eine Tür, das hier gezeigte Projekt hat drei Türen)

Türpfosten	2	50 x 50 mm**	Innere Höhe des Türrahmens abzüglich Spiel für Türlauf
Oberer Querträger	1	50 x 50 mm**	Ein Drittel der Innenbreite des Türrahmens
Unterer Querträger	1	100 x 50 mm**	Wie oben
Waagrechte Türsprossen	3	25 x 25 mm**	Innere Breite des Türrahmens, plus 25 mm
Senkrechte Türsprossen	2	25 x 25 mm**	Innere Höhe des Türrahmens, plus 25 mm
Seitliche Tuchspannleisten	2	9 x 9 mm**	Innere Höhe des Türrahmens, plus 100 mm
Obere und untere Tuchspannleisten	2	9 x 9 mm**	Innere Breite des Türrahmens, plus 100 mm

* Maße etwas zu groß angegeben, um späteres Zusägen zu ermöglichen.

** vorgehobeltes Weichholz

Japanischer Wandschrank

Konstruktionszeichnung

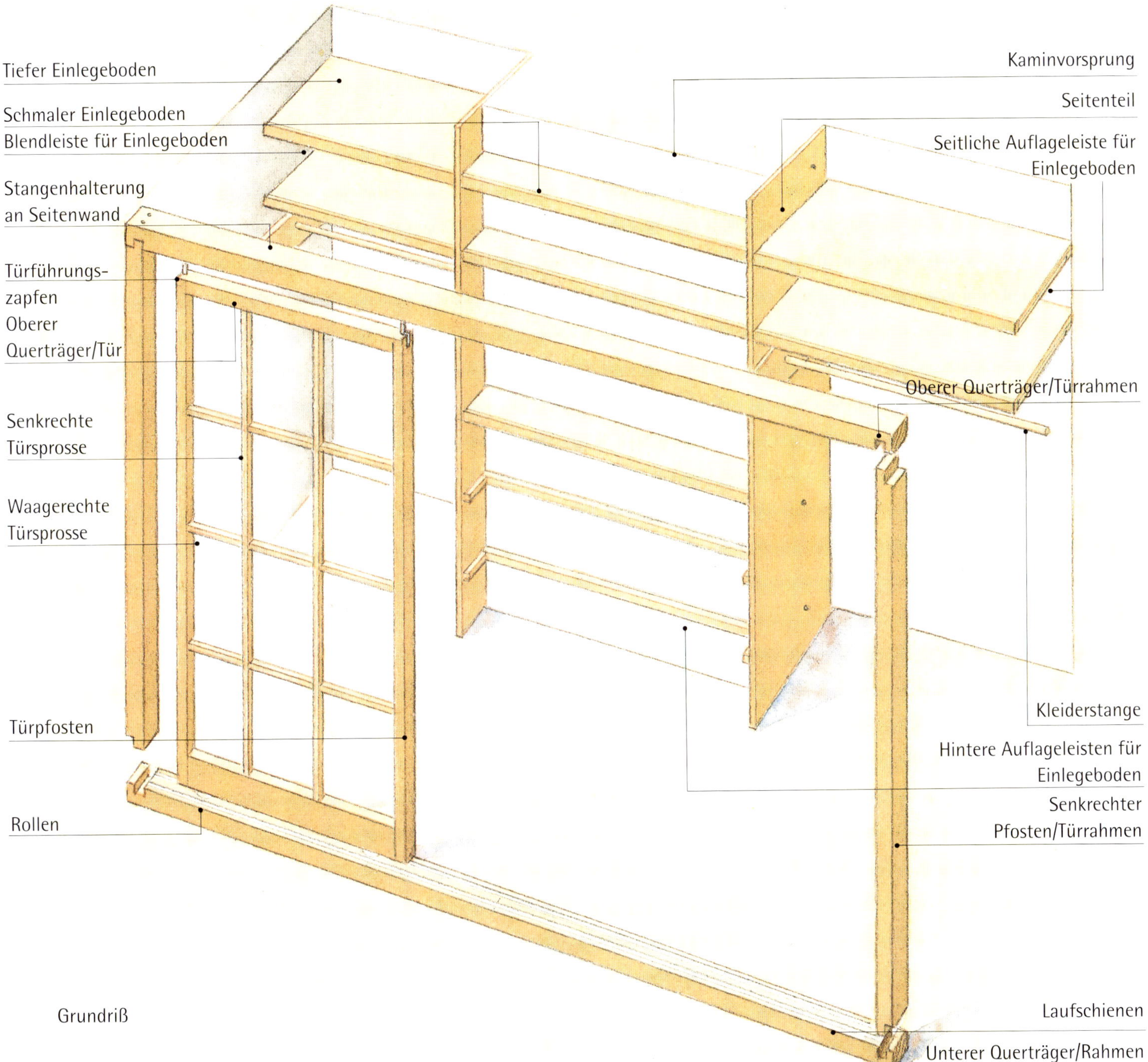

Grundriß

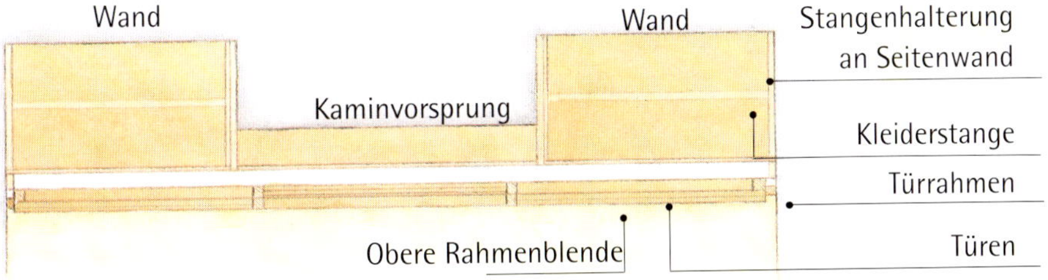

Japanischer Wandschrank

Werkzeuge

Stahlbandmaß
Richtscheit (oder gerade Leiste)
Wasserwaage
Lot mit Schlagschnur
Anschlagwinkel
Schneidemesser
Streichmaß
Zapfenstreichmaß
Kreissäge oder Stichsäge
(oder Fuchsschwanz und Rückensäge)
Gehrungsschneidlade
(nicht zwingend)
Parallelreißer
Bohrmaschine
Wendelbohrer
3 mm für Kernbohrungen,
5 mm für Senkbohrungen
für Schraubenschaft
Spitzbohrer
Senkbohrer
Steinbohrer, passend zu den Dübeln
Oberfräse und Fräsköpfe
Stemmeisen
Schraubendreher
Hammer
Versenker
Putzhobel
Schwingschleifer (oder Schleifblock)
Rahmenklemmen
(Spannweite etwa 200 mm)
Schraubknechte oder Gurtband
(zum Halten der Türen bei Montage)
Pinsel

Vorarbeiten

Zuerst legen Sie die Inneneinteilung des Schranks fest: Höhe der Kleiderstangen, Lage der Einlegeböden usw. Die Einlegeböden des hier vorgestellten Projekts ragen 350 mm über den Kaminvorsprung hinaus. In den Nischen links und rechts vom Kamin werden Kleiderstangen angebracht, und zwei tiefe Einlegeböden sind über den Kleiderstangen angeordnet.

Die Innentiefe des Schranks anzeichnen (in diesem Fall 610 mm, als gute Tiefe für hängende Kleidungsstücke). Dieses Maß überall, an Wänden, Boden und Decke anreißen. Zuerst 610 mm von der rückseitigen Wand entfernt die Seitenwände direkt über der Sockelleiste markieren. Dann an den Seitenwänden mit Lot und Schlagschnur eine senkrechte Linie über diesen Markierungen anreißen. Diese beiden Linien durch einen Kreidestrich an der Decke verbinden. Für den Boden verfahren Sie genauso. Diese Linie bezeichnet die Innenkante des Türrahmens.

Bei Arbeiten in einem alten Haus mit nicht genau rechtwinkeligen Räumen ist die Lage des Türrahmens mitunter nicht durch Messen von der rückwärtigen Wand aus zu ermitteln. Um den Rahmen rechtwinkelig zu einer oder beiden Seitenwänden zu montieren, ist hier möglicherweise mit dem 3-4-5-Prinzip zu arbeiten (Techniken, Seite 20). Die Lage des Rahmens auf dem Boden anzeichnen, dann senkrechte Linien an den Seitenwänden und schließlich eine Linie an der Decke anreißen. In alten Häusern können Boden, Wände und Decke auch eine beträchtliche Neigung aufweisen. In diesem Fall sind die unteren, seitlichen und oberen Türrahmenteile zu unterlegen, um alle Unebenheiten auszugleichen. Auf jeden Fall muß der Türrahmen genau winkelig stehen, wie stark Wände, Boden und Decke auch vom Maß abweichen.

Wenn die Innenkante des Türrahmens angezeichnet ist, wird 75 mm dahinter parallel zur ersten Linie eine zweite Linie auf Boden, Wand und Decke gezogen. Diese markiert die Vorderkanten der Einlegeböden und Seitenteile.

Seitenteile

Seitenteile auf Raumhöhe aus 19 mm Sperrholz, Tischler- oder Spanplatte sägen. Diese inneren Seitenteile werden an jeder Seite des Kamins angebracht. Ihre Tiefe entspricht dem Abstand von der rückwärtigen Wand zur zweiten, inneren Linie (in diesem Fall 530 mm).

Die Seitenteile aufstellen und bei Bedarf durch Unterlegen von Keilen genau senkrecht stellen. Seitlich des Kamins in der Wand verdübeln und verschrauben.

Wenn kein Kaminvorsprung vorhanden ist, werden zwei Rahmenelemente mit beidseitiger Verkleidung nach folgender Vorgehensweise hergestellt und eingebaut:

Jedes Seitenteil besteht aus zwei 9 mm Sperrholzplatten auf einem Rahmen aus 50 x 25 mm vorgehobeltem Kantholz. Die Platten schieben Sie dabei auf Leisten aus 50 x 25 mm vorgehobeltem Kantholz, die an Wand, Boden und Decke befestigt werden. So erhalten Sie eine stabile und unsichtbare Befestigung. Im Innern der Rahmen sorgen Querträger für zusätzliche Stabilität; diese korrespondieren mit den Leisten für die Einlegeböden und Kleiderstangen.

Einlegeböden

An rückwärtiger Wand und Seitenwänden wird die Lage der Unterkante der Einlegeböden mit Bleistift, Wasserwaage und einem Richtscheit angezeichnet (eine gerade und gehobelte Holzlatte eignet sich hierfür ebenfalls). Auflageleisten für die Einlegeböden aus gehobelten Kiefernlatten sägen. Sie kommen an Rückwand und Seitenwände; beim Zusägen die Stärke der Blendleisten an den Vorderkanten der Einlegeböden berücksichtigen. Die Auflageleisten werden aus 25 x 25 mm Latten gesägt (Materialien, Seite 234).

Die fertigen Auflageleisten werden an Rückwand, Seitenwänden und an beiden Seiten der Seitenteile befestigt; auf sauberen, genau waagrechten und korrespondierenden Sitz achten. Für die Befestigung an massiven Wänden brauchen Sie natürlich entsprechende Dübel.

Die Vertiefungen der Senkbohrungen verspachteln und die Leisten passend zur Farbe der Wand streichen.

Die Einlegeböden aus 19 mm Sperrholz, Tischler- oder Spanplatte zusägen und die Vorderkanten mit einer Blendleiste aus 38 x 12 mm Kiefern- oder Hartholz versehen, so daß die Blendleiste bündig mit der Oberkante abschließt und nach unten hin die Auflageleisten verdeckt.

Kleiderstangen

Für die Kleiderstangen kommen sowohl fertig gekaufte Chromstangen und Endlager als auch Holzrundstäbe von 25 mm Durchmesser in Frage. Selbst gefertigte Holzstangen werden in Stangenhalterungen (75 x 25 mm) gelagert, die für die Seitenwände auf die gesamte Schranktiefe und für die Seitenteile auf deren entsprechende Tiefe gesägt werden.

Zur Montage der Kleiderstange werden die inneren Seitenteile und die Stangenhalterungen mittig im Durchmesser der Stange aufgebohrt. Nun die Stangenhalterung mit Dübeln und Schrauben an der Seitenwand befestigen und die Kleiderstange einsetzen. Dann die Stangenhalterung für das innere Seitenteil auf die Stange schieben und an dem inneren Seitenteil verschrauben; dabei mit der Wasserwaage ebene Ausrichtung prüfen. Achten Sie darauf, daß die Kleiderstangen beiderseits des Kamins in der gewünschten Höhe eingebaut werden.

Türrahmen für Schiebetüren

Der Rahmen wird mit 30 mm Luft an Oberkante und Seiten gebaut, um ihn an der Sockelleiste und bei Unebenheiten an Wand und Decke sauber anreißen zu können. Beim Ausmessen müssen Sie diesen Luftspalt berücksichtigen und den Rahmen nach den entsprechenden Außenmaßen herstellen.

Der Rahmen wird aus 100 x 50 mm vorgehobeltem Kantholz hergestellt und an den Ecken mit Nut- und Feder-Verbindungen verbunden (Techniken, Seite 27). Eine derartige Verbindung ist sehr stabil. Der kurze Überstand an der Außenseite der Nuten ist jedoch ein Schwachpunkt, so daß am oberen und unteren Querträger etwa 150 mm stehengelassen werden. Diese Überstände werden nach Fertigstellung der Verbindung abgesägt.

Oberen und unteren Querträger nebeneinander legen und zusammenspannen. Die tatsächliche äußere Breite des Rahmens darauf anzeichnen. Einen senkrechten Pfosten des Türrahmens auf die beiden Querträger legen und die Innenkante anzeichnen; dann diese Linie rechtwinklig mit einem Anschlagwinkel und einem Schneidemesser rundherum auf oberem und unterem Querträger markieren. Ein Streichmaß auf die halbe Stärke der Pfosten einstellen und von der Innenkante nur anzeichnen, wobei der rechte Winkel im Laufe der weiteren Arbeit immer wieder mit einem Anschlagwinkel und einem Schneidemesser angezeichnet wird.

Mit einer Oberfräse wird der Einschnitt (oder die Nut) wie angezeichnet ausgefräst. Oder Sie sägen an den Innenseiten (Abfallseiten) der Einschnittlinien mit einer feingezahnten Rückensäge die Träger ein und stemmen die Nut in der entsprechenden Tiefe sauber aus.

Die senkrechten Pfosten auf Länge sägen (beachten Sie, daß diese bis unten in die Nut reichen). Mit dem zum Anzeichnen der Nut eingestellten Streichmaß werden die Federn an den Enden der Pfosten angezeichnet, so daß sie in die Nuten passen.

Das abfallende Holz mit einer Rückensäge so absägen, daß die Federn sicher und fest in den Nuten sitzen.

Den Rahmen probeweise zusammensetzen. Prüfen Sie, ob die Außenmaße dem Raum entsprechen, und oben und an den Seiten jeweils 30 mm Luft bleibt. Die Zwischenräume werden mit sauber angerissenen Rahmenblenden überdeckt, so daß ein sauberer Abschluß entsteht.

Den Rahmen wieder zerlegen und den Schiebetür-Mechanismus nach den Anweisungen des Herstellers einbauen. Wählen Sie unbedingt einen Mechanismus, bei dem die Rollen in einer Bodenschiene laufen und nicht an einer Deckenschiene; unser Rahmen ist nur für eine Bodenschiene geeignet! Die Laufschiene am Boden und die Führungsschiene an der Decke sind vor der endgültigen Montage des Rahmens wesentlich leichter einzubauen.

Der Rahmen wird zusammengesetzt, indem Sie die Verbindungen leimen und durch die oberen und unteren Querträger in die Pfosten schrauben. An diesem Punkt der Rahmen rechtwinkelig verstreben, solange der Leim noch nicht getrocknet ist. Dazu nageln Sie diagonal zwei Latten nach dem 3-4-5-Prinzip an zwei gegenüberliegende Ecken des Rahmens (Techniken, Seite 20).

Montieren des Rahmens

Den Rahmen so aufstellen, daß die Pfosten mittig zwischen den Seitenwänden stehen und beiderseits ein Abstand von 30 mm bleibt. Mit der Wasserwaage sicherstellen, daß der untere Querträger genau waagrecht liegt und notfalls Holzkeile unterlegen. Solange die diagonalen Verstrebungslatten noch am Rahmen befestigt sind, wird der untere Querträger im Boden verschraubt; zuvor mit Hilfe eines Metalldetektors sicherstellen, daß nicht in Rohrleitungen oder Kabel geschraubt wird, die unter vielleicht vorhandenen Bodendielen liegen. Verschraubt wird mit 75 mm Holzschrauben Nr. 10, die nach Möglichkeit auf die Bodenunterkonstruktion gesetzt werden (diese sind anhand ihrer Nägel leicht zu orten). Bei Betonfußböden wie gewohnt dübeln und schrauben.

Die genau senkrechte Ausrichtung des Rahmens prüfen, dann in Abständen von etwa 610 mm Löcher so in die senkrechten Pfosten und Seitenwände bohren, daß Rahmenbefestigungsschrauben mit passenden Dübeln gleichzeitig eingesetzt werden können. Vor dem Festziehen der Schrauben an den Befestigungspunkten zwischen Rahmen und Wand Holzkeile einsetzen; diese von der Vorderkante des Rahmens 25 mm zurücksetzen, damit später die Rahmenblenden zwischen Rahmen und Wand eingepaßt werden können. Erneut prüfen, ob der Rahmen im Winkel steht. Dazu die Diagonalen vermessen; sie müssen gleich lang sein. Bei Bedarf den Rahmen mit Hilfe von weiteren Keilen entsprechend winkelig ausrichten.

Nun in die Decke bohren und den oberen Querträger mit 100 mm Schrauben Nr. 12 verschrauben; dabei - sofern vorhanden - in die Deckenbalken bohren. Auch hier werden wie bei den senkrechten Pfosten an den Befestigungspunkten Keile zwischen oberen Querträger und Decke gesetzt, bevor die Schrauben ganz festgezogen werden.

Nochmals prüfen, ob der Rahmen rechtwinkelig ist, und erst dann die diagonalen Verstrebungslatten entfernen.

Aus 6 mm Sperrholz stellen Sie nun eine Rahmenblende her, die Sie zwischen den Pfosten und Seitenwänden sowie dem oberen Querträger und der Decke einsetzen; dazu sauber Wand und Decke anreißen (Techniken, Seite 31). Die Rahmenblende wird mit den zuvor eingesetzten Holzkeilen verschraubt.

Versenkte Schraubenköpfe verspachteln und nach dem Aushärten passend zur Farbe der Wand streichen.

1 Fertigen der Einlegeböden und Montieren der Auflageleisten
Blendleisten an der Vorderkante der Einlegeböden verdecken die Auflageleisten und verstärken die Böden, damit sie nicht durchhängen. Die seitlichen Auflageleisten in der Stärke der Blendleiste zurücksetzen.

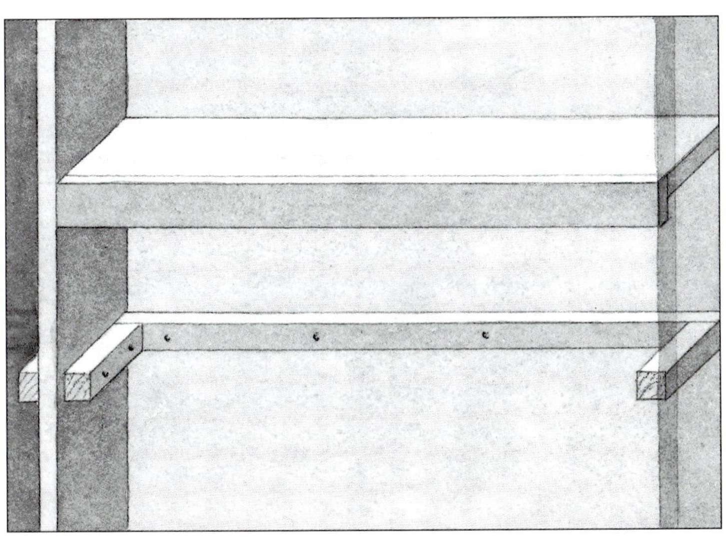

2 Blendleiste
An der Vorderkante des Einlegebodens aus Sperrholz, Tischler- oder Spanplatte wird eine Hartholzleiste als Blende verleimt und verstiftet.

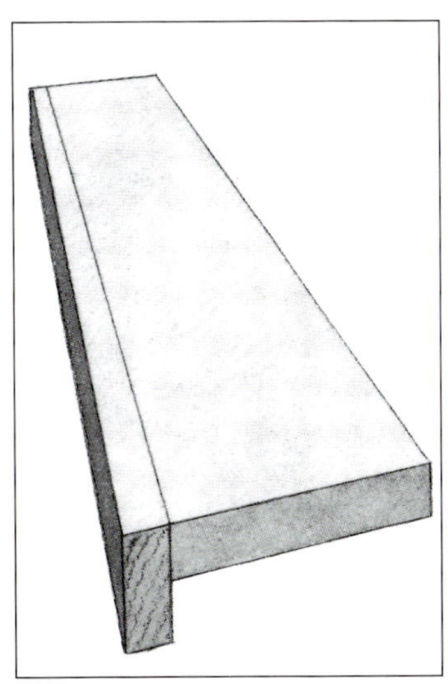

3 Nut- und Feder-Verbindung
des Rahmens: Die Ecken des Rahmens werden mit diesen Verbindungen zusammengefügt. Achten Sie auf die erst später abzusägenden Überstände.

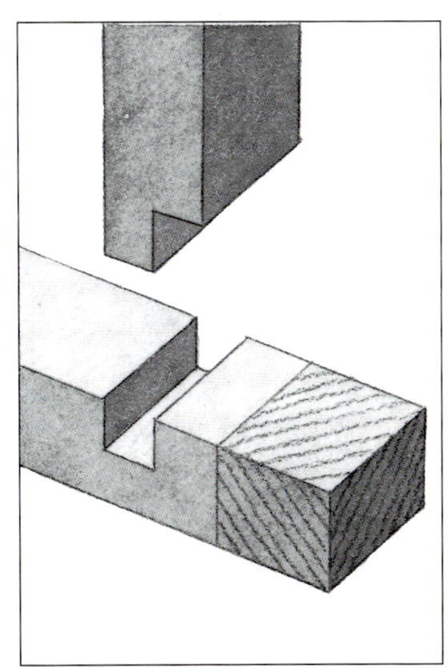

Japanischer Wandschrank

Schiebetüren

Die Außenmaße der Türen festlegen. Die Türhöhe entspricht der inneren Rahmenhöhe; dabei ist genügend Spiel für den Türschiebemechanismus nach den Anweisungen des Herstellers zu berücksichtigen. Zur Bestimmung der Türbreite dividieren Sie die Innenbreite des Rahmens durch die Anzahl der erforderlichen Türen (in diesem Fall drei Türen). Dabei sollen sich die Türen um die Stärke der senkrechten Türpfosten überlappen.

Aus Kantholz nach den Angaben in der Materialien-Liste (Seite 234) werden die Türpfosten (senkrechte Seitenteile) mit einer kleinen Überlänge gesägt und darauf die Lage des unteren und oberen Querträgers angezeichnet. Die verschiedenen Türenteile verbinden Sie an den Ecken mit Schlitz- und Zapfenverbindungen mit abgestumpftem Zapfen (siehe Techniken, Seite 29).

Oberen und unteren Querträger auf Länge sägen und die Schlitze aus den Pfosten ausstemmen, dann die Zapfen an den Enden der Querträger sägen. Die Überlänge der Türpfosten wird in dieser Phase noch beibehalten, um ein Ausbrechen der Schlitze beim Herstellen zu vermeiden. Türrahmen probeweise zusammensetzen und prüfen, ob die Verbindungen gut passen.

Bei den anderen Türen ganz genauso verfahren.

Zur Herstellung der waagrechten Türsprossen messen Sie die innere Breite zwischen den Türpfosten und sägen drei waagrechte Sprossen mit einer Zugabe von 25 mm auf diese Länge. (Die Anzahl der Türsprossen können Sie entsprechend der Größe der anzufertigenden Tür ändern.) Den Abstand zwischen oberem und unterem Querträger messen und zwei senkrechte Türsprossen auf diese Länge plus 25 mm sägen. (Auch die Anzahl dieser Leisten können Sie je nach Türgröße ändern.) Die Türsprossen werden mit Außenrahmen durch angeschnittene Zapfenverbindungen und an ihren Schnittpunkten durch Kreuzüberblattungen verbunden.

Rahmen wieder zerlegen und die Schlitze für die Gleitrollen an der Unterkante der unteren Querträger herstellen; dabei nach den Anweisungen des Herstellers vorgehen.

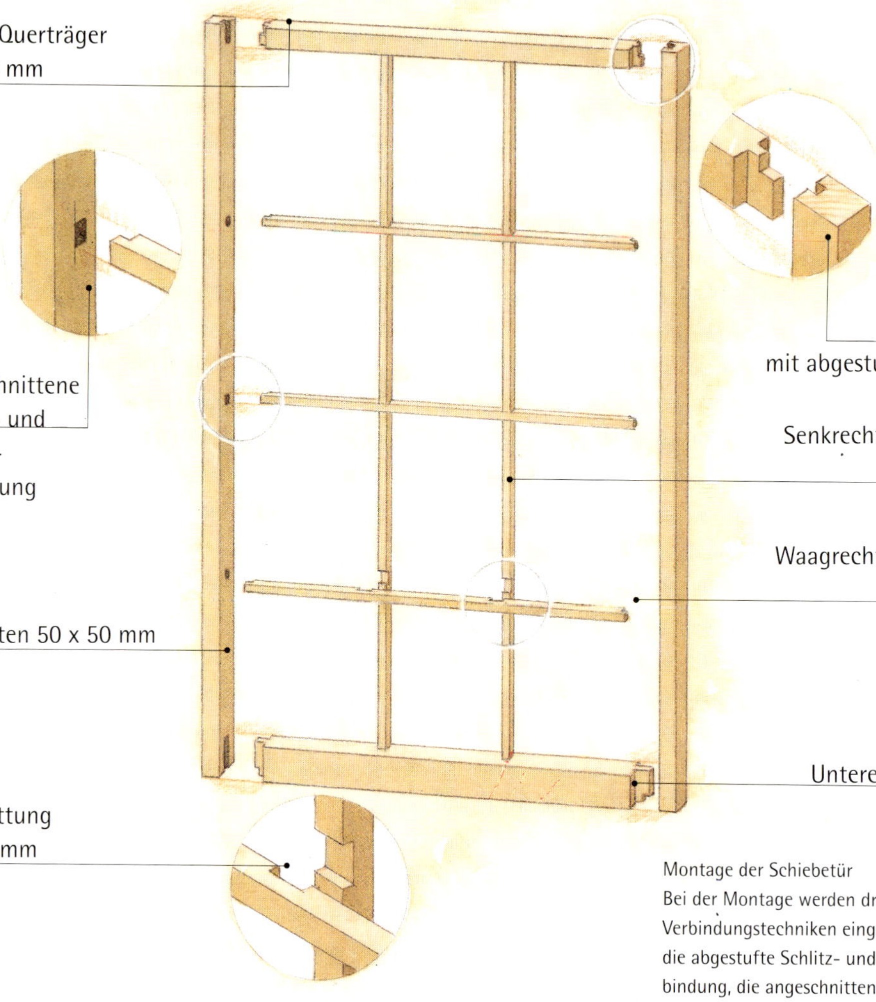

Montage der Schiebetür
Bei der Montage werden drei verschiedene Verbindungstechniken eingesetzt: die abgestufte Schlitz- und Zapfenverbindung, die angeschnittene Nut- und Federverbindung und die Überblattung.

Den Abstand für alle Türsprossen festlegen und an den Innenseiten des Rahmens anzeichnen. Das Streichmaß auf die volle Stärke der Leisten (25 x 25 mm) einstellen und eine Linie von der Rückseite des Rahmens zur Markierung der vorderen Lagen der Sprossen ziehen.

Mit einem Vierkantbeitel (ein Lochbeitel wäre ideal, aber auch ein gewöhnlicher Stechbeitel genügt) oder einer Fräse werden dann die Schlitze 12 mm tief und in der halben Stärke und der gesamten Breite der Rechteckstäbe gearbeitet.

Das Streichmaß dann auf die Breite des zum Herstellen der Schlitze verwendeten Beitels oder der Fräse einstellen und so die Stärke des Zapfens an den Enden der Türsprossen anzeichnen. Das Streichmaß auf 12 mm einstellen und die Längen der Zapfen an beiden Enden der Türsprossen anzeichnen. Die Zapfen sägen. Nach der Montage sollten die Rückseiten der Sprossen mit der Rückseite des Rahmens bündig abschließen. An den Schnittpunkten aller Sprossen stellen Sie Kreuzüberblattungen her (siehe Techniken, Seite 26).

Zur Montage werden zuerst die Kreuzüberblattungen geleimt und die Leisten vorsichtig eingesetzt, da sie leicht brechen können. Dann werden alle Rahmenverbindungen geleimt und der obere und untere Querträger mit den senkrechten Türsprossen zusammengefügt.

Die Schlitze und Zapfen auf einer Seite der Tür leimen und dann den Türpfosten auf dieser Seite gleichzeitig mit oberem und unterem Querträger und den waagrechten Türsprossen verbinden.

Der zweite Türpfosten wird genauso eingesetzt.

Auf der Höhe der waagrechten Türsprossen Schraubknechte an die Tür ansetzen oder ein Gurtband um die ganze Tür legen. Prüfen Sie, ob die Tür plan und winkelig ist (die Diagonalen müssen gleich sein).

Wenn der Leim getrocknet ist, die Schraubknechte entfernen und das überstehende Holz an den Türpfosten absägen. Die Vorderseite der Tür mit einem scharfen Hobel so putzen, daß alle Verbindungen bündig sind.

Japanischer Wandschrank

Herstellen der Schiebetüren

Japanischer Wandschrank
Bei eingeschalteter Beleuchtung wird dieser Schrank zu einem interessanten spalierartigen Rahmenwerk. Das sanft gefilterte Licht hinter der Stoffbespannung sorgt in jedem Raum für eine ruhige und entspannende Atmosphäre.

1 Anbringen der Stoffbespannung hinter der Tür mit Leisten
Damit der Stoff auch straff sitzt, wird in einer Nut an der Rückseite der Tür eine passende Leiste geschraubt. Die Ecken dieser Leiste auf Gehrung schneiden.

Die anderen Türen werden genauso zusammengesetzt.

Zur Befestigung der Stoffbespannung an der Rückseite der Tür wird in den Türrahmen eine Nut gefräst, der Stoff in sie eingelegt und sodann durch eine in diese Nut eingepaßte Leiste fixiert. Die 9 mm breite und ebenso tiefe Nut stellen Sie am besten mit einer Fräse her. Sie wird so in die Rückseite des Türrahmens gefräst, daß ihre Außenkante 25 mm von der Rahmeninnenkante nach innen versetzt ist.

Eine 9 mm quadratische Leiste zusägen und festen Sitz in der Nut sicherstellen; sonst passend hobeln. Die Leiste für die Nutlänge passend und auf Gehrung sägen.

Nach der Einbauanleitung für den Türmechanismus werden die Rollen in die zuvor in die Unterkanten der Türen gefrästen Nuten eingesetzt und die Führungen oben an den Türen angebracht.

Türen in ihrer Einbaulage anbringen und auf korrekten Lauf prüfen. Soweit erforderlich, den Türmechanismus nach den Anweisungen des Herstellers nachstellen. Die Oberflächenbehandlung der Türen erfolgt nach persönlichem Geschmack.

Für die Stoffbespannung wurde hier ein Material aus 50 % Polyester und 50 % Baumwolle eingesetzt. Der Stoff wird ausgemessen und zugeschnitten, indem Sie den Türrahmen auf den Boden und das Tuch darüberlegen. Ein Helfer muß das Tuch gespannt halten. Zunächst eine lange Bahn einpassen und die Leiste verschrauben, um das Tuch zu halten. Dann wird das Tuch auf dieselbe Weise an der gegenüberliegenden Kante angelegt. Anschließend oben und zum Schluß unten den Stoff straff fixieren. Die Leisten besser verschrauben und nicht nageln, weil sie dann leicht abgenommen werden können, wenn der Stoff gereinigt werden muß.

Die Türen einbauen (siehe Techniken, Seite 32).

Kabel für die Innenbeleuchtung verlegen. Für eine gleichmäßige Beleuchtung wurden hier Leuchtstoffröhren verwendet, die an der Rückseite des großen Türrahmens oben und an den Seiten angebracht wurden.

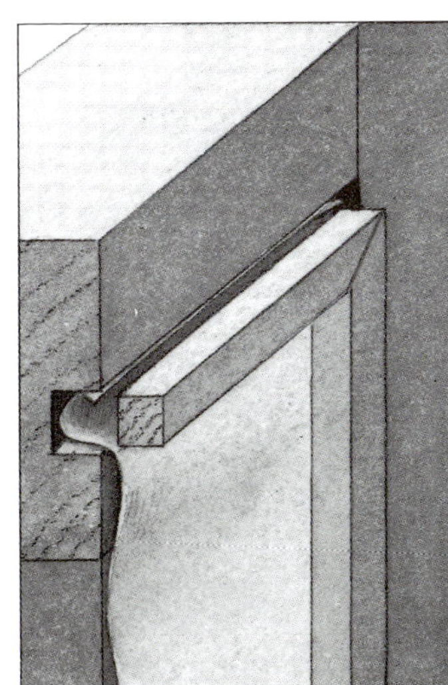

Bett mit ausziehbarem Bettkasten

In den meisten Schlafzimmern mangelt es an Platz: Platz für Laken, Decken und nicht benötigte Garderobe.

Das große Bett, das ich Ihnen als Projekt vorstelle, ist nicht nur schön, sondern bietet auch viel Stauraum. Unter der Matratze befindet sich ein ausziehbarer Bettkasten und hinter dem gepolsterten Kopfteil eine Truhe. Ein weiches Kopfteil macht das Lesen im Bett zu einem wahren Vergnügen.

Das Bett wurde so entworfen, daß es auch ganz einfach wieder abzubauen ist, sollten Sie einmal umziehen. Abbau und Transport können sich bei konventionellen Doppelbetten durchaus als problematisch erweisen.

Die Bettpolster sind leicht zu entfernen, damit sie jederzeit gereinigt werden können. Farbe und Muster des Bezugstoffes wählen Sie in Abstimmung mit den Farben und Stoffen Ihres Schlafzimmers aus.

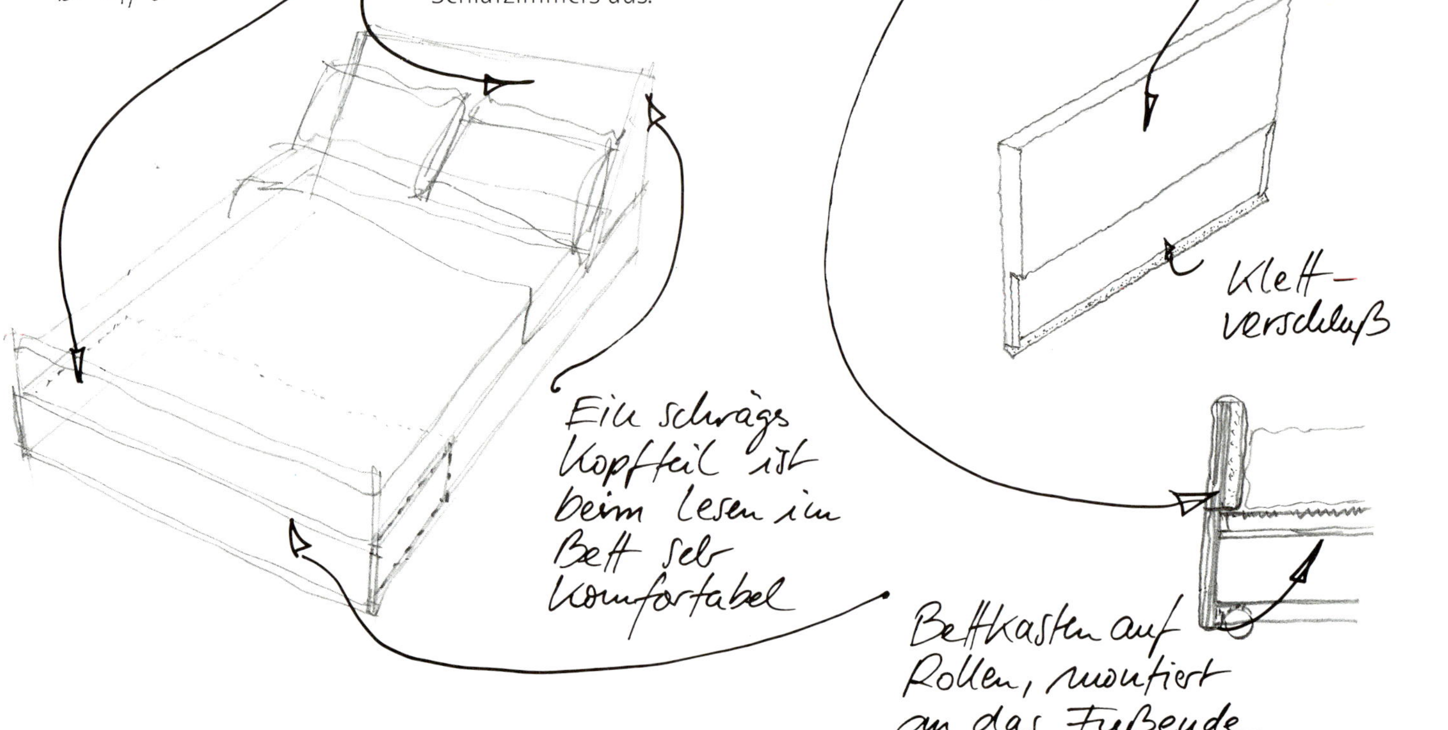

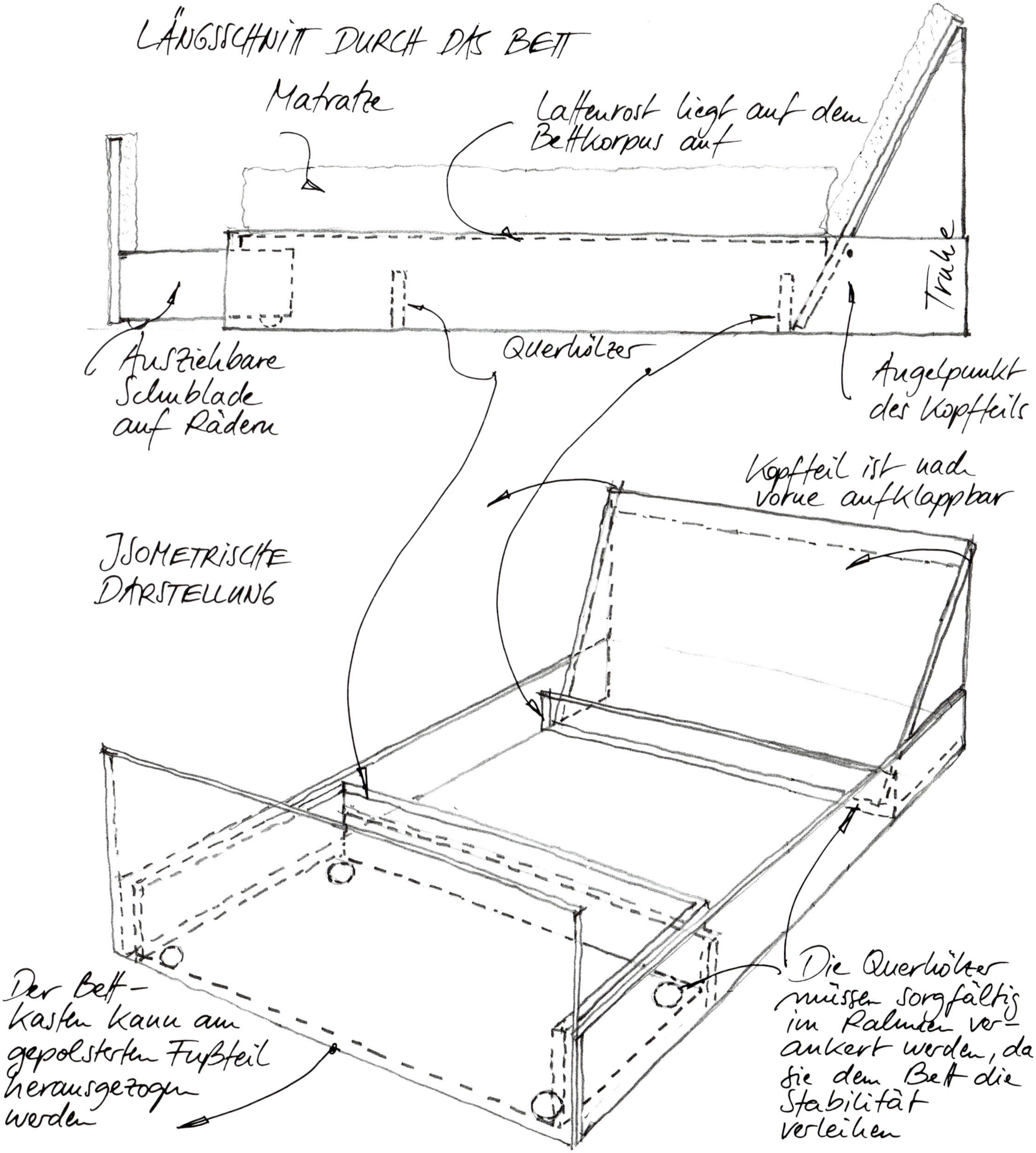
LÄNGSSCHNITT DURCH DAS BETT
Matratze
Lattenrost liegt auf dem Bettkorpus auf
Truhe
Ausziehbare Schublade auf Rädern
Querhölzer
Angelpunkt des Kopfteils
Kopfteil ist nach vorne aufklappbar
ISOMETRISCHE DARSTELLUNG
Der Bettkasten kann am gepolsterten Fußteil herausgezogen werden
Die Querhölzer müssen sorgfältig im Rahmen verankert werden, da sie dem Bett die Stabilität verleihen

Bett mit ausziehbarem Bettkasten

Das Bett wird am besten in dem Raum zusammengesetzt, in dem es stehen soll. Es ist jedoch so gebaut, daß es bei Bedarf - wie bei einem Umzug - auseinandergebaut und wieder zusammengesetzt werden kann.

Zuerst wird die Größe des Bettes festgelegt. Die Lange hängt von der Matratze ab - Standardmaß 2 m - dazu werden 350 mm für das Kopfteil hinzugerechnet. Das Bett ist so im Zimmer aufzustellen, daß zwischen ihm und der Wand oder einem Möbelstück am Fußende genügend Platz bleibt, um den Bettkasten über das Fußteil herauszuziehen. Der vorgestellte Bettkasten ist 610 mm lang.

Auch die Breite des Bettes wird durch die Matratze bestimmt. Eine Doppelbett-Matratze ist 1,8 m breit; das Bett kann aber auch für Matratzen in den Breiten 1,5 m oder 1,35 m gebaut oder auf die Breite einer vorhandenen Einzelmatratze zugeschnitten werden. Auch die Höhe des Bettes ist nicht zwingend festgelegt. Das gezeigte Bett bietet mit einer Liegehöhe von 450 mm unter der Matratze genug Stauraum.

Das schräg angesetzte Kopfteil bietet Ihnen bei sitzender Haltung eine bequeme Stütze. Der gepolsterte obere Teil des Kopfteils läßt sich leicht abnehmen; darunter liegt ein großer Stauraum.

Im Mittelteil liegt unter der Matratze ebenfalls ein großer Stauraum, allerdings eher für nicht täglich gebrauchte Dinge wie Federbett- oder Einziehdecken. Dieser Bereich wird zugänglich, wenn Sie die Matratze und das Mittelteil des Lattenrosts herausnehmen.

Die Hauptelemente des Bettes sind aus 19 mm starken Sperrholz-, MDF- oder Spanplatten hergestellt.

Die Kanten der Spanplatten werden mit Hartholzleisten verblendet; die Stärke dieser Blenden ist bei der Ermittlung der Maße zu berücksichtigen.

Die im Foto auf Seite 242 gezeigte Kleiderhakenleiste im Shaker-Stil ist einfach herzustellen. Sie besteht aus einer Holzleiste, die rundherum im ganzen Zimmer in Bilderhöhe aufgehängt und dann in regelmäßigen Abständen mit hölzernen Kleiderhaken versehen wird. Diese Haken tragen die verschiedensten Dekorationsgegenstände, Kleider, aber auch Vorhänge und sogar Bilder.

Materialien

Teil	Stückzahl	Material	Länge
Bodenteil			
Seitenbretter	2	Sperrholz, MDF- oder Spanplatte 19 mm	Matratzenlänge plus 350 mm x gewünschte Höhe
Querbretter	2	Wie oben	Breite der Matratze x Höhe der Seiten, minus 100 mm
Eckpfosten	4	Weichholz 50 x 50 mm	Höhe der Querbretter
Kopfteil			
Seitendreieck für Kopfteil	2	Sperrholz, MDF- oder Spanplatte 19 mm	1125 x 575 mm diagonal geteilt
Dreiecksblende	2	Wie oben	passend für Dreieckstei
Querträger	1	Weichholz 75 x 25 mm	Breite der Matratze
Kopfteil	2	Sperrholz, MDF- oder Spanplatte 19 mm	Breite der Matratze (Höhe siehe Text)
Verstärkungsleiste	1	Weichholz 50 x 50 mm	Breite der Matratze, minus 37 mm
Matratzenauflage			
Seitenrahmen	2	Weichholz 75 x 50 mm	Länge der Matratze, plus ungefähr 75 mm
Fußrahmen	1	Wie oben	Breite der Matratze
Mittelrahmen	1	Wie oben	Länge der Matratze, plus ungefähr 75 mm
Latten	nach Bedarf	Weichholz 75 x 25 mm	Breite der Matratze
Längslatten für Lattenrost	4	Weichholz 75 x 25 mm	Innenabstand zwischen den Querbrettern
Ausziehbarer Bettkasten			
Fußteil	1	12 mm-MDF-Platte	Breite des Bettes, minus 12 mm x Höhe nach Bedarf
Seitenbretter	2	Wie oben	Höhe der Seiten des Bettes, minus 150 mm
Rückseite	1	Wie oben	Höhe der Bettkasten-Seitenbretter x Breite der Matratze, minus 50 mm
Bodenteil	1	Wie oben	Innenmaße des ausziehbaren Bettkastens

Bett mit ausziehbarem Bettkasten

Konstruktionszeichnung

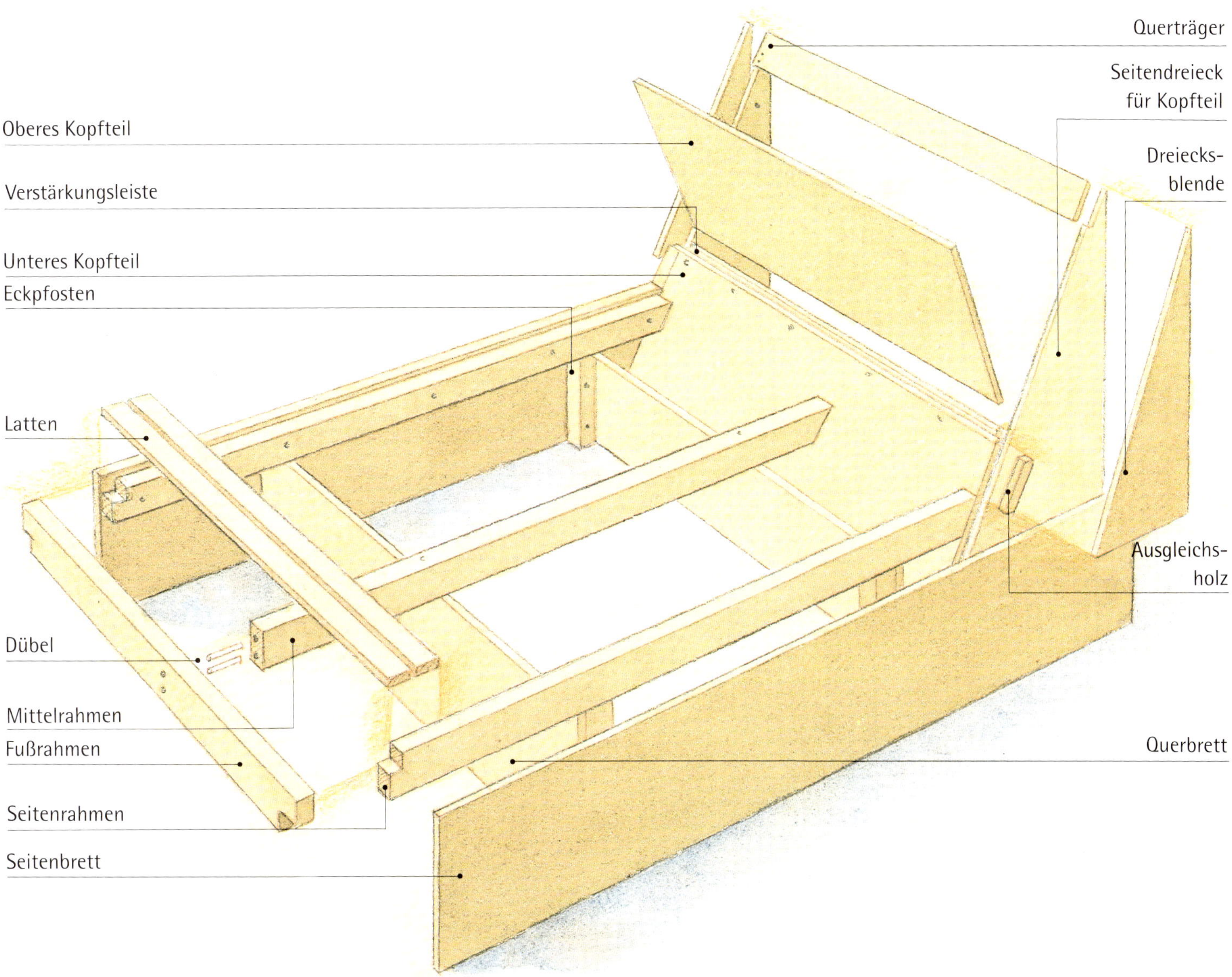

Grundkonstruktion des Bettes
Hier sind die wichtigsten Bauteile des Bettes mit Ausnahme der Längslatten für den Lattenrost und des ausziehbaren Bettkastens unter dem Fußende gezeigt.

Bett mit ausziehbarem Bettkasten

Werkzeuge

Stahlbandmaß
Klebstoff
Anschlagwinkel
Abstandhalter
Fuchsschwanz
Bohrmaschine
Rückensäge
Oberfräse
Schraubendreher
Schraubzwingen
Hammer
Schneidemesser
Hobel
(oder Schleifblock und Schmirgelpapier)

Bodenteil

Zwei Seitenbretter aus Sperrholz-, MDF- oder Spanplatte in 19 mm Stärke nach der Matratzenlänge plus 350 mm x gewünschte Höhe zusägen. Im gezeigten Projekt betragen die Maße 2350 x 450 mm.

Des weiteren brauchen Sie zwei Querbretter und vier Eckpfosten. Von jedem Ende der Seitenbretter messen Sie 610 mm nach innen ab und zeichnen hier die Lage der Querbretter an. Die Eckpfosten auf einer Seite bohren und versenken. Mit einem Anschlagwinkel prüfen, ob sie rechtwinklig stehen. Sie werden innerhalb der Markierungslinien für die Querbretter und bündig mit der Unterkante der Seitenbretter verleimt und verschraubt.

Die Querbretter werden bündig mit der Unterkante (und außerhalb der Eckpfosten) gegen ein Seitenbrett gesetzt; durch die Querbretter bohren und das Brett mit den Eckpfosten verschrauben (Abbildung 1). Diese Befestigung nicht verleimen, damit sie bei Bedarf - wie einem Umzug - leichter wieder auseinandergenommen werden kann.

Nun das andere Seitenbrett bündig anlegen und genauso befestigen.

Seitendreiecke für das Kopfteil

Ein Rechteck in den Maßen 1125 x 575 mm wird diagonal in zwei Dreiecke für die seitlich anzubringenden Seitendreiecke gesägt.

Querträger für das Kopfteil

Ein Querträger hält das Brett des Kopfteils an der Oberkante. Aus 75 x 25 mm Weichholz wird ein Stück in der Breite der Matratze zugesägt.

Herstellen des Kopfteils

Eines der Dreiecke auf den Boden legen und den Querträger so auf ein Ende stellen, daß er mit der Vorderkante des Dreiecks an der Spitze bündig abschließt, ohne über diese hinauszuragen. Das Profil des Rahmens am Ende des Dreiecks anzeichnen. Dieser Schritt wird für das andere Dreieck wiederholt (Abbildung 2).

Mit einer Rückensäge oder einer Stichsäge sägen Sie das Holz innerhalb der markierten Linie samt der Spitze ab. Dadurch entsteht eine Aussparung, in die der Querträger paßt.

Die beiden Dreiecke an den Kopfenden der Seitenbretter innen bündig mit den Kanten anbringen. In die Innenfläche der Dreiecke an mindestens vier Stellen auf jeder Seite Löcher bohren und versenken und an jedes Seitenbrett ein Dreieck schrauben (Abbildung 3).

Den Querträger einpassen. Löcher bohren und versenken und den Querträger in seiner unteren Hälfte in den Aussparungen mit den Dreiecken verschrauben. Die Enden der Querträger müssen unbedingt mit der Außenkante der Dreiecke bündig abschließen (Abbildung 4)!

Zur Herstellung der Dreiecksblenden (Abbildung 5) stellen Sie ein Stück MDF-Platte auf das Seitenbrett. Die Platte an der Hinterkante des Seitendreiecks ausrichten und sodann das Seitendreieck darauf anreißen. Dieses Dreieck aussägen und den Vorgang auf der anderen Seite wiederholen. Die Dreiecksblenden anbringen, indem Sie von innen nach außen bohren, versenken und die Blenden mit den Seitendreiecken verschrauben. Auf jeder Seite werden drei Schrauben verwendet.

Die schräge Fläche des Kopfteils besteht aus zwei übereinander angeordneten Brettern in der Breite der Matratze. Für die Höhe des unteren Teiles messen Sie an der Diagonalen des Dreiecks vom Boden bis etwa 3/4 der Matratzendicke bei eingelegter Matratze.

1 Befestigen der Querbretter an den Seitenbrettern
Die Eckpfosten an die Seitenbretter leimen und schrauben, dann die Querbretter mit der Unterkante bündig an die Pfosten setzen und durch sie hindurch in die Pfosten schrauben.

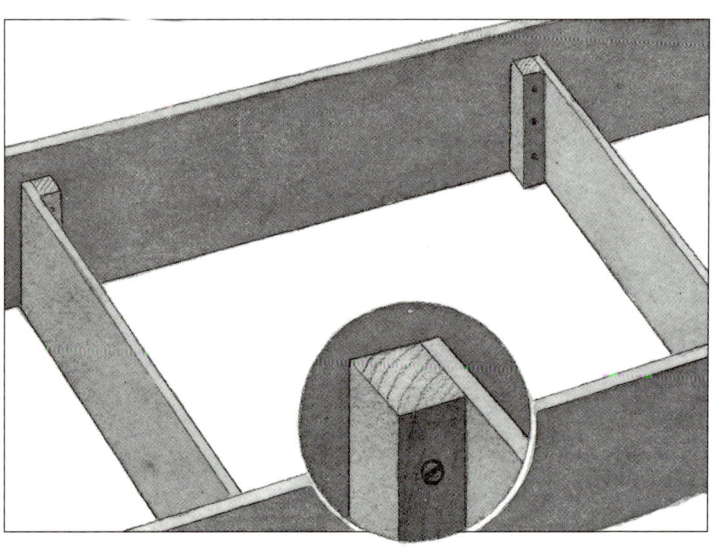

2 Einpassen des Querträgers
Den Querträger an einem Ende auf die Spitze des Dreiecks aufsetzen und so die Aussparung markieren.

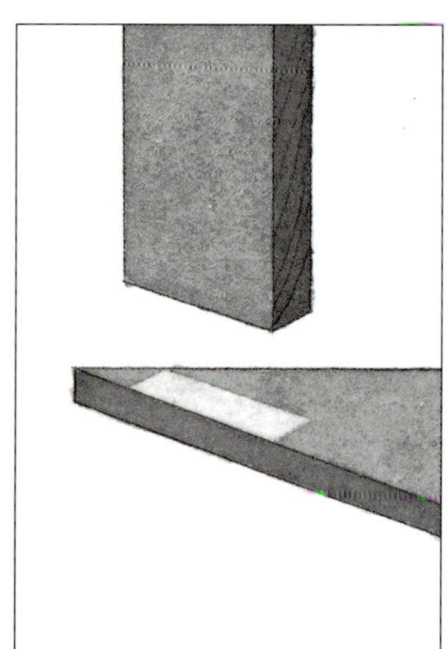

3 Befestigen des Seitendreiecks
Das Dreieck bündig an die Innenseite des Seitenbretts schrauben.

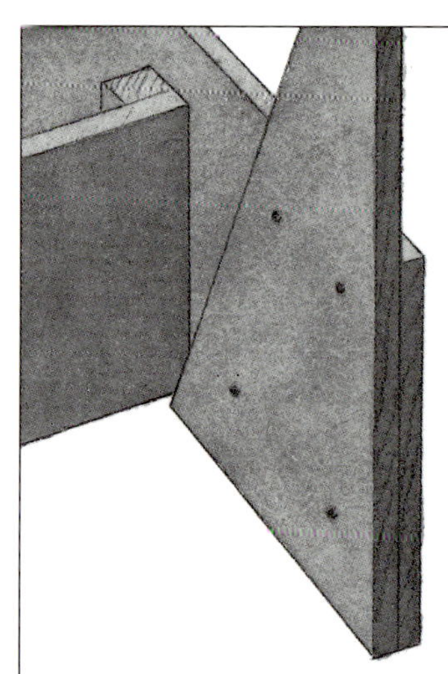

Sägen	21
Bohren	23
Schrauben	24
Nageln	24

Bett mit ausziehbarem Bettkasten

Herstellen des Boden- und Kopfteils

Für das obere Brett messen Sie den Abstand von diesem Punkt bis zur Spitze des Dreiecks plus 12 mm. Diese zusätzliche Länge dient als Griffleiste zum Abnehmen der Platte, wenn der darunterliegende Raum geöffnet werden soll.

Verstärkungsleiste

Die Verstärkungsleiste wird aus 50 x 50 mm Weichholz auf die Breite der Matratze gesägt; dabei sind wegen der Stärke der Seitendreiecke 38 mm abzuziehen. Das untere Brett an den Vorderkanten der Seitendreiecke verleimen und verschrauben. Die Verstärkungsleiste von hinten her an die Kante des Bretts ansetzen und sie um die Hälfte (25 mm) überstehend mit Schraubzwingen fixieren. Dadurch entsteht ein Anschlag für das obere Brett. Durch das untere Brett in die Verstärkungsleiste bohren, Löcher versenken und Schrauben eindrehen. Das obere Brett versuchsweise einsetzen, dann zum Beziehen wieder herausnehmen. Durch die Polsterung schließt dieses Teil nachher mit den Außenkanten der Seitendreiecke sauber und bündig ab.

Eine 25 x 25 mm Holzleiste in den Spalt zwischen Oberkante des unteren Bretts und Seitenbrett halten. Ober- und Unterkante anzeichnen und mit einer Rückensäge abschneiden. Die Unterkante steht in einem zur Bettseite passenden Winkel. Das Ausgleichsholz in dieser Lage an die Seiten leimen, nageln oder schrauben (Abbildung 1, Seite 248). Genau bündig hobeln, dann abschleifen. Die Leiste dient als Ausgleichsholz für eine saubere Linie und wird verspachtelt und mit dem übrigen Bett gestrichen.

Die Oberkante der Seitenbretter sollte entweder mit einer Oberfräse oder durch Hobeln und Abschleifen abgerundet werden. Für ein professionelles Aussehen kann sie auch mit einer Halbrundleiste versehen werden, die geleimt und genagelt wird.

Gepolstertes Kopfteil
Das bezogene und gepolsterte Kopfteil läßt sich nach vorne klappen und bietet so weiteren Stauraum.

4 Anbringen des Querträgers
Querträger mit zwei Schrauben in der unteren Hälfte der Aussparung des Dreiecks befestigen.

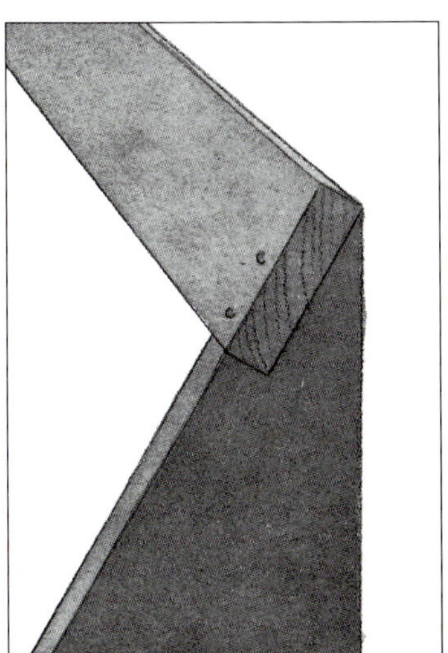

5 Befestigen der Dreiecksblende
Die aus demselben Material wie die Seitendreiecke hergestellten Dreiecksblenden ergeben einen bündigen Abschluß mit den Seitenbrettern. Dreiecksblenden exakt zusägen und mit Schrauben von der Innenseite her befestigen.

6 Kopfteil und Verstärkungsleiste
Unteres, schräges Brett verschrauben. Verstärkungsleiste an der Oberkante überstehend mit Schraubzwingen fixieren und verschrauben.

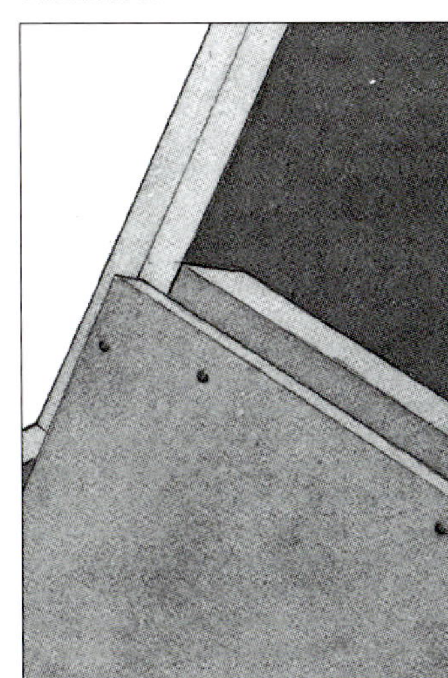

Bett mit ausziehbarem Bettkasten

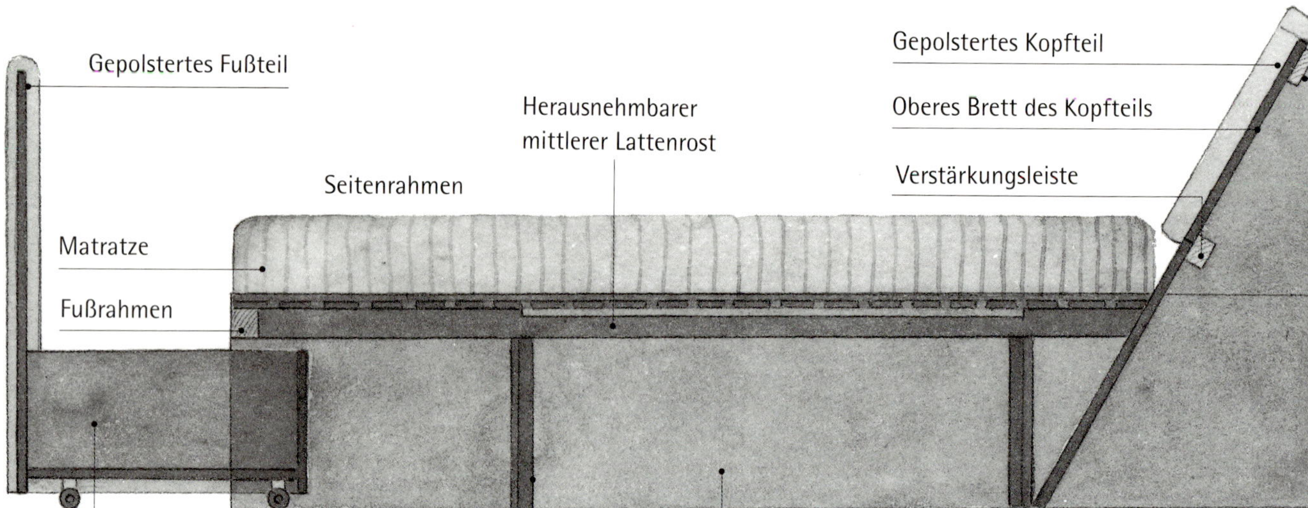

Querschnitt des Bettes mit Stauräumen
Dieser Querschnitt zeigt die verschiedenen Stauräume als besonderes Designmerkmal. Der herausziehbare Bettkasten ist besonders praktisch.

1 Befestigen des Ausgleichholzes
Die Lücke zwischen dem Seitendreieck und dem unteren Brett mit einer Weichholzleiste ausgleichen.

2 Befestigen der Seitenrahmen für den Lattenrost
Die Kopfenden der Seitenrahmen in einem zum unteren Brett sauber passenden Winkel sägen. Die Oberkante des Seitenbretts ist aus optischen Gründen gerundet.

3 Verbindung des Fußrahmens
Der Fußrahmen wird durch Endüberblattung mit den Seitenrahmen verbunden; der Endrahmen überlappt oben und wird in die Seitenrahmen verschraubt.

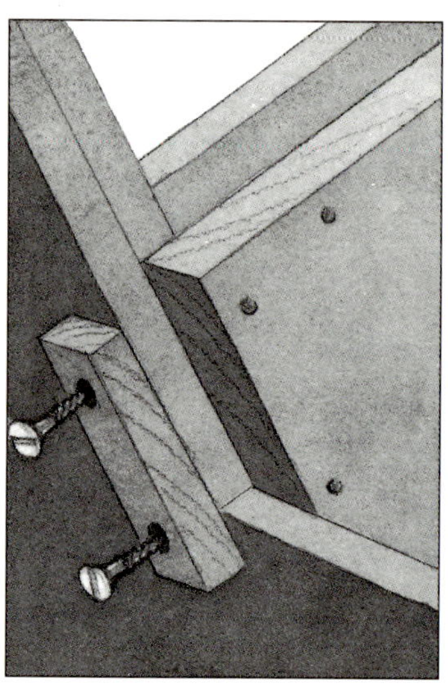

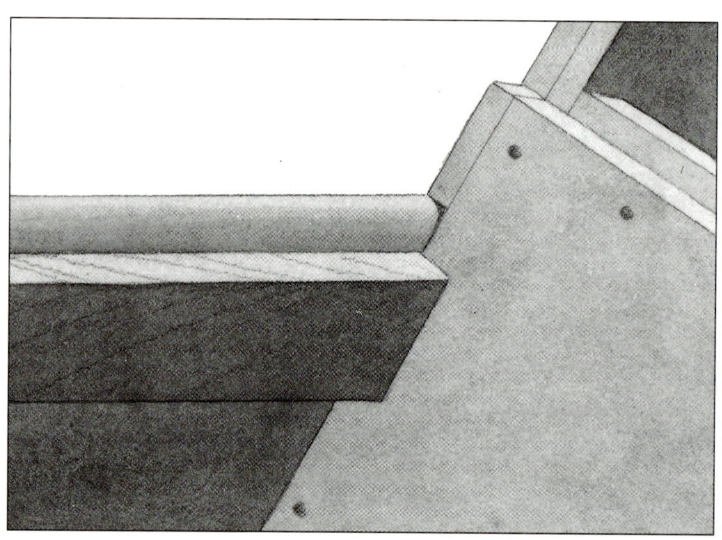

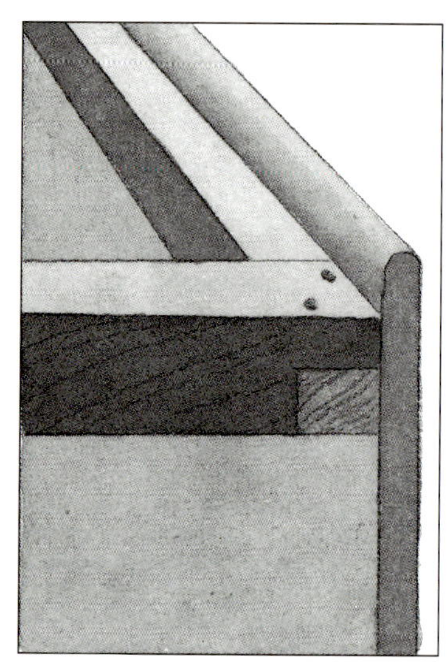

Lattenrost

Die Seitenrahmen werden mit einem kleinen Übermaß für den Winkel am Kopfteil auf die Länge der Matratze zugesägt. Die 50 mm breiten Seitenflächen an die Seitenbretter anlegen (als Auflage dienen die Querbretter) und am Kopfende jeden Rahmen am Kopfteil anreißen. Diesen Winkel aussägen, den Rahmen an das Kopfteil anlegen, bündig mit der Endkante des Seitenbrettes anzeichnen und winkelig ablängen.

Der Fußrahmen wird auf die Breite der Matratze zugesägt. Die Ecküberblattung herstellen (siehe Techniken, Seite 26), und Seiten- und Fußrahmen miteinander verbinden (Abbildung 3).

Die Seitenrahmen leimen und durch sie hindurch mit den Seitenbrettern verschrauben. Der Fußrahmen wird durch kleine Schrauben in den Überblattungen befestigt.

Der Mittelrahmen wird aus 75 x 50 mm Weichholz auf die Länge der Matratze zuzüglich einer kleinen Überlänge gesägt. Ihn lassen Sie auf den Querbrettern aufliegen und zeichnen wie vorher den Winkel zum unteren, schrägen Brett an. Den Mittelrahmen so zusägen, daß er fest an der Innenseite des Fußrahmens anliegt. Mit den Querbrettern verschrauben.

Ein Teil des Lattenrosts sollte immer herauszunehmen sein, damit der Zugang zum Stauraum gewährleistet ist.

Durch den Fußrahmen zwei Löcher 75 bis 100 mm tief in das Ende des Mittelrahmens bohren und die Verbindung mit 12 mm Holzdübeln verbinden (siehe Techniken, Seite 30).

Die Anzahl der für den Lattenrost benötigten Latten wird ermittelt, indem Sie die Länge der Matratze durch 100 mm teilen, d.h., durch die Gesamtbreite einer Latte plus Spalt. Alle Latten auf die Breite der Matratze zusägen. Der Lattenrost zwischen den Querbrettern ist herausnehmbar, um an den darunterliegenden Stauraum zu kommen.

Längslatten aus 75 x 25 mm Weichholz halten die Querlatten des abnehmbaren Lattenrosts zusammen. Den inneren Abstand zwischen den Querrahmen messen und auf diese Länge vier Längslatten zusägen.

Mit einem Abstandhalter (siehe Techniken, Seite 20) setzen Sie die Querlatten auf gleichen Abstand und markieren die Position der Querrahmen auf der ersten Längslatte. Die beiden äußeren Längslatten um die Stärke der Seitenrahmen - d.h. wenigstens 50 mm - nach innen versetzen. Auf die beiden äußeren Längslatten nun die erste Querlatte schrauben. Danach die übrigen Querlatten in gleichmäßigen Abständen auf den Längslatten anordnen und verschrauben. Erst jetzt die beiden inneren Längslatten in gleichem Abstand zwischen die beiden äußeren anbringen und verschrauben (Abbildung 5).

Diesen Lattenrost auf das Mittelteil legen und die übrigen Querlatten links und rechts in gleichen Abständen auf die Seitenrahmen schrauben. Eine Latte sollte an jedem Ende des Betts bündig anliegen.

4 Verbinden von Fuß- und Mittelrahmen
Der Mittelrahmen stößt stumpf an den Fußrahmen. Den Endrahmen durchbohren und Holzdübel einschlagen.

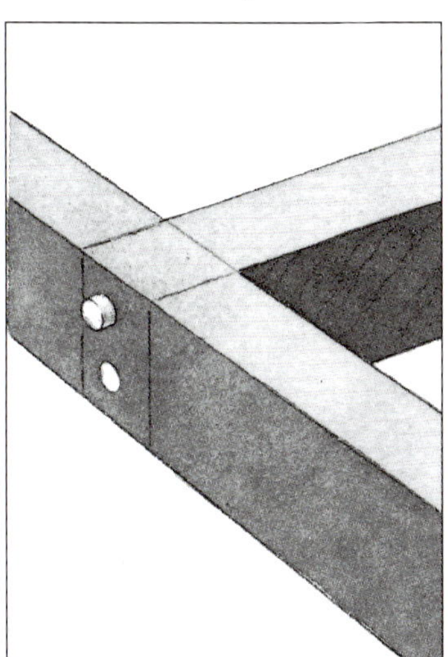

5 Anfertigen des herausnehmbaren Lattenrosts
Der Lattenrost zwischen den Querbrettern ist herausnehmbar. Auf vier Längslatten die Querlatten schrauben. Die beiden äußeren Längslatten so nach innen versetzen, daß sie innerhalb der Seitenrahmen liegen.

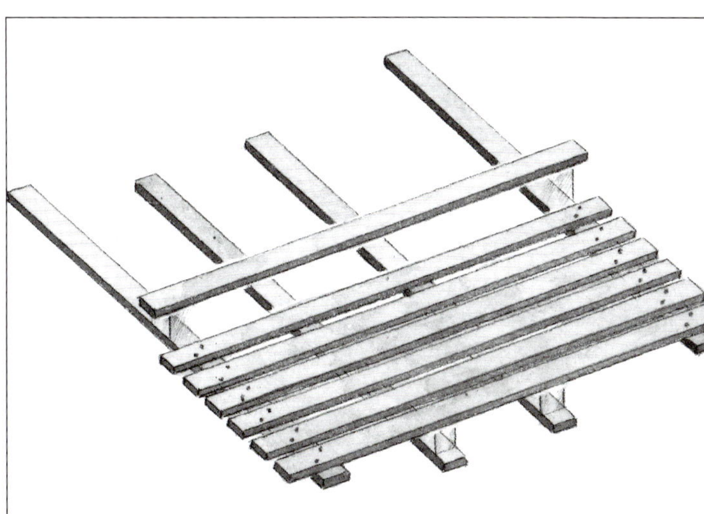

6 Montieren des festen Lattenrosts
Den herausnehmbaren Lattenrost auf das Mittelteil legen und die übrigen Latten in gleichen Abständen auf die Seitenrahmen schrauben.

Bett mit ausziehbarem Bettkasten

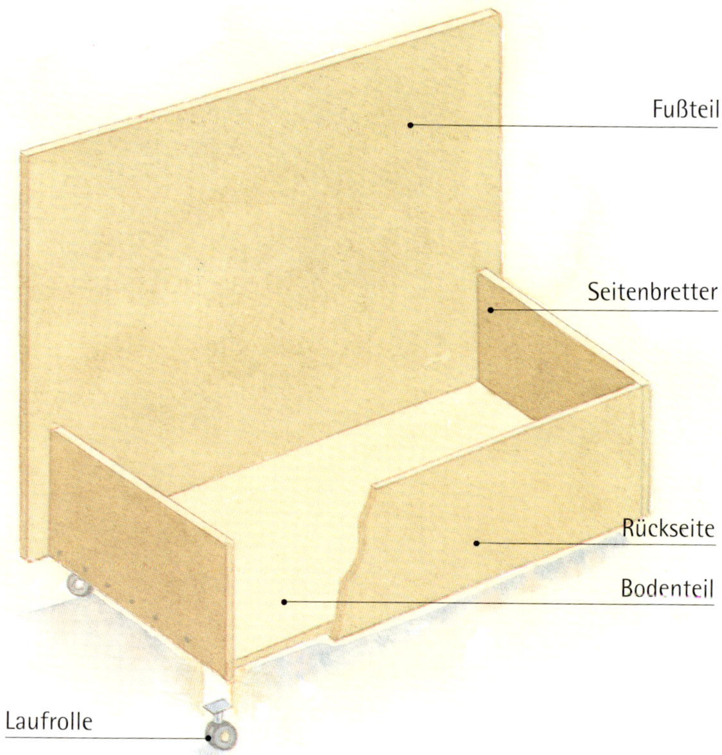

1 Konstruktion des ausziehbaren Bettkastens
Die Seiten sind am Fußteil nach innen versetzt; die Rückseite sitzt zwischen den Seitenbrettern.

Ausziehbarer Bettkasten

Das Bett sollte fertig sein, bevor Sie mit dem Bettkasten beginnen. Das Fußteil wird aus einer MDF-Platte zugesägt; es ist 12 mm kürzer als die Gesamtbreite des Bettes. Die Höhe bestimmen Sie; im hier gezeigten Projekt ist sie 890 mm.

Die beiden Seitenbretter des Bettkastens sollten um 150 mm niedriger sein als die Seitenbretter des Bettes. Dadurch paßt der Bettkasten unter den Fußrahmen und die Laufrollen können auch noch montiert werden. Die Seitenbretter des gezeigten Kastens sind 300 mm hoch, 610 mm lang.

Für die Rückseite wird eine MDF-Platte in Höhe der Seitenbretter zugesägt. Die Breite entspricht der Matratzenbreite minus 50 mm. Die Seitenbretter an die Kanten der Rückseite leimen und schrauben und dann durch das Fußteil in die Seitenbretter am anderen Ende schrauben. Das Fußteil steht zu beiden Seiten gleich viel über! Die Innenabmessungen des so entstandenen Kastens ergeben die Größe des Bodenteils. Dieser wird aus einer MDF-Platte ausgesägt und 25 mm von den Unterkanten der Seitenbretter nach oben eingesetzt. Um den Boden fest und sicher zu verschrauben, wird er auf 25 mm dicken Holzleisten befestigt, bevor Sie den Kasten von oben aufsetzen. Dies sichert einen gleichmäßigen Abstand von 25 mm zur Unterkante des Kastens.

In die Kantenflächen des Bodenteils von allen vier Seiten hineinschrauben und dazu vorher außen die Mittellinie des Bodens anzeichnen. Schließlich 50 mm Rollen an den vier Ecken des Bodens befestigen.

Polstern und Beziehen des Betts

Polsterung

Als Polsterung verwenden Sie Schaumstoff in drei unterschiedlichen Stärken, die mit einem Vlies als Schutzschicht bezogen werden. Den Schaumstoff schneiden Sie am besten mit einem elektrischen Messer zu. Ein Brotmesser, ein Metallsägeblatt oder jedes andere Messer mit Wellenschliff sind allerdings ebenso geeignet.

Kopfteil

Eine Matte in der Größe des oberen, schrägen Bretts aus 50 mm starkem Schaumstoff zuschneiden. Die Oberseite des Bretts mit Schaumstoffkleber bestreichen und den Schaumstoff darauflegen und sorgfältig glattstreichen.

Einen Streifen 50 mm Schaumstoff auf die Länge der Oberkante schneiden und besonders sorgfältig mit dem Kleber anbringen.

Für die Polsterung der Seiten verwenden Sie 25 mm starken Schaumstoff. Zwei Streifen werden auf die seitliche Länge des Bretts zugeschnitten; dabei die Stärke des Schaumstoffes auf der Oberseite berücksichtigen. Dann die Streifen an die Seiten kleben.

2 Polstern des Kopfteils
Am oberen Brett und an der Oberkante wird 50 mm starker, an den Seiten 25 mm starker Schaumstoff angeklebt.

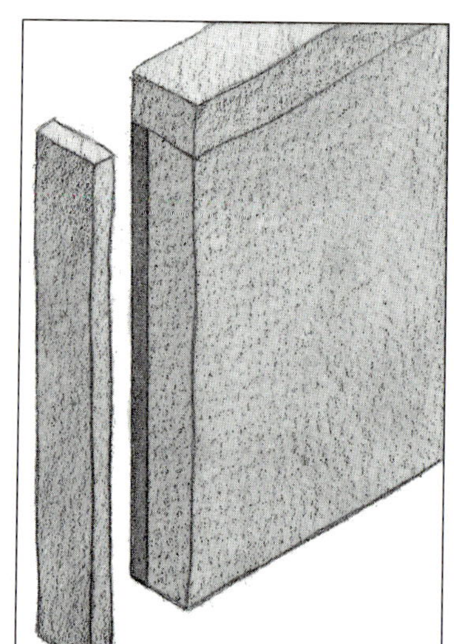

Mit dem Kleber auf den Schaumstoff eine Schutzschicht des Vlieses kleben und trocknen lassen.

Fußteil

Ein Stück aus 25 mm starkem Schaumstoff in der Breite des Fußteils zuschneiden. Das Teil ist so lang, daß es innen von der Höhe der Seitenbretter nach oben über die Kante des Fußteils und von dort bis zur Bodenkante reicht.

Auf der Innenfläche des Fußteils in der Höhe der Bettkasten-Seitenteile eine Linie ziehen und Klebstoff auf die gesamte Außenseite und innen bis zu dieser Linie herunter auftragen.

Den Schaumstoff an der Markierung beginnend auf das Holz auflegen und glattstreichen. Die Matte wird über die Oberkante und auf der Außenseite nach unten geführt.

Je zwei kleine Stücke aus 25 mm starkem Schaumstoff werden innen auf die links und rechts der Seitenwände überstehenden Flächen des Fußteils geklebt.

Zwei Streifen aus 12 mm starkem Schaumstoff in der Größe der Seitenkanten zuschneiden und an diesen befestigen.

Eine Lage Vlies als Schutzschicht über den Schaumstoff kleben und trocknen lassen.

3 Polstern des Fußteils
25 mm starker Schaumstoff bedeckt Vorder- und Rückseite des Fußteils, an den Seiten ist der Schaumstoff 12 mm stark.

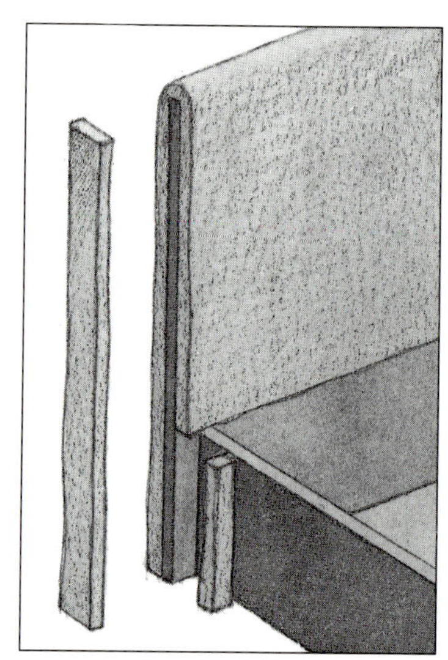

Bezüge

Diese genähten Stoffhüllen erhalten unten lose Laschen, die um die Unterkante gelegt und dort mit Klettband zusammengehalten werden.

Es kann sein, daß Sie in der Breite Stoffbahnen aneinandersetzen müssen. Diese Nähte sollten dann den gleichen Abstand haben. Wird ein gemusterter Stoff verwendet, so ist auch auf den Musterrapport zu achten, was mitunter schwierig sein kann. Am leichtesten sind daher einfache Stoffe zu verarbeiten. Falls Sie Nähte in Längsrichtung vermeiden wollen, so können Sie einen einfachen Stoff auch quer statt in Längsrichtung verarbeiten.

Falls die Ausführung des Stoffüberzugs Ihnen zu kompliziert erscheint, so können Sie genauso mit einer einfachen Naht Vorder- und Rückseite des Stoffs nähen und auf die Teile ziehen.

Kopfteil

Zwei Stoffbahnen für die Vorder- und Rückseite des gepolsterten Kopfteils zuschneiden; dabei ringsum entsprechende Zugaben für die Nähte vorsehen. Soweit angesetzt werden muß, wird dies zuerst gemacht. Den Stoff entsprechend größer zuschneiden und die Nähte auf Vorder- und Rückseite gleich ausrichten.

Stoffbahnen über die halbe Breite falten und in der Mitte der Oberkante einen Knick herstellen, damit Sie später beim Nähen die korrespondierenden Kanten wiederfinden und die Laufrichtung stimmt.

Als nächstes wird der lange Randstreifen zugemessen, der um die Oberkante, die Seiten und um 75 mm unter die unteren Ecken reicht. Stoff mit Zugabe für die Seitennähte zuschneiden. Über die halbe Breite falten und einen Knick in der Mitte und je einen an den Ecken auf beiden Seiten anbringen.

Das Vorderteil kanten- und seitengleich an den Randstreifen legen, so daß Hilfsknicke und Ecken zusammenliegen. Mit Stecknadeln zusammenstecken und dann die Naht mit der Maschine von dem Mittelknick aus nach außen zuerst in der einen und dann in der anderen Richtung entlang der Oberkante und der beiden Seiten hinunter bis zu den Ecken nähen. Durch die Maschinennaht in beiden Richtungen wird ein gleichmäßiges Vernähen der beiden Stoffteile sichergestellt.

An der anderen Kante des Randstreifens das Rückenteil anlegen, so daß auch hier Ecken und Knick passen. Auch hier wieder mit Stecknadeln fixieren und wie vorher bis zu jeder Ecke mit der Maschine nähen.

Alle Kanten der unteren, losen Laschen vernähen; dazu die Säume einschlagen und mit der Maschine vernähen. Je einen Streifen Klettband auf die Länge der langen Laschen schneiden und mit der Maschine an den Kanten des Stoffes so vernähen, daß ein Streifen den anderen überlappt. Die beiden Endstücke des Randstreifens zuerst nach innen falten und die langen Laschen dann durch das Klettband sauber miteinander verbinden.

Fußteil

Das gepolsterte Fußteil in der Breite ausmessen und eine Stoffbahn für die Innenfläche mit einer Zugabe für die Nähte an allen Kanten und etwa 75 mm für die Polsterung an der inneren Unterkante zuschneiden (Stoff für anzusetzende Bahnen berücksichtigen und diese Verbindungen zuerst herstellen). Die Bahn für die Außenseite mit der erforderlichen Zugabe und genügend Stoff für die Umschlaglasche unter der Bodenkante schneiden. Material für den Randstreifen mit genügend Stoffzugabe für die Nähte und zum Umfalten unter der Bodenkante zuschneiden.

Der Bezug wird genauso hergestellt wie für das Kopfteil; die Nähte werden vernäht und die Außenfläche zuerst befestigt. An der Innenfläche wird bis zu den Seitenbrettern des Bettkastens genäht und dann ein kleines Stück Stoff an jeder Seite zur Abdeckung der schmalen Polsterung seitlich des Fußteils angebracht. Diese am besten mit der Maschine annähen. Sorgfältig zuschneiden und an den Seiten des Fußteils ansetzen, wobei die Säume eingeschlagen und mit der Maschine vernäht werden. Alle Unterkanten einschlagen und mit der Maschine vernähen.

An der Außenseite werden die Lasche und die Enden der Seitenränder umgeschlagen. Mit der weichen Seite eines Klettbandes auf dem Stoff und der harten Seite auf der Unterseite des Holzes wird die Lasche befestigt. Klettband auf Holz mit Leim oder Tacker befestigen, sofern Sie nicht ein selbstklebendes Klettband verwenden.

An der Innenfläche werden die untere Kante des Stoffs und die seitlichen Streifen wie oben beschrieben mit Klettband befestigt.

4 Herstellen des Überzugs für Kopfteil
Vordere und hintere Stoffbahn mit Zugaben ringsum für Nähte plus etwa 75 mm für die unteren Laschen zuschneiden. Mit Stecknadeln fixieren und dann Nähte mit der Maschine nähen.

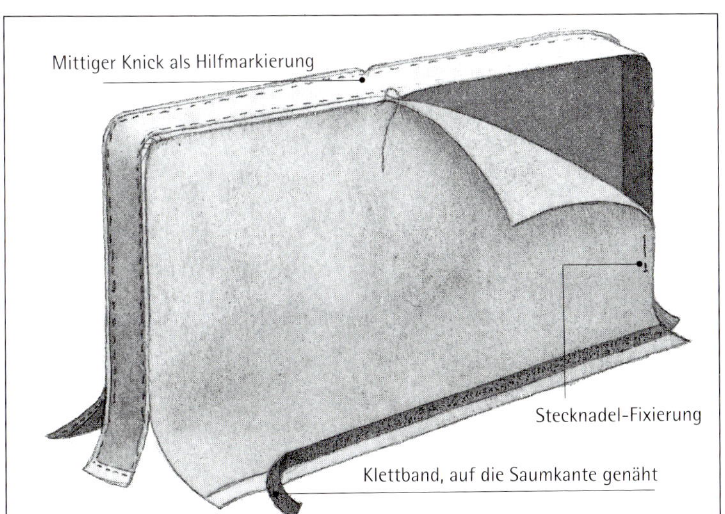

5 Herstellen des Überzugs für Fußteil
Herstellen wie Überzug für Kopfbrett, um die Seitenbretter des Bettkastens herum sorgfältig ausschneiden und einpassen. Seitlich des Fußteils schmale Stoffstreifen anbringen. An der Unterseite und entlang der Ränder mit Klettband befestigen.

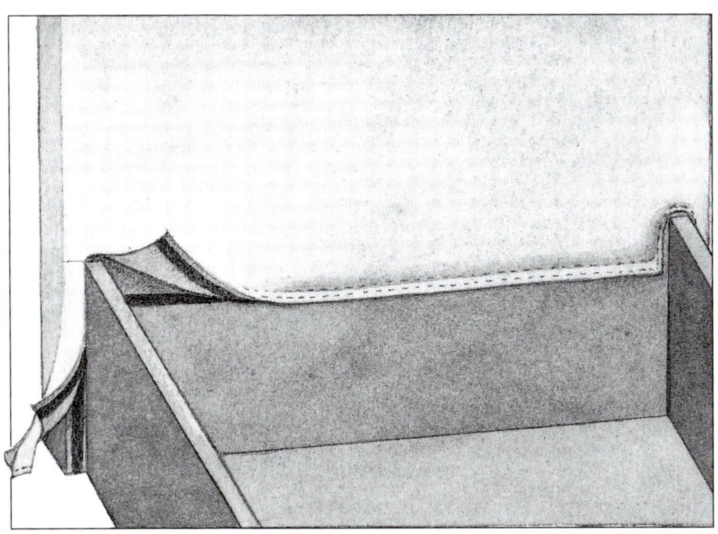

Schranktür mit Portalrahmen

Viele alte Häuser haben einfache Kamine, die in den Raum hineinragen und dadurch auf jeder Seite Nischen bilden. In diesen Fällen läßt sich durch Schranktüren mit dekorativen Portalrahmen ein stilvolles Möbel schaffen. Derselbe Effekt wird erreicht, wenn sich auf einer Seite des Kamins eine Tür und auf der anderen Seite eine Nische befinden; dies ist hier der Fall, wie das Foto zeigt.

Damit der Schrank tiefer wird, kann die Tür ohne Beeinträchtigung der Gesamtwirkung etwas nach vorne versetzt werden (wie links im Foto zu sehen ist).

Ein einfacher Portalrahmen entsteht durch Bretter und Profile, die an der Wand um die Tür herum befestigt werden. Wenn Sie die Tür weiter vorne einhängen wollen, wie links in diesem Beispiel, so stellen Sie einen säulenförmigen Portalrahmen in Kastenkonstruktion her.

Dekorativer Portalrahmen

Zur Bildung eines direkt auf die Türrahmung passenden Portalrahmens werden die Profile einfach um die Tür herum an der Wand befestigt. Geeignete Profile erhalten Sie im Holzhandel. Größere Profile können oft durch Verbindung mehrerer kleiner Profile derselben Form hergestellt werden.

Die Kanten der Bretter können Sie durch eine Oberfräse mit geeignetem Fräskopf abrunden, nuten oder anderweitig formen.

Das erste (breiteste) Profil mit Schrauben und Dübeln an der Wand befestigen. Oder, soweit möglich, direkt an den Türrahmen nageln. Die anderen Profile werden dann entsprechend verleimt und genagelt.

Säulenförmiger Portalrahmen in Kastenkonstruktion

In diesem Fall wird auf jeder Seite der Türöffnung ein einfacher Holzkasten gebaut. Das Vorderteil wird mit den Seitenteilen durch eine Nut- und angeschnittene Feder-Verbindung oder mit Dübeln verbunden (siehe Techniken, Seite 27, 30). Den Eindruck eines Pfeilers erzielen Sie, indem mit einem in die Oberfräse eingesetzten Rillenfräser Rillen in ein zweites Holz gefräst werden, das vorne auf dem Vorderteil befestigt wird. Hinter dem Kasten werden oben Holzklötze verleimt und verschraubt, mit denen der Portalrahmen an der Oberseite der Konstruktion befestigt wird.

Herstellen eines Gesimses

Ein Gesims wird dadurch hergestellt, daß eine Latte hinter der Unterkante eines Gesimsprofils geleimt wird. Eine andere, kleinere Profilleiste wird unterhalb der Leiste und an den Portalrahmen geleimt und genagelt (Abbildung 3, rechts). Das Gesims über der Kastenkonstruktion stellen Sie her, indem Sie wie vorher hinter den Profilen Latten befestigen. Für das Profil darunter verwenden Sie eine Hohlkehlleiste. An den Enden werden Dreiecke eingesetzt und das Ganze wird mit der Bogensäge zugesägt (Abbildung 3, unten).

1 Befestigen des dekorativen Portalrahmens
Ein breiter, dekorativer Portalrahmen entsteht durch die Montage von Profilleisten um einen Türrahmen herum.

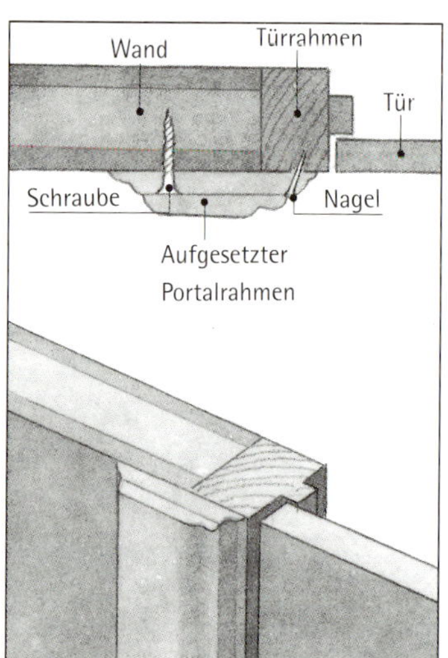

2 Kastenkonstruktion für Portalrahmen
Ein säulenförmiger Portalrahmen entsteht durch die Montage einer Kastenkonstruktion um die Türöffnung herum.

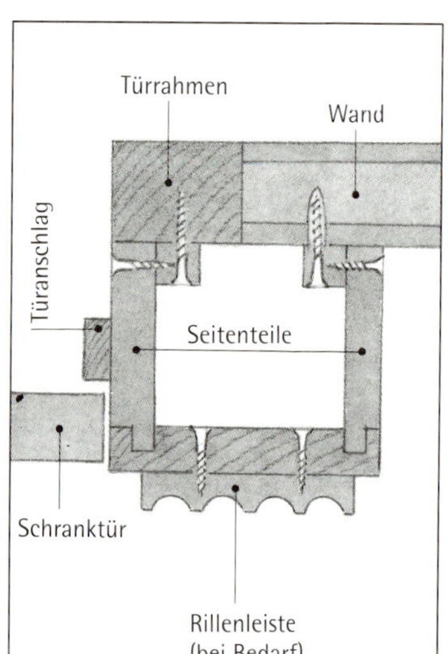

3 Abschluß des säulenförmigen Portalrahmens an der Oberseite
Die Kastenkonstruktion wird oben an der Tür abgeschlossen und der Raum zwischen Kasten und Decke mit einem hölzernen Gesimsprofil ausgefüllt. Der Querschnitt rechts zeigt die Befestigung des Gesimsprofils am Portalrahmen über einer Tür.

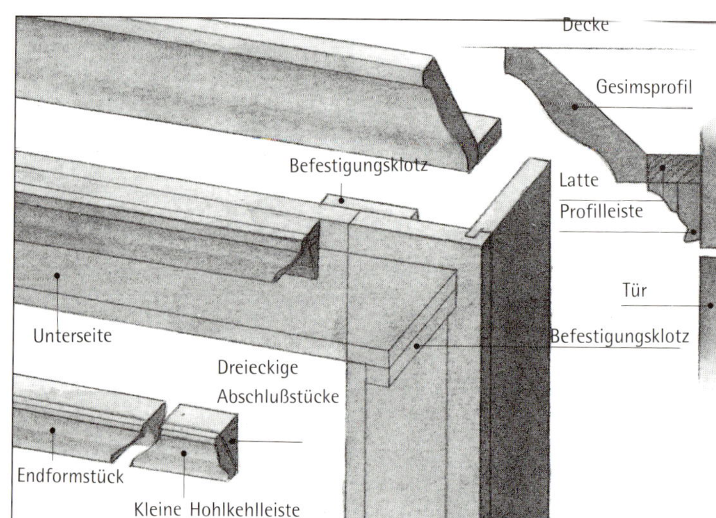

Getäfelte Badewanne

Die Rahmenkonstruktion zur Aufnahme der Wanne wird aus 50 x 25 mm vorgehobeltem Weichholz hergestellt. Sie brauchen sechs senkrechte Pfosten (einschließlich Wandpfosten), die auf den Abstand zwischen Boden und Unterkante des Badewannenrandes gesägt werden. Außerdem benötigen Sie: zwei seitliche Querträger in der Breite der Badewanne minus etwa 125 mm, zwei Längsträger in der Länge der Badewanne minus etwa 75 mm und einen Mittelpfosten in der Länge des Abstandes zwischen den Querträgern der Längsseite.

Die Paneelverkleidung der Badewanne wird aus 12 x 100 mm Kieferbrettern mit Nut- und Feder-Verbindung in der Länge der senkrechten Pfosten hergestellt. Die Anzahl der Bretter passend für das Verkleiden der Längs- und Stirnfläche der Badewanne bestimmen.

Die herausnehmbare Klappe besteht aus zwei 425 mm langen Querträgern (75 x 12 mm gehobeltes Weichholz).

Die Wandpfosten und senkrechten Pfosten auf die vorgesehene Länge sägen. Anzeichnen, wo die Wandpfosten befestigt werden. Sie sind ungefähr 12 mm von der Kante des Badewannenrandes nach innen zu versetzen. Nuten 75 mm breit und 12 mm tief in einem Abstand von jeweils 150 mm von der Unterkante und Oberkante in die Vorderseite von zwei senkrechten Pfosten fräsen. Diese dienen zur Aufnahme der Querträger der herausnehmbaren Klappe. So erhalten Sie Zugang zu den Rohrleitungen.

Dübel für die Wandpfosten in die Wand setzen und die Pfosten darin verschrauben. Provisorisch einen senkrechten Pfosten an jedem Wandpfosten befestigen. Dann provisorisch zwei senkrechte Pfosten in L-Form zur Bildung der vorderen Ecke zusammenschrauben. Pfosten an der äußeren Ecke unter dem Badewannenrand verkeilen.

Das Maß zwischen den Pfosten aufnehmen und die Quer- und Längsträger auf diese Länge sägen. Die Pfosten wieder ausbauen, Längs- und Querrahmen herstellen und stumpf an die senkrechten Pfosten stoßen; leimen und nageln. Zur Erleichterung werden die oberen Träger um 25 mm von der Oberkante der senkrechten Pfosten nach unten versetzt. Einen Mittelpfosten zwischen den Längsrahmen nageln.

Während der Leim trocknet, sind die Rahmen gerade und winkelig zu halten. Zur endgültigen Befestigung werden sie an den Wandpfosten und an der vorderen Außenecke miteinander verschraubt.

Die Nut- und Feder-Verbindung so zusägen, daß sie unter die Unterkante des Badewannenrands passt. Die Federn von zwei Brettern absägen und diese an der vorderen Außenecke zusammen befestigen; dies erfolgt durch Gehrung der Kanten oder stumpfes Stoßen an einen Viertelstab (Abbildung 2, Ausschnitt). Am Rahmen durch vorsichtiges Durchschrauben von rückwärts befestigen. Die anderen Bretter wie üblich (s. S. 211), die letzten vier Bretter passend zu den Querträgern (75 x 12 mm) für die Klappe anbringen, die etwas kürzer sind, damit Sie die Klappe zum Herausnehmen greifen können.

1 Herstellen einer Badewannenverkleidung aus Nut- und Federbrettern
Einen einfachen Rahmen aus 50 x 25 mm Kantholz herstellen. Die Rahmen miteinander an der vorderen Ecke und an jedem Ende an Wandpfosten schrauben. Zu beachten ist die herausnehmbare Klappe.

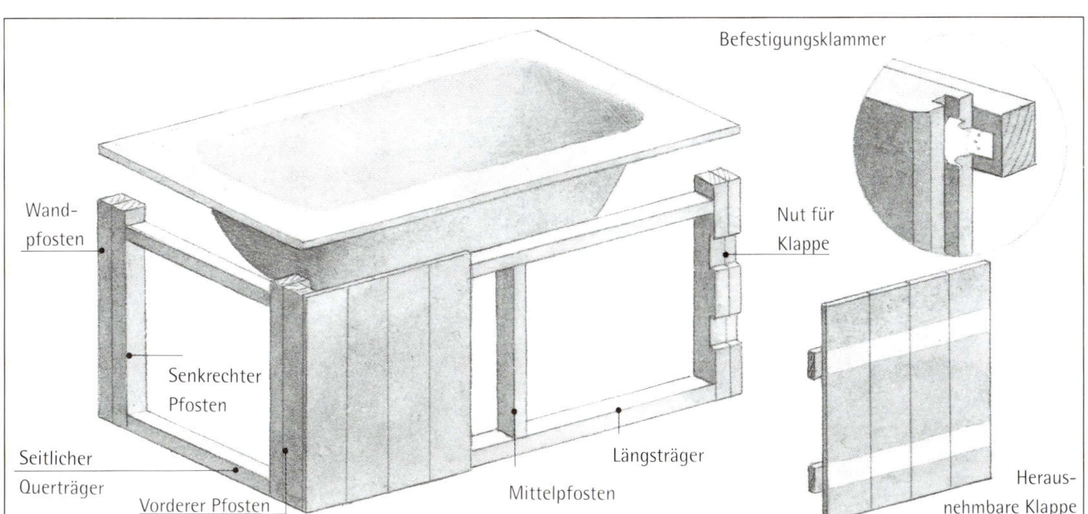

2 Detailansicht der Ecke
Nut- und Federbretter verkleiden den Rahmen. Die äußere Ecke ist in Gehrung ausgeführt oder mit einem Viertelstab gerundet.

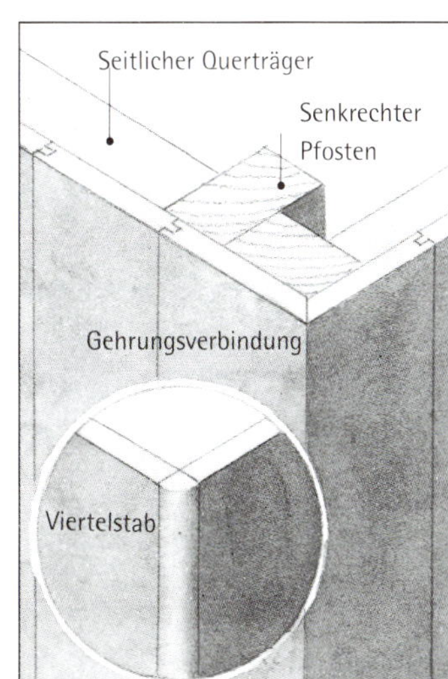

Einführung: Gartenprojekte

Wenn Sie einen Garten haben, ist »Do-it-yourself« sicher kein Fremdwort für Sie. Pflanzen, sähen, mähen, Grassoden stechen, umzäunen und pflastern – all diese Arbeiten machen die meisten Gartenbesitzer selbst, da nur wenige ein so großes Grundstück haben und über die Mittel verfügen, daß sie sich einen Gärtner leisten können.

Dieses Buch knüpft an die Tradition der Hobbygärtnerei an. Es enthält eine ganze Reihe Konstruktionsvorschläge, angefangen von ganz einfachen bis zu echt komplizierten, für Dinge wie Pflanzbehälter, Sitzplätze, Spaliere und sogar für ein Sommerhäuschen. Sie alle sind klassisches Gartenzubehör, jedoch wird ihrem Aussehen nur allzu oft zu wenig Beachtung geschenkt.

Gehen Sie mit Selbstvertrauen an die einzelnen Projekte heran. Wenn Ihnen erst einmal ein einfaches gelungen ist, werden Sie sich auch an kompliziertere Arbeiten wagen. Als Anfänger sollten Sie mit den einfachsten Formen und Werkzeugen umgehen lernen und sich dann mit wachsender Geschicklichkeit schwierigeren Aufgaben zuwenden.

Der Garten als Betätigungsfeld für Do-it-yourself-Aktivitäten bietet im übrigen gar nicht den Rahmen für Präzision und Perfektion. Etwas Verwittertes oder Rustikales paßt meist viel besser in diese Umgebung. Die Materialien müssen nicht teuer sein, und das, was Sie daraus herstellen, wird wohl in den meisten Fällen weniger Kosten verursachen, als man in einem Gartencenter für das entsprechende Fertigprodukt ausgeben müßte.

Das ist aber nicht immer der Fall. So kauft man Spaliergitter beispielsweise günstiger fertig, da allein das Holz dafür schon mehr kosten würde. Man muß abwägen und vergleichen, was sich eher rentiert: fertig kaufen oder selbermachen.

Nicht zu bezahlen ist allerdings die Freude und Zufriedenheit, etwas selbst gemacht zu haben, das genau den eigenen Bedürfnissen und dem Platz, den man zur Verfügung hat, entspricht. Oft ist ein selbstgemachtes Stück besser gestaltet als ein gekauftes und, was noch wichtiger ist: es entspricht dem eigenen Geschmack und Stil.

Die Gartenanlage

Eine gute Gestaltung erkennt man, nach den Worten von Sir John Soane, daran, daß sie einen Funken Gewagtes und Überraschendes enthält. Zwar bezog sich Soane dabei auf Inneneinrichtungen, doch gilt dieses wichtige Prinzip genauso auch für die Anlage von Außenräumen. Nichts ist langweiliger als ein Garten, den man mit einem Blick überschauen kann. Wie reizvoll ist es dagegen, durch einen Garten zu spazieren, in dem man hinter jeder Biegung unvermutet auf etwas Neues stößt.

Es ist zum Glück nicht schwer, dieses Moment der Spannung in einen Garten einzubringen. Pfade müssen nicht geradlinig verlaufen; sie können sich um Konstruktionen herumschlängeln, die einzelne Bereiche aufteilen und voneinander trennen. Pflanzenbewachsene Spaliere sind ein einfaches Gestaltungsmittel: lebendige Vorhänge, durch die man hindurchspazieren kann.

Noch wichtiger aber ist die Anlage verschiedener Ebenen. In diesem, wie auch in vielen anderen Punkten der Gartengestaltung, kann man eine Menge von japanischen Gärten lernen. Unterschiedliche Höhen vermitteln den Eindruck von Bewegung, sie beleben selbst das langweiligste Stückchen Erde. Und da Pflanzen sehr gerne über Ränder hängen oder an Wänden entlangkriechen, bietet ein Höhenwechsel unendliche Möglichkeiten, architektonische Formen und Bepflanzungen optisch ineinanderfließen zu lassen und Linien weicher zu gestalten.

Spaliere, Pflanztröge nahe am Haus, schnellwachsende Kriech- und Kletterpflanzen an den Mauern verbinden ein Haus mit seiner Umgebung und bilden schon in kürzester Zeit einen regelrechten Garten. Besondere Architekturdetails eines Hauses, wie beispielsweise dekorative Giebelschutzbretter, lassen sich sehr schön in die Gartenanlage integrieren, wenn man selbst Hand anlegt. Manchmal hilft bereits ein so einfaches Mittel wie das Aufgreifen einer Türfarbe für die Sitzgruppe oder die Pflanzbehälter, daß ein einheitlicher Gesamteindruck entsteht und das Haus optisch mit dem Garten verbunden wird.

Ein Garten ist ein Ort organischen Wachsens; von daher sollte man auch für Konstruktionen und Ausstattung so weit wie möglich auf organische Materialien zurückgreifen. Plastik hat mit Pflanzen nichts zu tun; es paßt einfach nicht zu ihnen. Künstliche Materialien fallen in einem Garten immer auf, da sie nicht auf natürliche Weise verwittern. Holz, Stein, Terracotta, Ziegel und in einigen Fällen auch Metall fügen sich gut in einen Garten ein. Sie harmonieren miteinander, und ihre Oberflächen und Strukturen lassen sich interessant variieren. Besonders reizvoll an diesen Materialien sind ihre Alterungs- und Verwitterungserscheinungen: sie oxidieren, bleichen aus, werden fleckig, setzen Flechten und Moos an und verschmelzen dadurch mit dem Garten. Ausstellungsgärten sehen daher oft unnatürlich neu und sauber aus, da sie keine Zeit hatten zu altern. Man kann den Alterungsprozeß künstlich beschleunigen, wenn man findet, daß der Garten zu neu erscheint. Holz wirkt verwitterter, wenn man es mit Salz oder Haushaltsbleiche schrubbt, und Beton und Terracotta werden rasch mit Flechten bewachsen, wenn man die Oberflächen mit nicht pasteurisierter Milch, Zimmerpflanzendünger oder Jauche bestreicht.

Der Aussenraum

Eine gute Gartengestaltung erkennt man daran, daß ein auf individuelle Bedürfnisse zugeschnittener Außenraum geschaffen wird. Er spiegelt persönlichen Stil und Vorlieben wider und paßt zu den Materialien, Strukturen und Details des Hauses. Der Garten sollte eine natürliche Erweiterung des Hauses darstellen, keinen unharmonischen Kontrast. Der zeitlos ungezwungene Stil englischer Landhäuser, die großräumigen Terrassenstrukturen moderner Stadtgärten und die beschauliche Schönheit japanischer Landschaftsarchitektur sind Quellen der Inspiration für die Gartengestaltung.

Damit ein Garten wirklich einladend wirkt, muß er ein bißchen verwildert und unvollkommen sein, aber er verträgt durchaus auch Farbe. Viele Gartenliebhaber sind bei der Auswahl des Gartenzubehörs viel zu vorsichtig und wählen nur die traditionellen Farben Weiß und Dunkelgrün, die sich vor dem Hintergrund kaum abheben. Die Gärten des Mittelmeerraums sind mit ihren leuchtenden Farbtupfern sehr reizvoll, und man muß sich von der landläufigen Meinung lösen, daß diese kräftigeren Farbakzente in Ländern mit weniger intensiver Sommersonne nicht zur Wirkung kommen. Farben strahlen etwas sehr Positives aus und verleihen dem Garten auch im Winter, wenn er einiges von seinem Reiz eingebüßt hat, einen fröhlichen Anstrich. Gelb paßt beispielsweise sehr gut zum frischen Sommergrün, aber auch zu den Grautönen des Winters. Auch Blau (Dunkelblau oder Graublau) eignet sich vorzüglich für den Garten. Wenn man sich sein Gartenzubehör selbst baut, kann man es streichen, wie man will, und ist nicht auf die wenigen und langweiligen Farbtöne der handelsüblichen Produkte angewiesen.

Und schließlich braucht ein Garten, wie ein Zimmer auch, einen Blickfang: ein Weg muß irgendwohin führen, der Blick durch die Pergola soll dem Betrachter einen Reiz bieten, die regelmäßige Anordnung von Beeten verlangt einen attraktiven Mittelpunkt. Jeder gestaltete Bereich sollte stimmig und wohldurchdacht, nicht halbherzig aussehen. Ein großer Terracottatopf voll üppig blühender Pflanzen, ein einladender Ruheplatz im Schatten, eine Terrasse unter einer gestreiften Markise, ein Gartenteich mit Fischen oder ein paar originelle Behälter wirken nur dann angenehm aufs Auge, wenn sie sich harmonisch in ihre Umgebung einfügen. In diesem Buch werden eine ganze Reihe hervorragender Ideen vorgestellt, die Ihre Phantasie anregen sollen; d. h. sie sollen lediglich als Grundlage für eigene Pläne und Vorstellungen dienen. Der Garten ist ein Ort, an dem man seiner Persönlichkeit Ausdruck verleihen und sich genau die Umgebung schaffen kann, in der man sich gerne aufhalten möchte.

Praktische Hilfen

Bei der Anlage eines neuen Gartens sollte man sich zunächst einen Plan machen, der sowohl praktische wie auch ästhetische Gesichtspunkte berücksichtigt. Ein Fotoapparat ist bei der Planung ein wertvolles Hilfsmittel: man fotografiert den Garten von verschiedenen Blickpunkten im Haus aus (auch von den oberen Stockwerken) und umgekehrt. Eine einfache Zeichnung des Grundstücks mit den ungefähren Größenangaben ist eine sinnvolle Grundlage für die Planung von Wegen, Beeten und Terrasse. Bei einer ganz regelmäßigen Gartenanlage wird man wohl eine Maßstabsskizze oder einen Plan der symmetrisch angeordneten Beete mit den Verbindungswegen anfertigen. Eine eher unregelmäßige, natürliche Anlage erfordert vor allem die Planung der Wege und der sich daraus ergebenden Beetformen. Allzu häufig werden Wege ohne Bezug auf die Beete angelegt; die Anlage wirkt dann unkoordiniert und planlos. Auch notwendige Höhenveränderung sollte man in dem Plan vermerken.

Die Gartenplanung

Zwar lassen sich klimatische Bedingungen in einem Garten nicht radikal verändern, aber doch mildern. Starke Winde beispielsweise können bis zu einem gewissen Grad durch Hecken, Zäune oder Spaliere abgehalten werden. In einer trockenen Gegend schafft man mit einem Teich ein feuchtes Mikroklima, in dessen Umkreis feuchtigkeitsliebende Pflanzen gedeihen. Schatten läßt sich auf vielerlei Art gewinnen, indem man entweder künstliche Bedingungen schafft oder natürliche ausnützt: Markisen, Bäume, wilder Wein oder Kletterpflanzen an Spalieren oder Drahtgittern sind gute Schattenspender.

Es gibt noch viele andere Dinge, die auf die letztendliche Gestaltung Einfluß haben:

- die Plazierung von Komposthaufen, Geräteschuppen und Nutzgarten
- der Wasseranschluß
- die Einrichtung von Eßbereichen und Sitzgelegenheiten
- der Grill
- Bereiche, in denen Kinder spielen können und Spielgeräte aufgestellt werden
- unveränderliche Bestandteile wie ausgewachsene Bäume, bestehende Mauern und Grenzen
- optische Störpunkte, die man tarnen möchte
- das Bedürfnis nach einem Bereich, der von außen nicht eingesehen werden kann
- Lärm aus Nachbargärten
- besondere Bedingungen, wie etwa die extremen Temperaturunterschiede, denen ein Dachgarten ausgesetzt ist
- die Zeit, die man mit der Pflege des Gartens verbringen kann
- die finanziellen Möglichkeiten, die einem zur Verfügung stehen

Jeder Garten profitiert von einer sorgfältigen Planung, und das Gedeihen der Pflanzen hängt stark davon ab, ob man die grundlegenden Voraussetzungen dafür geschaffen hat.

Gesamtanlage und Details

Ein Garten gewinnt sehr durch überraschende Einblicke, wie sie versteckte Ecken und verschieden hohe Ebenen bieten. Verkleidungen eignen sich im Freien sehr schön zur Gestaltung von Oberflächen und zur Abgrenzung von verschiedenen Sitz- und Eßebenen sowie von Pflanzbeeten (oben). Lauben und Spaliere können ein sehr schöner Blickfang, manchmal auch ein reizvoller Farbtupfer im Garten sein (oben links und gegenüber).

Farbe im Garten

Bei Gartenmöbeln, Zubehör und gestalterischen Elementen hat die Farbgebung lange Zeit keine wesentliche Rolle gespielt (nächste Seite). Farbig gestrichene Pflanztröge, Sitzplätze, Spaliere, Zäune und Mauern heben aber den Gesamteindruck eines Gartens.

Teil 5

Sitz- und Eßplätze

In einen Garten gehört ein Platz, an dem man sich hinsetzen kann, um all das zu betrachten und zu genießen, was man geschaffen hat und darüber nachzudenken, wieviel Arbeit immer noch zu tun bleibt. Jedem Sitzbereich, egal ob es eine Bank an einem schattigen Plätzchen oder eine Veranda mit Tisch und Stühlen, Markise und Grill ist, kommt eine zentrale Bedeutung bei der Gartenanlage zu; daher muß man sich schon bei der ersten Planung Gedanken darüber machen. Wählt man einen sonnigen oder lieber einen schattigen Flecken?

Bleibt man nahe beim Haus, oder ist ein etwas abgelegenerer Platz geeigneter? Wenn man im Freien auch essen möchte, braucht man zumindest Halbschatten. Das Essen im Freien, an einem derartigen Ort, ist einer der schönsten Lebensgenüsse.

Der Sitzplatz im Garten lädt zum Lesen ein, oder man genießt einen guten Tropfen; man schaut den Kindern beim Spiel zu, nimmt eine Mahlzeit ein, oder man betrachtet ganz einfach seine Umgebung. Gartenmöbel können in jeder beliebigen Art gestaltet werden, je nach der Funktion, die sie erfüllen sollen. Die Art des Sitzplatzes sollte in die Gesamtanlage und den Stil des Gartens passen. Die Licht- und Schattenverhältnisse sind dabei gut zu bedenken.

Sitz- und Eßplätze

Sitzgelegenheiten und Tischplatten müssen gegen einsickerndes Wasser geschützt sein, damit sie nicht faulen oder rosten. Bei Klappmöbeln kann das Wasser gut ablaufen; den gleichen Zweck erfüllen Oberflächen aus Lattenrosten oder mit Löchern. Es gibt inzwischen auch Außenfarben, die einen wesentlich besseren Schutz für die Gartenmöbel bieten als die herkömmlichen Vorstreichfarben und Lacke.

Die meisten Gartenmöbel, vor allem die aus Gußeisen oder lackiertem Metall, sind häufig recht überladen. Tische und Sitzgelegenheiten mit klaren Linien, egal ob diese geschwungen oder rechtwinklig sind, sehen wesentlich stabiler aus und passen viel besser ins Freie. Schlichte Gartenmöbel lenken die Aufmerksamkeit auch nicht von den Pflanzen ab. Dabei ist Schmiedeeisen durchaus nicht grundsätzlich abzulehnen. Bänke mit schmiede- oder gußeisernem Gestell, aber einer glatten Lattenlehne und -sitzfläche, können sehr hübsch wirken und sind sicher bequemer als reines Metall, das in der Sonne sehr heiß wird.

Die Sitzgelegenheiten dürfen aber auch originell sein. Im 19. Jahrhundert nagelte man roh behauene Äste zu gotisch nachempfundenen Bänken zusammen, was sehr witzig aussah. In die gleiche Richtung gehen Bänke auf Baumstümpfen, eine mit Sand gefüllte Schornsteinkappe als Tischfuß oder eine Steinplatte, die in eine rechteckig beschnittene Hecke eingelassen ist, bei der das Blätterwerk ans natürliche Polsterlehne dient. Geradezu unwiderstehlich wirkt ein Baumsitz, der um den ganzen Stamm herumgeht, als eine Art Baumhaus am Boden.

Neben den Möbeln, die eigentlich immer im Freien bleiben, gibt es auch viele verschiedene Stühle und Sessel zu kaufen, die man genausogut im Haus verwenden kann. Lackierte Holzbänke, Rohrstühle, Rattan- und Korbsessel, Klappstühle aus Segeltuch und metallene Parkstühle lassen sich im allgemeinen leicht hin- und hertragen.

LEBEN IM FREIEN

Mit abgestuften Sitzflächen aus Holz (oben) lassen sich vielseitig verwendbare, unterschiedliche Ebenen im Garten gestalten. Eine im Fischgrätenmuster gepflasterte Terrasse im Schatten alter Platanen (rechts) bietet einen herrlichen Eßplatz im Freien.

Nächste Seite: *Variationen zum Thema Sitzgelegenheiten.*

Sitz- und Eßplätze

Auch bei den Gartentischen hat man die Wahl zwischen fest montierten oder tragbaren, die man je nach Bedarf aufstellt. Besonders geeignete Materialien für Tischplatten sind Stein, Marmor und Keramik. Klappbare Metalltische, wie man sie aus französischen Parks kennt, sind billiger.

Sitzplätze, die zum Teil im Schatten liegen, werden meist als angenehmer empfunden. Bei einer Terrasse mit direkter Sonneneinstrahlung gibt es viele geeignete und elegante Lösungen, um Schatten zu schaffen. Dabei kann man sich einige Inspirationen aus der Welt des Yacht-Sports holen. Sonnensegel, lackierte Holzgitter für Kletterpflanzen und Segeltuch in klaren, kräftigen Farben, mit Ösen an einem einfachen Metallrahmen befestigt, erinnern alle ein bißchen an die Seefahrt. Eine typisch mediterrane Lösung des Problems ist ein simples Metallgerüst oder Gestell, über das Wein gezogen wird. Ein dünnes Gitterwerk über den Köpfen bricht das Sonnenlicht in kleine Quadrate und nimmt ihm die Intensität. Genauso wirkungsvoll sind beispielsweise Ladenmarkisen mit Einziehmechanismus, Segeltuch an einem Holz- und Drahtrahmen oder ein großer Schirm, wie man ihn auf Märkten verwendet. Etwas künstlerischer wirkt vielleicht ein heller, gemusterter Stoff, den man an Stangen knotet. Auch von Zeltformen kann man sich Ideen abschauen. Einfarbiges Segeltuch (eventuell an der Unterseite bemalt) oder breite blau-weiße Streifen wirken flott, frisch und anziehend.

Die meisten Menschen wollen heutzutage nicht nur im Freien essen, sondern dort auch die Speisen zubereiten. Ein Grillplatz ist ausgesprochen einfach selbst zu bauen. Ziegel oder Steine eignen sich für die Konstruktion am besten. Es empfiehlt sich, den Boden um und unter dem Grill zu pflastern, das vereinfacht das Reinigen sehr. Wenn man nur wenig Aufwand betreiben will, kauft man sich einen gußeisernen Grill und stellt ihn auf einen Ziegel- oder Steinsockel. Eine eigenhändig gebaute Grillanlage umgibt man am

besten mit Schamottesteinen, zum Schutz gegen die große Hitze.

Die Stelle für den Grill muß sorgfältig ausgewählt werden, denn neben der verursachten Hitze entsteht auch ziemlich viel Rauch. Kochdünste und Rauch sollten nicht ins Haus oder, was noch schlimmer ist, zum Nachbarn ziehen. Überhängende Pflanzen werden leicht versengt oder verbrennen sogar; angrenzende Mauern werden vom Ruß geschwärzt, wobei das allerdings nicht einmal häßlich sein muß.

Weiterhin kann eine gute Gartenbeleuchtung den Eßplatz im Freien wesentlich bereichern. Die Anlage der Außenbeleuchtung verlangt ein wenig Sensibilität, denn exponierte, grelle Beleuchtungskörper nehmen dem Garten all seinen Zauber. Dem gegenüber schaffen raffinierte, diffuse Lichtquellen sofort eine märchenhafte Atmosphäre. Die Gartenbeleuchtung sollte so unauffällig wie möglich angebracht sein, beispielsweise in Wände eingelassen oder auf andere Art abgeschirmt werden.

Bei der Wahl der Gartenmöbel ist Einfachheit oberstes Stilgebot, da ansonsten die Pflanzen in ihrer Wirkung in den Hintergrund treten. Natürlich müssen die Möbel auch praktisch sein und sollten zu dem architektonischen Gesamtbild passen. Man kann noch einen Schritt weitergehen und die Möblierung der Innenräume mit bedenken.

Sitzplätze im Freien

Eine Sitzgruppe im Freien, die auch als Eßplatz dienen soll, muß geschützt sein und braucht etwas Schatten. In der vollen Mittagshitze zu sitzen, wird sehr schnell unangenehm. Auf der anderen Seite möchte man auch nicht unbedingt wegen ein paar Regentropfen gleich ins Haus umziehen. Als Lösung bieten sich eingebaute Terrassen, Balkone, Markisen und Spaliere an, die einen Baldachin aus Wein oder Kletterpflanzen tragen.

Gartenbank

Bei der Auswahl der Gartenmöbel zeigen viele einen recht konservativen Geschmack. Selbst wenn sie bei ihrer Wohnungseinrichtung einen modernen, gelegentlich sogar avantgardistischen Stil an den Tag legen, halten sie es doch bei der Gestaltung ihrer Lebensräume im Freien eher mit der Tradition. Schmiedeeiserne Sitzgelegenheiten spiegeln den typisch viktorianischen Geschmack wider, und in den letzten Jahren waren die Designs von Sir Edwin Lutyens mit ihrer Anlehnung an klassische Bogenformen außerordentlich gefragt.

Dieser Gartenbank hier, mit ihrer senkrechten Lattenlehne, dem einfachen, flachen Sitz und den geraden Beinen, wohnt etwas von der strengen, funktionalen Schönheit der Shaker-Möbel des 19. Jahrhunderts inne. Im Vergleich zu vielen käuflichen Produkten wirkt die Bank ausgesprochen schlicht, dennoch erfordert ihre Herstellung einiges Geschick. Zum Teil liegt das daran, daß man bei Gartenmöbeln eben einen etwas höheren Qualitätsstandard ansetzt als bei anderem Gartenzubehör.

Auch wenn man die Gartenmöbel im Winter ins Haus bringt, sind sie bis zu einem gewissen Grad der Witterung ausgesetzt. Stehendes Wasser wirkt sich auf Oberflächen innerhalb kurzer Zeit zerstörerisch aus. Bei dieser Bank neigt sich der Sitz ganz leicht nach hinten und läßt zur Lehne hin einen schmalen Schlitz offen, durch den das Wasser abfließen kann. Die geraden Kanten der Füße wurden abgeschrägt, damit keine größeren Schäden entstehen, wenn man mit dem Rasenmäher aus Versehen dagegenstößt.

Ein etwas kritischer Punkt im Design ist die Höhe der Bequemlichkeit der Rückenlehne. Im eigentlichen Sinn gemütlich ist die Bank wohl nicht zu nennen, obgleich sie sich mit einem langen Polster sicher auch im Haus als Sitzgelegenheit eignet.

Mut zur Farbe bringt in jedem Fall Leben in den Garten. Gelb und verschiedene Blautöne sehen sommers wie winters gleich gut aus und wirken reizvoller fürs Auge als ein ruhiges Dunkelgrün oder Weiß.

Gartenbank

Die Gartenbank ist wohl das vertrauteste Möbelstück im Garten. Es ist wahrscheinlich in jedem Fall billiger – und befriedigender –, sie selbst zu bauen, als eine zu kaufen. Falls nötig, kann man das hier vorgestellte Modell an die Größe und Proportionen des eigenen Gartens anpassen oder es entsprechend den persönlichen Bedürfnissen abändern. Der Platz für die Bank ist mit Sorgfalt auszuwählen, denn sie ist immer ein Blickfang. Andererseits macht sie sich auch gut an einem Ort der Zuflucht in einer lauschigen und schattigen Ecke des Gartens.

Man kann die Gartenbank aus Hartholz bauen, aber es ist wesentlich billiger und umweltbewußter, wenn man Weichholz von guter Qualität verwendet. In diesem Fall ist es sehr wichtig, das Holz während des Bauens mit einem guten Holzschutzmittel zu behandeln. Man trägt das farblose Holzschutzmittel auf die zugeschnittenen Einzelteile auf, bevor man sie miteinander verbindet. Die Haltbarkeit der Verbindungsstellen wird nicht beeinträchtigt, wenn das Holzschutzmittel vor dem Zusammenleimen 24 Stunden trocknen kann. Nach dem Zusammenbau trägt man eine zweite Schicht des Schutzmittels auf, und darüber kommt dann der endgültige Anstrich.

Das farblose Holzschutzmittel läßt die Entscheidung noch offen, ob man die Bank zum Schluß lackieren möchte oder sie lieber mit wasserabstoßender Holzbeize, wie sie häufig für Fensterrahmen verwendet wird, behandeln will. Wenn man die Bank lackieren will, empfiehlt sich ein Außenlack oder Imprägnier-Verfahren. Diese Farben enthalten meist eine Grundiermasse, die in das Holz eindringt; eine zweite Bearbeitung mit dem Holzschutzmittel erübrigt sich dann.

Um die Haltbarkeit zu erhöhen, verwendet man für das Rahmengestell am besten Zapfenverbindungen und für die Latten der Rückenlehne und die Bretter des Sitzes Dübel. Wenn man sich exaktes Verzapfen nicht zutraut, kann man auch die ganze Bank zusammendübeln. Bei den Dübelverbindungen muß man sorgfältig darauf achten, daß jede Verbindung vor dem Zusammensetzen mit einem wasserfesten Qualitätsholzleim eingestrichen wird und daß die Verbindungen solange zusammengeklammert bleiben, bis der Leim ganz abgebunden hat.

Materialien

Teil	Menge	Material	Länge
HINTERE BEINE	2	100 × 75 mm gehobeltes Weichholz	1035 mm
VORDERE BEINE	2	75 × 75 mm gehobeltes Weichholz	430 mm*
SEITL. RAHMENLEISTEN	4	75 × 50 mm gehobeltes Weichholz	480 mm
VORDERE LEISTE	1	wie oben	1790 mm
UNTERE LEHNENLEISTE	1	140 × 32 mm gehobeltes Weichholz	1790 mm
OBERE LEHNENLEISTE	1	75 × 50 mm gehobeltes Weichholz	1880 mm*
LATTEN FÜR LEHNE	32	38 × 25 mm gehobeltes Weichholz	Abstand zw. d. Leisten
SITZBRETTER	4	140 × 32 mm gehobeltes Weichholz	1865 mm
DÜBEL (zwischen Sitz und unterer Lehnenleiste)	5	Hartholzdübel ab 12 mm	ca. 95 mm
DÜBEL (zur Befestigung von Sitzbrettern und Latten)	nach Bedarf	Hartholzdübel ab 8 mm	ca. 40 mm

* Überlänge, wird nach der Befestigung auf die richtige Länge zurechtgeschnitten

Werkzeuge

- WERKBANK (fest oder tragbar)
- REISSMESSER
- METALLMASSBAND
- METALLINEAL
- ANSCHLAGWINKEL
- STICHSÄGE (oder Kreissäge)
- FUCHSSCHWANZ (oder Dekupiersäge)
- STEMMEISEN
- STREICHMASS
- ZAPFENSTREICHMASS
- BOHRMASCHINE
- HOLZBOHRER – 8 mm
- HOLZBOHRER – 12 mm
- BOHRLEHRE
- EIN PAAR SCHRAUBZWINGEN (oder Gurtzwingen)
- SCHLICHTHOBEL (Hand- oder Elektrohobel)
- GRUNDHOBEL und FASERHOBELMESSER für HANDHOBEL
- HOLZHAMMER
- TELLERSCHLEIFMASCHINE (oder Schleifpapier)

Klebstoff	394	Weichholz	396
Farbe	394	Dübel	402
Konservierungsmittel	394	Zapfverbindung	402

ZUSAMMENBAU DER GARTENBANK

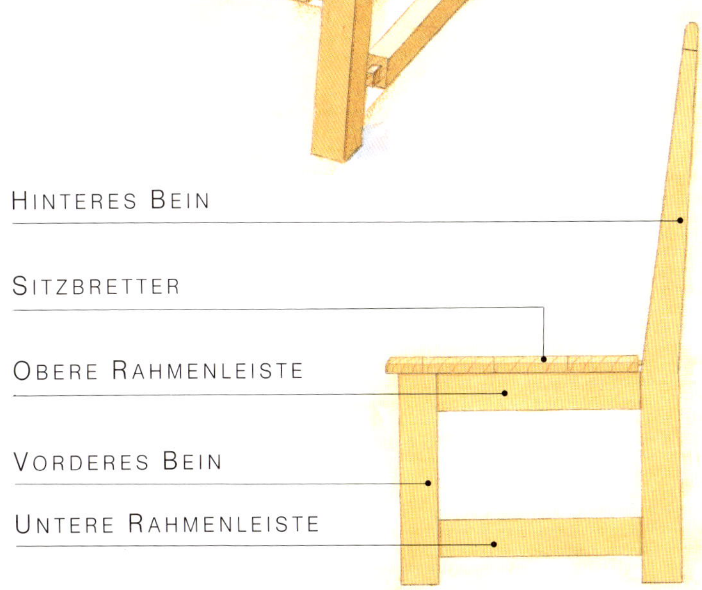

SEITENANSICHT

Gartenbank

Rahmen für die Sitzfläche

Zuschnitt der vorderen Beine

Die Vorderbeine werden mit Überlänge zugeschnitten – im ganzen mindestens 430 mm lang –, dann mißt man von unten 400 mm für die endgültige Länge ab. Zur Markierung zieht man rund um das Bein an allen vier Seiten eine Linie (siehe handwerkliche Techniken). Die Beine legt man zur Seite, bis man sie braucht.

Zuschnitt der hinteren Beine

Die hinteren Beine werden jeweils aus einem Vierkantholz mit den Maßen 100 × 75 mm zugeschnitten. Mit Hilfe eines vorderen Beins wird das hintere Bein markiert. Man legt dazu das vordere Bein von unten schräg nach oben auf die Breitseite des Holzes (Abb. 1). Dabei ist zu beachten, daß das vordere Bein noch zu lang ist, d. h. man richtet sich beim Abmessen nach der Markierungslinie. Die Form des vorderen Beins wird auf dem hinteren Bein angezeichnet.

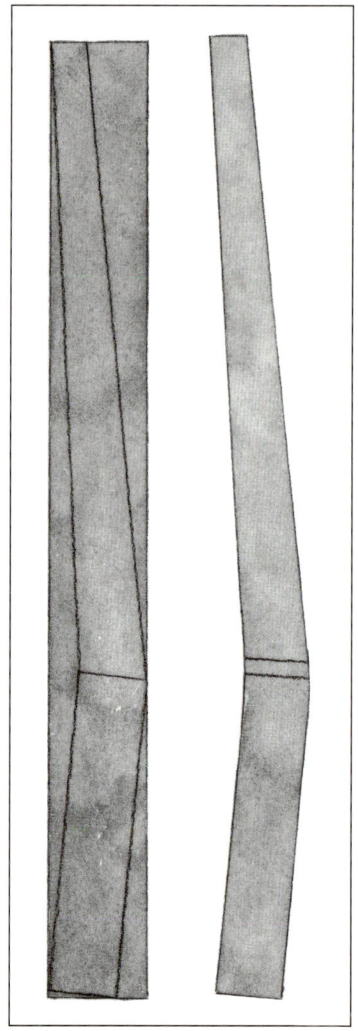

1 Zuschnitt der hinteren Beine
Ein vorderes Bein wird schräg auf das Holz des hinteren Beins gelegt und angezeichnet. An der Oberkante mißt man von der Rückseite 35 mm weg und verbindet die Punkte mit der Endmarkierung des vorderen Beins. Die Form wird ausgeschnitten, und die hinteren Kanten werden abgerundet. Die Dicke der Sitzfläche wird parallel zur Höhe der vorderen Beine angezeichnet.

An der Oberkante des hinteren Beins mißt man an beiden Seiten von der Rückseite weg 35 mm ab und verbindet diese beiden Punkte mit den beiden oberen Ecken von der Markierung des vorderen Beins. Dadurch erhält man die Form des hinteren Beins (Abb. 1).

Das erste markierte Bein wird ausgesägt, wobei die Vorderkanten scharf geschnitten und die Hinterkanten abgerundet werden. Die vordere Stirnseite wird längs und quer zu den Seiten glattgehobelt, da die Verbindungen von dieser Kante aus gemessen werden.

Mit dem fertigen Bein wird das andere angezeichnet und ebenfalls ausgesägt. Nachdem beide Beine zugeschnitten sind, wird mit Hilfe eines Sitzbrettes und dem Anschlagwinkel die Dicke der Sitzfläche parallel zur Höhe der vorderen Beine angezeichnet.

Anzeichnen der Verzapfungen

Man nimmt eines der vorderen Beine und legt an die Längenmarkierung eine der Seitenleisten (mit der Breitseite) an (Abb. 2). Auch hier ist zu beachten, daß das Bein noch zu lang ist. Die Unterkante der Leiste wird an dem Bein markiert. Von dieser Linie aus mißt man 50 mm nach oben für die Höhe des Schlitzes. Die Linien werden auf die beiden Innenseiten verlängert (siehe handwerkliche Techniken).

Für die Verbindung der unteren Leiste mißt man an der Rückseite des Beins 60 mm von unten nach oben und dann noch einmal 50 mm für die Höhe des Schlitzes. Mit einem Anschlagwinkel überträgt man alle Markierungen auf die Rückseite des anderen vorderen Beins und zieht sie dann dort bis zur Innenseite durch.

Ebenfalls mit dem Anschlagwinkel überträgt man die Länge und Position der Schlitze von den vorderen Beinen auf die Vorderseiten der hinteren Beine.

Dann nimmt man ein 19 mm-Stemmeisen und ein in dieser Breite eingestelltes Zapfenstreichmaß. Die Halterung ist so anzubringen, daß der Schlitz genau zwischen den Kanten der Seitenleisten zentriert ist (nicht der Beine).

An den Vorderseiten der hinteren Beine und an den Innenseiten der vorderen Beine werden die oberen Schlitze angerissen. Dabei mißt man immer von den Außenkanten her, damit die Vorderleiste und die oberen Seitenleisten bündig aneinanderstoßen.

An den Enden der vier Seitenleisten werden die Zapfen angerissen (Abb. 3), ebenso auch die Zapfen an den beiden Enden der vorderen Leiste.

Die Stifte des Zapfenstreichmaßes werden jetzt mittig auf das Bein eingestellt. Dann reißt man die unteren Schlitze in der Mitte der Innenseiten von allen vier Beinen für die unteren Seitenleisten an. Von jedem Ende der Seitenleisten werden 50 mm nach innen gemessen und der Zapfen markiert. Dann zieht man die Markierung um alle vier Seiten. Mit dem Anschlagwinkel überträgt man die Linien auf alle Seitenleisten. Von jedem Ende der Vorderleiste mißt man ebenfalls 50 mm nach innen und zieht die Linien wie zuvor um alle vier Seiten. Für eine stabile Konstruktion ist es notwendig, daß die Abstände zwischen den Zapfen oder Seitenleisten exakt markiert werden. Die Größe des oberen Zapfens wird 50 mm vom unteren Rand aller oberen Leisten markiert, d. h. die Zapfen schließen glatt mit der unteren Kante ab.

An den beiden unteren Leisten sitzen die Zapfen in der Mitte. Man mißt also von der unteren Kante weg erst 10 mm ab und dann noch 50 mm, entsprechend der Zapfengröße (Abb. 3).

Das Schneiden der Verbindungen

Die Schlitze werden etwas tiefer als 50 mm geschnitten (siehe handwerkliche Techniken, Verzapfung); anschließend sägt man die Zapfen aus.

Man setzt die Teile probeweise zusammen, um zu überprüfen, ob sie auch passen. Die Zapfenenden der vorderen Leiste und die vorderen Zapfenenden der beiden oberen Seitenleisten müssen in einem Winkel von 45° abgeschrägt werden, damit sie fest sitzen (Abb. 4).

Die überstehende Länge der vorderen Beine wird am oberen Ende abgesägt, damit die vorderen Beine auf gleicher Höhe mit den Seitenleisten abschließen.

Die Rückenlehne

Einpassen der unteren Rückenleiste

Man benötigt ein Stemmeisen, 12 mm, und stellt das Zapfenstreichmaß auf genau diese Breite ein. Die Stifte setzt man so an, daß der Zapfen die Fortsetzung der Leistenrückseite bildet und die Verbindung glatt abschließt (Abb. 1 S. 28). Der Schlitz wird an den inneren Seiten der hinteren Beine angezeichnet, ebenso die glatt abschließenden Zapfen der unteren Rückenleiste.

Die untere Rückenleiste wird nach den Markierungen für die Sitzfläche ausgerichtet, so daß sie rechtwinklig zur oberen Vorderseite des hinteren Beins steht (Abb. 1 S. 28). Die Position der Leiste wird angezeichnet, desgleichen oben und unten ein Vorsprung von 15 mm.

An der unteren Rückenleiste werden von den Enden jeweils 50 mm abgemessen und von den Kanten 15 mm nach innen für die Zapfenvorsprünge. Vor dem Aussägen der Zapfen muß man noch einmal überprüfen, ob die Länge zwischen den Vorsprüngen mit der Vorderleiste übereinstimmt. Dann sägt man die Zapfen und meißelt die Zapflöcher 50 mm tief aus.

Einpassen der oberen Rückenleiste

Von der Oberkante des hinteren Beins mißt man 50 mm nach unten und zieht die Linie mit dem Anschlagwinkel um alle vier Seiten. Die Markierungen werden auf das andere Bein übertragen. Am Zapfenstreichmaß, das immer noch auf 12 mm eingestellt ist, werden die Stifte genau in der Mitte, zwischen den Markierungslinien, angesetzt (Abb. 2 S. 28). Dann zeichnet man an beiden Beinen die Zapfen an.

2 Schlitze der vorderen Beine
Die Position der Leiste wird am Bein markiert. Die Schlitze liegen mittig zur Kante der vorderen und oberen Seitenleiste sowie an der unteren Seitenleiste.

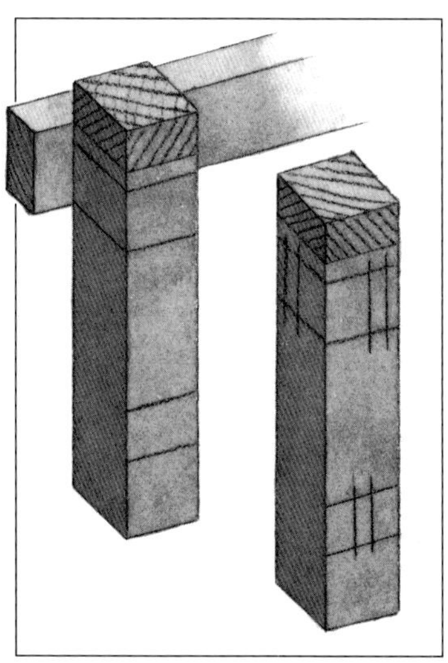

3 Zapfen der vorderen und seitlichen Leisten
***Oben.* Die Zapfen werden zurechtgesägt. *Unten.* An der unteren Seitenleiste sitzt der Zapfen in der Mitte.**

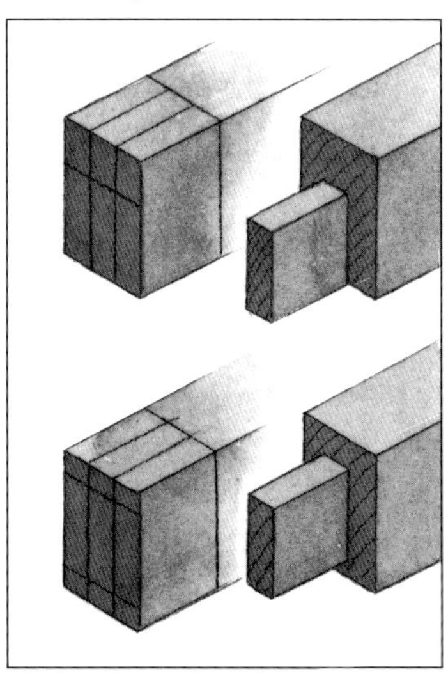

4 Probeweises Zusammensetzen der vorderen Beine mit Vorderleiste und Seitenleisten.
***Links.* Die Positionen der Schlitze am vorderen Bein. *Detailpunkt.* Die Draufsicht zeigt, daß die Vorderleiste und die obere Seitenleiste mit den Außenkanten des vorderen Beins abschließen. *Rechts.* Die Zapfenenden werden abgeschrägt.**

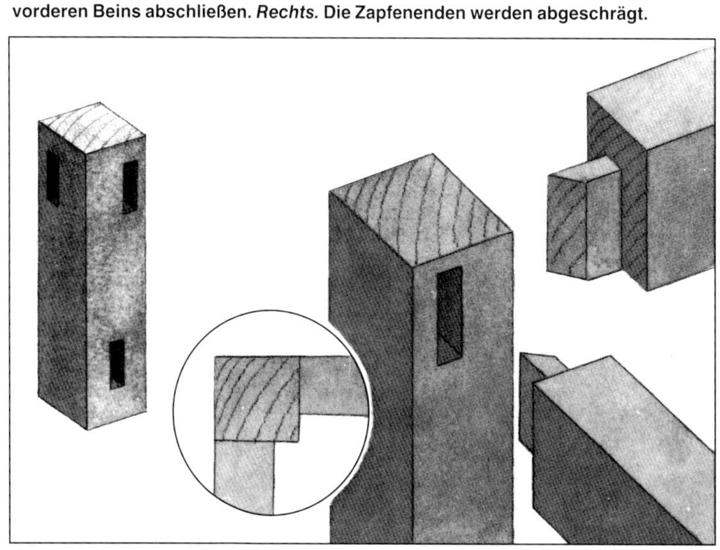

Gartenbank

Die obere Leiste wird 50 mm länger als benötigt zugeschnitten, doch man markiert mit der unteren Leiste die richtige Länge zwischen den Vorsprüngen und zieht die Linien an jedem Ende der oberen Leiste um alle vier Seiten. Von diesen Linien aus markiert man 50 mm nach außen (zu den Enden hin).

Mit dem immer noch auf Zapfenbreite eingestellten Zapfenstreichmaß wird der Schlitz von vorne gesehen am unteren Ende der Leiste markiert (Abb. 2). Von der Innenseite der Beine aus zeichnet man jeweils 50 mm für die Breite der Zapfen an, so daß diese bündig abschließen.

Die Schlitze werden 50 mm tief eingeschnitten und die Zapfen in entsprechender Länge ausgesägt. Die hinteren Beine werden probeweise mit der oberen und der unteren Leiste zusammengesetzt und dann die überstehenden Enden abgeschnitten, so daß die obere Leiste glatt mit der Außenseite der Beine abschließt.

Die obere Leiste muß entsprechend der Verjüngung der hinteren Beine an der Rückseite abgeschrägt werden (Abb. 3). Dazu zieht man die Außenlinie der Beine weiter bis auf die Leiste und verbindet dann die beiden Punkte auf der Oberkante der Leiste miteinander.

Man nimmt die Leiste wieder von den Beinen herunter und entfernt das überflüssige Holz mit einem Elektrohobel oder einer Handsäge. Die Fläche ist lang, man muß daher sehr sorgfältig arbeiten. Zum Schluß wird die Oberfläche der Leiste glattgeschliffen.

Einpassen der Latten

Die Breite der Latten für die Rückenlehne und die Abstände der Zwischenräume sind eine Geschmacksfrage. Bei der Bank hier wurden Latten, 38 × 25 mm, im Abstand von 19 mm gesetzt.

Am einfachsten paßt man die Latten mit jeweils zwei Dübeln oben und unten ein. Die Position der Dübel wird mit einer Bohrlehre festgelegt. In diesem Fall hier wurden Dübel, 8,0 × 40 mm, verwendet. Eine noch festere Verbindung der Latten mit der oberen und der unteren Leiste erreicht man durch Verzapfung.

DETAIL DER GARTENBANK

Die Außenkanten der Beine, Rahmenleisten, Sitzbretter usw. werden aus Schönheitsgründen vor dem endgültigen Zusammenbau abgeschrägt.

1 Anpassen von unterer Lehnenleiste und hinterem Bein

Die untere Lehnenleiste sitzt rechtwinklig und bündig an der vorderen Schräge des hinteren Beins und verläuft in einer Linie mit der Hinterkante der Sitzbretter. Die Schlitze werden an der Innenseite der hinteren Beine angezeichnet und die Zapfen an der unteren Leiste bündig ausgefräst.

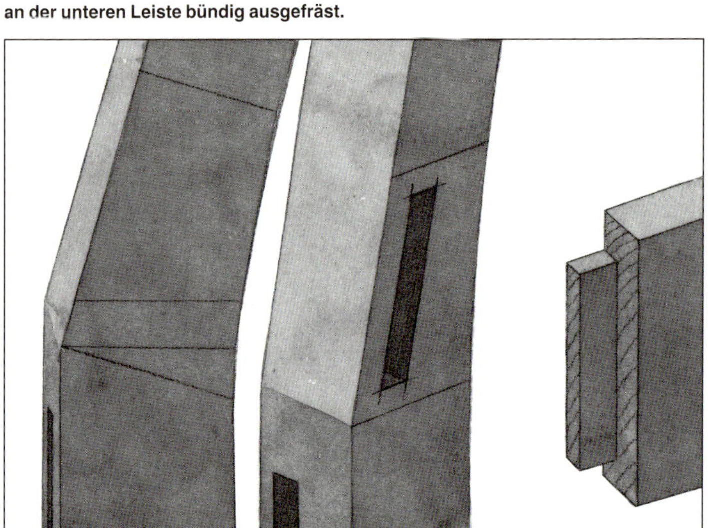

2 Anpassen von oberer Lehnenleiste und hinterem Bein

Die Schlitze werden an den Enden der oberen Leiste markiert (Überlänge nicht vergessen!) und ausgefräst. Die Position der Leiste wird oben auf den hinteren Beinen angezeichnet, und die Zapfen werden bündig ausgefräst. Die überstehenden Enden der Leiste werden abgesägt, damit sich eine glatte Kante mit den Beinen ergibt.

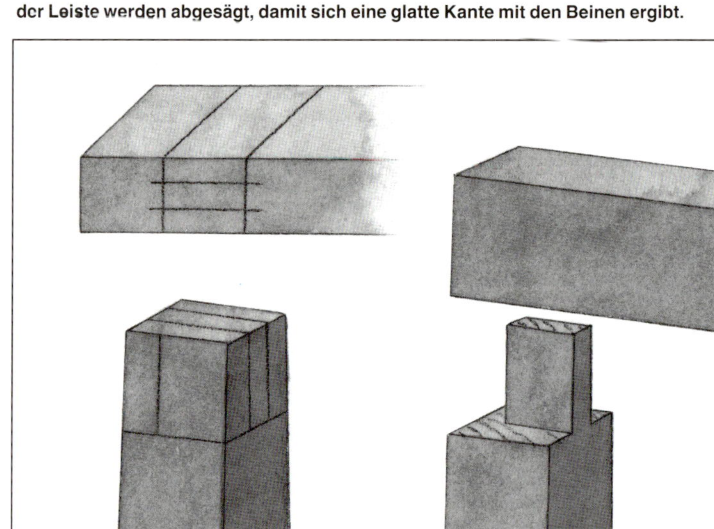

Schraubzwinge 393
Holzkeile 396
Bohren 398
Planung 398
Dübel 402
Zapfverbindung 402

An den Enden der Latten werden die beiden Dübellöcher markiert (Abb. 4) und unter Zuhilfenahme einer Bohrlehre mit einem Holzbohrer, 8 mm, 22 mm tief gebohrt.

Entlang der Oberseite der unteren Leiste und der Unterseite der oberen Leiste wird eine Mittellinie gezogen, auf der die Bohrlöcher liegen.

Man rechnet die Position der einzelnen Latten im gleichmäßigen Abstand auf einer der Leisten aus. Entlang der Linie werden die Mittelpunkte der Bohrlöcher angezeichnet. Die beiden Leisten werden mit Schraubzwingen zusammengeklemmt und die Dübelmarkierungen von der einen Leiste auf die andere übertragen. Die Bohrtiefe der Löcher beträgt 22 mm.

Man setzt die Bank zunächst probeweise zusammen. Die Kanten der vorderen und hinteren Beine, der unteren Seitenleisten, der Unterseite der oberen Seitenleisten, die Kante der unteren Lehnenleiste und die Unterseite der vorderen Leiste werden von Hand oder mit einem elektrischen Hobel abgeschrägt. An allen Teilen werden mit Sandpapier die Flächen und Kanten geglättet und die Bleistiftmarkierungen entfernt. Die fertigen Seitenteile werden mit einem aufquellenden, wasserfesten Leim zusammengeklebt. Mit Schraubzwingen werden die Seitenteile solange fest zusammengehalten, bis der Leim völlig abgebunden hat.

An diesem Punkt muß die Höhe der hinteren Beine leicht korrigiert werden, damit die Sitzfläche nach hinten etwas abfällt und das Regenwasser gut ablaufen kann. Man stellt das Seitenteil dazu auf eine ebene Fläche und schiebt ein etwa 15 mm dickes Stückchen Holz unter die Vorderkante der vorderen Beine (Abb. 5).

Mit Hilfe eines anderen Stückchen Holzes in gleicher Dicke wird am hinteren Bein und an den Seiten und der Rückseite des vorderen Beins der richtige Winkel angezeichnet. Die Beine werden entsprechend den Markierungen abgesägt. Das gleiche wiederholt man am anderen Seitenteil. Die Vorderleiste und die untere Rückenleiste werden mit den Seitenteilen verleimt, anschließend klebt man alle Dübel und Latten in die untere Rückenleiste. Dann trägt man auf die Oberkanten der Latten, die Dübel und die Zapfen der Lehne Leim auf und paßt die obere Rückenleiste ein.

Der Sitz ist eine durchgehende Fläche, die aus einer Reihe zusammengedübelter, schmaler Holzbretter besteht. Unter Verwendung einer Bohrlehre dübelt man die einzelnen Bretter mit Dübeln, 8,0 × 40 mm, zusammen. Der Abstand zwischen den Dübeln soll 150 bis 225 mm betragen.

Nach dem Dübeln klebt man die Bretter mit einem aufquellenden, wasserfesten Holzleim zusammen und spannt das Ganze mit Schraubzwingen an eine feste, auf die Arbeitsfläche genagelte Leiste.

Nachdem der Leim getrocknet ist, schleift man die Oberfläche glatt und legt die Sitzfläche auf den Rahmen. An der Rückseite bleibt ein 4 mm breiter Spalt für den Ablauf des Regenwassers. An den Seiten und vorne soll der Sitz 19 mm überstehen. Man zeichnet eine entsprechende Linie und paßt die Sitzfläche der Markierung an.

Die vorderen und seitlichen Oberkanten werden mit einem Fasenhobelmesser für Handhobel oder einem Elektrohobel 12 mm abgeschrägt.

Die Sitzfläche wird nach unten mit verzinkten Stahlwinkeln – zwei an jeder Seite und drei vorne – befestigt, die man mit den Sitzleisten und der Unterseite der Sitzfläche verschraubt.

Damit die Sitzfläche fest bleibt, bohrt man an fünf Stellen durch die hintere Leiste mit einem Holzbohrer, 12 mm, Löcher in die Sitzfläche. Dann schneidet man fünf Dübel, 12 mm, in einer Länge von ungefähr 95 mm zurecht. Mit einem Fuchsschwanz oder einer Nagelspitze kerbt man die Dübel zweimal über die ganze Länge 2–4 mm tief ein, damit überschüssiger Leim und Luft entweichen können, wenn die Dübel eingeschlagen werden.

Man füllt wasserfesten Leim in die Löcher und treibt die Dübel mit einem Holzhammer hinein. Nachdem der Leim getrocknet ist, sägt man die überstehenden Dübelenden ab, so daß die Leiste wieder glatt ist. Die Unterkanten der Beine werden abgeschrägt.

3 Zuschnitt der oberen Rückenleiste
Die Fortsetzung der Verjüngung des hinteren Beins wird an der Rückenleiste markiert.

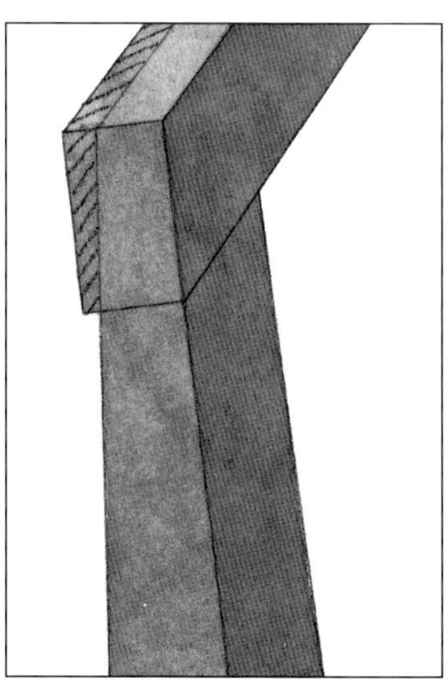

4 Einpassen der Rückenlatten
Auf den Leisten wird die Position der Latten und Dübel angezeichnet. Mit jeweils zwei Dübeln werden die Latten zwischen die Leisten gesetzt.

5 Abschrägen der Beine
***Oben.* Die Seitenteile der Bank werden auf eine ebene Fläche gestellt; unter die vorderen Beine legt man ein Stück Holz.**

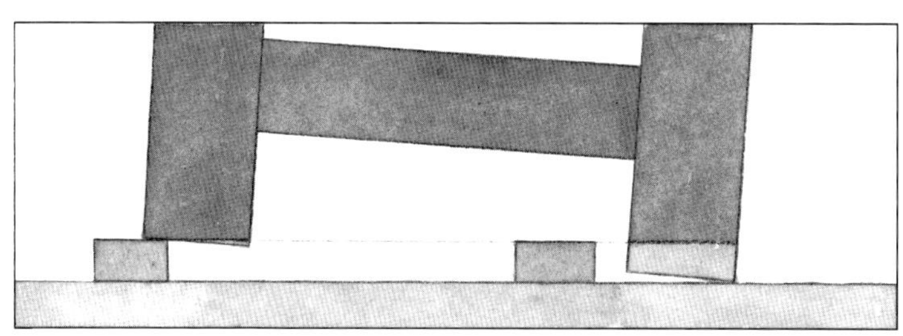

6 Querschnitt durch die Sitzfläche
***Unten.* Die Sitzbretter stoßen aneinander und werden mit Dübeln verbunden.**

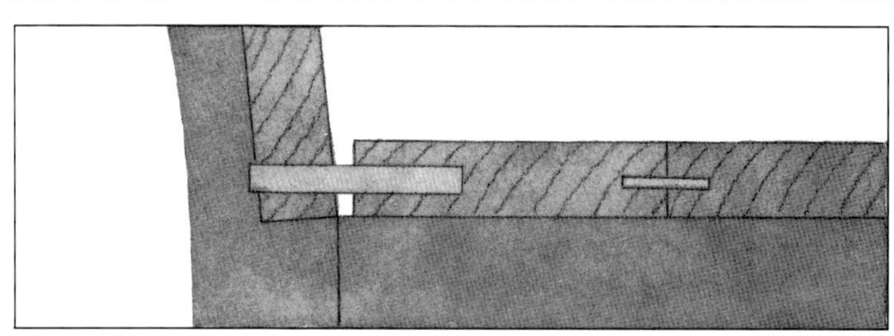

Achteckige Baumbank

Noch in dem kleinsten Garten kommt eine Baumbank gut zur Geltung. Die meisten anderen Sitzgelegenheiten wirken nun einmal wie Möbelstücke, eine Bank um einen Baum herum aber ist eine ganz besondere Attraktion für sich.

Kinder haben großen Spaß daran, auf und unter dieser schattigen Plattform zu spielen oder um sie herumzutoben, und es scheint ihnen ein nie endendes Vergnügen zu bereiten, wenn sie dort mit dem Rücken zueinander oder zu ihren Eltern sitzen.

Die Bank sieht zwar kompliziert aus, ist aber tatsächlich ziemlich einfach zu bauen. Trotzdem verlangt ihre Konstruktion einen gewissen Zeitaufwand. Da die Rückenlehne nach innen geneigt ist, gestaltet sich das Zuschneiden der Latten etwas schwieriger. Doch um unnötige Komplikationen zu vermeiden, wurden zwischen den Latten Abstände gelassen, wodurch man etwaige Unstimmigkeiten ausgleichen kann.

Die Form wurde auch noch an anderen Stellen vereinfacht. Die Rahmenkonstruktion ist simpel und ohne komplizierte Verzapfungen möglich.

Weichholz läßt sich gut verarbeiten; ein weiterer Grund, warum Konstruktionen wie diese hier einfach zu bauen sind. Allerdings muß das Weichholz zunächst mit einem Holzschutzmittel und abschließend mit Holzbeize oder, wie hier, mit Farbe behandelt werden. Je nachdem, wo die Bank stehen wird, entscheidet man sich vielleicht für eine leuchtendere Farbe; ein kräftiges Blau beispielsweise kann sehr hübsch wirken.

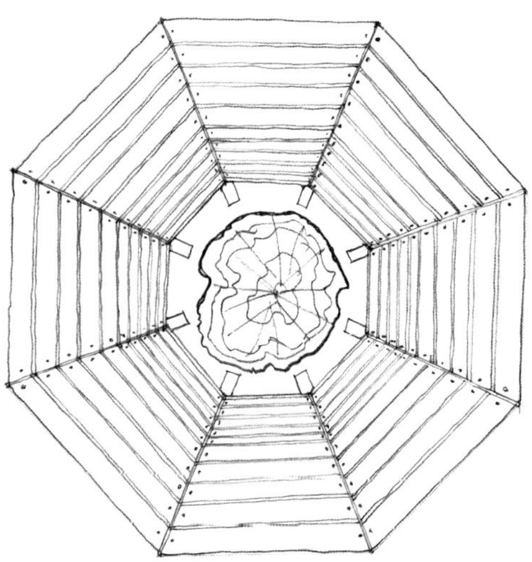

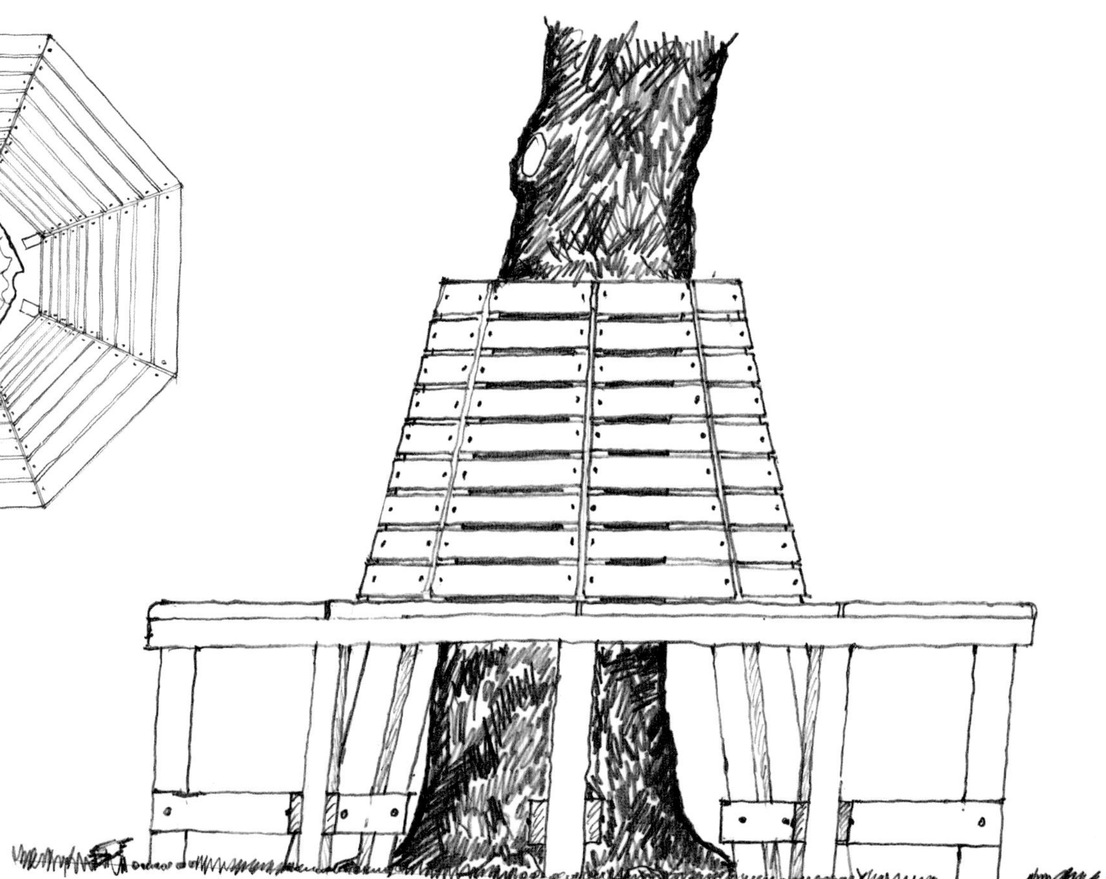

Achteckige Baumbank

Werkzeuge

WERKBANK (fest oder tragbar)
STAHLMASSBAND
STAHLLINEAL
ANSCHLAGWINKEL (oder Kombinations-Winkelmaß)
SCHMIEGE
WINKELMESSER
ELEKTRISCHE KREISSÄGE – am besten fest montiert
FUCHSSCHWANZ
BOHRMASCHINE
BOHRER – ca. 3 mm Durchmesser
VERSENKBOHRER
SCHRAUBENZIEHER
KLAUENHAMMER
VERSENKER
KNEIFZANGE
SCHLICHTHOBEL (manuell oder elektrisch)

Materialien

Teil	Menge	Material	Länge
HINTERE BEINE	8	75 × 50 mm gehobeltes Weichholz	1050 mm
VORDERE BEINE	8	wie oben	500 mm
RAHMENLEISTEN	32	75 × 25 mm gehobeltes Weichholz	530 mm
LATTEN FÜR DIE SITZFLÄCHEN	48	wie oben	nach Bedarf
SCHUTZLEISTEN	8	wie oben	nach Bedarf
LATTEN FÜR DIE RÜCKENLEHNEN	72	50 × 16 mm gehobeltes Weichholz	nach Bedarf
BEFESTIGUNGEN FÜR DIE SCHUTZLEISTEN	8	25 × 25 mm gehobeltes Weichholz	150 mm kürzer als die Schutzleisten
Außerdem: wasserfester Holzleim; verzinkte Holz-Senkschrauben, 8,0 × 38 mm			

Die Größe der achteckigen Baumbank hängt von der Dicke des Baums ab, für den sie gedacht ist. Dabei muß man bedenken, genügend Platz für die Ausdehnung des Stammes zu lassen, wenn der Baum wächst. Einige Bäume wachsen schneller als andere; die hier abgebildete Bank wurde um einen kleinen Walnußbaum gebaut. Dieser gehört zwar zu einer langsam wachsenden Spezies, wir haben aber den Durchmesser oben an der Rückenlehne trotzdem mit 600 mm bemessen. Die Grundkonstruktion besteht aus acht einzelnen Rahmen, auf denen die Sitz- und Rücklehnenleisten befestigt sind. Die Rahmengröße ist festgelegt, aber die Länge der Latten variiert entsprechend dem inneren Durchmesser der Bank.

Die Bank wird in zwei Teilen hergestellt und unverleimt zusammengesetzt, so daß man die beiden Hälften leicht wieder auseinandernehmen und um den Baum festschrauben kann.

Die einzelnen Rahmenteile werden zugeschnitten.

Die Vorderseiten (75 mm breit) der hinteren Beine werden von der Mittellinie aus in einem Winkel von 22,5° abgeschrägt (Abb. 1). Am besten verwendet man eine im richtigen Winkel geneigte Kreissäge dazu. Eingestellt wird sie mit einer Schmiege an einem Winkelmesser. Abschließend werden die Flächen mit einem Hand- oder Elektrohobel geglättet.

1 Abschrägen der hinteren Beine

An der Vorderseite der Beine zieht man eine Mittellinie. Von dieser Linie ausgehend werden die Beine 22,5° abgeschrägt.

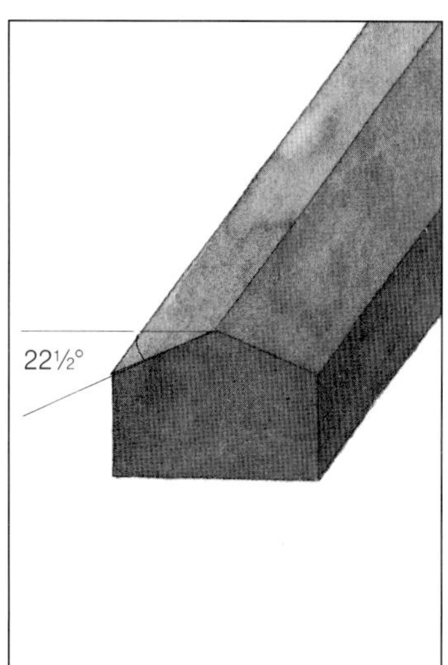

2 Herstellung der Abstandsschablone

Aus einem Stück alten Karton schneidet man die Schablone für die Abstände nach den unten angegebenen Maßen zu. Man verwendet die Schablone, damit die vorderen und hinteren Beine immer im gleichen Abstand mit den Rahmenleisten verbunden werden.

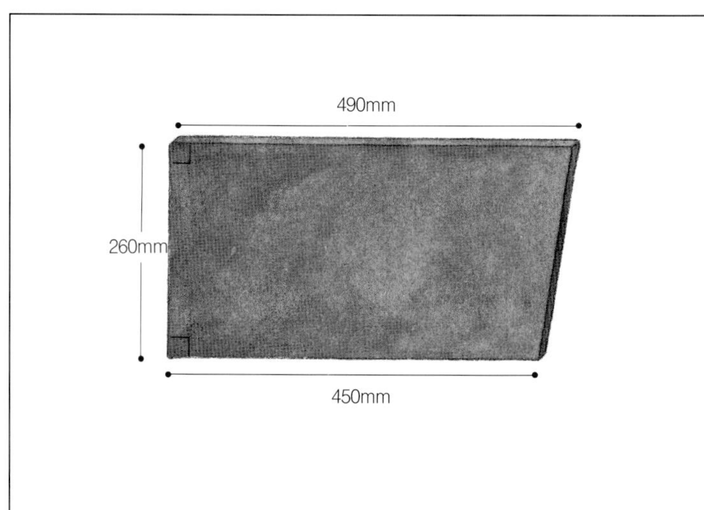

Kreissäge	393
Flächen	393
Weichholz	396

Zusammenbau der achteckigen Baumbank

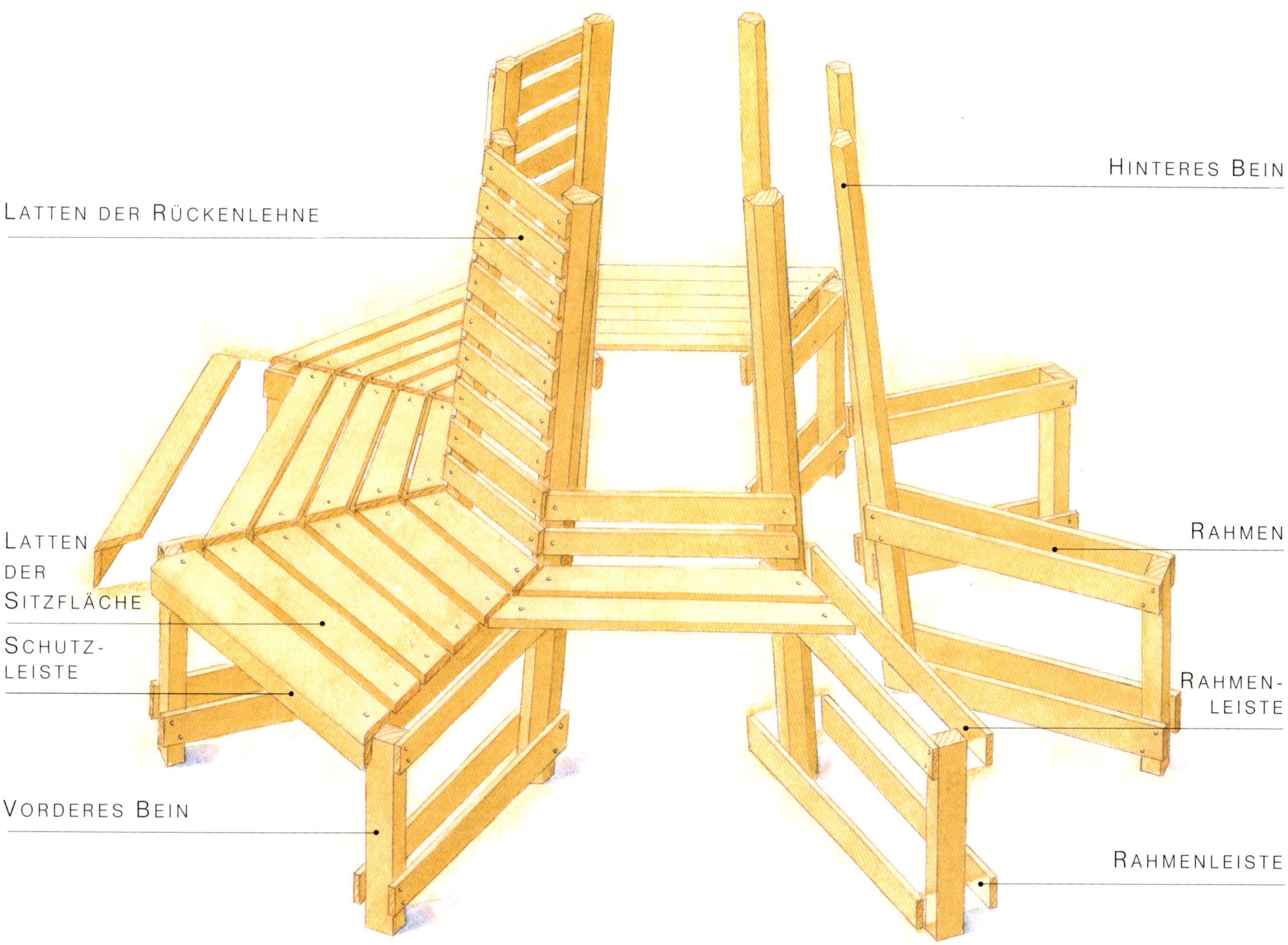

Achteckige Baumbank

DETAIL DER BEINE

Kiesgefüllte Löcher unter den vorderen und hinteren Beinen geben einen festen Stand, außerdem fließt das Wasser gut ab. Die Beine stehen somit nie auf feuchtem Boden und faulen weniger schnell.

Aus einem Stück festen Karton oder Sperrholz stellt man nach den angegebenen Maßen (siehe Abb. 2 S. 32) eine Schablone her, mit deren Hilfe man die Rahmenleisten an den vorderen und hinteren Beinen befestigt.

Man nagelt sich vorübergehend eine Leiste auf die Werkbank, damit man eine gerade Kante hat, gegen die man das jeweilige Bein stellen kann. Dann legt man die vorderen und hinteren Beine eines Rahmens auf die Werkbank, obenauf die Rahmenleisten und dazwischen die Abstandsschablone (Abb. 1). Das hintere Bein muß schräg entlang der hinteren Schablonenkante liegen, das vordere Bein sollte mit der vorderen Schablonenkante bündig abschließen. Die Beine stoßen unten an die Leiste, die auf die Werkbank genagelt wurde.

Die untere Rahmenleiste soll ca. 12 mm über das vordere Bein überstehen, die obere schließt mit Vorder-und Oberkante des vorderen Beins bündig ab.

1 Zusammenbau des Rahmens

Man legt die vorderen und hinteren Beine eines Rahmens entsprechend der Schablonenform auf eine ebene Fläche. Die obere Rahmenleiste liegt auf der Schablone und schließt oben und an der Seite mit der vorderen Leiste bündig ab. Die untere Rahmenleiste steht 12 mm über das vordere Bein hinaus.

2 Fertige Rahmenkonstruktion

***Oben.* Die Rahmenleisten werden auf die Beine geleimt und geschraubt und dann am hinteren Bein so zurechtgeschnitten, daß die Kanten die gleiche Schräge wie das Bein haben und ca. 12 mm überstehen. *Unten.* Am fertigen Rahmen kann man erkennen, wie die Leisten an den vorderen und hinteren Beinen festgeschraubt wurden.**

Wenn man keine geeignete Werkbank hat, kann man die einzelnen Teile auch auf einen glatten Boden legen und die Beine gegen eine Wand stoßen lassen.

Die obere Rahmenleiste wird zunächst mit wasserfestem Holzleim befestigt. Dann bohrt man die Löcher vor und verschraubt die Leiste je zweimal an jedem Ende mit den vorderen und hinteren Beinen. Auf die gleiche Art wird auch die untere Leiste an den Beinen befestigt.

Dann dreht man den Rahmen um und befestigt die beiden anderen Rahmenleisten oben und unten ebenso. Dabei ist es ganz wichtig, daß diese Leisten exakt mit denen auf der anderen Seite übereinstimmen und an der Oberkante, auf der die Sitzlatten befestigt werden, bündig abschließen (Abb. 2).

Zum Schluß werden bei der fertigen Rahmenkonstruktion die Rahmenleisten an der Rückseite entsprechend der Schräge der hinteren Beine zurechtgeschnitten, wobei man 12 mm überstehen läßt (Abb. 2). Man zieht dazu eine Linie an den Leistenseiten und sägt das überflüssige Holz ab.

Auf die gleiche Art konstruiert man auch die restlichen sieben Einzelrahmen.

Die Sitzlatten werden aus glattgehobeltem Weichholz, 75 × 25 mm geschnitten. Die Maße der Sitzrahmen sind festgelegt, so daß die Anzahl der benötigten Latten immer gleich bleibt, egal wie groß der fertige Sitz ist. Die Länge der einzelnen Latten muß man allerdings selbst berechnen. Sie hängt von dem inneren Durchmesser der Bank ab, der sich wiederum nach der Dicke des Baumstammes richtet, um den herum die Bank gebaut wird.

Zum Abmessen der Länge der Sitzlatten stellt man die acht Rahmen in ungefähr der richtigen Position mit dem nötigen Abstand zum Stamm um den Baum herum. Dabei beachtet man die Größe des inneren Durchmessers und den Platz, den der Baum zum Wachsen braucht.

Wenn man die Sitzrahmen ordentlich aufgestellt hat, mißt man den Abstand zwischen den Mittellinien der hinteren Beine in Sitzhöhe und berechnet den Durchschnitt (›x‹ in Abb. 3). Dies ergibt die Länge der Innenkante der innersten Sitzlatten (in unserem Fall 380 mm).

Die Länge ›x‹ markiert man auf der rückwärtigen Kante eines Stücks Lattenholz und zeichnet dann an jedem Ende mit Hilfe der Schmiege einen Winkel von 112,5° an. Diese Latte kann man dann als Ausgangspunkt für eine Skizze in Originalgröße von einem Sitzflächenabschnitt verwenden (Abb. 4), nach der man dann die restlichen fünf Latten in der richtigen Länge zuschneiden kann.

In die originalgroße Skizze trägt man zunächst die Abmessung der innersten Latte (lichtes Maß) ein und benutzt sie zur Winkeldarstellung. Die Winkellinien führt man nach außen fort. Mit der Schmiege überprüft man nochmals das richtige Winkelmaß. Am Sitzrahmen mißt man die Länge von der Mitte des hinteren Beins bis zur Vorderkante des Rahmens ab (›y‹ in Abb. 3). Die Länge ›y‹ trägt man dann in der Skizze an den Winkellinien ein und gibt noch 20 mm für die Dicke der Schutzleiste vorne an der Sitzfläche hinzu. Die beiden Endpunkte der Länge ›y‹ plus den 20 mm werden verbunden. Die Linie verläuft parallel zu der hinteren Kante und bildet die Vorderkante der Sitzfläche.

Nun kann man die benötigten Abstände zwischen den Latten berechnen. Die innerste Latte wird auf der Skizze an der hinteren Kante angelegt. Man schneidet grob fünf weitere Latten zu, achtet aber darauf, daß sie in jedem Fall sehr lang sind. Diese Latten legt man zusammen direkt an die hinterste Latte an. Dann mißt man den verbleibenden Abstand zur Vorderkante der Sitzfläche und teilt diesen durch fünf. Das ergibt den jeweiligen Abstand zwischen den einzelnen Latten. Wenn man breitere Abstände wünscht, hobelt man von der innersten Latte etwas ab, so daß sie schmaler wird.

Mit Hilfe einer der Latten und einer Leiste oder einem Stück Holz, die genau auf Abstandsbreite zugeschnitten sind, zeichnet man alle sechs Latten in der Skizze ein. Anschließend kann man an dem Plan die exakte Länge für alle Latten abmessen.

3 Abmessen der Sitzlatten

Um die Länge der innersten Latte zu berechnen, mißt man den Abstand zwischen den Mittellinien der hinteren Beine in Sitzhöhe (›x‹). Für die Berechnung der Abstände zwischen den einzelnen Latten mißt man den Abstand zwischen der Mittellinie eines Hinterbeins und der Vorderkante des Rahmens (›y‹).

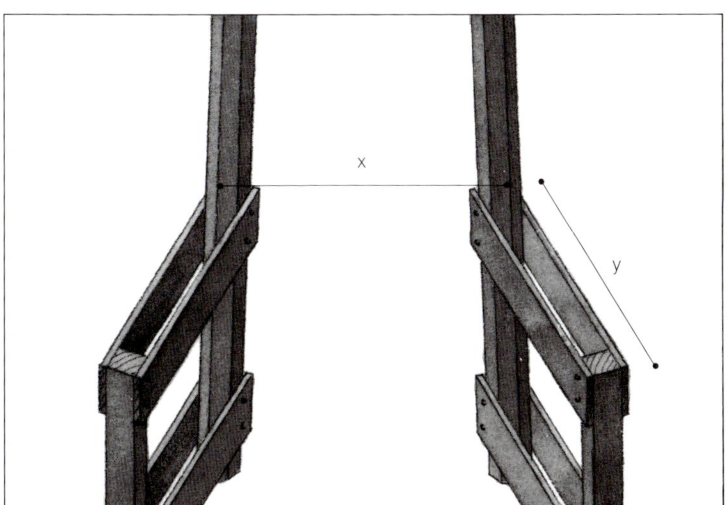

4 Skizze in Originalgröße von einem Sitzflächensegment

Man zeichnet die Länge ›x‹ an und trägt dann die beiden Linien ›y plus 20 mm‹ an jedem Ende im Winkel von 112,5° an. Auf dem Plan legt man sechs Latten hintereinander an der Linie ›x‹ an und mißt den verbleibenden Abstand zur Vorderkante. Diese Länge geteilt durch fünf ergibt die Größe der Lattenzwischenräume.

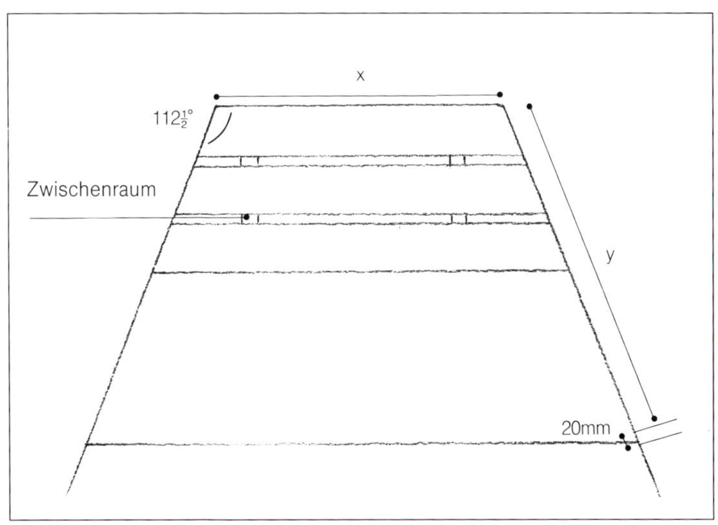

Achteckige Baumbank

Nun schneidet man alle Latten für ein Sitzsegment zu. Damit zwischen den einzelnen Sitzflächen ein kleiner Abstand entsteht, schneidet man die Latten an jeder Seite immer 2 mm kürzer als abgemessen. Die zugeschnittenen Latten des ersten Sitzsegments kann man als Schablonen für die restlichen verwenden.

Als erstes bringt man die innerste Latte an. Dazu legt man die erste Latte hinten quer über zwei Rahmen. Zur Mitte der hinteren Beine bleiben jeweils 2 mm Abstand. Dann leimt und schraubt man die Latte mit jeweils einer Schraube an jeder Seite auf die oberen Rahmenleisten (Abb. 1).

Jetzt nimmt man einen weiteren Rahmen und eine andere Innenlatte und legt sie im gleichen Abstand an. Auch diese Latte wird wie beschrieben verleimt und dann angeschraubt.

Auf diese Art stellt man zwei Teile mit jeweils drei Sitzsegmenten her. Es ist sehr wichtig, daß man zwei Segmente, die einander gegenüberliegen, nur probeweise zusammensetzt. Hier muß man die Latten wieder entfernen, damit man die Bank um den Baum herum anbringen kann.

Die weiteren Latten werden der Reihe nach, beginnend mit der nächstkürzeren von innen nach außen angebracht (Abb. 2). Dazu legt man eine Abstandsleiste (oder ein Abstandsholz) zwischen die Latten. Dann paßt man ein Ende der neuen Latte an eine Seite an, die man außen an eine bereits befestigte Latte hält. Die neue Latte wird dann an jedem Ende mit dem Sitzrahmen verleimt und festgeschraubt.

Die zweitkleinste Latte wird rundherum auf allen acht Sitzen befestigt, wobei man daran denken muß, daß zwei Segmente wie schon bei der innersten Latte nur probeweise zusammengesetzt werden. Auf diese Art und Weise bringt man alle Latten an; an den Stellen, die man später noch einmal öffnen muß, wird kein Leim verwendet.

Bevor die vordersten Latten befestigt werden, verbindet man sie mit den Schutzleisten (Abb. 3). Man schneidet eine Holzleiste, 75 × 25 mm, in der längsten Abmessung der vordersten Latte zu und schrägt die Kanten an jedem Ende so ab, daß sie den Winkel der Sitzlatten fortsetzen. Zur Befestigung von Leiste und Latte aneinander schneidet man ein Vierkantholz, 25 × 25 mm, so zu, daß es 150 mm kürzer als die Schutzleiste ist, und leimt und schraubt es mittig zwischen die beiden. Die Vorderkante der Latte muß bündig mit der Stirnseite der Schutzleiste abschließen. Der Vorgang wird für alle weiteren Schutzleisten wiederholt.

Die Vorderkanten der vordersten Latten werden abgerundet, damit man einen glatten Rand erhält. Dann leimt und schraubt man sie an die Rahmen. Nicht vergessen: an zwei Segmenten wird noch nicht verleimt.

Die Rücklehne jedes Sitzsegments besteht aus jeweils neun Latten, die aus 50 × 16 mm gehobeltem Weichholz zugeschnitten werden. Die Latten sind nicht gleich lang, sondern werden nach oben hin immer kürzer, da die hinteren Beine nicht gerade stehen.

Man bestimmt den Abstand zwischen den einzelnen Latten und verwendet als Abstandshalter Holzstücke in der entsprechenden Dicke. Beim Zusammenbau legt man als erstes in Sitzhöhe ein Abstandshölzchen an, so daß die Rückenlehne mit einem Spalt beginnt. Darüber legt man die erste Latte, zunächst noch in Überlänge; zurechtgeschnitten wird sie erst später. An den Enden markiert man die Mittellinie der hinteren Beine (Abb. 4). Man stellt eine Schmiege auf diesen Winkel ein und schneidet die Latte auf die markierte Länge zurecht. Mit der entsprechend eingestellten Schmiege werden dann alle Latten der untersten Reihe zurechtgeschnitten. Anschließend leimt und schraubt man sie rundherum an die Stirnseiten der hinteren Beine. Auch hier werden an den gleichen Stellen wie zuvor die Latten nicht geleimt, sondern nur lose zusammengeschraubt.

Mit den Abstandshölzern bestimmt man die richtige Position für die nächsthöhere Latte (Abb. 4), markiert die Enden wie zuvor und schneidet sie auf die richtige Länge zu. Alle acht Latten werden wie bereits beschrieben angebracht.

1 Befestigung der innersten Sitzlatten

Die Skizze dient zur Orientierung, doch an den Enden werden die Latten 2 mm kürzer geschnitten. Im Abstand von 2 mm zur Mittellinie der hinteren Beine wird eine Latte dann auf den Rahmenleisten befestigt. Das gleiche wiederholt man rundherum, doch an zwei gegenüberliegenden Seiten werden die Latten ohne Leim befestigt.

2 Befestigung der weiteren Latten

Für die nächstgrößere Latte werden die Abstandshölzer oder -leisten an die innerste Latte angelegt, sodann die zweite an den Enden mit der ersten in eine Linie gebracht und am Rahmen befestigt. Erneut arbeitet man rund herum, ehe dann die nächstgrößeren Latten angesetzt werden.

Man fährt auf diese Weise Runde für Runde fort, bis die Rückenlehne fertig ist (in diesem Fall hier neun Runden). Wenn die hinteren Beine über die oberste Latte hinausstehen, kann man sie auf die Oberkante zurückschneiden, da das hübscher aussieht.

Man nimmt die Latten an den beiden Stellen, wo sie nicht verleimt wurden, wieder heraus, so daß man nun die Bank in zwei »Hälften« hat (eigentlich zweimal drei Achtel).

Man trägt die beiden Teile zum Baum und setzt sie teilweise, allerdings wieder ohne Leim, zusammen, so daß man am Boden markieren kann, wo die Beine zu stehen kommen. Daraufhin wird die Bank abermals auseinandergenommen.

Für jedes der 16 Beine gräbt man an den markierten Stellen Löcher, 150 mm im Durchmesser und 150 mm tief, und füllt diese mit Kies. Durch den Kies kann das Wasser gut ablaufen, und die Beine werden so vor dem Verfaulen geschützt. Außerdem erreicht man auf diese Weise leichter einen guten Stand der Bank. Vor dem Anstrich muß man das Holz auf alle Fälle mit einem guten Holzschutzmittel einlassen. Nachdem es getrocknet ist, kann man darüber streichen (das gilt für die meisten farblosen und Fäulnisschutzmittel). In diesem Fall hier wurden zwei Schichten aufgetragen, die jeweils vollkommen durchtrockneten, und die Beine mehrere Tage in Schalen mit dem Mittel gestellt.

Sobald das Holzschutzmittel ganz getrocknet ist (man sollte mindestens eine Woche warten), kann die Bank angestrichen werden. Wir verwendeten Mikropur-Farbe, bei der man außer dem Schutzmittel keine Vorstreichfarbe benötigt; sie ist speziell für Außenanstriche auf Holz geeignet. Wenn man lieber mit Holzbeize arbeitet, kann man die Bank auch mit einem wasserabstoßenden Schutzlack versehen.

Nach dem Anstreichen mit Farbe oder Holzbeize wird die Bank um den Baum zusammengebaut.

3 Herstellung der Schutzleiste

Oben. **Mit einem Vierkantholz wird die Schutzleiste an der vordersten Latte befestigt.** ***Unten.*** **Die Vorderkante wird abgerundet.**

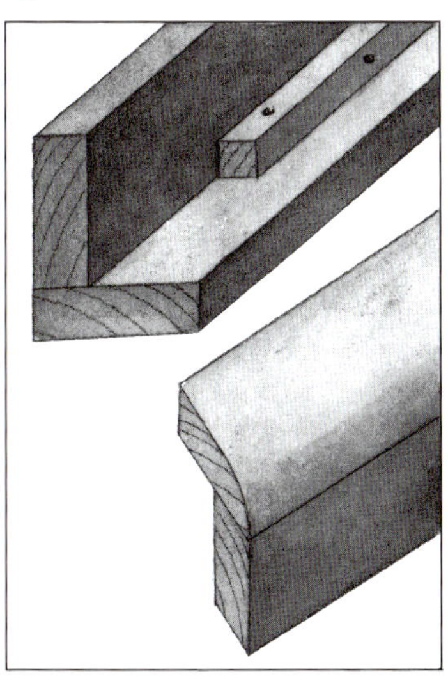

4 Anbringen der Rücklehnenlatten

Die Lehnenlatten sind vorerst zu lang. Mit Abstandshölzern oder einer Abstandsleiste wird die Position der jeweiligen Latte bestimmt. An den Enden der Latte markiert man die Mittellinie der Hinterbeine. Die Latten werden entsprechend zurechtgeschnitten, dann erneut angelegt, verleimt und verschraubt.

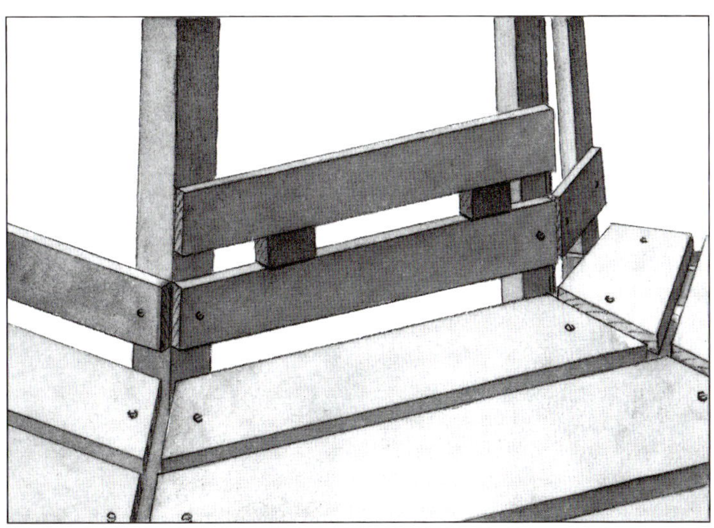

Grill

Mit dem Grill gibt es meistens Probleme, egal ob er selbstgebaut oder gekauft ist. Ein sehr weitverbreiteter Mangel ist beispielsweise die niedrige Höhe, die den Koch dazu zwingt, die Speisen in einer unbequem gekrümmten Haltung zuzubereiten. Eine weitere, häufig beobachtete Konstruktionsschwäche liegt in einer Grillfläche, die nur wenige Grillportionen aufnehmen kann.

Der hier vorgestellte Grill vermeidet diese beiden Fehler. Zudem bietet er Raum und Abstellflächen für das Bereitstellen der Speisen, die Aufbewahrung des Brennstoffs sowie für Pfannen und Geschirr.

Wenn man nur wenig grillen möchte, läßt sich die großzügige Grillfläche mit ein paar Handgriffen verkleinern. Man stellt dazu einfach ein paar Ziegel in der Mitte auf und verringert so den Glutraum. Der Unterbau der Grillfläche besteht aus mehreren einzementierten Winkeleisen. Die ganze Konstruktion wird vor eine Ziegelmauer gebaut. Mit der Zeit wird der Ruß die Wand schwärzen, was durchaus reizvoll aussehen kann. Wenn man keinen solchen Platz zur Verfügung hat, kann man eine kleine Ziegelwand errichten oder den Grill frei aufstellen.

Ein besonderer Vorteil dieser Konstruktion ist der Platz neben und unter dem Grillbereich. Oben gibt es zwei große Flächen zum Abstellen von Pfannen und Geschirr mit vorbereitetem Essen. Unter dem Grill kann man Holz lagern. Wenn der Grill oft und lange genug benutzt wird, heizt sich die ganze Konstruktion auf und das Holz wird »ofengetrocknet«.

Grill

Es ist einfach ein selten schönes Erlebnis, mit der Familie und Freunden einen warmen Sommerabend im Freien bei einem guten Essen zu verbringen. Ein Grill verleiht dem Sitzplatz im Garten einen zusätzlichen Reiz. Allerdings muß man darauf achten, daß keine Hängepflanzen und anderen Gewächse in der Nähe sind, die während des Grillens Feuer fangen könnten.

Der hier abgebildete Grill wurde aus den Ausschußziegeln errichtet, die den Ziegeln der Mauer, vor der er steht, entsprechen. Gebrauchte Ziegel sind geringfügig länger als neue. Aber die hier zugrundegelegten Maße sind ohnehin nur ungefähre Angaben, und man kann für den Bau des Grills jede Art von Ziegeln verwenden. Die Grillfläche ist groß genug für beträchtliche Essensportionen, doch man kann sie auch beliebig schmaler konstruieren. Der Grill sollte vor einer schon bestehenden Mauer errichtet werden, aber auch frei stehen. Man baut ihn entweder auf die Bodenplatten oder verlegt diese anschließend um den Grill herum. Entscheidet man sich für die zweite Möglichkeit, wird man die Platten passend zurechtschneiden müssen; außerdem muß man ein Fundament ausheben, auf das die erste Ziegelreihe gelegt wird. Das Fundament soll 150 mm tief sein und rundum 200 mm über die äußere Wand des Grills hinausreichen. In die Vertiefung füllt man 100 mm Schotter, stampft ihn fest und bedeckt das Ganze mit einer 50 mm dicken Betonschicht. Man überprüft, ob die Oberfläche plan ist und läßt das Fundament ungefähr einen Tag trocknen und aushärten.

Einfacher ist es allerdings, wenn man den Grill auf einen bereits plattierten Unterbrund bauen kann. Die Platten müssen jedoch plan verlegt und gut fundiert sein. Den Boden unter dem Grillplatz schützt man am besten mit einer dicken, strapazierfähigen Polyäthylenplane. Dazu legt man die Polyäthylenplane einfach auf den Boden, wo der Grill errichtet werden soll, baut diesen darauf und schneidet am Schluß die überstehende Plane ab. Die Kunststoffplane schützt den Boden vor Verschmutzungen durch nassen Zement und hält das Ziegelwerk von unten trocken und sauber.

Man setzt die Ziegel so, wie es in den Skizzen 1–3 angegeben ist (siehe auch Arbeitstechniken, Maurerarbeiten). Man merkt schnell, daß es hilfreich ist, während des Bauens immer wieder nachzumessen, damit die Seitenwände exakt im rechten Winkel zur Rückwand stehen. Aus drei Leisten im Längenverhältnis 3:4:5 läßt sich ganz einfach ein Maurerwinkel herstellen. Man nagelt die Leisten zu einem Dreieck mit einem rechten Winkel zusammen. Eine sinnvolle Größe für ein Winkelmaß ist 450 mm für die Basis, 600 mm für die Höhe und eine Hypotenuse von 750 mm. Alle Leisten werden zunächst etwas zu groß berechnet, dann in den exakt richtigen Maßen zusammengenagelt oder -geschraubt und zum Schluß die überstehenden Teile abgesägt.

Mit Hilfe eines Senkbleis und dem Maurerwinkel vergewissert man sich, daß die Ziegel jeder Lage gerade aufeinander liegen; mit der Wasserwaage überprüft man ihre senkrechte Position.

Nach der siebten Lage Ziegel werden über den mittleren Teil die Winkeleisen zementiert, auf denen die Ziegel für die Feuerstelle angeordnet werden. Diese Ziegel sollen erst am Schluß darauf gelegt werden. Dann mauert man die achte bis elfte Lage Ziegel. Darüber betoniert man, von einer Seitenwand zur anderen, Flachstahlstreifen.

Auf den Streifen wird Mörtel verteilt und die zwölfte Lage Ziegel darüber gemauert. Zum Schluß gibt man den Mörtel auf die Winkeleisen im Mittelbereich und legt die Ziegel Kante an Kante darauf.

Nachdem der Mörtel getrocknet ist, werden in die elfte und zwölfte Ziegellage Löcher für die Stahlhalter gebohrt (ideal sind Schrauben mit abgezwickten Köpfen), auf die der Grillrost über der Feuerstelle aufgelegt wird. Man mißt die Größe der Grillöffnung aus und läßt sich bei einem Schmied oder Stahlhersteller den Grillrost anfertigen. Der äußere Rahmen wird dann aus Flachstahlbändern zusammengeschweißt. Für den Rost werden Rundeisen im Abstand von 25 mm in den Rahmen geschweißt.

Werkzeuge

MAURERKELLE
SPITZKELLE
MAURERFÄUSTEL
STEINMEISSEL
SCHAUFEL
EIMER
MAURERWINKELMASS
WASSERWAAGE (lang)

Materialien

ZIEGEL – 231 neue oder gebrauchte
MÖRTEL – aus Zement und Bausand im Verhältnis 1:6
STAHLWINKELEISEN – 4 Stück, 1016 mm lang
FLACHSTAHLBÄNDER – 6 Stück, 100 × 300 mm
FLUSSTAHL – für den Grillrost; die benötigte Menge wird am fertig gemauerten Grill ausgemessen

1 Draufsicht auf die 1., 3., 5. und 7. Lage Ziegel

Die Ziegel werden wie abbgebildet gemauert; auf die 7. Lage werden die Winkeleisen, die die Feuerstelle tragen, betoniert. *Unten.* Draufsicht auf die 2., 4. und 6. Lage Ziegel. Mit Hilfe von Dreiviertelziegeln werden die einzelnen Lagen versetzt gemauert.

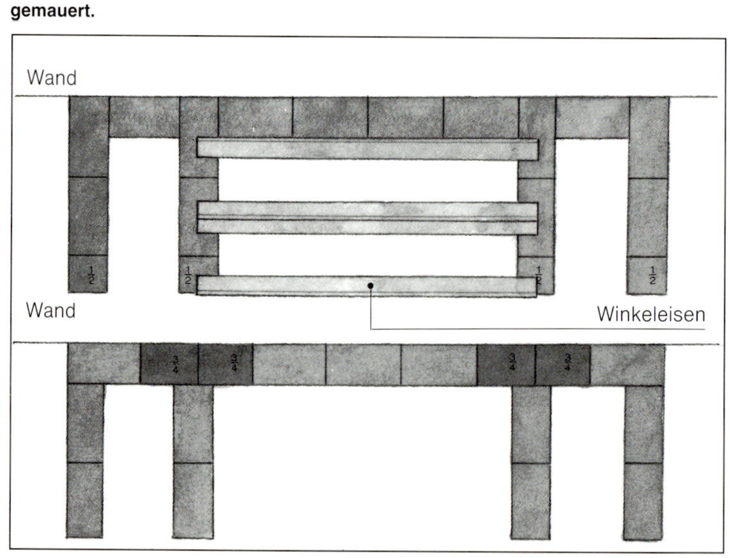

Fundament 404
Steine 405

Zusammenbau des Grills

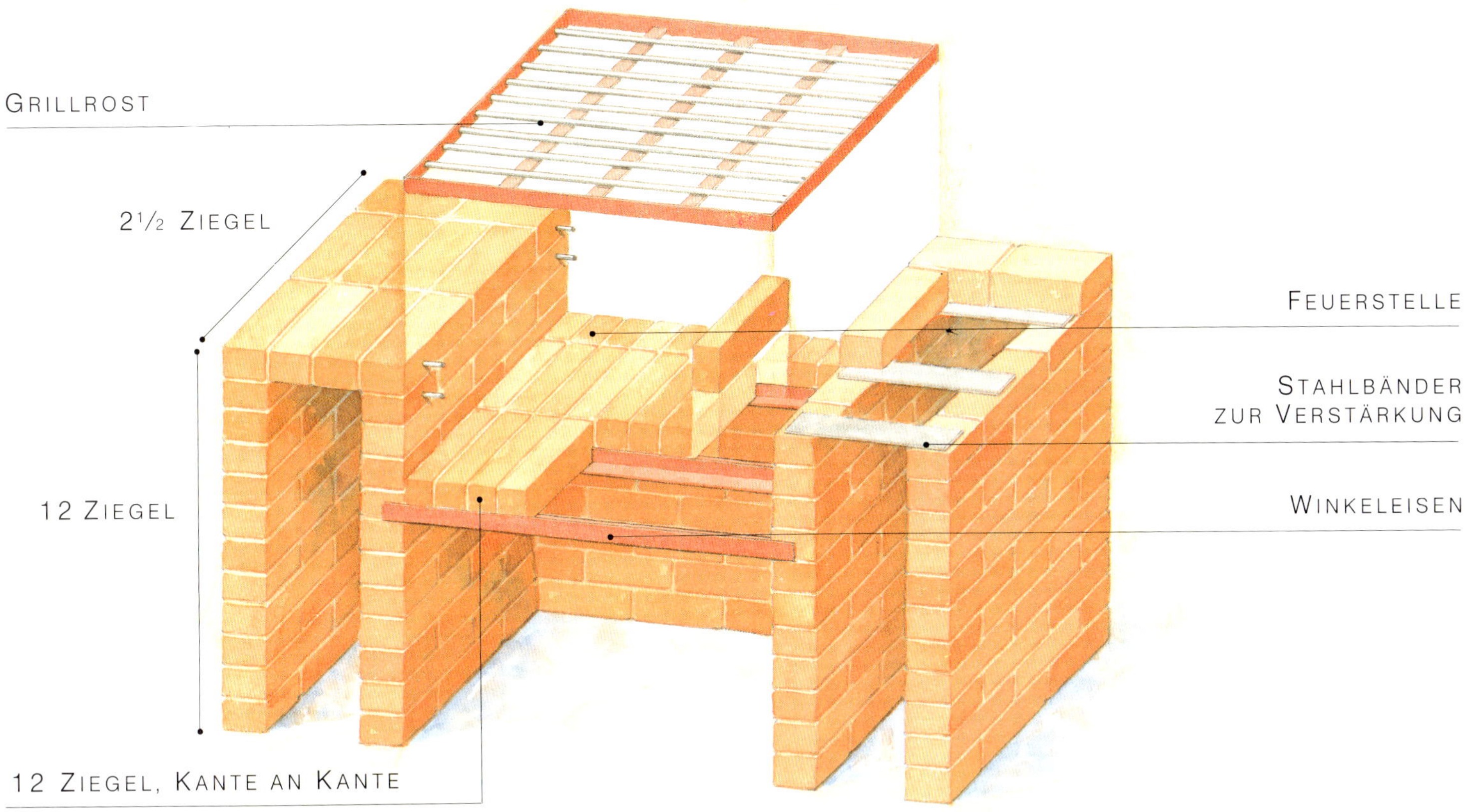

2 ***Oben.*** **Draufsicht auf die 8. Lage Ziegel**
Zwei Reihen von je zwölf Ziegeln werden Kante an Kante auf die Winkeleisen gelegt und bilden die Feuerstelle.
Unten. **Draufsicht auf die 9. und 11. Lage Ziegel**
Ab der 9. Lage werden die Ziegel nur noch an den Seitenteilen gemauert.

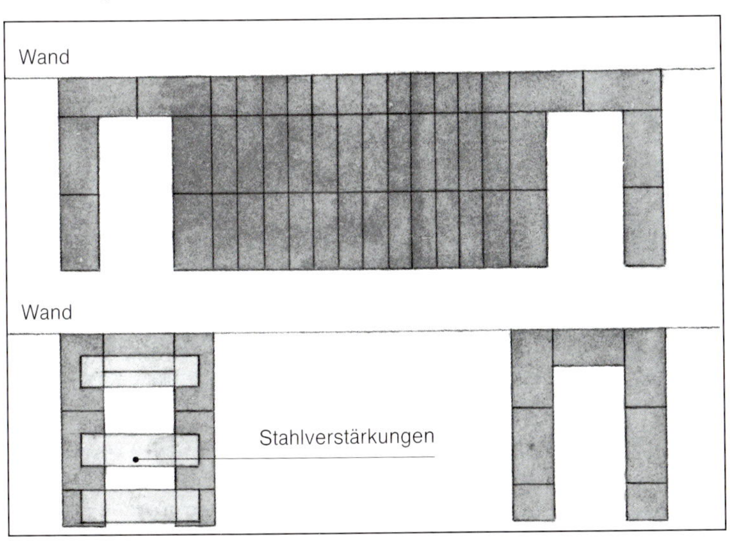

3 ***Oben.*** **Draufsicht auf die 10. Lage**
Auf jedes Seitenteil werden sechs Ziegel gemauert.
Unten. **Draufsicht auf die 12. Lage**
An den Seitenteilen bilden je zehn Ziegel auf den Stahlbändern die Abdeckung.

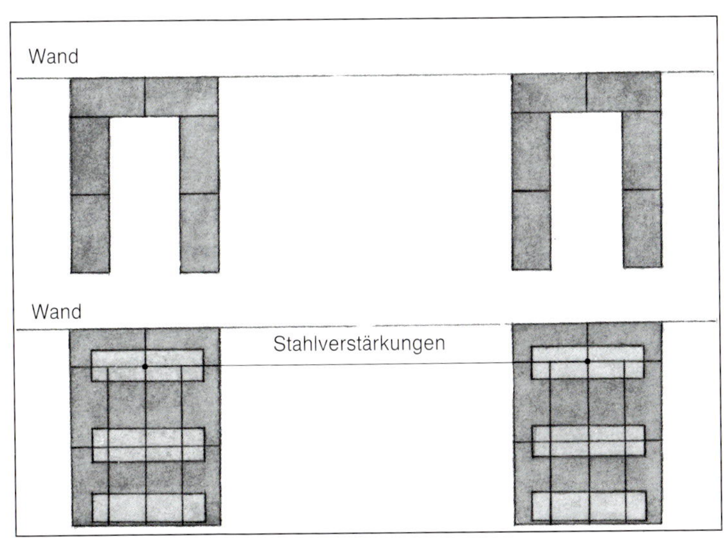

Markise

Eine Markise über einer Terrasse oder einem Sitzbereich vermittelt ein Gefühl der Abgeschlossenheit; außerdem bietet sie Schutz vor schlechter Witterung.

Die Pergola läßt sich im Prinzip in jeder beliebigen Größe, entsprechend der jeweiligen Terrasse oder Veranda, bauen. Für das Gerüst verwendet man gehobeltes, mit Holzschutzmittel behandeltes Holz. Ideal ist Rote Zeder, doch ein mit wasserabstoßender Beize behandeltes, normales Weichholz ist genauso geeignet.

Die Stützen aus Vierkantholz, 100 × 100 mm, müssen hoch genug sein, so daß man unter der Pergola eine lichte Höhe von mindestens 2,30 m gewinnt. Man stellt die Stützen im Abstand von 2,40 m auf und verbindet sie durch Trägerbalken, 50 × 80 × 175 mm, mit der Hauswand. Die vorderen, freistehenden Stützen werden über die ganze Länge mit einem durchlaufenden Querholz, 100 × 38 mm, im richtigen Abstand zueinander gehalten und stabilisiert.

Bei dem hier abgebildeten Beispiel wird die Terrasse an einem Ende von einer Mauer eingegrenzt, so daß man an der Hauswand weder Stütze noch Träger braucht. Statt dessen schraubt man ein Stück Holz, 100 × 50 mm, an die Wand, dessen Oberkante in gleicher Höhe mit den Oberkanten der Trägerbalken verläuft. Damit die Befestigung sicher ist, verwendet man Hochbelastungsdübel.

An der Hauptwand des Hauses können die Trägerbalken von verzinkten Hängeeisen getragen werden, die man in die Hauswand dübelt und schraubt. Die Träger werden mit den Hängeeisen verschraubt. Als alternative Möglichkeit bietet sich an, einen Balken, 100 × 50 mm, mit Hochbelastungsdübeln waagrecht an der Wand anzubringen, auf dem die Deckenträger in der richtigen Höhe aufliegen. Die Nägel zur Befestigung werden schräg durch die Seiten der Trägerbalken in die Oberseite des Balkens getrieben (siehe: Handwerkliche Techniken, schräges Nageln).

Ungewöhnlich aber sehr praktisch ist der gedeckte Teil der Pergola an der Hauswand. Dadurch erhält man eine stets geschützte und schattige Fläche im hinteren Sitzbereich, außerdem wird die Pergola stabiler; sie kann sich bei stürmischem Wetter nicht seitlich verschieben. Ein weiterer Vorteil ist, daß die Fensterrahmen des Hauses somit nicht dem Regen ausgesetzt sind. Die abnehmbare Markise aus Segeltuch ist für die wärmeren Monate des Jahres gedacht. Sie wird über die Trägerbalken gehängt und mit Bändern an ihnen festgebunden. Die Bänder sind mit Velcro-Befestigungen gesichert. An den beiden Enden versteift man die Markise, indem man sie jeweils um eine Hartholz- oder Raminleiste, 19 × 9,5 mm rollt und anklammert. Als erstes werden die Stützpfosten in der benötigten Länge zurechtgesägt. Dabei gilt es zu bedenken, daß die Trägerbalken leicht schräg angebracht sind und man eventuell an der Hausmauer nicht viel Spielraum in der Höhe hat, an der die Hängeeisen oder der Querbalken angebracht werden können. Außerdem muß man sich entscheiden, wie man die Pfosten am Boden verankern will. Sockelhalterungen, in die die Pfosten eingepaßt werden und die man am Boden verschraubt, sind die einfachste Lösung (Abb. 2). Eine andere Möglichkeit sind in den Boden einzementierte Bolzen, die dann in jeden Pfosten von unten hineingebohrt werden. Oder man bricht mit Hammer und Meißel jeweils ein Loch aus dem Bodenbelag heraus und betoniert die Pfosten ein.

Nachdem man die Länge bestimmt hat, werden die Pfosten oben abgeschrägt und die Fugen für die Trägerbalken ausgesägt. Dafür sägt man einen Schlitz in der Dicke der Trägerbalken; die tatsächliche Dicke wird weniger als 50 mm betragen. Ein Großteil des Holzes kann weggesägt werden, und den Rest säubert man mit einem Meißel aus.

Wenn die Trägerbalken an der Hauswand mit Hängeeisen befestigt werden, bringt man diese als nächstes an. An der Hauswand wird eine Linie angzeichnet, damit die Hängeeisen auch alle auf gleicher Höhe sind, und die Waagrechte mit der Wasserwaage nachgeprüft. Für die Befestigung der Hängeeisen verwendet man Dübel und

1 Detail des Pergoladachs

Die Träger werden vorne von Vierkantpfosten, 100 × 100 mm, getragen und an der Rückseite an der Hausmauer abgestützt. Schatten liefert der fest abgedeckte Teil und die abnehmbare Segeltuchmarkise.

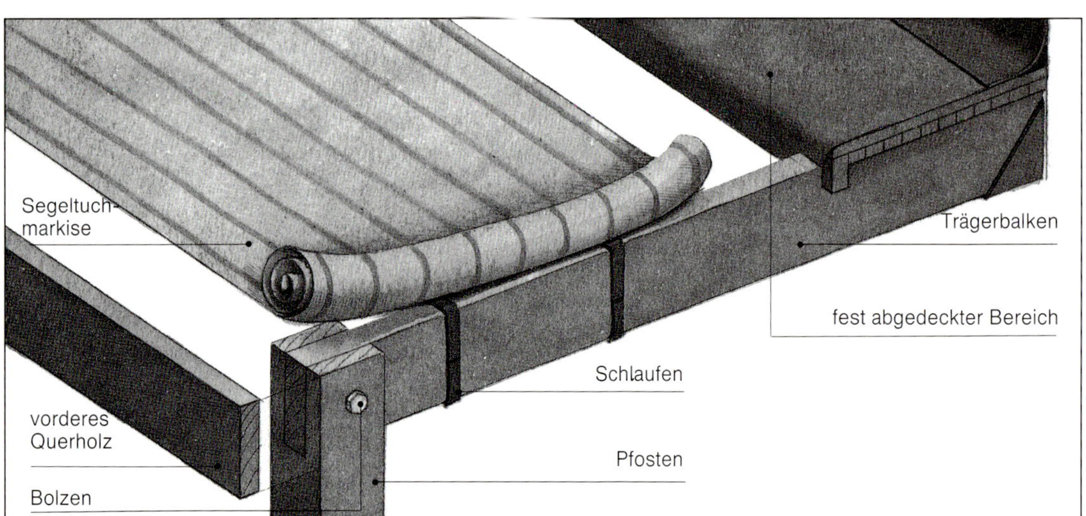

2 Stützpfosten

Die Metallhalterungen werden in den Boden geschraubt oder mit Bolzen befestigt.

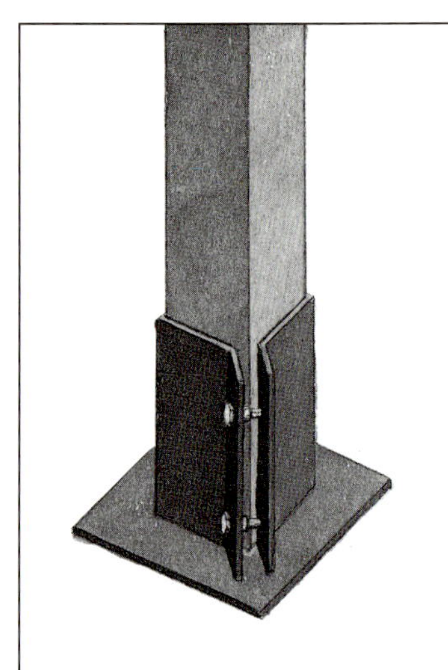

verzinkte Schrauben. Sollen die Träger dagegen auf einem Querbalken aufliegen, so wird dieser mit Hochbelastungsdübeln in der Wand verankert. Die Deckenträger werden zwischen Hängeeisen, bzw. Querbalken und Stützpfosten eingehängt. Am Pfosten dient ein Bolzen zur Befestigung, in die Hängeeisen werden sie hineingeschraubt. Mit dem Querbalken werden die Träger durch schräg angesetzte Nägel verbunden (Abb. 3). Das vordere Querholz wird aber an den Stützpfosten festgenagelt.

Jetzt muß man nur noch die feste Abdeckung anbringen (Abb. 4). Über die Trägerbalken nagelt man Latten, 38 × 12 mm, aus Zedernholz oder eingelassenem Weichholz. Den Abschluß nach vorne bildet eine Latte, 38 × 25 mm, die jeweils an den Deckenträgern eingekerbt und rechtwinklig an die vorderste Latte angepaßt wird. Die Oberseite bedeckt man mit einer 915 mm breiten wetterfesten Spanplatte und legt darüber Dachpappe. Die Verbindung zum Haus hin dichtet man über die ganze Länge mit Bitumenstreifen ab.

3 Befestigung der Trägerbalken an der Wand

Links. **Hängeeisen werden in einer Linie in der richtigen Höhe angezeichnet und in die Wand geschraubt; dann hängt man die Träger ein und schraubt sie fest.**
Rechts. **Ein Querbalken, 100 × 50 mm, wird waagrecht an der Wand befestigt; an ihn nagelt man die Träger schräg von der Seite aus an.**

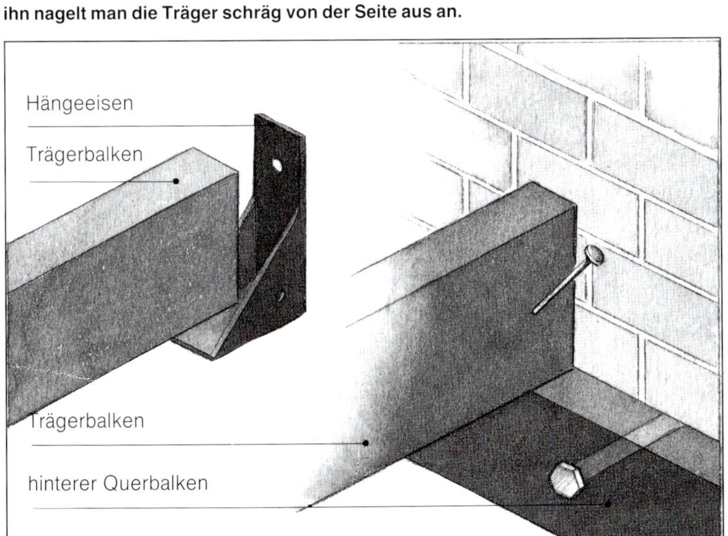

4 Feste Abdeckung

Auf die Trägerbalken werden Weichholzlatten genagelt. Die Leiste vor den Latten wird jeweils an den Trägern eingekerbt. Man deckt diesen Bereich mit einer wetterfesten Spanplatte und Dachpappe ab. Mit Bitumenstreifen wird die Verbindung zur Hauswand abgedichtet.

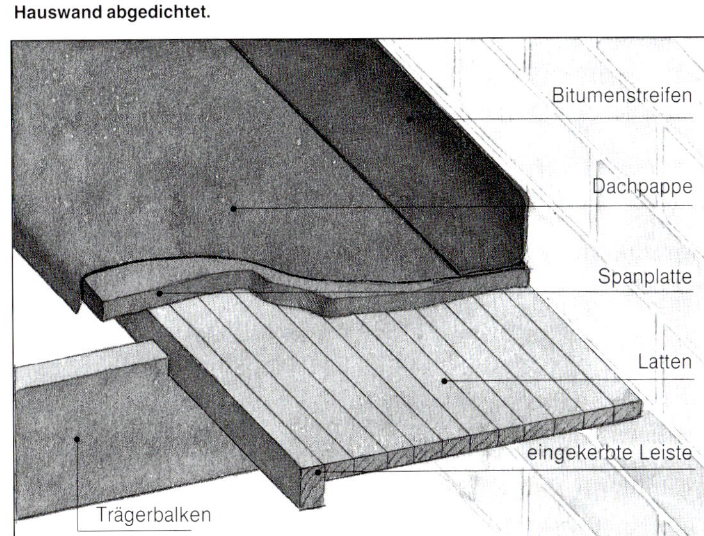

Holztisch

Dieser robuste Gartentisch macht sich in jeder Anlage im Freien sehr gut. Der hier abgebildete Tisch ist nur 375 mm hoch, doch die Höhe läßt sich beliebig verändern, indem man den Sockel entsprechend hoch baut. Bei einer Höhe von 750 mm beispielsweise läßt sich dieser Tisch mit Gartenstühlen drumherum sehr gut als Eßtisch verwenden.

Bis auf den gemauerten Sockel ist der Tisch ganz und gar aus solidem Holz gefertigt. Ideal ist ein mit Holzschutzmittel behandeltes Weichholz. Man kann zwar auch Hartholz verwenden, doch steigert das die Kosten enorm, weil man sehr viel Holz braucht.

Die Tischplatte aus Holz, 75 × 50 mm, besteht aus zwölf rechteckigen Rahmen, die von der Mitte aus immer größer werden. Zwischen jedem Rechteck besteht ein Zwischenraum von 5 mm, der automatisch dadurch entsteht, daß man 50 mm breites gehobeltes Holz für die Tischplatte verwendet. Gehobeltes Holz wird in der angegebenen Breite zugeschnitten und dann an jeder Seite glattgehobelt, so daß die tatsächliche Breite nur noch 45 mm beträgt.

Konstruktion

Man beginnt damit, den Sockel aus Ziegeln oder aus wiederaufbereiteten Stein- und Betonblöcken zu bauen (siehe Handwerkliche Techniken). Der Sockel sollte einen Umfang von 560 × 560 mm und eine Höhe von ungefähr 225 mm haben, wenn der Tisch der Abbildung entsprechen soll. Für einen Eßtisch müßte der Sockel etwa 600 mm hoch gemauert werden.

Die Tischplatte wird auf zwei kreuzförmigen Trägern, die diagonal auf dem Sockel befestigt werden, angebracht. An der Stelle, an der die Träger aufeinanderliegen, müssen sie eingekerbt werden, damit sie ineinander passen (siehe Handwerkliche Techniken). Wie man auf der Seitenansicht (Abb. 2) erkennen kann, werden die Enden der Träger auf den letzten 300 mm von ursprünglich 75 mm auf 25 mm abgeschrägt. Die Träger werden an der Verbindungsstelle mit wasserfestem Holzleim zusammengeleimt. Nachdem man die Klemmzwingen angelegt hat, überprüft man noch einmal auf Winkligkeit, bevor der Leim abbindet.

Wenn man kein vorbehandeltes Holz verwendet, dann empfiehlt es sich, jetzt die beiden Träger mit einem guten, wasserabstoßenden Holzschutzmittel einzulassen. Nach 24 Stunden wird eine zweite Schicht aufgetragen.

Die Träger werden mit Hochbelastungsdübeln auf dem Sockel angebracht. Dazu bohrt man Löcher in den Sockel und in das Trägerkreuz. Bevor die Bolzen fest verkeilt werden, überprüft man mit der Wasserwaage, ob die Träger vollkommen waagrecht liegen, und korrigiert notfalls mit Unterleghölzchen.

Gestaltung der Tischplatte

Die Tischplatte besteht aus konzentrischen Rahmen, die jeweils ineinander passen. Der Mittelpunkt

Materialien

Teil	Menge	Material	Länge
SOCKEL	nach Bedarf	Ziegel o. Betonblöcke	nach Bedarf
TRÄGER FÜR DIE TISCHPLATTE	2	gehobeltes Holz 75 × 50 mm	1700 mm
RAHMEN FÜR DIE TISCHPLATTE	4	gehobeltes Holz 75 × 50 mm	1200 mm
	4	wie oben	1100 mm
	4	wie oben	1000 mm
	4	wie oben	900 mm
	4	wie oben	800 mm
	4	wie oben	700 mm
	4	wie oben	600 mm
	4	wie oben	500 mm
	4	wie oben	400 mm
	4	wie oben	300 mm
	4	wie oben	200 mm
	4	wie oben	100 mm

Dazu: Hartholzdübel, ca. 9,5 mm × 1,5 m zur Verbindung der Ecken in 100 mm lange Stücke geschnitten; 4 Hochbelastungsdübel, mit denen die Kreuzträger am Sockel befestigt werden; wasserfester Holzleim.

1 Gemauerter Sockel

Der Tisch ruht auf einem in entsprechender Höhe gemauerten Ziegel- oder Steinsockel. Die Mitte wird mit Schotter aufgefüllt und mit Beton abgeschlossen.

2 Herstellung der Kreuzträger

Die Träger werden in der Mitte eingekerbt, so daß man sie x-förmig, im rechten Winkel ineinanderlegen kann. Die Trägerunterseiten werden an den Enden auf einer Länge von 300 mm abgeschrägt.

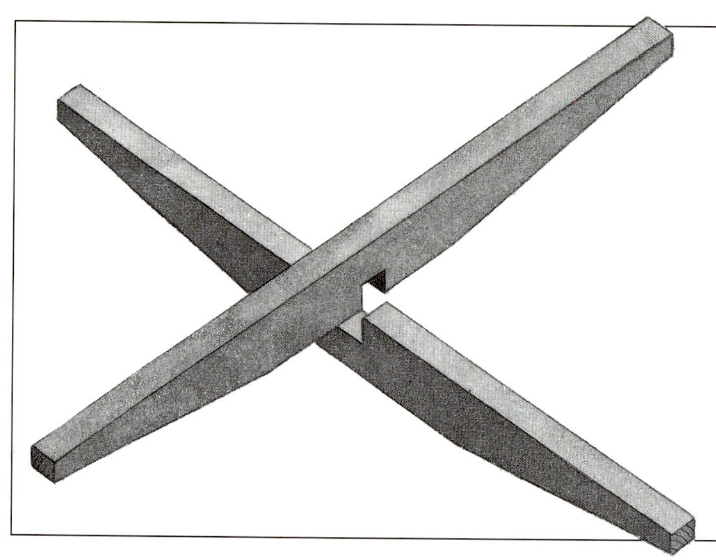

ein aus vier Stücken zusammengesetzter fester Block. Die Latten, 75 × 50 mm, werden wie große Bilderrahmen zusammengesetzt; die Enden treffen im 45°-Winkel aufeinander. Die Winkel lassen sich am einfachsten mit einer elektrischen Säge schneiden, deren Sägeblatt auf 45° Neigung eingestellt wird. Man kann dafür eine ganz gewöhnliche tragbare Motorkreissäge verwenden, wobei das Holz fest in einen Schraubstock eingespannt wird. Noch einfacher ist es allerdings, wenn man sich für solche Zwecke eine Gehrungssäge oder eine fest montierte Kreissäge zulegt.

Der größte Rahmen wird auf die Außenmaße 1200 × 1200 mm zugeschnitten. Die Verbindungsflächen werden mit wasserfestem Holzleim eingestrichen und dann mit Rahmenklammern zusammengehalten, bevor man die Ecke mit einem Bohraufsatz, 9,5 mm, im Winkel von 90° zur Verbindungskante schräg durchbohrt. In jede Ecke werden zwei Löcher gebohrt und Dübel, 9,5 mm, eingeschoben, die man mit wasserfestem Holzleim bestrichen hat. Die Dübel werden zuvor der Länge nach mit einem schmalen Schlitz versehen, der verhindert, daß beim Einführen des Dübels der ganze Leim nach außen gedrückt wird. Die Dübel müssen so lang sein, daß sie auf jeder Seite aus den Löchern herausstehen. Wenn der Leim getrocknet ist, sägt man die Dübel dicht an den Rahmenseiten ab und schleift die Fläche sauber glatt, so daß nichts mehr hervorsteht. Die restlichen Rahmen werden in der gleichen Weise nach den Maßen, wie bei den Materialien angegeben, zusammengesetzt. Der Block in der Mitte besteht aus vier Holzstücken, 75 × 50 mm, die zum Quadrat zusammengedübelt werden. Bevor man die einzelnen Rahmen auf dem Trägerkreuz anbringt, werden sie zwecks besserer Haltbarkeit mit zwei Schichten wasserabstoßendem Holzschutzmittel behandelt.

Die Rahmen der Tischplatte werden mit wasserfestem Holzleim und Dübeln auf dem Trägerkreuz befestigt; die Dübellöcher im Rahmen werden dabei von unten her gebohrt, die in den Trägern von oben.

3 Befestigung der Träger

Mit Hochbelastungsdübeln werden die Träger an jeder Sockelecke verankert. Die Bohrlöcher gehen in den Sockel und in die Träger hinein. Vor dem endgültigen Befestigen überprüft man noch einmal, ob die Träger waagrecht sitzen.

4 Die Rahmen für die Tischplatte

Die Enden werden im Winkel von 45° schräg abgesägt, mit Leim verbunden und dann gedübelt.

5 Befestigung der Rahmen auf den Trägern

Die Dübellöcher werden von unten in die Rahmen und an den entsprechenden Stellen in die Träger gebohrt.

Teil 6

Gartenhäuser

Gartenhäuser sind ein ganz eigenes Thema. Sie können eine romantische Rückzugsmöglichkeit vom Alltagsgeschehen bieten, oft sind sie aber nicht mehr als ein simpler Schuppen. Zwischen diesen Extremen entfaltet sich ein breites Spektrum an Sommerhäusern, kleinen Gebäuden, die an einem Ort mit schöner Aussicht errichtet werden, Pavillons, verrückten Luxuslauben, Gewächshäusern, Werkstätten, Spielhäusern für Kinder, Ateliers, Wirtschaftsgebäuden und Gartenzimmern. Man könnte selbst Taubenschläge, Kaninchenverschläge, Hundehütten und Hühnerställe dazurechnen, da die Tierbehausungen meist in unmittelbarer Nähe zum Menschen untergebracht sind. Doch egal, welche Funktion diese Gebäude letztlich erfüllen sollen; es ist einfach reizvoll, im Kleinformat zu bauen. Für die Gartengestaltung bieten sich hier vielerlei Möglichkeiten, ausgefallene Ideen mit praktischer Nutzanwendung gestalterisch zu verbinden.

Die Inspiration zu einigen der hübschesten Versionen von Gartenhäusern stammen häufig von Kindern. Und auch die Tierbehausungen, die über die rein funktionalen Erfordernisse hinaus gestaltet wurden, sind oft so konzipiert, daß besonders Kinder an ihnen Gefallen finden werden.

Gartenhäuser

In Europa ist das Sommer- oder Gartenhaus schon seit Jahrhunderten sehr beliebt, und im Fernen Osten kann es auf eine noch ältere Tradition zurückblicken. Ein Pavillon oder Häuschen wurde gerne an einer Stelle mit einem besonders schönen Ausblick auf den Garten errichtet, wobei im Osten der Aspekt der kontemplativen Naturbetrachtung mehr im Vordergrund stand. Ab dem 18. Jahrhundert dann gewann der architektonische Reiz eines Gartenhäuschens mehr an Bedeutung. Begeistert griff man verschiedene Stilrichtungen auf und verzierte sich den Garten mit chinesischen Pavillons, japanischen Teehäusern, strohgedeckten Miniatur-Landhäusern, klassischen Tempeln oder gotischen Grotten.

Dabei muß man allerdings bedenken, daß derartige architektonische Werke einige Hektar Parklandschaft brauchen, um ihren Reiz entfalten zu können. Heute fallen die Gartenhäuser im Stil meist bescheidener aus und spiegeln vor allem ihren Gebrauchswert wider. Trotzdem können auch so »gewöhnliche« Gebäude wie Badehütten, Jagdhütten, ja sogar Pferdekutschen, eine Quelle der Inspiration sein.

Als Ausgangsmaterialien eignen sich angemaltes Holz, Schindeln und wetterfestes Sperrholz. Das Dach kann man mit Dachziegeln, Dachpappe oder Wellblech decken. Ausgesprochen rustikal wirkt es, wenn man für das Dach Stroh oder Torf verwendet. Bei etwas Geschick und Erfindungsgabe ist ein Gartenhaus ein wahres Spielfeld für die Wiederverwendung von übriggebliebenen und ausrangierten Materialien.

Der gestalterische Anspruch hängt davon ab, wofür das Häuschen letztlich verwendet wird. Ein Gästebungalow muß natürlich mehr Komfort aufweisen als ein ruhiges Plätzchen zum Lesen oder ein Unterschlupf vor dem Regen. Wenn man sich in dem Haus ein Atelier oder Büro einrichten möchte, braucht man Elektrizität, in anderen Fällen mag ein Wasseranschluß von Vorteil sein. Je nach beabsichtigter Größe und Funktion des Gartenhauses muß man eventuell auch einen Antrag auf Baugenehmigung stellen.

Ganz wichtig ist die Lage des Gartenhauses oder Pavillons, denn sie spielt natürlich für die gesamte Gartenanlage eine wichtige Rolle. Ein beschaulicher Ort zur Naturbetrachtung benötigt eine dazu einladende Umgebung. Auch bei der Anlage von Wegen und

FAST WIE ZU HAUSE...

Ein Gartenhaus ist immer etwas Reizvolles, egal ob es sich dabei um eine Hütte, einen Pavillon, eine Werkstatt oder ein Sommerhäuschen handelt (links und ganz links). Ein Teil des Charmes, der von diesen Miniaturhäusern ausgeht, liegt in ihrem schlichten Konstruktionsstil und den einfachen Baustoffen begründet.

Zur Aufbewahrung von Gartengerätschaften eignen sich Gestelle an den Wänden sehr gut (oben). Geräte aufzuhängen ist platzsparend, und außerdem schützt man so Zinken und andere empfindliche Teile vor Beschädigungen. Körbe und Steigen kann man gut an Deckenhaken aufhängen.

Gartenhäuser

Beeten gilt es, die Lage des Häuschens so weit wie möglich miteinzubeziehen. Ein Pavillon am Ende eines Spazierweges ist ein formal gestalterischer Höhepunkt, auf einer kleinen Erhebung errichtet, bietet er vielleicht eine Art Aussichtsplattform, und in einer abgeschiedenen Ecke des Gartens sieht er rasch wie ein geheimnisvolles Hexenhäuschen aus.

Obwohl an einer Hütte im Garten an sich nichts Geheimnisvolles oder Romantisches ist, sollte man sich dennoch darum bemühen, sie etwas liebevoller zu gestalten, als es gemeinhin üblich ist. Für jedes Haus mit Garten ist eine Hütte zur Aufbewahrung von Werkzeugen, Blumentöpfen, Samen und Setzzwiebeln eine wertvolle Bereicherung.

Der Bedarf an Abstellplatz ist immer groß. Im Handumdrehen ist eine Hütte mit Geräten und anderen Gartenutensilien gefüllt. Von daher ist es wichtig, gleich von Anfang an in den richtigen Dimensionen zu planen und die Hütte groß genug zu kaufen oder zu bauen. Am besten überlegt man sich schon vorher ein sinnvolles System, wie man Gartengeräte usw. unterbringt.

Für größere Gegenstände wie Rasenmäher, Fahrräder, Gartenmöbel, Markisen und Schirme, die im Winter weggepackt werden, sowie für tragbare Grills und großes Spielzeug benötigt man zusätzlichen Stellplatz am Boden. Irgendwo muß man auch Säcke mit Kompost oder Holzkohle unterbringen können, und man braucht ein trockenstehendes Regal für Dünger und Pflanzenschutzmittel, das in einer für Kinder und Tiere unzugänglichen Höhe angebracht ist. Haken an der Decke sind sehr praktisch für Körbe und Steigen, Samenkästen und Blumentöpfe sind in Regalen bestens aufgehoben. Sinnvoll ist es auch, irgendwo einen dunklen, kühlen Platz zu haben, an dem man Knollen und Wurzelgemüse lagern kann.

Ein Vorteil eines gutorganisierten Lagersystems besteht darin, daß man auf einen Blick sieht, wenn sich etwas nicht an Ort und Stelle befindet. Doch die Vorteile sind nicht nur praktischer Art. Zwar ist ein geschickt eingerichtetes Gartenhäuschen ein guter Arbeitsbereich, doch mit all den traditionellen Gartengeräten und der sonstigen Ausstattung kann ein solcher Raum ein ebenso angenehmer Aufenthaltsort sein wie die Küche.

Eine Hütte muß nicht an einer gut sichtbaren Stelle stehen. Vielleicht bieten sich einem ja gar nicht so viele Möglichkeiten an, aber eine Hütte paßt beispielsweise ganz gut in die Nähe des Komposthaufens oder einer Feuerstelle. Andererseits kann man auch bewußt einen Nutzbereich gestalten, indem man die Hütte in die Nähe der Garage, der Mülltonnen oder des Gewächshauses plaziert und den Blick darauf mit Spalieren und Kletterpflanzen abschirmt.

Standard-Bausätze strahlen selten den Reiz eines selbst entworfenen und gebauten Häuschens aus. Doch auch eine genormte Hütte, die sich manchmal in Hinblick auf den zur Verfügung stehenden Platz gar nicht vermeiden läßt, kann man durch ein paar Veränderungen individueller gestalten. Manchmal genügt es schon, wenn man sie einfach anstreicht. Pflanztröge mit Blumen und Spaliere mit rankenden Gewächsen – all das verbindet die Hütte mit ihrer Umgebung zu einem harmonischen Ganzen.

Einführung

Gartenidylle

Ein etwas abseits gelegenes Gartenhaus bietet in Stunden der Muße eine beschauliche Rückzugsmöglichkeit (ganz links, Mitte, ganz rechts). Zur Verkleidung einer Struktur oder zum Verbergen einer häßlichen Hütte empfehlen sich schnellwachsende Kletterpflanzen, wie Russischer Wein (Fallopia aubertii) oder Knöterich (Polygonum baldschuanicum).

Tierbehausungen

Hühnerställe, Taubenschläge, Vogelhäuser und ähnliches bieten eine Spielweise für Phantasie und Lust an dekorativer Gestaltung. Außerdem lassen sich an ihnen gut die handwerklichen Fähigkeiten üben.

Sommerhaus

Die meisten Menschen können den zusätzlichen Platz, den ein Sommerhaus bietet, gut gebrauchen. Und obwohl sich ein derartiger Ort hervorragend für die Aufbewahrung von Werkzeugen, Knollen und Samen eignet und man darin sehr gut Pflanzen umtopfen und andere Hausarbeiten erledigen kann, muß der Verwendungszweck nicht darauf beschränkt bleiben. Man kann sich beispielsweise eine Heimwerker-Werkstatt, ein Künstleratelier, ein Gästehaus oder ein Spielhaus darin einrichten, wobei es sicher nicht schwerfällt, auch noch an eine Reihe ganz anderer Einsatzmöglichkeiten zu denken. Unter Umständen wird es jedoch nötig sein, sich eine Baugenehmigung einzuholen. Ein Gartenhaus kann für Menschen, die zu Hause arbeiten, durch den psychologisch wichtigen Faktor der Trennung von Wohn- und Arbeitsbereich ein unschätzbares Arbeitszimmer oder Atelier sein. Und es ist auch gediegen genug, daß es als Pavillon auf dem Kricketplatz eines Dorfes stehen könnte.

Wenn jemand nicht gerade ein glühender Heimwerker ist, mag er sich mit dem Bau eines Gartenhauses überfordert fühlen. Doch die benötigten Fähigkeiten liegen durchaus noch im Bereich einer durchschnittlichen handwerklichen Begabung. Feinheiten, wie man sie etwa bei der Herstellung von Möbeln beherrschen muß, sind nicht erforderlich. Es gibt keine anspruchsvollen Verbindungen, und nur wenige Techniken gehen über das wohl allgemein Bekannte hinaus. Die Kosten für die – leicht erhältlichen – Materialien sind ungefähr so hoch wie ein Urlaub mit der Familie. Das ist gewiß tragbar, außer man setzt die eigene Arbeit und Zeit sehr hoch an.

Der wesentliche Faktor ist die Zeit. Wenn man nur am Feierabend und an den Wochenenden daran arbeiten kann, dauert es ungefähr drei Monate. Hat man jedoch ein oder zwei willige Helfer und den ganzen Tag dafür Zeit, kann man das Sommerhaus in ein paar Wochen fertigstellen.

In der äußeren Gestaltung machen sich verschiedene Einflüsse bemerkbar. Die Idee des Wellblechdaches ist den Häusern des australischen Hinterlandes abgeschaut. Die Dachform entspricht dem traditionellen Kricketpavillon. Durch verschiedene Farbkombinationen erhält das Haus einen jeweils anderen Charakter: grün und weiß entspricht dem Kricketpavillon, zarte Pastelltöne erinnern an die Häuser entlang der Küste, leuchtendes Blau, Grün oder Rosa vermittelt einen Hauch von Karibik.

Sommerhaus

Das Sommerhaus in einem abgeschiedenen Teil des Gartens bietet eine wunderbare Gelegenheit, sich von der Betriebsamkeit des Hauses zurückzuziehen. Die Bauweise dieses Hauses hier fängt all den Zauber, den Reiz und die Faszination ein, die man sich von einem solch lauschigen Plätzchen erwarten kann, und es lädt dazu ein, sein Inneres zu erkunden. Das Zimmer mit den Maßen 3,6 × 2,4 m ist groß genug für ein paar Korbstühle, ohne gleich an Gemütlichkeit und Intimität einzubüßen. Das überhängende Dach, das auch die Veranda überdeckt, läßt das Haus größer wirken, und der ein Meter breite, geschützte Bereich ermöglicht auch an Regentagen das Sitzen im Freien. Die Grundrißgröße richtet sich zum Teil nach den Baubestimmungen. Auf jeden Fall sollte man bei der jeweiligen Lokalbaubehörde nachfragen, da es auch am Verwendungszweck liegt, ob man eine Genehmigung braucht.

Die Farbzusammenstellung aus Rot und Blau unterstreicht nicht nur Form und Materialien, sondern sieht auch lustig aus. Mit einer anderen Farbkombination wirkt das Haus gleich vollkommen anders; auf Seite 67 sind einige Vorschläge für eine andere Farbgebung abgebildet.

Die Konstruktion des Hauses ruht auf einem Betonsockel mit Lagerhölzern. Die Veranda hat einen Boden aus eingelassenen Holzlatten, der Boden im Innenraum besteht aus wetterfestem Sperrholz, das in diesem Fall hier mit Bodenfarbe gestrichen wurde. Als Bodenbelag sind aber auch Teppich, Fliesen oder Dielen vorstellbar. Legt man Wert auf einen größeren Innenraum, kann man die Wände durchaus so setzen, daß die Veranda noch mit einbezogen wird. Die Innenwände sind ebenfalls mit Sperrholz verkleidet, womit der ganzen Konstruktion mehr Festigkeit verliehen wird. Zwischen Innen- und Außenwand befindet sich eine Isolationsschicht. Die Decke ist mit Nut-und-Feder-Brettern verschalt und ebenfalls isoliert. Man kann den Dachstuhl zwar auch offen lassen, doch bedeutet das bei kaltem Wetter einen großen Wärmeverlust. Zum Heizen eignet sich am besten ein Ölofen oder ein Heizlüfter.

Die Ketten, die an den vier Hausecken vor der Dachrinne zum Boden hängen, erfüllen die Aufgabe des Fallrohrs: Das Wasser wird in vier Sickergruben im Boden geleitet. Diese Form wurde den traditionellen japanischen Häusern entlehnt.

Die Abbildungen unten und auf der gegenüberliegenden Seite vermitteln einen umfassenden Ein-

Werkzeuge

- TRAGBARE WERKBANK
- METALLMASSBAND
- METALLINEAL
- ANSCHLAGWINKEL oder KOMBINATIONSWINKELMESSGERÄT
- FESTSTELLBARE SCHMIEGE
- FUCHSSCHWANZ (KREISSÄGE)
- BOHRMASCHINE
- BOHRER – 12 mm und 3,0 mm
- SCHRAUBENSCHLÜSSEL
- HAMMER
- VERSENKER
- ZANGE
- MEISSEL
- HOLZHAMMER
- BLECHSCHERE

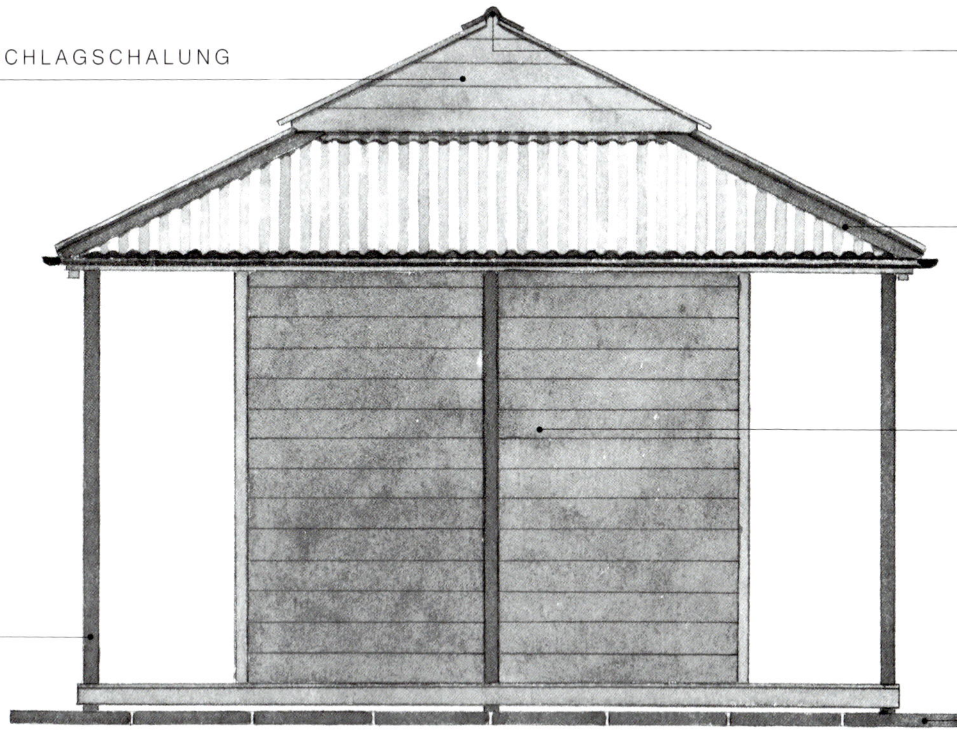
WASSERSCHLAGSCHALUNG
FIRSTABDECKUNG
GRATABDECKUNG
WASSERSCHLAGSCHALUNG
PFOSTEN
GRUNDPLATTEN

DECKENTRÄGER
HAUPTTRÄGER
MITTELPFETTE
FIRSTPFETTE
PFETTE AUF AUFDOPPELUNG
SPARRENTRÄGER
WALMSPARREN
RINNE
KLEINER DECKENTRÄGER
RIEGEL
ISOLIERUNG
PFOSTEN
SPERRHOLZBODEN
LAGERHOLZ

Sommerhaus: Fundament

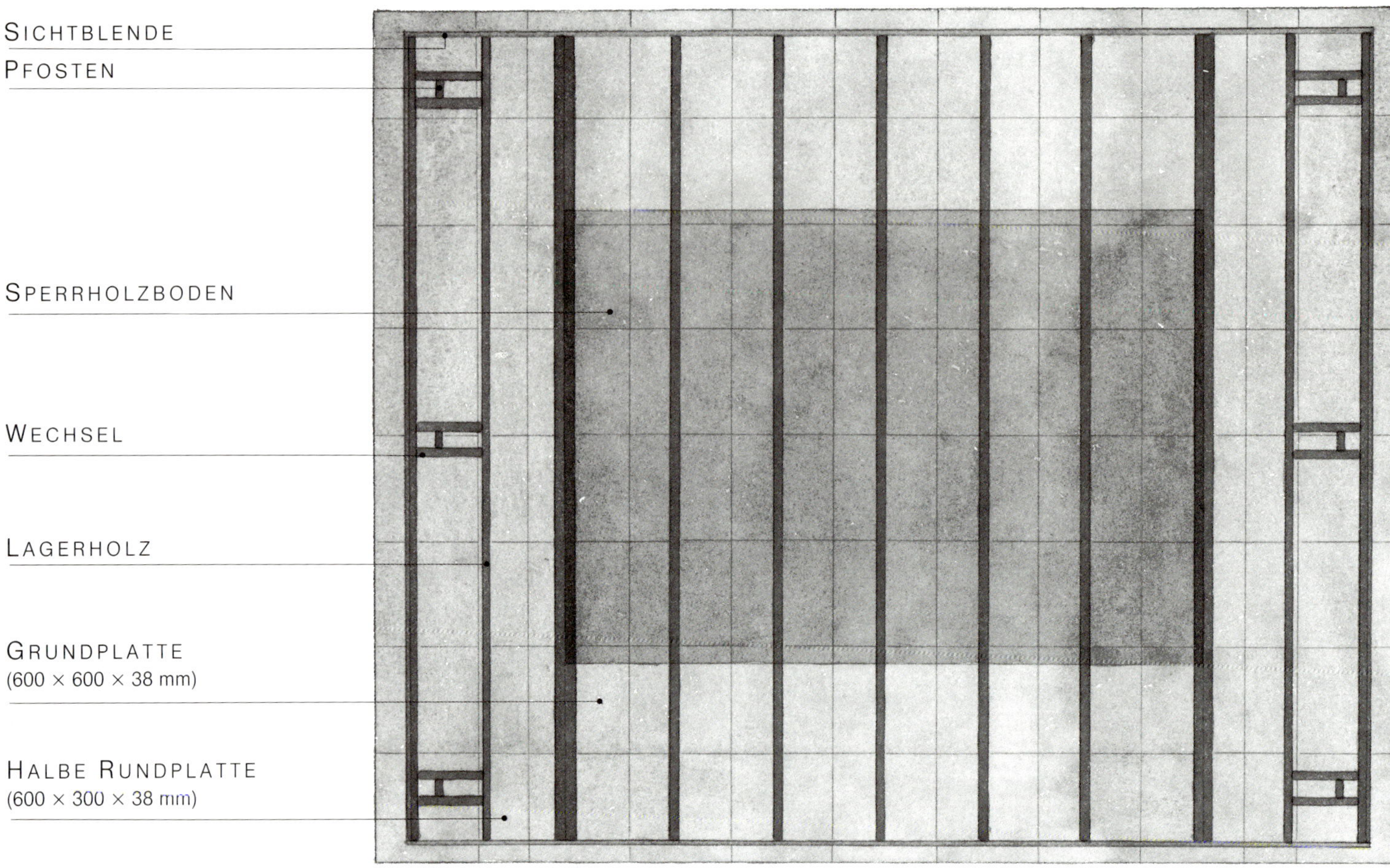

KONSTRUKTION DES FUNDAMENTS

1 Abstecken des Fundaments

Mit einem Schnurgerüst steckt man das Fundament ab. Für den Untergrund werden zwei verschiedene Plattengrößen verwendet: 600 × 600 mm und 600 × 300 mm. Über die Mitte der Platten verlaufen jeweils die Lagerhölzer.

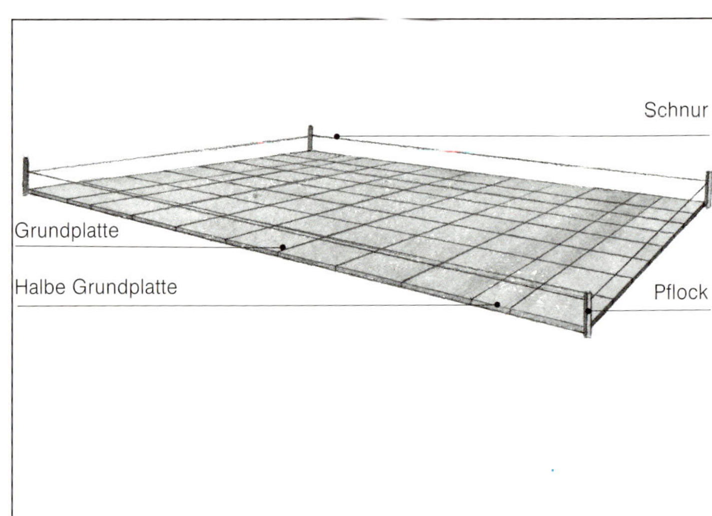

druck von der Konstruktion der Vorder-, Rück- und Seitenwände und des Daches. Eventuell muß man zusätzlich zu den Beschreibungen und Bildern die eine oder andere Sache auch noch in dem Kapitel über Materialien und handwerkliche Techniken nachlesen.

FUNDAMENT

Den Platz für das ganze Fundament steckt man mit einem Schnurgerüst ab (Abb. 1). Man wählt dafür einen geschützten Ort im Garten, damit ein starker Wind oder Sturm keinen wesentlichen Schaden anrichten kann. Da das Sommerhaus keine Verankerung im Boden hat, muß man den Platz sorgfältig aussuchen.

Eine Hanglage sollte man vermeiden, weil dafür viel Boden abgetragen werden muß, bevor man das Fundament legen kann.

Das Fundament besteht entweder aus den Grundplatten oder wird aus Beton gegossen. An Platten braucht man 72 Stück mit den Maßen 600 × 600 × 38 mm und 16 halbe Platten (600 × 300 × 38 mm). Die halben Platten sind dazu da, daß ein schmaler Freiraum um die Wände herum frei bleibt. Die Lagerhölzer ruhen mittig auf den Platten (Abbildungen: Konstruktion von Fundament und Boden).

Den Untergrund für die Platten bereitet man aus einer 1:5-Mischung von Zement und Sand. Man muß von vorne nach hinten eine leichte Schräge (1 zu 60) einbauen, damit das Regenwasser gut abfließen kann. Es darf sich nicht unter den Lagerhölzern stauen, da diese ansonsten zu verrotten anfangen.

Wenn man einen Betonsockel anlegen möchte, muß man den Boden 125 mm tief ausheben und eine verdichtete Schotterschicht einbringen. Darüber kommen 50 mm Betongemisch aus einem Teil Zement und fünf Teilen Splittgestein.

Natürlich muß auch hier der Platz zuerst abgesteckt werden. Dann errichtet man eine Holzschalung für den Betonsockel. Die Schalung wird mit in den Boden getriebenen Pflöcken gehalten. Als Material für die Schalung eignen sich beispielsweise alte Dielenbretter oder ähnliches. Dabei darf man nicht vergessen, die Schalung von vorne nach hinten leicht schräg zu setzen.

Wenn das Fundament fertig ist, kann man die Lagerhölzer auslegen. Man verwendet für die Lagerhölzer geschnittenes Holz, 100 × 50 mm, das gründlich mit Holzschutzmittel behandelt wurde. Ideal ist unter Druck imprägniertes Holz. Man braucht im ganzen 13 Lagerhölzer; unter die Außenwände kommt jeweils eine Doppelreihe. Die äußeren Lagerhölzer tragen an ihren Enden den Verandaboden.

Unter jedes Lagerholz kommt ein Streifen Bitumenpappe. Sie ist wasserfest und läßt keine Feuchtigkeit durch. Da das Fundament von vorne nach hinten leicht schräg geneigt ist, muß man alle 600 mm unter jedes Lagerholz kleine Abstandsklötze legen, um wieder eine ebene Fläche für den Boden zu bekommen.

Als nächstes wird der Boden des Sommerhauses ausgelegt (siehe Abb. 3). Er besteht aus wasserfestem Sperrholz und ist im ganzen 3,6 × 2,4 m groß. Man befestigt die Platten mit Schrauben, 8,0 × 38 mm, alle 400 mm entlang der Kanten auf den Lagerhölzern. Als erstes verschraubt man die mittlere Platte; die beiden Seitenplatten müssen vor dem Festschrauben zugeschnitten werden. Dann legt man die Unterlegstreifen, 50 × 19 mm, aus Sperrholz aus, auf denen die Vorder- und die Rückwand stehen werden.

Die äußeren Lagerhölzer, auf denen die Veranda aufliegt, können vorübergehend wieder entfernt werden, da sie während des Baus nur im Weg sind.

2 Auslegen der Lagerhölzer

Die Lagerhölzer werden im Abstand von 600 mm ausgelegt. Für die Außenwände nimmt man je eine Doppelreihe. Da die Bodenplatten leicht schräg nach hinten abfallen, muß man die Lagerhölzer mit Abstandsklötzen in die Waagrechte bringen.

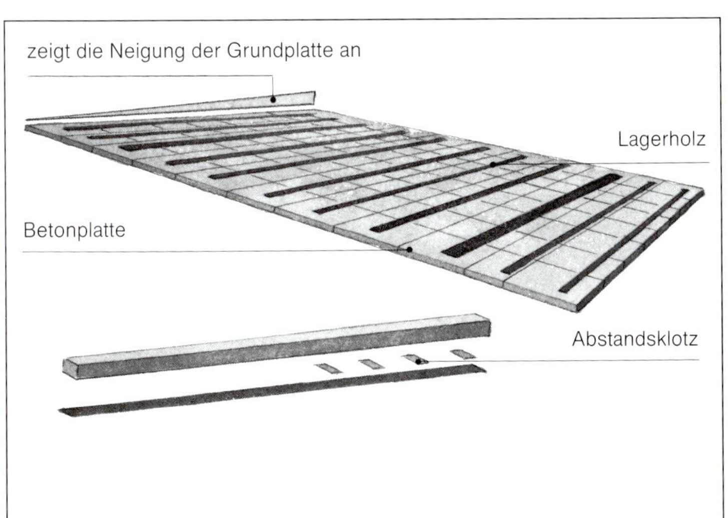

3 Auslegen des Sperrholzbodens

Der Boden besteht aus 19 mm starkem wasserfesten Sperrholz, das mit Schrauben, 8,0 × 38 mm, in die Lagerhölzer befestigt wird. Als erstes legt man die mittlere Platte aus, dann die beiden anderen rechts und links.

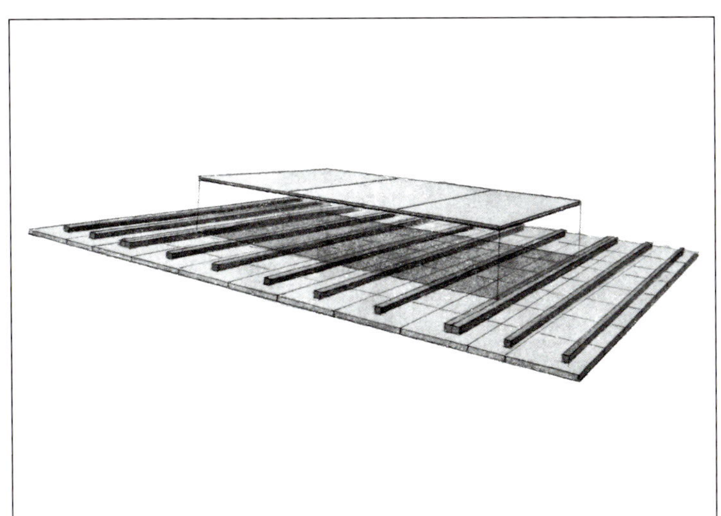

Sommerhaus: Wandkonstruktion

Wände

Die Innenbeplankung der Hauswände besteht aus 12 mm starkem wasserfesten Sperrholz. Man schneidet zunächst alle Teile für die vier Wände aus. Die Fensteröffnungen vorne und hinten sind etwa 700 × 600 mm groß, die Türöffnung etwa 2000 × 810 mm. Wenn man eine fertige Tür kaufen möchte, berechnet man danach die Größe der Türöffnung, wobei man die Maße für den Türrahmen mit einrechnen muß.

Man nimmt sich nacheinander jede Wand vor und legt die Vierkanthölzer, 50 × 50 mm, aus (Abb. 1). Die kurzen waagrechten Riegel sitzen mit Absicht nicht ganz auf einer Linie, damit man sie mit den senkrechten Hölzern zusammenschrauben kann.

Man legt die Sperrholzplatten mit der Innenseite nach oben auf die Hölzer – dies ergibt die Innenbeplankung (Abb. 2). Alle 400 mm schraubt man die Platten mit Schrauben, 8,0 × 38 mm, auf die Hölzer. Die Schraubenköpfe werden versenkt und verspachtelt.

Die Tür- und Fensteröffnungen werden mit Wechseln, 50 × 25 mm, eingerahmt. Man befestigt diese mit schräg eingeschlagenen Nägeln, 50 mm, an den Hölzern (siehe Handwerkliche Techniken).

Für den Zusammenbau der Wände braucht man Schrauben, 12,0 × 125 mm, mit Muttern. Mit einem Helfer stellt man alle vier Wände auf und stützt sie vorübergehend ab. Dann bohrt man an den Ecken durch die aneinanderstoßenden Hölzer die Löcher für die Schrauben. Jede Ecke wird vor dem Bohren und Verschrauben mit einer Zwinge zusammengedrückt. Man läßt in diesem Stadium noch etwas Spiel, damit man alle vier Wände genau zueinander ausrichten kann. Für jede Ecke braucht man vier Schrauben, die man ungefähr an die angegebenen Stellen setzt (Abb. 1, Rückwand). Beim Zusammenbau fängt man mit der Vorder- und einer Seitenwand an. Dann verschraubt man die Rückwand mit der anderen Seitenwand und zum Schluß die beiden letzten Ecken.

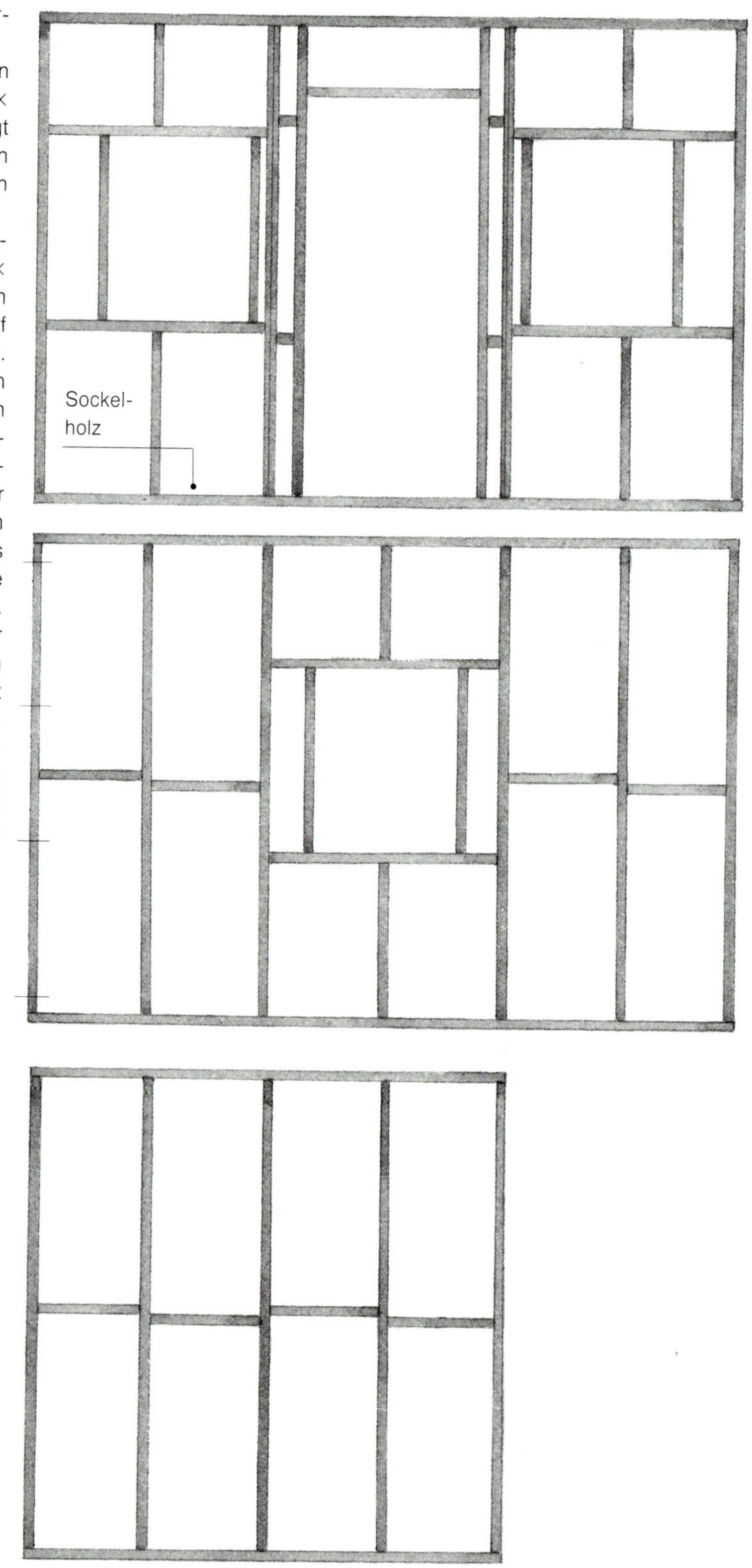

1 Zusammenbau des Rahmens für jede Wand

Die Abbildungen zeigen die Anordnungen der Hölzer, 50 × 50 mm, für jede der vier Wände. *Oben.* Vorderer Rahmen mit Tür- und Fensteröffnungen. *Mitte.* Rückwärtiger Rahmen mit Fensteröffnung. *Unten.* Geschlossene Seitenwände

Bohren	398
Sägen	398
Nageln	399
Holzverbindung	400

ZUSAMMENBAU DER WÄNDE

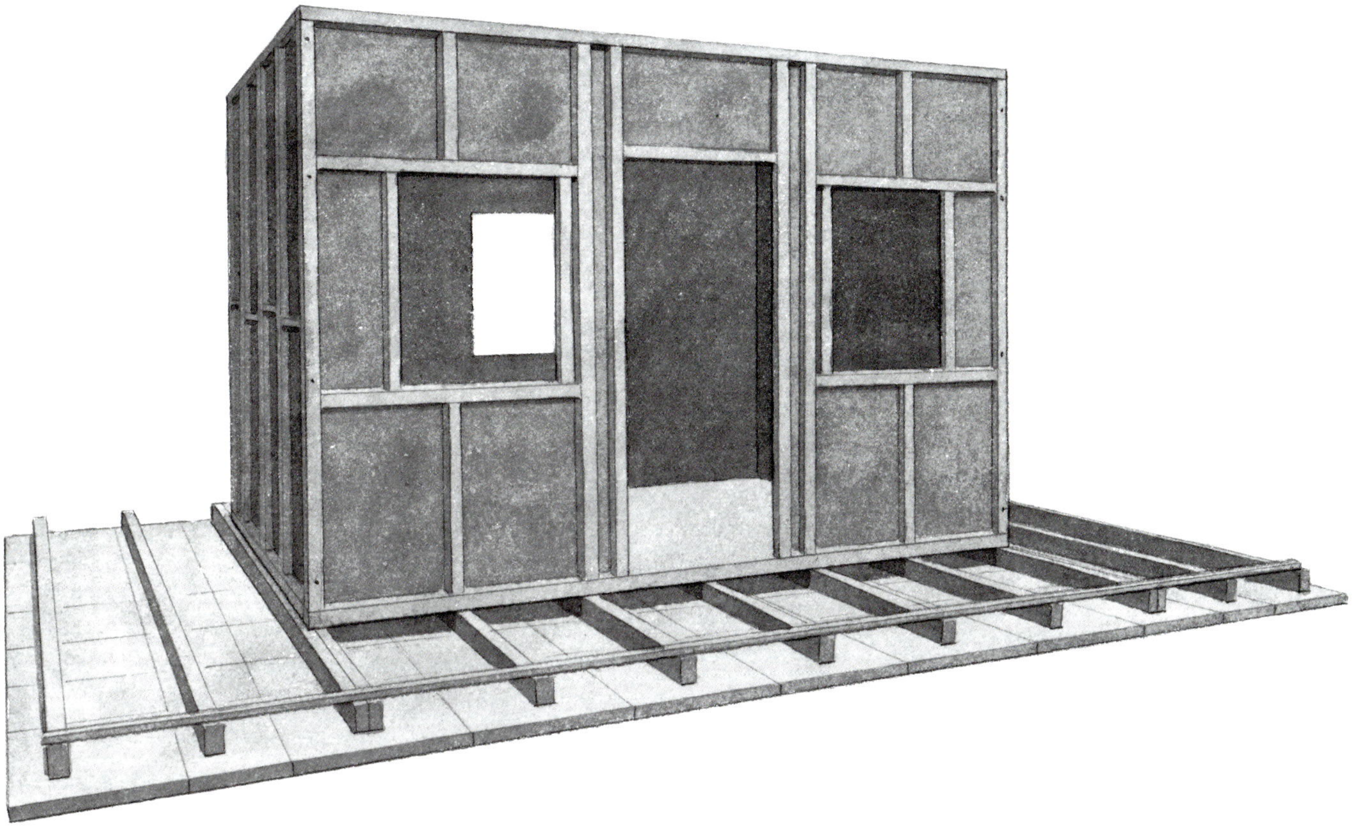

2 Befestigung der Innenbeplankung an den Rahmen

Die Innenbeplankung besteht aus 12 mm starkem Sperrholz. Die Vorderseite ist aus fünf Teilen zusammengesetzt; die Fenster wurden in der Beplankung ausgespart. Mit Schrauben, 8,0 × 38 mm, befestigt man die Platten auf den Rahmen.

3 Verbindung der vier Rahmen

Die Holzrahmen werden mit 125 mm langen Schrauben und Muttern miteinander verbunden. Man hält sie mit Zwingen und Stützen zusammen. In jeder Ecke werden vier Löcher gebohrt und die Hölzer miteinander verschraubt.

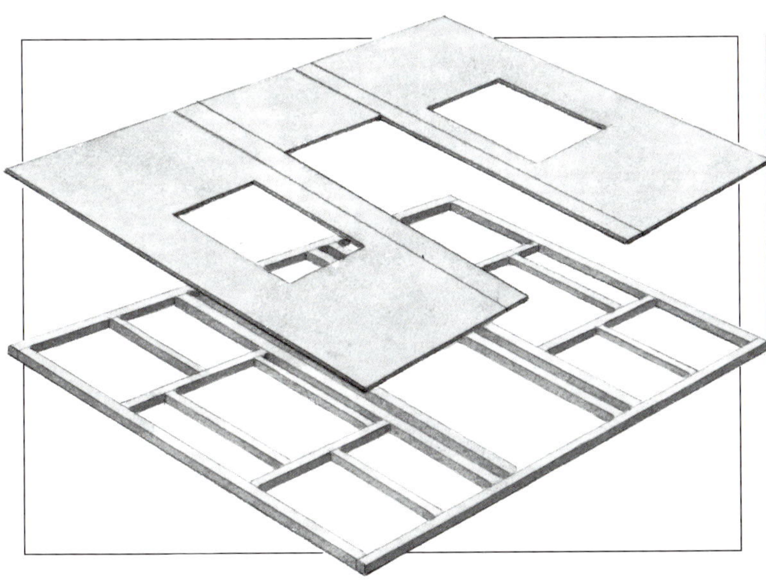

Sommerhaus: Dachkonstruktion

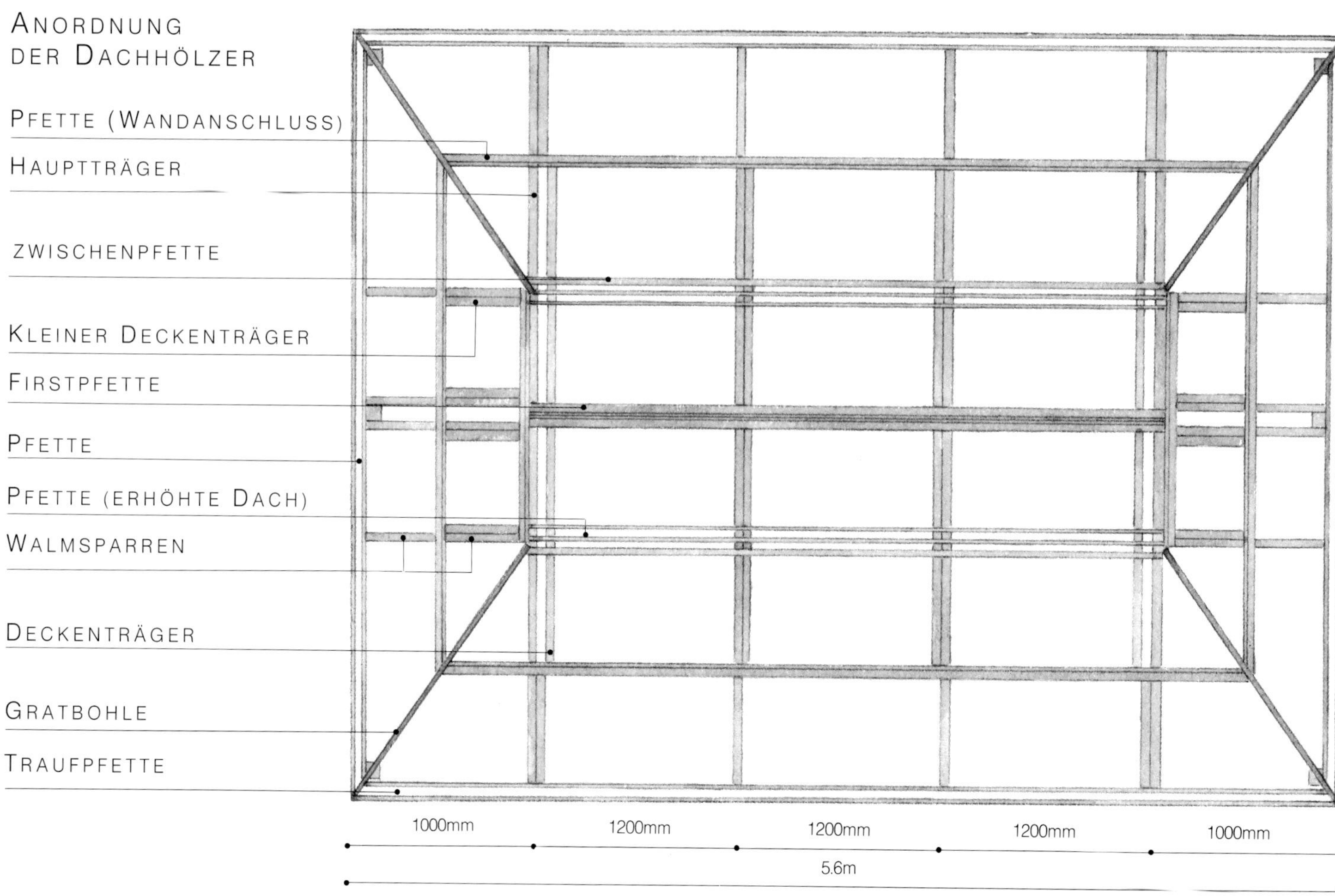

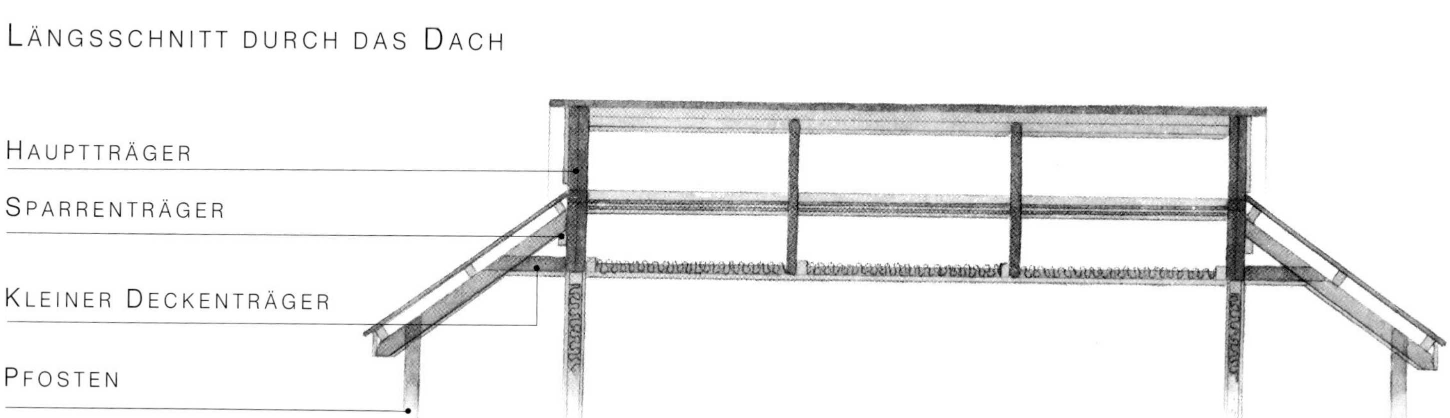

Wenn alle Wände verbunden sind und im rechten Winkel zueinander stehen, nagelt man die Sokkelhölzer der Wände im Abstand von 400 mm mit Nägeln, 100 mm, an die Lagerhölzer.

DACH

Das auffallende, über die Veranda hinauskragende Dach ist ein wesentlicher gestalterischer Teil des Hauses. Die Dachschrägen sind mit Wellblech verkleidet; die Veranda liegt geschützt unter dem Vordach. Die ganze Konstruktion ist ziemlich kompliziert, und man sollte die Pläne ausführlich studieren, bevor man sich Schritt für Schritt nach der Anleitung an den Bau macht. Wenn man anfängt, die Teile zusammenzusetzen, wird man rasch verstehen, wie die Sparren und Pfetten zusammengehören.

HAUPTTRÄGER

Man beginnt mit den vier Hauptträgern. Die Träger sind dreieckig, wobei die Hölzer oben auf Gehrung geschnitten sind. Sie werden aus zwei 75 × 50 mm starken, jeweils 2,6 m langen (zunächst in Überlänge zuschneiden!) geneigten Sparren zusammengesetzt. An der Spitze sind sie mit einer Sperrholzausfachung verstärkt; in der entsprechenden Höhe sind sie mit einem Deckenträger ausgesteift.

Die Sparren werden oben schräg zugeschnitten und im richtigen Winkel zueinander gehalten, indem man sie auf eine dreieckige Sperrholzausfachung, .12 mm stark, nagelt. Die Neigung jeder Ausfachung beträgt 26°, wodurch der Winkel jedes Trägers festgelegt ist. Die Deckenträger halten die Sparren zusammen; sie werden an die Schenkel des Trägerdreiecks geschraubt.

Die Außenträger bestehen aus Doppelsparren. Dafür wird jeweils ein Sparrenpaar mit 12 mm langen Sechskantbolzen verbunden. Auf den Bolzen sitzen stählerne Einpreßdübel, die zwischen die Sparren kommen. Mit den gleichen Bolzen und Dübeln werden die Deckenträger an den Sparren befestigt.

Wichtig: die vier Hauptträger müssen im selben Winkel zugeschnitten und zusammengenagelt werden. Man nagelt deshalb den ersten Hauptträger auf einer ebenen Fläche zusammen und benützt ihn dann als Schablone für die anderen Träger.

Alle Träger werden ungefähr 200 mm zu lang zugeschnitten. Nach der Befestigung sägt man sie auf die richtige Länge zurück. Die Aufdoppelungen werden oben aufgenagelt.

BEFESTIGUNG DER HAUPTTRÄGER

Man setzt die Hauptträger im Abstand von ungefähr 1200 mm auf die Wände. Die doppelten Träger müssen dabei außen sitzen. Man vergewissert sich noch einmal, daß alle Träger rechtwinklig und senkrecht sitzen und nagelt sie dann auf die oberen Rahmenhölzer der Vorder-und Rückwand. Man verwendet dafür Rundkopfnägel, 150 mm, die schräg in die oberen Hölzer getrieben werden (siehe Handwerkliche Techniken).

Damit die Hauptträger senkrecht stehenbleiben, nagelt man vorübergehend lange Latten diagonal zur Aussteifung auf die Träger (Abb. 1, unten). Die Latten bringt man so an, daß sie bei der Befestigung der Firstpfette, der Wandanschlußpfetten und der Traufpfetten nicht stören.

BEFESTIGUNG DER PFETTEN

Man schneidet die Firstpfetten (waagrechte Hölzer) zu und befestigt sie. Sie haben die gleiche Länge wie die Vorder- und Rückwand des Hauses und werden auf den Aufdoppelungen jeweils rechts und links vom Scheitelpunkt der Hauptträger angebracht.

Die Traufpfetten schneidet man mit 2,5 m Überlänge zu (sie werden vorne und hinten angebracht, um die Außenkanten des Daches zu tragen). An jedem Ende sollen sie 1250 mm überstehen (Abb. 2). Festgenagelt werden sie an den Sparren.

Als nächstes schneidet man die Pfetten für den Wandanschluß zu (sie sitzen oberhalb der Traufpfetten). Sie sollen an jedem Ende ca. 650 mm überstehen und werden später zurechtgesägt. Man nagelt

1 Konstruktion der Hauptträger
Jeder Träger wird dadurch gebildet, daß man ihn auf ein zugeschnittenes Stück Sperrholz, 12 mm stark, mit einer Neigung von 26° nagelt und mit dem Deckenträger aussteift. Die Außenträger bestehen aus Doppelsparren. Nach dem Aufsetzen auf die Wände werden die Träger durch die Pfetten ausgesteift.

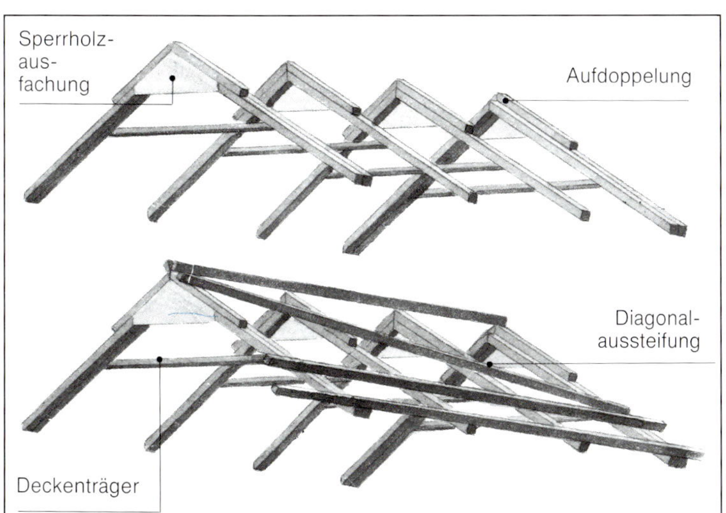

2 Befestigung der Pfetten auf den Dachträgern
Die Träger werden mit Abstand auf die oberen Rahmenhölzer der Wände gesetzt und vorübergehend mit diagonalen Aussteifungen an Ort und Stelle gehalten. Danach schneidet man die Firstpfetten zu und nagelt sie an. Traufpfetten, Wandanschlußpfetten und Zwischenpfetten werden zunächst in Überlänge zugeschnitten.

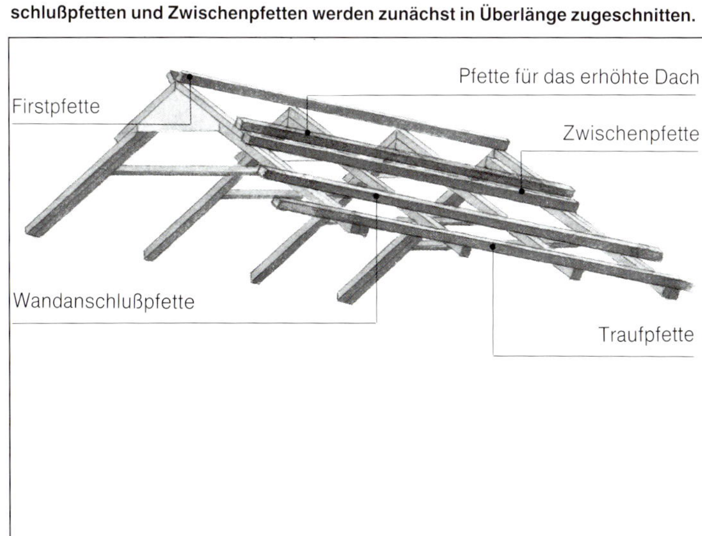

Sommerhaus: Walmdachkonstruktion

sie auf die Sparren (Abb. 2). Nun entfernt man die diagonale Aussteifung und schneidet die beiden Zwischenpfetten zu, die auf jeder Seite zwischen Firstpfetten und Wandanschlußpfetten befestigt werden. Sie stoßen unten an die Aufdoppelung. Die Zwischenpfetten stehen an jeder Seite etwa 300 mm über und werden später schräg abgeschnitten.

Herstellung des erhöhten Dachs

Die Aufdoppelungen dienen als Füllung über den Sparren. Man befestigt nahe am unteren Ende der Aufdoppelung jeweils eine weitere Pfette für den erhöhten Dachteil.

Ansetzen der Walmdächer an beiden Seiten

Von der Außenseite des äußeren Trägers mißt man entlang der oberen Außenkante der überstehenden Traufpfette 1000 mm ab. Von diesem Punkt aus zieht man eine Linie (mit einem Stück Schnur) zu der Stelle am Außenträger, wo der schräge Dachteil endet. Dadurch erhält man eine Dachneigung von ca. 36°. Man stellt aus Sperrholz oder Lattenresten ein Dreieck mit diesem Winkel her und verwendet es während der ganzen Dachkonstruktion dafür, die Dachschräge zu überprüfen (Abb. 2).

Man spannt eine weitere Schnur von der Oberseite dieser Traufpfette (1 000 mm von der Außenträgerseite entfernt) zur Oberseite der Traufpfette auf der anderen Seite (ebenfalls 1000 mm vom Außenträger entfernt). Auch von diesem Punkt aus zieht man eine Schnur zu dem entsprechenden Punkt, wo die Dachschräge am Außenbalken endet. Anhand der gespannten Schnüre kann man die Grundform der Walmdächer an beiden Hausseiten erkennen. Was sich abzeichnet, ist die Dachneigung von der Traufpfette bis zur Schnittlinie mit dem Außenträger.

Man schneidet die Walmsparren (vier an jeder Seite) in Überlänge zu, desgleichen auch die kleinen Deckenträger für die Außenseiten (auch wieder vier). Für alle diese Balken nimmt man geschnittenes Holz, 75 × 50 mm (Abb. 6).

Man schneidet die Sparrenträger zu (sie verbinden die Sparren mit den Außenträgern) und nagelt oder schraubt sie an die Außenträger (siehe Abb. 3). Nach der Befestigung schneidet man die Enden der Sparrenträger in der Schräge der Hauptträger zu.

Mit einer verstellbaren Schmiege stellt man den Winkel für die oberen Enden der Außensparren ein und schneidet sie in diesem Winkel zu. An der Unterseite jedes Sparrens hebt man eine Kerbe aus, damit der Sparren gut auf dem Sparrenträger sitzt. Die traufseitigen Sparrenenden werden erst später in der richtigen Lage zugeschnitten.

Man nagelt die vier Walmsparren sowie die vier kurzen Deckenträger an ihrem jeweiligen Ende fest. Jetzt überprüft man, ob sich die oberen Enden der Sparren in einer Linie befinden und die Neigung mit den gespannten Schnüren übereinstimmt. Die Unterseiten der kleinen Deckenträger müssen waagrecht und in einer Linie mit den Unterseiten der Deckenträger des Hauses sein.

Die zwei mittleren Walmsparren jeder Seite werden im Abstand von 75 mm befestigt (Abb. 4). Später werden diese jeweils mit den mittleren Verandastützträgern verschraubt.

Die Gratbohlen, 150 × 25 mm, werden in Überlänge zugeschnitten. Man hält sie so nahe wie möglich an ihre endgültigen Positionen, damit die richtigen Winkel an den Enden der vorderen und hinteren Pfetten, die an die Gratbohlen stoßen, markiert werden können. Bevor die Pfetten in der richtigen Länge zugeschnitten werden, markiert man die Winkelschnitte wiederum mit einer feststellbaren Schmiege. Die Schnittflächen sind in zwei Richtungen geneigt, damit die Enden der Pfetten fest an den Gratbohlen sitzen, wenn diese befestigt werden.

Am oberen Ende wird die Gratbohle eingekerbt, damit sie auf den Sparrenträger paßt (Abb. 3). Das Ende der Gratbohle wird abgeschrägt, damit die Gratbohle genau an den Außenträger paßt. Man muß den Winkel sorgfältig mit einer verstellbaren Schmiege anzeichnen. Die exakte Paßform ist besonders bei der Auflagenkerbe wichtig. Die

1 Querschnitt durch das Haus mit erhöhtem Dachbereich

Der erhöhte Dachbereich entsteht durch die Aufdoppelung und die dadurch höher liegenden Pfetten. Am Traufpunkt werden die Trägerenden senkrecht zugeschnitten, damit sie mit der vorderen Oberkante der Traufpfette abschließen. Dadurch erhält man eine senkrechte Befestigungsmöglichkeit für die Traufbohle und die dazugehörige Rinne.

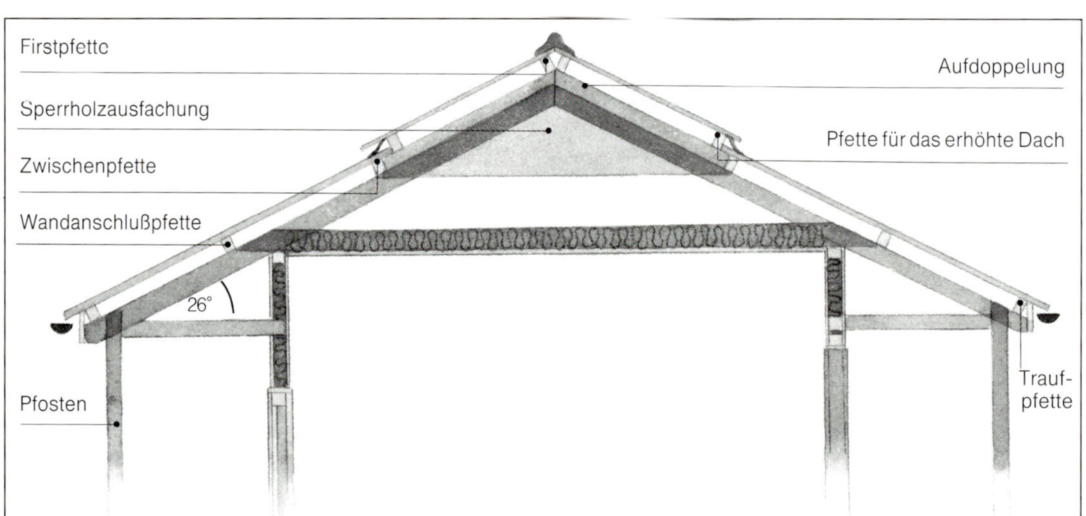

2 Zurechtschneiden der Sparrenenden

Markieren der Sparrenenden. Die Dachschräge überprüft man mit Schablone.

ZUSAMMENBAU DES WALMDACHS

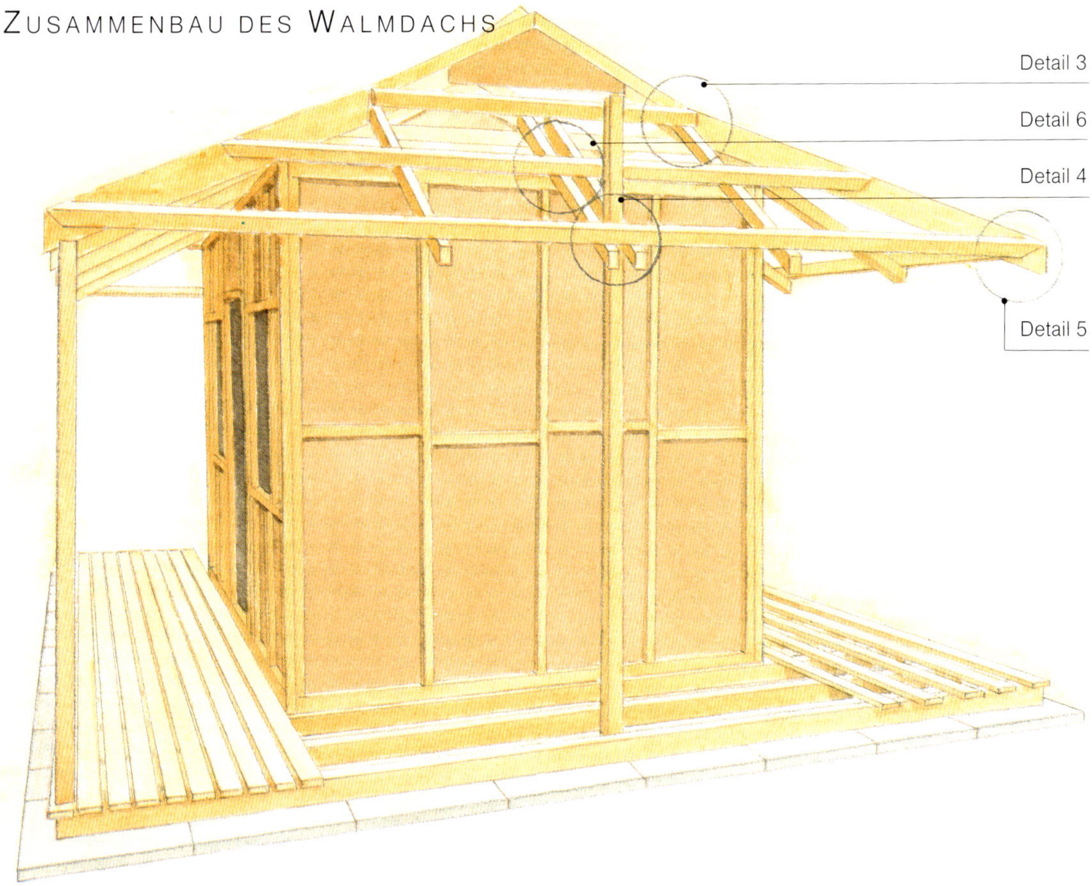

Oberseiten der Gratbohlen sollen mit den Oberseiten der Pfetten in einer Linie sitzen.

Die Gratbohlen werden nun an die Enden der vorderen und hinteren Pfetten genagelt.

Als nächstes schneidet man die drei Pfetten, 75 × 50 mm, für die Walmflächen zu und nagelt sie fest. Sie müssen bereits die richtige Länge haben und so abgeschrägt werden, daß sie genau zwischen die Gratbohlen passen. Sie liegen auf gleicher Höhe mit den vorderen und hinteren Pfetten.

Nun schneidet man die mittleren Verandastützpfosten der Walmseiten, 75 × 75 mm, so zu, daß sie zwischen das Betonfundament und die mittleren Zwillungssparren passen. Unten sollten die Pfosten zum Schutz des Holzes auf einem Stück Blei sitzen. Mit stählernen Einpaßdübeln und Sechskantbolzen, 12 mm ∅, befestigt man sie an den Lagerhölzern am Boden und oben zwischen den Zwillingssparren. Man läßt die Überlänge noch stehen und schneidet sie später bündig in der Schräge der Pfetten ab.

3 Verbindung von Gratbohle und Sparrenträger

Man kerbt die Gratbohle ein, damit sie auf dem Sparrenträger sitzt. Das Ende der Gratbohle wird abgeschrägt.

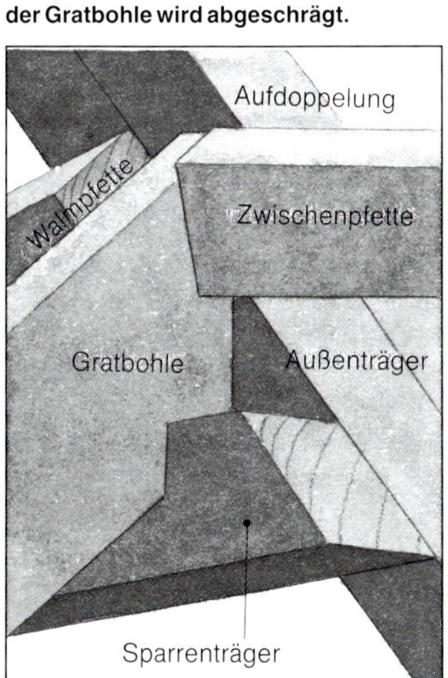

4 Mittlerer Veranda-Stützpfosten

Die Pfosten sitzen zwischen den mittleren Walmsparren.

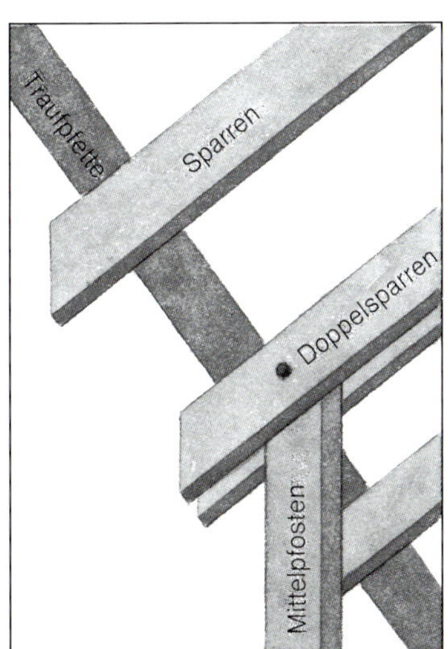

5 Verbindung von Eckpfosten und Gratbohle

Die Gratbohlen werden eingekerbt, um genau auf den Eckpfosten zu sitzen.

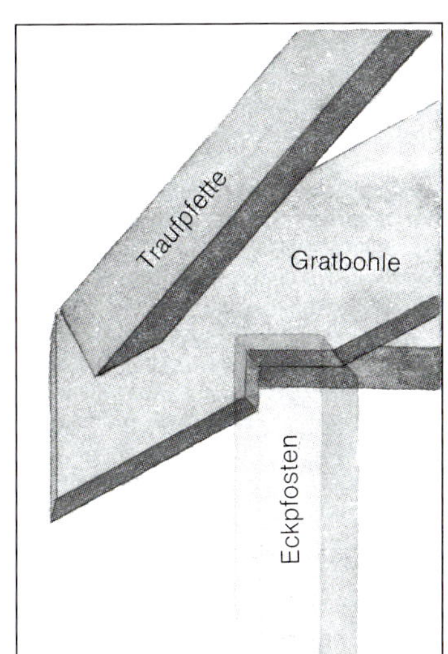

6 Verbindung von Sparren und Deckenträgern

Die Sparren werden mit den Deckenträgern zusammengenagelt.

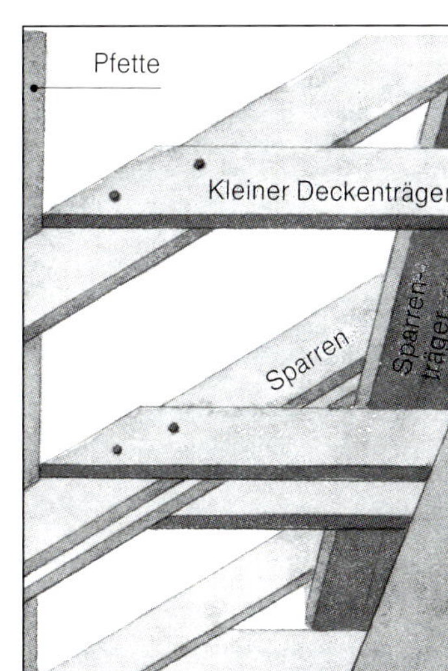

Sommerhaus: Dach und Ausbau

Nun schneidet man die mittleren Verandastützpfosten der Walmseiten, 75 × 75 mm, so zu, daß sie zwischen das Betonfundament und die mittleren Zwillungssparren passen. Unten sollten die Pfosten zum Schutz des Holzes auf einem Stück Blei sitzen. Mit stählernen Einpaßdübeln und Sechskantbolzen, 12 mm ∅, befestigt man sie an den Lagerhölzern am Boden und oben zwischen den Zwillingssparren. Man läßt die Überlänge noch stehen und schneidet sie später bündig in der Schräge der Pfetten ab.

Die Eckpfosten, 75 × 75 mm, der Veranda reichen vom Betonfundament bis zur Oberkante der Gratbohlen. Zu den Traufpfetten läßt man 25–30 mm Zwischenraum. Die Unterseiten der Gratbohlen werden für die Pfosten eingekerbt. Desgleichen werden die Pfosten von oben geschlitzt, damit man sie mit den Gratbohlen verkeilen kann (Abb. 5). Die oberen Pfostenenden werden im Winkel der Dachschräge auf die Höhe der Traufpfetten zugeschnitten.

Einpassen der Traufbohle

Mit der Schmiege markiert man an den Sparrenenden senkrechte Linien, an denen sie zugeschnitten werden. Wenn die Traufbohlen an die Sparren genagelt sind, kann man die Rinnen an ihnen befestigen. Die Sparren werden in einer Linie mit den Oberkanten der Traufpfetten abgeschnitten. Die unteren Sparrenenden schneidet man waagrecht bündig mit den Unterkanten der Traufbohlen ab. Man kann das vor oder nach dem Befestigen der Traufbohlen machen. Auch die Enden der Gratbohlen werden so beschnitten, daß die Traufbohlen daran passen.

Die Traufbohlen werden aus geschnittenem Holz, 150 × 25 mm, hergestellt.

Auflegen des Wellblechdaches

Wellblechplatten kann man in jeder Größe fertig zugeschnitten kaufen.

1 Abdeckung des unteren Dachs

Entlang der unteren Pfette für das erhöhte Dach legt man eine Bleiabdeckung.

Man beginnt von unten und nagelt durch die Wellenkämme in die Pfetten. In den Wellentälern verwendet man Glockenschrauben. An jedem Ende müssen die Wellblechplatten mindestens zwei Wellen breit übereinanderlappen.

Entlang der unteren Pfette für das erhöhte Dach befestigt man eine Bleiabdeckung und preßt diese mit einer Rolle nach unten auf das Blech. Ein weiterer Bleistreifen deckt den Anschluß des Walmdachs an den Hauptträgern ab (Abb. 1). Für den Giebel nagelt man Wasserschlagbretter, 12 mm stark, an die Außenträger (siehe Handwerkliche Techniken). Zum Schluß nagelt und schraubt man (wie oben) das Wellblech auf das erhöhte Dach in die Aufdoppelung. Aneinanderstoßende Platten müssen sich mindestens um zwei Wellen überlappen. Man befestigt metallene Abdeckungen am First und an den Kanten des Walmdachs.

Ausbau

Nachdem die Wände stehen und das Dach fertig ist, kann man die Ausbauarbeiten in Angriff nehmen.

Zwischen die Hölzer der vier Wände schiebt man zur Isolierung eine 50 mm dicke Steinwolleschicht. Das Material ist halbfest und, falls nötig, kann man ähnlich, wie man Glas in einem Fensterrahmen hält, die Wolle mit dünnen Stiften, die in die Hölzer genagelt werden, fixieren.

Die Tür- und Fensterfutter werden in richtiger Länge aus gehobeltem Weichholz, 125 × 25 mm, geschnitten und zunächst vorübergehend festgeschraubt (Abb. 2 und 3). Die Fensterrahmen schraubt man

Anstrich 394
Nageln 398
Sägen 398
Ummantelung 399

aus Leisten, 50 × 50 mm, zusammen. Durch die Rahmenaußenseiten nagelt man die Sprossen fest (man erhält sie beim Holzhändler). Die Rahmen werden in die Laibungen geschraubt.

Nun kann man die Wasserschlagschalung an den Wänden anbringen. Dabei fängt man von unten an und arbeitet sich nach oben (Abb. 4). Um die Fenster und die Tür herum wird das Holz sauber ausgeschnitten (siehe Handwerkliche Techniken).

Man schneidet die Bohlen für die Traufe aus Holz, 150 × 25 mm, zurecht und nagelt sie fest, desgleichen auch die Sparrenaussteifungen, 50 × 50 mm.

Für die vier Hausecken benötigt man Abdeckleisten, um die Schnittstellen der Wasserschlagschalung zu schützen. Man schneidet diese Latten zu und bringt sie vorläufig an.

Nachdem man alles noch einmal überprüft hat, kann man mit dem Anstrich beginnen. Man entfernt die Abdeckleisten wieder, um die Wasserschlagschalung mit wetterfestem Holzschutzmittel zu behandeln sowie einzulassen oder anzumalen. Dann streicht man die Leisten in einer Kontrastfarbe und nagelt sie endgültig fest.

Nun kann man Fenster- und Türrahmen, Dach und Traufbohle streichen. Die Dachrinne wird so angebracht, daß sie sich an beiden Enden leicht nach unten neigt, wo man ein kleines Loch einschneidet. In jedem Loch befestigt man eine Kette, die das Wasser nach unten in die Sickergrube ableitet. Statt dessen kann man auch einen richtigen Abflußstutzen anbringen. Das bedeutet allerdings, daß die Ketten nicht direkt in den Ecken nach unten fallen, was sich nachteilig auf das Gesamterscheinungsbild des Hauses auswirkt.

Wenn man die äußeren Lagerhölzer während des Baus entfernt hatte, legt man sie nun auf einen Streifen Bitumenpappe und befestigt sie, wie beschrieben (S. 62), an den Verandapfosten.

Man stellt nun den Verandaboden her, indem man Bretter, 75 × 25 mm, mit 19 mm Abständen auf die Lagerhölzer schraubt. Man verwendet dafür Schrauben, 8,0 × 50 mm.

Dann verglast man die Fenster mit 3 mm dickem Glas. Es wird durch Sprossen gehalten, die in den Rahmen genagelt werden. Die Sprossen müssen rechtwinklig zueinander stehen, damit das Glas leicht eingesetzt werden kann. Man überprüft die Rechtwinkligkeit der Fenster, indem man die Diagonalen mißt, die gleich lang sein müssen. Man kauft das Glas rundum 2–3 mm kleiner, als die Fensteröffnungen sind, da es sich noch etwas ausdehnt.

Man kann eine fertige Tür aus Leisten und Streben kaufen, oder man stellt sie selber her. Dazu verwendet man Nut-und-Feder-Bretter mit Querleisten, 25 × 100 mm, und Diagonalstreben. Man macht die Tür entweder in einem Stück oder in zwei Teilen wie hier. Bei der zweigeteilten Tür braucht man jeweils eine untere Leiste, bei der durchgehenden ist nur eine Mittelleiste nötig.

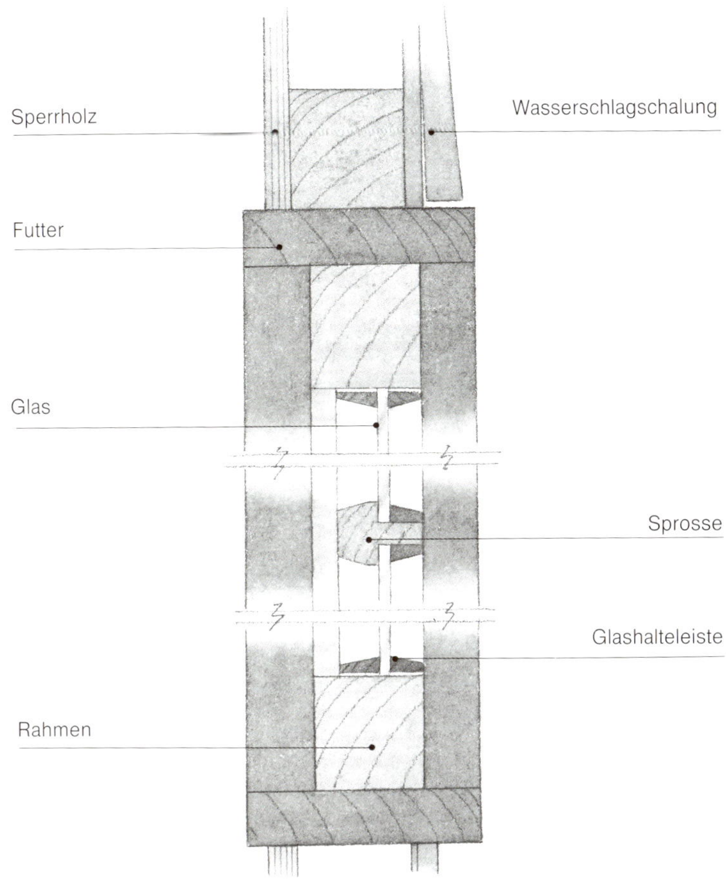

2 Befestigung des Türrahmens
Man schraubt das Türfutter an den Holzrahmen. An den Seiten und oben werden Türanschläge festgenagelt.

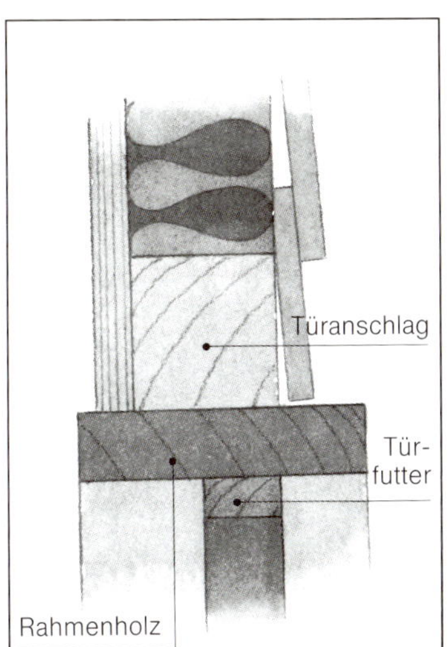

3 Zusammenbau des Fensterrahmens
***Oben.* Die oberen und unteren Rahmenteile werden an dem Futter befestigt.**

4 Befestigung der Wasserschlagschalung
***Unten.* Die äußere Beplankung wird aus überlappenden Brettern gebildet.**

Sommerhaus: Details

Für die selbstgebaute Tür werden die Bretter einfach an die Leisten und Streben genagelt. Man legt dazu die oberen und unteren Leisten auf einen ebenen Untergrund und schraubt die Nut-und-Feder-Bretter darauf (siehe Handwerkliche Techniken). Die Bretter stehen an jedem Ende etwa 25 mm über die Leisten über.

Die Querstrebe wird mit Kerben in die Leisten eingepaßt und wiederum mit den Brettern verschraubt. Die Strebe hat die Funktion, das Gewicht auf die Scharniere zu übertragen, damit die Tür nicht durchhängt. Die Streben müssen in jedem Fall in der richtigen Richtung angebracht werden (siehe Abb. 1).

Man befestigt die beiden Türteile mit je zwei Scharnieren. Sie werden an die Schnittkante der Leisten geschraubt. Auch bei einer gerahmten Tür verwendet man Scharniere. Für eine zweiteilige Tür braucht man zwei, für eine durchgehende Tür drei 75 mm lange Scharniere.

Als nächstes nagelt man die Türanschläge – zwei senkrechte und oben eine waagrechte Leiste, 25 × 12 mm, in die Türlaibung (Abb. 2, S. 65). Die Anschläge müssen genau sitzen. Man hält dafür die Öffnung und zeichnet die Stellen für die Anschläge an. Dann schließt die Tür auf jeden Fall richtig. In unserem Fall sitzen sie etwa 25 mm hinter der Laibungskante.

Im Innern des Hauses verkleidet man die Decke mit Nut-und-Feder-Brettern. Man darf dabei nicht vergessen, zur Isolierung die Steinwolle zwischen die Hölzer zu schieben (Abb. 2), die wie bei den Wänden mit Stiften gehalten wird. Man streicht die Wände je nach Verwendungszweck mit Außenfarbe, Lack oder einer guten Mikropur-Farbe.

Zum Schluß gräbt man an jeder Ecke ein Sickerloch, 300 × 300 × 300 mm, und füllt es mit Kies auf (Abb. 3). Man gräbt die Kettenenden ein, damit sie gespannt sind.

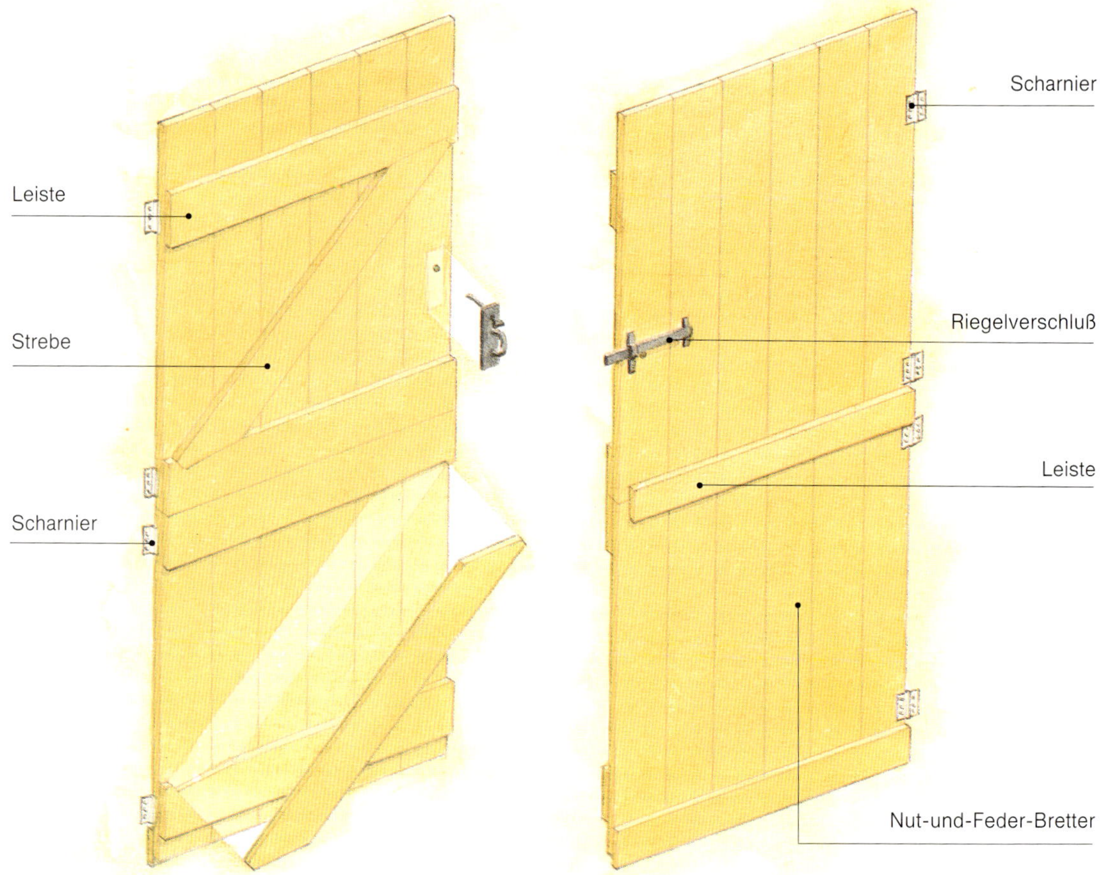

1 Zusammenbau der Tür
***Oben.* Die Tür mit Leisten und Streben wird entweder in zwei Teilen (wie hier) oder in einem Stück gebaut.**

2 Isolieren der Decke
Die Decke wird mit Nut-und-Feder-Brettern verkleidet. Zur Isolierung fügt man Steinwollematten ein.

3 Herstellung der Sickerlöcher
Das Regenwasser wird über eine Kette von der Dachrinne geleitet.

Gartenhäuser

Sommerhaus

GEMÜTLICHES ZIMMER ... AUSSICHTSPUNKT ... VERSTECK ... CHALET ... BARACKE ... SCHUTZHÜTTE ... KLEINER BAUERNHOF ... BUDE ... NEBENHAUS

... HÜTTE ... SPIELHAUS ... KUSCHELMUSCHEL ... SCHUPPEN ... SCHLUPFLOCH ... ATELIER ... PAVILLON ... WIGWAM ... ZUFLUCHT ... ZELLE ...

STUDIERZIMMER ... KABUFF ... DATSCHA ... KATE ... GARTENZIMMER ... WERKSTATT ... ALLERHEILIGSTES ... HÖHLE ... JAGDHÜTTE ... HEXENHAUS

Sommerhaus

SZENENWECHSEL

In einem abgelegenen Teil des Gartens kann das Gartenhaus als Rückzugsmöglichkeit dienen. Im Innern ist es groß genug, daß man es als Werkstatt oder Schuppen verwenden kann (rechts). Es eignet sich aber auch als gemütliches Zimmer oder Büro (gegenüber).

JOHN PEED
& SON.
SEED and BULB
MERCHANTS,
WEST NORWOOD,
LONDON, S. E.
SPECIALITIES.
CALADIUMS.
GLOXINIAS.
BEGONIAS.

Spielhaus

DAS EIGENE HAUS

Ein Spielhaus im Garten als Schlupfwinkel, in dem man der elterlichen Aufsicht entzogen ist, oder als »richtiges kleines Heim« ist für Kinder ein herrliches Vergnügen.

Wie der Honig die Bienen so zieht ein Spielhaus im Garten die Kinder an. Ein Spielhaus ist hervorragend dazu geeignet, die Lernfähigkeit der Kinder zu fördern; es ermutigt sie, ungestört ihre Phantasien auszuleben. Hier können sie stundenlang mit anderen Kindern spielen und dabei gleichzeitig ihr soziales Verhalten üben. Je nachdem, wie alt die Kinder sind, wird man das Häuschen für sie einrichten oder sie dazu animieren, es nach ihren eigenen Vorstellungen zu gestalten und anzustreichen. Auf jeden Fall sollte man dafür sorgen, daß nur ungiftige Farbe verwendet wird. Abwaschbare Farbe hat den Vorteil, daß man die Wände immer wieder neu bemalen kann.

Je weniger bei der Inneneinrichtung fest vorgegeben ist, um so vielfältiger können die Kinder das Spielhaus nutzen, beispielsweise als Krankenhaus, Laden, Wohnzimmer, Büro oder einfach als Schlupfwinkel fernab von den Erwachsenen. Wenn die Kinder schließlich aus dieser Phase herausgewachsen sind, läßt sich das Spielhaus ohne große Umstände in einen Aufbewahrungsort für Gartenutensilien verwandeln.

Das hier abgebildete Beispiel steht auf dem Besitz von Schloß Drogo, einem Lutyens-Haus in der Nähe von Exeter, das mittlerweile vom National Trust verwaltet wird. Um 1909 war dieses Spielhaus in Sussex als ein Geburtstagsgeschenk gebaut worden; zwanzig Jahre später hat man es dann an den heutigen Standort verlegt.

Die Pläne zeigen, wie man ein ähnliches Haus nachbauen kann. Für die gesamte Rahmenkonstruktion wird gehobeltes Weichholz, 38 × 38 mm, verwendet, da es hier auf Genauigkeit ankommt. Alle wesentlichen Maße sind auf den Abbildungen angegeben. Die Verbindungen sind auf Stoß gearbeitet und verleimt und genagelt.

Zusammenbau des Spielhauses

Vorderansicht

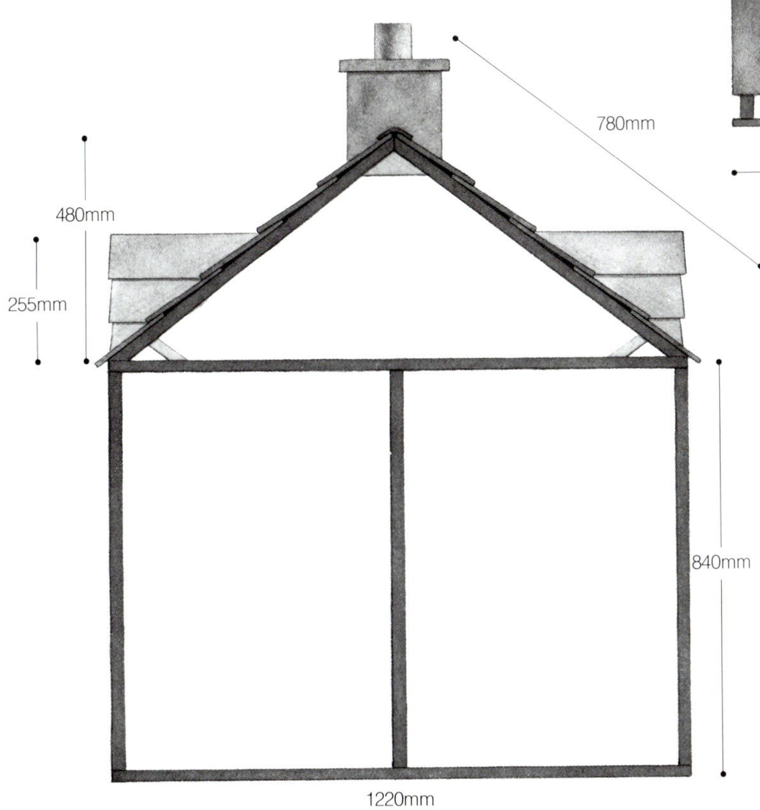

Seitenansicht

Spielhaus

FUNDAMENT

Als erstes braucht das Spielhaus ein solides, ebenes Fundament. Die einfachste Fläche besteht aus Bodenplatten auf Sand. Damit keine Feuchtigkeit von unten aufsteigen und den Fußboden angreifen kann, legt man Polyäthylenfolie unter den Sand.

Das Fundament sollte eine Idee kleiner als das Haus sein, so daß die Wandverkleidungen rundum ein bißchen überstehen. Das hat den Vorteil, daß das Regenwasser, das an den Wänden abläuft, nicht in das Haus eindringt, sondern im Boden versickert. Die Gesamtfläche des Hauses beträgt 1370 × 1220 mm, das Fundament steht rundum um 5 mm zurück (1360 × 1210 mm). Der Boden selbst wird wie ein ganz normaler Hausboden konstruiert, mit Dielenbrettern, die rechtwinklig auf Trägerbalken genagelt werden. Für die Balken verwendet man geschnittenes Holz, 50 × 25 mm. Fünf Balken, von vorn nach hinten angeordnet, dürften genügen. Die beiden äußeren Balken sollten knapp innerhalb der Dielenabschlüsse enden, die drei anderen werden gleichmäßig dazwischen gelegt.

Die Dielenbretter können entweder glattkantig sein und einfach aneinanderstoßen, oder sie bestehen aus miteinander verbundenen Nut-und-Feder-Brettern. Man kann 125 mm oder 150 mm breite Dielen verwenden; die Dicke variiert zwischen 12 und 32 mm, wobei man die dünnstmöglichen kaufen sollte.

Die fünf Trägerbalken werden auf den Boden gelegt, anschließend nagelt man eine der Randdielen rechtwinklig auf jeden Balken und wiederholt das gleiche auf der anderen Seite. Man verwendet dafür Nägel, 50 mm, und schlägt die Köpfe in das Holz hinein.

Die Position der Träger ist damit fixiert, und man kann die weiteren Dielen befestigen. Dabei muß man darauf achten, daß die glattkantigen Dielen eng zusammengefügt sind, bzw. die Nut-und-Feder-Dielen fest sitzen.

Wahrscheinlich muß man die letzte Diele noch einmal entfernen und sie auf die richtige Größe zurechtschneiden, bevor man sie endgültig befestigen kann.

WÄNDE

Auf dem Weichholzrahmen befestigt man 19 mm dicke Sperrholzplatten. Die Vorderseite des Hauses besteht aus zwei getrennten Rahmen, mit der Tür in der Mitte. In jedem der beiden identischen Rahmen ist ein Fenster vorgesehen. Die Größe der Fenster ist nicht vorgegeben, es kommt allein auf die richtigen Proportionen an. In diesem Fall hier sind es 300 mm².

Die obere waagrechte Leiste hält zwar die beiden Rahmen zusammen, doch die Konstruktion ist erst dann stabil, wenn Seiten- und Rückrahmen angebracht sind. Vorübergehend nagelt man deswegen zur Versteifung eine Strebe über die Türöffnung (siehe Abb. 1). Wenn die Rahmenkonstruktion zusammengesetzt ist und die Wandplatten befestigt sind, kann man sie wieder entfernen.

Die beiden vorderen Fenster lassen wahrscheinlich zu wenig Licht ein; man kann daher ein zusätzliches Fenster in der Größe 500 × 380 mm in der Rückwand vorsehen.

Die Seitenwände sind glatt. Zur Versteifung bringt man jeweils oben und unten eine waagrechte Leiste an, die gleichzeitig auch die Sperrholzwandplatten verstärkt.

ZUSAMMENBAU DER WÄNDE

Die Holzrahmen für die Vorder- und die Rückseite des Hauses werden mit Schrauben, 8,0 × 75 mm, in das Fundament geschraubt. Besonders wichtig ist das, wenn das Häuschen an exponierter Stelle steht und es durch einen Sturm umgeworfen werden könnte. Dann werden die Querverstrebungen zusammen mit den mittleren Stützen befestigt.

Nun kann man die Sperrholzplatten zurechtschneiden und mit Nägeln, 38 mm, auf die Rahmen nageln. Auch hier werden die Köpfe wieder versenkt. Wenn die Platten alle angebracht sind, ist das Haus bereits ziemlich stabil. Zur Erinnerung: Die Platten sollen unten ein kleines Stück überstehen.

DACH

Als erstes wird die Gaube befestigt. Sie wird aus zwei A-förmigen Rahmen gebaut, die auf Gehrung ver-

1 Die Konstruktion des vorderen Rahmens

Alle Rahmenteile werden aus gehobeltem Weichholz, 38 × 38 mm, gebaut. Die Türöffnung an der Vorderseite wird versteift, außerdem ist rechts und links neben der Tür je ein Fenster vorgesehen. Die Dachgaube sitzt direkt in der Mitte.

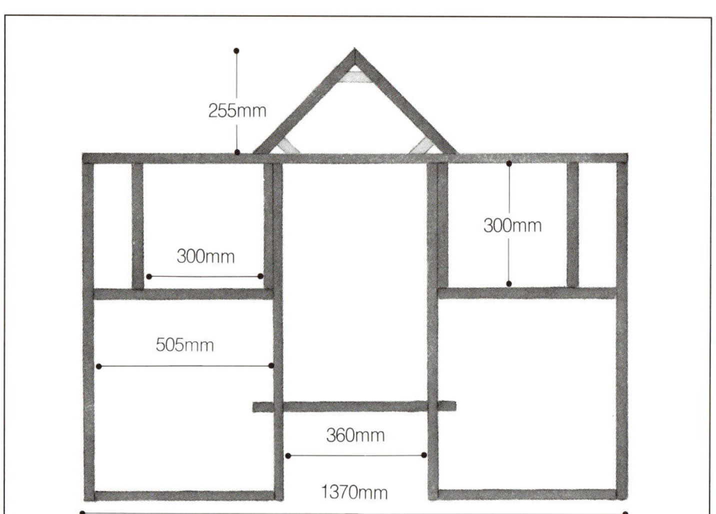

2 Konstruktion des rückwärtigen Rahmens

Der rückwärtige Rahmen ist eine ganz einfache Konstruktion mit geleimten und genagelten Stoßverbindungen. In die Mitte der Rückwand kann man ein Fenster einlassen; dadurch wird es im Innern des Spielhauses um einiges heller.

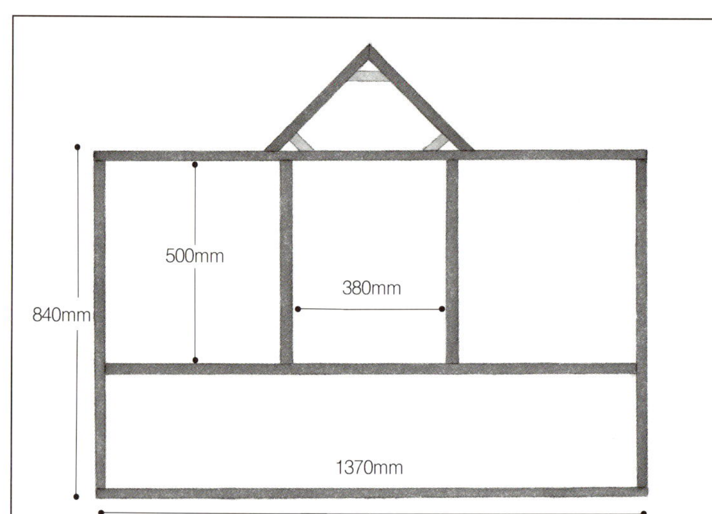

Sandblock	393
Farbe	394
Pflastern	395
Nageln	398
Schrauben	398
Befestigen	399
Scharnier	400
Zapfen	402

leimt sind und mit zwei Halterungen, 38 mm, verstärkt werden. Mit Sperrholzstückchen werden die Verbindungen zur Wand und die Gehrungsverbindung am Scheitel der A-Rahmen verstärkt. Zwischen den Scheitelpunkten der A-Rahmen verläuft eine Leiste, die so lang ist wie die Seitenwände des Hauses. Anschließend werden diese Rahmen mit dünnkantigen Brettern verkleidet, die man mit 50 mm langen Nägeln befestigt.

Man fängt unten an und arbeitet sich nach oben bis zum First. Die Bretter werden mit der dünneren Kante nach oben aufgenagelt, daß die dickere Kante das darunterliegende Brett jeweils 12 mm überlappt (siehe Handwerkliche Techniken).

Das letzte, oberste Brett wird man wohl zurechtschneiden müssen, damit es paßt. Der First wird mit selbstklebendem Aluminiumband abgedichtet. Man schneidet dazu ein Stück in der passenden Länge von der Rolle ab, löst das Trägerpapier etwas und legt die Folie an der richtigen Stelle auf das Dach. Dann preßt man das Band mit einem Tuch fest an und zieht Stück für Stück das Trägerpapier ab, bis der ganze First abgedeckt ist. Wenn man das Trägerpapier mit einem Ruck abzieht, besteht die Gefahr, daß das stark klebende Band irgendwo an der falschen Stelle festklebt. Mit zwei dreieckigen Sperrholzplatten wird die Gaube an den Enden verschlossen. Sie werden von innen gegen die A-förmigen Rahmen gesetzt, verleimt und genagelt.

Wenn die Gaube fertig ist, wird sie hinauf gehoben und auf der Holzkonstruktion festgeschraubt und verleimt.

Das Hauptdach wird ähnlich konstruiert, nur daß die A-Rahmen gleich an Ort und Stelle befestigt werden und die Dachbretter um die Gaube herum entsprechend zugeschnitten werden müssen.

Wie bei der Gaube verstärkt man auch hier die Verbindungen mit kleinen Sperrholzstücken. In die A-Rahmen werden ebenfalls dreieckige Sperrholzplatten eingesetzt und verleimt.

Fenster

Bei den Fenstern hat man die Wahl: entweder verwendet man Acrylglasscheiben so, wie sie sind, oder man verziert sie mit selbstklebendem Bleiband, dann wirken sie wie in Blei gefaßt. Einen ähnlichen Effekt erzielt man mit schwarzem Klebeband.

Tür

Die Tür wird aus Dielenbrettern zusammengesetzt. Mit zwei waagrechten Leisten, 100 × 25 mm, wird die Tür versteift und gegen Verziehen geschützt. Man kann statt dessen auch Schiffsplankenverkleidung, mit der glatten Seite nach außen, verwenden, wodurch die Wetterfestigkeit etwas erhöht wird (siehe Materialien).

Schornstein

Der Schornstein ist ein kleines Extra, das nicht unbedingt notwendig ist. Er wird aus Sperrholzresten gebaut; die Ecken werden entweder mit Sperrholzstreifen, 25 mm stark, oder mit Plastikverbindungsleisten zusammengefügt. Ein Stück Plastikrohr ergibt die Schornsteinkappe.

Anstreichen

Bevor das Holz gestrichen wird, schleift man sehr sorgfältig mit der Schleifmaschine alle Teile, mit denen die Kinder in Berührung kommen, damit sie sich keine Splitter einreißen können.

Die Wände werden mit Wandfarbe gestrichen, die Tür wird mit Spachtelmasse, Vorstreichlack und Außenlack behandelt. Der Fußboden wird mit entsprechender Holzbeize und Außenlack oder -lasur eingelassen; statt dessen kann man ihn auch mit Wandfarbe streichen.

Regenrinnen und Fallrohre

Die Regenrinnen und Fallrohre sind nur zur Verzierung da. Man verwendet dafür Reststücke von Plastikrinnen; gut geeignet ist die kleinste Größe, wie man sie für Ställe nimmt. Die Fallrohre, ebenfalls aus Reststücken, werden mit Rohrhalterungen befestigt.

3 Konstruktion des Dachgaubenrahmens

Die A-förmigen Rahmen werden mit Sperrholzresten am Scheitel verstärkt. Zusätzliche Sperrholzreste verstärken vorne und hinten die Verbindung von Dach und Wand. Zwischen den A-Rahmen verläuft eine Leiste.

4 Die Tür

Die Tür aus Dielenbrettern wird mit Leisten verstärkt. Dazu kommt eine Wasserschlagverschalung.

5 Der Schornstein

Er dient nur zur Verzierung. Das Sperrholz wird so abgeschrägt, daß es auf den Dachfirst paßt.

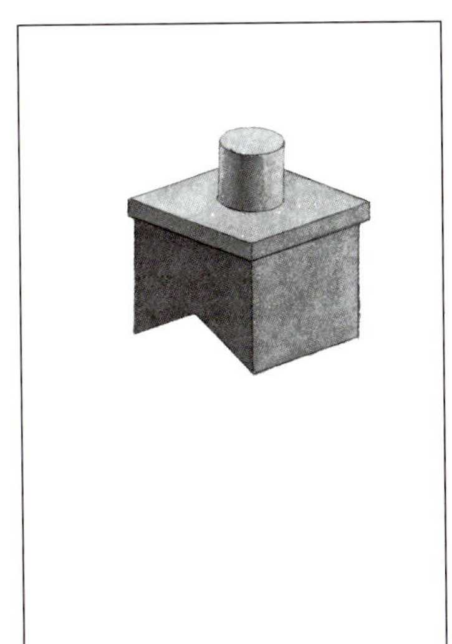

Kaninchenauslauf

» Häslein in der Grube ... «

Ein Kaninchenauslauf bietet diesen Haustieren Schutz. Seine Abmessung richtet sich nach Größe und Anzahl der Kaninchen. Bei schlechtem Wetter bietet der geschlossene Teil Zuflucht.

Das Holz wird mit einem guten, für die Kaninchen unschädlichen Holzschutzmittel eingelassen und zum Trocknen aufgestellt. Für die Seitenbretter und die Türen verwendet man 6 mm dickes Sperrholz, für den Boden muß es 9 mm dick sein.

Aus Weichholz, 50 × 25 mm, baut man vier A-förmige Rahmen und verstärkt diese mit Querleisten, 25 × 25 mm. Die Scheitel der Rahmen werden auf Gehrung zugeschnitten; man kann diese Verbindung noch mit einem 25 mm breiten Metallstreifen sichern. Die übrigen Rahmenverbindungen werden mit Schrauben, 8,0 × 38 mm, gesichert. Alle Verbindungen muß man außerdem wasserfest verleimen.

Zwischen den einzelnen Rahmen soll ein Abstand von 600 mm sein. Sie werden an jeder Seite oben und unten mit 1800 mm langen Sperrholzleisten, 6 × 38 mm, verbunden. Für die Befestigung verwendet man Schrauben, 8,0 × 75 mm.

In dem Bereich, der seitlich geschlossen ist, wird nun der Boden eingesetzt. Er liegt auf den beiden unteren Querleisten des A-Rahmens auf und wird mit Stiften, 25 mm, befestigt.

Plastiküberzogenes Drahtgitter, 12 mm, wird so zurechtgeschnitten, daß es 50 mm in den seitlich verkleideten Teil hineinragt. Mit Netzkrampen, 19 mm, wird es alle 75 mm fest mit dem Rahmen verbunden. Für die Rückseite wird ein Gitterdreieck ausgeschnitten und in gleicher Weise wie an den Seiten befestigt. Mit Stiften werden die Seitenbretter an die Rahmen genagelt und dabei die Gitterränder mit eingefaßt. Durch die Rahmenleisten bleibt ein kleiner Spalt zwischen den A-Rahmen und den Seitenteilen, der mit einem Füllstück geschlossen werden kann.

Die äußere Tür wird so zurechtgeschnitten, daß sie gut in den letzten Rahmen paßt. Mit Hilfe von kleinen Zwischenstücken schließt sie bündig mit dem Rahmen ab. An jeder Ecke werden Riegel angebracht, damit die Tür nicht verrutscht. Der Riegel besteht aus einem Sperrholzrest, 6 mm lang, und einer Schraube, 8,0 × 25 mm. Zur Belüftung werden Löcher mit 12 mm Durchmesser in die Tür gebohrt; als Griff nagelt man ein Stückchen Holz darauf.

Die innere Tür wird mit Stiften angebracht; sie bildet den Durchgang zwischen dem gedeckten und dem ungedeckten Bereich des Kaninchenauslaufs. Man bohrt Belüftungslöcher von 12 mm Durchmesser und sägt mit einer Dekupier- oder einer Laubsäge den Durchschlupf aus.

Mit einer Abdeckung aus Dachpappe wird der Dachfirst abgedichtet. Zum Aufkleben verwendet man Leim auf Bitumenbasis.

Bohren 398
Nageln 398
Schrauben 398
Verfugen 402

Zusammenbau des Kaninchenauslaufs

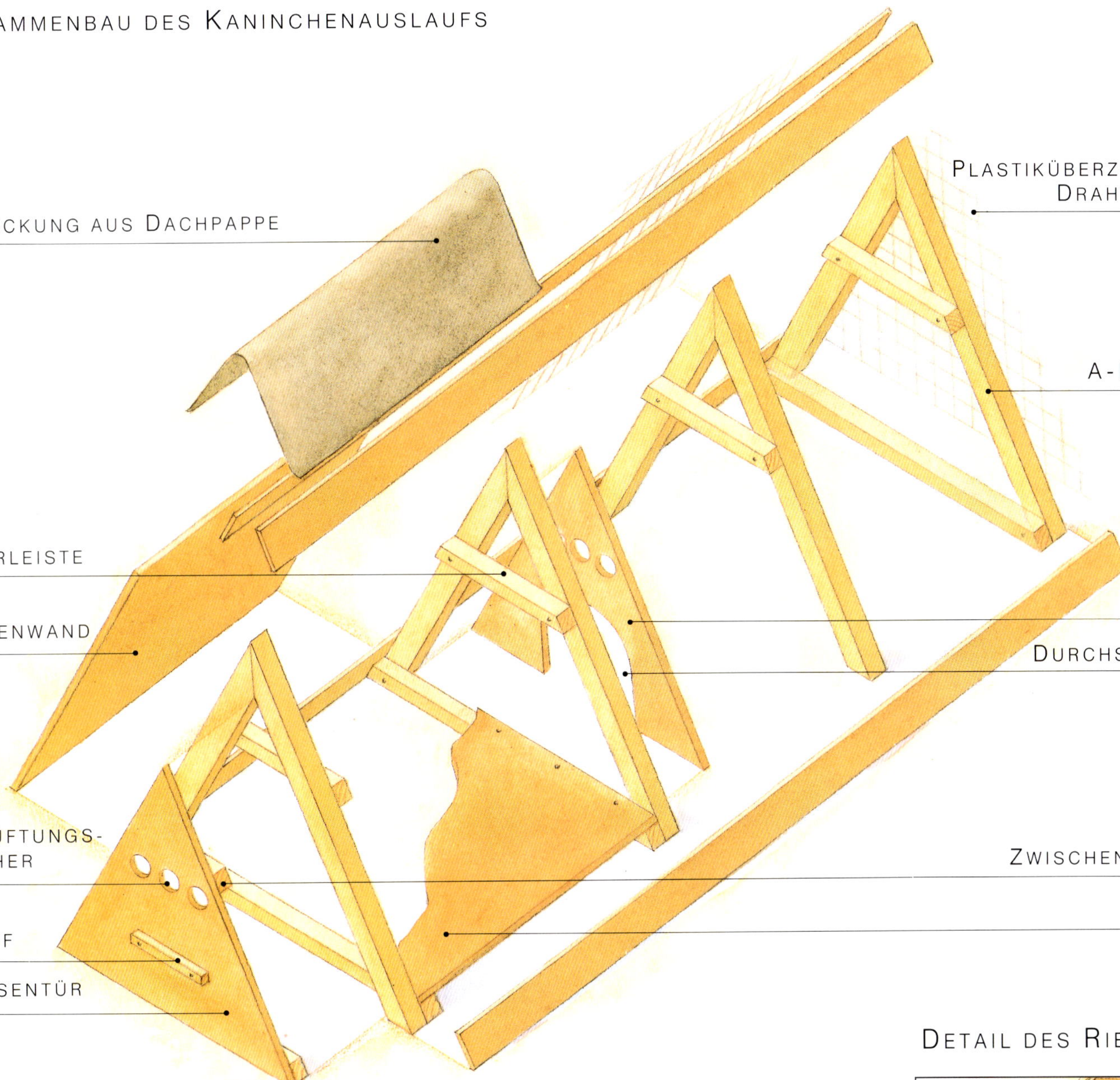

Detail des Riegels

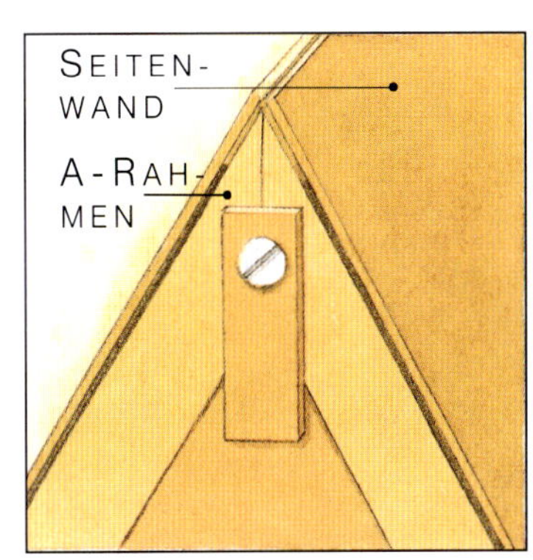

Nistkasten

Mit einem Nistkasten im Garten hilft man den Vögeln, außerdem ist er eine Freude für die ganze Familie. Mit der Zeit fassen die Vögel Vertrauen und kommen näher ans Haus heran.

Die Maßangaben für den hier vorgestellten Nistkasten (er entspricht in etwa der Fotografie) sind nicht verbindlich; man kann sie gut um 25–50 mm verändern. Wichtig ist nur der Durchmesser des Einflugloches, denn dieses bestimmt die Vogelart, die durch den Nistkasten angezogen wird. Auch die Höhe, in der der Kasten angebracht wird, spielt eine bedeutende Rolle, ist aber im allgemeinen nicht ganz so entscheidend wie die Größe des Lochs. Auf der nächsten Seite findet man eine Tabelle mit den Durchmessern der Einflugslöcher und den Abständen vom Boden.

Als Material eignet sich am besten geschnittenes Holz; eine Dicke von 16 mm macht die Verbindungen einfach. Alle Verbindungen sind auf Stoß gearbeitet, wasserfest verleimt und mit verzinkten Nägeln oder Stahlnägeln zusammengefügt. Holz isoliert gegen Hitze und Kälte, ist widerstandsfähig gegen Kondenswasser und paßt sich gut in jede Umgebung ein.

Als erstes schneidet man die beiden Seitenteile – jeweils 200 × 120 mm – zu. Als nächstes kerbt man beide Teile entlang der inneren Vorderkante ein. In diese Nuten schiebt man später die Tür. Man sollte die Nuten sehr sorgfältig anzeichnen, da sie vollkommen gerade sein müssen.

Mit einem Nuthobel mit gerader Schneide lassen sich die Nuten schnell und genau herausarbeiten. Wenn man keinen Nuthobel hat, reißt man die Kante der Nut mit einem Reißmesser an, sägt dann mit einem Fuchsschwanz die Kerbe entlang der Reißlinie in der benötigten Tiefe und holt anschließend mit dem Meißel das überschüssige Holz heraus. Alle Seiten der Nuten sollten zum Schluß ganz glatt sein. Die Rückseite des Kastens besteht aus einem einzigen Stück, das auch das Dach mitträgt. Sie läßt sich leicht zwischen die Seitenteile einfügen.

Die Vorderseite besteht aus zwei Einzelteilen. Das obere Dreieck ist am Dach befestigt. Hier hinein bohrt man das Loch in der benötigten Größe. Es wird entweder mit einem Bohreisen oder mit einem Bohraufsatz auf einer Bohrwinde gebohrt.

Wenn man keinen Bohrer für Löcher mit größerem Durchmesser hat, nimmt man eine Stichsäge oder eine Dekupiersäge. Dabei bohrt man zunächst mit einem normalen Spiralbohrer an der vorgesehenen Stelle ein Loch als Ansatzpunkt für das Sägeblatt. Dann schneidet man sorgfältig die Form aus und glättet anschließend die Kanten (siehe Handwerkliche Techniken).

Die Tür wird in den Maßen 200 × 160 mm zugeschnitten. An jeder Seite wird ein Falz ausgebildet, so daß die Tür glatt in die Seitenbretter paßt. Der Falz wird einfach mit dem Nuthobel oder mit Fuchsschwanz und Meißel ausgeschnitten (siehe Handwerkliche Techniken).

Das Dach besteht aus zwei Brettern, jeweils 215 × 155 mm. Sie sind am First auf Gehrung zusammengefügt. Die Verbindung wird – wie im übrigen alle anderen auch – verleimt und noch zusätzlich mit einem 25 mm breiten Metallstreifen verstärkt, der auf der Oberseite glatt angeklopft wird.

Alle zugeschnittenen Teile werden an den Außenflächen und Kanten nur mit einem Holzschutzmittel auf Wasserbasis eingelassen. Die Innenflächen läßt man am besten unbehandelt, damit die Vögel nicht mit Gift in Berührung kommen.

Beim Zusammenbau des Nistkastens befestigt man als erstes die beiden Seitenteile am Boden und fügt dann die Rückwand hinzu.

Danach setzt man das Dach, einschließlich dem Dreieck, an der Vorderseite zusammen und verbindet es mit dem unteren Teil. Schließlich bohrt man – bei eingesetzter Tür – in jede Seite des Kastens ein Loch, das 25 mm in die Tür hineinreicht. In jedes Loch führt man einen 50 mm langen verzinkten Stahlnagel ein, wodurch die Tür arretiert wird. Die Löcher sollten so groß sein, daß die Nägel gut gehalten werden, sich aber auch leicht bewegen lassen.

VOGELLEBEN IM GARTEN

Ein Nistkasten stellt einen sicheren Ort für kleine Vögel und ihre Jungen dar. Wenn man den Vögeln im Garten Nistmöglichkeiten anbietet, kann man viel Freude bei der Beobachtung der Tiere erleben.

Der Platz, an dem man den Kasten anbringt, ist nicht so wichtig, obwohl es natürlich hübsch ist, wenn man ihn vom Haus aus sehen kann. Man sollte aber darauf achten, daß der Kasten nicht herabfließendem Regenwasser ausgesetzt und vor Wind geschützt ist. Die meisten Vögel bevorzugen den direkten Anflug zur Öffnung ihres Nistplatzes.

Wenn man Glück hat, paßt der Kasten in eine Astgabel. Doch in den meisten Fällen wird irgendeine Form von Befestigung notwendig sein. Am einfachsten ist es, wenn man an der Rückwand den Kasten mit plastiküberzogenem Blumendraht an einem Baumstamm festbindet.

Man kann den Kasten auch auf einen Pfahl setzen. Dazu versenkt man an geeigneter Stelle eine Pfostenhalterung im Boden und steckt einen Pfosten, 75 × 75 mm, in der entsprechenden Länge hinein. Dann entfernt man die Schiebetür des Nistkastens, bohrt ein Loch durch den Boden in den Pfosten und schraubt den Kasten fest.

Kreise sägen	397	Schrauben	398
Falzen sägen	398	Scharnier	400
Bohren	398	Befestigen	400
Nageln	398	Verfugen	402

ZUSAMMENBAU DES NISTKASTENS

VOGELART	DURCHMESSER DES EINFLUGLOCHS	HÖHE ÜBER DEM BODEN
BLAUMEISE	25 mm	2–5 m
KOHLMEISE	28 mm	2–5 m
TANNENMEISE	25 mm	1 m
SUMPFMEISE	25 mm	1 m
SCHWARZKÖPFIGE MEISE	25 mm	1 m
SPECHTMEISE	32 mm	4–5 m
FELDSPERLING	32 mm	4–5 m

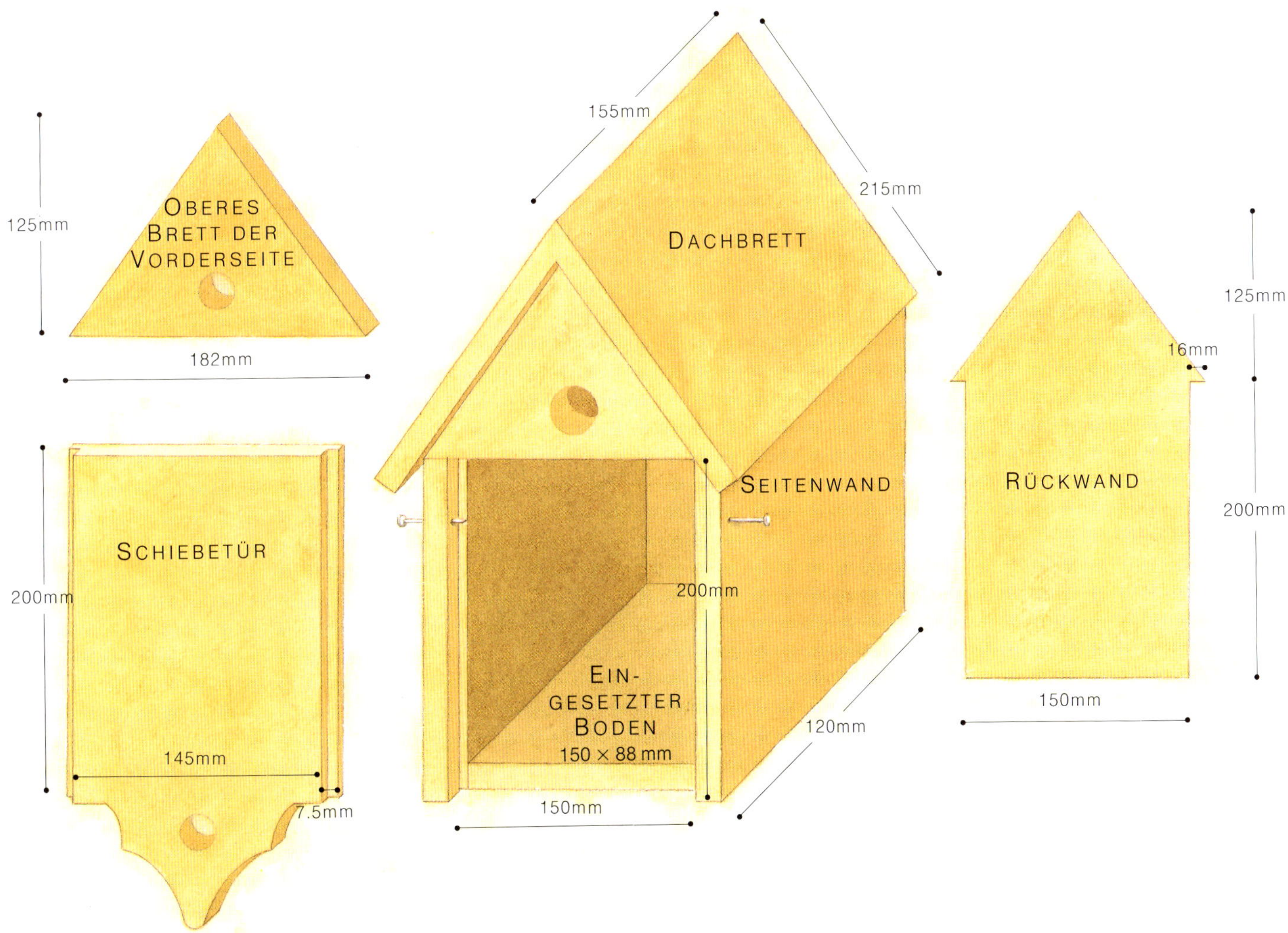

Teil 7

Terrassen, Wege und Teiche

Gestalt und Form eines Gartens werden wesentlich durch den Kontrast der verschiedenen Strukturen bestimmt. Harte Oberflächen wechseln sich mit weichen ab, gepflasterte Bereiche, Rasen, Pflanzen und Wasseranlagen ergänzen sich zu einer gestalteten Landschaft. Der Bau von Terrassen und Stufen, die Anlage von Verbindungswegen oder die Einfassung von Blumenbeeten erfordern grundsätzliche, aufeinander abgestimmte Entscheidungen und Lösungen. Der Garten darf nicht wie ein Flickwerk aussehen, sondern muß eine Gesamtkomposition darstellen.

Selbst die phantasievollste Gartengestaltung kommt nicht ohne »harte Oberflächen« aus. Da moderne Gärten im allgemeinen klein sind, erfordern sie eine sehr gute Raumausnutzung. Das Haus soll um einen Raum im Freien – einen Freiraum – erweitert werden. Das bedeutet in den meisten Fällen irgendeine Form von gepflastertem Sitzbereich zur Erholung. Die einzelnen Teile des Gartens müssen durch Wege verbunden werden, die gleichzeitig als Arbeitsfläche bei der Pflege der Beete und der optischen Aufteilung von Blumen- und Rasenbereichen dienen. Wo immer es möglich ist, sollte man die harten Oberflächen aus natürlichen Materialien gestalten.

Terrassen, Wege und Teiche

Harte Oberflächen sind relativ teuer; Langzeitinvestitionen, deren Anlage Geld und Mühe erfordert. Daher sollte man seine Vorstellungen zunächst auf dem Papier ausarbeiten. Dazu gehört auch die Planung von Niveauunterschieden auf dem Terrain. Ein eventuell bestehender Hang kann durch Stufen oder Terrassen in das Konzept miteinbezogen werden. Wichtig sind auch die Formen und Muster der gepflasterten Bereiche. Durch die Wege dürfen keine nutzlosen Rasenecken oder unschöne Blumenbeetformen entstehen. Sie sollten so geplant werden, daß sie tatsächlich irgendwo hinführen und sich nicht ziellos durchs Gelände schlängeln. Damit die gepflasterten Bereiche zum Gesamteindruck des Gartens passen, muß auch das grundsätzliche Größenverhältnis zwischen Terrasse und Rasenfläche festgelegt werden. Ein architektonischer Garten zum Beispiel hat gewöhnlich einen streng symmetrischen Aufbau, der durch einen größeren Anteil an Wegen und gepflasterten Bereichen deutlicher zum Ausdruck gebracht werden kann. Bei einem Stadtgarten entscheidet man sich eventuell dafür, ganz auf eine Rasenfläche zu verzichten und eine Reihe miteinander verbundener gepflasterter Bereiche und erhöhte Beete anzulegen.

Es gibt so viele verschiedene Materialien, die sich als harte Oberflächen eignen, daß man nicht immer auf Beton zurückgreifen muß. Alle natürlichen Materialien passen viel besser in den Garten; sie harmonieren sowohl mit den Pflanzen als auch miteinander. So kann man durch ihre Kombination interessante Strukturkontraste und Muster schaffen. Mit Ziegeln lassen sich genausogut Fischgräten- oder Korbmuster wie auch einfache Wegflächen gestalten. Bei der Qualität der Ziegel muß man darauf achten, daß sie frostbeständig sind; häßliche Fabrikziegel, die nie verwittern, sollte man auf jeden Fall vermeiden. Stein – einschließlich Yorkstein, Schiefer und Granit – ist ein traditioneller, aber teurer Werkstoff, den man jedoch auf Baustellen oder Bauhöfen manchmal recht günstig bekommt. Schotterwege wirken oft ziemlich langweilig, viel besser machen sich hier Kiesel. Vor allem Kiesel aus dem Meer sehen wunderbar aus, wenn man sie mosaikartig in Beton einsetzt. Ein ausgezeichneter Werkstoff im Garten ist behandeltes Holz. Eisenbahnschwellen, die alle die gleiche Dikke haben und bereits gegen Verfaulen behandelt sind, lassen sich beispielsweise sehr vielfältig einsetzen. Man kann sie als Stufen oder zur Einfassung von erhöhten Beeten verwenden. Wenn man gefällte Baumstämme in Scheiben schneidet und sie mit Holzschutzmittel behandelt, eignen sie sich mit der Maserung nach oben sehr schön für Wege, Stufen und Terrassen. Bodendecker, die man terrassenförmig anlegt oder um einen Teich pflanzt, sehen zeitgemäß aus, absorbieren die Sonnenhitze und bilden eine warme, angenehme Oberfläche.

Die Wahl des Materials hängt zwar immer auch von den Kosten ab, doch sollte man darauf achten, daß es mit dem Stil und Baumaterial des Hauses harmoniert. Das gilt vor allem für Terrassen und Veranden, die unmittelbar ans Haus grenzen und aufgrund ihrer relativ großen Fläche den Gesamteindruck des Hauses mitbestimmen.

Manchmal kann man auf Beton als Werkstoff nicht verzichten. Dann sollte man aber die vielen Möglichkeiten nutzen, sein langweiliges und eintöniges Aussehen etwas aufzulockern. Ein Pflaster ist wesentlich hübscher als ein gegossener Betonsockel. Viel schöner wirkt es noch, wenn man es nicht einfach in Zement bettet, sondern mit Lükken verlegt. Die Zwischenräume kann man dann mit Kieseln oder Pflanzen, wie kriechendem Thymian oder Kamille, ausfüllen und so die Kanten »entschärfen«. Für die Pflastersteine wählt man am besten einen neutralen Ton und läßt Flechten und Moose für Farben sorgen. Den Flechtenbewuchs kann man fördern, indem man die Betonteile mit nicht pasteurisierter Milch oder Zimmerpflanzendünger behandelt. Eine reine Betonfläche wird allein dadurch erheblich aufgewertet, daß man sie mit Ziegeln oder einem anderen freundlicheren Material einfaßt.

BODENBELÄGE IM FREIEN

Die Oberflächenstruktur von Bodenbelägen im Freien betont den Stil und die Gestaltung des Gartens. Ein regelmäßiges Gittermuster aus glatten Steinplatten entspricht dem modernen architektonischen Stil eines Stadtgartens (oben). Planken eignen sich gut als Poolumrandung und ergeben eine angenehme Oberfläche zum Barfußlaufen (oben rechts). Schieferplatten schaffen eine glatte Pflasterfläche in einem Stadtgarten (oben, ganz rechts). Eine Fläche mit grobem Kopfsteinpflaster macht sich gut in ländlich-familiärer Umgebung (unten rechts).

Ein Weg ist eine schöne Begrenzung für ein Blumenbeet oder eine Kräuterrabatte. Die Pflanzen werden von dem Rasen getrennt, der sich dadurch auch einfacher mähen läßt. Die Beete benötigen ansonsten irgendeine Umfassung. Üblicherweise verwendet man dafür Ziegel, schlingenförmigen Draht, der den Pflanzen gleichzeitig als Halt

Einführung

dient, und Betonziegel. Im Handel gibt es auch die traditionellen Terracotta-Umrandungen, vor allem im viktorianischen Schnurmuster. Neben den vorgefertigten Materialien läßt sich alles mögliche als Einfassung verwenden: Steinsplitter und dünne Latten aus behandeltem Hartholz, die man waagrecht an Pflöcke nagelt.

Eines der wundervollsten Elemente in der Gartengestaltung ist Wasser. Es bietet einen schönen Kontrast zu den anderen Oberflächen und verliert selbst im Winter, wenn der Garten kahl ist, seinen Reiz nicht. Eine Wasserfläche, in der sich der Himmel spiegelt, war schon immer Bestandteil architektonischer Gestaltungen. Umgeben von feuchtigkeitsliebenden Pflanzen, mit Fischen und Seerosen, erfüllt ein Teich schon fast den Traum vom eigenen Bach im Garten. Fließendes Wasser – etwa ein Wasserstrahl, ein Brunnen, ein Wasserfall oder ein Wasserspiel – bietet darüber hinaus auch noch einen akustischen Reiz. Das Plätschern von fließendem Wasser im Garten wirkt außerordentlich angenehm und beruhigend.

Es gibt auch gute praktische Gründe dafür, Wasser in die Gartengestaltung miteinzubeziehen. Ein Teich oder ein Becken liefert Wasser mit Lufttemperatur – ideal für das Gießen junger Setzlinge, denen das Leitungswasser leicht einen Kälteschock versetzt.

KÜHLES WASSER

Architektonische Wasserbecken können selbst in dem kleinsten Stadtgarten angelegt werden (rechts und oben rechts). Ein Bassin, das jedoch wie ein natürlicher See aussehen soll, braucht allerdings viel Platz drumherum.

OBERFLÄCHEN-REIZ

Der Kontrast verschiedener Oberflächen, wie Terracotta, Stein, Ziegel oder Beton, belebt die Gartenstruktur (gegenüber und gegenüber oben).

Einführung

Selbst in einem trockenen Gebiet schafft ein Teich sein eigenes Mikroklima, in dem feuchtigkeitsliebende Pflanzen wie die weiße Gartenlilie, Iris und andere gut gedeihen. Und man muß durchaus keine Fische im Teich aussetzen, damit er für Insekten, Schmetterlinge und andere Lebewesen interessant wird.

Wasser ist in jedweder Form ein natürlicher Anziehungspunkt im Garten. Wenn der Garten an einem Hang liegt, baut man einfach Kanäle, in denen das Wasser hangabwärts fließen kann. Unten wird es in einem Becken aufgefangen und mit einer nicht sehr kostspieligen Umwälzpumpe wieder nach oben gepumpt. In heißen Ländern ist es üblich, Wasser durch Kanäle oder über terrassierte Abhänge zu leiten. Auf diese Art und Weise lassen sich Gemüsepflanzen bewässern; in vornehmen Gärten wurde damit die Luft gekühlt. Ein stilles Wasserbecken in geometrischer Form ist häufig der Mittelpunkt eines architektonischen Gartens; symmetrische Kaskaden waren beispielsweise ein wesentlicher Bestandteil italienischer Renaissance-Gärten. In den Boden eingelassene oder erhöhte rechteckige, runde, quadratische oder L-förmige Becken lassen sich recht einfach aus Betonsteinen mit wasserdichter Verkleidung bauen. Die strenge Linie der Ränder wird mit Binsen- und Irisbüscheln aufgelockert. Und in einem kleinen Stadtgarten wirkt das Spiel mit dem Wasser am schönsten, wenn man es über eine Skulptur laufen läßt. Wasser, das über große Gefäße, Steinplatten oder Felsen fällt, sieht wesentlich wirkungs- und reizvoller aus als ein Wasserfall oder ein Springbrunnen mit kitschigen und oft recht geschmacklosen Gartenverzierungen.

Teiche und Becken, die so natürlich wie möglich aussehen sollen, verlangen einen größeren Garten, damit sie auch zur Wirkung kommen. Felsgruppen, Holzflächen, eine dichte Uferbepflanzung und vielleicht eine flache, niedrige Brücke verleihen dem »kreativen« Teich ein japanisches Aussehen.

Wasserspiel

Das wundervolle Geräusch von fließendem Wasser im Garten wirkt angenehm beruhigend. Ein Wasserspiel läßt sich ganz einfach und ohne große Kosten herstellen. Man muß nur eine kleine, billige Pumpe beschaffen und den Stromanschluß sorgfältig installieren.

Dieses Wasserspiel hier besteht nur aus einer großen, gerippten Terracotta-Vase. Man hat sie in ein in den Boden eingelassenes Becken mit überhängender Ziegeleinfassung gestellt. Die Teichgröße ergibt sich aus der Anzahl der Normziegel.

Das Innere des Beckens wird mit schwarzer Polyäthylen-Teichfolie ausgelegt. Aus Ziegeln und einer Fliese baut man in der Mitte eine Erhöhung für die Vase. Ein wasserfestes Stromkabel läuft von der Pumpe durch ein spezielles Isolierrohr zur Stromquelle. Vorsicht: Die Stelle, an der das Kabel aus dem Teich kommt, darf nicht undicht sein. Das Kabel selbst muß in einem geeigneten Rohr verlegt werden, damit es nicht versehentlich beschädigt wird, wenn man in der Erde gräbt.

Ein tönerner Behälter eignet sich am besten als Skulptur, da man Terracotta leichter durchbohren kann als Stein. Durch das in die Unterseite gebohrte Loch wird ein Kupferrohr eingeführt. Wenn der Teich gefüllt ist, wird Wasser durch das Rohr hochgepumpt, bis die Vase voll ist und am Rand überläuft.

Während der Wintermonate wird der Strom abgeschaltet und die Vase geleert, damit sie bei starkem Frost nicht reißt.

Wasserspiel

Die Größe des Beckens ist ganz beliebig, ebenso die des Gefäßes in der Mitte. Wir haben eine Vase mit geriffelter Außenfläche gewählt. Das ergibt eine interessante Struktur, wenn das Wasser daran herunterläuft.

Eine Tauchpumpe drückt das Wasser nach oben und aus der Vase heraus. Da die Pumpe mit Strom aus dem Haus betrieben wird, errichtet man das Wasserspiel möglichst nahe am Haus. Ansonsten muß man das Kabel sehr weit unter der Erde verlegen. Die Tauchpumpe kann unter der Vase oder in einer Ecke des Teichs installiert werden, wo sie unter Wassergräsern und Seerosen verborgen ist.

Wie bei allen Wasseranlagen im Garten ist auch hier die Sicherheit oberstes Gebot: Ein Kind kann selbst in seichtem Gewässer ertrinken.

Werkzeuge

HANDSÄGE
SPATEN
WASSERWAAGE
SCHLEIFPAPIER und SCHLEIFKLOTZ
METALLINEAL
KELLE (falls die Platten auf Zement verlegt werden)
MAURERFÄUSTEL
BOHRMASCHINE
VERSTELLBARER SCHRAUBENSCHLÜSSEL
BÜGELSÄGE
SCHRAUBENZIEHER

Materialien

Teil	**Menge**	**Material**	**Länge**
GEFÄSS	1	Terracotta	nach Bedarf
RÖHRE	1	12 mm Kupferrohr	Gefäßhöhe
FLIESE	1	Terracotta	300 × 300 mm
BODENPLATTE	1	Beton	600 × 600 mm
BECKENSEITEN	4	19 mm Sperrholzverschalung	nach Bedarf

Außerdem: eine Tauchpumpe und Kabel fürs Freie; ein Druckventil, 12 mm; einen Schlauchbinder und Gummidichtungen; PVC- oder Butyl-Teichfolie; Sand zum Auskleiden; Ziegel als Unterbau für die Terracotta-Fliese und für die Einfassung des Teichs; Sand oder Erde für das Einbetten der Ziegeleinfassung.

Anlegen des Teichs

Für den Teich wählt man einen ebenen Platz aus und steckt die Stelle mit Schnur und Pflöcken oder einem Schlauch ab. Man hat dann eine genauere Vorstellung von der späteren Lage und Größe. Das hier vorgestellte Becken ist 1 000 mm^2 groß.

Das Loch wird 300 mm tief ausgehoben. Die vier Seiten sollten leicht schräg nach außen zulaufen. Mit Hilfe der Wasserwaage stellt man dann sicher, daß der Boden absolut flach ist.

Aus vier Sperrholzbrettern werden die Teichwände gebildet. Die Oberkante des Sperrholzes sollte auf einer Höhe mit dem umgebenden Boden abschließen, nachdem man vorher den Teichrand für das Einbetten der Ziegel oder Steine vorbereitet hat. Die Einfassung befindet sich dann auf gleicher Ebene mit dem übrigen Terrain und steht leicht über den Teichrand über. Bei diesem Teich hier war das Sperrholz 220 mm hoch. Man stellt die Bretter an der richtigen Stelle auf und schleift sie sorgfältig ab, damit keine Splitter mehr hervorstehen.

In die Mitte des Aushubs wird ein Pflasterstein gelegt. Wenn man ihn auf Sand bettet, läßt er sich leicht ins Lot bringen. Über den ganzen Aushub kommt eine Sandschicht, die den Pflasterstein etwa 12 mm bedeckt.

Die Ziegel- oder Platteneinfassung wirkt wesentlich reizvoller, wenn man verwittertes, gebrauchtes Material dafür verwendet. Um den Teich herum wird soviel Erde ausgehoben, wie man in der Breite und Tiefe für die verwendeten Ziegel oder Steine benötigt. In diesem Fall hier war der Streifen rundum 425 mm breit. Es wurde eine Doppelreihe von 255 mm Ziegeln gelegt, die 25 mm über den Teichrand überstanden. Der Boden muß ungefähr 80 mm tief abgetragen werden. Daß Maß ergibt sich aus der Ziegelhöhe (65 mm) plus einer 15 mm dicken Schicht aus feiner Erde oder Sand darunter. Wenn die Ziegelumrandung letztlich auf gleicher Höhe mit dem Rasen abschließt, hat man es mit dem Mähen leichter.

Die Teichfolie

Die Folienmaße lassen sich folgendermaßen berechnen: In der Länge nimmt man zweimal die Teichtiefe plus die Gesamtlänge des Teichs (einschließlich der Ziegeleinfassung); in der Breite braucht man zweimal die Teichtiefe plus die Gesamtbreite.

Die Teichfolie wird nach den Angaben des Herstellers ausgelegt. Die überschüssige Folie läßt man an den Seiten überstehen. Dann läßt man langsam das Wasser ein. Das Gewicht des Wassers wird die Folie immer mehr zu der Form ausdehnen, die durch die Sperrholzbretter vorgegeben ist. Den Herstellerhinweisen kann man entnehmen, wie sehr sich die Folie ausdehnen kann, bis sie glatt ist.

Man entfernt nun die provisorisch ausgelegten Ziegel und zieht die Folie so, daß sie rundum 150 mm unter der Einfassung zu liegen kommt.

Als nächstes werden die Ziegel verlegt. Man beginnt mit der Reihe, die am Teichrand 25 mm übersteht. Am besten legt man als erstes die Eckziegel und überprüft mit einer darübergespannten Richtschnur und einer Wasserwaage, daß sie sich auf gleicher Höhe befinden. Eventuelle Ungleichheiten berichtigt man durch den Untergrund aus feiner Erde oder Sand und klopft dann jeden Ziegel mit dem Schaft eines Maurerfäustels fest. Die restlichen Ziegel zu verlegen, ist einfach; in der Höhe werden sie dem jeweils vorangehenden angepaßt. Die Ritzen füllt man mit Sand oder Erde, so daß Pflanzen oder Moos daraus hervorwachsen können. Ein einheitliches Verlegen der Ziegel ist zwar wichtig, doch gebrauchte Ziegel sind hin und wieder nicht mehr ganz regelmäßig.

Die daraus resultierenden leichten Unebenheiten verleihen der Umfassung allerdings einen rustikalen Reiz. Insgesamt sollte die Oberfläche trotzdem möglichst glatt sein, damit man nicht stolpert. Auf Abbildung 1 sieht man, wie die Ecken gelegt werden.

Das Gefäß sitzt auf einer 300 mm^2 großen Tonfliese. Diese wiederum wird von zwei gleich hohen Ziegeln getragen, die hochkant im erforderlichen Abstand voneinander stehen. (Abb. 2). Der Wasserspiegel sollte etwas über der Fliese liegen, damit der Boden des Gefäßes im Wasser steht. Die Pumpe wird unter die Fliese gesetzt.

In die Mitte des Gefäßbodens bohrt man ein Loch von 19 mm Durchmesser zum Einpassen des Kupferrohres. Man verwendet dafür einen Wolfram-Karbid-Bohrkopf bei niedriger Umdrehungszahl. In der Fliese benötigt man ein größeres Loch, durch das der Schlauch von der Pumpe geführt wird. Man bohrt dafür kreisförmig eine Reihe kleiner Löcher dicht nebeneinander, wodurch schließlich automatisch ein großes entsteht.

EINBAU DER PUMPE

Das Druckventil wird durch die Löcher in der Fliese und im Gefäß geführt. Man braucht für beide Seiten Gummidichtungsringe. Die Muttern hierfür dürfen nicht zu fest angezogen werden, da ansonsten das Gefäß springen kann. Mit einer Bügelsäge schneidet man sich ein Stück Kupferrohr zurecht, das vom Druckventil bis zum Gefäßrand reicht (Abb. 3).

Der Gummischlauch von der Pumpe wird an das Druckventil angeschlossen. Eventuell verwendet man zur Sicherung einen Schlauchbinder. Falls der Boden des Gefäßes zu dick ist und nicht genügend Gewinde hervorsteht, muß man ein Verlängerungsstück dazwischenschrauben.

Die Pumpe wird über den Hausstrom betrieben. Man kann den Strom entweder direkt aus der Steckdose nehmen oder ihn über einen Umspanner laufen lassen. Sicherer ist es, wenn man einen Transformator dazwischenschaltet, denn für den Betrieb der Pumpe reicht eine niedrige Spannung. Das Kabel muß für die Verwendung im Freien ummantelt sein; es wird in einem Plastikrohr unter der Erde verlegt und läuft unter den Ziegeln in das Becken hinein. Eventuelle örtliche Bestimmungen für die Leitungsverlegung im Freien muß man dabei beachten. Dann braucht man nur noch den Strom einzuschalten, und das Wasser wird sprudeln.

ZUSAMMENBAU DES WASSERSPIELS

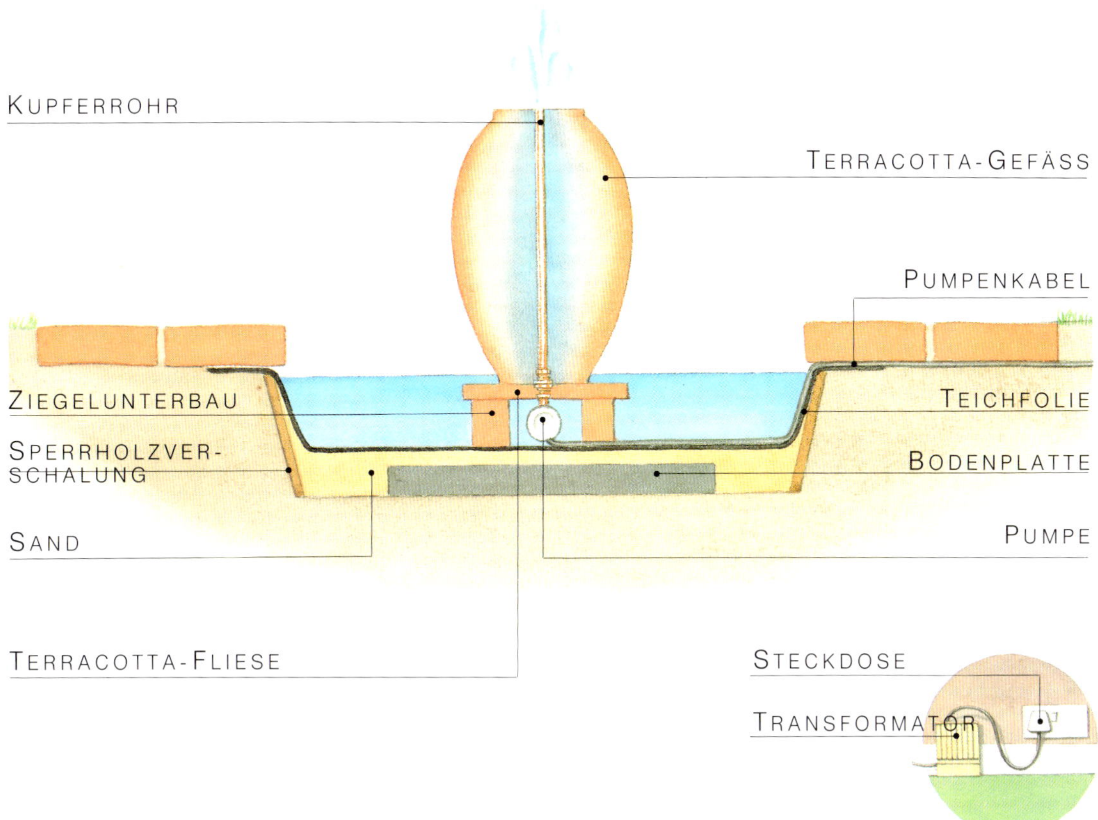

1 Detail der Ziegelumrandung
An den Ecken werden die Ziegel jeweils paarweise rechtwinklig zueinander gelegt.

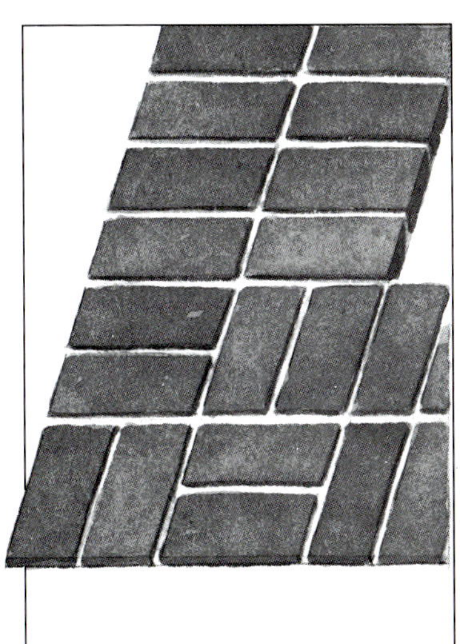

2 Unterbau für das Terracotta-Gefäß
Das Gefäß sitzt auf einer Fliese, die von zwei Ziegeln getragen wird.

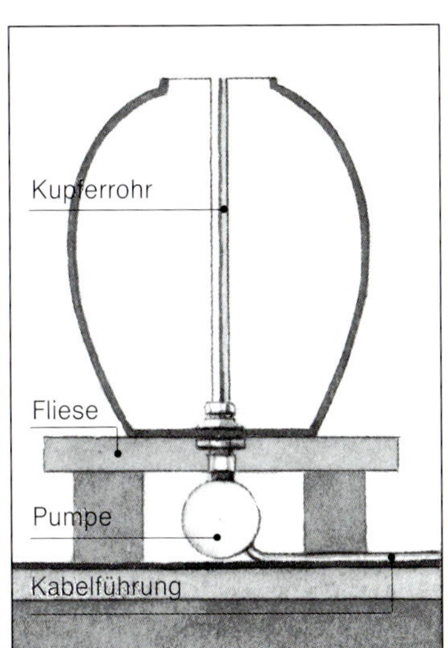

3 Verbindung von Pumpe und Gefäß
Die Pumpe wird mit dem Kupferrohr über ein Druckventil verbunden.

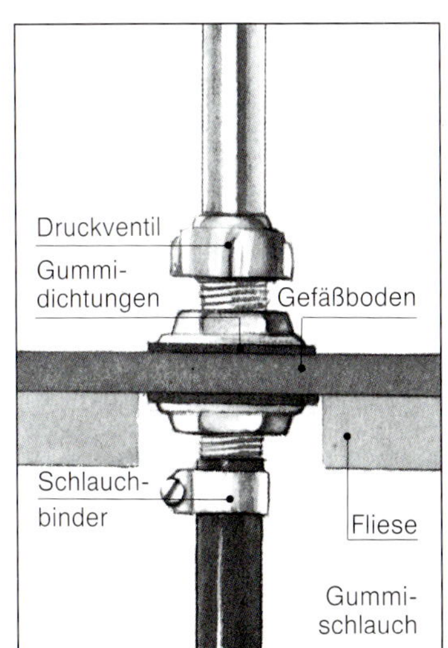

Blumenständer

Dieser elegante, geradlinige Blumenständer – auch Jardiniere genannt – ist den Arbeiten des Designers Josef Hoffmann (1870–1956) aus der ersten Hälfte des Jahrhunderts nachempfunden. Der Wiener Architekt und Pionier des funktionalen Designs war Gründungsmitglied der Wiener Werkstätten. Bei seinen schmucklosen Möbeln liegt das Schwergewicht auf den Proportionen. Diese Richtung wurde von den Designern der Modernistischen Bewegung in späteren Jahren konsequent weiterentwickelt.

Die Konstruktion des Blumenständers ist eigentlich einfach, etwas kompliziert sind nur die vielen rechtwinkligen Verbindungen. Der obere Gitterkasten der Jardiniere ist recht niedrig; unten ist nur ein Brett eingelegt, um Blumentöpfe daraufzustellen. Man kann den Ständer im Freien wie im Haus verwenden. In unserem Fall hier wurde er hell elfenbeinfarben gestrichen, doch eine andere neutrale Farbe macht sich sicher genauso gut.

Die Idee, einzelne Gegenstände zu einer Gruppe zusammenzufassen, um ihre Wirkung zu verstärken, ist im Garten wie im Haus ein wichtiges gestalterisches Element. Mit Geranien gefüllt, belebt die Jardiniere eine Verandaecke oder einen Sitzplatz. Vor oder in der Küche bietet sie einen dekorativen Ort für Kräuterpflanzen.

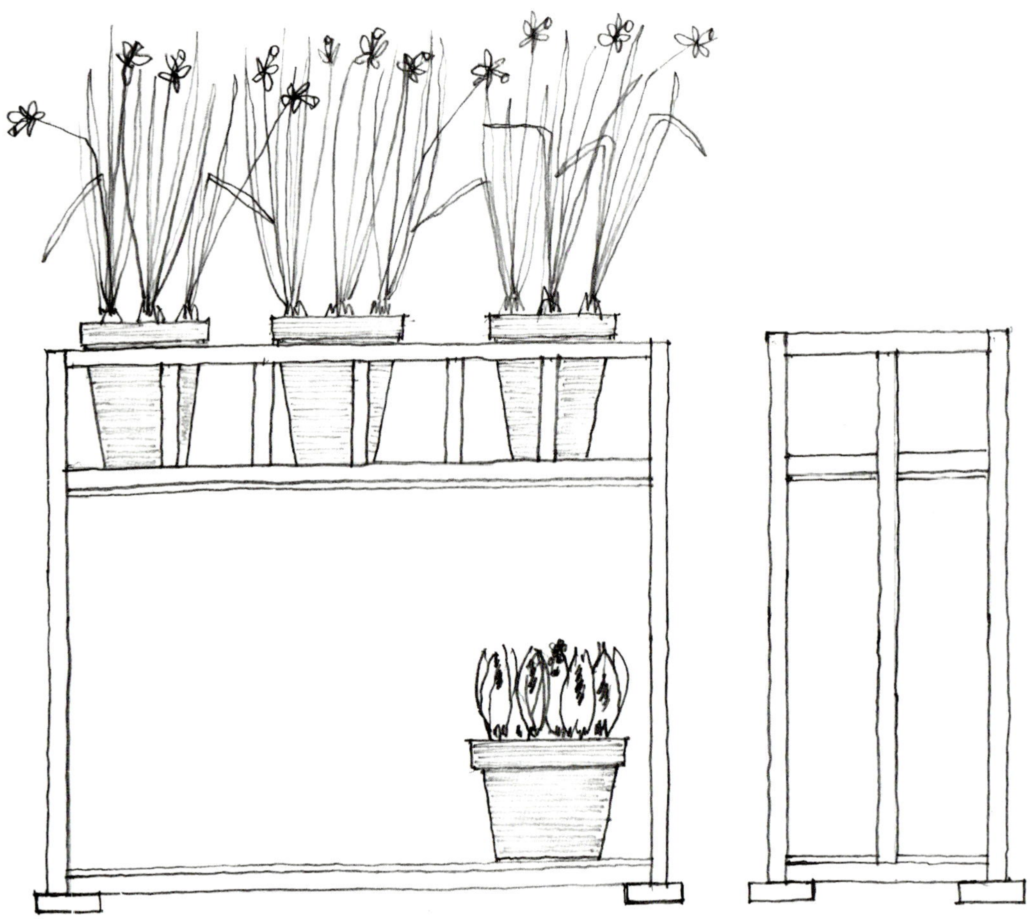

Blumenständer

Der einfache Blumen- oder Pflanzenständer wirkt im Freien genauso hübsch wie im Wintergarten. Das hier gezeigte Gestell ist aus gehobeltem Weichholz gefertigt und anschließend gestrichen worden. Wenn man die Holzbeschaffenheit erhalten möchte, wählt man Weichholz von guter Qualität oder sogar Hartholz und behandelt es mit einer wasserabstoßenden Schutzlasur.

Die Rahmenkonstruktion verlangt viele Holzverbindungen. Aus Gründen der Arbeitserleichterung werden sie alle gedübelt. Zapfverbindungen sind zwar stabiler, aber wenn man keinen Kettenstemmer hat, ist der Zusammenbau sehr zeitaufwendig.

Werkzeuge

WERKBANK (fest oder tragbar)
REISSMESSER
METALLMASSBAND
METALLINEAL
ANSCHLAGWINKEL
STICHSÄGE (oder Motorkreissäge)
FUCHSSCHWANZ (oder Dekupiersäge)
MEISSEL
STREICHMASS
BOHRMASCHINE
SPIRALBOHRER – 3 mm
BOHRLEHRE
BOHRER – 10 mm
HOLZHAMMER
SCHRAUBENZIEHER
SCHLEIFMASCHINE (oder Schleifklotz)

Materialien

Teil	Menge	Material	Länge
ECKPFOSTEN	4	38 x 38 mm gehobeltes Weichholz	779 mm
MITTELPFOSTEN	2	wie oben	711 mm
LÄNGSLEISTEN	6	wie oben	847 mm
QUERLEISTEN	6	wie oben	237 mm
KURZE SENKRECHTE LEISTEN	10	wie oben	122 mm
REGALBRETTER	2	6 mm Sperrholz	270 x 880 mm
FÜSSE	4	Hartholz- oder Weichholzreste	90 x 90 x 30 mm
Außerdem: Dübel, 10 mm; verzinkte Schrauben, 8,0 x 40 mm; Stifte			

Rahmenkonstruktion

Alle Teile werden entsprechend der Materialliste zugeschnitten.

Seitenteile

Für den Schnittpunkt von Mittelpfosten und mittlerer Querleiste schneidet man eine Blattverbindung (siehe Handwerkliche Techniken). Am Mittelpfosten markiert man mit Hilfe einer kurzen senkrechten Leiste die Höhe, an der die Querleiste angebracht wird. Von oben gemessen beginnt die Blattverbindung genau am unteren Ende der kurzen Leiste.

Am Mittelpfosten und an der mittleren Querleiste wird die Blattverbindung angezeichnet und ausgeschnitten (Abb. 1). Das gleiche wiederholt man dann auch für das andere Seitenteil. Auf den Schnittflächen all dieser Querleisten, der Mittelpfosten und der kurzen senkrechten Leisten zieht man je zwei diagonale Linien und legt dadurch die Mittelpunkte für die Dübellöcher fest. In die markierten Punkte bohrt man mit Hilfe der Bohrlehre und einem Holzbohrer Löcher von 10 mm Durchmesser (oder man nimmt einen Bohrer mit Holzbohreinsatz und befestigt ihn senkrecht in einer Halterung). Die Bohrtiefe ist etwas mehr als halb so tief wie die Dübel lang sind

1 Befestigung der mittleren Querleiste

Man markiert die Position der mittleren Querleiste am Mittelpfosten, schneidet Blattverbindungen und befestigt.

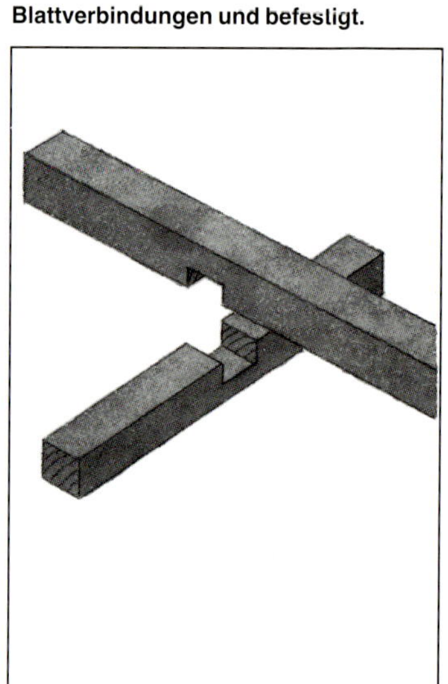

2 Obere und untere Querleisten

An den Schnittflächen der Mittelpfosten markiert man die Dübellöcher. Mit Dübeln werden Querleisten angebracht.

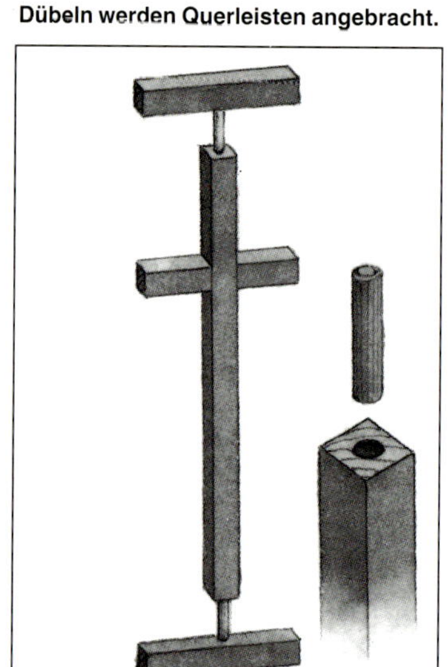

3 Befestigung der Eckpfosten

Die Posten werden an die Querleisten gedübelt; dabei schließen sie oben und unten mit den Querleisten bündig ab.

ZUSAMMENBAU DES BLUMENSTÄNDERS

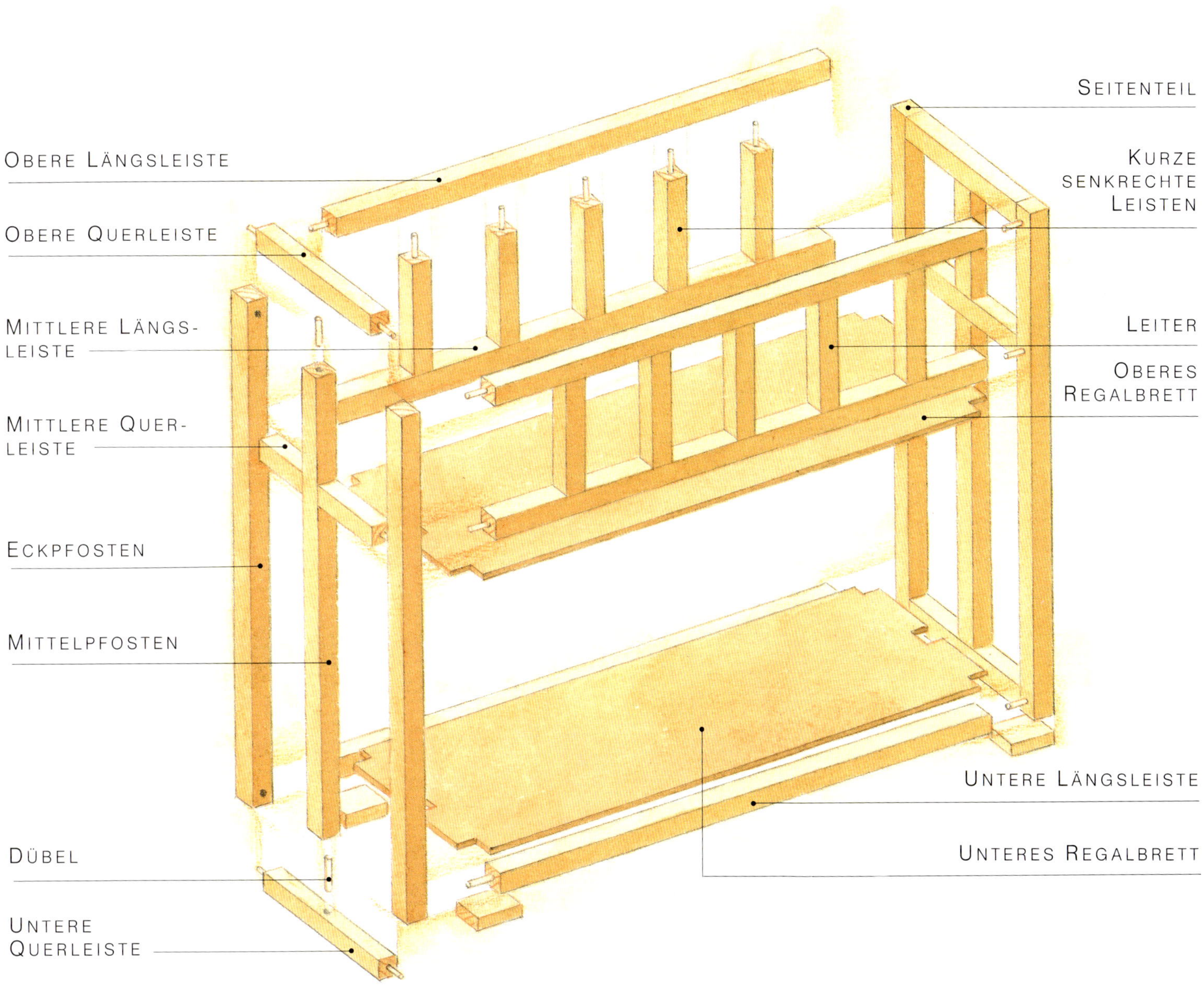

Blumenständer

(d. h. 22 mm tiefe Löcher für 40 mm lange Dübel). Der dadurch entstehende kleine Hohlraum am Ende nimmt eingeschlossene Luft und Leim auf (siehe Handwerkliche Techniken, Dübelverbindungen).

An den Innenseiten der Eckposten markiert man die Positionen der oberen und unteren Querleisten und zeichnet mit Diagonalen die Dübellöcher an. Die Löcher werden wie zuvor gebohrt. An jedem Eckposten zeichnet man die Stellen der Dübellöcher für die mittleren Querleisten an: von oben gemessen die Länge der kurzen senkrechten Leisten plus 38 mm für die obere Querleiste. Die Markierungen der Dübellöcher überträgt man auf die jeweils anderen Innenseiten der Pfosten, an denen dann die Längsleisten angebracht werden.

Man fügt Mittelpfosten und mittlere Querleiste zunächst ohne Leim zusammen, so daß sie ein Kreuz bilden. Dann dübelt man, ebenfalls ohne Leim, die oberen und unteren Querleisten dagegen (siehe Abb. 2 S. 90). Zuletzt vervollständigt man die Seitenteile durch Eckposten.

Vorder- und Rückseite

Für die Vorder- und Rückseite, die wie Leitern aussehen, markiert man an einer Längsleiste die Positionen der kurzen senkrechten Leisten und zeichnet in regelmäßigem Abstand in der Mitte der Leiste die Dübellöcher an (Abb. 1). Der lichte Abstand zwischen den einzelnen senkrechten Leisten und auch zu den Eckpfosten hin beträgt dann 110 mm.

Von dieser Musterleiste überträgt man die Markierungen auf die anderen drei Längsleisten. Alle Löcher werden in der entsprechenden Tiefe gebohrt und die Leitern ohne Leim zusammengesetzt.

Man bohrt die Dübellöcher an den Innenseiten der Eckpfosten an den markierten Stellen, die man von der vorderen und der hinteren Leiter übertragen hat.

An den Schnittflächen der unteren Längsleisten werden in der Mitte die Dübellöcher angezeichnet und dann wie zuvor hier und unten in die Eckposten die Löcher gebohrt.

Man dübelt die beiden Leitern zusammen mit den unteren Längsleisten ohne Leim in die Eckpfosten der Seitenteile (Abb. 2).

Beim Zusammenbau ist zu beachten, daß die rechten Winkel stimmen und alles gut ineinander paßt. Dann nimmt man alles in umgekehrter Reihenfolge wieder auseinander und verwendet für die endgültige Zusammensetzung wasserfesten Holzleim.

Regalbretter

Die beiden Bretter werden so zugeschnitten, daß sie nur zur Hälfte auf den Leisten aufliegen und nicht mit den Außenkanten abschließen. An den Ecken und in der Mitte schneidet man die Bretter aus, so daß sie um die Mittel- und Eckpfosten passen.

Das untere Regalbrett wird entsprechend den Maßen der unteren Leisten zugeschnitten, aufgeleimt und mit Stiften befestigt (Abb. 3).

Das obere Brett wird von unten an die mittleren Leisten geleimt und genagelt.

Füsse

Die Füße werden unter den Ecken befestigt. Sie stehen an den Längs- und Querseiten genauso weit über, wie die »Stufe« des unteren Bretts breit ist (d. h. ungefähr 19 mm) (Abb. 4). Man kann für die Füße irgendwelche Hartholz- oder auch Weichholzreste verwenden. Man verleimt sie erst und schraubt sie dann mit je zwei Schrauben in die Leisten.

Eventuelle Spalten füllt man mit wetterfestem Holzkitt. Zum Schluß wird der ganze Ständer gestrichen oder mit wasserabstoßender Holzschutzlasur eingelassen.

1 Einsetzen der senkrechten Leisten
Die senkrechten Leisten werden gleichmäßig gedübelt.

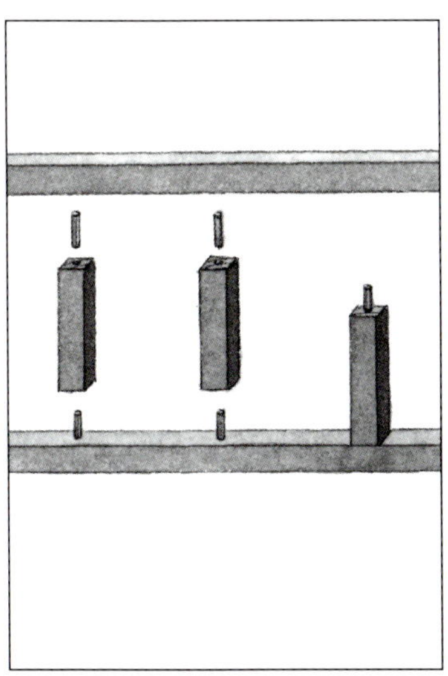

2 Zusammenbau des Rahmens
An den Eckpfosten und den Längsleisten markiert man Dübellöcher.

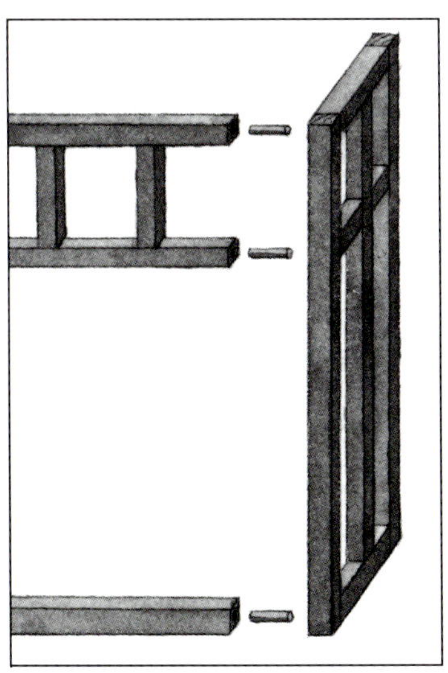

3 Das untere Regalbrett
Das Brett wird so zugeschnitten, daß es zur Hälfte auf den Rahmenleisten aufliegt.

4 Die Füße
Aus Holzresten werden die Füße zugeschnitten. Man verleimt und verschraubt sie mit den Leisten.

Teiche

Die erste Entscheidung beim Teich betrifft die Form und den Standort. Ob man eine rechteckige oder eine geschwungene, natürlichere Form wählt, ist eine reine Geschmacksfrage. Der Teich sollte sich harmonisch in die Gesamtstruktur des Gartens einfügen. Einen sehr komplizierten Entwurf muß man jedoch vermeiden, da sonst die Anlage sehr schwierig und teuer wird. Nicht ganz einfach ist es, den richtigen Platz für den Teich zu finden. Blühende Teichpflanzen brauchen mindestens den halben Tag Sonne. Der Schatten überhängender Bäume wirkt sich nachteilig auf die Pflanzen aus, zudem werden dadurch Mücken angezogen. Im Herbst können Laubbäume zum Problem werden. Wenn man die herabgefallenen Blätter nicht aus dem Wasser entfernt, verrotten sie und stören dadurch das Gleichgewicht des Biotops.

Der Gedanke, einen langgestreckten Garten mit einem Teich abzuschließen, ist recht naheliegend. Problematisch wird es erst, wenn man einen Wasserfall, Unterwasserbeleuchtung oder einen Springbrunnen installieren möchte; denn dann muß man die elektrischen Kabel über eine ziemliche Entfernung verlegen. Möglicherweise sieht man den Teich auch vom Haus aus gar nicht mehr.

Bei der geplanten Größe des Teichs kommt es zum einen auf die Proportionen des Gartens, zum anderen auch auf die Menge an Zeit und Geld an, die man investieren möchte. Der Teich sollte im Garten nicht »verloren gehen«, aber auch nicht alles beherrschen. In einer »Pfütze« können Pflanzen und Fische nicht mehr gut gedeihen. Die Wasseroberfläche sollte mindestens dreieinhalb Quadratmeter betragen. Bei einer kleineren Wasserfläche gelangt nicht genügend Sauerstoff ins Wasser, und es findet dann nur eine ungenügende Selbstreinigung statt. In so einem Fall ist es einfach nötig, eine Filteranlage zu installieren.

Die Wassertiefe bereitet im allgemeinen keine Schwierigkeiten. Wenn der Teich allerdings zu seicht ist, wird er im Sommer zu warm, und die Fische bekommen nicht genügend Sauerstoff; im Winter hingegen friert er zu. Bei einer Tiefe von 400–750 mm können viele Pflanzen gut gedeihen. Etwa 225 mm unter der Wasseroberfläche sollte man einen 225 mm breiten Absatz anbringen, der möglichst um den ganzen Teich herumläuft.

Verschiedene Teicharten

Man kann einen Teich natürlich mit einem Boden und Wänden aus Zement bauen. Das macht aber viel Mühe und Arbeit, zudem besteht immer die Gefahr von Rissen und Sprüngen. Deshalb verwendet man heute meist vorgeformte Teiche aus Kunststoff oder eine Folie.

Bei den Fertigteichen ist man in Form und Größe an die erhältlichen Ausführungen gebunden. Mit einer Folie kann man hingegen jede beliebige Gestaltung vornehmen. Will man eine ganz bestimmte Form oder einen besonders großen Teich, muß man in jedem Fall zur Folie greifen. Ansonsten haben beide Methoden ihre besonderen Vor- und Nachteile.

Die handelsüblichen Teichfolien sind aus Butylgummi oder PVC. Zwar besteht immer die Gefahr, daß durch Steine, Schaufeln o.ä. Löcher in die Folie gerissen werden, bei den dickeren, besseren Ausführungen kommt es jedoch seltener vor. Doch selbst bei einer billigen Folie kann man, wenn sie sachgemäß ausgelegt und behandelt wird, mit einer Haltbarkeit von zehn Jahren rechnen.

Man bekommt die Teichfolie in Schwarz, Anthrazit, Blau oder Grau. Obwohl Anthrazit, Blau und Grau natürlichere Farben sind, wählen die meisten das unauffällige Schwarz. Die Farbe spielt allerdings sowieso keine große Rolle, denn der Teichboden wird nach einer Weile von einer dünnen Schlammschicht bedeckt sein und an den Wänden setzen sich Algen an.

Man kann die Folie auch für in den Boden gesetzte Teiche mit Wänden aus Ziegeln oder Ziersteinen verwenden. Oder man hebt den Boden in der gewünschten Tiefe und Form aus und dichtet mit der Folie ab. Vorher muß man jedoch alle spitzen Gegenstände aus der Vertiefung entfernen und den Boden mit einer 25 mm dicken Sandschicht bedecken. Dann legt man die Grube mit der Folie aus, beschwert die Ränder mit Ziegelsteinen und läßt das Wasser einlaufen. Der Wasserdruck dehnt die Folie entsprechend der Form aus.

Am Schluß legt man mit Bodenplatten einen Rand um den Teich und versteckt darunter die Enden der Folie.

Fertige Teiche sind aus Plastik oder Glasfiber (teurer) und können ebenfalls auf den Boden gestellt oder eingelassen werden. In jedem Fall ist darauf zu achten, daß die Seiten abgestützt werden und der Rand exakt im Lot ist.

Die einfacheren Plastikbecken sind nicht so stabil und auch nicht so groß wie die aus Glasfiber. Trotzdem sollten sie mindestens zehn Jahre halten. Will man sich jedoch eine Sammlung besonderer Fische und Pflanzen zulegen, emp-

Ein Teich für die Veranda

Nicht in jedem Garten ist Platz für einen richtigen Teich. Sehr hübsch macht sich aber auch ein halbes Faß, mit dem man nicht viel Arbeit hat. Darin ist Platz für zwei oder drei kleine Goldfische und ein paar farbenprächtige Seerosen.

fiehlt es sich in jedem Fall, ein Bekken besserer Qualität zu nehmen. Wenn man es richtig aufstellt und nicht beschädigt, hält es viele Jahre. In jedem Fall, egal ob das Bekken auf dem Boden steht oder versenkt ist, bietet eine zusätzliche Schicht Sand unter der Folie einen unentbehrlichen Schutz für kleine Hohlräume und Schwachstellen der Teicheinfassung gegen den Druck des Wassers.

PFLANZEN

Am schönsten sieht es aus, wenn man verschiedene Pflanzenarten wählt. Die meisten wachsen in Plastiktöpfen, die man auf den Boden oder auf den Absatz stellt.

Seerosen sollten in jedem Fall dabei sein. Die Bepflanzung des seichten Randes kann entweder hoch aufragen oder den Boden bedecken. Die Pflanzen für das tiefere Wasser stehen mit den Wurzeln in Töpfen, und die Blätter schwimmen auf der Oberfläche. Das sieht interessant aus und wirft Schatten auf das Wasser. Schwimmende Pflanzen brauchen keine Erde für die Wurzeln; manche kommen nur nach oben, wenn sie blühen. Einige Pflanzen reichern den Teich mit Sauerstoff an und unterbinden den Algenwuchs. Man sollte vier oder fünf davon pro Quadratmeter Wasseroberfläche einsetzen.

Natürlich wächst auch viel Unerwünschtes im Teich, das man regelmäßig entfernen muß. Wo es möglich ist, zieht man es einfach mit der Hand heraus. An unzugänglichen Stellen nimmt man einen Rechen oder einen langen Stecken zu Hilfe, damit man auf diese Weise allen Unrat aus dem Teich bekommt.

Auf keinen Fall sollte man ein chemisches Algenvernichtungsmittel einsetzen. Es vernichtet nicht nur das Unkraut, das dann im Teich verrottet, sondern greift auch die anderen Pflanzen und besonders die Fische an.

Außer dem wohlbekannten Goldfisch gibt es noch viele andere Fischarten, die man im Teich halten kann. In der einschlägigen Literatur kann man sich darüber informieren. Ein gutes Fachgeschäft oder die Teichabteilung eines Gartencenters bietet immer verschiedene Fischarten an.

FASSTEICH

Jeden wasserdichten Behälter kann man zu einem kleinen Wassergarten umgestalten; mit am beliebtesten sind Halbfässer. Man bekommt diese Fässer, die früher Bier, Wein oder Essig enthalten haben, in großen Gartencentern.

Das Faßinnere muß zunächst mit klarem Wasser saubergeschrubbt werden. Auf keinen Fall darf man ein Reinigungsmittel dazu verwenden. Wenn das Faß nicht ganz sauber ist, verschmutzt das Wasser sehr schnell und bedroht Pflanzen und Fische. Aus diesem Grund darf man auch kein Faß verwenden, in dem früher Holzschutzmittel oder Öl aufbewahrt wurde.

In das sorgfältig gesäuberte Faß streut man dann saubere Erde, 75–100 mm, ohne Unkraut oder Pflanzenreste, die verrotten und das Wasser verschmutzen. Dann fügt man soviel Wasser hinzu, daß man die Erde zu Schlamm verrühren kann.

Bepflanzt wird das Faß im Frühling oder Frühsommer. Man nimmt Miniaturseerosen und einige kleine, weniger auffällige Gewächse. Dazu kommen ein paar sauerstoffliefernde Pflanzen.

Als nächstes streut man eine 50 mm dicke Schicht feinen Kies über die Erde, damit die Fische sie nicht aufwühlen und die Pflanzen dabei entwurzeln. Dann füllt man das Faß mit einem Schlauch, wobei man das Ende in eine Plastiktüte hält (Abb. 2); dadurch wirbelt der Wasserstrahl die Erde nicht auf.

Wenn das Faß fast voll ist, dreht man das Wasser ab und entfernt Schlauch und Tüte. Bevor man die Fische – vielleicht zwei oder drei kleine Goldfische – und ein paar Schnecken aussetzt, wartet man etwa eine Woche, bis sich das Wasser beruhigt und die Temperatur stabilisiert hat. Im Sommer halten die Fische die Moskitos fern. Im Winter muß man sie allerdings in einen größeren Teich oder in ein Aqaurium im Haus umsetzen, denn die geringe Wassermenge im Faß friert bei Frost ziemlich schnell zu. Anfang des Frühjahrs wechselt man das Wasser aus und wartet abermals eine Woche, bevor man die Fische wieder aussetzt.

1 Querschnitt durch einen Teich mit Folie

Man hebt in der benötigten Größe eine Grube aus und streut Sand hinein, bevor die Folie ausgelegt wird. Ringsum zieht man dann einen Absatz zum Bepflanzen. Die Folie wird am Rand mit Ziegeln, Steinen oder Bodenplatten gehalten.

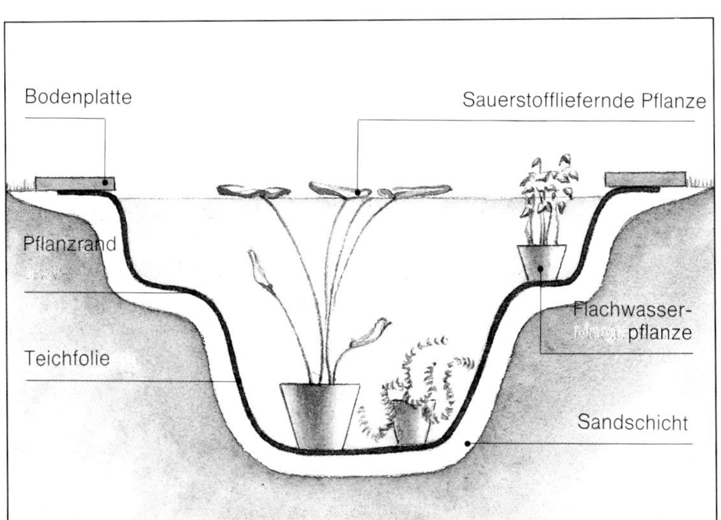

2 Ein Teich im Halbfaß

Das Faß wird saubergeschrubbt, dann bedeckt man den Boden mit einer Schicht Erde. Eine Lage Kies verhindert, daß die Erde sich mit dem Wasser vermischt. Gefüllt wird das Faß mit einem Schlauch, dessen Ende in einer Plastiktüte steckt.

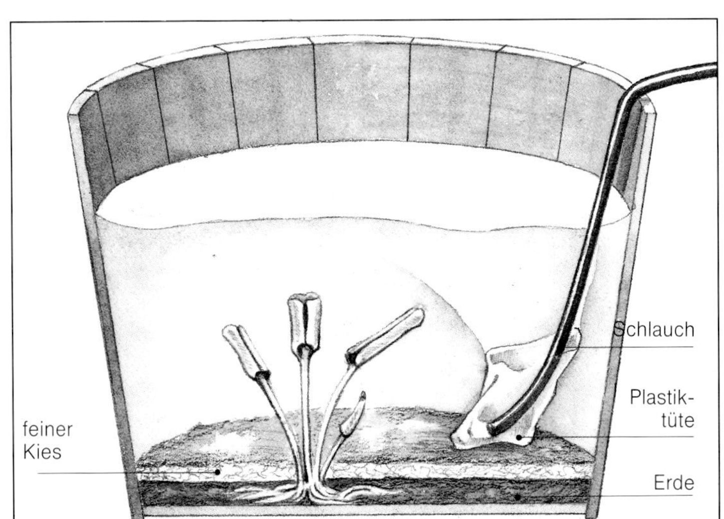

Teil 8

Stützen und Trennwände

Ein wesentliches Moment in der Gartengestaltung ist der Gegensatz von offenem und geschlossenem Raum. Jeder Garten ist abgegrenzt durch mehr oder weniger sichere Einfassungen wie Mauern, Zäune oder Hecken. Häufig muß man aber auch innerhalb des Gartens einen Teil von einem anderen abtrennen, wenn man beispielsweise einen Nutzbereich oder einen Gemüsegarten abschirmen will. Vielleicht wünscht man sich auch einen abgeschiedenen »Raum«, dem das Flair des Geheimnisvollen anhaftet. Einfache Abgrenzungen gestaltet man mit Hecken oder einem Zaun aus Latten, Flechtwerk oder Bohnenstangen. Daneben gibt es natürlich auch richtige Ziegel- und Steingartenmauern.

Es ist viel schöner, aus einer mit Rosen bewachsenen Pergola auf einen weiten Rasen zu treten, als nur einen einfachen Weg entlangzugehen. Es gibt viele gestalterische Hilfsmittel, durch die ein ansonsten eintöniger und langweiliger Garten sehr viel an Tiefe und Perspektive gewinnt: ein einfacher Bogen schafft einen Rahmen für den Blick; eine Grenzmauer verschwindet hinter einem mit Kletterpflanzen bewachsenen Spalier; eine Laube ist ein reizvoller Anziehungspunkt in einer Gartenecke.

Stützen und Trennwände

Spaliere sind ein unentbehrliches Beiwerk im Garten. Quadratische oder rautenförmige Holzgitter bekommt man bereits als behandelte Fertigteile, die man nach Bedarf zusammensetzen und großflächig verarbeiten kann. Ein mit Kletterpflanzen bewachsenes Spalier an einem Zaun hält den Wind ab und vermittelt zudem ein Gefühl von Privatsphäre, ohne Licht und Luft wegzunehmen. Ein Spalier ist auch eine der preisgünstigsten Möglichkeiten, Schönheitsflecken, wie häßliche Schuppen, nackte Mauern, Betonblöcke und alles, was man nicht einfach entfernen kann, durch Pflanzenbewuchs unsichtbar zu machen. Jede Struktur verändert sich optisch durch Kletterpflanzen, wie beispielsweise Russischen Wein (Fallopia aubertii), Knöterich (Polygonum baldschuanicum), Klematis, Kletterrosen, Geißblatt (Lonicera) und Wilden Wein (Parthenocissus quinquefolia). Glyzinen brauchen mehr Kletterhilfe, Efeu hingegen sollte man auf jeden Fall vermeiden; seine Luftwurzeln bohren sich in den Mörtel und ruinieren eine Ziegelmauer. Spaliere lassen sich auch frei aufstellen und als Blickschutz verwenden.

Doch vor allem dienen sie der Verschönerung des Gartens. Ursprünglich verwendete man die Freillages (franz. für Spalier) in den architektonischen Gärten Frankreichs; sie wurden traditionellerweise grün gestrichen und an Naturmauern aufgestellt. Oft hatten sie architektonische Formen mit konischen Linien, die eine Perspektive vorspiegelten; dieser einfache Frompe-l'oeil (Augentäuschung) war eine wirksame Belebung Pariser Höfe. Auch weniger kunstvolle Spaliere haben die Eigenschaft, große, langweilige Mauerflächen »verschwinden« zu lassen. Je nach Geschmack kann man sie auch so streichen oder lasieren, daß sie selbst im Winter ohne Blätter noch einen reizvollen Blickfang bieten. Der Pflanzenbewuchs, der durch die Spaliere an Mauern, Hauswänden und Zäunen möglich ist, schafft einen schönen Übergang zwischen Haus und Garten. An einer Pergola können sich ebenfalls Pflanzen em-

porranken; sie unterscheidet sich vom Spalier dadurch, daß sie immer irgendeine Form von Überdachung aufweist. Sie bildet beispielsweise einen frei stehenden Bogen, manchmal einen Laubengang oder eine Art Vorbau an der Hausmauer. In den Mittelmeerländern ist es üblich, im Hinterhof oder über dem Eingang einen einfachen Metallrahmen mit Drähten am Haus zu befestigen. Darüber läßt man Wein wachsen und hat somit eine lebendige Markise. Die Weinblätter halten im Sommer Sonne und Hitze ab, im Winter kommt dann der Rahmen zum Vorschein. Diese billige Lösung ist sehr wirkungsvoll und zudem auch noch schön, da sich der Bewuchs von Monat zu Monat verändert. Spaliere kann man auch zur Überdachung verwenden.

Eine Pergola hat vom gestalterischen Gesichtspunkt aus die gleiche Funktion wie ein Bilderrahmen: der Blick wird konzentriert. Das verlangt normalerweise einen Blickfang wie beispielsweise einen Sitzplatz oder eine Urne am Ende eines Weges. Reizvoll ist auch der Kontrast von Licht und Schatten unter einer Pergola. Die Pflanzen darüber gedeihen unter Sonne, Luft und auch Regen zumeist prächtig.

Eine Rosenpergola ist etwas typisch Englisches; die Franzosen hingegen haben sich mit Pergola-Kunstwerken aus Eisen einen Namen gemacht. Dazu gehört beispielsweise die kunstvoll geschwungenen Rahmenkonstruktion aus dem herrlichen grünen Eisen, die man an dem Goldregen-Weg in Monets Garten in Giverny bewundern kann. Es gibt verschiedene Möglichkeiten für den Bau einer Pergola. Ein Gitterwerk aus Metall kann man oben zu einer Wölbung runden, Bohnenstangen oben zu einer Art Kuppel zusammenbinden. Ebensogut lassen sich irgendwelche gebogenen Metallteile auf Holzstangen anbringen. Die Ziehdrähte für die Pflanzen laufen dabei durch Löcher in den Metallrahmen. Man kann auch Gitter an den Pfosten anbringen, an denen dann Kletterrosen, Geißblatt und Spalierobst wachsen.

Stützen und Trennwände

Einführung

Spaliere

Spaliere sind viel mehr als nur Stützrahmen für Pflanzen. Mit der Trompe-l'œil-Gestaltung fangen glatte Wände plötzlich zu leben an (gegenüber oben und Mitte). Doch auch freistehende Kupferrohre und Pfosten werden mit einem Spalier versehen zu einem Tummelfeld für Kletterrosen und andere Pflanzen (gegenüber unten). In den kleinflächigen Stadtgärten bieten Spaliere eine gute Möglichkeit, sich nach oben auszudehnen; man hängt in diesem Fall einfach Töpfe mit Pflanzen daran (links).

Zäune, Zäune, Zäune

Die meisten Menschen wollen in irgendeiner Form Grenzen abstecken, sei es zum Nachbarn hin oder zwischen einzelnen Gartenbereichen (nächste Seite). Die Art der Einzäunung sollte aber zum Gesamtbild des Gartens passen: ein weißgestrichener Zaun bildet einen schönen Kontrast zu bunten Blumen; naturbelassene, rustikale Pfosten schaffen einen ländlichen Eindruck; streng geometrische Linienführung sorgt für städtische Eleganz.

Stützen und Trennwände

Eine andere Form der Raumgestaltung im Garten ist die Laube. Im Prinzip ist sie nur ein von Pflanzen überdachter Sitzplatz, und doch hat sie eine gewisse geheimnisvolle, romantische Ausstrahlung. Diese Wirkung wird nicht nur durch den optischen Eindruck hervorgerufen, sondern häufig auch durch den Duft der nahen Blüten. Das Gestell für das Pflanzendach kann durchaus ganz einfach sein. Spaliere lassen sich gut dazu verwenden; aber man bekommt auch spezielle Metallrahmen für Lauben.

Es gibt eine große Vielfalt an Methoden und Materialien, mit denen man in einem Garten Abgrenzungen schaffen kann. Der Zaun muß zwar nicht exakt dem Stil des Hauses entsprechen, allzu willkürliche Lösungen sollte man jedoch vermeiden. Metallgeländer, wie man sie aus öffentlichen Parks kennt, wirken sicher besser in einer städtischen Umgebung; Zäune aus Schutzbrettern oder Koppelstangen gehören aufs Land. Falls irgend möglich, sollte man keine Mauern aus billigen Ziegeln bauen, die niemals verwittern. Nicht besonders anziehend wirken auch Hohlblocksteine aus Schlacke, Betonpfeiler und Maschendrahtzäune. Besteht aber bereits eine solche Umzäunung, schafft beispielsweise ein Spalier Abhilfe; Beton sollte man reichlich mit Flechten und Moos überwuchern lassen.

Abgrenzungen, die nicht vollkommen abschirmen müssen, schafft man am besten mit Spalierteilen, die an Pfosten befestigt werden. Heutzutage bekommt man Metallschuhe, die sich wesentlich leichter in den Boden versenken lassen. Weitere Anregungen für Holz- oder Spalierzäune kann man sich bei japanischen Gärten holen: Dort sieht man wunderbare Gitterformen aus Bambusstangen mit Binsengeflecht, ähnlich den traditionellen europäischen Flechtzäunen.

Mauern zu ziehen, ist eine Kunst für sich. Es gibt viele interessante und reizvolle Konstruktionen, darunter Steinmauern mit Feuersteinen, Muscheln, Kieseln oder Flaschenböden dazwischen, Trockenmauern, Ziegelmauern mit Sehschlitzen und Luftlöchern, Wände aus Holzstämmen und Treibholz. Wenn man eine Mauer aus Bruchsteinen baut, kann man kleine Vertiefungen freilassen, aus denen Hängepflanzen wachsen können. Steinpflanzen wie Alyssum, Grasnelken, Aubrieta und Campanula gedeihen auf Simsen, in Vertiefungen und auf Trockenmauern.

Hecken sind lebende Grenzen in einem Garten. Sie erfreuen das Auge, halten den Wind ab und sind relativ leicht zu pflegen. Neben dem häufig verwendeten Liguster gibt es noch viele andere Arten, wie etwa Buchsbaum (wächst allerdings langsam), Buchen, Eiben, Weißdorn und Haselstrauch, die hervorragende und schöne Hecken bilden.

Einführung

Lauben

Unter den Gestellen für Kletter- und Kriechpflanzen läßt es sich auch sehr schön sitzen. Von dem schattigen, duftenden Platz aus kann man in Ruhe den Garten betrachten. Und auch vom ästhetischen Standpunkt aus gewinnt der Garten dann durch den Kontrast von Licht und Schatten innerhalb einer Laube.

Wandelpergola

Ein kleiner Garten gewinnt durch eine zentral aufgestellte Pergola oder ein Gestell für Kletterpflanzen an gestalterischer Aussagekraft. In einem größeren Garten kann man die Pergola so ausdehnen, daß darunter ein regelrechter Wandelgang entsteht. Dieser halb abgeschlossene Raum bildet einen schönen Kontrast zu den offenen Rasen- und Beetflächen. Der hier vorgestellte Entwurf kann in verschiedenen Längen ausgeführt werden, doch bei weniger als drei Einheiten verliert er an Wirkung.

Die Wandelpergola ist im Bau und in der Größe auf Standard-Spalierteile abgestimmt, die wesentlich billiger sind als eine Eigenbaukonstruktion.

Als erstes baut man am besten den oberen Rahmen und befestigt die Streben für die Pyramiden daran. Dann markiert man am Boden die Stellen, an denen die Pfosten stehen sollen, und versenkt dort die Metallschuhe. Schließlich wird das Gestell noch mit den Spalierteilen verkleidet. Von außen gesehen wirkt das Spalier wie eine durchgehende Wand. Doch da nur jeder zweite Rahmen ausgefüllt ist, kann man beim Hindurchgehen immer wieder einen Blick auf den Garten werfen.

Die Wandelpergola hat auch unbewachsen ihren eigenen Reiz, vor allem, wenn man sie in einer kräftigen, angenehmen Farbe streicht. Als Kletterhifle für Pflanzen zieht man um die Dachpyramiden herum einfach einen Draht.

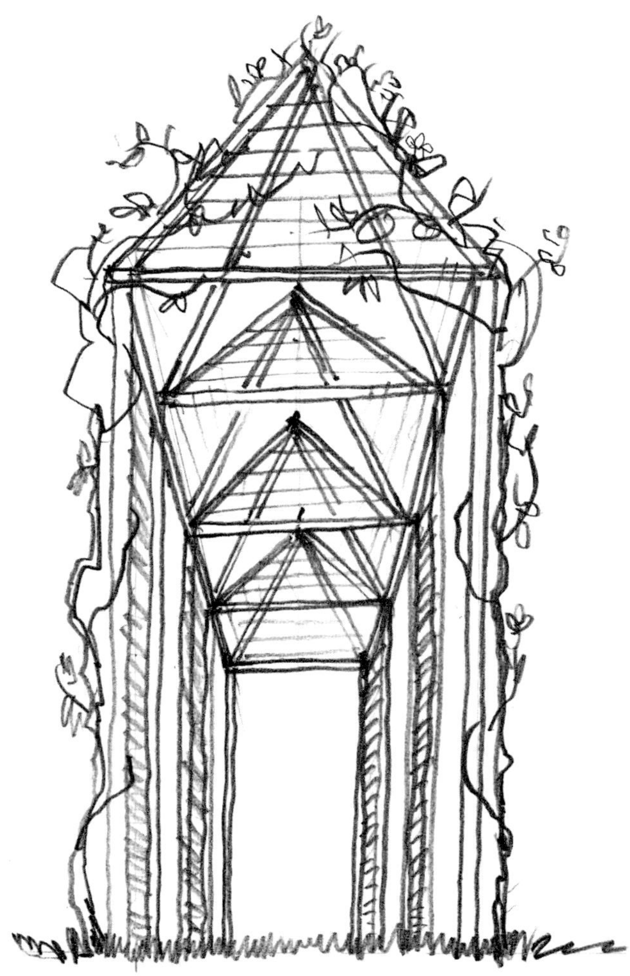

Wandelpergola

Der leichte und luftige Rahmen dieser Pergola kann gut über einen Gartenweg gebaut werden. Zieht man dann Kletterpflanzen über das einfache, aber doch ausdrucksvolle Spalier- und Drahtgestell, gewinnt man einen farbenprächtigen, duftenden Wandelgang. Geeignete Pflanzen sind Clematis-Arten mit kleinen Blüten, wie Clematis montana und Clematis armandii, und Klimmende Hydrangea (Hydrangea petiolans), sowie duftende Pflanzen wie Jasmin, Geißblatt und Glyzine. Auch die vielen Efeuarten wachsen rasch an; bei ihnen ist das schnelle Wuchern eher ein Problem. Statt dessen kann man es auch mit Zierwein versuchen, dessen Blätter sich im Herbst wunderschön verfärben.

Das »Dach« besteht aus einigen einfachen Pyramiden auf einem Holzrahmen. Er wird auf den Zaunpfosten befestigt, die mit spitzen Zaunträgern im Boden verankert sind. An den Pyramiden heftet man ringsum Draht fest, an dem sich die Pflanzen entlangranken können; zwischen den Pfosten werden die Spalierteile angebracht.

Die Spalierteile erhält man normalerweise in einer Breite von 1 830 mm und einer Höhe von 600 mm, 900 mm und 1 220 mm. Für dieses Projekt hier wurden die Spaliere umgedreht, so daß man eine Höhe von 1 830 mm und eine Breite von 1 220 mm erhält.

Die Größe der Spalierteile bestimmt auch die Maße der Pergola. In diesem Fall hier stehen die Pfosten entsprechend den Spalieren 1 220 mm auseinander. Am besten übernimmt man die Maße, denn dann bilden die Grundflächen der Pyramiden jeweils ein Quadrat. Die Pyramidenstreben müssen in ihren Proportionen zum Rahmengestell passen. Die Pfosten sind insgesamt 2 m hoch, d. h. die Spaliere beginnen erst 170 mm über dem Boden. In diesem Fall hier wurde nur in jedes zweite Feld ein Spalier eingesetzt; das ist allerdings nur eine Frage der Wirkung. Die abgebildete Pergola ist vier Felder lang, man kann sie aber je nach Bedarf

PYRAMIDENDACH

Das Pyramidendach gibt der Pergola zusätzliche Höhe und verleiht ihr einen besonderen Reiz. Um die Streben wird Spalierdraht angeheftet, an dem sich die Pflanzen entlangziehen können.

Materialien

Anmerkung: Bei dem verwendeten Holz handelt es sich um geschnittenes und mit Holzschutzmittel behandeltes Weichholz

Teil	Menge	Material	Länge
LÄNGSLEISTEN	2	75 × 50 mm	5,25 m
QUERLEISTEN	5	wie oben	1200 mm
PYRAMIDENSTREBEN	16	75 × 25 mm	1350 mm*
PFOSTEN	10	75 × 75 mm	2 m
SPALIERTEILE	8		1830 mm hoch × 1200 mm
METALLSCHUHE	10		
SPALIERDRAHT	1 große Rolle		
SCHRAUBEN		verzinkter Stahl	0,8 × 50 mm
HEFTKLAMMERN		galvanisiert, für Zäune	19 mm

* Ungefähre Länge, muß an Ort und Stelle abgemessen und zugeschnitten werden, wenn es genau sein soll.

Werkzeuge

- WERKBANK (fest oder tragbar)
- METALLMASSBAND
- METALLINEAL
- ANSCHLAGWINKEL
- KOMBINATIONSWINKEL-MESSGERÄT – zum Anzeichnen der 45°-Winkel
- LAUBSÄGE (oder Motorkreissäge)
- FUCHSSCHWANZ
- STREICHMASS
- BOHRMASCHINE
- BOHRER – ca. 3 mm, zum Vorbohren der Schraublöcher
- VORSCHLAGHAMMER

Zusammenbau der Wandelpergola

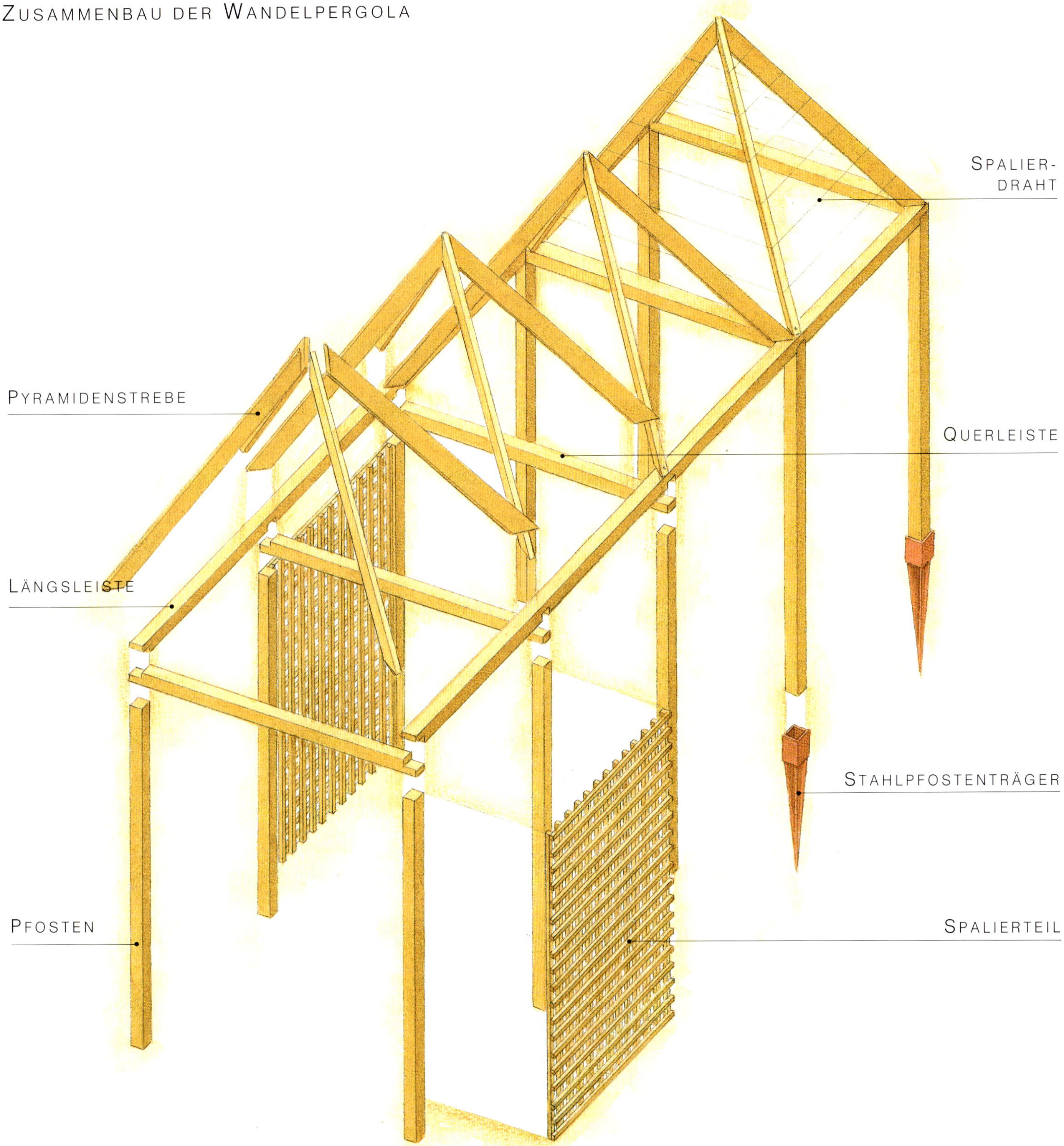

Wandelpergola

kürzer oder länger machen. Als Material verwendet man geschnittenes und mit Holzschutzmittel behandeltes Weichholz, wie man es auch für Zäune nimmt.

Oberer Rahmen

Man beginnt die Arbeit mit dem oberen Rahmen, auf dem die Pyramiden befestigt werden und der dann auf die Pfosten gesetzt wird. Die Längsleisten bestehen aus geschnittenem, mit Holzschutzmittel behandeltem Holz, 75 x 50 mm. Am besten ist, wenn man die Leisten an einem Stück hat (in diesem Fall hier bedeutet das die Länge der vier Spalierteile plus fünfmal die 75 mm dicken Pfosten). Wenn man kein Holz in der benötigten Länge bekommt, fügt man zwei kürzere Leisten mit einer einfachen Überlappungs- oder Überplattungsverbindung zusammen (siehe Handwerkliche Techniken, Holzverbindungen).

Die Querleisten werden in der benötigten Breite zugeschnitten, in diesem Fall hier sind es 1 370 mm (der Abstand zwischen zwei Pfosten plus die Dicke der Pfosten).

An den Längsleisten wird die Position der Pfosten angezeichnet, damit die Spalierteile dazwischen Platz haben. Der innere Abstand beträgt hier 1 220 mm. An den entsprechenden Stellen der Längsleisten und an den Enden der Querleisten schneidet man Überplattungen. An den Enden bilden die Überplattungen jeweils eine Ecke, in der Mitte sind sie T-förmig (siehe Handwerkliche Techniken). Bei den Verbindungen liegen die Längsleisten jeweils oben.

Von der Unterseite der Querleisten her werden die Verbindungen zusammengeschraubt.

Pyramidendachteile

Um die exakte Länge der Pyramidenstreben zu erhalten, mißt man die Diagonale einer Grundfläche. Diese Länge zeichnet man auf einer ebenen Fläche auf. Dann trägt man an jedem Ende einen 45° Winkel an und zieht zwei gleiche lange Linien; wo sie sich treffen, ist der Scheitel der Pyramide. Nun muß man nur die Strecke abmessen und erhält das Maß für die Pyramidenstreben. So ziemlich exakt entspricht es der Länge der Querleisten.

Man schneidet die benötigte Anzahl an Streben mit geringer Überlänge zu. Dann schneidet man sie in der exakten Länge an beiden Enden in entgegengesetzter Richtung in einem Winkel von 45° auf Gehrung zu.

Zum Zusammenbau spannt man zwei Streben mit den Gehrungsflächen aneinander in den Schraubstock. Mit verzinkten Holzschrauben, 8,0 x 50 mm, schraubt man die beiden Teile von jeder Seite aus zusammen (Abb. 2).

Nun stellt man dieses Rahmenteil senkrecht auf einer Werkbank auf und lehnt eine dritte Strebe dagegen. Im Winkel von ca. 45° bohrt man ein Loch hindurch in den Rahmen (Abb. 3). Das gleiche wird für die vierte Strebe wiederholt (Abb. 4).

Auf diese Art stellt man die benötigte Anzahl an Pyramidendächern her. Sie sind nicht sehr stabil, und man muß vorsichtig mit ihnen umgehen. Jede Pyramide wird auf den fertigen Rahmen gesetzt und an den Ecken jeweils mit einer Schraube nach unten befestigt (Abb. 5). Sobald die Schrauben angezogen sind, ist die Konstruktion sehr stabil. Im Abstand von 150 mm zieht man Spalierdraht um die Pyramiden herum und befestigt ihn mit Heftklammern.

Befestigung der Pfosten und Fertigstellung

Man trägt den oberen Rahmen an die Stelle, wo die Pergola stehen soll, und markiert die Positionen der Pfosten. Entsprechend den Querleisten haben die Pfosten einen lichten Abstand von 1 220 mm zueinander.

Am einfachsten lassen sich die Pfosten mit Metallschuhen verankern. Man schlägt die Schuhe nur in den Boden und steckt dann die Pfosten in die Halterungen.

Entlang den Pfostenmarkierungen spannt man eine Schnur. Dies

1 Verbindung der oberen Rahmenleisten

Die Überplattungen der Leisten bilden an den Enden jeweils eine Ecke.

2 Verbindung der ersten beiden Streben

Die Streben werden an den Enden in einem Winkel von 45° auf Gehrung geschnitten.

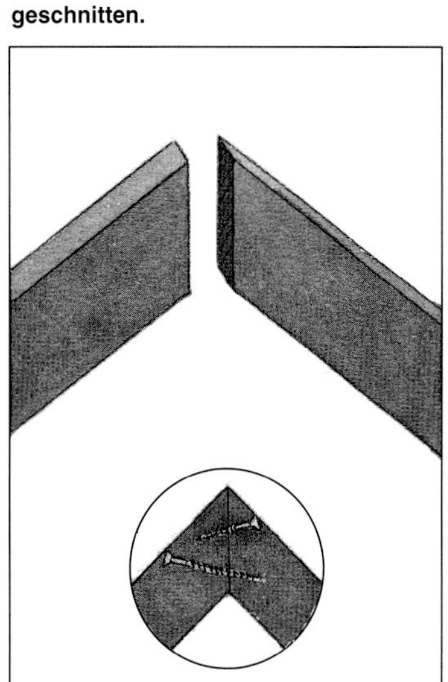

3 Hinzufügen der übrigen Streben

Der Rahmen wird auf der Werkbank befestigt. Die dritte Strebe wird durch die Seiten zur Schnittfläche verschraubt.

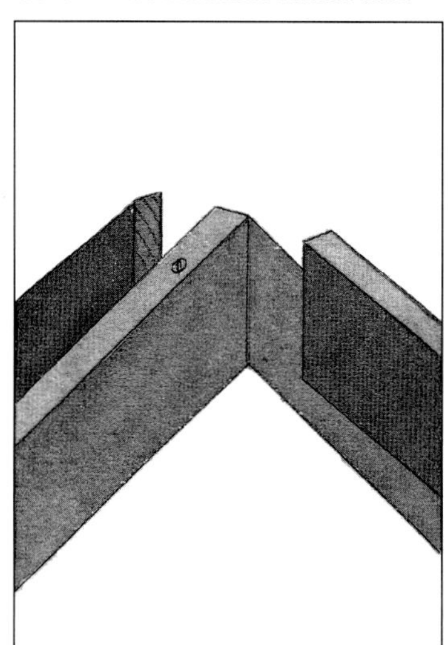

4 Scheitel der fertigen Pyramide

Die Verbindungen der Streben ergeben den sauberen Scheitel der Pyramide.

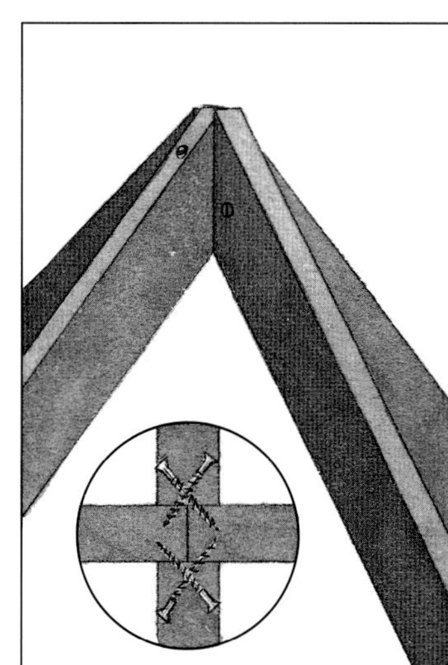

hilft, die Stahlschuhe gerade zu setzen; außerdem erkennt man Bodenunebenheiten. Man drückt die Spitze der Stahlschuhe in den Boden und überprüft mit der Wasserwaage, daß sie gerade sitzen. Für das Einschlagen der Metallschuhe in den Boden benötigt man ein schweres Werkzeug wie etwa einen Vorschlaghammer. Man schiebt dafür ein kurzes Stück Holz, 75 x 75 mm in die Halterung, damit die Schuhe gegen die Hammerschläge geschützt sind. Eine andere Möglichkeit ist die Verwendung eines eigens dafür gedachten Schlagwerkzeuges mit Metallkappe. Dieses sollte einen Knebelgriff haben, mit dem man den Schuh festhalten kann.

Mit festen, langsamen Hammerschlägen treibt man die Trägerschuhe in den Boden. In regelmäßigen Abständen schiebt man einen Pfosten in die Halterung und überprüft an zwei benachbarten Seiten, ob die Spitze noch senkrecht in den Boden geht. Durch Herausziehen und Drehen kann man, falls nötig, die Trägerschuhe wieder gerade ausrichten.

5 Befestigung der Pyramiden auf dem Rahmen

Die Pyramiden werden an jeder Ecke mit den Rahmenleisten verbunden.

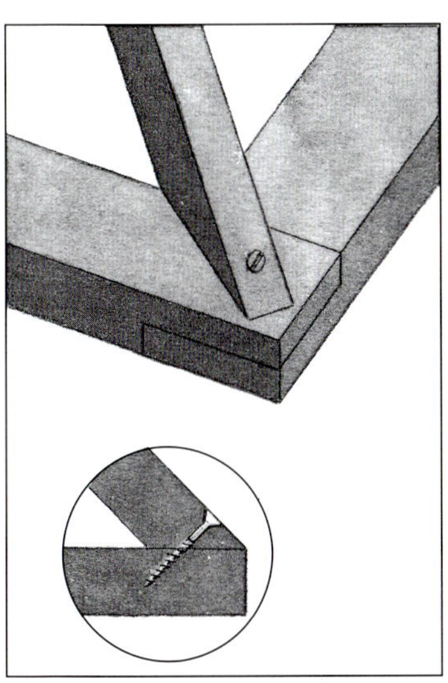

Wenn die Schuhe eingelassen sind, kann man die Pfosten hineinschieben. Meist werden die Pfosten mit zwei Bolzen oder mit großen Schrauben festgehalten. Zum einen überprüft man nun, ob die Pfosten gerade stehen, und zum anderen mit Hilfe eines geraden Holzstücks und der Wasserwaage, ob sie alle gleich hoch sind. Wenn der Boden eben oder nur leicht abfallend ist, dürfte es damit kaum Probleme geben. Schwieriger ist es an einer steileren Hanglage, wobei es da wohl genügt, wenn die Höhe der Pfostenkette der Hangneigung folgt. Mit einem Stück Schnur oder einem langen Brett berichtigt man die unterschiedliche Höhe der Pfosten und sägt sie eventuell mit einer Handsäge zurecht.

Als nächstes befestigt man die Spaliere zwischen den Pfosten (in diesem Fall hier wird abwechselnd immer ein Feld freigelassen). Am Boden legt man Ziegel oder Holzblöcke unter, die die Spaliere im Abstand von 150 mm halten. Wir haben Metallwinkel zur Befestigung gewählt. Man nagelt sie zuerst an den Pfosten, so daß sie etwa 25 mm aufliegen und in der gleichen Breite hervorstehen. Dann hebt man die Spaliere in die richtige Höhe und überprüft, daß die waagrechten Spalierleisten gerade laufen. Sie werden mit verzinkten Schrauben an den Winkeln festgemacht (siehe Handwerkliche Techniken).

Falls nötig, kann man die Spaliere auch direkt an den Pfosten anbringen. Dazu bringt man sie zuerst wie zuvor in die richtige Position. Dann bohrt man Löcher durch die Seitenrahmen der Spaliere, durch die hindurch man 75 mm lange, galvanisierte Zaunnägel in die Pfosten schlagen kann, ohne daß das Holz splittert. Für ein 1 830 mm hohes Spalier braucht man drei Befestigungen an jeder Seite.

Um das Pyramidendach nach oben zu heben, benötigt man Hilfe. Das Dach wird so ausgerichtet, daß

die Ecken des Dachs und die Querleisten über den Pfosten sitzen. Dann treibt man 100 mm lange Nägel schräg durch den oberen Rahmen in jeden Pfosten hinein (siehe Handwerkliche Techniken).

Spalier mit Scheinperspektive

Im Garten hat man vielseitige Anwendungsmöglichkeiten für Spaliere. Dieses Projekt hier geht noch einen Schritt weiter und lehnt sich an die französische Tradition an, mit Hilfe von Spalieren einer nackten Wand Tiefe und Perspektive zu verleihen. Die Konstruktion ist sehr einfach, und das Ergebnis zeigt ein bemerkenswertes und wirkungsvolles Beispiel für die Kunst des Trompe-l'oeil. Man kann auf diese Art eine unansehnliche Mauer beleben oder häßliche Industrieziegel und Hohlblöcke dahinter verbergen.

Wahrscheinlich ist dieses Spalier mit Scheinperspektive das einfachste Projekt des Buches. Man kann es wohl ohne große Schwierigkeiten an einem Nachmittag fertigstellen, wenn man sich erst einmal über die Maße und die Art der Perspektive klargeworden ist.

Als erstes muß man sich eine originalgroße Skizze anfertigen, dabei kann man das hier vorgestellte Muster den jeweiligen Maßen anpassen. Die vorgetäuschte Räumlichkeit kommt dann besonders gut zur Geltung, wenn sie mit realer Räumlichkeit kontrastiert. Wenn man wie hier eine Tür oder auch jede andere Art von Öffnung miteinbeziehen kann, erhöht das die Spannung.

Als nächstes nagelt man die Leisten in der gewünschten Form zusammen. Die hervorstehenden Nägel klopft man an der Rückseite flach. Für einen Bogen schneidet man die entsprechende Form mit einer Dekupiersäge aus wetterfestem Sperrholz aus.

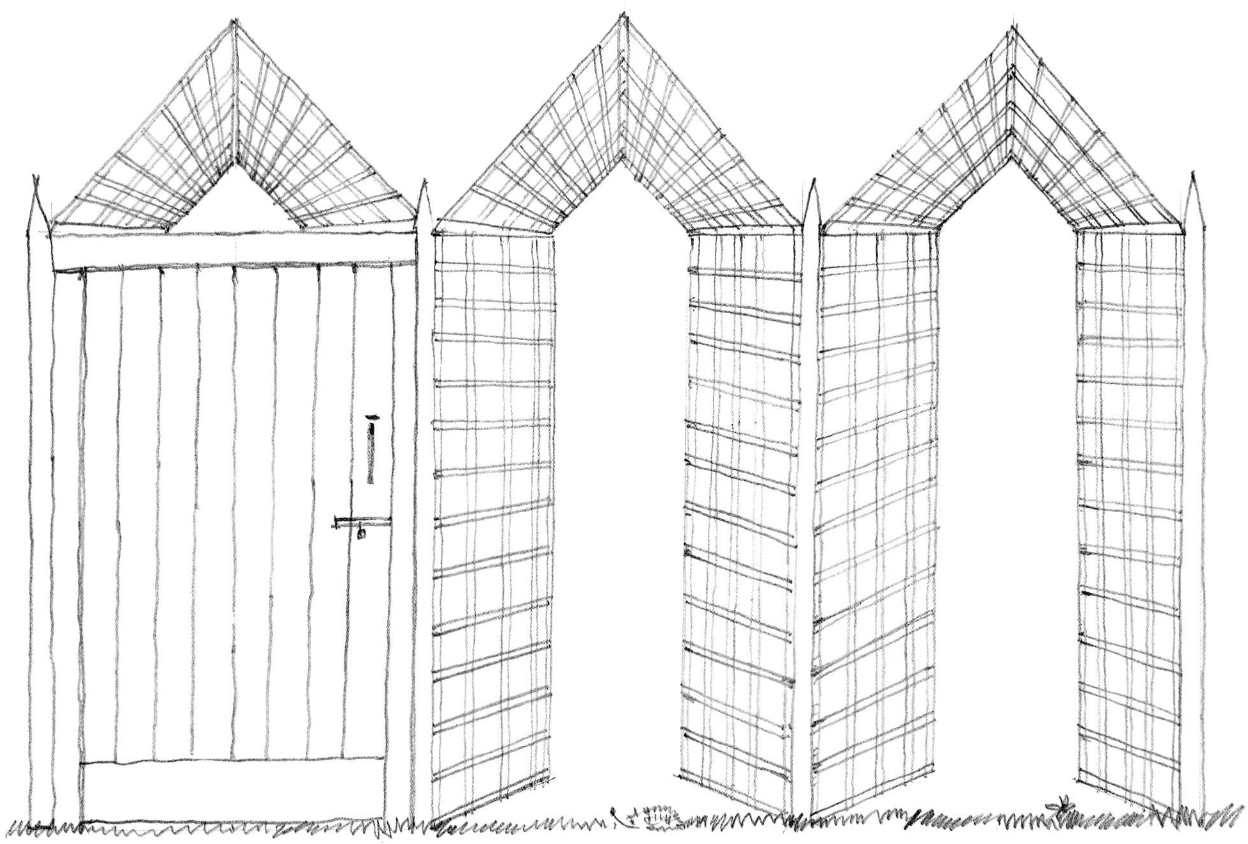

Spalier mit Scheinperspektive

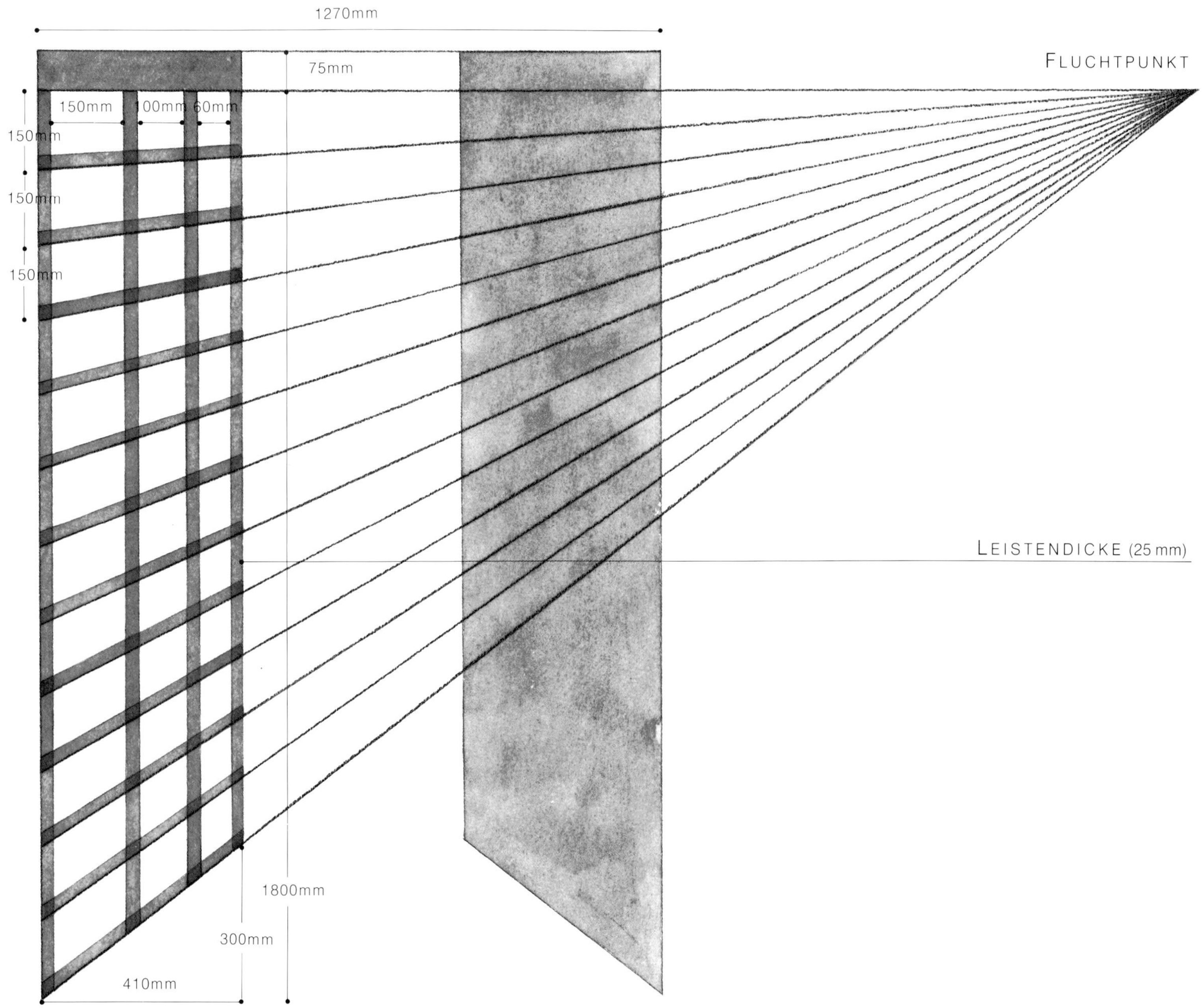

Skizze zum Spalier

Man braucht eine originalgroße Skizze, um die Leistenlängen und den Perspektivewinkel berechnen zu können. Die Gesamthöhe und -breite dieses Projekts richtet sich nach den Maßen der Tür, die miteinbezogen wird. Grundsätzlich wählt man die Maße nach dem Platz, der zur Verfügung steht.

Spalier mit Scheinperspektive

Wenn das Spalier an der Wand befestigt ist, hat man den Eindruck, auf einen dreidimensionalen Bogen bzw. in unserem Fall auf mehrere solcher Bögen zu blikken.

Bezieht man eine Tür oder einen Durchgang in die Konstruktion mit ein, bestimmen diese die Größe des Spaliers. Hier wurden drei Bögen neben einer Gartentür angebracht, über die man ebenfalls ein dazu passendes »Spalierdach« setzte. Zwischen den einzelnen Bögen stehen »Pfosten«, 75 x 25 mm, die nach oben hin spitz zulaufen. Das Konstruktionsprinzip ist ganz einfach auf andere Größen und Formen zu übertragen, je nachdem wieviel Platz man im Garten hat, wieviel Mauer einem zur Verfügung steht und was einem gefällt.

Die Spalierdichte und der Grad an perspektivischer Illusion können ganz frei gewählt werden. Die hier angegebenen Maße eignen sich gut als Grundlage für die Entwicklung eigener Ideen.

Natürlich braucht man eine Wand zur Befestigung des Spaliers. Das muß nicht unbedingt eine Gartenmauer sein; genauso gut eignen sich eine kahle Hausmauer sowie die Wände von der Garage oder anderen Gebäuden.

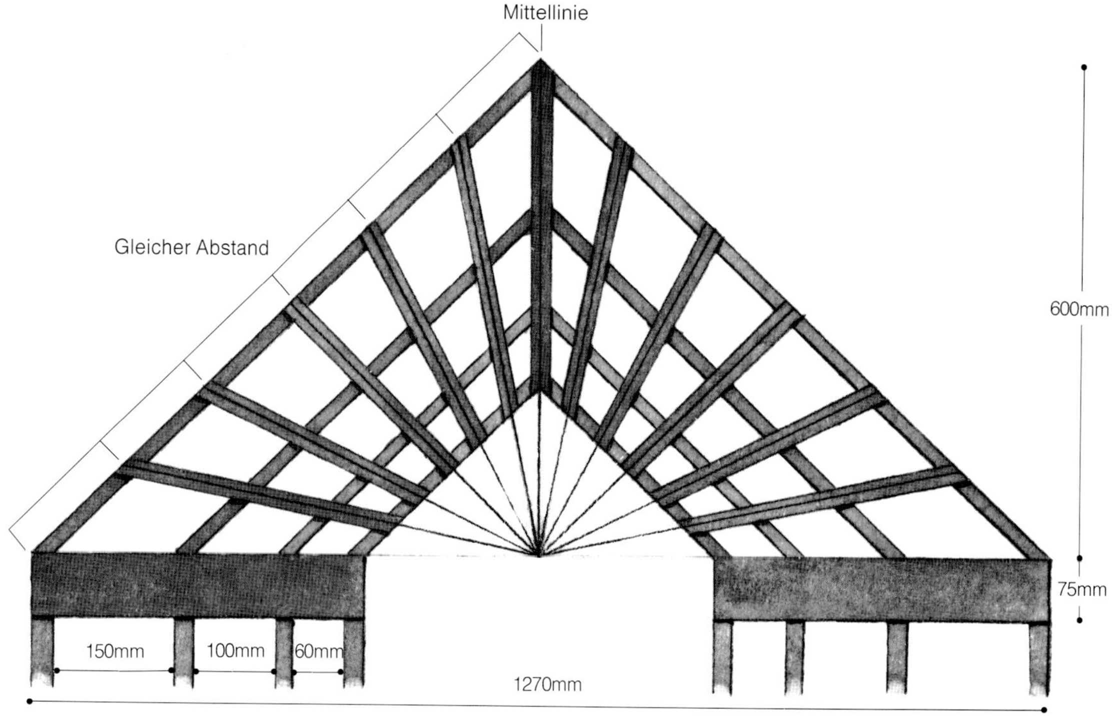

1 Skizze von der Dachkonstruktion

Man zieht eine Linie in der Breite des Spaliers. Eine Mittelsenkrechte dazu verläuft zum Scheitelpunkt. Man zeichnet die Leistendicke ein und dann die beiden Schenkel eines Dreiecks. Man markiert die Stellen, an denen die senkrechten Leisten nach unten gehen und zieht die Linien bis zur Grundlinie durch.

Werkzeuge

- WERKBANK (fest oder tragbar)
- METALLMASSBAND
- ANSCHLAGWINKEL
- FUCHSSCHWANZ (oder Dekupiersäge)
- HAMMER
- BOHRMASCHINE
- BÖHRER – 3 mm
- STEINBOHRER – 6 mm
- SCHRAUBENZIEHER
- WASSERWAAGE

Materialien

Anmerkung: Wenn es keine Leisten mit den Maßen 25 x 12 mm zu kaufen gibt, kann man sie sich auch selbst herstellen. Dazu schneidet man ein Brett, 200 x 25 mm, mit der Kreissäge auseinander. Man gewinnt pro Brett 16 Leisten.

Teil	Menge	Material	Länge
LÄNGSLEISTEN	8 pro Bogen	geschnittenes Weichholz, 25 × 12 mm	1800 mm*
QUERLEISTEN	nach Bedarf	wie oben	nach Bedarf
DACHLEISTEN	nach Bedarf	wie oben	nach Bedarf
DICKE LEISTE (beliebig)	1 pro Bogen	geschnittenes Weichholz, 75 × 12 mm	1270 mm**
PFOSTEN	1 zwischen jedem Bogen	geschnittenes Weichholz, 75 × 25 mm	nach Bedarf

* Endgültige Länge; zunächst wird in Überlänge zugeschnitten und nach der Befestigung auf die richtige Länge gekürzt (siehe Text für die Einzelheiten)

** Das angegebene Maß entspricht der Breite eines einzelnen Spalierbogens.

Spalier mit Scheinperspektive

Die einfachste Art, ein solches Spalier herzustellen, besteht darin, sich zunächst eine orginalgroße Skizze anzufertigen. Dafür braucht man eine große, ebene Fläche wie etwa den Garagenboden, ein paar zusammengestellte Tische oder einfach eine Autoeinfahrt.

Möglicherweise kann man die Skizze gleich direkt auf die ebene Fläche zeichnen. Wahrscheinlich muß man aber mehrere Stück Papier nehmen und diese dann zusammenkleben. Man braucht für die Konstruktion des Spaliers genügend Platz, denn alle Einzelteile müssen auf den Plan gelegt und direkt auf der Skizze zusammengenagelt werden.

Entsprechend den vorgegebenen Skizzen zeichnet man sich den Plan für eine Spaliereinheit. Als erstes muß man die Ausmaße in Höhe und Breite festlegen. Das abgebildete Spalier ist 1 800 mm hoch; die Außenseite ist gleichmäßig zwölfmal unterteilt. Die Zwischenräume (von der Unterseite einer Leiste bis zur Unterseite der nächsten) betragen 150 mm.

Dann benötigt man die Breite einer Spalierhälfte; hier sind es 410 mm von der Außenkante der äußersten Längsleiste bis zur Innenkante der innersten Längsleiste. Zwei weitere Längsleisten kommen noch dazwischen, und man erhält dadurch 150, 100 und 60 mm breite Felder.

Die innerste Längsleiste ist nur 1 500 mm lang und wird 300 mm über dem Boden angebracht. Man verbindet die beiden untersten Punkte und zieht die schräge Linie weiter, bis sie auf die waagrechte obere Linie stößt. Der Schnittpunkt dieser beiden Linien ergibt den Fluchtpunkt, in dem alle anderen Querlinien dann zusammenlaufen müssen.

Mit Hilfe einer Leiste zeichnet man die Dicke aller Längs- und Querleisten an. Als nächstes wird das »Dach« gezeichnet. Man beginnt bei der Grundlinie des Dreiecks, von deren Mitte aus man eine Linie 600 mm lang senkrecht nach oben zieht. Der Endpunkt ist der Scheitel des Dreiecks. Aus der Mittellinie zeichnet man die Leistendicke ein und anschließend die Schenkel des Dreiecks.

Wenn man dieses Teil extra gezeichnet hat, muß man die Stellen markieren, an denen die Längsleisten nach unten gehen. Von diesen Markierungen aus zieht man parallel zu den Dreiecksschenkeln Linien zur Mittellinie hin.

An den Dreiecksschenkeln markiert man in gleichmäßigem Abstand fünf Punkte, von denen aus man Linien zum Mittelpunkt der Grundlinie zieht (dadurch erhält man sechs gleichgroße Abstände auf jeder Seite).

Wie zuvor zeichnet man die Dicke der Leisten ein; die Querleisten enden an der innersten Dachleiste (Abb. 1). An der Skizze mißt man die benötigten Leistenlängen ab (dabei muß man bedenken, daß man die Längsleisten auch jeweils für die andere Hälfte benötigt), und multipliziert dann die Gesamtzahl mit der Anzahl der Einheiten, die man bauen möchte. Für die Abschrägungen an den Enden wählt man die Längen etwas größer.

Nachdem man die Leisten besorgt hat, schneidet man sie entsprechend zu, jeweils mit einem kleinen Überstand für das Abschrägen der Enden.

Alle Querleisten werden genau auf den Plan gelegt, die Längsleisten darüber.

Auf die Punkte, an denen sich zwei Leisten überschneiden, gibt man einen Klecks wasserfesten Holzleim und nagelt die Verbindungen dann jeweils fest. Wenn man auf einer Werkbank arbeitet, hilft es gegen das Verrutschen der Leisten, an den Überkreuzungen jeweils vorübergehend Nägel in die Werkbank zu schlagen. Nach diesem Muster stellt man die benötigte Anzahl von Spalierrahmen her.

Man dreht den ersten Spalierrahmen um und fährt die Umrisse mit einem Stift auf einer Unterlage nach. Auf diese Art erhält man die spiegelbildliche Skizze. Wie zuvor baut man auch nach diesem Muster die benötigte Anzahl an Rahmen.

Das Dach wird genauso wie die Seitenteile hergestellt. Man legt die Querleisten auf den Plan, die Längsleisten darüber und verbindet sie mit Leim und Nägeln.

Die überstehenden Leistenenden sägt man an den Rahmenkanten bündig ab. Die Pfosten und dicken oberen Querleisten werden vorbereitet.

Bei den Querleisten sägt man den Mittelteil nach dem Zusammenbau heraus. Man kann daher auch zwei kürzere Reststücke dafür verwenden, die nicht über die ganze Breite gehen.

Ideal ist die Verwendung von Holz, das bereits mit einem Schutzmittel eingelassen ist. Ansonsten muß man in diesem Stadium das ganze Spalier mit wasserabstoßendem Holzschutzmittel behandeln. Das fertige Spalier wird mit drei Schichten Mikropär-Farbe oder mit einer Schicht wetterfester Grundierung und zwei Schichten wetterfestem Lack gestrichen.

Sollen an dem Spalier Kletterpflanzen emporwachsen, muß man zur Wand hin Abstandshölzchen anbringen, damit sich die Pflanzen herumwinden können. Ansonsten kann man das Spalier direkt in die Mauer schrauben.

Ein Pfosten wird an die Wand gelehnt. Mit einer Wasserwaage überprüft man, ob er auch senkrecht steht. Man bohrt für zwei Schrauben Löcher durch den Pfosten und läßt dabei den Bohrer leicht an der Mauer kratzen. Dann entfernt man den Pfosten wieder und bohrt mit dem Steinbohrer in entsprechender Tiefe die Löcher für die Dübel. Die Dübel werden eingesetzt, dann dreht man die verzinkten Schrauben durch die Pfosten etwa 38 mm in die Wand.

Anschließend befestigt man ein Seitenteil. Dann folgt das Dach. Hierbei verwendet man das ausgeschnittene Stück der dicken Querleiste als Abstandshalter. Anschließend folgt der nächste Pfosten, das nächste Dach, der nächste Pfosten usw. Wenn die ganze Breite fertiggestellt ist, fügt man die anderen Seitenteile ein. Die breiten Querleisten befestigt man zwischen der Oberkante des Seitenteils und der Unterkante des Dachteils.

2 Zusammennageln des Spaliers

Die Querleisten werden auf den Plan gelegt und zusammengebaut.

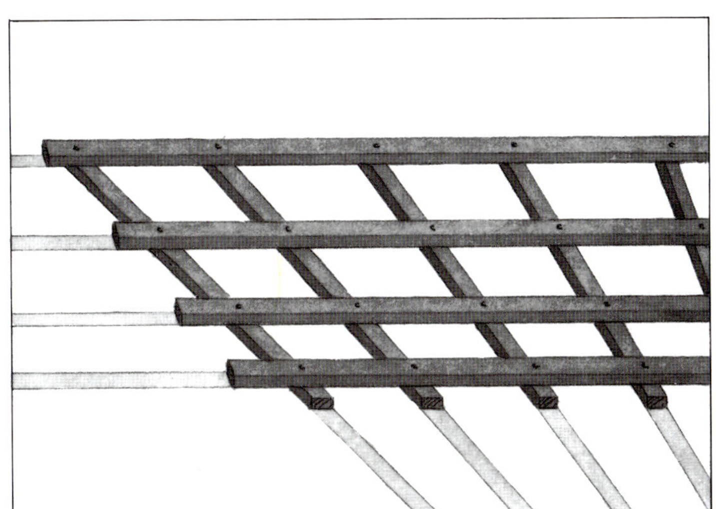

Sechseckige Laube

Eine Laube wirkt in jedem Garten sehr reizvoll. Kletterpflanzen können sich unter idealen Licht- und Luftbedingungen gut daran hochranken. Sehr häufig sind Lauben reine Metallkonstruktionen. In unserem Fall aber wurden für den simplen und doch eleganten Rahmen einfache Kupferrohre und schlichte Holzpfosten, wie man sie in jedem Heimwerkermarkt bekommt, verwendet. Der Bau geht schnell und ist nicht kompliziert.

Die drei Kupferrohre (mit stark verdünnter Salzsäure abgerieben bekommen sie eine grüne Farbe) werden exakt in der gleichen Länge zugeschnitten und rundgebogen. Die Form dafür macht man sich aus einem Stück festem Karton oder Spanholz. Alle 150 mm bohrt man Löcher in die Rohre, durch die man als Kletterhilfe für die Pflanzen einen dünnen, grünen Draht mit Plastikummantelung zieht.

Wie bei allen Pfosten, die im Boden verankert werden müssen, nimmt man auch hier am besten spitze Stahlschuhe. Die Metallspitzen werden in den Boden geschlagen und die Pfosten in die Schuhe gesetzt.

Die senkrechten und waagrechten Balken werden mit Holzschutzmittel behandelt. Die dunkelbraune Farbe, die das Holz dadurch annimmt, bildet einen schönen Kontrast zum Grün des Kupfers.

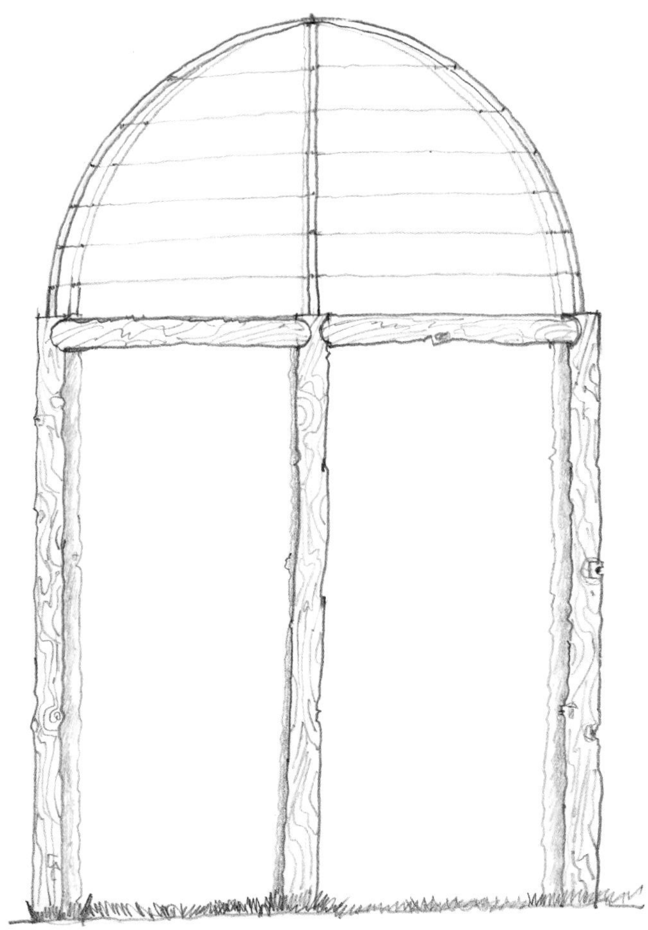

Sechseckige Laube

Die Rahmenhöhe kann etwas variieren. Die Pfosten sollten mindestens 2 m hoch sein, da sich ansonsten große Menschen den Kopf an den Querbalken anstoßen könnten. Aus Gründen der Stabilität macht man die Pfosten allerdings auch nicht höher als 2,5 m.

Mit Schnur und Pflöcken markiert man auf einem ebenen Boden die sechseckige Form mit den Positionen der Pfosten (Abb. 1). Der Abstand dieser Pfosten beträgt je 1 000 mm; die jeweils gegenüberliegenden Pfosten liegen 2 m auseinander. Die Markierungen müssen in jedem Fall genau abgesteckt werden.

Für die Pfosten hebt man mit einem schmalen Spaten oder einem Handbagger 600 mm tiefe Löcher aus. Dann füllt man sie mit einer 150 mm dicken Schotterschicht auf, damit das Wasser gut abfließen kann und die Pfosten nicht verrotten.

Entsprechend der folgenden Beschreibung fertigt man aus je einem Pfosten und einem Querbalken sechs L-förmige Teile an.

Man setzt zwei Pfosten in benachbarte Löcher und verkeilt sie so, daß sie senkrecht stehen. Dann mißt man den lichten Abstand zwischen ihnen und gibt noch 50 mm für die Ausformung der Balkenenden hinzu. Anschließend entfernt man die Pfosten wieder.

Mit der Dekupiersäge sägt man die Enden der Balken halbrund aus, so daß sie an die Seiten der Pfosten passen. Man kann auch statt dessen mit der Handsäge V-förmige Schlitze ausschneiden.

An der Spitze jedes Pfostens zeichnet man 60°-Winkel zur Orientierung für die Position der Balken an (Abb. 2, unten). Die Linien zieht man dann bis zu den gegenüberliegenden Pfostenseiten durch. Damit gewinnt man die Punkte, an denen die Dübel angebracht werden müssen. Diese werden in einer Länge von 150 mm zugeschnitten.

Nun setzt man einen der Pfosten auf ebenen Untergrund ab. Man legt einen Balken an die Pfosten und bohrt das Dübelloch durch den Pfosten in den Balken hinein (Abb. 3). Der Dübel muß mindestens 50 mm in den Balken hineinragen. Man paßt ihn mit wasserfestem Holzleim in das Loch ein. Die fünf anderen L-Konstruktionen werden in gleicher Weise hergestellt.

Zwei Pfosten werden in die Löcher gesetzt und der Balken zwischen ihnen korrekt ausgerichtet. Mit Hilfe eines Richtscheits und einer Wasserwaage bringt man die Pfosten genau ins Lot. Falls nötig, entfernt man einen Teil des Schotters oder schüttet etwas auf. Durch den noch unverbundenen Pfosten bohrt man entsprechend dem angezeichneten Winkel ein Loch in den Balken. Wie zuvor verwendet man für die Verbindung von Pfosten und Balken einen Dübel (Abb. 3).

Auf diese Art verbindet man alle Pfosten miteinander. Dabei hat man darauf zu achten, daß die Pfosten alle gleich hoch sind. Eventuell überstehende Dübel werden bündig abgesägt.

Zur Sicherung der Verbindungen schraubt man schräg durch jeden Querbalken eine 75 mm lange Schraube (Abb. 3).

Materialien

Teil	Menge	Material	Länge
PFOSTEN	6	vorbehandelte Pfosten, 75–100 mm ∅	2,4 m
QUERBALKEN	6	vorbehandelte Pfosten, 50–75 mm ∅	nach Bedarf
KUPPELSTANGEN	3	Pfosten, Kupferrohr, 22 mm ∅	nach Bedarf

Außerdem: Ungefähr 2 m Hartholzdübel, 12 mm ∅

Werkzeuge

- WERKBANK (fest oder tragbar)
- SPATEN oder HANDBAGGER
- LAUBSÄGE
- WASSERWAAGE
- METALLINELA
- DEKUPIERSÄGE
- BOHRMASCHINE
- HAMMER
- SCHRAUBENZIEHER
- ZANGE
- BÜGELSÄGE
- SCHRAUBZWINGEN
- SCHAUFEL

1 Markieren der Grundfläche
Die Pfosten stehen 1 000 mm voneinander entfernt. Man markiert den Mittelpunkt und zieht die Linien.

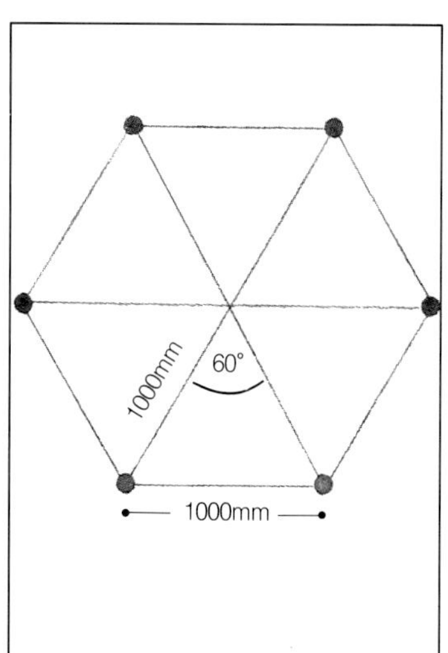

2 Anpassen der Querbalken
Die Enden der Querbalken werden so zugeschnitten, daß sie an die Pfosten passen.

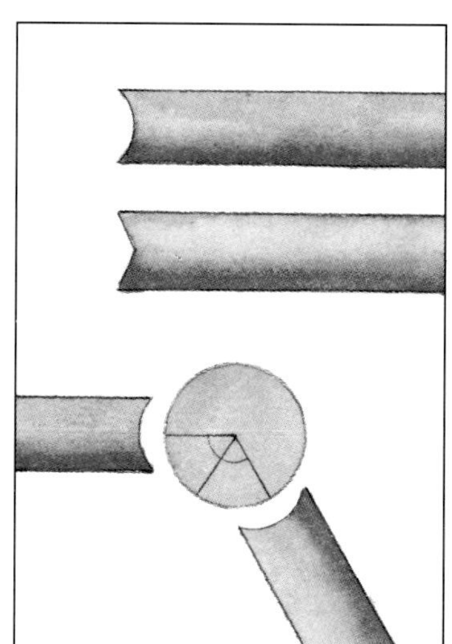

3 Befestigung der Querbalken
Durch die Pfosten bohrt man Löcher in die Querbalken. Zur Befestigung verwendet man Dübel.

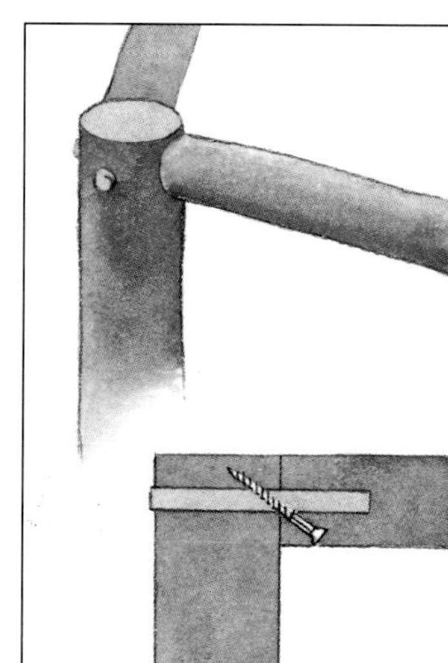

Zum Schluß bindet man um die oberen Pfostenenden ein Stück Gartendraht, den man mit 38 mm-Heftklammern an den Pfosten befestigt. Gespannt wird er, indem man die zwei Enden mit der Zange zusammendreht.

Auf ein großes Stück Sperrholz oder Spanplatte zeichnet man einen Halbkreis (Abb. 4). Ein Bleistift und ein Stück Schnur dienen dabei als Zirkel. Auf diese Art erhält man den Querschnitt der Kuppel. Alle 150 mm markiert man auf der Linie die Löcher, durch die später der Spalierdraht gezogen wird.

Für die Schablone, an der man dann das Kupferrohr in die exakte Form biegt, verwendet man ein Stück Sperr- oder Spanholz von 19 mm Dicke. Der Bogen wird auf die Schablone übertragen und mit der Dekupiersäge ausgeschnitten.

Mit der Bügelsäge schneidet man die Rohre in der Länge zu. In unserem Fall waren das 3,14 m. Da man das Kupfer ein bißchen enger biegen muß als den endgültigen Bogen, drückt man es an jedem Ende ca. 40 mm nach unten.

Man befestigt die Schablone mit Schraubzwingen an der Werkbank oder an einem Tisch, um das Rohr darum herumzubiegen. Dabei benötigt man eine zweite Person zur Hilfe. Zu zweit drückt man das Rohr an die Schablone, bis es dieser ganz entspricht. Wenn die Enden nicht in der vorgesehenen Form bleiben, setzt man eine Spiralfeder, 22 mm, in das Rohr ein.

Das gebogene Rohr legt man an die Zeichnung von der Kuppel an und markiert die 150 mm-Abstände. An diesen Stellen bohrt man Löcher von 3 mm Durchmesser in das Rohr.

Die beiden anderen Rohre werden ebenfalls geformt und mit den Löchern versehen. Die Markierungen für die Löcher nimmt man immer von der Originalskizze ab.

An jedem Rohr wird der Mittelpunkt angezeichnet und dann mit dem Hammer platt geklopft. Dort bohrt man nun jeweils ein Loch von 6 mm Durchmesser (siehe Abb. 5) und schraubt die Teile zusammen.

Als nächstes bohrt man oben in die Mitte jedes Pfostens 25 mm große und 50 mm tiefe Löcher.

Nun kann man die Kuppel auf die Pfosten heben und die Enden der Rohre in die Löcher setzen (Abb. 6). Die Konstruktion hat genügend Spiel, um die Rohre genau einzupassen.

Durch jede Lochreihe wird nun der Gartendraht gezogen und gut festgezurrt. Zur Befestigung der Kuppel auf den Pfosten bohrt man quer durch die Rohre oberhalb jedes Querbalkens und führt einen Nagel, 50 mm, hindurch.

Zum Schluß bereitet man eine feste Betonmischung aus fünf Teilen Sand und einem Teil Zement und gießt diese zusammen mit kleinen Steinchen in die Löcher am Boden. Man rammt den Beton fest und formt dann einen erhabenen, gewölbten Rand, so daß das Wasser ablaufen kann.

Zusammenbau der sechseckigen Laube

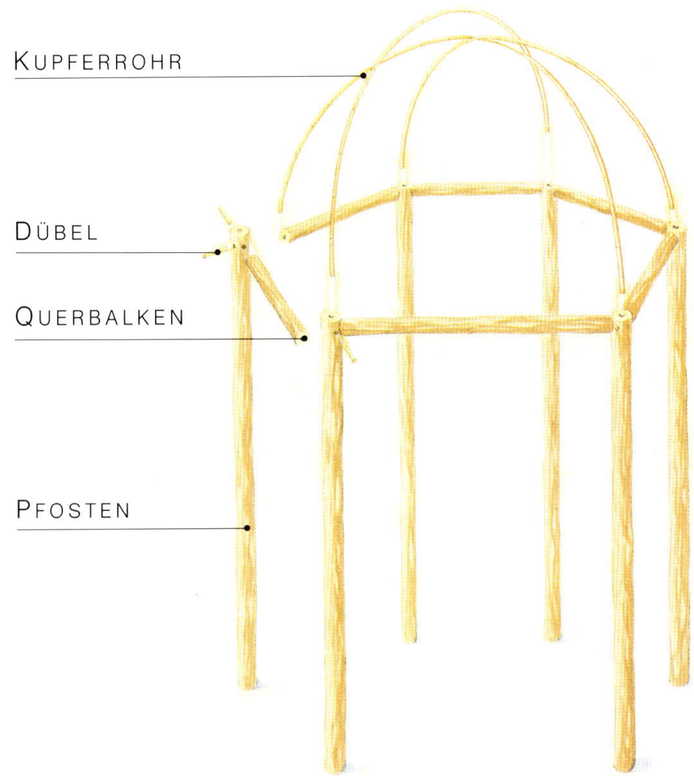

4 Kuppelschnitt und Schablone

Auf einem Halbkreis trägt man Abstände von 150 mm ein.

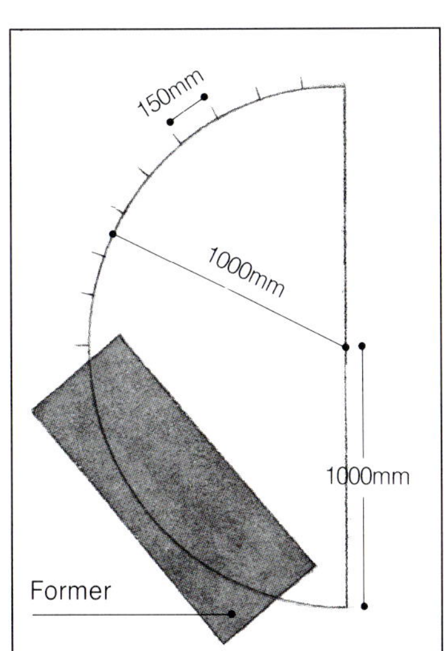

5 Befestigung der Kuppel

Oben in der Mitte werden die Rohre flach geklopft; dann bohrt man ein Loch von 6 mm Durchmesser hindurch.

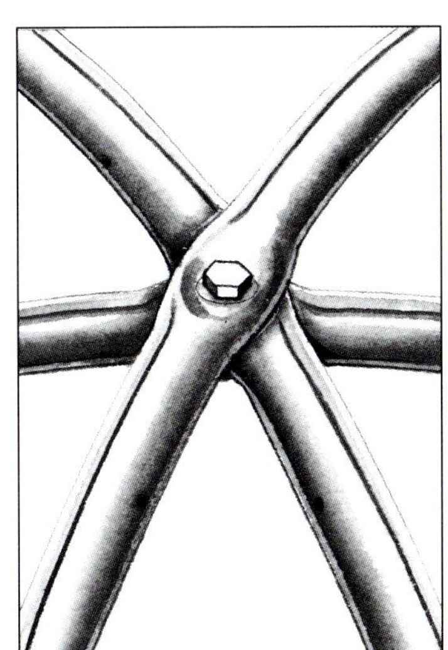

6 Befestigung der Kuppel auf den Pfosten

In die Mitte jedes Pfostens bohrt man ein Loch und setzt die Kuppel auf.

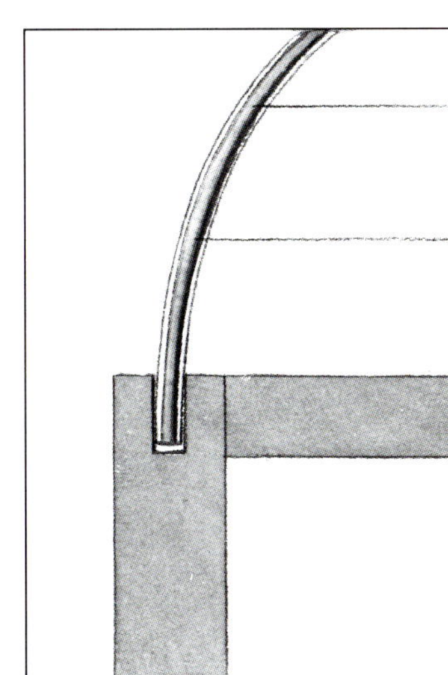

Bohnenstangenzaun

Neue Zäune bringen oftmals einen zu harten Kontrast ins Gesamtbild, und Hecken brauchen immer eine ganze Weile, bis sie eine wirkliche Abgrenzung nach außen bilden, selbst wenn man schnellwachsende Sträucher wählt. Der hier vorgestellte Bohnenstangenzaun wirkt natürlicher als die üblichen Holzzäune, fast wie eine »selbstgemachte Hecke«. Er erinnert etwas an die geflochtenen Strohzäune früherer Zeiten oder an die wunderschönen Schirme und Paneele in japanischen Gärten. Die besondere Wirkung kommt hier durch die Verbindung des strengen, geradlinigen Rahmens mit der natürlichen, unregelmäßigen Struktur der Bohnenstangen zustande.

Der Zaun ist ausgesprochen einfach herzustellen. Die Bohnenstangen werden in den zugeschnittenen Rahmen eingepaßt. Sie sitzen oben und unten in zwei Schlitzen, die durch Querleisten gebildet werden. Die Stangen werden alle in gleicher Länge zugeschnitten, in die Schlitze eingesetzt und zusammengeschoben.

Es ist nicht nötig, die Stangen zu behandeln; allerdings halten sie etwas länger, wenn man die Enden in Holzschutzmittel taucht. Sie lassen sich leicht ersetzen, wenn mal eine zerbricht oder beschädigt wird.

Man kann den Zaun gut in einen Vorgarten setzen; sehr geeignet ist er auch für ein neues Haus, bei dem der Pflanzenwuchs noch nicht sehr ausgeprägt ist. Die Bohnenstangen sind so fest, daß Tiere nicht hindurchpassen.

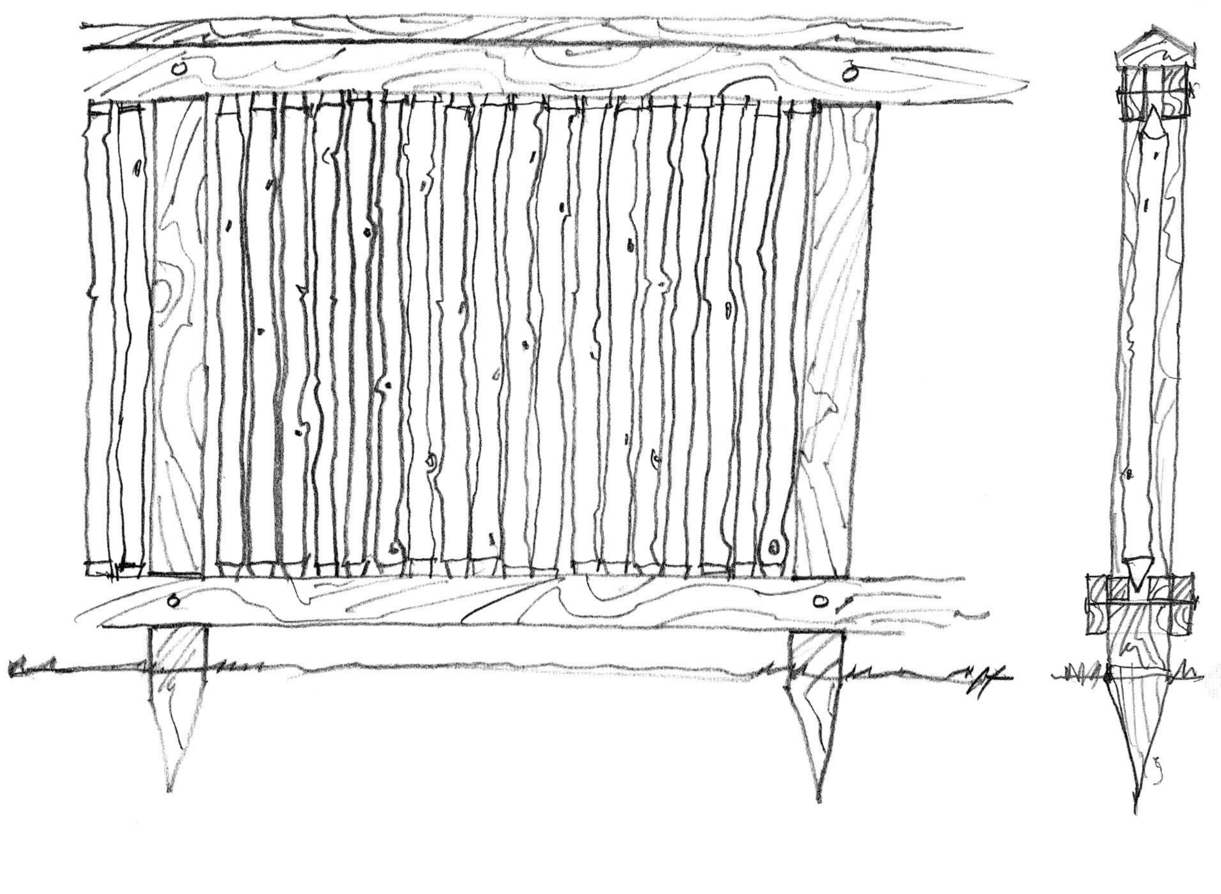

Bohnenstangenzaun

Dieser rustikale Zaun unterscheidet sich gewiß von den entsprechenden Konstruktionen in der Nachbarschaft. Die Bohnenstangen sitzen zwischen Leisten aus dem geschnittenen und behandelten Holz. Man kann das Holz naturfarben lassen, es mit einer dunkleren Holzlasur behandeln oder wie hier mit Mikropur-Farbe streichen. Bei dieser Farbe benötigt man keine Grundierung, und man kann sie jederzeit erneuern.

Wahrscheinlich bekommt man die Bohnenstangen nicht beim Holzhändler, sondern eher bei einer Lieferfirma für Zäune oder im Gartencenter.

Da Bäume im Winter oder im Frühjahrsanfang gefällt werden, kauft man am besten um diese Zeit die Stangen. Man benötigt eine ziemlich große Anzahl. Am besten kauft man zunächst ein oder zwei Bündel, um zu sehen, wieviel das auf die Gesamtlänge ausmacht, und bestellt dann entsprechend.

Der Abstand der Pfosten hängt von der Länge der Leisten ab. Die Leisten werden jeweils an den Pfosten miteinander verbunden, d. h. wenn man 3 m lange Leisten hat, müssen die Pfosten im Abstand von 1 500 mm stehen. Bei 2,4 m langen Leisten beträgt der Pfostenabstand 1 200 mm. So berechnet man die Anzahl der Pfosten (und Pfostenträger), die man braucht.

Schließlich muß man noch entscheiden, wie hoch der Zaun sein soll. In diesem Fall hier sind es 1 000 mm; die Pfosten sind dann 1 500 mm lang, wobei sie 500 mm in den Boden versenkt werden. Ganz grob kann man sagen, daß die Pfosten zu einem Drittel der Zaunhöhe – mindestens aber 500 mm – in den Boden gehen müssen.

Man kann natürlich auch spitze Stahlschuhe verwenden, die in den Boden geschlagen werden; die Pfosten werden dann in die Halterung eingesetzt. Für Zäune bis zu 1 200 mm Höhe braucht man 600 mm lange Spitzen; bei einer Zaunhöhe bis zu 1 800 mm müssen die Stahlschuhe 760 mm lang sein.

Um die Metallschuhe in den Boden zu schlagen, steckt man ein kleines Stück Pfosten lose in den Träger, damit er durch die Hammerschläge nicht beschädigt wird. Mit der Wasserwaage überprüft man immer wieder an allen Seiten, ob die Spitzen gerade in den Boden gehen. Sollten sie schräg sitzen, kann man sie wieder zurechtrücken. Mit einem waagrecht gespannten Stück Schnur kontrolliert man, daß die Spitzen alle in einer Linie und in gleicher Tiefe in den Boden geschlagen sind.

Wenn man nicht mit Stahlschuhen arbeitet, spitzt man bei weichem Boden einfach die Pfosten unten an und schlägt sie ein. Bei dieser Methode ist es allerdings nicht ganz einfach, die Pfosten in einer Linie und ganz senkrecht auszurichten. Deshalb gräbt man die Löcher besser mit einem Handbagger (den es auch zu leihen gibt). Damit kann man die Erde so ausheben, daß man ein rundes Loch von 225 mm Durchmesser und bis zu 600 mm Tiefe erhält.

Dann stellt man die Pfosten entlang einer gespannten Schnur in die Löcher. Die Löcher füllt man so auf, daß alle Pfosten gleich hoch sind. Damit die Pfosten gerade bleiben, stampft man Schotter in die Löcher. In Bodenhöhe wird Beton um die Pfosten gegossen, damit das Regenwasser gut ablaufen kann.

Werkzeuge

WERKBANK (fest oder tragbar)
METALLMASSBAND
ANSCHLAGWINKEL
LAUB- oder KREISSÄGE
BAUMSÄGE
HAMMER
BOHRMASCHINE (Hand oder elektrisch)
BOHRER – 6 mm
SCHRAUBENSCHLÜSSEL
WASSERWAAGE
MEISSEL
HOLZHAMMER
HIPPE (oder Axt oder scharfes Messer)

Materialien

Teil	Menge	Material	Länge
PFOSTEN	nach Bedarf	geschnittenes und behandeltes Weichholz, 75 × 75 mm	nach Bedarf
LEISTEN	nach Bedarf	geschnittenes und behandeltes Weichholz, 75 × 25 mm	nach Bedarf
LATTEN	nach Bedarf	geschnittenes und behandeltes Weichholz, 32 × 25 mm	nach Bedarf
BLENDE	nach Bedarf	geschnittenes und behandeltes Weichholz, 75 × 38 mm	nach Bedarf
BOHNENSTANGEN	nach Bedarf	Haselnuß, Birke oder Kastanie	nach Bedarf

* Die Höhe des Pfostens hängt von der Zaunhöhe und von der Art der Befestigung im Boden ab.

Vorbereiten und Befestigen der Pfosten

Wenn man die Pfosten angespitzt in den Boden treibt (siehe oben), kann man die Verbindungen an Ort und Stelle schneiden. In allen anderen Fällen ist es besser, die Pfosten auf der Werkbank zu bearbeiten.

Man hält eine Seitenleiste an den Pfosten, so daß sie oben bündig abschließt, und zeichnet die Breite der Leiste an. Dasselbe wiederholt man auf der anderen Pfostenseite. Oben an jedem Pfosten kerbt man 25 mm tiefe Einschnitte in der Breite der Leisten aus. (Abb. 1).

Man setzt die Pfosten entweder mit Metallschuhen oder direkt in den Boden und bringt sie alle in gleiche Höhe. Dann legt man ein langes, gerades Brett über die Pfosten und prüft die Höhe mit der Wasserwaage noch einmal nach.

Bei der Verwendung von Metallschuhen schraubt oder klammert man die Pfosten unten fest. Wenn man sie in Löcher setzt, füllt man Schotter auf und schichtet Zement darüber. Dann kontrolliert man noch einmal alle Pfosten, ob sie in einer Linie stehen und gleich hoch sind.

Befestigung der oberen Leisten

Die oberen Leisten werden an jeder Seite der Pfosten mit zwei Sechskantschrauben befestigt.

Falls man zwei Leisten aneinandersetzen muß, schneidet man sie diagonal so zu, daß sie an einem Pfosten aneinanderstoßen (Abb. 2). Pro Pfosten sollte man allerdings nur eine solche Nahtstelle haben, damit der Zaun nicht seine Stabilität verliert. Man wechselt dabei immer von einer Pfostenseite zur anderen.

Am Zaunende schneidet man die Leisten mit der Pfostenkante bündig ab.

Befestigung der unteren Leisten

Die unteren Leisten werden etwa 150 mm oberhalb des Bodens an die Pfosten geschraubt. Man befestigt ein Leistenende mit einer Sechskantschraube an einem Pfosten. Mit Hilfe der Wasserwaage bringt man die Leiste in die Waagrechte und befestigt das andere Ende am nächsten Pfosten. Pro Pfosten verwendet man zwei Sechskantschrauben. Falls nötig, legt man einen Diagonalstoß an den Pfosten.

Man mißt den Abstand zwischen den Pfosten und schneidet sich Latten so zu, daß sie bequem dazwischenpassen (Abb. 3). Die Latten werden innen an die unteren Leisten angebracht, die schmalere Seite nach oben. Die Oberkanten von Latten und Leisten schließen bündig miteinander ab. Durch die unteren Leisten schraubt man je vier verzinkte Schrauben in die Latten. Durch die Latten entsteht zwischen den unteren Leisten ein Schlitz von etwa 12 mm.

Man mißt den Abstand zwischen der Oberkante der oberen Leisten und der Unterkante der unteren Leisten und schneidet in dieser Länge die Bohnenstangen zu. Dazu nimmt man eine Baumsäge.

Mit einer Hippe, einer Axt oder einem scharfen Messer spitzt man ein Ende der Bohnenstangen an, so daß es in den Schlitz paßt.

Man fängt an einem Ende an, die Stangen in die Zwischenräume zwischen den oberen und den unteren Leisten hineinzustecken. Sie werden dicht zusammengeschoben, bis der ganze Rahmen mit ihnen gefüllt ist.

Alle Bohnenstangen werden oben so abgesägt, daß sie bündig mit den Leisten abschließen. Man verwendet dafür eine Baum- oder eine Handsäge und preßt jede Stange dabei fest nach unten.

Zum Schluß nagelt man die Blende so oben auf den Zaun, daß die Kanten der oberen Leisten bedeckt sind.

Zusammenbau des Bohnenstangenzauns

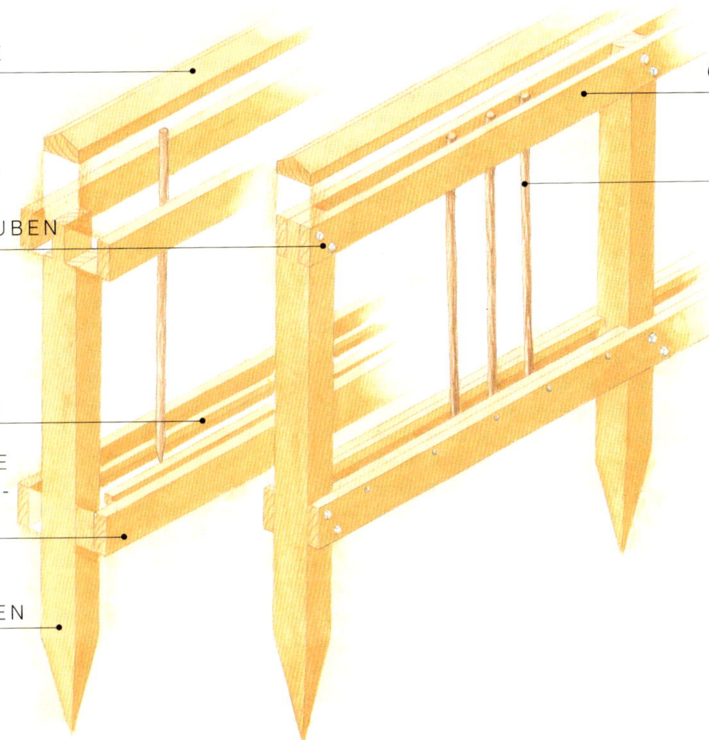

Querschnitt

1 Befestigung der oberen Leisten
Man kerbt die Pfosten oben an beiden Seiten 25 mm tief in der Breite der Leisten ein.

2 Verbindung der Leisten
Man schneidet die Leisten diagonal ab und verschraubt die Enden dicht gestoßen in den Pfosten.

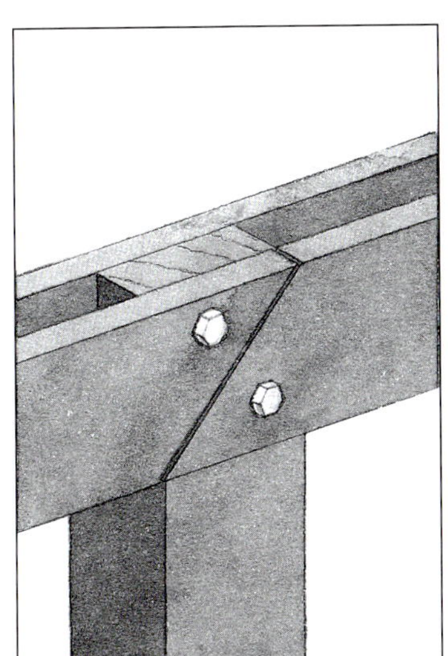

3 Befestigung der Bohnenstangen
Ein Ende der Stangen wird zugespitzt. Man fügt die Stangen zwischen den Leisten hindurch ein.

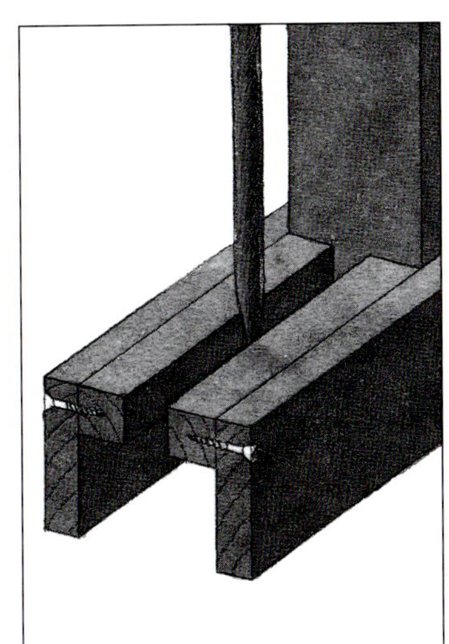

Teil 9

Pflanztröge und -behälter

In Versailles kann man jedes Jahr ein Schauspiel besonderer Art erleben: Die Armee muß eingesetzt werden, um Hunderte von Orangen- und Zitronenbäumen, die in Kübeln wachsen, für den Winter in die Gewächshäuser zu bringen. Kaum ein Garten wird eine derartige Fülle an Behältern aufnehmen können, aber für ein paar Pflanztröge findet sich überall Platz. Paarweise neben dem Eingang aufgestellt, machen sich schlichte Behälter mit Lorbeerbäumen sehr gut. Und auch eine üppig bepflanzte Kollektion von Terracotta-Schalen oder hängende Körbe mit freundlichen bunten Sommerblumen wirken sehr hübsch.

Pflanzbehälter haben viele Vorteile: Man kann den Pflanzen genau die richtige Erdmischung geben und sie dort plazieren, wo sie am wirkungsvollsten zur Geltung kommen. Wenn der Behälter nicht zu groß ist, läßt sich die Pflanze zur Blütezeit an einen besonders auffälligen Ort stellen. Pflanztröge und Fensterkästen sind beispielhafte Heimwerkerprojekte, da man sie maßgerecht für die jeweiligen Bedürfnisse bauen kann. Wenn man innen und außen die gleiche Art von Pflanztrögen verwendet, hat man einen schönen Übergang.

Pflanztröge und -behälter

Es gibt noch mehr, was für eine Gartenkultur im Topf spricht. Menschen mit knapp bemessener Freizeit werden es zu schätzen wissen, daß man normalerweise kaum Unkraut zu jäten braucht. Jede Pflanze erhält genau die richtige Menge an Kompost und Erde; die Folge ist eine große Pflanzenvielfalt auf kleinem Raum. Durch geschickte Anordnung der Behälter gewinnt die Gartengestaltung an Konturen; eine ebene Fläche läßt sich auf diese Weise strukturieren, und die »Ödflächen« unter einem Baum oder auf einem Dach geraten durch die kleine Welt in Töpfen und Kübeln in Bewegung.

Einige Pflanzen, wie beispielsweise Feigen, bevorzugen geradezu die Haltung in Kübeln, andere kann man über Jahre hinweg problemlos darin halten. Wenn man Wucherpflanzen, wie die Pfefferminze, in Töpfen zieht, kommt das dem übrigen Garten natürlich sehr zugute.

Dieser schnelle und leichte Weg der Gartengestaltung beeindruckt aber auch durch die Vielfalt seiner Ausdrucksmöglichkeiten und Stilrichtungen. Bepflanzte Behälter bringt man zunächst meist mit architektonischen Gärten in Verbindung. Symmetrische Arrangements von Kübeln, beschnittener Buchsbaum in gestrichenen Holzbehältern und steinerne Gefäße am Ende eines Weges oder in der Mitte von kreisförmig angelegten Beeten sind architektonische Stilmittel, die geometrische Struktur eines Gartens in besonderer Weise zu betonen.

Doch die Pflanzbehälter müssen durchaus keine Repräsentanten des klassischen Stils sein. In den Mittelmeerländern sieht man an markanten Punkten von Terrassen und Gärten häufig große Terracotta-Töpfe stehen. Die Fensterbänke und Balkone in vielen griechischen und italienischen Dörfern sind voll mit bepflanzten, angemalten Ölkannen – schöne Farbtupfer an den Hauswänden. Auf dem Land oder in ländlichen Gärten quellen Blumenkästen oder hängende Körbe über mit farbenprächtigen Geranien und Lobelien.

BLUMENTÖPFE

Pflanzen in Behältern bieten vielfältige Gestaltungsmöglichkeiten – noch der kleinste Raum wird so zum Garten. Ein Eingangsbereich, der von Kübeln oder Töpfen flankiert wird, ist ein typisches Merkmal architektonischer Gartengestaltung; die Kübelkultur kann man aber auch mit weniger strengen Formen kombinieren (oben links). Viele verschiedene Pflanzen lassen sich in Behältern ziehen: aus einem Kübel wachsen Kletterpflanzen an einem Spalier nach oben (oben), und selbst kleine Bäume gedeihen in Trögen (rechts).

Pflanztröge und -behälter

Die Pflanztröge sollten immer zum Gesamtstil eines Gartens passen. Man plaziert sie beispielsweise markant in einen Mittelpunkt, oder man arrangiert sie asymmetrisch, so daß sie den Blick durch den ganzen Garten lenken. Pflanzbehälter erweitern die Dimensionen eines ansonsten recht ebenen Gartens, wenn man sie auf eine Mauer stellt oder an der Hauswand herabhängen läßt. Mit einer Reihe von Blumentöpfen oder Pflanztrögen löst man die Begrenztheit eines umschlossenen Bereiches – beispielsweise einer Veranda – auf. Besonders gut machen sich Pflanzgefäße auch rechts und links neben Eingangstüren der Häuser.

Am besten stellt man immer eine Anzahl von Behältern zusammen. Einzeln im Garten verstreut, verlieren sie nicht selten einen Großteil ihres Reizes. Ein Metallgestell mit Blumentöpfen auf jeder Seite einer Tür sieht sehr hübsch aus. Oder man läßt sich von einer Idee inspirieren, die wir einmal in Frankreich entdeckten: Über die ganze Länge einer Gartenmauer waren im Abstand von 45 cm Bretter angebracht, auf denen Dutzende von Blumentöpfen standen.

Auch beim Bepflanzen der Behälter selbst sollte man aus dem Vollen schöpfen. Allerdings wirkt es oft besser, wenn in einem Behälter nur eine Pflanzenart wächst und nicht eine ganze Komposition sorgfältig ausgesuchter Sorten. Einfach nur mit Buchsbaum und Efeu bestückte Holzkästen bieten einen schönen Anblick vor dem Fenster, zudem gedeihen sie auch bei wenig Pflege sehr gut.

Was die Behälter an sich betrifft, so gibt es da eine große Vielfalt an Materialien, Größen und Stilen. Man sollte möglichst bei natürlichen Materialien bleiben: Stein, Holz und Terracotta schmeicheln nicht nur dem Auge, sondern gewinnen auch noch an Reiz durch die Verwitterung. Schön sind auch Metallbehälter, vor allem solche aus Blei, Zink oder Kupfer, doch selbst der Gummi eines alten Traktorreifens bringt eine interessante Strukturkomponente in den Garten. Plastik sollte man allerdings vermeiden; es wirkt in jedem Garten fehl am Platz, weil es weder verwittert noch altert und meist keine Oberflächenstruktur aufweist.

Man sollte die Behälter immer großzügig dimensionieren. Kleine Töpfe werden leicht übersehen oder erscheinen manchmal etwas mickrig und erzielen dann bei weitem nicht die Wirkung, die man vielleicht erwartet hat.

Bei den fertigen Pflanzbehältern sind zunächst einmal die Terracotta-Gefäße zu erwähnen. Es gibt sie in einfachen Formen, wie etwa als Vasen oder flache Schalen, traditionelle Blumentöpfe und Tröge. Auch die schlichten Betonsteinbehälter sehen nicht schlecht aus, vor allem, wenn man bei der Verwitterung ein bißchen nachhilft. Die hölzernen Pflanzbehälter und Kübel aus dem Fachhandel erhalten gleich eine individuelle Note, wenn man sie passend zum Haus streicht oder mit einer Kontrastfarbe einen kräftigen Akzent setzt. Holzbehälter sind natürlich auch eine schöne Aufgabe für den Heimwerker – schon wegen ihrer vielen Verwendungsmöglichkeiten. In einem Holzkübel gedeihen kleine Bäume und Sträucher prächtig, und das Halbfaß ist mittlerweile schon ein Klassiker in der Gartengestaltung. Holztröge und Pflanzbehälter lassen sich zu praktischen Hochbeeten umgestalten, so daß auch ältere oder etwas gebrechlichere Menschen nicht auf die Freude an der Gartenarbeit verzichten müssen. Und man kann mit den Behälterpflanzen auch in die Höhe gehen: eine Pyramide aus Bambusstangen in einem Topf mit rotblühenden Stangenbohnen ist ein sehr hübscher Anblick.

Bei den Pflanzbehältern kann man seiner Phantasie wirklich freien Lauf lassen und nach kreativen Lösungen suchen. Als Behälter läßt sich alles verwenden, angefangen vom Halbfaß bis hin zu alten Wasserkannen. Ausgemusterte Waschbecken und Zuber, Kaminkappen und Steintröge finden wieder eine neue Verwendung. Ein Sperrmüllplatz ist hierfür eine fast unerschöpfliche Fundgrube für die Phantasie.

PFLANZBEHÄLTER IM GARTEN

Mit Pflanzbehältern schafft man eine optische Verbindung von Haus und Garten. Der hohe Beliebtheitsgrad von Wintergärten ist nur ein Ausdruck dafür, daß die Menschen sich ein Stück Natur in ihr Heim holen wollen. Eine Kollektion gleichartiger Behälter innerhalb und außerhalb der Tür schafft fließende Grenzen zwischen Haus und Garten.

Kompostkasten und Behälter

Kompostkasten und Pflanzbehälter sind von ihrer Machart her sehr ähnlich. Beide werden aus geschnittenen Holzbrettern gemacht, die an Pfosten befestigt sind. Die Konstruktion ist einfach, und auf Genauigkeit kommt es hier nicht so sehr an. Von daher eignen sich beide Projekte gut zur Einübung der handwerklichen Fähigkeiten, bevor man sich an anspruchsvollere Unternehmungen wagt.

Der Kompost ist für einen Gärtner von unschätzbarem Wert; der ständige Nachschub an nährstoffreicher, organischer Materie gibt den Pflanzen alles, was sie zum Wachstum brauchen. Die Wiederverwertung von Küchen- und Gartenabfällen ist zudem umweltfreundlich und wirtschaftlich.

Die Vorderfront des Kastens besteht aus zwei Doppelpfosten. In den dadurch entstehenden Spalt lassen sich nach und nach Bretter einschieben, wenn der Kompost wächst, bzw. wieder herausnehmen, wenn die fertige Erde entfernt wird. Es lohnt sich »druckimprägniertes« Holz zu kaufen, dem die Wärme und Feuchtigkeit des Komposts nicht soviel anhaben kann.

Pflanzbehälter geben den jungen Bäumen einen Halt. In ihnen sind sie vor Windstößen geschützt, und die Wurzeln können gleichmäßig wachsen. Mit den Querstreben hält man den Stamm gerade, während der Baum anwurzelt.

Pflanzbehälter haben einen Holzschutzanstrich aus schwarzem Teer. Mit Sechskantschrauben werden die Bretter optisch ansprechend an den Längsleisten befestigt.

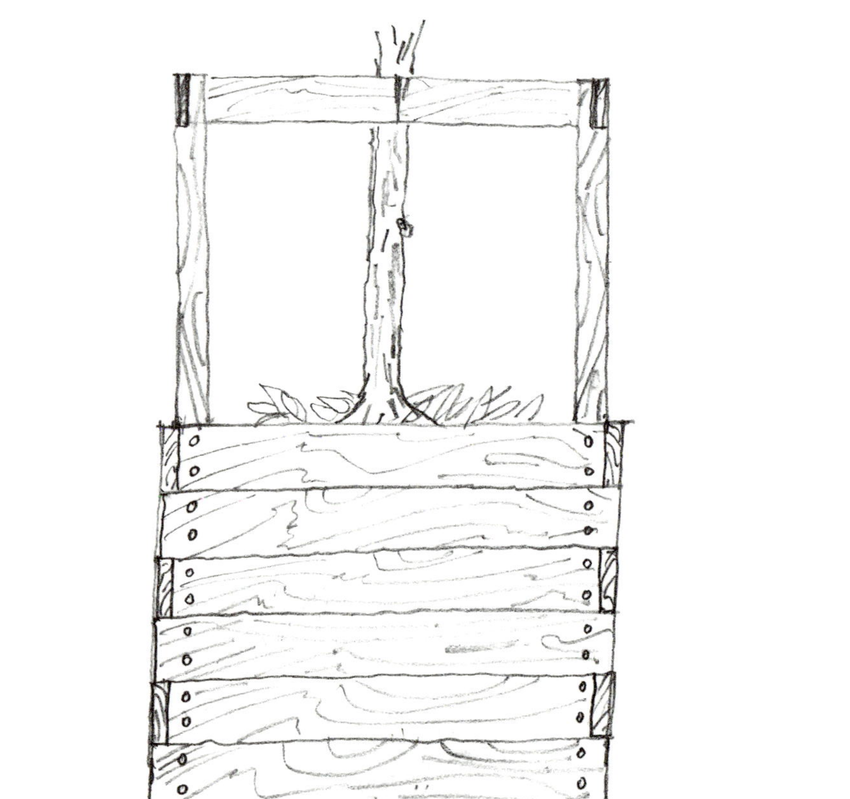

Kompostkasten

Die Konstruktion von Kompostkasten und Pflanzbehälter ist im Prinzip die gleiche. Als Material verwendet man am besten geschnittenes und vorbehandeltes Holz in Zaunqualität.

Die Maße des Kompostkastens hängen von seinem Standort ab. Zu groß sollte man ihn allerdings nicht machen, da sonst die Mitte des Haufens nicht mehr belüftet wird und daraus dann kein guter Gartenhumus entsteht.

Der hier vorgestellte K hat eine Seitenlänge von 915 mm. Die Höhe varriert je nach Bedarf. Man sollte aber dabei immer jeweils um 150 mm aufstocken und noch Zwischenräume für die Belüftung lassen. In diesem Fall beträgt die Höhe 990 mm. Der Komposthaufen sollte so hoch sein, daß man die Abfälle bequem daraufwerfen und auch noch hinaufklettern kann, wenn man das verrottete Material zusammentreten will. Die Schlitzgröße zwischen den Brettern kann zwischen 12 und 19 mm betragen.

Konstruktion

Alle Teile werden auf die in der Materialliste angegebenen Längen zugeschnitten. Die Pfosten schneidet man erst nach der Befestigung der Bretter zurecht, damit man die Lüftungsschlitze miteinberechnen kann. Der Kasten wird mit Sechskantschrauben zusammengehalten. Beim Anbringen sichert man die Bretter mit Schnellspannzwingen, damit sie nicht verrutschen können. Die Köpfe der Sechskantschrauben ergeben eine hübsche Verzierung des Kastens; es ist nur wichtig, daß sie alle in einer Linie und im gleichen Abstand zu den Ecken angebracht werden.

An der Vorderseite des Kastens ist nur das unterste Brett fest angebracht. Die restlichen Bretter kann man in den Spalt zwischen den Pfosten einschieben, je nachdem, wie hoch man den Kasten braucht. Genauso leicht lassen sie sich wieder entfernen, wenn man den Kompost umsetzen will.

Materialien

Anmerkung: Alles Holz ist geschnitten und mit Schutzmittel behandelt

Teil	Menge	Material	Länge
LANGE BRETTER	9	150 × 25 mm	915 mm
MITTLERE BRETTER	6	wie oben	890 mm
KURZE BRETTER	4	wie oben	865 mm
BEWEGLICHE BRETTER	6*	wie oben	wie oben
PFOSTEN	6	50 × 50 mm	1220 mm
SECHSKANTSCHRAUBEN	100	verzinkter Stahl	8 × 50 mm

* Falls die Vorderseite am Schluß die gleiche Höhe wie der restliche Kasten haben soll, benötigt man 7 bewegliche Bretter

Werkzeuge

- WERKBANK (fest oder tragbar)
- METALLMASSBAND
- METALLINEAL
- ANSCHLAGWINKEL
- STICHSÄGE (oder MOTORKREISSÄGE)
- STREICHMASS
- BOHRMASCHINE
- BOHRER – ca. 6 mm, um die Löcher für die Sechskantschrauben anzubohren
- SCHRAUBENSCHLÜSSEL
- SCHNELLSPANNZWINGEN

1 Befestigung des ersten Brettes an den Pfosten

Die unterste Reihe der Rückseite beginnt mit einem kurzen Brett, das bündig und rechtwinklig zwischen zwei Pfosten angebracht wird. An jedem Ende verwendet man zwei Sechskantschrauben.

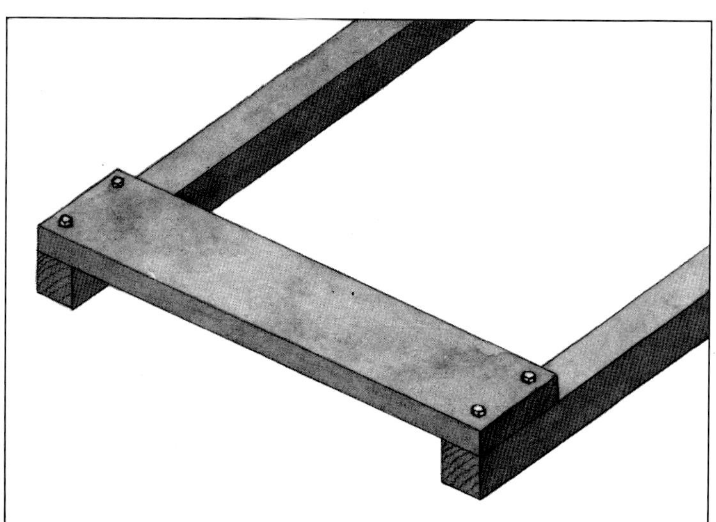

2 Seitliche Pfosten und erstes bewegliches Brett

An beiden Seiten wird, bündig mit den Pfosten, je ein langes Brett festgeschraubt. Das unterste Brett der Vorderseite lehnt man an die Rückseite der vorderen Pfosten und verschraubt es später von hinten.

Zusammenbau des Kompostkastens

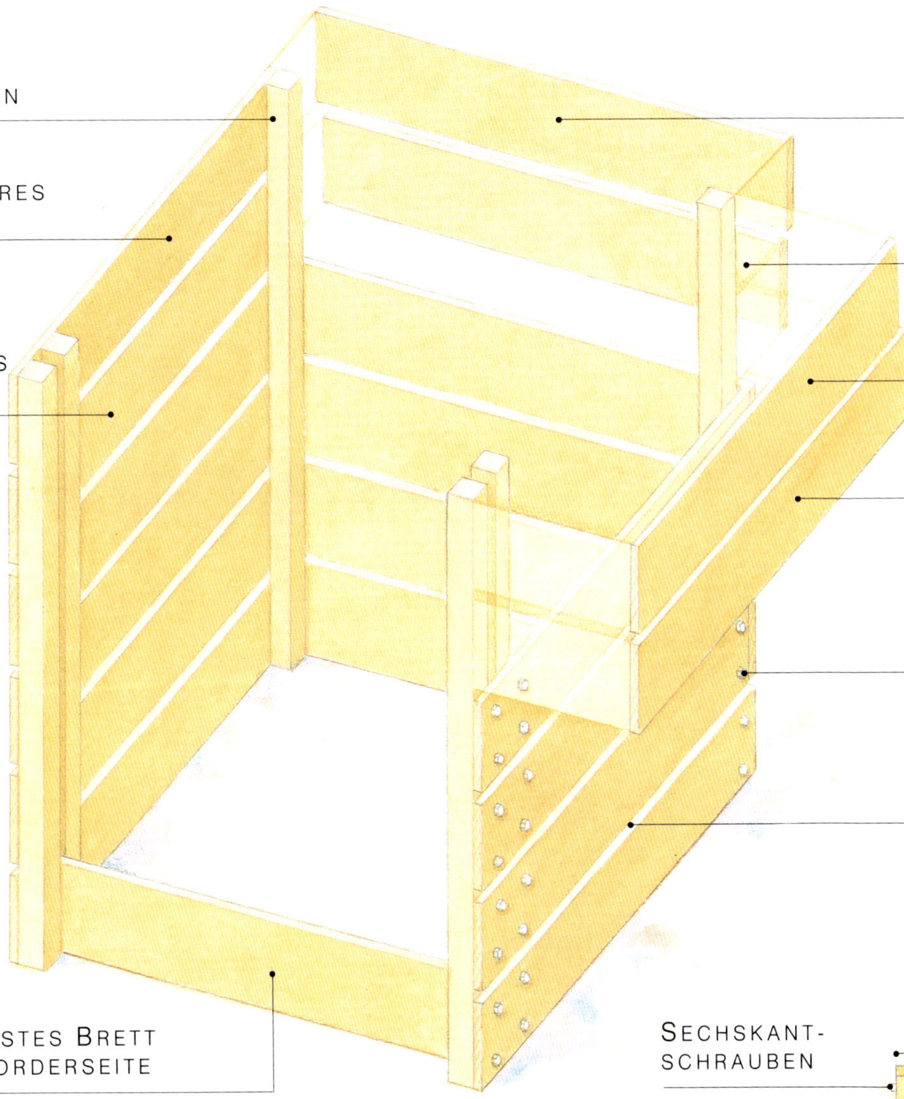

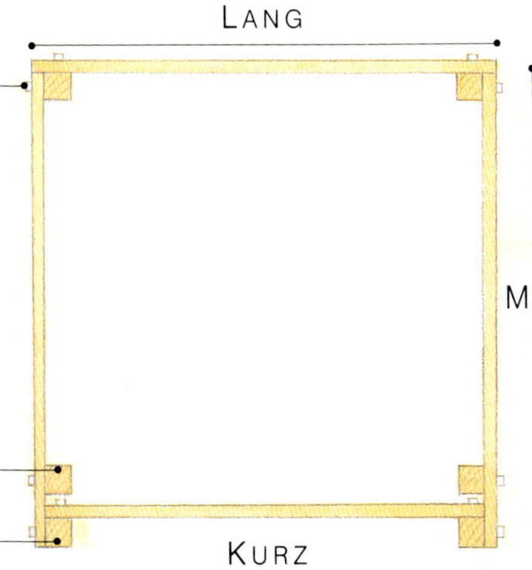

Draufsicht

Kompostkasten

Befestigung der ersten Bretterreihe

Man beginnt mit der Kastenrückseite, indem man zwei Pfosten auf einen ebenen Untergrund legt. Darüber plaziert man ein kurzes Brett so, daß es mit den Pfostenenden bündig abschließt. Die Außenkanten der Pfosten stehen demnach 865 mm auseinander (siehe Abb. 1, S. 132).

Nun überprüft man, daß das Brett an einem Pfosten rechtwinklig aufliegt und befestigt es mit der Zwinge am Pfosten. Man bohrt die Löcher für die Sechskantschrauben an und verbindet dann das Brett mit dem Pfosten.

Mit einem zweiten, oben aufgelegten Brett vergewissert man sich, daß die Pfosten im rechten Winkel zu dem kurzen Brett stehen. Dann überprüft man nochmal mit dem Anschlagwinkel, daß der Pfosten zum ersten Brett rechtwinklig sitzt. Für die Schrauben am anderen Brettende bohrt man die Löcher im gleichen Abstand wie die bereits fertigen vor.

Jetzt wird der Rahmen aufgestellt. An der Seite befestigt man mit der Schnellspannzwinge ein langes Brett bündig mit der Pfostenkante, bohrt die Löcher vor und setzt die beiden Schrauben mittig in den Pfosten.

Das gleiche wiederholt man mit einem weiteren langen Brett für die andere Seite.

An die Innenseite dieses Brettes wird ein weiterer Pfosten bündig angesetzt. Man überprüft mit einem langen Brett, daß der Pfosten auch oben noch senkrecht steht und verschraubt das seitliche Brett und den Pfosten wie zuvor zweimal. Eines der vorderen Bretter stellt man an die Innenseiten der vorderen Pfosten (Abb. 2, S. 135).

Aufbau der Bretterreihen

Auf das Brett an der Rückseite legt man Abstandshölzchen oder -leisten, 12–19 mm. Darüber kommt ein langes Brett (Abb. 1). Man vergewissert sich, daß es an beiden Seiten gleich lang über die Pfosten hinaussteht und befestigt es an beiden Enden wie zuvor mit je zwei Schrauben. Damit es ordentlich aussieht, sollten die Schrauben an den gleichen Stellen wie schon in den Reihen darunter angebracht werden.

Das gleiche wiederholt man auf jeder Seite mit jeweils einem mittleren Brett. Diese sollten beide mit den Enden des rückwärtigen Brettes bündig abschließen.

Auf diese Weise fährt man Reihe um Reihe fort. An der Rückseite wechseln immer ein kurzes und ein langes Brett ab, an den Seiten ein langes und ein mittleres. Man baut bis zur benötigten Höhe; in diesem Fall hier sind es sechs Bretter plus der Zwischenräume.

Während des Arbeitens muß man sich immer wieder vergewissern, daß die Konstruktion noch rechtwinklig ist. Jedesmal, wenn man ein neues Brett hinzufügt, hält man ein freies Brett oben an die Pfosten. Daran kann man erkennen, ob die rechten Winkel noch stimmen.

Die Vorderseite

Mit zwei Schrauben auf jeder Seite befestigt man von innen das unterste Brett der Vorderseite an den Pfosten.

Die beiden letzten Pfosten werden hinter den Schraubenköpfen hingestellt. Von dem vorderen Brett läßt man mindestens einen Abstand von 12–19 mm, wodurch der Spalt entsteht, in den man die beweglichen Bretter locker einschieben kann. Mit einer Schnellspannzwinge hält man einen Pfosten in der richtigen Stellung zum Seitenbrett. Dann zeichnet man eine senkrechte Linie an der Außenseite der Bretter für die Schrauben an (Abb. 3).

Durch jedes Brett bohrt man von außen zweimal in den Pfosten und verschraubt ihn so. Das gleiche wird auf der anderen Seite mit dem zweiten Pfosten wiederholt.

Man fügt soviele bewegliche Bretter in den Spalt ein, wie man benötigt. Wenn man will, daß die vorderen Bretter in gleicher Höhe wie die hinten und an den Seiten abschließen, dann schneidet man das oberste entsprechend zurecht.

Zum Schluß sägt man die Pfosten bündig mit den Oberkanten der Bretter ab. Der Kasten wird etwas abseits aufgestellt, daß man ihn nicht gleich sieht.

1 Aufbau der Bretterreihen
Mit Abstandshölzchen oder -leisten schafft man die Lüftungsschlitze zwischen den hinteren und seitlichen Bretterreihen. An der Rückseite wechselt man kurze und lange Bretter ab, an den Seiten lange und mittlere.

2 Detail der hinteren Ecke
Die Pfosten werden mit der Oberkante der Bretter bündig abgesägt. Die Schrauben sind in einer Reihe.

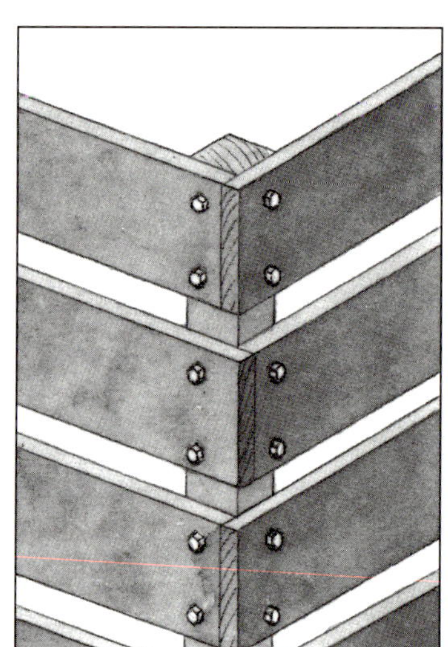

3 Der vordere Spalt
Hinter die vorderen Pfosten wird jeweils ein zweiter Pfosten im Abstand von 38 mm angeschraubt.

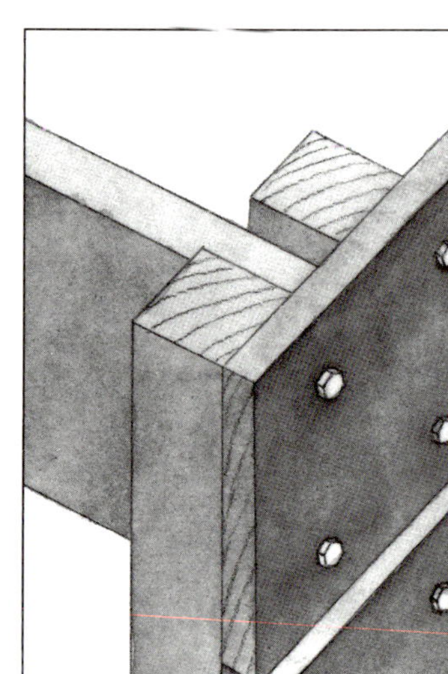

Pflanzbehälter

Mit diesem Pflanzbehälter kann man Bäume, Rosen, Sträucher und andere Blumen an Orten wachsen lassen, die normalerweise dafür nicht in Frage kämen. Dazu zählen beispielsweise gepflasterte Veranden oder Betonwege bzw. Einfahrten. Der Pflanzbehälter wird aus geschnittenem, mit Holzschutzmittel behandeltem Holz in Zaunqualität hergestellt. Da der fertige Behälter sowieso zu schwer zum Heben wäre, braucht man keine Bodenplatte. Der Pflanzbehälter wird an seinen Platz gestellt, mit Erde gefüllt, und der Baum oder Strauch eingesetzt. Normalerweise ist an den Rändern noch Platz für andere Pflanzen, die hier gut zur Geltung kommen.

Die Größe der Pflanzbehälter bemißt man nach dem jeweiligen Verwendungszweck. In diesem Fall hier hat er ein Volumen von ca. 760 mm^3; damit eignet er sich gut für mittelgroße Bäume. Für kleinere Sträucher und Blumen genügt ein Behälter geringeren Ausmaßes. Wenn er leicht genug ist, daß man ihn bewegen kann, sollte man ihn allerdings mit einer Bodenplatte versehen, so daß man den Standort verändern kann (siehe: Herstellung der Bodenplatte S. 137).

Die Eckpfosten ragen über den Behälterrand hinaus und sind mit zwei Querleisten verbunden. Dadurch erhält man eine gute Stütze für den Baum. Der Behälter wird mit Sechskantschrauben zusammengehalten, die der Optik halber fest und genau sitzen sollten. Die Pfosten werden in der benötigten Länge zugeschnitten. An dem glattgesägten Ende der Pfosten markiert man jeweils die Verbindungen für die Querleisten. Dazu legt man die Kante eines Holzes, 75 x 25 mm, (von einem 150 x 25 mm messenden Stück Holz abgeschnitten) oben in der Mitte im Winkel von 45° auf den Pfosten und zeichnet seine Position an (Abb. 1).

Die Querleiste legt man 3 mm unterhalb des Pfostenendes an und achtet dabei auf den rechten Winkel. Die Unterkante wird angezeichnet, und die Linie um alle vier Seiten herumgeführt. Dann zieht man von den Markierungen an den Seiten Linien senkrecht nach unten.

Auf jeder Seite des Pfostens schneidet man nun mit dem Fuchsschwanz entlang der Markierungen ein. Mit der Stichsäge holt man den inneren Teil heraus.

MATERIALIEN

Anmerkung: Man verwendet geschnittenes und mit Schutzmittel behandeltes Weichholz

Teil	Menge	Material	Länge
LANGE BRETTER	10	150 x 25 mm	760 mm
KURZE BRETTER	10	wie oben	710 mm
ECKPFOSTEN	4	50 x 50 mm	1 350 mm
QUERLEISTEN	2	150 x 25 mm, auf 75 x 25 mm zugeschnitten	1 220 mm, nach Bedarf zurechtgeschnitten
SECKSKANTSCHRAUBEN	80	verzinkter Stahl	8 x 50 mm

WERKZEUGE

- WERKBANK (fest und tragbar)
- METALLMASSBAND
- METALLINEAL
- ANSCHLAGWINKEL
- KOMBINATIONSWINKELMESSGERÄT – für 45°-Winkel
- STICHSÄGE (oder Motorkreissäge)
- FUCHSSCHWANZ
- FEINSÄGE
- STREICHMASS
- BOHRMASCHINE
- BOHRER – ca. 6 mm zum Vorbohren der Schraublöcher
- SCHRAUBENSCHLÜSSEL
- EIN PAAR SCHNELLSPANNZWINGEN
- HAMMER – für Bodenplatte

1 Anzeichnen der oberen Verbindung am Pfosten

Die Querleiste wird oben auf dem Pfosten in der Mitte im 45°-Winkel angezeichnet.

2 Befestigung der zweiten Rahmens für die Hauptkonstruktion

Die kurzen Bretter werden jeweils bündig mit den Enden zweier Pfosten befestigt. Die langen Bretter schraubt man an die Seiten eines Rahmens. Dann setzt man den zweiten Rahmen innerhalb der langen Bretter ein, so daß die Enden rechtwinklig und bündig sind.

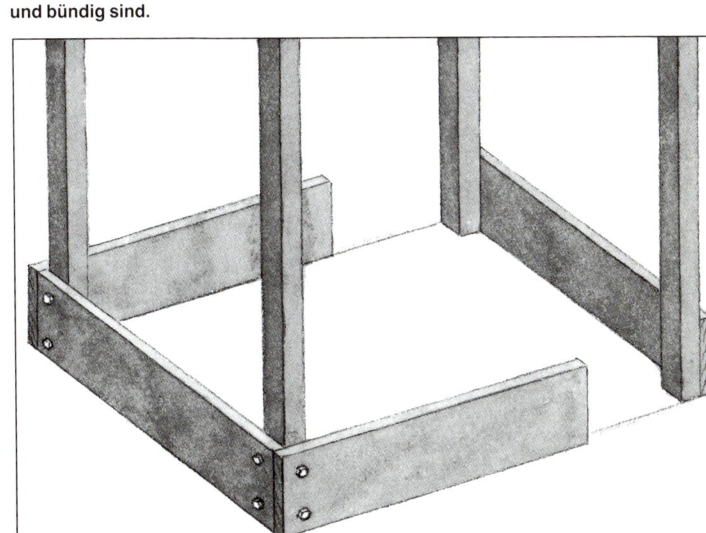

Pflanzbehälter

Hauptkonstruktion

Zwei Eckpfosten werden auf eine flache Oberfläche gelegt und darüber ein kurzes Brett, das mit den Enden bündig an den Außenkanten der Pfosten abschließt. Der Abstand beträgt 710 mm.

Das Brett wird an einer Seite mit zwei verzinkten Sechskantschrauben 25 mm vom Pfostenende festgeschraubt (die Löcher werden vorgebohrt). Damit es schön aussieht, achtet man darauf, daß die Schrauben immer im gleichen Abstand zur Kante gesetzt werden.

Das gleiche wiederholt man für die beiden anderen Pfosten, die man unten mit einem kurzen Brett verbindet.

Man stellt einen Rahmen auf und legt ein langes Brett an der Seite bündig mit dem Pfosten an und hält es mit einer Schnellspannzwinge an Ort und Stelle. Mit zwei Schrauben (vorbohren!) wird das Brett in der Mitte des Pfostens befestigt. Das gleiche wiederholt man ebenfalls mit einem langen Brett für die andere Rahmenseite.

Der zweite Rahmen wird zwischen die langen Bretter gesetzt, wobei die Eckpfosten nach innen kommen (Abb. 2, S. 135). Die Seitenbretter werden mit jeweils zwei Schrauben an den Eckpfosten befestigt.

Aufbau der Bretterreihen

Man nimmt ein anderes kurzes Brett und legt es auf das befestigte lange Brett, so daß es bündig mit den Pfosten abschließt. Mit den Zwingen befestigt man das Brett an den Pfosten und verschraubt es dann auf jeder Seite zweimal. Die Schrauben sitzen an gleicher Stelle wie beim unteren Brett.

Dann nimmt man ein langes Brett und legt es an der nächsten Seite an, so daß es das kurze Brett überlappt (Abb. 1). Man achtet auf das bündige Ende und schraubt es in den Pfosten.

Auf diese Art fährt man Reihe um Reihe fort und wechselt die kurzen und langen Bretter jeweils ab. An jeder zweiten Reihe sind die Enden an der Seite sichtbar. In diesem Fall sind es fünf Bretterreihen (aber das ist beliebig). Wichtig ist, daß man immer wieder die rechten Winkel während der Arbeit überprüft. Man hält dazu jedesmal, wenn ein neues Brett hinzugefügt wird, ein anderes oben drauf und achtet darauf, daß es mit den Pfosten bündig abschließt.

Befestigung der Querleisten

Oben am Pflanzbehälter mißt man diagonal von einem Pfosten zum andern und rechnet einen Überstand von 50 mm hinzu. Nach diesem Maß schneidet man von einem Holz, 75 x 25 mm, zwei Teile ab.

In der Mitte der beiden Querleisten schneidet man eine Überplattung (siehe Handwerkliche Techniken) und fügt sie zusammen. Die Querleisten werden in die Spalten an den Pfosten eingepaßt und angeleimt (Abb. 3).

Man muß das Holz nur streichen, wenn man eine bestimmte Farbe wünscht.

1 Aufbau der Seiten

Die Bretterreihen werden eine nach der anderen aufgebaut, wobei man abwechselnd kurze und lange Bretter anbringt. Dabei überprüft man immer, daß die Bretter rechtwinklig zu den Pfosten sitzen und die Enden bündig abschließen.

2 Verbindung der Querleisten

In die Mitte der beiden Querleisten schneidet man Überplattungen, so daß sie ineinanderpassen.

Wenn man eine andere Holzfarbe wünscht, trägt man wasserabstoßende Holzschutzlasur in der entsprechenden Tönung auf. Damit keine Farbe in die Schraubenköpfe gelangt, schützt man sie mit kleinen Stückchen Plastik- oder Gummischlauch.

DIE BODENPLATTE

Falls man eine Bodenplatte benötigt, schraubt man die Latten, 50 x 50 mm, unten innen in den Behälter. Dann legt man die Bretter, 150 x 25 mm, über die Latten. Man schiebt die Bretter soweit auseinander, daß jeweils ein schmaler Abstand von 3 mm bleibt, durch den überschüssiges Wasser abfließen kann. Damit der Boden auch das Gewicht der schweren Erde aushält, verstärkt man die Bodenplatte noch einmal mit den Latten, 50 x 50 mm, die im Abstand von 225 mm im rechten Winkel zu den Brettern angebracht werden.

Man füllt den Behälter mit Erde und setzt einen Baum oder Strauch hinein. Eine Schicht kleiner Steine unter der Erde ist gut für die Entwässerung.

3 Befestigung der Querleisten an den Pfosten

Die Querleisten passen in die Schlitze, die in jeden Pfosten geschnitten wurden, und stehen gleichmäßig über.

ZUSAMMENBAU DES PFLANZBEHÄLTERS

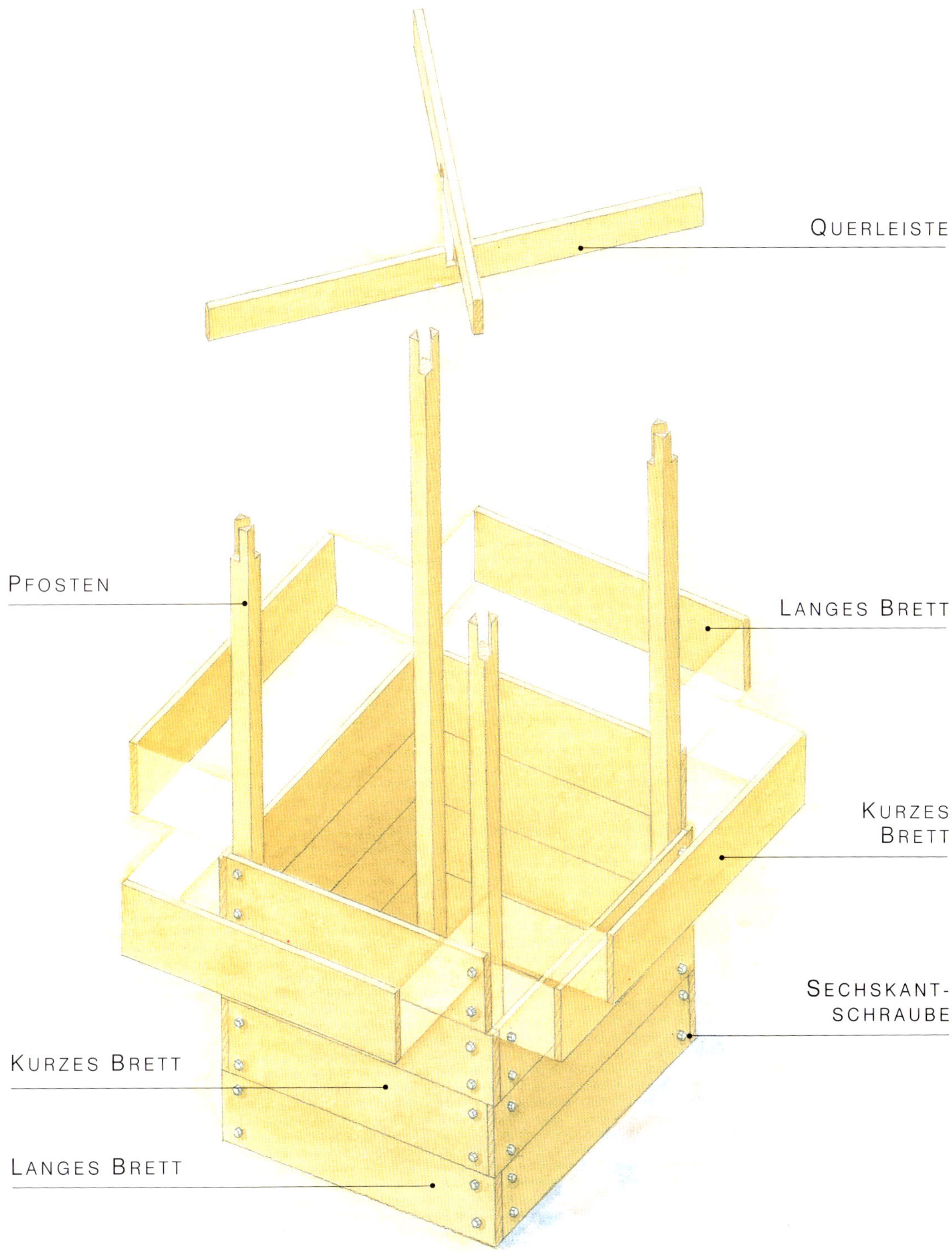

Frühbeet

Wenn man sich kein Gewächshaus leisten kann, wird man vielleicht wenigstens ein Frühbeet haben wollen. Es spielt eine wichtige Rolle bei der Anzucht von Setzlingen und frühen Gemüsesorten. Den Winter über kann man darin bestimmte Salate, wie etwa Feldsalat, Broquette oder Radicchio ziehen. So ist das Frühbeet das ganze Jahr über eine große Bereicherung für jeden Garten. Wenn man ein Gewächshaus besitzt, kann man das Frühbeet zum Abhärten der Pflänzchen verwenden, die man im Gewächshaus gezogen hat, oder man überwintert darin empfindliche zweijährige Pflanzen. Vom Aussehen her unterscheidet sich dieses Frühbeet hier kaum von der bekannten traditionellen Form. Es ist ausgesprochen vielseitig einzusetzen und sehr leicht zu bauen. Der Holzunterbau ist mit wetterfestem Holzschutzmittel eingelassen, was einen schönen Kontrast zu den weißgestrichenen Rahmen der Glasflächen bildet. Die Glasflächen müssen vollständig entfernt werden können, damit man freien Zugang zum Boden des Frühbeets hat. Er läßt sich dann ohne große Mühen umgraben und bepflanzen.

Frühbeete sollten immer in Südlage gebaut werden, damit sie so viel Sonnenlicht wie nur möglich erhalten. Da man sie aber normalerweise transportieren kann, lassen sie sich jedes Jahr an einem anderen Platz aufstellen. Wenn im Hochsommer die Gefahr besteht, daß die Pflanzen »verbrennen«, muß das Glas zum Verdunkeln mit weißer Farbe gestrichen werden.

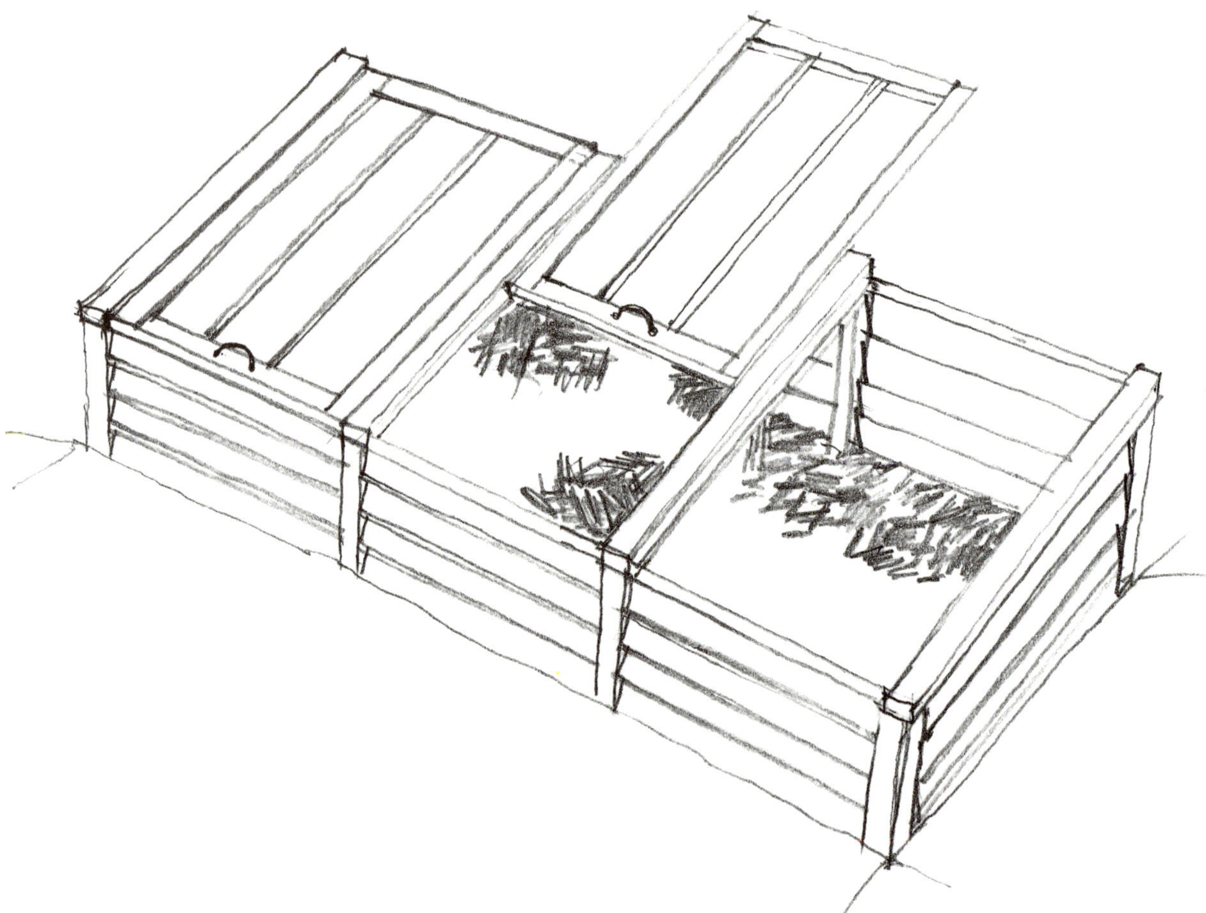

Frühbeet

Werkzeuge

WERKBANK (fest oder tragbar)
METALLMASSBAND
METALLINEAL
ANSCHLAGWINKEL (oder Kombinationswinkelmeßgerät)
STICHSÄGE (oder Motorkreissäge)
FUCHSSCHWANZ
STREICHMASS
BOHRMASCHINE
BOHRER – ca. 3 mm Durchmesser
VERSENKKOPF
SCHRAUBENZIEHER
KLAUENHAMMER
VERSENKER
ZANGE
MEISSEL – ca. 25 mm
HOLZHAMMER
KANZENZWINGEN

Alle Gartenliebhaber, egal, ob sie sich nun auf Blumen, Obst oder Gemüse spezialisiert haben, wissen das Frühbeet zu schätzen. Es ist sinnvoll für Setzlinge, Ableger und empfindliche oder sehr frühe Pflanzen.

Unser Rahmen hier ist aus dem erprobten Standardfrühbeet entstanden, wie es über die Jahre entwickelt worden ist. Der Hauptrahmen besteht aus geschnittenem und mit Holzschutzmittel behandeltem Weichholz. Er setzt sich aus einzelnen Sektionen zusammen, die vorne mit einer Wasserschlagschalung versehen sind. Dies verleiht dem Rahmen seine Eigenart und hebt ihn von den einfachen herkömmlichen Frühbeeten ab. Trotzdem zieht man eventuell die Schalung lieber gleich über die ganze Länge, was schneller und einfacher zu bauen geht.

Materialien

Die Mengenangaben sind für den hier abgebildeten dreiteiligen Rahmen berechnet

Teil	Menge	Material	Länge
Rahmenunterbau			
UNTERE LEISTEN	4	geschnittenes und behandeltes Weichholz, 50 × 50 mm	1220 mm*
VORDERE PFOSTEN	4	wie oben	270 mm*
HINTERE PFOSTEN	4	wie oben	400 mm*
OBERE LEISTEN	4	wie oben	1230 mm*
OBERE STÜTZLATTEN	6	gehobeltes Weichholz, 25 × 25 mm	1230 mm*
VORDERE BEFESTIGUNGSLEISTEN	6	wie oben	330 mm*
HINTERE BEFESTIGUNGSLEISTEN	6	wie oben	460 mm*
VORDERE UND HINTERE VERKLEIDUNG	nach Bedarf	Wasserschlagschalung, 6 × 19 × 150 mm	Breite des Fensterrahmens plus Zwischenraum
SEITLICHE VERKLEIDUNG	nach Bedarf	wie oben	1220 mm
Fensterrahmen			
SEITENLEISTEN	6	gehobeltes Weichholz, 50 × 38 mm	1270 mm
OBERE LEISTEN	3	wie oben	800 mm
UNTERE LEISTEN	3	gehobeltes Weichholz, 75 × 25 mm	800 mm
MITTELSTREBEN	3	gehobeltes Weichholz, 38 × 25 mm	1270 mm
LANGE GLASHALTELEISTEN	12	gehobeltes Weichholz, 25 × 12 mm	1150 mm*
KURZE GLASHALTELEISTEN	6	wie oben	400 mm*
GLASSCHEIBEN	18	durchsichtiges Glas, ca. 425 × 400 mm	

Außerdem: 3 Griffe; metallene Glashalterungen; Mastix zum Einbetten des Glases; Rahmennägel, die das Glas halten; Stützen; Scharniere (wahlweise)

* in Überlänge zuschneiden und erst nach der Befestigung auf die richtige Länge zuschneiden

Die Ausmaße des Rahmens können ganz individuell bemessen werden, je nachdem, für welchen Zweck das Frühbeet gedacht ist. Der hier vorgestellte Rahmen hat eine gute Durchschnittsgröße: vorne ist er 370 mm hoch, hinten 500 mm, und 1220 mm ist er tief. Das Gute an diesem Entwurf ist, daß man einen einzelnen Abschnitt bauen oder auch mehrere aneinanderfügen kann. Das Frühbeet hier hat drei Unterteilungen; die Materialangaben in der Liste sind für diese Größe berechnet.

Die Glasscheiben liegen lose auf, so daß sie bei der Arbeit nicht stören. Zur Belüftung kann man sie auch einfach ein Stückchen zurückschieben. Wenn man an den Pflanzen zu tun hat, entfernt man sie etwas mehr. Es besteht auch die Möglichkeit, sie vorne hochzuheben und zur Belüftung abgestützt offen zu lassen. Andererseits kann man sie ganz leicht nach vorne oder hinten rausziehen und wegstellen. Anstelle von Glas lassen sich auch durchsichtige Plastikbahnen verwenden; das ist zudem sicherer, wenn man Kinder hat, die im Garten spielen. In diesem Fall befestigt man die Fenster an der Rückseite mit Scharnieren. Dafür benötigt man an der Rückseite eine Holzleiste, 75 × 50 mm, auf der gleichen Höhe wie die Stützlatten.

Rahmenstruktur

Herstellung der Seitenwände

Der Basisrahmen wird um vier Seitenwände herum gebaut (bei einem Frühbeet mit drei Abteilungen); sie bilden auch den Anfang der Konstruktion. Als erstes schneidet man die vier Einzelteile zu, aus denen eine Seitenwand besteht; die oberen und unteren Leisten sowie die vorderen und hinteren Pfosten. Dafür verwendet man Weichholz, 50 × 50 mm, und gibt bei den Maßen jeweils mindestens 50 mm zu.

Man legt die untere Leiste hin und markiert in der Mitte einer Seite

ZUSAMMENBAU DES FRÜHBEETS

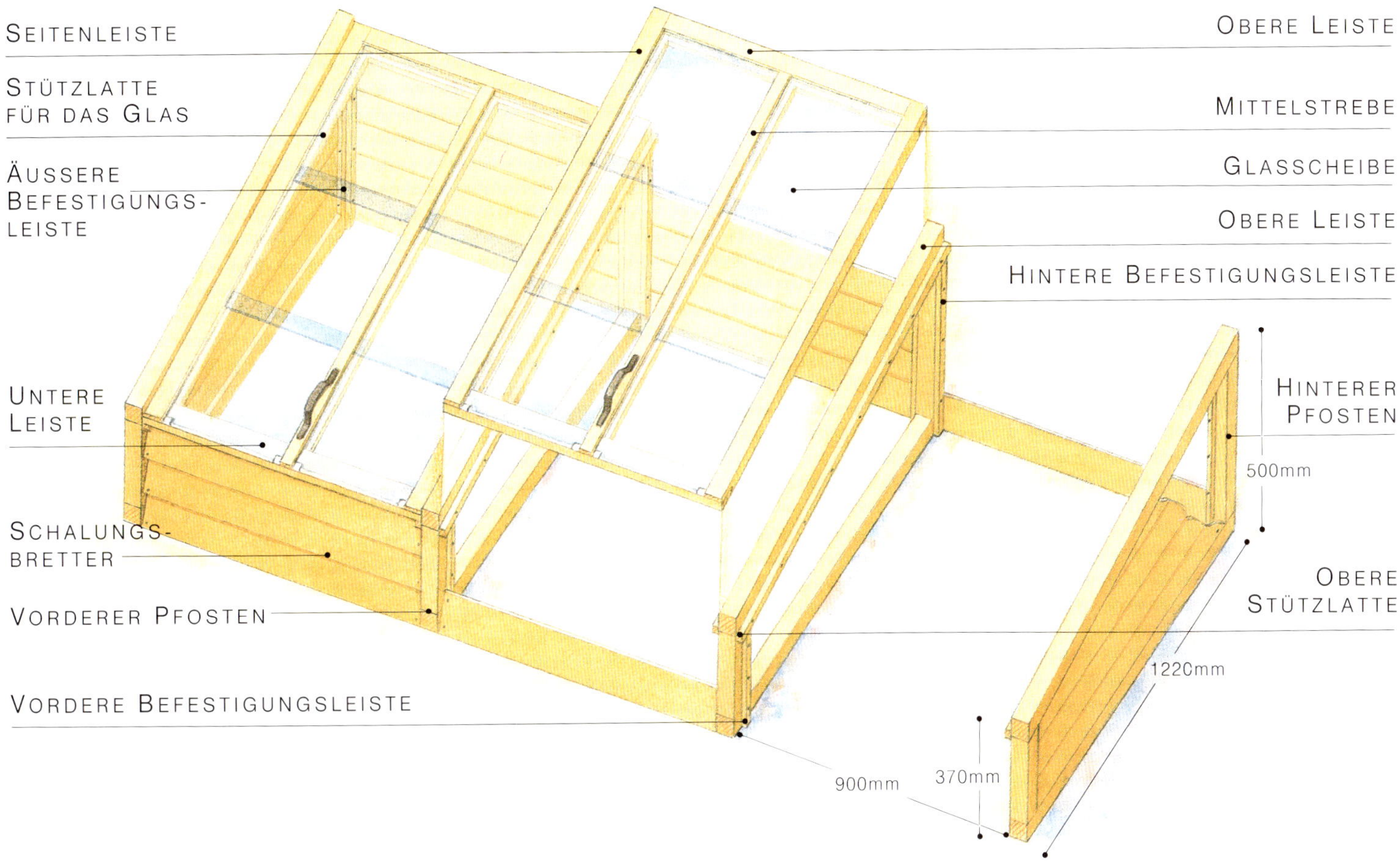

die endgültige Länge. An den entsprechenden Stellen werden dann die vorderen und hinteren Pfosten angelegt.

An den Pfosten markiert man die endgültige Höhe und legt dann entlang dieser Markierung die obere Leiste an (die richtige Pfostenhöhe ist dabei an der Außenkante). Nun kann man die richtigen Winkel, in denen die Pfosten oben abgeschnitten werden müssen, markieren. Danach schneidet man die Pfosten auf die richtige Länge.

Der Rahmen wird so zusammengenagelt, daß die Nägel schräg durch die untere und obere Leiste in die Pfosten gehen. Wenn der Rahmen fertiggestellt ist, überprüft man noch die rechten Winkel. Man schneidet die überstehenden Enden an den Leisten ab, so daß sie mit den Pfosten bündig abschließen. Auf diese Art stellt man die benötigte Anzahl an Einzelrahmen her – in unserem Fall sind es vier Stück.

STÜTZLATTEN UND BEFESTIGUNGSLEISTEN

Ein Reststück der 50 × 38 mm-Seitenlatten des Fensterrahmens legt man von der Oberkante der oberen Leiste 2 mm nach unten, um die Position der oberen Stützlatten festzulegen. Man braucht eine an jeder Seite des mittleren Rahmens und je eine für die Innenseiten der Außenrahmen. Man nagelt sie fest und sägt die Enden mit den vorderen und hinteren Pfosten bündig ab.

Wenn man die Schalung nicht über der ganzen Länge der Vorder- und Rückseite anbringt, muß man an die vorderen und hinteren Pfosten Befestigungsleisten nageln.

Man hält die Leisten so, daß man an den Enden den Winkel der oberen Stützlatten anzeichnen kann. Man schneidet die Leisten in diesem Winkel zu und schraubt sie so fest, daß sie mit den Innenkanten der vorderen und hinteren Pfosten bündig abschließen (siehe Abb. 1, S. 142). Die Enden der Leisten werden mit der Unterkante der unteren Leiste bündig abgesägt. Die Seitenleisten befestigt man an beiden Seiten der Unterteilungsrahmen, desgleichen an den Innenseiten der Außenrahmen. Zur Stützung der Schalung an den Außenseiten mißt man die innere Höhe der vorderen und hinteren Pfosten am Außenrahmen. In dieser Länge schneidet man Latten zu und befestigt sie an den Innenkanten der Außenrahmen (Abb. 2, S. 142).

FENSTERSCHEIBEN

Man schneidet zunächst alle Teile aus. Zu jedem Fensterrahmen gehören zwei Seiten, eine obere Lei-

Frühbeet

ste, eine untere Leiste und eine Mittelstrebe (Abb. 3).

Alle Verbindungen werden, wie angegeben, markiert (Abb. 3). Die Seiten sind an der oberen Leiste mit Eckübeplattungen angebracht (siehe Handwerkliche Techniken, Überplattung). Die untere Leiste wird so angebracht, daß sie von den Seitenteilen überlappt wird.

Die Mittelstrebe wird mit einer T-Überplattung an der oberen Leiste und mit einer Überlappungsverbindung an der unteren Seite befestigt. Dabei sitzt die Überlappung auf der unteren Leiste (Abb. 3).

Alle Verbindungen werden deutlich beschriftet, damit man sie beim Zusammenbau noch identifizieren kann. Anschließend werden sie alle geschnitten.

Herstellen der Fensterrahmen

Beginnend mit der Mittelstrebe werden alle Verbindungen an die obere und die untere Leiste geleimt. Man verwendet dafür einen wasserfesten Holzleim. Dann dreht man den Rahmen um, damit man ihn von der Unterseite verschrauben kann. Mit Hilfe eines Anschlagwinkels überprüft man, ob der Rahmen rechtwinklig ist. Mit Zwingen hält man den Rahmen zusammen, während man für jede der drei oberen Verbindungen zwei Löcher vorbohrt und ansenkt. Dann schraubt man die Verbindungen zusammen.

Die unteren Eckverbindungen werden mit je drei Schrauben befestigt. Man mißt die Mitte der unteren Leiste aus und schraubt die Mittelstrebe mit zwei Schrauben darauf fest.

Nun legt man den Rahmen auf eine ebene Fläche und prüft seine Rechtwinkligkeit, indem man die Diagonalen nachmißt. Dann nagelt man eine Versteifungsleiste quer über den Rahmen, damit er sich nicht verzieht, während der Leim trocknet. Überschüssiger Leim wird abgewischt.

Das ganze wiederholt man für alle benötigten Rahmen – in diesem Fall hier also dreimal.

Stützlatten für das Glas

Man schneidet aus Holz, 25 × 12 mm, vier Latten nach der Innenlänge des Fensterrahmens zu und nagelt sie bündig an der Unterseite des Rahmens an.

Dann schneidet man zwei Stükke mit dem Maß der lichten Weite oben zwischen den Seitenleisten zu. Man nagelt die Latten oben zwischen die Seitenlatten; die untere Kante schließt bündig mit der Unterseite des Rahmens ab.

Das gleiche wiederholt man für die anderen Rahmen.

Schalung

In diesem Fall hier wurde eine Wasserschlagschalung gewählt. Man kann aber in diesem Fall genausogut Planken oder Nut-und-Feder-Bretter nehmen.

Für die Seitenteile bemißt man die Schalung nach den Innenmaßen der Außenrahmen. Bei der Befestigung der Schalung beginnt man mit dem untersten Brett, das auf die Befestigungsleisten genagelt wird. Bei einer Wasserschlagschalung sollten die Bretter ca. 12 mm überlappen. Die Nägel an der Unterkante jedes Brettes gehen durch die Oberkante des darunterliegenden Brettes, damit sie auch wirklich fest halten. Man verwendet galvanisierte Rundkopfnägel. Die letzten Schalungsbretter müssen entsprechend der Neigung zugeschnitten werden.

Die vorderen und hinteren Schalungsbretter werden so zugeschnitten, daß sie zwischen die Trennrahmen passen und man die Fensterrahmen lose einsetzen kann. Man muß mit einberechnen, daß das Holz aufquillt, wenn es feucht wird. Zwischen den Trennrahmen und den Seitenteilen der Fensterrahmen muß ein Abstand von 2 mm bleiben, damit sich die Fenster leicht schieben lassen.

Die Schalungsbretter werden auf die vorderen und hinteren Befestigungsleisten genagelt; wie zuvor beginnt man dabei unten. Die beiden oberen Ecken der letzten Bretter müssen jeweils eingekerbt werden, damit die Bretter gut an die oberen Stützlatten passen.

Wenn man die Schalung vorne und hinten in einem Stück macht, braucht man keine Befestigungsleisten, sondern nagelt die Bretter direkt auf die vorderen und hinteren

1 Einpassen der oberen Stützlatten und der seitlichen Befestigungsleisten

Links. **Der Ausschnitt zeigt den Abstandsblock 2 mm unterhalb der oberen Leiste zur Positionierung der oberen Stützlatten.** ***Unten.*** **Die obere Stützlatte verläuft über die ganze Länge der oberen Leiste; die seitlichen Befestigungsleisten schließen mit den Innenkanten der vorderen und hinteren Pfosten ab; oben sind sie abgeschrägt, damit sie unter die Stützlatten passen.**

2 Befestigung der äußeren Leisten

Die Befestigungsleisten für die Außenplatten werden bündig angepaßt.

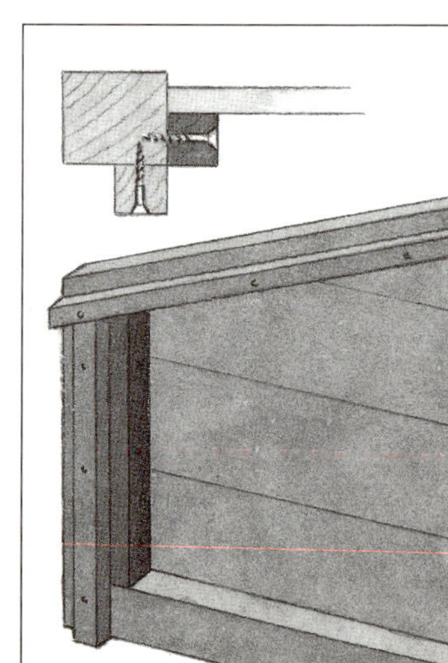

3 Herstellung der Fensterrahmen

***Oben.* Seitenleisten und obere Leisten sind durch Ecküberplattung verbunden; mit einer T-Überplattung sitzt die Mittelstrebe an der oberen Leiste; die untere Leiste geht unter die Seitenleisten und die Mittelstrebe. *Unten.* Geleimt und geschraubt wird von der Unterseite; eine Versteifungsleiste hält den Rahmen rechtwinklig.**

Pfosten der Trennrahmen. Wenn die Bretter nicht lang genug sind, um über den ganzen Rahmen zu passen, verwendet man mehrere kurze Bretter. Man läßt diese immer in Pfostenmitte aneinanderstoßen, allerdings versetzt, so daß darüber und darunter immer ein durchgehendes Brett ist.

Holzschutzbehandlung und Fertigstellung

Der ganze Rahmen muß auf jeden Fall mit mindestens zwei Schichten klarem Schutzmittel oder Fäulnisschutzmittel gestrichen werden. Nach dem Trocknen kann man mit Mikropur- oder Außenlack darübergehen oder das Holz mit wasserabstoßender Schutzlasur versehen, wenn man auf die natürliche Holzstruktur Wert legt. Man sollte kein Steinkohlenkreosot oder irgendein Holzschutzmittel verwenden, das für die Pflanzen schädlich ist.

Einpassen des Glases, Handgriffe und Scharniere

Man läßt sich das Glas so zuschneiden, daß es in den Rahmen paßt. Wir haben drei Scheiben für jede Seite schneiden lassen, wobei die obere Scheibe die untere jeweils überlappt. Die unterste Scheibe wird von kleinen Aluminiumclips gehalten, die in den unteren Fensterrahmen genagelt sind. Sie werden über die Glaskante nach hinten gebogen, so daß die Scheibe nicht herausgleiten kann. Alle Scheiben liegen auf den mit Mastix bestrichenen Stützlatten. Die Scheiben werden mit kleinen Nägeln, sogenannten Rahmenstiften, gehalten. Man nagelt sie waagrecht in die Seitenleisten, so daß sie das Glas nach unten drücken. Die Unterkanten der überlappenden Glasscheiben stoßen gegen zwei Rahmenstifte, damit die Scheiben nicht nach unten wegrutschen können.

An Stelle von Glas kann man die Fenster auch mit durchsichtigen Plastikbahnen versehen. Das ist billiger und wesentlich sicherer. Am besten eignet sich eine Gartenbaufolie, die das Wachstum der Pflanzen anregt, außerdem vergilbt und reißt sie nicht so schnell. Auf keinen Fall darf man Plastik mit UV-Hemmer nehmen, denn dann wird in dem Frühbeet überhaupt nichts wachsen.

Damit man die Fenster zum Lüften oder zur Pflanzenpflege leichter anheben kann, schraubt man unten an die Mittelstrebe einen Handgriff.

Wenn man die Fenster nicht befestigt, kann man sie vorne hochheben und mit einem Pflock darunter offen stehen lassen. Man kann sie dann auch nach vorne und nach hinten schieben, so daß man einen guten Zugang zum Beet hat.

Eine andere Möglichkeit besteht darin, die Fenster hinten mit einem Scharnier zu versehen. Besonders praktisch ist das bei Plastikscheiben, die den ganzen Rahmen sowieso leichter machen. Man schneidet ein Holz, 75 × 50 mm, in der Gesamtrahmenlänge zu. Die Oberkante wird abgeschrägt, so daß man die Rahmen über 90° kippen kann (man lehnt sie dann hinten an eine Mauer oder einen Zaun). Diese Leiste schraubt man in gleicher Höhe wie die oberen Stützlatten an die hinteren Pfosten. Dann schraubt man die Scharniere an die rückwärtigen Kanten der Fensterrahmen und oben auf die abgeschrägte Leiste (siehe Handwerkliche Techniken).

Aus einem Stück Holz, 150 × 100 × 50 mm, macht man eine einfache Belüftungsstütze. Alle 25 mm kerbt man kleine Stufen ein, so daß man die Größe der Belüftungsöffnungen wählen kann. Statt dessen kann man auch eine Hebelstütze anbringen, die den Rahmen teilweise offen hält. Man befestigt diese Stütze unten an der Mittelstrebe. Wenn man sie nicht braucht, wird sie von einer Klemmfeder zur Seite gehalten.

Wenn man Plastikscheiben und Scharniere an der Rückseite hat, befestigt man an der Vorderkante Haken und Ösen, damit man den Rahmen bei Wind fest geschlossen halten kann.

Das Frühbeet wird an einem sonnigen Ort direkt auf den Boden gestellt. Man kann es auch auf eine Reihe halb eingegrabener Ziegel stellen, um das Holz vor Feuchtigkeit zu schützen.

4 Stützlatten für das Glas

Die Seitenlatten werden nach den Rahmeninnenmaßen zugeschnitten; die oberen Latten müssen in der Länge zwischen die Seitenlatten passen.

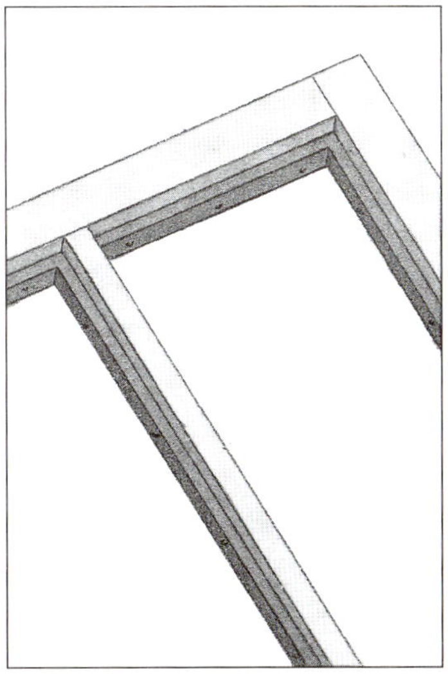

Teil 10

Werkzeuge, Materialien und Techniken

Werkzeuge zur Vorbereitung

Schraubstock und Anschlag Der Schraubstock wird an der Unterseite der Werkbank so angebracht, daß die Backen bündig mit der Oberseite sind. Zum Schutz des Werkstücks und der verwendeten Werkzeuge legt man in die Backen Hartholzstücke ein. Einige Schraubstöcke sind mit einem kleinen Stahlstift ausgerüstet, der über die normale Backenhöhe hochgeschoben werden kann. Zusammen mit dem Anschlag am oberen Ende der Werkbank kann man damit sperrige Holzstücke in der erforderlichen Position festklammern.

Bohrständer Man benötigt einen Bohrständer für Arbeiten, bei denen es auf größtmögliche Präzision ankommt, etwa bei Dübelverbindungen. Das Loch wird genau senkrecht zur Oberfläche gebohrt, außerdem kann man die Bohrtiefe exakt einstellen. Der Bohrer wird mit einem Handgriff, der unter Federdruck steht, auf das Werkstück gesenkt, was ein ganz genaues Arbeiten ermöglicht.

Schmiege Mit diesem verstellbaren Anschlagwinkel kann man jeden beliebigen Winkel auf Holz markieren.

Streichmaß Damit reißt man eine benötigte Breite oder Stärke an. Das Streichmaß besteht aus einem Griff, auf dem sich ein Block mit einer Stahlreißnadel verschieben läßt. Das Werkzeug kann auf einem exakten Punkt festgestellt werden.

Zapfenstreichmaß Ähnlich wie ein Streichmaß, nur mit zwei Spitzen, einer festen und einer beweglichen. Man markiert damit gleichzeitig beide Seiten des Schlitzes bei Verzapfungen.

Reißmesser Zum Anreißen einer dünnen Linie für ein exaktes Ansetzen von Stemmeisen oder Säge.

Schneidlade Der einfache, oben und an den Querseiten offene Holzkasten gibt eine genaue Führung, um 45°- oder 90°-Winkel in Materialien zu sägen.

Senkblei und Kreide Hiermit überprüft oder markiert man senkrechte Linien an Wänden. Das Senkblei ist einfach ein Gewicht mit einer Spitze an einem langen Stück Schnur. Reibt man die Schnur mit farbiger Kreide ein und drückt man sie nach dem Auspendeln an die Wand, hinterläßt sie an dieser einen Abdruck.

Tragbare Werkbank Für Holzarbeiten ist eine zusammenklappbare, tragbare Werkbank fast unentbehrlich. Sie ist leicht, und man kann an Ort und Stelle auf einer stabilen Arbeitsfläche hantieren. Eine tragbare Werkbank ist wie ein riesiger Schraubstock: Die Arbeitsfläche besteht aus zwei Teilen, die man je nach Größe des Werkstücks und der Art der Arbeit mehr oder weniger weit öffnen kann.

Wasserwaage Dient zur Überprüfung senkrechter und waagrechter Oberflächen. Am vielseitigsten einsetzbar ist eine 1000 mm lange Waage. Eine Aluminium- oder Metallwaage ist stoßfest. Für Arbeiten auf engem Raum nimmt man eine kleine, 250 mm lange Wasserwaage. Zusammen mit einem Richtscheit läßt sie sich auch für große Flächen einsetzen.

Metallbandmaß Ein drei oder fünf Meter langes, feststellbares Bandmaß (aus Metall oder Plastik) ist am besten.

Metallineal Bei einem Metallineal nutzt sich die Graduierung nicht ab, außerdem kann man sehr genau damit arbeiten. Das Lineal ist auch ein genaues Richtscheit, um Schneidelinien zu markieren.

Richtscheit Man kann sich dieses Hilfsmittel aus dem Reststück einer Holzlatte mit den Maßen 50 × 25 mm selbst herstellen. Es wird zusammen mit der Wasserwaage verwendet, um zu überprüfen, ob eine Oberfläche eben ist oder Punkte auf einer Linie liegen.

Anschlagwinkel Das L-förmige Präzisionswerkzeug besteht aus einem Stahlblatt und einem Griff, die an der Außen- und Innenkante im exakten rechten Winkel zueinander stehen.

Kombinationswinkelmeßgerät Ein vielseitiges Meß- und Markierungswerkzeug, bestehend aus einem Metallineal, einem Anschagwinkel, einem Gehrungswinkel und einer Wasserwaage.

Werkzeuge zum Schärfen und Schneiden

Stemmeisen Man verwendet das Werkzeug, um Nuten oder Kerben in Holz zu stemmen oder um dünne Späne abzuschälen. Das Nuten geschieht in Verbindung mit einem Holzhammer. Bei einem neuen Stemmeisen ist die Schneidefläche noch stumpf und muß vor dem Gebrauch mit Ölstein geschliffen werden, damit sie scharf wird.

Lochbeitel Wird für tiefe Schlitze verwendet.
Stechbeitel kann man bei allen Heimwerkerarbeiten gebrauchen.
Abstechbeitel Benutzt man zum Unterschneiden auf engem Raum.
Balleneisen Hat eine lange Klinge, um tiefe Schlitze oder lange Nuten zu schneiden.

Bohrlehre Man klemmt die Bohrlehre auf ein Arbeitsstück, um zu gewährleisten, daß die Bohrung genau in die Mitte der gewünschten Stelle geht.

Bohrmaschinen

Handbohrer Vor allem in Holz bohrt man mit ihm Löcher für Schrauben vor oder stellt große Löcher her. Man kann auch Metall durchbohren. Sinnvoll ist der Einsatz überall da, wo es keinen Strom gibt.

Elektrische Bohrmaschine Die Ausführungen sind unterschiedlich: einfache Geräte haben nur einen Gang (damit kann man nur in weiche Materialien bohren), aufwendigere Maschinen gibt es mit mehreren Gängen und Vollwellen-Elektronik. Die meisten Arbeiten lassen sich mit einer zweigängigen Schlagbohrmaschine durchführen.

Bohrer

Man benötigt Bohrer in verschiedenen Größen und Funktionen für die Bohrmaschine.
Spiralbohrer Hat einen konisch zulaufenden, rechteckigen Schaft, um ihn in einer Bohrwinde befestigen zu können. Man bohrt damit tiefe Löcher in Holz, normalerweise bis zu 250 mm. Spiralbohrer gibt es in Durchmessern von 4 mm bis 38 mm.
Versenker Nachdem das Loch bereits ins Holz gebohrt ist, setzt man den Versenker an, um eine Vertiefung für den Schraubkopf zu schaffen. Es gibt verschiedene Ausführungen für die Bohrwinde wie für die elektrische Bohrmaschine.
Holzbohrer Mit ihm bohrt man Dübellöcher. Er hat zwei Schneidspuren und eine Spitze, damit der Bohrer nicht verrutscht.
Scharnierlochbohrer und Zylinderfräser Der Scharnierlochbohrer wird in erster Linie dafür verwendet, um flache Löcher für die Scharniernaben bei versteckten Scharnieren zu bohren. Den Zylinderfräser benutzt man bei elektrischen Bohrmaschinen, am besten im Bohrständer.
Flachfräsbohrer Wird in der Bohrmaschine verwendet. Damit er voll wirksam ist, muß er mit hoher Geschwindigkeit gedreht werden (1000 bis 2000 U. p. M.). Er bohrt quer zur Maserung in Astlöcher und verleimte Bretter.
Steinbohrer Er hat eine spezialgehärtete Wolfram-Karbid-Spitze, mit der man in Mauerwerk genau in der Größe bohrt, die man für einen Dübel braucht.
Zylinderbohrer Für kleine Löcher in Holz oder Metall, die mit der elektrischen Bohrmaschine hergestellt werden.

Motorhobel Mit diesem elektrischen Handhobel schneidet man Nuten, Vertiefungen und viele Arten von Holzverbindungen und formt die Kanten langer Holzlatten.

Sägen

Handkreissäge Sie wird verwendet, um große Holzplatten oder -bretter sowie Nuten und Winkel zu schneiden. Die gebräuchlichste Größe hat einen Durchmesser von 184 mm. Kreissägen sind äußerst gefährlich, und man muß sehr vorsichtig mit ihnen umgehen. Das Werkstück liegt auf Reststükken von Holzlatten und muß gut festgehalten werden. Das Sägeblatt wird auf die richtige Schnittiefe eingestellt. Das Gerät sollte oben und unten eine Schutzhaube besitzen.
Laubsäge Man führt damit gebogene oder runde Schnitte aus. Das schmale Sägeblatt ist drehbar. Beim Schneiden kann man das Blatt so schräg einlegen, daß der Rahmen nicht an das Werkstück stößt.
Metallsäge Man schneidet damit Metall. Eine traditionelle Metallsäge hat einen Holzgriff und einen soliden Metallrahmen. Das Sägeblatt wird mit einer Flügelschraube gespannt. Moderne Metallsägen haben einen Rohrrahmen, den man auf verschieden lange Sägeblätter einstellen kann.
Dekupiersäge Vielseitiger verwendbar als eine Kreissäge, allerdings nicht so schnell und kraftvoll. Mit ihr schneidet man Bögen, komplizierte Formen, Winkel und Löcher in viele verschiedene Materialien. Die besseren Maschinen haben unterschiedliche Geschwindigkeiten.
Stichsäge Mit dem schmalen, spitz zulaufenden Sägeblatt schneidet man Löcher und Formen in Holz. Man bohrt ein Loch und setzt dann die Säge zum Schneiden an.
Bügelsäge Eine Handsäge, mit der man grobe Tischlerarbeiten ausführt. Das auswechselbare Sägeblatt ist 510–660 mm lang.
Feinsäge Zum Schneiden der Zapfen bei einer Zapfenverbindung und für andere feine Arbeiten. Die Rückseite des 250–300 mm langen Sägeblattes ist verstärkt.
Reibeisen Eine grobe, entweder flache oder halbrund gebogene Feile zur Holzbearbeitung.
Raspeln Die Raspeln in verschiedenen Längen zwischen 150 und 250 mm werden zur groben Holzbearbeitung eingesetzt. Das Stahlblatt besteht aus kleinen Zähnen und Löchern, durch die das abgefeilte Holz fallen kann. Dadurch verklumpen die Zähne nicht.

Handwerkzeuge

Schleifpapier siehe Schleifklotz

Zwingen

Mit den Zwingen hält man verleimte Werkstücke fest, bis der Leim getrocknet ist. Unter den vielen verschiedenen Arten von Zwingen ist die Schnellspannzwinge am universellsten einzusetzen. Man erhält sie mit unterschiedlich großen Spannbacken.
Schnellspannzwinge Bei allen hier vorgestellten Arbeiten braucht man Zwingen, die sich mindestens 200 mm öffnen lassen. Das bearbeitete Holz wird zwischen die Spannbacken gelegt, die man dann mit einer Flügelschraube, einem Knebel- oder irgendeiner anderen Art von Griff festzieht. Bei der Schnellspannzwinge sitzt eine Spannbacke beweglich auf einer Schiene. Nachdem man diese Backe entsprechend dem Werkstück eingestellt hat, wird sie durch Drehen am Griff gespannt. Zwischen Spannbacken und Werkstück legt man zum Schutz vor Druckstellen Holzscheiben ein.
Kantenzwingen Sie haben eine lange Metallschiene und sind unerläßlich, wenn man große Rahmenteile zusammenhalten will. Manchmal kann man sich allerdings auch mit einem Stück Schnur behelfen, das um das Werkstück geschlungen und dann mit Hilfe eines Stöckchens festgezurrt wird.
Spannband Das Material, aus dem das Band besteht, ist in etwa das gleiche wie das von Sicherheitsgurten. Man schlingt das Band um das Werkstück und zieht es zunächst von Hand so fest wie möglich an. Die letztendliche Spannung erhält man durch einen Schraubmechanismus oder eine Ratschwinde.

Hämmer

Klauenhammer Mit ihm kann man Nägel schnell und sauber aus einem Werkstück ziehen.
Tischlerhammer Der eine Teil des Hammerkopfes ist abgeflacht. Damit beginnt man beim Einschlagen von dünnen Stiften und Reißnägeln. Diesen Hammer gibt es je nach Art des Einsatzes in unterschiedlichen Größen.
Heftmaschine Mit diesem Werkzeug heftet man durch Knopfdruck Oberflächenmaterialien wie Gewebe, Holzfaserplatten oder dünnes Holz mit Heftklammern an Holzlatten. Gegenüber der herkömmlichen Methode, Stifte mit dem Hammer einzuschlagen, hat der Tacker den Vorteil, daß man ihn einhändig bedienen kann.
Holzhammer Man verwendet ihn am häufigsten dazu, ein Stemmeisen ins Holz zu treiben. Wenn das Stemmeisen allerdings einen druckunempfindlichen Stiel hat, kann man auch einen normalen Hammer verwenden. Durch den verjüngten Hammerkopf trifft man beim Schlagen immer rechtwinklig auf den Gegenstand.

Versenker Verwendet man zusammen mit einem Hammer, um Nägel oder Stifte unter die Oberfläche zu schlagen, damit man sie nicht mehr sieht und die Löcher verspachtelt werden können.

Tellerschleifer Verleiht dem Holz eine feine, glatte Oberfläche. Auf der Tellerscheibe wird Schleifpapier befestigt. Je nach der zu bearbeitenden Oberfläche verwendet man unterschiedliches Schleifpapier; man erhält es in verschiedenen Körnungen, von ganz fein bis grob. Tellerschleifer erzeugen sehr viel Staub; man sollte daher bei der Arbeit einen Mundschutz tragen.

Pinsel Zum Streichen und Lackieren schafft man sich am besten drei verschieden große Pinsel an: 25 mm, 50 mm und 75 mm. Die Pinselgröße sollte immer der Oberfläche entsprechend gewählt werden, d. h. ein kleiner Pinsel für kleine Werkstücke, ein großer für flächiges Arbeiten.

Hobel

Einhandhobel Man hält den Hobel in der Handfläche und verwendet ihn für kleine Arbeiten. Er eignet sich auch gut, um Kanten zu brechen und Schnittstellen glatt zu hobeln.
Rauhbank Ein vielseitig verwendbares Werkzeug mit einer langen Auflagefläche, mit dem man auch lange Kanten begradigen kann.
Motorhobel Damit kann man Hölzer genau auf die richtigen Maße zuhobeln. Das Einhandmodell ist leicht und kann überall verwendet werden. Der schwerere Zweihandhobel ist für die Benutzung auf der Werkbank gedacht. Mit dem Motorhobel lassen sich auch Schrägen und Fugen schneiden.
Bankhobel Ein vielseitig verwendbares Handgerät zum Glätten und Begradigen von Oberflächen und Kanten. Der Hobel ist etwa 250 mm lang und das Messer 50–60 mm breit. Je breiter das Messer, um so besser lassen sich breite Holzteile bearbeiten. Es gibt eine Feineinstellung für die Hobeltiefe und einen Hebel für die seitliche Führung.

Schleifklotz und Schleifpapier Einen Schleifklotz verwendet man zusammen mit Schleifpapier, um ebene Oberflächen zu überarbeiten und zu glätten. Der Klotz besteht aus Kork, Gummi oder Weichholz; das Schleifpapier wird um ihn herumgewickelt. Dabei muß man darauf achten, daß keine Falten im Papier sind. Grobes Papier verwendet man für rauhe Oberflächen; feines Papier nimmt man zum abschließenden Glätten.

Schraubenzieher Gibt es in vielen Größen und Formen. Man unterscheidet grundsätzlich nach der Art der Spitze (für Schlitzschrauben oder Kreuzschrauben), der Länge und der Form des Griffs – es gibt gerade, kannelierte und birnenförmige.

Am besten hat man eine ganze Reihe verschiedener Schraubenzieher für alle Schraubengrößen zur Verfügung. Einfach in der Handhabung sind Schraubenzieher mit einer Ratsche; man braucht den Griff nicht loszulassen, um zum Ausgangspunkt zurückzukommen.

Schraubenschlüssel Zum Festziehen von Sechskantschrauben; jede Art, die um den Schraubenkopf paßt, ist geeignet. Wenn man keinen Klauenschlüssel oder Ringschlüssel in der passenden Größe bekommt, kann man auch einen verstellbaren Schraubenschlüssel verwenden.

Materialien

Nutzholz und Bretter

Nutzholz Man unterscheidet zwischen Weichholz und Hartholz. Weichholz stammt von immergrünen Bäumen, Hartholz von Laubbäumen. Vor dem Kauf überprüft man das Holz auf Fehler. Holz mit groben Rissen und Splittern sollte man nicht nehmen. Kleine Oberflächenrisse spielen keine Rolle, da man sie glatthobeln oder -schleifen und ausspachteln kann. Mit verzogenem Holz kann man nicht arbeiten. Wenn man an der Längskante eines Holzstückes entlangschaut, erkennt man an eventuellen Krümmungen oder Drehungen, ob es verzogen ist.

Im Freien verwendetes Holz muß gegen Verrottung und Insektenbefall geschützt werden. Man kann bereits behandeltes Holz kaufen, allerdings ist es teuer und auch nicht überall zu haben. Unbehandeltes Holz muß man so schnell wie möglich mit einem der hier vorgestellten Anstrichmittel behandeln. Besonders sorgfältig sollten Schnittstellen und Pfosten, die in den Boden versenkt werden, eingelassen werden – ein doppelter Anstrich hat sich hier sehr bewährt.

Weichholz Meist spricht man von Kiefernholz, obwohl es von ganz verschiedenen Bäumen stammt. Weichholz ist wesentlich günstiger als Hartholz und wird für alle Arbeiten verwendet. Man erhält es in einer Reihe von Standardgrößen. Von 1,8 m an steigt die Länge in Intervallen von 30 cm bis zu 6,3 m. Die Standardstärke reicht von 12 mm bis zu 75 mm, die Breite von 25 mm bis zu 225 mm. Die Standardholzmaße beziehen sich immer auf geschnittenes Holz, d. h. so wie es vom Sägewerk kommt. Für die meisten Arbeiten in diesem Buch kann man geschnittenes Holz verwenden. Wenn man jedoch eine glatte Oberfläche braucht, weil es auf Aussehen und genaues Arbeiten ankommt, verwendet man gehobeltes Holz. Auch gehobeltes Holz ist im Fachhandel erhältlich. Es ist ungefähr 5 mm schwächer und schmaler als angegeben.

Hartholz Hartholz ist teuer und nicht so leicht zu bekommen. Möglicherweise muß man es bestellen oder beim Holzfachhandel kaufen. Auf vielen Holzplätzen bekommt man das Hartholz exakt nach den eigenen Maßangaben zugeschnitten.

Bretter Bereits fertig zugeschnittene Bretter bekommt man aus Holz und anderen Materialien. Sie sind ein vielseitig verwendbarer, relativ billiger Werkstoff von einheitlicher Qualität, den man in vielen Größen kaufen kann. Man muß die Vorteile der einzelnen Bretterarten kennen, um die richtige Entscheidung treffen zu können.

Sperrholz Dünne Holzfurniere werden in Lagen verleimt. Die Maserung der einzelnen Schichten verläuft immer rechtwinklig zueinander. Dadurch wird das Sperrholz stark und verzieht sich nicht so leicht. Die gebräuchlichsten Platten haben drei, fünf oder sieben Schichten. Sperrholz wird nach Qualität eingeteilt: A bedeutet beste Qualität, B ist durchschnittlich und BB eignet sich nur für grobe Arbeiten. Standardmaße für die Stärke sind 3 mm, 6 mm, 12 mm und 19 mm. Für den Gebrauch im Freien nimmt man wetter- und wasserfest verleimtes Sperrholz.

Stäbchenplatten Naturholzstreifen werden zwischen Furnierschichten eingelegt. Für das Furnier wird meist entweder fernöstliches Rotholz oder gewöhnliches Birkenholz verwendet. Birke ist zwar etwas teurer als Rotholz, dafür aber von wesentlich besserer Qualität. Stäbchenplatten sind beanspruchbar, doch ergeben sich beim Sägen oftmals häßliche Kanten, an denen es dann schwierig ist, Befestigungen anzubringen. Die Qualitätseinteilungen sind die gleichen wie bei Sperrholz; am gebräuchlichsten sind 12 mm, 19 mm und 25 mm starke Platten.

Nut-und-Feder-Schalung Wird vor allem zum Verkleiden von Rahmengestellen verwendet. Die Bretter haben auf der einen Seite eine Feder und auf der anderen eine Nut. Die Feder paßt in die Nut des anschließenden Brettes. Die Verbindung dehnt sich je nach Temperatur und Feuchtigkeit aus oder zieht sich zusammen, ohne daß zwischen den Brettern Fugen entstehen. Für die Verwendung im Freien braucht man wetterfeste Bretter.

Wasserschlagschalung Die Bretter haben eine dicke und eine dünne Kante. Wenn man sie anbringt, lappt die dicke Kante des einen Bretts über die dünne des anderen.

Kleb- und Füllstoffe

Klebstoffe Moderne Kleber sind stark und wirksam. Wenn sie nicht halten, liegt das daran, daß man den falschen Kleber verwendet oder die Herstellerhinweise nicht genau beachtet hat. Für Holzarbeiten im Freien verwendet man entweder einen Kunstharzleim, der mit Wasser gemischt wird (er hat Spachteleigenschaften und eignet sich gut dafür, nicht ganz exakt geschnittene Verbindungen auszugleichen), oder einen Zweikomponenten-Harzleim, der getrennt auf die zu verbindenden Teile aufgetragen wird.

Füllstoffe Für Außenarbeiten nimmt man immer wetterfeste Spachtelmasse, die aufgrund ihrer speziellen Zusammensetzung natürliche Bewegungen der Spalten und Löcher durch Witterungsveränderungen ausgleicht.

Wenn das Holz farbig gestrichen werden soll, nimmt man einen wetterfesten Zellulosefüllstoff. Er trocknet weiß und bleibt unter jeder anderen Form von Anstrich sichtbar. Wenn die Spachtelmasse unsichtbar sein soll, füllt man die Ritzen und Löcher mit einem Markenholzfüller. Diese dicken Pasten gibt es in einer ganzen Reihe von Holztönen. Sie lassen sich auch untereinander oder mit Holzlasur mischen, wenn man die benötigte Farbe nicht erhält. Man wählt die Farbe etwas heller als das Holz, da die Füllstoffe unter dem Anstrich meist etwas nachdunkeln. An einem Stückchen Restholz kann man die richtige Tönung ausprobieren.

Oberflächenbehandlung

Die Art der Oberflächenbehandlung richtet sich danach, ob das Holz oder die Bretter sichtbar bleiben, farbig gestrichen oder mit einem klaren Anstrich geschützt werden.

Farbe Für Holz eignet sich flüssige Hochglanzfarbe (auf Ölbasis), die man auf eine Schicht Vorstreichfarbe aufträgt. Ganz allgemein gilt: Zwei dünne Farbschichten sind besser als eine dicke. Eine Alternative dazu ist tropffreie Farbe. Sie hat eine geleeartige Konsistenz und kann ohne Vorstreichfarbe verwendet werden. Ein zweiter Anstrich mag aber für eine qualitätvolle Oberflächenbehandlung durchaus notwendig sein. Wenn man die Farbe aufsprühen will, muß sie flüssig sein.

Mikropur-Farbe Sie wird direkt auf das Holz ohne Grundierschicht oder Vorstreichfarbe aufgetragen. Die Farbschicht blättert nicht ab und wirft keine Bläschen, denn die spezielle Zusammensetzung läßt Feuchtigkeit entweichen. Streicht man die Mikropur-Farbe allerdings über eine alte Farbschicht, verliert sie ihre besonderen Eigenschaften.

Schutzanstrich (Lasur) Ein noch nicht behandeltes Holz, das auch keine schmückende Oberflächenbehandlung erhalten soll, muß in jedem Fall mit einem Holzschutzmittel eingelassen werden. Die modernen Schutzmittel auf Wasserbasis sind für Pflanzen nicht giftig. Man erhält sie farblos, grün und in einer Anzahl natürlicher Holztöne. Das Schutzmittel dringt gut in das Holz ein und bewahrt es vor Verrottung und Insektenbefall.

Lack Für die Verwendung im Freien braucht man immer einen wetterfesten Lack (ist als solcher ausgezeichnet) oder Schiffslack. Es gibt ihn in Hochglanz, Seidenmatt oder Matt, sowohl farblos wie auch in vielen Farbtönen. Man kann dem Holz also eine andere Farbe geben und es gleichzeitig schützen. Da die Farbe nicht in das Holz eindringt, kommt bei Kratzern die ursprüngliche Tönung durch. Mit Holzbeize verändert man die Farbe von Holz. Sie dringt in das Holz ein, schützt es aber nicht, so daß man zusätzlich einen Lack braucht.

BETON

Beton Man mischt Portland-Zement und Ballast (eine Mischung aus Sand und Zusätzen) mit Wasser. Die übliche Mischung für Wege und Fundamente besteht aus einem Teil Zement und vier Teilen Ballast. Man bekommt Beton zwar auch als Fertigmischung in Säcken, doch ist das nur bei kleinen Mengen sinnvoll. Beton von Hand zu mischen, ist sehr mühsam. Man leiht sich daher besser einen kleinen elektrischen Mischer.

Vorfabrizierte Betonbodenplatten Man erhält sie in verschiedenen Formen und Größen; am gebräuchlichsten sind 450 mm^2. Größere Platten sind schwierig zu handhaben. Die Auswahl an Farben ist beschränkt, die Oberflächen sind glatt, gemustert oder strukturiert. Die übliche Stärke liegt zwischen 35 mm und 40 mm.

Ziegel und Mörtel Siehe Handwerkliche Techniken: Maurerarbeiten.

TRENNWÄNDE

Zäune Man benötigt sie in erster Linie, um Grenzen zu markieren und eine abgeschlossene Privatsphäre zu schaffen. Folgende Formen sind besonders beliebt:
Bretterzaun Ein solider, sicherer Zaun, der sich in jeder beliebigen Höhe herstellen läßt. Eine Wasserschlagschalung wird senkrecht auf waagrechte, kantige Leisten genagelt, die wiederum an festen Holz- oder Betonpfosten befestigt sind.
Geschuppte Schalung Fertigteile aus Lärchen- oder Kiefernholzbrettern, die waagrecht überlappen. Normalerweise sind die Teile 1800 mm breit und 600–1800 mm hoch; sie werden an Holz- oder Betonpfosten befestigt.
Lattenzaun Senkrechte Holzlatten werden alle 50 mm auf kantige Leisten genagelt, die an Holzpfosten befestigt sind. Die Pfähle können an den Enden verziert oder angespitzt sein. Die Höhe ist unterschiedlich; am gebräuchlichsten sind 900 mm. Diese Art Zaun verwendet man vor allem für Vorgärten.
Ländlicher Zaun Holzriegel werden waagrecht in Abständen an Holzpfosten genagelt. Ein Zaun mit zwei Riegeln ist normalerweise etwa 1000 mm hoch, einer mit vier Riegeln etwa 1300 mm.
Maschendrahtzaun Ein sicherer, 900 bis 3600 mm hoher Zahn. Das Metallnetzwerk ist entweder verzinkt oder plastiküberzogen. Die Pfosten sind aus Eisen oder Beton.
Plastikdraht Schmuckzaun, den man normalerweise zur Umrandung eines Fischteichs oder eines Kräutergartens verwendet. Der Zaun kann direkt im Boden verankert werden; wenn er über 600 mm hoch ist, sollte man ihn an Pfosten befestigen. Man bekommt ihn von der Rolle und kann ihn in der benötigten Länge zuschneiden.
Pfahlzaun Haselnuß-, Birken- oder Kastanienpfähle bekommt man im Garten-Center. Sie sind zwischen 50 und 125 mm dick. Die dickeren benötigt man für die senkrechten Pfähle und die Träger, die dünneren für die Querstreben. An den Pfählen befindet sich noch Rinde, die sich mit der Zeit ablöst.

Spaliere Quadratspaliere erhält man in Höhen zwischen 600 und 1220 mm, jeweils 1800 mm lang. Die einzelnen Quadrate haben eine Seitenlänge von etwa 150 mm. Die Spaliere sind aus Hartholzleisten hergestellt. Rautenspaliere gibt es 300–1220 mm hoch und 1800 mm lang.

BEFESTIGUNGEN

Die Wahl der Befestigung hängt von der Größe und dem Gewicht des jeweiligen Materials ab.

Nägel Verwendet man ganz allgemein für alle Rahmenkonstruktionen.
Breitkopfstifte Diese Nägel mit großen, flachen Rundköpfen nimmt man für feste Verbindungen, bei denen die Rahmenkonstruktionen überdeckt werden, so daß man die unschönen Nägel nicht sieht.
Kammnägel Für ausgesprochen starke Befestigungen.
Tapeziernägel Werden dann verwendet, wenn die äußere Erscheinung wichtig ist.
Drahtstifte Damit befestigt man dünne Platten. Die unauffälligen Köpfe können bündig auf die Oberfläche geklopft oder auch versenkt werden.
Maurernägel Als Alternative zu Schrauben und Dübeln kann man damit Holzlatten an Wänden befestigen.

Schrauben Alle Arten von Schrauben bekommt man mit den herkömmlichen Schlitzen oder auch als Kreuzschrauben. Wenn man einen elektrischen Schraubendreher verwendet, nimmt man am besten Kreuzschrauben.

Schrauben mit Versenkköpfen haben einen weiten Anwendungsbereich, da sie mit der Oberfläche bündig abschließen. Mit Rundkopfschrauben befestigt man Metallbeschläge wie etwa Türbolzen mit zumeist ausgestanzten Schraublöchern. Linsenkopfschrauben verwendet man da, wo es auf eine ordentliche äußere Erscheinung ankommt.
Holzschrauben Sie haben hinter dem Kopf ein Stück glatten Schaft. Sie halten dadurch sehr fest, aber es besteht auch die Gefahr, daß der gewindelose Teil des Schafts das Holz reißen läßt.
Bohrschrauben Bei diesen Schrauben ist das Splittern des Holzes seltener als bei den Holzschrauben. Außer bei sehr langen Schrauben geht das Gewinde über den ganzen Schaft, wodurch sie gut greifen.
Sechskantschrauben Für sehr haltbare Befestigungen bei schweren Rahmenkonstruktionen. Die Schraubenköpfe sind entweder vier- oder sechseckig und werden mit dem Schraubenschlüssel angezogen. Man legt eine Beilagscheibe unter, damit der Schraubenkopf nicht ins Holz einschneidet.

Wanddübel Mit dem Steinbohrer bohrt man ein Loch in der Größe der Schraube (ein Bohrer, 10 mm ∅, für eine Schraube, 10 mm ∅, beispielsweise). Man drückt den Dübel in das Loch und schraubt dann durch das jeweilige Werkstück die Schraube in den Dübel hinein.

Kippdübel Ähnlich wie ein Wanddübel, nur daß Schraube und Dübel bereits eine Einheit bilden. Man muß ein wesentlich größeres Loch bohren – meist von 10 mm Durchmesser. Die Kippvorrichtung geht auseinander, wenn man die Schraube anzieht.

Hochbelastungsdübel Wenn man die Schraube im Innern anzieht, dehnt sich ein Teil des Dübels aus. Er faßt sehr gut in Beton, Ziegel oder Stein. Es gibt verschiedene Längen und Größen; manche sind mit einem Haken oder einer Öse versehen. Die meisten Schrauben sind verzinkt, es gibt aber auch welche aus einer Aluminium-Bronze-Legierung, die korrosionsfester sind.

Winkel Zur Verstärkung von geleimten Holzverbindungen. Man bekommt sie 6–22 mm tief und 22–30 mm lang.

Krampen Damit kann man schnell und einfach Plastikdrahtzaun an Holzpfosten anbringen.

Latte oder Leiste Allgemeine Begriffe für ein schmales, längliches Stück Holz. Die gebräuchlichsten Größen sind 25 × 25 mm oder 50 × 25 mm.

Man kann die Leisten an die Wand schrauben und sie als Träger für Regalbretter verwenden, oder man baut aus ihnen einen Rahmen an der Wand, verkleidet diesen mit Platten oder Brettern und erhält auf diese Art eine »neue« Wand.

Holzdübel Mit ihnen hält man Holzrahmenkonstruktionen zusammen oder setzt Bretter Kante an Kante bzw. Kante an Fläche zusammen.

Hartholzdübel werden in Durchmessern zwischen 6 mm und 10 mm verkauft. Ganz allgemein gilt: Die Dübellänge sollte eineinhalb mal die Stärke der zu verbindenden Bretter betragen.

Holzdübel benutzt man in Verbindung mit Leim. Der überschüssige Leim muß beim Fertigen der Verbindung entweichen können. Günstig sind dafür Dübel mit kannelierten (fein eingekerbten) Seiten und abgerundeten Enden. Wenn man glatte Dübel verwendet, schneidet man selbst am Dübel entlang dünne Ritzen ein.

Handwerkliche Techniken: Sägen und Schneiden

Messen und Anreissen

Man zeichnet zunächst mit einem harten Bleistift leicht die Linien an und zieht dann mit einem Reißmesser entlang einem Richtscheit, Anschlagwinkel oder Metallineal, eine scharfe, glatte Linie.

Wenn man ein Holzteil rundum markieren will, verwendet man einen Anschlagwinkel und drückt ihn mit dem Griff gegen die Stirnseite, die eine winklige Kante haben muß. Man zieht – vorzugsweise mit einem Messer – eine Linie am Winkel entlang. Dann zieht man mit Hilfe des Anschlagwinkels die Linien von der Stirnmarkierung über die Kanten nach unten. Zum Schluß setzt man den Anschlagwinkel an der anderen Stirnseite an und achtet darauf, daß die Linien rundum verlaufen.

Man verwendet dazu Lattenreste, 19 mm oder 25 mm. Durch die Abstandshölzer ist gewährleistet, daß alle Streben, die an einem Rahmen angebracht werden, den gleichen Abstand zueinander haben. Um die Länge der Abstandshölzer zu berechnen, schiebt man einfach alle Streben an einem Ende des Rahmens zusammen. Von da weg mißt man zum anderen Rahmenende und teilt diese Länge durch die Anzahl der benötigten Abstände (die man an den nebeneinanderliegenden Streben abzählen kann). Daraus ergibt sich die Länge, in der man die Abstandshölzer zuschneiden muß, um jede Strebe an der richtigen Stelle anzubringen.

Bei der Herstellung eines Rahmens ist es wichtig, daß alle Ecken einen exakten rechten Winkel haben. Es gibt zwei verschiedene Verstrebungsmethoden, mit denen man das gewährleisten kann.

Methode 3–4–5 Man mißt an einem Rahmenholz drei Einheiten ab und am angrenzenden vier Einheiten. Dann nagelt man eine Strebe genau in einen der abgemessenen Punkte. Den rechten Winkel stellt man her, indem man an der Verstrebung genau fünf Einheiten abmißt und diesen Punkt mit dem Meßpunkt am zweiten Rahmenholz zur Deckung bringt. Die Strebe bildet die Hypotenuse des Dreiecks. Ihre Enden werden bündig mit dem Rahmen abgesägt. Die Strebe bleibt solange am Rahmen, bis dieser fertiggestellt ist.

Methode mit dem Anschlagwinkel Man nagelt die Strebe auf ein Rahmenholz, bringt den Rahmen mit Hilfe des Anschlagwinkels in die rechte Form und nagelt die Strebe am zweiten Rahmenholz fest.

Keile sind sehr hilfreich, wenn man für den Zusammenbau große Rahmenteile auf der Werkbank festzwingen will. Man verwendet die Keile immer paarweise; für einen großen Rahmen braucht man wahrscheinlich mehr als ein Paar. Jedes Keilpaar wird aus einem Stück Holz, 38 × 38 × 330 mm, geschnitten (Hartholz ist in diesem Fall ideal).

Für die Keile wird das Holzstück diagonal in zwei Teile gesägt. Zur Verwendung der Keile nagelt man zunächst eine Holzlatte auf die Werkbank. Das Werkstück, das eingespannt werden soll, wird an die Latte geschoben. Parallel zur ersten Latte nagelt man 45 mm von dem Werkstück entfernt eine zweite Latte auf die Werkbank. Die Keile werden nun zwischen das Werkstück und die zweite Latte geschoben. Mit zwei Hämmern schlägt man dann die Keile nach innen fest, wodurch das Werkstück in jedem Fall fest eingespannt wird.

Sägen und Schneiden

Das Ablängen des Werkstücks von Hand. Man hält das Holz fest und läßt die Schnittlinie (s. Messen und Anreißen, oben) an der rechten Seite der Werkbank überstehen (falls man Rechtshänder ist). Das Sägeblatt wird senkrecht an die abzuschneidende Seite der Linie angelegt; der Schnitt beginnt mit einer Rückwärtsbewegung.

Damit das Sägeblatt zu Beginn des Sägens nicht verrutscht, drückt man mit dem Daumengelenk der anderen Hand seitlich kräftig gegen das Blatt.

Schlitzsägen von Hand. Das Holz oder Brett wird etwa in Kniehöhe aufgelegt. Man beginnt mit dem Schnitt wie oben beschrieben und sägt an der abzuschneidenden Seite der Linie entlang, indem man nur nach unten Druck ausübt.

1 Längs- und Rundummarkierung von Holz
An der Stirnseite des Holzes markiert man entsprechende Maße mit einer Reißnadel, die gegen die Kante des Anschlagwinkels gedrückt wird. Um die Ecken herum markiert man alle Seiten, bis sich die Linien wieder treffen.

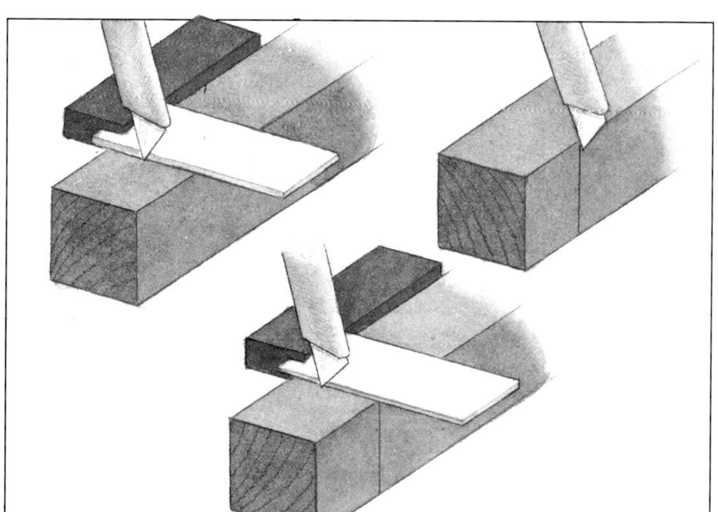

2 Abstandshölzchen
Man mißt den Abstand von den zusammengeschobenen Leisten bis zum Rahmenende und teilt ihn durch die Anzahl der benötigten Zwischenräume.

3 Herstellung von Keilen
Ein Holzstück wird diagonal durchgesägt. Auf die Werkbank nagelt man Latten. Die Keile werden zwischen Latte und Werkstück getrieben.

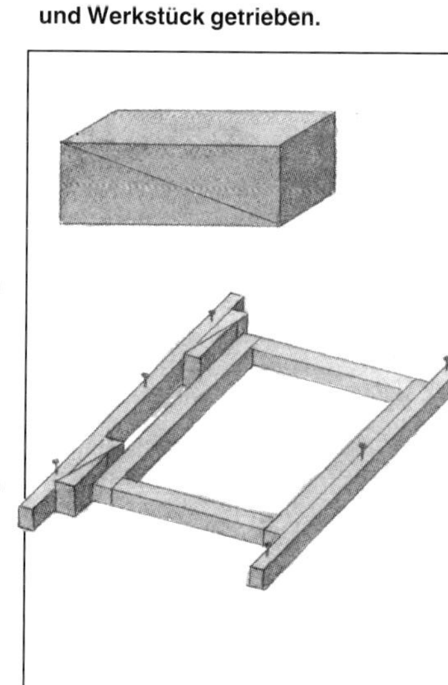

Verwendung einer tragbaren Motorsäge. Wenn die Schnittlinie nahe bei einer geraden Kante des Werkstücks liegt, wird die Säge an der Kante entlanggeführt. Den Anschlag der Säge stellt man so ein, daß die Schneide an der Schnittlinie verläuft.

Gewährleistung eines geraden Schnitts Wenn man Platten oder Bretter mit der Motorkreissäge oder der Dekupiersäge zuschneiden will, befestigt man am besten an der Oberfläche eine Führungslatte parallel zur Schnittlinie. Man kann dann die Kante des Sägetisches an der Latte entlangführen. Die Latte muß so angebracht werden, daß man an der abzuschneidenden Seite der Schnittlinie sägt. Je nachdem, auf welcher Seite der Schnittlinie die Führungslatte befestigt wird, kann bei einer Kreissäge das Motorgehäuse an die Latte oder die Schnellspannzwingen stoßen. In so einem Fall ersetzt man die Latte durch einen breiten Streifen geradkantiges Sperrholz und setzt die Befestigungszwingen weit genug weg.

5 Gerades Schneiden mit der Motorsäge
Oben. **Wenn man nahe an einer Kante sägt, verwendet man den Führungsanschlag der Säge.** ***Unten.*** **Eine Latte dient als Führung für einen geraden Schnitt.**

SÄGEN EINES KREISES

Mit einer Laubsäge Man zeichnet den Kreis an, kerbt die Linie ein und bohrt direkt innerhalb des Kreises ein Loch von etwa 10 mm Durchmesser. Man löst das Sägeblatt an einer Seite, schiebt es durch das Loch und befestigt es wieder. Am besten hält man das Werkstück während des Arbeitens mit Zwingen senkrecht. Das Sägeblatt kann gedreht werden, damit man mit dem Rahmen nicht anstößt. Aber selbst diese Möglichkeit reicht eventuell nicht aus, wenn man weit im Innern eines Werkstücks zu sägen hat. In so einem Fall verwendet man eine Stichsäge.

Mit einer Stichsäge Eine Stichsäge hat ein steifes, spitz zulaufendes Sägeblatt, das an einem einfachen Handgriff befestigt ist. Es gibt sehr gut verwendbare Stichsägen, deren Sägeblatt in einen normalen Messergriff paßt.

Da diese Säge keinen Rahmen hat, ist sie ideal zum Sägen von Kreisen und anderen Öffnungen in einer Platte, wie etwa Schlüssellöchern. Man bereitet den Kreis auf die gleiche Art wie bei der Laubsäge vor. Bei der Stichsäge hält man das Sägeblatt senkrecht und sägt mit schnellen, kurzen Bewegungen ohne allzuviel Druck.

Fräsen von Nuten Die Nut wird zunächst mit dem Reißmesser angezeichnet. Man hält das Arbeitsstück auf der Werkbank fest und schneidet senkrecht an der Innenseite der Markierungslinien entlang so tief in das Holz ein, wie die Nut werden soll. Wenn die Nut breit ist, schneidet man zusätzlich mehrere Male senkrecht in das auszunehmende Holz. Nun stemmt man das Holz aus, jeweils von der Außenkante nach innen. Zum Schluß schält man den Boden der Nut mit der flachen Seite des Stemmeisens nach unten glatt aus.

Mit einem Fräskopf Man verwendet einen geraden Fräskopf, der auf die benötigte Tiefe eingestellt wird. Idealerweise hat der Fräskopf genau die Breite der Nut. Man schneidet an der Innenseite entlang der Markierungslinie. Als Führungsanschlag befestigt man mit Zwingen eine Latte.

4 Quer zur Länge sägen
Man hält das Holz gut fest. Zu Beginn des Sägens führt man das Sägeblatt mit dem Daumengelenk.

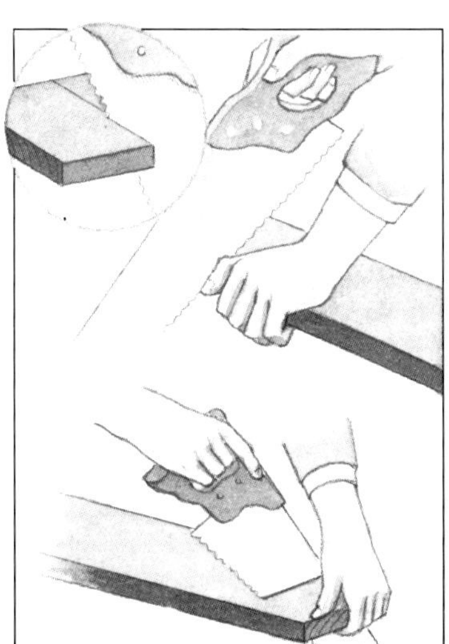

6 Sägen mit der Feinsäge
Man beginnt den Schnitt wie mit einer Handsäge. Beim Weiterschneiden hält man das Sägeblatt waagrecht.

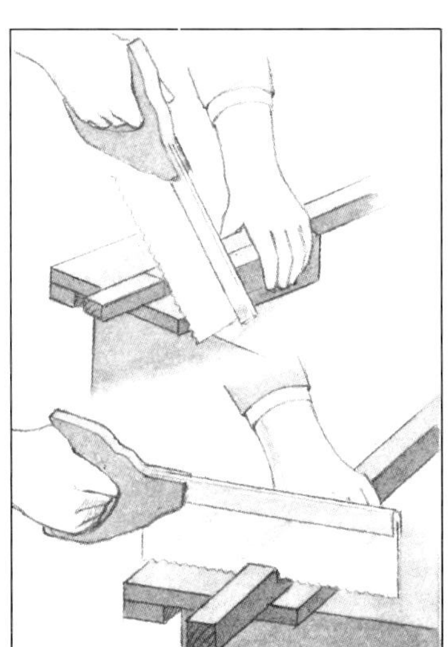

7 Gerades Sägen
Man befestigt mit Zwingen eine Latte an der Schnittlinie und sägt an ihr entlang. Mit einem Keil hält man den Schnitt.

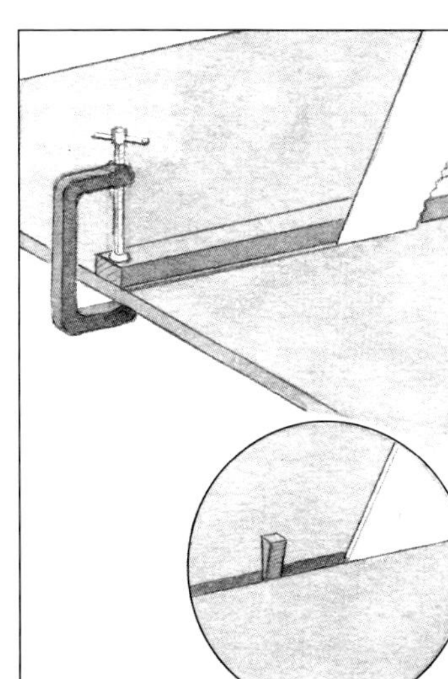

8 Sägen von Kreisen
1. Man bohrt ein kleines Loch und sägt den Kreis mit der Stichsäge aus.
2. Sägen mit der Laubsäge.

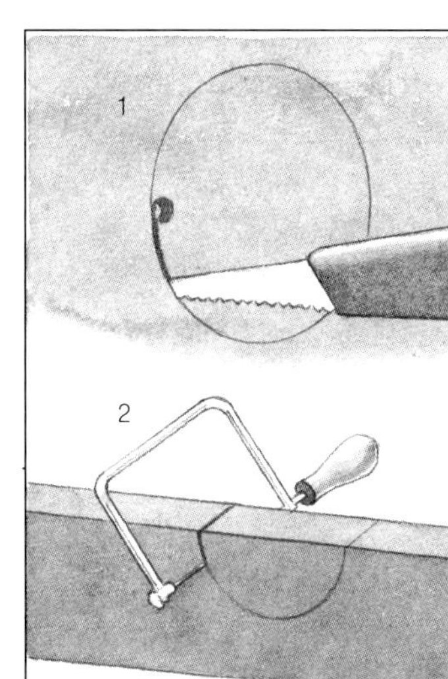

Handwerkliche Techniken: Bohren und Befestigen

Sägen von Falzen

Ein Falz ist ein L-förmiger Absatz an der Kante eines Holzstücks.

Von Hand Mit einem Streichmaß zeichnet man die Falzbreite oben und an den beiden Seiten eines Werkstücks an. Die Falztiefe markiert man am Ende und an den Seiten. Man legt das Holz auf eine Unterlage und sägt an der Falzseite der markierten Linie nach unten bis zur benötigten Tiefe. Stück für Stück stemmt man den Falz aus.

Mit einem Fräskopf Hierbei muß man den Falz nicht unbedingt anzeichnen, außer man möchte eine Führung zum Arbeiten. Es empfiehlt sich, zunächst an einem Holzrest eine Probefräsung zu machen, damit man den Fraskopf richtig ansetzt.

Wenn man einen geraden Fräskopf verwendet, macht man den Anschlag an der Maschine in der richtigen Breite fest. Dann stellt man die Frästiefe ein. Wenn die Maschine exakt eingestellt ist, braucht man sie nur noch eben auf das Werkstück zu setzen und entgegen der Drehrichtung zu bewegen. Wenn man einen Falzfräser mit Anlaufzapfen verwendet, braucht man nur die Schnittiefe einzustellen und kann dann die Maschine entlang der Holzkante bewegen. Der Fräskopf folgt allen Unregelmäßigkeiten im Holz, so daß man darauf achten muß, daß die Kante vollkommen gerade ist.

Hobeln

Von Hand Das Hobelmesser muß scharf und richtig eingestellt sein. Man steht leicht gegrätscht vor einer Seite des Werkstücks und hobelt von einem Ende des Werkstücks zum anderen. Zunächst ist der Druck fest auf der Führungshand, dann verlagert man ihn auf beide Hände, und kurz vor dem Ende liegt er auf der hinteren Hand. Das Ergebnis ist besser, wenn man den Hobel leicht schräg zur Holzmaserung ansetzt.

Mit einer Hobelmaschine Lockere Kleidungsstücke sollte man ausziehen und eine Schutzbrille und Staubmaske tragen. Das Werkstück wird mit Zwingen befestigt. Man stellt die Hobelmaschine an und justiert die benötigte Tiefe. Man beginnt immer mit einem flachen Schnitt und vertieft ihn, falls nötig.

Man steht bequem auf einer Seite des Werkstücks, hält den Hobel mit beiden Händen und führt die Maschine von einem zum anderen Ende. Wenn man fertig ist, stellt man die Maschine aus und vergewissert sich, daß die Messer zur Ruhe gekommen sind. Mit der Schnittiefeeinstellung auf Null stellt man die Maschine weg.

Bohren

Damit das Holz möglichst nicht reißt, bohrt man Schraublöcher entweder vor oder durch. Bei durchgebohrten Löchern ist das Loch im Durchmesser etwas kleiner als der Schaft der Schraube.

Ein vorgebohrtes Loch hat etwa die Hälfte des Durchmessers eines durchgebohrten Lochs. Von der Tiefe her ist das Loch etwas kürzer als die Schraube.

Bohren senkrechter Löcher Damit die Löcher wirklich senkrecht werden, befestigt man die Bohrmaschine an einem Bohrständer. Wenn das nicht möglich ist, stellt man einen Anschlagwinkel mit der Griffkante auf das Werkstück in die Nähe der Bohrstelle. Man orientiert sich am senkrecht stehenden Blatt und führt den Bohrer so nahe wie möglich daran entlang.

Schrauben

Wenn man zwei Holzteile miteinander verschraubt, muß man darauf achten, daß die Schraube zur Hälfte in das untere Holz dringt. Die Dicke der Schraube sollte nicht mehr als ein Zehntel der jeweiligen Holzbreite betragen. Man setzt die Schrauben in einem Abstand von der Seitenkante des Holzes, der fünfmal dem Durchmesser ihres Schaftes entspricht; von den Holzenden aus entspricht der Abstand zehnmal dem Durchmesser.

Nageln

Die richtige Nagellänge beträgt das Zweieinhalb- bis Dreifache der Stärke des Holzes, das befestigt werden soll. Man muß jedoch dar-

1 Ausstemmen einer Nut
Nachdem man die Nutseiten mit der Säge eingeschnitten hat, stemmt man von jedem Ende aus das überschüssige Holz weg.

2 Bohren senkrechter Löcher
Mit einem Bohrständer ist nicht nur das senkrechte Bohren gewährleistet, sondern man kann auch die Bohrtiefe einstellen.

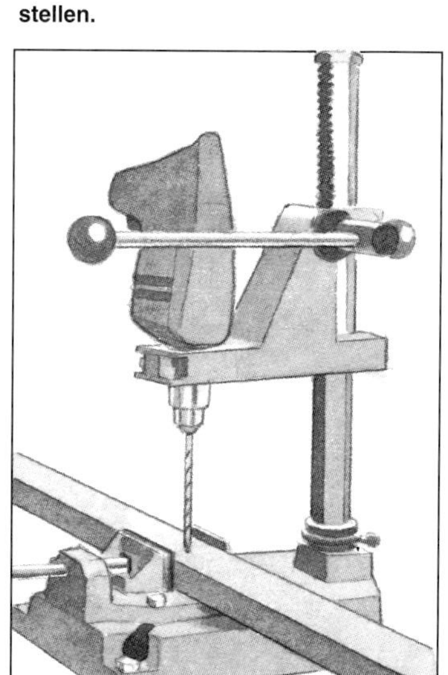

3 Freihändige Bohrführung
Für exaktes Bohren kann ein Anschlagwinkel eine gute Hilfe sein.

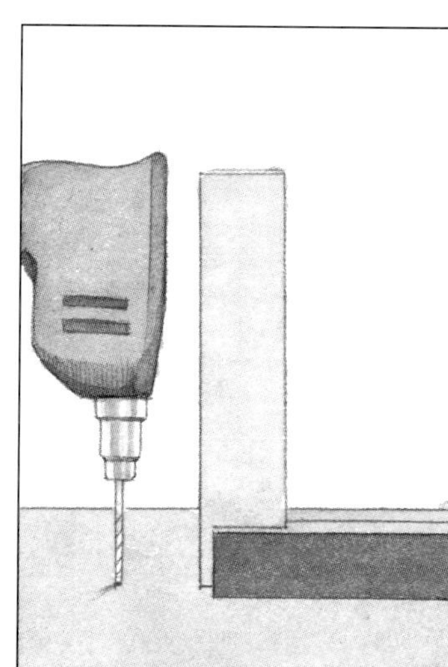

4 Bohrtiefemarkierung
Es gibt verschiedene Möglichkeiten, die Bohrtiefe zu kontrollieren, beispielsweise kann man Ringe oder Klebeband am Bohrer anbringen.

auf achten, daß der Nagel nicht zwei miteinander zu verbindende Holzteile durchdringt. Wo immer es möglich ist, nagelt man durch das dünnere Holzteil in das dickere.

Nägel fassen am besten, wenn man sie schräg einschlägt. Bei einer Reihe von Nägeln setzt man in entgegengesetzter Schräge an. Beim Zusammennageln von Rahmen werden die Nägel immer schräg gesetzt. Mit Zwingen oder Nägeln befestigt man vorrübergehend einen Holzklotz an einer Seite des senkrechten Teils, damit es nicht beim ersten Nagel, den man einschlägt, davonrutscht.

Befestigungen

Massive Wände Für normale Befestigungen an einer Massivwand nimmt man Holzschrauben und Plastik- oder Nylondübel. Bevor man das Dübelloch bohrt, überprüft man mit einem Metalldetektor, daß sich unter der Oberfläche keine Rohre oder Kabel verbergen. Man bohrt die Dübellöcher mit einem Steinbohrer auf der Bohrmaschine. Auf der Packung der Dübel ist angegeben, welche Bohrergröße verwendet werden soll. Wenn die Wand hart ist, muß man die Maschine auf Schlagbohren umstellen. Bei einer glatten Wand muß die Schraube lang genug sein, daß sie durch das zu befestigende Teil und 25 mm in die Wand geht; bei einer rauhen Wand müssen es 35 mm sein.

Wenn die Wand beim Bohren bröckelt, mischt man sich eine Spachtelmasse auf Zementbasis (in Heimwerkergeschäften erhältlich). Bevor die Spachtelmasse abbindet (nach etwa fünf Minuten), dreht man die Schraube eine halbe Umdrehung heraus. Wenn die Spachtelmasse ausgehärtet ist (nach etwa einer Stunde), wird die Schraube herausgedreht und die endgültige Befestigung ausgeführt.

Wenn der Bohrer unter dem Putz sehr leicht in die Wand geht und ein feiner grauer Staub aus dem Loch kommt, hat man es wahrscheinlich mit Gasbetonsteinen zu tun. In diesem Fall verwendet man spezielle Federklappdübel.

Für eine schnelle, leicht- bis mittelbelastete Befestigung im Mauerwerk kann man auch Mauernägel verwenden. Der Mauernagel muß so lang sein, daß er durch das zu befestigende Material in eine glatte Wand 15 mm, in eine rauhe 25 mm eindringt. Man sollte beim Einschlagen eine Schutzbrille tragen, falls der Nagel abbricht.

Hochbelastungsdübel Bei stabilen Konstruktionen verwendet man für die Wandbefestigungen Hochbelastungsdübel. Das Loch in der Wand muß tief genug sein, um den Dübel aufzunehmen. Den Herstellerhinweisen kann man den richtigen Durchmesser für das Loch entnehmen. Man drückt den Dübel in das Loch, führt die Schraube durch das zu befestigende Teil hindurch ein und zieht den Schraubenkopf mit einem Schraubenschlüssel fest. Dadurch wird der Dübel gespreizt und klemmt fest in der Wand.

Befestigung von Schalungen Schalungsbretter bringt man immer von unten nach oben an. Das erste Brett überprüft man mit der Wasserwaage. Ist es nicht genau waagrecht, werden alle darüberliegenden Bretter schief und sind nicht mehr zu befestigen.

6 **Schräges Nageln gibt Festigkeit**

Man hält die Rahmenteile mit einer Zwinge zusammen und verbindet sie mit schrägen Nägeln. Eine solche Verbindung wird sich nicht mehr lösen.

5 **Schraublöcher in Holz bohren**

Das dünnere Teil wird durchbohrt. Das Loch wird angesenkt. Dann bohrt man ein Loch nicht ganz so tief, wie die Schraube lang ist. Detailpunkt: Zum Versenken bohrt man ein Loch im Durchmesser des Schraubenkopfes in der benötigten Tiefe.

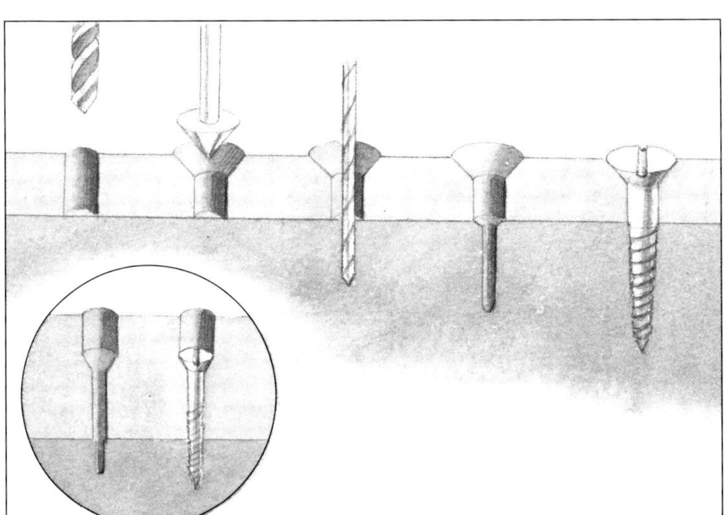

7 **Techniken für genagelte Holzverbindungen**

Die Nägel sollten zweieinhalb- bis dreimal so lang sein, wie das jeweilige Holz stark ist. Man setzt die Rahmenteile auf der Werkbank zusammen, indem man sie gegen eine Anschlaglatte nagelt. Detailpunkt: Nägel werden stumpf geschlagen.

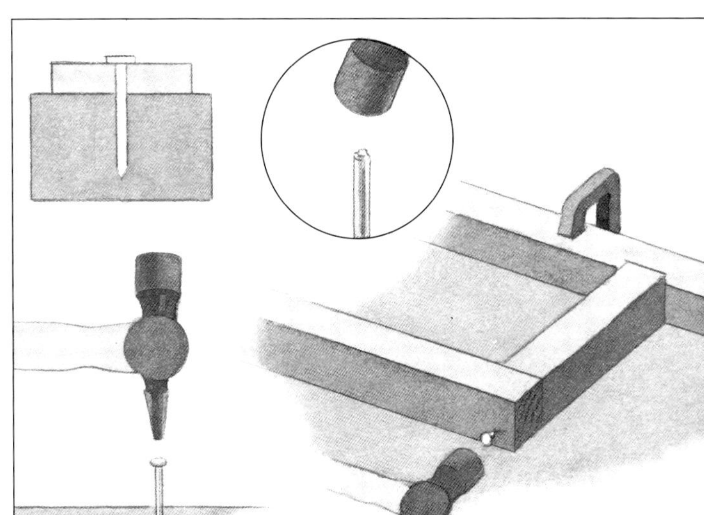

Handwerkliche Techniken: Befestigungen

Man nagelt durch die Mitte des ersten Brettes in jede der dahinterliegenden senkrechten Trägerlatten. Dafür verwendet man verzinkte Rundkopfnägel, 25 mm. Genügt eine Brettlänge nicht, um die ganze Breite der Verkleidung abzudekken, läßt man zwei Bretter jeweils über einer Trägerlatte dicht aneinanderstoßen.

Bei der Befestigung einer Wasserschlagschalung ist es wichtig, daß die einzelnen Bretter gleichmäßig übereinanderlappen. Man erreicht das mit einem Abstandshalter aus Restholz. Sind die Bretter 112 mm und der Abstandshalter 100 mm breit, bekommt man eine gleichmäßige Überlappung von 12 mm. Dazu legt man den Abstandshalter mit der Unterkante auf das zuerst befestigte Brett und das überlappende Brett oben auf. Man nagelt am unteren Rand des oberen Berettes durch den oberen Rand des darunterliegenden in die Latten.

Nut-und Feder-Bretter werden befestigt, indem man schräg durch die Feder nagelt und den Kopf unter die Oberfläche versenkt. Die Nut des nächsten Brettes schiebt sich über die Feder und verdeckt dadurch den Nagel.

Eine Schiffsplankenverkleidung wird genauso befestigt, nur daß die Bretter nicht ineinandergreifen, sondern einfach überlappen.

Befestigung von Spalieren Spaliere befestigt man etwa 150 mm über dem Boden, damit sie unten nicht verrotten. Man stellt das Spalier auf Blöcke der entsprechenden Höhe, während man es an senkrechten Hölzern oder einer Wand befestigt. Mit der Wasserwaage überprüft man die waagrechten Leisten. Dann bohrt man durch die seitlichen Vertikalleisten des Spaliers Löcher, durch die verzinkte Nägel in den dahinterliegenden Pfosten geschlagen werden. Nagelt man direkt in das Spalier, besteht die Gefahr, daß das Holz reißt. Drei Befestigungen an jeder Seite sind ausreichend für ein 1800 mm hohes Spalier. Man kann auch spezielle Halterungen verwenden, die man an die Stützpfosten schraubt und dann das Spalier hineinschiebt. Wenn man das Spalier an der Wand befestigt, legt man an jeder Befestigungsstelle einen 25 mm dicken Holzklotz unter, um einen Abstand zu erhalten. Die Löcher werden vorgebohrt; zur Befestigung nimmt man Mauerdübel und etwa 75 mm lange, verzinkte 8,0 mm oder 10,0 mm Schrauben.

Befestigung von Pfosten und Stangen Auf Betonwegen und Grundplatten, die in Zement verlegt wurden, kann man Metallschuhe zum Befestigen von Pfosten verwenden. Die rechteckigen Platten mit einer Aufkantung zur Aufnahme der Pfosten werden festgeschraubt.

Metallschuhe werden in die Erde getrieben. Auch hier kommt der Pfosten in eine rechteckige Halterung und wird festgeklemmt. Da der Pfosten nicht in der Erde steckt, verrottet er unten nicht so schnell.

Befestigung von Scharnieren

Gerade Scharniere Diese Scharniere sind normalerweise aus Stahl, für qualitätsvollere Arbeiten aus Messing. Sie sind relativ einfach anzubringen. Allerdings muß man die Scharnierbänder in das Holz einlassen und braucht dafür ein Stemmeisen oder einen Fräser.

Man markiert am Rahmen des hängenden Werkstücks die Lage des Scharniers. Dabei ist darauf zu achten, daß die Befestigungsschrauben nicht ins Stirnholz von Querriegeln kommen.

Zunächst markiert man die Länge der Scharniere mit einem Reißmesser. Dann zeichnet man mit einem Streichmaß die Breite und die Stärke des Bandes an. Mit einem senkrecht gehaltenen Stemmeisen und einem Holzhammer sticht man innen an der Markierung entlang und dann noch ein paarmal in das zu entfernende Holz. Vorsichtig stößt man das Holz ab und glättet die Fläche mit der flachen Seite des Stemmeisens nach unten (Abb. 4)

Wenn man sorgfältig arbeitet, kann man auch einen Fräser mit geradem Kopf benützen. Der Fräskopf wird auf die benötigte Tiefe eingestellt. Anschließend putzt man die Ecken noch mit dem Stemmeisen aus.

Holzverbindungen

Stoßverbindung Sie ist die einfachste aller möglichen Rahmenverbindungen. Die Enden der zu verbindenden Hölzer müssen gerade abgeschnitten werden, so daß sie glatt aneinanderstoßen können. Man kann Eck- und T-Verbindungen herstellen, die geleimt und genagelt werden. Durch Wellennägel erhalten diese Verbindungen zusätzliche Haltbarkeit. Man nimmt sie vor allem dann, wenn die Teile verplankt werden, so daß man die Winkel nicht sieht. T-Verbindungen, die im Innern eines Rahmens gebildet werden, nagelt man schräg fest.

Überplattung Diese Verbindung verwendet man bei Holzteilen mit ähnlicher Stärke. Man kann Eck-, T- oder X-Verbindungen herstellen. Jedes Teil wird dabei auf halbe Stärke ausgeschnitten. Mit dem Anschlagwinkel markiert man die Breite des Ausschnitts; das

1 Befestigung von Schalungen
Oben. **Nageln durch die Feder.**
Unten. **Abstandsholz für die Wasserschlagschalung.**

2 Befestigung von Spalierteilen
Spalierhalterungen werden an die senkrechten Stützpfosten geschraubt. Die Spalierteile werden hineingeschoben.

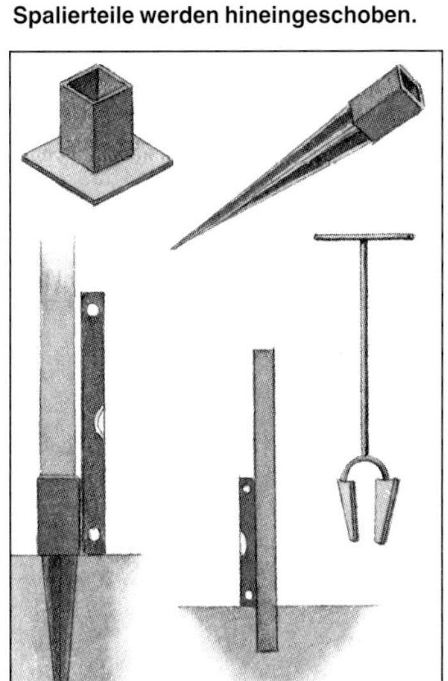

3 Befestigung von Pfosten
Links und oben rechts. **Metallschuhe halten die Pfosten.** ***Unten rechts.*** **Mit dem Handbagger hebt man ein Loch für den Pfosten aus.**

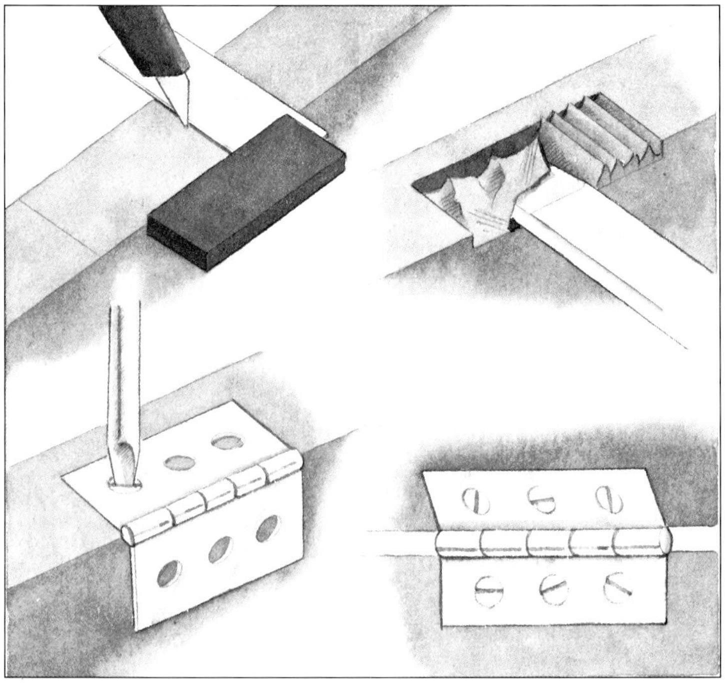

4 Einlassen eines Scharniers

Mit Anschlagwinkel und Reißmesser markiert man die Scharnierlänge, mit Streichmaß Breite und Stärke des Scharnierbands. Mit senkrecht gehaltenem Stemmeisen sticht man entlang der Markierung und einige Male in das auszuhebende Holz hinein. Das ausgehobene Holz wird entfernt. Dann überprüft man, ob das Scharnierband bündig sitzt. Das Scharnier wird festgeschraubt.

Streichmaß stellt man auf halbe Holzstärke ein, um die Tiefe anzureißen. Mit dem Bleistift streicht man das auszunehmende Holz durch, damit man nicht aus Versehen die falsche Seite nimmt. Eine Eckführung behandelt man wie eine Zapfenverbindung. Für eine T- oder X-Überplattung sägt man jede Seite bis zur Mittellinie ein und verwendet zum Entfernen des Holzes ein Stemmeisen.

Stumpf genutete Verbindung Man verwendet sie vor allem beim Regalbau. Im Prinzip stellt man einen Schlitz her, in den das Regalbrett geschoben wird. Eine durchgehende, stumpf genutete Verbindung nimmt das ganze Brett auf; daneben gibt es auch die Möglichkeit, nur teilweise eine Nut anzubringen. Man stemmt das Holz von beiden Seiten aus. Läuft die Nut nicht über die ganze Breite, stemmt man von innen nach außen. Man kann die Nut auch mit einem Fräskopf ausfräsen. Der Fräser wird dabei an einer Latte entlanggeführt, die im rechten Winkel zum Brett mit Zwingen angebracht ist.

8 Verschiedene stumpf genutete Verbindungen

***Oben.* Durchgehende stumpf genutete Verbindung. *Mitte.* Durchgehende stumpf genutete Verbindungen. *Unten.* Stumpf genutete Verbindung.**

5 Einfache Stoßverbindungen

Eckverbindungen (oben) und T-Verbindungen (unten) werden schräg zusammengenagelt oder mit Wellennägeln verbunden.

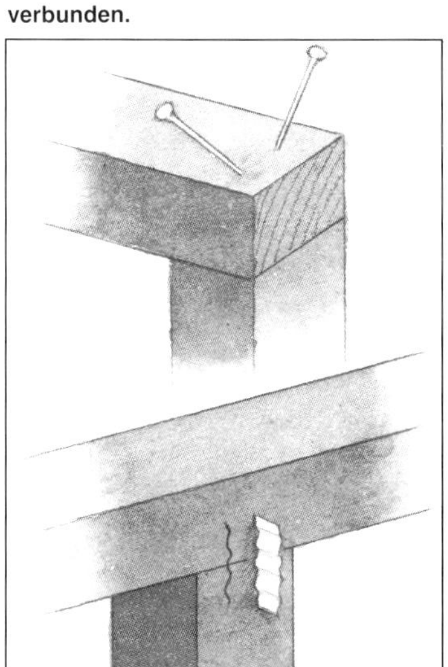

6 Verschiedene Überplattungen

***Oben.* Ecküberplattung.**
***Unten links.* T-Überplattung.**
***Unten rechts.* Kreuzüberplattung.**

7 Fertigen der Überplattung

Die Breite des Ausschnitts wird markiert. Mit dem Streichmaß zeichnet man die halbe Holzstärke an. Der zu entfernende Teil wird durchkreuzt. Mit der Feinsäge schneidet man die Seiten nach unten ein und stemmt das Holz aus.

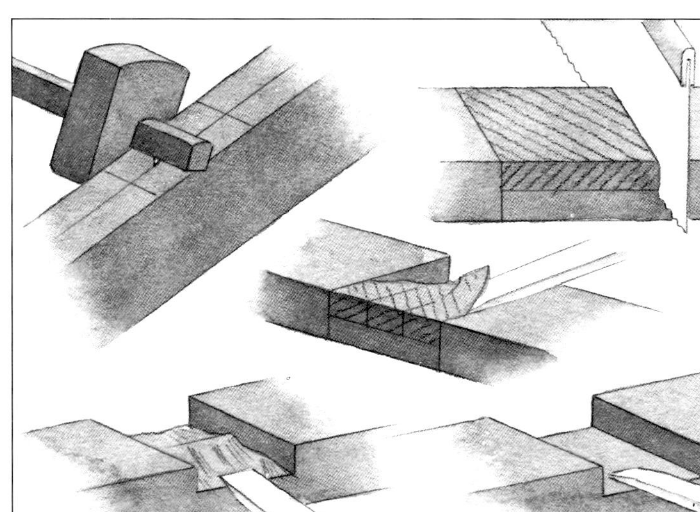

Handwerkliche Techniken: Holzverbindungen

Dübelverbindung Dübel sind starke, einfache und nicht sichtbare Holzverbindungen.

Am besten verwendet man bereits zugeschnittene, kannelierte Dübel mit abgerundeten Ecken (siehe Materialien). Es gibt sie 6–25 mm im Durchmesser und 10–50 mm lang. Die Dübel sollten etwa eineinhalbmal so lang sein, wie das Holz stark ist.

An beiden Holzteilen mißt man mit einem Streichmaß die Mittellinie aus und zeichnet sie mit dem Bleistift an. Man bohrt die Dübellöcher in halber Dübellänge. Den Bohrer setzt man in einen Bohrständer, oder man behilft sich mit einem aufgestellten Anschlagwinkel. Man bohrt die Dübellöcher zunächst nur in ein Teil. Dann steckt man Dübelanreißer (Dübelfix) hinein und bringt die beiden Holzteile zusammen, so daß sie genau aneinanderpassen. Die Anreißer drücken sich in das

1 Plattenverbindung mit Dübeln

Rechts. **Die Dübelpositionen werden angezeichnet, die Dübelanreißer eingesetzt. Das zweite Teil wird markiert.**

2 Verschiedene Dübelverbindungen

Mit Dübeln kann man die Kanten von Platten oder die Ecken von Rahmen zusammenfügen.

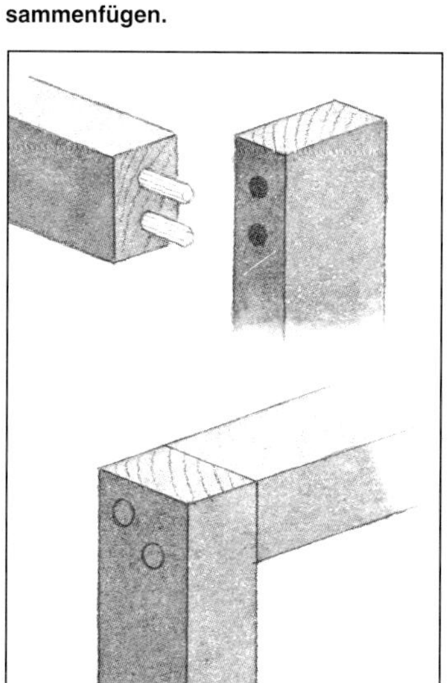

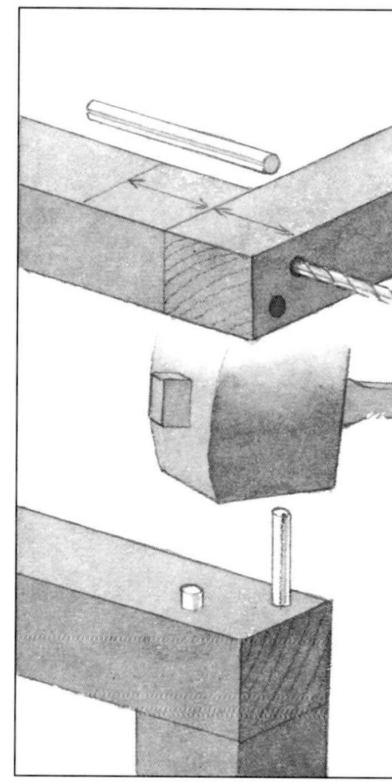

3 Gedübelter Rahmen

Sind die Kanten des Rahmens später nicht sichtbar, bohrt man die Löcher, nachdem der Rahmen zusammengesetzt ist. Man klopft die Dübel mit dem Hammer hinein.

4 Verwendung der Bohrlehre

Wenn die Dübel nicht sichtbar sein sollen, kann man mit einer Bohrlehre sehr einfach Löcher bohren.

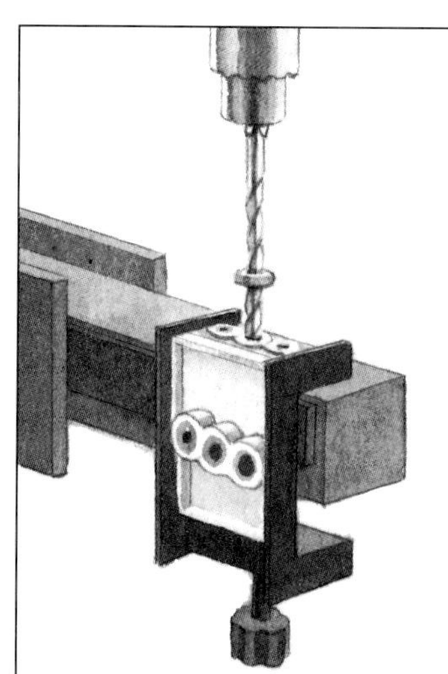

andere Holzteil und markieren dadurch die Stellen für die Dübellöcher. Man bohrt die Löcher auf halbe Dübellänge plus einer kleinen Zugabe für den Leim. An Stellen, an denen die Dübel keiner großen Belastung ausgesetzt sind, setzt man sie Dreiviertel in die eine Kante und ein Viertel in die andere. In die Löcher füllt man Leim und klopft mit einem Holzhammer zunächst die Dübel in eines der Teile. Dann trägt man an beiden Verbindungsstellen Leim auf, fügt die Teile zusammen und spannt sie solange mit Zwingen fest, bis der Leim getrocknet ist.

Verwendung einer Bohrlehre Mit Hilfe einer Bohrlehre kann man Dübellöcher ganz genau bohren. Die Bohrlehre wird auf das Werkstück über die angezeichneten Bohrlöcher geklemmt. Man wählt eine Buchse im Durchmesser des Bohrers aus und setzt sie auf die Bohrlehre. Die Buchse hält den Bohrer während des Bohrens senkrecht. Eine Tiefenlehre garantiert die richtige Lochtiefe. Die Bohrlehre wird anschließend am anderen Holzteil angesetzt und der Vorgang wiederholt.

Gehrung Eine einfache Gehrung wird verleimt und mit Stiften gehalten. Für eine stärkere Verbindung nimmt man Dübel, oder man sägt diagonale Einschnitte, in die Federn geleimt werden. Die Gehrungswinkel von 45° sägt man mit Hilfe einer Gehrungslade.

Die Zapfenverbindung Eine Zapfenverbindung wird mit dem Zapfenstreichmaß angerissen. Der Zapfen wird so markiert, daß er ein Drittel der Holzstärke beträgt. Der Schlitz wird in gleicher Breite am anderen Holzteil angezeichnet. Die Schlitztiefe muß der Zapfenlänge entsprechen. Mit einer Reihe von Löchern bohrt man den Großteil des Schlitzes aus. Der Bohrer ist etwas kleiner als die Schlitzbreite. Von der Mitte aus hebt man mit dem Stemmeisen den Schlitz in der benötigten Tiefe aus. Wenn man eine Verbindung herstellt, bei der das Ende des Zapfens sichtbar ist, dreht man das Holz um und beendet das Ausstemmen des Schlitzes von der anderen Seite.

Das Holz mit dem Zapfen hält man senkrecht mit leichter Neigung vom Körper weg, spannt es in den Schraubstock ein und sägt mit der Feinsäge vorsichtig an der angerissenen Linie bis zur sogenannten Brustlinie. Dann dreht man das Holz um und sägt die andere Zapfenseite ein. Als nächstes stellt man das Holz senkrecht und vervollständigt die Zapfenschnitte. Zum Schluß legt man das Holz hin und sägt die beiden Abfallstücke ab. Bevor man die beiden Teile zusammensetzt und verleimt, prüft man, ob sie auch richtig passen. Für eine stärkere Verbindung kürzt man den Zapfen an beiden Enden, so daß weitere Leimflächen entstehen.

Einseitige Zapfenverbindung Wenn der Zapfen nicht in der Mitte sitzt, nennt man das eine einseitige Zapfenverbindung (Abb. 8). Sie eignet sich als Verbindung von dünnen mit dicken Leisten sehr gut.

6 Markieren und Schneiden einer Zapfenverbindung

Man markiert die Länge des Schlitzes entsprechend der Leiste, die verbunden werden soll. Das Zapfenstreichmaß stellt man entsprechend der Breite des verwendeten Stemmeisens ein. (Das Stemmeisen sollte ein Drittel so breit sein wie das Holz, das verbunden wird.) Mit dem Zapfenstreichmaß markiert man auf der jeweiligen Leiste Schlitz und Zapfen. Der Schlitz wird ausgebohrt, die Feinarbeit macht man mit dem Stemmeisen. Der Zapfen wird mit der Feinsäge geschnitten.

5 Schneiden von Gehrungen

Gehrungen ergeben rechtwinklige Verbindungen. Mit einer Gehrungslade als Führung schneidet man mit der Feinsäge das Holz im 45°-Winkel zu.

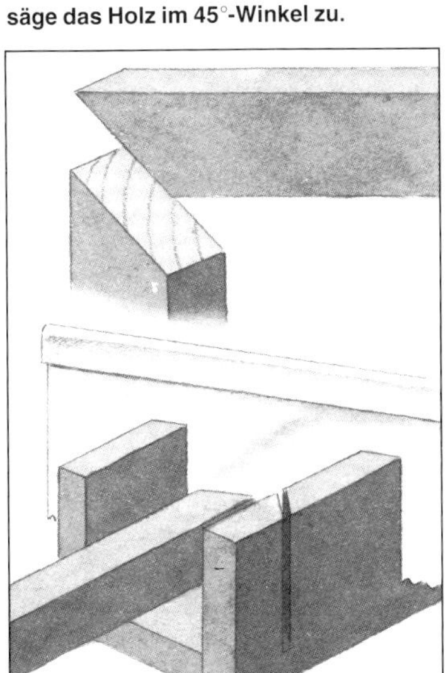

7 Zapfenverbindungen

***Oben.* Gewöhnliche Zapfenverbindung. *Unten.* Durchgehende Zapfenverbindung.**

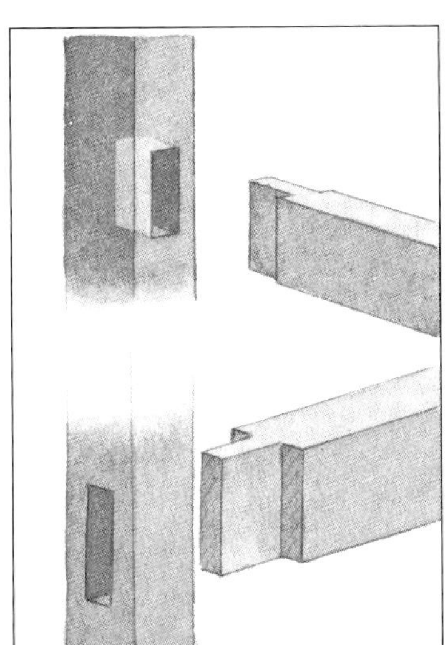

8 Einseitige Zapfenverbindung

Der Zapfen ist nach einer Seite versetzt. Man zeichnet ihn an und schneidet ihn aus wie abgebildet.

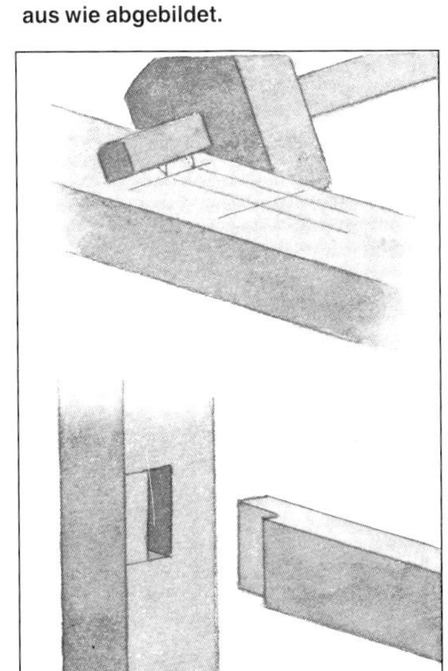

9 Verstärkte Zapfenverbindung

Zusätzliche Stärke bekommt ein Zapfen, wenn man ihn an jedem Ende kürzt und somit breitere Leimflächen erzeugt.

Register

Register

Bildnachweis

Der Verlag dankt folgenden Fotografen und Agenturen:

10 links Camera Press; 10 rechts Michael Freeman; 11 (c) Jon Jensen; 48 links Camera Press; 48 Mitte Richard Bryant/Arcaid; 48 rechts Ken Kirkwood; 49 Simon Brown/Conran Octopus; 50 Karen Bussolini (House Beautiful Specials); 51 Aldo Ballo; 52 links Jean-Pierre Godeaut; 52 rechts Fritz von der Schulenburg; 53 links La Maison de Marie Claire (Sarramon/Forgeur); 53 rechts Pascal Chevalier/Agence Top; 54 oben Neil Lorimer/Elizabeth Whiting & Associates; 54 unten links Rodney Hyett/Elizabeth Whiting & Associates; 54 unten rechts Tim Street-Porter/Elizabeth Whiting & Associates; 55 oben Tim Street-Porter/Elizabeth Whiting & Associates; 55 unten links Elizabeth Whiting & Associates; 55 unten Mitte Lars Hallen; 55 unten rechts Jean-Pierre Godeaut; 56–57 Jean-Paul Bonhommet; 58 oben Richard Bryant/Arcaid; 58 unten Tim Street-Porter/Elizabeth Whiting & Associates; 59 links Tim. Street-Porter/ Elizabeth Whiting & Associates; 59 rechts Jean-Pierre Godeaut (Designer: Lydia Kumel); 60 links Simon Brown/Conran Octopus; 60 rechts Rodney Hyett/Elizabeth Whiting & Associates; 61 Rodney Hyett/Elizabeth Whiting & Associates; 62 oben Designer: Rüdiger Mahlau (Fotograf: Michael Scheffler); 62 unten Jean-Pierre Godeaut (Designer: GenevièveLethy); 63 Lars Hallen; 64 Rodney Hyett/Elizabeth Whiting & Associates; 65 Tim Street-Porter/Elizabeth Whiting & Associates; 66 oben Neil Lorimer/Elizabeth Whiting & Associates; 66 unten La Maison de Marie Claire (Sarramon/Forgeur); 67 Dennis Krukowski (Designer: Spottswood/Byron); 68 oben Rodney Hyett/ Elizabeth Whiting & Associates; 68 unten links Andreas von Einsiedel/Elizabeth Whiting & Associates; 68 unten rechts Simon Brown/Conran Octopus; 69 Tom Leighton/The World of Interiors; 70 links Garry Chowanetz/Elizabeth Whiting & Associates; 70 rechts Jean-Paul Bonhommet; 71 links Vogue Living (Rodney Weidland); 71 rechts Rodney Hyett/Elizabeth Whiting & Associates; 72 Rodney Hyett/Elizabeth Whiting & Associates; 73 Lars Hallen; 74 1inks Tim Street-Porter/Elizabeth Whiting & Associates; 74 rechts Christian Sarramon; 75 oben Richard Bryant/Arcaid; 75 unten links James Merrell/Homes & Gardens/ Syndication International; 75 unten Mitte Elizabeth Whiting & Associates; 75 unten rechts Belle (Geoff Lung); 114 Rodney Hyett/Elizabeth Whiting & Associates; 115 Camera Press; 116 Pascal Chevalier/Agence Top; 117 Belle (Neil Lorimer); 118 links Derry Moore; 118 Mitte Camera Press; 118 rechts Maison Française (Jean-Pierre Godeaut); 119 Juliana Balint (Fotograf: Paul Ryan); 120 oben Rodney Hyett/Elizabeth Whiting & Associates; 120 unten links Rodney Hyett/Elizabeth Whiting & Associates; 120 unten rechts Jean-Paul Bonhommet; 121 oben Trevor Richards/Homes & Gardens/Syndication International; 121 unten links Rodney Hyett/Elizabeth Whiting & Associates; 121 unten rechts Jean-Paul Bonhommet; 122 Derry Moore; 123 Michael Freeman; 124 oben Tim Street-Porter/Elizabeth Whiting & Associates; 124 Mitte Ken Kirkwood; 124 unten Richard Bryant/Arcaid; 125 Friedhelm Thomas/Elizabeth Whiting & Associates; 126 oben Simon Brown/Conran Octopus; 126 unten links Roland Beaufre/Agence Top (Designer: Anne Gayet); 126 unten rechts Jean-Paul Bonhommet; 127 links Jean-Paul Bonhommet; 127 Mitte Jean-Paul Bonhommet; 127 rechts Karen Bussolini (Designer: Russota/Cama Design Associates); 128 oben links Jean-Paul Bonhommet; 128 oben rechts Richard Bryant/Arcaid; 128 unten links David Montgomery/Conran Octopus (Designer: Tricia Guild); 128 unten Mitte Jean-Paul Bonhommet 128 unten rechts Ken Kirkwood; 129 Pascal Hinous/ Agence Top (Designer: Manual Canovas); 130 oben Neil Lorimer/Elizabeth Whiting & Associates; 130 Mitte La Maison de Marie Claire (Chabaneix/Puech Postic); 130 unten Jean-Paul Bonhommet; 131 oben Rodney Hyett/Elizabeth Whiting & Associates; 131 Mitte Jean-Paul Bonhommet; 131 unten Clive Frost/The World of Interiors; 132 links Belle (Geoff Lung); 132 Mitte Elizabeth Whiting & Associates; 132 rechts Michael Dunne/Elizabeth Whiting & Associates; 133 links La Maison de Marie Claire (Hussenot); 133 Mitte Lars Hallen; 133 rechts Jon Bouchier/Elizabeth Whiting & Associates; 134 Juliana Balint (Fotograf: Hannu Mannynoksa); 135 Simon Brown/Conran Octopus; 136 links Jean-Pierre Godeaut; 136 Mitte Karen Bussolini (Architekt: William Herman); 136 rechts Dennis Krukowski (Designer: Spottswood/Byron); 137 oben Richard Bryant/Arcaid; 137 unten links Vogue Living (Rodney Weidland); 137 unten Mitte Maison Française (Luc de Champris); 137 unten rechts Simon Brown/Conran Octopus (Elyane de la Rochette); 138 Elizabeth Whiting & Associates; 139 Jean-Paul Bonhommet; 140 links Woman Syndication International; 140 rechts Lars Dalsgaard; 141 links Fritz von der Schulenburg; 141 rechts Jerry Tubby/Elizabeth Whiting & Associates; 171 oben Fritz von der Schulenburg (Designer: Mimmi O'Connell. Malerei: Peter Farlow); 171 unten links Elizabeth Whiting & Associates; 171 unten Mitte Dennis Krukowski (James Franklin Mitchell); 171 unten rechts Chris Sanders; 172 Richard Bryant/Arcaid; 173 Clive Frost/Homes & Gardens/Syndication International; 174 Rodney Hyett/Elizabeth Whiting & Associates; 175 Simon Brown/Conran Octopus; 176 links Rodney Hyett/Elizabeth Whiting & Associates; 176 Mitte Fritz von der Schulenburg; 176 rechts Fritz von der Schulenburg; 177 Friedhelm Thomas/ Elizabeth Whiting & Associates; 178 Jean-Pierre Godeaut; 179 Simon Brown/ Conran Octopus; 181 oben Simon Brown/Conran Octopus; 181 unten links Alfredo Anghinelli/Elizabeth Whiting & Associates; 181 unten Mitte Jean-Pierre Godeaut; 181 unten rechts Maison Française (Jean-Pierre Godeaut); 182 oben Tim Street-Porter/Elizabeth Whiting & Associates; 182 Mitte Ken Kirkwood (Designer: David Pocknell); 182 unten Vogue Living (Geoff Lung); 183 links Jean-Pierre Godeaut; 183 oben rechts Andreas von Einsiedel/Elizabeth Whiting & Associates; 183 Mitte rechts Tim Street-Porter/Elizabeth Whiting & Associates; 183 unten rechts Rodney Hyett/Elizabeth Whiting & Associates; 184 Karen Bussolini (Designer: Nelson Denny); 185 Andreas von Einsiedel/ElizabethWhiting & Associates; 186 oben Richard Bryant/Arcaid; 186 unten links Neil Lorimer/ Elizabeth Whiting & Associates; 186 unten rechts Rodney Hyett/Elizabeth Whiting & Associates; 187 oben Rodney Hyett/Elizabeth Whiting & Associates; 187 unten links Camera Press; 187 unten rechts Rodney Hyett/Elizabeth Whiting & Associates; 188 oben Lars Hallen; 188 unten Michael Crockett/Elizabeth Whiting & Associates; 189 links Camera Press; 189 oben rechts Jean-Pierre Godeaut; 189 unten rechts Rodney Hyett/Elizabeth Whiting & Associates; 190 links Vogue Living (George Seper); 190 Mitte Richard Bryant/Arcaid; 190 rechts Jean-Paul Bonhommet; 191 oben Richard Bryant/Arcaid; 191 unten links Maison Française (Jean-Pierre Godeaut); 191 unten Mitte Tim Street-Porter/Elizabeth Whiting & Associates; 191 unten rechts Rodney Hyett/Elizabeth Whiting & Associates; 192 oben Simon Brown/Conran Octopus; 192 Mitte Vogue Living (Rodney Weidland); 192 unten Wulf Brackrock/Designer: Titterio-Dwan für Architektur & Wohnen; 193 Gabriele Basilico/Abitare; 252–253 Fritz von der

Schulenburg; 256 links Brigitte Thomas; 256 rechts Gary Chowanetz/Elizabeth Whiting & Associates; 257 Lamontagne; 258 links Brigitte Thomas; 258 Jerry Harpur/Conran Octopus (Designer: Tim Du Val); 259 links Marijke Heuff (Designer: K. Noordhuis); 259 oben rechts Brigitte Thomas; 259 unten rechts Marijke Heuff (The Coach House – Little Haseley); 260 oben links Lamontagne; 260 oben rechts Ron Sutherland/Garden Picture Library (Designer: Rick Eckersley); 260 Mitte links René Stoeltie; 260 Georges Lévêque; 260 unten links Brigitte Thomas; 260 Mitte rechts Georges Lévêque; 260 unten rechts Arnaud Descat/Agence Bamboo; 261 oben links Bent Rej; 261 oben rechts John Glover/Garden Picture Library; 261 Mitte links Lamontagne; 261 Mitte rechts Lars Hallen; 261 unten links Tim Street-Porter/Elizabeth Whiting & Associates; 261 unten rechts Georges Lévêque; 262 links Gilles de Chabaneix für Terence Conran; 262 Mitte Lamontagne; 262 rechts Gary Rogers/Garden Picture Library; 263 Brigitte Thomas; 264 Marijke Heuff (Designer: Mien Ruys, Dedemsvaart); 265 Georges Lévêque; 266 oben links Lamontagne; 266 oben rechts Georges Lévêque; 266 Mitte links Ron Sutherland/Garden Picture Library; 266 Mitte rechts Gary Rogers; 266 unten links Brigitte Thomas; 266 unten rechts Ron Sutherland/Garden Picture Library; 267 oben links Brigitte Thomas; 267 oben rechts Steven Wooster/Garden Picture Library; 267 Mitte links Anthony Paul/Garden Picture Library; 267 Mitte rechts Lamontagne; 267 unten links Lamontagne; 267 unten rechts Ron Sutherland/Garden Picture Library; 268 oben Georges Lévêque; 268 unten links Belle (Geoff Lung); 268 unten rechts Georges Lévêque; 269 oben Tim Street-Porter/Elizabeth Whiting & Associates; 269 unten links Bent Rej; 269 unten rechts Rodney Hyett/Elizabeth Whiting & Associates; 291 Neil Lorimer/Elizabeth Whiting & Associates; Lars Hallen (M-L Rosenbroijer); 294 links Andrew Payne/Garden Picture Library; 294 Mitte René Stoeltie; 294 rechts Gary Rogers/Garden Picture Library; 295 Brigitte Thomas; 296 Lamontagne; 297 links Gillian Darley/Edifice; 297 rechts S. & O. Mathews; 298 links Marijke Heuff (Designer: K. Noordhuis); 298 Mitte Andrew Lawson; 298 rechts Brigitte Thomas; 299 oben Oliver Gregory; 299 unten links Andrew Lawson; 299 unten rechts Marijke Heuff (Herr & Frau Brinkworth); 318 Boys Syndication; 322 Marijke Heuff (Herr F. Tiebout und Herr F. de Greeuw); 324 Marijke Heuff (Herr & Frau Adriaanse-Quint; 326 links Brigitte Thomas; 326 Mitte Lamontagne; 326 rechts Brigitte Thomas; 327 Ron Sutherland/Garden Picture Library; 328 Nexus Designs. Melbourne, Australien; 329 oben links Christian Sarramon; 329 oben rechts Lamontagne; 329 unten Georges Lévêque; 330 oben Hugh Palmer; 330 unten links Ron Sutherland/Garden Picture Library (Designer: Murray Collins); 330 unten rechts Lamontagne; 331 oben Brigitte Thomas; 331 unten links Eric Crichton; 331 unten rechts Lamontagne; 342 Lamontagne; 344 links Joanne Pavia/Garden Picture Library; 344 Mitte Brigitte Thomas; 344 rechts Brigitte Thomas; 345 Hugh Palmer; 346 oben Brigitte Thomas; 346 Mitte Lamontagne; 346 unten Georges Lévêque; 347 High Palmer; 348 oben links Georges Lévêque; 348 oben rechts Philippa Lewis/Ediface; 348 Mitte links Lamontagne; 348 Mitte rechts Marijke Heuff; 348 unten links Lamontagne; 348 unten rechts Houses & Interiors; 349 oben links Brigitte Thomas; 349 Philippa Lewis/Ediface; 349 Mitte rechts Gary Chowanetz/Elizabeth Whiting & Associates; 349 unten links Ron Sutherland/Garden Picture Library; 349 unten rechts Gary Chowanetz/Elizabeth Whiting & Associates; 350 links Hugh Palmer; 350 rechts Georges Lévêque; 351 oben Brigitte Thomas; 351 unten Gilles de Chabaneix für Terence Conran; 372 links Lamontagne; 372 Mitte Georges Lévêque; 372 rechts Lamontagne; 373 Georges Lévêque; 374 links Jerry Harpur/Elizabeth Whiting & Associates; 374 rechts Gary Rogers/Garden Picture Library; 375 Brigitte Thomas; 376 Jerry Harpur/Elizabeth Whiting & Associates (Designer: Clifton Nurseries); 377 oben Eric Crichton; 377 unten links S. & O. Mathews; 377 unten rechts Georges Lévêque.

Spezialfotografie von Hugh Johnson und Simon Lee für Conran Octopus.

Hugh Johnson: 1, 2, 6 rechts, 7 links, 8–9, 39, 46, 76–83, 106–107, 142 links, 144–145, 150, 151 oben, 152–163, 167, 194–197, 209, 214–215, 223–227, 232–233, 239, 242–243.

Simon Lee: 6 links, 7 rechts, 44, 92–101, 102–104, 112–113, 142 rechts, 149, 151 unten, 164, 203, 212, 219–221, 228–230, 240, 247, 249.

Nadia MacKenzie: 271–287, 301–317, 333–340, 354–369, 379–387.

Danksagung

Der Verlag dankt darüber hinaus im folgenden für ihre unschätzbare Unterstützung dieses Buches:

Jonathan Chidsey, Lady Caroline Conran, Vana Hegarty, Gordon Hurden, Gareth Jones, Sian Jones, Wendy Jones, Harold Lee, Steve Stonebridge und allen bei Benchmark Woodworking Ltd., Alan Rayer und den Mitarbeitern von Servis Filmsetting Ltd., Hickson Timber Products Ltd., Bridget Boboano und dem Conran Shop, dem Administrator von Castle Drogo und dem National Trust.

Die Entwürfe in diesem Buch wurden von Sean Sutcliffe von Benchmark Woodworking Ltd. gebaut.

Besonderer Dank geht an Sir Terence Conran für die Original-Entwurfskizzen und an Paul Bryant für seine Illustrationen.

Der Verlag dankt folgenden Firmen für die Bereitstellung von Material:

78 Franke (UK) Ltd., The Conran Shop, David Mellor Design Ltd., Divertimenti, Philips Major Appliances Ltd., The Kitchen Range, Neff (UK) Ltd., Stephen Long Antiques, W. H. Newson & Sons Ltd.; **80** Aston-Matthews Ltd., W. H. Newson & Sons Ltd., David Mellor Ltd., Heal & Sons Ltd.; **83** The Conran Shop, Neff (UK) Ltd.; **106** The Conran Shop; **144** The Conran Shop; **159** Authentics, INC Office Equipment, The Conran Shop; **167** General Plumbing Supplies; **196** The Conran Shop, Ideal Standard Ltd., C. P. Hart Ltd.; **209** London Architectural Salvage Company, The Conran Shop, Ideal Standard Ltd.; **214** Paul Jones, Eximious Ltd., Sam Walker; The Conran Shop Gallery of Antique Costumes and Textiles.